탄생에서 죽음으로 이어지는
공간생활사와 장소미학

조선왕실의
풍수문화

Pungsu **Culture of the Joseon Dynasty**
by Choi, Won Suk

이 저서는 2011년 대한민국 교육부와 한국학중앙연구원(한국학진흥사업단)의
한국학 총서(왕실문화총서) 사업의 지원을 받아 수행된 연구임(AKS-2011-ABB-4103)

탄생에서 죽음으로 이어지는
공간생활사와 장소미학

조선왕실의
풍수문화

최원석 지음

GEO BOOK

여는 글

풍수문화를 꽃피운 조선왕실

조선은 풍수문화를 꽃피운 왕조였다. 동아시아의 어느 시대 어느 왕실보다 풍수를 폭넓게 활용했고 철저히 실천했다. 탄생과 삶, 그리고 죽음으로 이어지는 공간생활사 전반에 풍수는 큰 영향을 주었다. 길지를 찾아 태실을 조성했고, 풍수를 따져 궁궐에 살았으며, 생명이 다한 몸을 명당에 묻었다.

왕실문화는 매우 광범위한 연구영역에 걸쳐 있어 역사·건축·미술·생활사 등 접근하는 분야도 다양하다. 조선의 왕실문화사를 이해하는 데에 풍수는 빼놓을 수 없는 한 요소가 된다. 이 책은 조선왕실에서 풍수문화는 어떻게 전개되었는지 그 역사적 실제와 현장을 사실적으로 접근하였다.

특히 조선왕실이 풍수를 어떻게 실천하고 활용했는지 핵심적인 풍수경관인 궁성·태실·산릉에 주안점을 두고 살폈다. 이를 위해 기존의 연구성과를 활용했고, 옛 문헌과 지도 자료를 정리했다. 현재 모습이 어떤지 찾아보고 현장 사진도 본문에 게시했다. 조선왕실의 풍수에 관한 역사적 사실은 왕조실록 내용을 기준으로 서술했다.

궁성의 풍수 사안을 둘러싸고 벌인 실록의 생생한 논쟁은 흥미진진했다. 태조 당시 한양 도읍지의 결정과정, 세종 대에 벌어졌던 경복궁 주산 및 주맥 논쟁, 성종 대까지 활발했던 풍수비보의 실행, 광해군 대의 경희궁과 인경궁의 건설 과정 등 조선왕실과 조정에서 전개됐던 풍수담론을 주목했다.

태실은 고려왕실을 계승했으며 조선 중기까지는 제도적으로 엄격히 시행했

다. 역대 왕태실지를 어떻게 선정했고 관리했는지, 태실지의 분포와 입지지형
은 구체적으로 어떻게 드러나는지, 현지의 실상은 어떤지도 살펴보았다.

산릉은 조선왕실의 풍수문화를 집약한 정화(精華)다. 산릉풍수는 조선왕조에
와서야 제대로 격식을 갖추었다. 제도적으로 풍수를 운용하면서 텍스트로 삼았
던 책은 모두 묏터풍수서였다. 조선왕실에서 능자리를 골라 모신 것은 인륜의
도리를 다할 뿐만 아니라, 풍수에 기대어 왕조의 번영을 희구했기 때문이었다.

특히 산릉은 단순한 왕실의 무덤을 넘어서 조선의 왕, 왕실, 외척, 신하 간에
얽힌 정치권력의 역학 관계가 고스란히 투영된 경관 단면이다. 거기엔 산릉의
조성과 이장을 둘러싼 정치적인 배경이 도사리고 있다. 따라서 정치세력을 주
체로 공간과 권력을 상관적으로 이해하는 것은 조선왕릉을 둘러싼 사회문화사
의 이해에 중요한 시선이 된다.

이러한 궁성·태실·산릉은 각각 나눠서도 살펴야 하지만, 종합적으로 보는
시선도 요청된다. 이전 시대 및 이웃 나라 풍수와 비교문화적으로 대비하는 것
도 필요하다. 조선왕실의 풍수는 조선시대만의 고유한 문화현상이 아니라 고려
왕실로부터 계승되고 중국풍수로부터 영향을 받으면서, 조선적인 특징으로 이
루어진 역사적인 산물이기 때문이다.

조선왕실 풍수문화의 정체와 특징

조선왕실의 풍수문화를 개관해 볼 때 그 사상적, 이론적, 사회적, 심미적인
특색은 각각 다음과 같은 네 가지로 요약할 수 있다. 인성풍수의 윤리와 사상,
명당풍수론의 실천과 산줄기 풍수, 풍수담론의 사회정치, 풍수경관의 자연미학
이 그것이다.

• 인성풍수의 윤리와 사상

인성풍수란 풍수행위에 있어서 개인적인 인성과 사회적인 윤리를 강조한 풍
수사상의 경향이다. 조선왕조가 썼던 풍수교과서의 하나인 『지리신법호순신』
에, "길흉의 조건은 땅에서만 구할 수 없으며 사람의 덕(德)을 본받아 따른다."
고 했다. 길흉이 작동하는 조건의 주종관계에서 사람의 덕이 주(主)고, 땅의 풍

수는 종(從)이라는 것이다. 그래서 풍수의 관건은 "스스로 수양하여 사람의 도리를 다하는 것에 달려있다."고 했다. 인성의 함양과 윤리의 실천을 강조한 풍수사상이다. '땅의 길흉은 사람의 덕을 따른다.'는 인성풍수의 천명이다.

조선왕실은 풍수의 사회윤리도 강조했다. 풍수 실행 과정에서 세종을 비롯하여 성종, 영조, 정조 등 여러 왕들은 민생을 우선적으로 고려하여 태실이나 산릉 조성 등의 풍수를 실천하고자 했다. "나는 인정(人情)이 안정된 뒤에야 풍수[地理]도 좋아진다고 생각한다(『정조실록』, 13년 7월 11일)."라고 선언한 정조의 이 말은, 조선왕실의 풍수운용에 대한 사회적 기준과 윤리를 한마디로 대변하는 표현이다.

개념적으로 인성풍수는 인문풍수의 사상적 범주에 속한다. 인문풍수란 지리적 조건에 사람과 문화의 역할을 상보적으로 강조하는 풍수사상의 경향이다. 그래서 자연지형에 대한 인문적 해석학이 된다. 땅은 자연지형 그 자체이지만, 명당으로 구성되는 풍수경관으로서의 시선과 틀, 그리고 논리 체계는 인문지리다. 그것은 장소와 관계 맺는 주체로서 사람의 인문 행위를 전제한다. 풍수로 선택되는 삶터와 묏터는 생활의 터전이자 영면의 장소이므로 인문공간이 된다.

고려왕조의 비보풍수와 조선왕조의 인성풍수는 인문풍수의 두 역사적 형태이다. 비보풍수는 선불교, 인성풍수는 성리학의 영향을 받았다. 비보풍수는 마음, 인성풍수는 덕성을 강조한다. 비보풍수는 불가(승려), 인성풍수는 유가(유학자)에 의해 지식체계가 창도되었다. 불교가 바탕이 된 고려왕조의 비보설은 조선왕조에서 배불(排佛) 사상으로 부정되었다. 고려왕조의 불교적 기조에서 실천된 비보풍수를 조선왕조의 유교적 기조에서 실천된 인성풍수가 대체했다. 인문풍수의 사상사적 전개과정에서 볼 때, 고려왕조의 비보풍수는 조선왕조의 인성풍수로 발전되었다고 볼 수 있다. 조선왕조는 비보라는 수단과 대상적인 한계를 극복하고, 인성이라는 목적과 주체적인 인문성을 확보했다. 풍수적 길흉의 효과를 관장하는 '덕'이라는 인성의 내적 장치를 마련한 것이다.

• 명당풍수론의 실천과 산줄기 풍수
조선왕실은 철저하게 명당풍수론을 실천하여 그것을 현장에서 엄밀하게 적

용하려 했다. 국가의 대사로서 한양 궁성의 터잡기와 풍수비보, 태실의 조성은 조선 전기에 집중되어 풍수의 사회적 기능을 수행했다. 산릉의 조성과 관리는 조선왕조 전 시기에 걸쳐 명당풍수론에 따라 준행되었다.

명당풍수는 비보풍수와 함께 한국풍수를 구성하는 두 기둥이다. 명당풍수는 이상적인 땅을 찾아서 자리 잡는 풍수이고, 비보풍수는 부족한 땅을 보완함으로써 명당으로 가꾸는 풍수이다. 사실 명당풍수와 비보풍수는 둘이 아니다. 세상의 어느 명당도 실제로는 비보하게 마련이고, 세상의 어느 비보도 명당을 전제하기 때문이다. 그래서 명당은 이상이고 비보는 현실이다. 명당은 목적이고 비보는 수단이기도 하다.

조선왕조의 어떤 궁궐이나 산릉도 명당풍수론으로 선택하였고 비보풍수론으로 보완하였다. 역사적으로 볼 때 명당풍수는 조선왕실에서 치중했고, 비보풍수는 고려왕실이 중시한 풍수담론으로 대비할 수 있다. 상대적으로 명당풍수는 산수 그 자체의 가치를 중시하는 자연학의 속성을 지니고, 비보풍수는 산수에 대한 사람과 문화의 상보적 가치를 강조하는 인문학의 속성을 지닌다. 풍수지리적인 논리에 더 충실하고 철저하고자 했던 조선왕실은, 땅의 자연적 명당 조건을 치밀하게 따져보고 적용하는 데에 지나칠 정도로 열심이었다.

특히 조선왕실은 명당풍수의 실천과 활용에서도 산줄기 주맥의 파악과 보전을 중시하였다. 이러한 경향은 궁궐풍수의 실행 과정에서 잘 드러난다. 세종 대의 주맥 논쟁을 보면, 풍수이론에 전제하여 실제 산줄기의 지형 조건이 명당 요건과 구성 형태를 가늠했다는 정황도 짐작된다. 산줄기와 주맥이 혈의 자리와 향의 배치를 선택하는 가늠자가 된 것이다.

일반적인 중국풍수론은 모양새를 중시하는 형세론과 앉음새를 중시하는 방위론으로 대별된다. 각론으로는 용(龍)·혈(穴)·사(砂)·수(水)·향(向) 등으로 체계화한다. 그 용이 산줄기이다. 명당을 찾는 순서로 볼 때 산줄기가 처음이다. 그런데 각 요소가 차지하는 비중으로 볼 때 중국풍수는 물이 가장 중요했다. 조선왕조에서 교과서로 썼던 『금낭경』이라는 중국풍수서에서 "득수(得水)가 우선이고 장풍(藏風)은 그 다음"이라고 한 것도 그 방증이다.

하지만 조선왕실에서는 실제로 물줄기(득수)와 사방산(장풍)의 요건 보다 산줄기의 용맥(龍脈) 조건을 더 중시해서 따졌다. 중국풍수의 일반론에 한국적 특수성(지형·문화·역사 등)을 반영해서 실천하였던 것이 조선왕실의 풍수였음을 알 수 있다.

• 풍수담론의 사회정치

조선왕실에서 실행한 궁성, 태실, 산릉의 풍수는 대규모 공사와 관리 인력이 소요되는 국가적인 대사였다. 그래서 왕실의 정치권력 관계, 거리의 접근성, 농번기의 민력 동원 조건, 지방 군현의 행정력 등이 종합적으로 고려되었다. 특히 산릉은 자리 선정과 시설 조성에 있어 정치권력과 깊은 연관성을 맺으면서 전개되었다. 산릉의 이장은 왕권과 신권 등 다양한 권력집단 간의 대립과 갈등이 잘 드러난다.

조선왕실에서 풍수를 실천한 것은 그 결과로서 기대하는 풍수적 소응과 효과만으로 한정되지 않았다. 풍수 행위는 왕권을 강화하고 드러내는 정치사회적인 수단으로도 적극 활용됐다. 그것은 정치적 동기를 지니고 이루어졌고, 정치적 목적을 달성하려는 공간적 통치전략이기도 했다. 국왕은 궁성과 태실, 산릉의 풍수 입지와 경관 조성을 통치자의 절대적인 권위와 위엄을 과시하는 수단으로 썼다.

그래서 왕실풍수의 이행 과정은 정책 결정자의 의지나 정치적 역학 관계가 반영되었다. 왕권이 강력할 때에는 왕이 주도했다. 태종과 세종이 능자리 선정을 주관하던 때도 그랬고, 정조가 현륭원(사도세자의 융릉)의 입지를 결정하고 건물 배치까지 관장할 때도 그랬다. 반면에 왕권이 미약할 때는 권신(權臣)들이나 척신(戚臣)들이 산릉의 일을 좌지우지하거나 정치적으로 이용한 경우도 허다했다.

왕실풍수는 왕권의 정통성 확보에도 유용한 수단이었다. 반정으로 왕위에 오른 인조는 재위 중에 난리(정묘호란)를 겪는 등의 국가적인 어려움에도 불구하고, 아버지(정원대원군)의 묏자리를 이장하고 능으로 격상해 왕위의 정통성을 세우고자 했다. 광해군도 경덕궁(경희궁)과 인경궁의 조성을 통해 취약한 적통의 한계를 극복하는 동시에 정치적인 주도권을 행사하기도 했다.

　조선왕실에서 실행된 산릉의 입지선정과 이장과정을 둘러싼 치열한 쟁론은 국가적 대사를 둘러싸고 각 정치세력 간에 벌이는 주도권 다툼이자 경합이기도 했다. 풍수가 매개된 산릉의 이장은 권력집단 간에 상대를 정치적으로 숙청하는 데에도 효과적인 수단이었다.

　중종의 계비 장경왕후의 희릉을 이장하는 과정도, 권신 김안로가 조종하여 정적인 정광필을 제거하려 의도적으로 꾀한 것이었다. 중종의 정릉도 문정왕후, 윤원형, 보우가 결탁하여 정치적 영향력을 공고히 하는 한편, 소생인 명종의 왕권을 강화하기 위해 풍수를 핑계로 이장한 것이었다. 선조 당시에, "모두들 선왕조 때 간신들이 산릉의 일을 가지고 죄를 얽어 살육한 것만을 생각했다.〔『선조실록』 33년 9월 2일〕"라고 통탄한 사관(士官)의 표현은, 산릉의 일이 왕실에서 어떻게 정치적으로 이용되었는지를 생생하게 증언해준다. 이렇듯 능의 풍수를 둘러싸고 벌어지는 정치세력간의 다툼은 조선왕실 풍수정치의 독특한 한 면이다.

● 풍수경관의 자연미학

　조선왕실의 풍수경관은 500년의 역사가 빚어낸 풍수미학의 결실이다. 오랜 세월 집단적으로 공유한 지리지식이었던 풍수를 현지에 구현한 선조들의 손길은 전통적인 자연미학으로 승화했다. 조선왕실의 풍수경관은 산수의 자연미에 인문적 품위와 격조를 더한 아름다움이었다. 산수의 동정(動靜)이 잦아든 자리의 앉음새(입지), 산수의 방향과 자세에 순응한 놓임새(배치), 산수의 크기와 성정에 맞춘 생김새(비례와 규모), 이 모두가 주위 지형지세와 어우러져 빚어내는 미묘한 앙상블…. 그것은 자연과 문화가 어질게 만나고, 진선미가 구분 없이 하나된 참하고 고귀한 아름다움으로 꽃피었다.

　40여 개의 산릉이 갖춘 천연스런 자연미학은 유네스코 세계유산의 가치로까지 평가됐다. 지방 곳곳에 자리 잡은 봉긋한 태봉에 사뿐히 올라앉은 태실의 모습도 정겹기만 하다. 구불구불한 산허리에 걸친 한양도성이 보여주는 무경계(無境界)의 심미, 절제와 품격을 갖추고 조형된 궁궐건축의 정제미(整齊美)는 주위 산들과 멋들어지게 어우러지면서도 왕실의 권위를 유감없이 보여준다. 중국 베이징의 자금성(紫禁城)이나 일본 교토[平安京]의 왕성[御所]에서 보기 어려운 우리 궁성만의 매력은, 풍수를 활용해 한양의 자연지형을 살릴 수 있었던 선조들의 심미적 안목이 있었기에 가능했다.

조선왕실 풍수문화의 동아시아적 변용

동아시아인들이 활용한 풍수는 사상사적으로 운명론 혹은 천명론에 대한 안티테제이자 변혁사상이었다. 하늘에 의해 정해진 운명을 땅이라는 지리적 조건을 통해 바꿀 수 있다는 일종의 사상혁명이었다. 그러한 풍수를 통해 지배층은 권력을 연장하려 했고 세력을 다투었으며, 피지배층은 신분 상승을 도모하려 했다. 하지만 풍수의 개명론(改命論)은 도리어 땅 그 자체의 절대적인 영향을 전제한다는 점에서 결정론의 범주를 벗어나지 못하였다. 미완의 탈운명론이자 지리결정론인 셈이다. 이러한 이율배반적인 모순을 안고 동아시아의 풍수문화는 전개되었다.

조선왕실의 풍수문화는 중국풍수로부터 영향을 받으면서, 조선적인 특징으로 구성된 역사적 산물이었다. 그것은 중국의 풍수 원리를 준용해 실천한 것이지만, 조선의 실제 지형과 현실 사정에 맞게 구체적으로 적용하고 운용한 면으로는 달랐다. 그래서 조선의 왕실문화에서 풍수라는 요소는 동아시아 여러 왕실문화사에 비추어볼 때도 특징적인 모습을 드러낸다.

조선왕조의 태실은 중국이나 일본, 베트남, 류큐(琉球)를 비롯하여 동아시아의 여타 풍수문화권 나라에서 찾아보기 어려운 독특한 출산문화 유산으로 가치가 크다. 비록 일제강점기에 원형이 심각하게 훼손되기는 했지만, 여전히 많은 태실 유적이 현지에 남아있고, 조선 후기에 제작된 수많은 태실 관련 문헌과 그림도 기록유산으로 현존한다.

조선왕조의 궁성은 산으로 둘러싸인 분지에 입지했다. 평원에 자리한 동시대 중국이나 베트남 등과는 입지여건에서 분명한 차이가 나타난다. 한양의 도성도 주어진 산지사면을 따라 자연스럽게 구불구불한 모습이다. 주위 사방의 산들이 잘 드러나는 것도 궁궐경관에서 보이는 한국적 특색이 된다. 한양의 궁성은 다양한 형태의 풍수비보를 실행했고, 도성의 산림보전을 정책적으로 법제화했다는 것도 다른 나라와 대비된다.

조선왕조의 산릉도 동시대의 중국 명·청조와 베트남의 응웬[阮]조에 비교해 특색이 나타난다. 능의 규모나 형태, 부속시설의 배치와 조경도 다르지만, 자연지형적인 배경의 차이에 따른 능의 입지도 다르다. 조선왕조에서 왕릉을 '산릉'이라는 일반명사로 쓰는 까닭도 산기슭에 자리 잡고 있는 지형적 특성이 반영된 것이다. 조선왕조의 산릉 경관은 자연친화적이고 순자연(順自然)적인 모습이 두드러진다. 명당 조건에 요구되는 인위적인 물길의 조성도 중국이나 베트남에 비해 최대한 줄였다.

사회문화적 순기능과 역기능

조선의 왕실풍수는 사회문화적으로 어떤 순기능과 역기능을 했을까? 긍정적인 역할을 평가하면, 도성과 궁궐의 환경계획과 경관관리에 풍수는 지속가능한 지침으로 작용했다. 길지에 태실을 조성함으로써 생명의 고귀함과 가치를 높였다. 산릉 조성을 통한 죽음의 존엄과 영속의 바람은 의례뿐만이 아니라 장소미학을 통해서도 철저히 구현됐다.

왕실풍수의 사회적인 역기능도 적지 않았다. 풍수에 대한 맹신과 길지에 대한 집착으로 태실과 산릉, 궁궐을 무리하게 조성하거나 중건한 적도 많았다. 여러 차례의 능자리 이장은 왕실의 재정을 파탄 나게 했을 뿐만 아니라, 백성들에게 노역을 강제해 피폐하게 했다. 산릉의 이장을 둘러싸고 세력 간의 정쟁이나 권력 암투의 수단으로 풍수가 악용되기도 했다. 고려왕실은 과다한 사찰 조성에 왕조가 기울었고, 조선왕실은 지나친 산릉 조성에 국력을 소모했다.

조선왕실의 풍수 공과를 학술사적으로 평가해 볼 때 일말의 아쉬움도 없지 않다. 같은 반열에 드는 천문과 의학 분야에는 조선의 독자성이 있는 저술을 낳았는데, 지리(풍수) 분야에는 그렇지 못했다. 중국의 풍수이론을 현장에 적용하는 노력은 무척 했지만, 조선의 자연지형과 문화역사 조건에 맞추어 조선의 풍수이론라고 할 만한 저술을 생산하지는 못했다. 조선은 중국과 제반 지리적 조건이 엄연히 달랐음에도 불구하고, 조선의 풍수론을 적극적으로 정립하려는 노력이 부족했다.

세종 때만 해도 그랬다. 당시에 조정은 조선의 천문 실정에 맞는 역법(曆法)

인 칠정산(七政算)을 명나라 대통력(大統曆)을 참고해 만들었다. 선조 때의 허준(1539~1615)은 왕명으로 동의보감(東醫寶鑑)을 만들어 조선의 의학서로서 표준을 세웠다. 그럼에도 불구하고 천문과 의학의 성과에 비견할만한 조선 풍수의 수립 성과는 미약했다. 제도적으로 관상감에 다수의 풍수관원들이 전문지식인으로 활동하고 있었지만, 능자리와 태실지를 정하는 등의 실무적인 일을 하는 데만 치중하였고 창의적인 연구는 부족했다.

조선왕실에서 주도하여 전개한 것으로서 내로라하는 풍수담론이랄 것이 없다는 것도 아쉬움이다. 고려왕조에는 도선(道詵)으로 대표되는 비보풍수론이 국가의 이념으로까지 기능하였음에도 불구하고, 조선왕조에는 전왕조에 비견할만한 인물도 담론도 없었다. 조선왕조의 인성풍수도 실제적으로는 사상적 지향성만 있었지 현실적으로는 철저하게 이행하거나 사회전반에서 실천하지도 못하여, 조선왕조의 사회사상을 이끄는 풍수적 패러다임이 되지 못하였다. 조선왕실은 국토 곳곳에 풍수문화의 꽃은 피웠지만, 열매가 채 익기도 전에 일제강점기와 근대의 파고가 닥쳤다.

왕실풍수 현장의 인상과 아쉬움

조선왕실의 풍수문화를 쓰는 동안 여러 태실·궁성·산릉 들을 찾아다니며 현장을 보았다. 그때마다 찍은 책 속의 사진들은 있는 그대로의 모습이기도 하지만 왕실경관을 바라보는 필자의 시선이 담겨있다.

전국에 흩어져 있는 왕태실을 찾아보니, 태실터는 일반적인 묏터나 삶터풍수의 명당 입지와는 전연 형태가 달랐다. 모든 왕태실이 나지막한 봉우리의 꼭지에 자리 잡고 있었다. 일반적으로 명당지에 요구되는 산줄기나 좌청룡·우백호 등을 고려하지 않은 점도 인상적이었다. 왜 태실지를 그런 곳에 두었을까 마음속에 늘 궁금해했는데, 그 의문은 봄날 시골집 텃밭에서 호박씨를 심다가 풀렸다. 다를 바 없는 봉긋한 흙무더기의 꼭지에 생명의 뿌리인 씨를 심는 것과 태를 묻는 행위는, 똑같이 생명을 피워 올리려는 유비(類比)로서 상통하는 이치가 아닐까.

한양 궁성이 실제 어떻게 자리 잡고 있는지도 궁금하여 북악산·낙산·인왕

산·남산 마루에서 여러 각도로 조망하고 둘레의 도성길을 둘러보았다. 안산(무
악) 꼭대기에 올라 태조와 태종이 도읍지를 살피는 장면을 상상했고, 승문원터
빌딩 옥상에 서서 세종 대에 명당 논쟁이 벌어졌던 현지 지형을 눈여겨 살피기
도 했다. 답사를 마치고 나니 조선왕조의 한양 궁성은 풍수적 장소성이 굳건한
토대를 이루고 있음을 확신할 수 있었다.

왕릉도 북한에 있는 제릉과 후릉, 그리고 출입이 통제된 효릉 외에는 다 가보
았다. 능침을 중심으로 뒤로 산줄기 맥은 어떻게 연결되는지, 앞으로 두른 산줄
기 형세는 어떤 모습인지 유심히 살폈다. 산기슭에 들어선 조선왕릉의 입지경
관은 평지에 주로 있는 신라왕릉, 산복에 자리 잡은 고려왕릉과 달랐다. 같은
조선왕릉이라도 주위 산의 높이와 거리, 능침을 에워싸는 형세 등에서는 일반
적인 패턴을 보이면서도, 각 왕릉마다 디테일한 경관 모습과 지형 조건은 개성
적이고 다양했다.

조선왕실의 풍수 현장을 훑어보고 나니 이런 공간적인 이미지가 떠오른다.
가운데는 한양 궁성의 중심축이 있다. 거기에서 산릉이라는 40여 개에 이르는
왕실의 뿌리는 도성 100리 안에 사방으로 뻗어있다. 그리고 태실이라는 수많
은 왕실의 씨앗은 광역적으로 전국 곳곳에 심어있다. 한양을 중심으로 국토 전
역의 명당길지마다 일종의 기지국을 둔 셈이다. 마치 고려왕조가 국도 개성을
중심으로 전국의 명산마다 비보사찰을 배치한 것이나 상징적 의미가 다름이 없
다. 그것은 중앙권력이 풍수 요소의 상징성을 통해 지방통치를 효과적으로 수
행하는 공간정치적인 의미로도 해석할 수 있다.

왕실풍수의 현장을 다녀보면서 느낀 아쉬움도 없지 않았다. 궁성이나 산릉에
비해 태실지의 관리 실태는 거의 방치 수준이었다. 일제강점기에 전국의 태실
을 고양의 서삼릉으로 옮긴 이후, 정작 원래 자리는 버려져 있거나 민간인 묘소
가 들어서 있었다. 현종과 순종 태실지처럼 태봉 자체가 개발로 깎여나가 없어진
곳, 태조와 영조 태실지처럼 원 위치를 벗어나 복원된 곳, 예종과 성종 태실지처
럼 엉뚱한 곳으로 석물을 옮겨서 전시한 경우도 여럿이었다. 일제강점기 때 서삼
릉에 모아둔 태실은 아직도 공동묘지의 묘비처럼 그 모습의 생경함이 여전하니,
광복 70주년이 지났지만 문화적인 자주성의 회복은 아직도 갈 길이 먼 것 같다.

모든 문화재가 그렇지만, 태실이 태실로서 그 온전한 모습과 가치를 발휘할 수 있는 것은 조성 당시의 제자리에 있을 때이다. 태실은 건조물을 포함한 태봉 그 자체가 완전성 있는 문화경관 유산이기 때문이다. 이런 태실지에 석물만 똑 떼어 다른 곳에 복원해 전시한들 그 진정성과 심미적 감동은 원래 자리에 있는 것에 비할 수 없다. 토함산 자락에 있는 불국사의 다보탑을 경주의 박물관 실내에서 관람하는 것과 마찬가지 격이다. 특히 풍수와 관련된 역사문화유산은 장소의 현장성이 유산의 존재 이유라고 해도 과언이 아니다. 문화재를 경관유산으로 보는 올바른 시선이 필요하다.

글을 마무리하며

풍수전공자라면 일반인들에게 흔히 받는 질문이 있다. 조선왕조는 제일가는 명당만 골라 썼는데 왜 나라가 망했느냐는 것이다. 풍수 발복과 실제 효용에 대한 본질적인 질문이다. 이에 대해 몇 가지 측면으로 대답할 수 있다.

이 의문은 고질적인 풍수결정론의 도그마에 빠진 인식의 오류일 수 있다. 풍수는 나라의 흥망을 좌우하는 절대적인 요인이 아니다. 명당만 잘 쓰면 수백 년의 부귀영화를 누린다는 말은 허무맹랑한 주장일 뿐이다. 지리[風水]보다 인사(人事)가 중요하다는 사실은 지나온 조선왕조사가 검증했다.

더구나 모든 산릉이 실제로는 명당자리에만 들어서지 않았다. 정치권력의 논리로 능자리가 결정되거나 이장되는 경우도 여럿 있었다. 왕릉지를 결정짓는 데 작용했던 실제 요인은 정치사회적 권력관계의 역학이었고, 여러 경우에 풍수는 그것을 치장하는 외피이거나 합리화하는 논리였다.

중국풍수의 명당 원리와 모식을 한국풍수에 그대로 적용시킬 수 없다는 점도 지적할 수 있다. 한국인의 밥상은 중국인의 밥상과 다르듯 명당도 차이가 날 것이기 때문이다. 그래서 명당은 지역적인 지형환경과 시대적인 사회문화의 소산이라고 하는 것이다.

한국인의 전통적이고 원형적인 공간모형으로서 표준적인 명당을 파악하기 위해서는 역사적인 대푯값으로 조선왕조에서 고른 명당을 살피는 것이 우선이다. 이 책이 삶터명당으로서 궁궐, 묏터명당으로서 산릉, 그리고 태실명당까지를 주목한 이유는 여기에 있다.

이런 생각으로 조선왕실의 풍수문화를 정리하다 보니 앞으로의 연구 과제도 떠올랐다. 지리정보시스템(GIS)을 활용해, 조선왕실을 비롯하여 조선시대 사람들이 염두에 둔 전형적이고 이상적인 명당 모형을 일반화하고 그 특징을 분석하면 어떨까. 이를 기반으로 현대적인 한국인의 주거와 삶터의 공간적 원형으로 활용하면, 풍수가 현대적으로 기여하는 한 방안이 될 수 있을 것으로 생각한다.

탈고를 앞두고 정작 마무리된 원고를 보니, 조선왕실의 풍수문화는 너무도 방대한데 주마간산 격으로 피상적인 일부분만 조명한 것 같다. 사실적인 정리에 급급해 책의 분량만 늘어난 셈이 되었다. 조선왕실의 풍수 전반을 다룬 저술이라 위안을 삼으면서도 능력의 한계를 절감한다. 보다 본격적인 분석과 깊이 있는 해석은 다음으로 미루고자 한다.

작년 태릉 능침에 갔을 때 감회가 떠오른다.

"아름다움을 감수하는 주체도 산자만의 몫일지니, 살아생전의 영화와 곡절이라도 죽고 나서는 휑한 바람만 스친다. 지나간 자가 남긴 것은 한가지로 처연하고, 그 정경을 말없이 보는 나도 돌사람이 되었다. 아침 산새소리 맑게 지저귀더니 어느새 동녘 산자락에 햇살 비춘다."

이 책이 나오기까지 도움 주고 수고하신 모든 분께 마음 깊이 감사드린다.

2021년 새봄 드는 날
남명학관 연구실에서 최원석

차 례

일러두기

1. 궁성·태실·산릉의 순으로 문헌을 정리하고 고지도와 현지사진을 게시했다.

2. 위성사진도 최대한 활용하여 지형경관을 조감하고 지리정보를 확인할 수 있도록 했다.

3. 사진, 고지도 등의 설명 가운데 '왼쪽', '오른쪽'의 표기는 독자가 이미지를 바라보는
   시점에서 나타낸 것이다.

4. 본문의 이해를 돕기 위해 다음과 같이 처리했다.
   - 어려운 용어는 괄호를 넣어 설명했고, 보충할 내용은 박스로 제시했으며, 끝에
     참고자료를 수록했다.
   - 지명은 가급적 오늘날의 이름(북악 등)을 기준으로 적었지만, 인용문에
     옛 지명(백악 등)이 표현된 경우는 본문에도 그대로 사용했다.
   - 고지도와 사진이미지 중의 특정요소에는 한글을 부기하여 알아보기 쉽도록 했다.
   - 태봉 사진에서 태실지가 있는 위치는 화살표( )로 표시 했다.

5. 옛 방위는 화살표[午向: ↓]로 알기 쉽게 병기했다. 방위도를 도식화하면 다음과 같다.

방위도

24방위도
8괘도

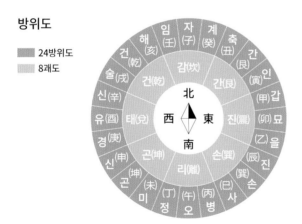

1부
조선왕실 풍수문화의 전개

"우리 조상께서는 나라를 세우고 도읍을 정하는 데에 지리를 살펴서 정하시고, 백성들의 부모를 장사지내는 데에도 반드시 산수의 지형을 보게 하였으니, 지리가 세상에 유행된 것은 예전부터였다."

『세종실록』, 15년 7월 15일

"나는 인정(人情)이 편안한 뒤에야 지리(地理)도 길해진다고 생각한다. 백성을 옮기는 일에 관해서는 내가 이미 여러모로 계획을 세워 각각 살 곳을 정해 안주하게 하였거니와…."

『정조실록』, 13년 7월 11일

조선왕실에서 탄생-삶-죽음으로 이어지는 공간생활사는 각각 태실-궁성-산릉으로 대응한다. 태실은 왕실 자손들의 태를 안장하는 곳이다. 궁성은 왕실의 사람들이 거주하는 곳이다. 산릉은 왕과 왕비를 장사지낸 곳이다. 그 장소의 조성 동기와 기능, 분포와 입지는 풍수와 깊은 연관이 있다.

동아시아와 한국에서 풍수문화가 가장 번성했던 조선왕실, 그 권위의 장소 궁성, 생명의 터전 태실, 영속의 공간 산릉이 풍수를 둘러싸고 어떻게 전개되었는지 역사와 현장 속으로 들어가서 살펴보자.

1. 조선왕실의 풍수 실천과 태도

궁성·태실·산릉의 풍수문화사

일반적으로 풍수의 역사적인 서술 방식은 풍수이론사와 풍수문화사로 나눌 수 있다. 풍수이론사는 이론 체계의 구성과 발전 과정에 초점을 맞추고, 풍수문화사는 정치, 사회, 제도, 의례 등 생활 영역의 전개와 변천에 중점을 둔다. 조선의 왕실풍수는 문화사의 입장에서 풍수적 공간생활사와 장소미학을 조명하였다.

이 책은 조선왕실에서 풍수문화는 어떻게 전개되었는지 그 역사적 실제와 현장을 사실적으로 고찰하였다. 태어나면 태실을 조성하고, 궁궐에 살다, 죽어 산릉에 묻히는 조선왕실의 생애공간을 풍수의 시선으로 살펴보았다.

조선왕실의 풍수문화에 접근하기 위해서는, 풍수의 일반적인 분류로서 삶터풍수[陽宅風水]와 묏터풍수[陰宅風水]와는 다른 개념과 범주가 필요하다. 따라서 조선왕실의 풍수경관을 대상으로 궁성풍수·태실풍수·산릉풍수라는 세 가지 유형으로 구성하였다.[1] 조선왕실의 궁성·태실·산릉에 초점을 두고 풍수문

● 조선왕실의 생애주기와 풍수유형

---

1. 궁성은 도성과 궁궐을 통칭하며, 궁성풍수는 삶터풍수의 하위 범주다. 태실은 왕실의 태를 묻는 시설이며, 태실풍수는 궁성·산릉풍수와 동일한 범주다. 산릉은 왕과 왕비의 묏자리를 이르며, 산릉풍수는 묏터풍수의 하위 범주다.

화사를 개관하여 보자.[2]

왕조 초기에 도성 계획과 궁궐 조성 과정에서 풍수는 강력한 영향력을 발휘했다. 태조의 한양 천도와 태종의 한양 재환도 과정에서 어디를 궁궐터로 정할 것인지 결정하는 데 풍수는 지침이 되었다. 세종 대에 경복궁이 왜 명당일 수 있는지에 대한 풍수논쟁도 조정에서 치열하게 벌어졌다. 한양 궁성이 처한 풍수적 조건에 대한 다양한 보완(비보) 역시 성종 대까지 활발히 이루어졌다. 중후기로 가면서 왕도 공간이 안정화되면서 풍수 논의는 궁궐을 중심으로 부분적이거나 지엽적으로 제기되었다. 그러나 광해군 대에 제기되었던 교하천도론이나 경덕궁(경희궁)과 인경궁의 건설로 풍수담론은 다시 한번 크게 부상하였다.

태실은 초기에 왕실에서 중요하게 취급하였다. 그러나 태실의 조성과 관리 과정에서 발생하는 왕실의 부담과 백성들의 폐해가 누적되면서 중후기에는 그 가치가 약화되는 경향이 나타났다. 이러한 분위기는 태실지를 궁성과 가까운 경기 권역에 선택하는 방편으로도 나타났고, 하나의 태봉에 여러 태실을 한꺼번에 조성하는 형식으로도 드러났다. 그래서 태실풍수사를 시기구분하면 태실의 비중이 컸던 태조에서 예종까지, 태실의 비중이 약화되는 성종에서 순종까지로 나눌 수 있다.

조선왕조의 유교 이념 영향으로 산릉은 가장 풍수와 밀접하게 관계된 왕실경

풍수론과 궁성·태실·산릉

모든 풍수 행위는 나쁜 일[凶]은 피하고 좋은 일[吉]을 추구함[趨吉避凶]을 목적으로 한다. 그 방법은 풍수적인 기준에 따라 터의 좋고 나쁨[吉凶]을 평가하여, 나쁜 터를 피하고 좋은 터에 자리 잡는 것으로 수행된다. 삶터(궁성 등)와 묏터(산릉 등)는 공간규모만 다를 뿐 풍수 원리는 매한가지다. 궁성·고을·마을·주택·묏터 등의 순으로 스케일은 달라지지만 갖춰야 할 풍수 입지 조건은 동일하다. 다만 태실은 예외적으로 풍수입지 원리와 명당 조건이 일반풍수와 다르다. 태실은 봉우리 꼭대기에 들어서며, 산줄기의 연결성과 청룡·백호·주작·현무의 사방산(四方山, 四神砂)을 필요로 하지 않는다. 풍수서의 관련 논의를 보자.

---

2.   여기서 왕실의 사전적인 뜻은 왕의 집안이지만, 왕의 계열 혹은 시대를 뜻하는 왕조와 혼용하여 쓸 것이다. 서술 대상과 내용은 조선왕조의 풍수 실천과 활용으로 한정한다.

"사람이 날 때는 태로 인하여 장성하게 되는데, 그 현명하고 어리석음과 성하고 쇠함 모두 태에 달려있으니 태란 것은 신중히 하지 않을 수가 없다." 『태장경』

"경도(京都)나 제도(帝都)는 만 개의 물과 천 개의 산이 모두 신성한 한 곳으로 모인다. 산이 모이는 곳은 (규모가) 작으면 마을이 되고 크면 경도가 된다." 『명산론』

"삶터와 뒷터는 크게 다를 것이 없다. 다만 삶터의 산줄기는 길고, 혈은 넓으며, 물은 크게 모이거나 굽어 돌고, 산은 크게 맺어 멀리 허리를 굽히는[揖] 것뿐이다. 대개 삶터는 역량이 뒷터보다 크므로 반드시 크게 모인 뒤에 맺힌다. 모이는 것이 많을수록 국면의 세력이 넓고, 국면이 세력이 넓을수록 맺히는 것이 크다. 상격(上格)은 수도나 대도시가 되고, 다음은 군·읍 정도가 되고, 작은 것은 마을이나 집터가 된다." 『인자수지』

관이 되었다. 산릉의 조성과 관리가 조선왕실에서 차지하는 큰 비중과 사회적인 영향력으로 말미암아, 능자리 선정과 이장 등의 과정에서 권력집단 간에 정치적으로 풍수를 이용하는 현상마저 빚어졌다. 태실과 궁성풍수의 경우는 조선 후기로 갈수록 약화되는 경향으로 나타났지만, 산릉풍수는 조선왕조 전 시기를 걸쳐 강성하게 유지되면서 제도적으로 일관되게 실행되었다.

고려·조선왕조의 풍수 사상 비교

풍수는 고정 불변하는 지식이 아니라 사회의 변화에 따라 역사적으로 다양하

고려왕조의 비보풍수·풍수도참론 ➡ 조선왕조의 명당풍수·풍수지리론

• 풍수문화의 사상적 속성과 요소 대비

게 변주되어 온 지식체계다. 조선왕조의 풍수문화는 고려왕조와 대비해서 볼 때 그 정체와 특징이 뚜렷해진다.

고려왕조의 풍수문화를 구성하는 사상 요소는 도참·풍수·불교 세 가지다. 상대적으로 조선왕조의 풍수문화를 구성하는 사상 요소는 지리·풍수·유교 세 가지다.

풍수지식인과 엘리트의 경우 고려왕조에는 승려가 많았지만 조선왕조에서는 유신(儒臣: 유학지식인 관료)이 다수였다. 조선왕조에서 묏터풍수의 기준은 주자(朱子) 등 유교의 선현들이 실행했던 풍수에 대한 시선과 태도였다. 국가의 풍수 과거 시험과목으로 『명산론』이나 『지리신법호순신』처럼 중국의 유학자가 쓴 책도 지정해 활용했다. 조선왕조에서는 유교사상을 토대로 풍수지식을 변주(變奏)하였던 것이다.

고려왕조에서는 풍수도참이 지배층과 지식인 엘리트에 영향력을 크게 미쳤다. 풍수 과거 시험과목도 도참서의 색채를 띠고 있었다. 불교사상이 포함된 비보풍수도 널리 성행했다. 하지만 조선왕조는 불교적인 비보풍수와 예언적인 도참사상을 배제했다. 조선 초기를 제외하면 도참을 떼어낸 풍수지리만 논의했다. 풍수 논리에 준거한 비보만 궁성과 산릉 등의 경관조성에 실행하였다. 유교적인 인본주의와 합리주의 이념으로 지침을 삼았기 때문이었다.

따라서 조선왕조에서 궁성·태실·산릉의 조성과 관리에서 실행한 풍수 행위와 방식은 정교한 풍수지리학의 논리와 체재에 기초한 것이었다. 이른바 명당풍수론이 그것이다. 조선왕조에서는 중국의 형세론과 이기론으로 구성된 전문적인 풍수서를 대거 도입해 활용했기에 풍수이론에 대한 이해의 수준이 높았다. 그것은 궁성·태실·산릉의 풍수 논의에서 고려시대보다 훨씬 치밀한 풍수적 해석과 적용을 할 수 있는 배경이 되었다.

그럼에도 불구하고 조선왕실의 풍수 실행에는 관행적으로 고려왕실 풍수의 연속성을 띠고 있었다. 조선 초기에 한양 도읍지 선정 과정에서 고려의 유습인 도참이 비중 있게 거론되는 현상도 그 반증이다. 조선왕실의 궁성과 태실, 산릉의 입지와 배치에도 고려왕실의 풍수 관성이 기본적으로 작용하였다. 조선의 한양 궁성에 드러나는 특징으로, 주산과 주맥을 중시하는 풍수 인식만 하더라도 고려의 개경 궁성의 그것과 유사한 방식을 띠고 있다. 조선 초기에 경복궁과 창덕궁 등을 설계하고 건설한 주역은 고려왕조의 궁성에서 살았던 인물들이었기에 당연히 그 당시의 경험이 투영되었을 것이다.[3]

풍수담론의 변주

조선왕조에서 풍수의 학문적 위상은 유학의 경학(經學)에 미치지 못하는 술법(術法)에 불과한 것으로 취급됐다. 그렇지만 풍수는 예부터 왕실의 터잡기에 활용해 온 무시할 수 없는 경험적 지식이기도 했다. 상대적으로 고려왕조는 불교적 이념체제 하에서 풍수에 대해 차별을 두지 않았다. 그러나 조선왕조의 유교적 이념체제 하에서 풍수를 차별 없이 받아들이기는 어려웠다. 성현(聖賢)의 학문[聖學]인 유학에 비해 풍수는 기술학(술수)일 따름이었다.

조선왕실의 궁성·태실·산릉 등에서 모든 터잡기는 풍수가 기본이었기에, 풍수의 실천과 활용 과정에서 유학의 이념과 기준에 어긋나면 갈등의 소지가 되었다. 때때로 조선왕조의 왕실과 관료 등의 계층에서 풍수에 대한 의론이 합치하기도 충돌하기도 했다.

풍수담론의 변주를 이루는 사상요소의 관계를 유학과 풍수, 풍수와 도참, 풍수와 비보 등으로 대별하여 살펴보자.

유학과 풍수는 섞이기 어려운 관계라고 보아도 지나친 말이 아니다. 하늘과 땅과 사람의 세계관에서 유학의 방점은 하늘과 사람에 있었다. 사람의 인사(人事)를 땅의 지리보다 중시하는 입장에 섰다. 그렇지만 유학의 기본 이념인 효의 실천에서, 부모를 편안하게 모실 묏터를 무시할 수 없다는 점, 신유학(성리학)에 와서는 주자도 풍수를 활용했다는 점 등으로 풍수와 접점이 만들어졌고, 실행 과정에서 둘은 경계가 다소 모호해진 점도 있었다.

풍수와 도참도 사상의 속성으로는 다른 것이다. 풍수는 공간적인 논리이고, 도참은 시간적인 논리이다. 지리적인 정체성의 풍수에 비해 도참은 사회적인 지향성을 띤다. 고려왕조는 풍수와 도참을 같이 활용해 '풍수도참'이라는 고유명사로 통용될 정도로 둘은 긴밀하게 결합했다. 이러한 관성적인 영향으로 조선왕조에서 풍수와 도참은 초기에는 혼재되어 나타났다. 그러나 점차 예언적인 도참

---

3. 정우진, 고제희, 「조선시대 궁궐 정전(正殿)의 배치형식에 투영된 풍수구조」, 『한국전통조경학회지』 34(1), 2016, 18~39쪽에 관련 논의가 있다.

● 헌릉. 태종과 원경왕후 민씨의 쌍릉이다. 서울 대모산 기슭에 있다. 고갯길의 폐쇄여부를 둘러싸고 조정의 논쟁이 벌어졌다.

논리는 유학자들에 의해 비판되면서 배제되고 지리적인 풍수 논의로 전개된다.

비보는 역사적인 전개과정에서 풍수와 또 다른 범주를 가지게 되었다. 고려 왕조의 비보는 불교와 섞여서 한편으로는 풍수와 겹치고 한편으로는 다른 궤적을 걸었다. 그 대표적인 담론이 도선의 비보설이었다. 비보설은 도참의 일종이자 변이로 인지되기도 했다. 유교를 나라의 이념으로 하는 조선왕조에서 불교적 비보 혹은 도선의 비보설은 유신(儒臣)들에게 강력한 비판을 받았다. 그래서 성종 이후로는 조정에서 힘을 잃었다. 오로지 풍수적 비보만 왕실에서 경관보완책으로 활용되었다.

이상과 같은 인식의 테두리로 풍수의 정치적 실행 과정을 조명하면 조선왕조에서는 다양한 풍수담론의 변주 형태가 드러난다. 경우에 따라 국왕은 국정수행의 필요에 따라 풍수를 유연하게 활용하고자 했다. 일부 유신들은 유교이념의 도를 넘는 풍수 행위에는 제동을 걸었다. 국왕의 국정 의지와 명분이 강력하고 뚜렷할 때, 그리고 왕권과 신권의 관계에서 국왕이 명백히 우세한 입장에 있을 때는 풍수를 사이에 둔 대치와 충돌은 크게 심각하지 않았다. 구체적인 사실(史實)을 통해 살펴보기로 하자.

조선 초기에 한양으로 천도하는 과정에서 풍수를 적극 활용하려는 태조에 대해, 정도전(1342~1398)은 유교의 사상 토대에서 비판적인 입장에 섰다. 당시의 대세는 태조가 주도했고 풍수 논리가 우세했다. 정도전은 "여러 사람의 의논이 모두 음양술수를 벗어나지 못한다."고 풍수 논의에 치우친 분위기를 비판하면서 반대 주장을 펼쳤다. '나라의 통치 요체는 사람과 인사(人事)에 달려있고, 하늘이 부여한 타이밍[天時]을 판단하는 것에 있지, 결코 지리(풍수)에 있지 않다.'는 것이다. 실록에는 이렇게 적고 있다.

"(나라의) 잘 다스려짐과 어지러움은 사람에게 있는 것이지 지리의 성쇠(盛衰)에 있는 것이 아님을 알 수 있습니다. 위로 천시(天時)를 살피시고 아래로 인사(人事)를 보아 적당한 때를 기다려서 도읍터를 보는 것이 완전한 계책입니다.

지금 지기(地氣)의 성쇠를 말하는 자들은 마음속으로 깨달은 것이 아니라, 다 옛사람들의 말을 전해 듣고서 하는 말입니다. 그러나 신이 말한 바는 옛사람들이 이미 징험한 말입니다. 어찌 술수한 자만 믿을 수 있고 선비의 말은 믿을 수 없겠습니까? 삼가 바라옵건대, 전하께서는 깊이 생각하여 인사를 참고해 보시고, 인사가 다한 뒤에 점[卜筮]을 상고하시어 자칫 불길함이 없도록 하소서." 『태조실록』 3년 8월 12일

한편으로는 계층의 입장과 사상의 토대에 따라 하나의 풍수 사안을 둘러싸고 격렬하게 대립하는 모습을 빚기도 했다. 그 담론의 대척점에 선 집단은 유학을 배경으로 한 관료와 왕실에서 풍수를 담당하는 관료로 드러나기도 했다. 국왕은 정책 결정자이자 실행자로서 입장과 목적에 따라 두 담론을 조정하거나 절충안을 선택하기도 했다.

1430년(세종12)에, 헌릉 고갯길의 폐쇄 여부를 둘러싸고 조정에서 논쟁이 벌어졌다(자세한 논의는 본문 4부의 360~364쪽을 참고 바람). 여기에 술사와 유신(儒臣) 간의 풍수에 대한 입장이 대비되었다. 그 사이에 정책을 조정하는 책임자로서 국왕의 의중과 태도가 미묘하게 드러났다. 이 논쟁은 겉으로는 두 풍수사(風水師) 사이에 벌어진 견해의 차이로 충돌하지만, 실질적으로는 원리적인 풍수 논리와 실용적인 경세 논리가 대립한 것이었다. 논쟁 과정에 풍수사 간, 풍수사와 유신 간, 유신과 국왕 간에 담론의 차이가 전개된다.

풍수에 대한 신하들 간 입장의 충돌과 이에 대한 국왕의 조정은, 세종 대에 풍수학의 경연(經筵: 왕이 궁중에서 신하와 학문을 강론하는 제도) 채택 여부에도

• 태조 어진(1872년 작, 경기전 소장). 한양의 풍수시대를 연 장본인이다.

적나라하게 드러났다. 유신들의 풍수 반대 주장에 대한 세종의 반론과 방패는 두 가지였다. 관행적으로 태조와 태종이 풍수를 썼다는 것이고, 현실적으로 유학의 선현들도 적절하게 풍수를 활용했다는 것이었다. 당시 유신들의 입장에서도 풍수에 대한 두 겹의 시선과 태도가 보인다.

하나는 정통주의적인 배척론이다. 경연은 성현의 학문(聖學)을 강론하는 자리인데, "풍수학은 잡스런 술수[雜技] 중에서도 가장 황당하고 난잡한 것", "이단의 괴상하고 올바르지 못한 글"이니 강론에 참여시키는 것이 옳지 못하다는 것이었다.

예조 좌참판 권도가 아뢨다. "공자가 말하기를, '이단을 연구하는 것은 해로울 뿐'이라고 하였습니다. 이제 집현전으로 하여금 그 문서를 강습하여 장차 자문에 대비하게 하셨다니, 신은 더욱 놀랍습니다. 하물며 괴상하고 올바르지 못한 글을 친히 읽으시어, 그 학설을 연구하신다는 것은 불가함이 더 말할 것이 없습니다. 혹시 뒷세상에서 본받아서 한층 더한다면 그 학설에 혹하게 됨을 면하지 못할 것입니다. 진실로 공자의 말씀한 바와 같게 될 수가 없을 것이니, 어찌 염려하지 않을 수 있겠나이까. 『세종실록』 15년 7월 15일

다른 하나는 권도(權道: 변통하여 쓰는 방편)주의적인 실용론이다. 세종의 풍수활용과 학습에 대한 의지가 완강하자, 풍수반대파의 신하는 한 발 물러나서, "풍수학도 역시 국가를 위하는 한 가지 소용되는 것[爲國之一務]이라 폐지해버릴 수는 없다."고 인정했다. 결국에는 '나라의 쓰임새'[國用]로서의 가치를 인정하면서 풍수학의 강습을 권하게 된다. 실록에는 그 장면을 다음과 같이 생생하게 적었다.

지신사 안숭선(安崇善) 등이 아뢨다. "경연(經筵)은 오로지 성현의 학문을 강론하고 구명하여 정치 실시의 근원을 밝히는 곳인데, 풍수학(風水學)이란 잡된 술수 중에서도 가장 황당하고 난잡한 것이오니, 강론에 참예시킴이 옳지 못하옵니다." 세종이 말했다. "비록 그러하더라도 그 근원을 캐 보아야 하겠다." 하니, 안숭선 등이 다시 아뢨다. "전부터 이미 경전의 학문만을 한결같이 해 왔는데, 이제 만일 잡된 학문을 강론한다면 오랜 쌓은 공[積功]이 한번 실수로 헛되이 될까 실로 두렵습니다. 그러나 그 학문도 역시 국가를 위하는 한 가지 소용되는 것이라 폐해 버릴 수는 없습니다. 원컨대 경학에 밝은 신하를 선택하여 강습하게 하시되…." 『세종실록』 15년 7월 7일

국왕들의 풍수 인식

조선의 국왕들은 풍수를 어떻게 인식했고 풍수에 대한 태도는 어땠을까? 27대로 이어진 왕 중에서 태조·태종·세종·선조·광해군·정조 등은 풍수에 대한 믿음이 깊거나 활용 정도가 높았던 왕으로 꼽을 수 있다. 반면에 성종과 중종 등은 풍수에 대한 부정적인 인식과 태도의 일면을 보였다.

태조와 태종은 한양 천도 과정에서 드러나는 면모를 보더라도 풍수에 대해 상당한 믿음을 가지고 있었음이 확인된다. 세종은 재임 시에 경복궁 명당 논쟁, 헌릉 길 폐쇄 여부 등 여러 풍수 현안과 맞닥뜨렸다. 선조는 개인적으로 풍수를 대단히 믿었고 본인 태실의 길지 봉안에 대한 애착도 컸다. 중국인 지관을

과대평가하는 사대적(事大的)인 태도를 보이기도 했다. 광해군은 교하천도가 좌절되자 경덕궁과 인경궁의 축조를 통해 왕권을 강화하고자 했다. 정조는 아버지 사도세자의 이장을 목적으로 풍수에 대한 깊은 관심과 지식을 가졌다.

각 왕들은 당면한 국정의 풍수 현안과 통치 목적에 따라 풍수에 대한 믿음과 태도가 좌우되었다. 실록에서 왕들의 발언을 인용해서 들여다보자.

태종은 국도를 정하기 위해 기본적인 풍수지식도 습득했다. 1404년(태종4) 10월 4일, 태종은 한양 재환도를 위한 현지답사 과정에서 중신들과 궁성터에 대해 논의했다. 그때 태종은 한양의 수(水) 조건을 풍수이론으로 따져보면서 궁성터에 대해 "내가 지리서를 보니, '먼저 물을 보고 다음에 산을 보라.'고 말하였다."[4]라고 근거를 제시하기도 했다.

세종은 풍수설을 "다 믿을 수도, 다 폐할 수도 없다."고 이중적인 태도를 나타냈다. 풍수서에 대해서도, 허황된 면이 없지 않다는 단서를 달면서도 "아주 버릴 수는 없다."고 일정 정도의 수용적인 자세를 보였다. 그 근거는 '예전의 통달한 선비[通儒]와 위대한 현인[大賢]도 풍수설을 피하지 않았다는 것', '태조도 도읍을 건설하고 산릉을 정하는 데에 지리를 썼다는 것'이었다. 실록에서 세종의 말을 직접 들어보자.

"지리의 설은 비록 다 믿을 수는 없지만 또한 다 폐할 수도 없다. 지리는 맥세(脈勢)가 뒤섞여 진실로 정밀히 살피지 않으면 그 요지를 얻기 어렵다. 옛날 곽박(郭璞, 276~324)은 전문으로 술수를 숭상하였으나 제 목숨도 좋게 마치지 못하여 후세에서 허황하다고 지칭하였다. 그러나 소자첨(蘇子瞻: 소동파, 1036~1101)은 그 어머니를 숭산(崇山)에 장사지냈다. 주원회(朱元晦: 주자, 1130~1200)는 자기의 묻힐 땅을 미리 정하였다. 통달한 선비와 큰 현인도 역시 이것을 피하지 않았다. 하물며 우리 조종(祖宗: 태조)께서도 도읍을 건설하고 산릉을 정하는 데에 모두 지리를 썼음에랴." 『세종실록』 15년 7월 10일

"지리서를 가지고 믿을 것이 못된다 함은 내가 받아들일 수 없다. 지리의 서적이 정통인 경서가 아니어서 간혹 허황하고 망령됨이 있지마는 아주 버릴 수는 없는 것이다. 옛 사람들도

---

4. 『태종실록』 4년 10월 4일

이렇게 지리를 폐하지 않았다. 태조께서 나라를 세우고 도읍을 정하는 데에 지리를 살펴서 정하셨다. 신하와 백성들의 부모를 장사하는 데에도 반드시 산수의 지형을 보게 하였다. 지리가 세상에 유행된 것은 지금이 아니고 예전부터였다. 태종께서 일찍이 말씀하시기를, '지리를 쓰지 않는다면 몰라도 쓴다면 정밀히 하여야 한다.' 하셨다. 건원릉도 모두 지리를 써서 정했는데, 유독 궁궐 짓는 데에만 지리를 폐하는 것이 옳겠는가."『세종실록』 15년 7월 15일

세종은 풍수에 대한 지식이나 관심이 남달랐음에도 불구하고 본인의 묏자리는 풍수에 크게 구애되지 않았다. 그저 부왕(父王)인 태종 곁에 묻히면 된다고 생각했다. 자리를 정하기에 있어 효성(孝誠)이 위주였던 것이다. 완벽한 명당자리가 아니라도 보완(비보)하면 된다고 여겼다. 그래서 스스로 대모산 헌릉 곁에 보토(補土)하여 자기가 묻힐 자리를 생전에 정했다.

어릴 적 성종과, 뒤를 이은 아들 중종은 풍수설을 믿지 않았다. 성종은 풍수는 크게 길한 감응이 없어 허탄(虛誕: 허황되고 속임)하다고 말한 대비(大妃)의 말을 그대로 긍정하였다. 중종도 아버지 성종의 영향을 받아 풍수에 대해 부정적이었다. "풍수설은 믿을 수 없을 뿐만 아니라 태실지를 고르고 안태하는 것은 무익(無益)하다."고도 말했다.

"대비의 말씀에, '근래에 나라에서 택지(擇地)하는 것이 비록 면밀하기는 하나, 대길(大吉)한 감응이 없으니, 풍수설은 허탄(虛誕)하다고 할 수 있다.' 하였으니…"『성종실록』 7년 11월 18일

중종이 일렀다. "풍수설은 본디 믿을 수 없는 것이라 안태하는 일 역시 관계될 것이 없는 일이다." 유용근이 아뢨다. "화를 당하고 복을 받으며 오래 살고 일찍 죽는 데에는 반드시 하늘이 정한 바가 있는 것이니 이것은 다 보탬이 없는 일입니다." 권벌도 아뢨다. "화복의 설이 무슨 관계되는 것이 있겠습니까? 상시 사대부의 집에서는 아들을 낳거나 딸을 낳거나 태는 죄다 불에 태우니, 이것은 화복에 관계되는 것이 아닙니다." 중종이 일렀다. "이것은 예전 관례를 따라 예사로 하는 일인데 과연 무익(無益)하다."『중종실록』 12년 11월 23일

선조는 조선의 국왕 중에서 풍수를 신봉하는 편이었다. 그래서 태실 조성에

백성들의 농번기를 고려하자는 신하의 건의도 "정해진 시기가 있다."며 받아들이지 않고 강행했다. 선조는 국내 풍수보다는 중국 풍수를 사대적(事大的)으로 치우치게 평가하는 면모도 드러난다. 왕비 의인왕후(1555~1600)가 세상을 떠나자 능자리를 구할 때, "조선에는 술사(術士)가 없어 지맥에 능통한 자도 없다."면서 중국 술사에게 직접 터잡기를 요청하라고 명한 적도 있다.

광해군 역시 아버지 선조와 마찬가지로 풍수에 대한 믿음이 강했다. 이러한 그의 신념은 재위 당시에 경덕궁(경희궁)이나 인경궁을 새로 짓는 직접적인 이유로 작용했다. 터에 왕기가 서려 있다는 풍수설이 동기가 되었던 것이다. 교하로 천도할 것을 고집하였으나, 신하들의 극렬한 반대에 부딪힌 광해군은 결국 교하천도의 의향을 접고, 인왕산 아래에 인경궁과 경덕궁을 건설하는 것으로 방향을 돌렸다.

조선의 국왕 중에서 풍수에 대한 가장 깊은 식견을 가진 이를 한 사람 꼽으라면 단연 정조일 것이다. 정조는 아버지 사도세자의 이장을 위해 여러 풍수서를 독학으로 공부한 후에 풍수 원리를 꿰뚫었다. 본인도 "옛사람이 지리를 논한 여러 책을 읽고, 깊이 생각하고 탐색하여 마침내 그 종지(宗旨)를 얻은 듯하였다."[5]고 술회한 적이 있다. 그의 이러한 풍수지식은 사도세자의 현륭원 이장과 화성 건설의 현장에서도 유감없이 발휘됐다. 현지의 조건을 바탕으로 꼼꼼하고 세밀하게 풍수의 실행을 지휘 감독하였다. 정조는 풍수이론에 대한 식견도 높아 분명한 자신의 견해를 가지고 있었다. 그의 창의적인 풍수 안목을 두 가지로 요약하면 다음과 같다.

첫째, 풍수 대상의 스케일에 맞게 기준과 방법을 적용하는 식견을 갖추고 있었다. 따라서 묏터와 삶터에 대한 풍수 판단 기준도 달리 보았다. 묏자리는 맥과 혈자리에 집중하지만, 취락은 평탄하고 넓은 것이 좋다고 판단했다. 정조의 견해를 들어보자.

"만약 혹시라도 넓거나 크지 않다는 것으로 흠을 잡는다면, 이는 묏터[幽宅]과 삶터[陽基]의 크고 작음[大小]과 같고 다름[同異]에 차이가 있는 이치를 알지 못하는 것이다. 삶터

---

5. 『弘齋全書』 卷57 雜著4 遷園事實定園第

• 화성행궁의 정문, 신풍루. 정조는 도읍풍수의 기준으로 화성의 수구 조건을 판단했다.

• 융릉(현륭원). 정조는 묘의 방위에 구애되어 자연적인 형세(형국)를 잃는 것을 경계했다.

는 위로는 도읍이고 가운데로는 관청이며 아래로는 촌락이다. 많으면 수만, 적어도 수천 수백 가구 넘게 펼쳐 놓을 만해야 비로소 삶터를 이룬다. 그러므로 평탄하고 넓은 것을 귀하게 여기는 것은 형세가 그러한 것이다. 묏터는 그렇지 않다. 천리로 뻗어온 산줄기의 진맥(眞脈)을 접해야 하고, 사방의 산과 물[砂水]의 길한 기운을 거두어 하나의 혈자리(穴口)로 모아야 한다."[6] 『홍재전서』

정조는 취락풍수에서 중요하게 여기는 수구 조건에 대해서도 취락 규모에 따라 적용 여부를 달리 판단했다. 도읍은 마을과는 달리, 항간에 알려진 대로 수구의 잠김이 우선적인 요건이 되지 않는다고 반박하였다.

"수구가 텅 비어 있으면 백성이 부유하지 못하다고 혹자는 말한다. 그러나 그 설은 한마디로 말해서 상도(常道)에 벗어난 것이다. '먼저 수구를 보라.'는 논리는 도읍에는 있지 않다."[7] 『홍재전서』

둘째, 형세론과 방위론에 경중의 가치를 두고 차별적으로 인식하였다. 형세론이 본체[體]이자 근본[本]으로 중요하고, 방위론은 작용[用]이자 말단[末]이라고 판단했다. 정조는 현륭원의 예를 들면서, 방위에 구애되어 형세를 잃는 실수를 다음과 같이 경계했다.

"형국(형세론)과 음양(방위론)은 서로 표리가 되니 한쪽만 폐할 수는 없다. 그러나 두 가지에서 그 경중을 논한다면, 형국(형세론)은 본체가 되고 근본이 되며, 음양(방위론)은 작용이 되고 말단이 된다. 어떻게 본체를 버리고 작용을 구하겠으며, 근본을 버리고 말단을 잡을 수 있겠는가.

원소(園所: 현륭원)의 형세[體勢]는 서린 용이 구슬을 희롱하는 형국[盤龍弄珠]을 이루었다. 구슬(지형)을 마주하는 뜻을 잃지 않고 배치[分金]하는 법에도 합치되면 진실로 좋고 아름답다. 그러나 만약 배치에만 구애되어 조금이라도 구슬의 마주함을 빠뜨린다면 하늘이 만든 형국을 어기게 되고 손님과 주인[賓主]의 인정과 의리[情義]를 잃게 되는 것이니, 아무리

---

6. 7. 『弘齋全書』 卷57 雜著4 遷園事實

나경(패철)의 묘용(妙用)을 다 얻는다 하더라도 무슨 이익이 되겠는가."[8] 『홍재전서』

유신(儒臣)들의 풍수 견해

조선왕조의 유교적 이념체제를 지탱하는 엘리트이자 지식인으로서 유신들의 풍수에 대한 견해와 태도는 어땠을까? 『세종실록』을 통해서 그 단면을 들여다보기로 하자.

첫째, 천명(天命)과 인사(人事)에 비해 지리(地理)는 부차적인 것이다. 나라의 통치 요체는 사람과 인사에 달려있고 천시(天時)를 판단하는 것에 있지 지리(풍수)에는 관계가 없다는 것이었다. 아래의 말은 유신의 풍수에 대한 입장을 대변하기에 적절하다.

"운수의 길고 짧음과 국가의 화복은 다 천명(天命)과 인심(人心)의 있고 없음에 달린 것이고, 실로 지리(地理)에는 관계가 없는 것입니다." 『세종실록』 26년 12월 21일

둘째, 행여 지리를 쓰더라도 좋고 나쁨[美惡]만 따지지 화복(禍福)의 설은 취하지 않는다는 것이다. 그 주장의 근거는 다음과 같았다. 공자도 "터를 점쳐서 편안히 모신다."고만 했다. 정자는 "터를 점친다는 것은 땅의 좋고 나쁨을 점치는 것이지 음양가가 말하는 화복을 점치는 것이 아니다. 땅의 방위를 가리거나 날의 길흉을 정하는 것에 얽매이지 않는다."고 했다. 주자도 "어떤 산 어떤 물이 어떻다는 설은 쓰지 않는다."고 했다. 그래서 "송나라의 이름난 유학자[名儒]들은 지리화복의 설[地理禍福之說]은 모두 취하지 않았다."는 것이다.

요컨대 유학자들의 본분에 따르자면 묏터풍수를 실행하는 목적은 다만 부모를 편안히 모시는 효성에 있었다. 이를 위한 방법은 자리의 좋고 나쁨[美惡]을 따져서 안장하는 것이었다. 이에 벗어나 연월일시를 가리다가 정해진 기한을 넘도록 장사를 지내지 않는 일, 산수형세를 가리며 산줄기와 물줄기가 오고 가는 것을 따지는 일, 방위를 가리는 일 등은 모두 화복의 설로서 혹세무민(惑世誣民: 세상을 어지럽히고 사람들을 속임)하는 것이었다. 실록을 보자.

---

8. 『弘齋全書』 卷37 敎7 華城柳川墾荒山種樹敎

집현전 교리 어효첨이 상소했다. "지리의 설은 중국의 삼대(三代:하·은·주) 이전에는 없었던 것입니다. 의례(儀禮)는 주공(周公)의 지은 것으로서 오직 묏자리를 점쳐 보고 날짜 점쳐 볼 따름이었습니다. 공자(孔子)도 말하기를, '묏자리[宅兆]를 점쳐서 편안히 장사한다.' 하였습니다. 양한(兩漢: 동한·서한)으로 내려오면서 처음으로 풍수술이 있게 되어서 각기 제 나름대로 길흉화복의 설을 세워서 세상을 미혹하게 하고 백성을 속이는 것이 심하였나이다." 『세종실록』 26년 12월 21일

셋째, 대상에 따라 풍수이론의 적용이 달라야 한다고 여겼다. 규모가 작은 묏터와 촌락풍수론을 규모가 큰 도읍에 미루어 그대로 적용시키는 것은 오류라는 것이다. 앞에서 살펴보았지만 묘지풍수론과 촌락풍수론에 기반한 수구론을 화성(華城)의 도시에 그대로 적용시킬 수 없다는 정조의 견해도 같은 맥락이었다. 묏자리의 길흉을 유추해서 국도 한양에 쓸 수 없다는 세종 대에 집현전 교리 어효첨의 아래 상소도 그렇다.

"뜻을 살펴보면 다 묏자리의 길흉을 논한 것이고, 도읍(都邑)의 형세는 언급하지 않았습니다. … 이치로 말할지라도 죽고 삶이 길이 다르고, 귀신과 사람이 몸이 다르니, 묏터의 일을 어찌 국도에 유추(類稚)할 수 있겠나이까. 만약 유추할 수 있다면 지리서(地理書)에 논한 것이 모두 다 이러한 것들인데, 그것을 다 국도에다가 유추하여 쓸 수 있겠나이까." 『세종실록』 26년 12월 21일

이상에서 살펴보았지만, 조선왕실의 풍수 운용을 둘러싸고 보인 인식과 태도, 쓰임새와 가치는 계층적으로 처한 위치와 입장에 따라서 달랐다. 그럼에도 불구하고 풍수는 어느 누구도 부정하거나, 어떤 사상으로도 배제하지 못하는 대상이었으니, 그것은 선대부터 관행적으로 행해졌던 강력한 실용성 때문이었다.

왕실풍수를 원활하게 수행하기 위해서는 풍수전문인도, 과거 시험과 같은 풍수 제도도 필요했고, 이론적 지침으로서 풍수텍스트도 표준화해야 했다. 운용하는 조직으로서 관서와 기구도 갖춰야 했다. 이러한 제반 구성을 통해서 조선왕실은 요구되는 다양한 풍수 역할을 체계적으로 구성하고 실무적으로 분담하도록 했다.

2. 조선왕실의 풍수 제도와 운용

풍수전문인은 어떻게 뽑았을까

조선왕조의 풍수과거 제도와 과목은 고려왕조에 비해서 전문화되고 지리지식의 수준도 높았다. 조선왕조가 제도적으로 풍수를 어떻게 운용했는지, 고려왕조와 비교해 그 변천과정과 차별성을 살펴보자.

국가에서 풍수전문가를 과거로 뽑은 것은 고려왕조부터였다. 고려는 서운관(書雲觀)[9]이라는 기관에서 지리업(地理業)이란 분야로 과거를 통해 풍수전문인을 뽑았다. 당시에 풍수는 지리라는 일반 명칭으로 쓰였다. 과거를 통해 지리업에 급제한 사람에게 일정한 칭호와 위계를 주었다. 문종 대(1046~1083) 지리업 대상자로 지리생(地理生)·지리정(地理正)·지리박사(地理博士)·지리사(地理師) 등의 호칭과 위계가 나온다. 이들은 궁궐터나 절터, 태의 매장 장소 등을 선정하는 일을 보았다.[10]

조선왕조에 들어와서 태조는 관리를 두는 법[入官補吏法]을 제정해 음양과(陰陽科)를 두었다. 태종은 나라에서 공식적으로 제정한 열 개 관학(官學: 10학)의 하나로 음양풍수학을 두었다. 그것은 고려 공양왕 대의 10학 제도를 계승한 것이었다.

십학(十學)을 설치하였으니, 좌정승 하륜의 건의를 따른 것이었다. 첫째는 유학(儒學), 둘째는 무학(武學), 셋째는 이학(吏學), 넷째는 역학(譯學), 다섯째는 음양풍수학(陰陽風水學), 여섯째는 의학(醫學), 일곱째는 자학(字學), 여덟째는 율학(律學), 아홉째는 산학(算學), 열째는 악학(樂學)인데, 각기 제조관(提調官)을 두었다. 『태종실록』 6년 11월 15일

---

9. 고려시대에서 조선 초에 걸쳐 천문·지리 등의 일을 담당한 관청이다. 1425년(세종 7)에 이름을 바꾸어 관상감이라 했다.
10. 박용운, 『고려시대 음서제와 과거제도 연구』 일지사, 1990, 618~619쪽.

조선왕조에서는 1425년(세종7)에 서운관을 개칭한 관상감에서 지리학 관련 업무를 전문적으로 담당했다. 지리학(풍수) 분야의 인적 구성으로는, 관원에 지리학교수(地理學敎授: 종6품) 1명과 지리학훈도(地理學訓導: 정9품) 1명을 두었고, 10명의 지리학생도(地理學生徒)를 두었다.

조선왕조의 풍수 과거과목(풍수서)은 고려왕조와 질적으로 다르고 계승되는 면이 없다는 사실은 주목할 만하다. 풍수문화의 운용을 주도하는 사회주체들의 정치적인 성격과 그에 따른 대상이 달랐기 때문에, 두 왕조의 풍수 과거과목도 전연 다를 수밖에 없었고 서로 계승될 수도 없었다. 고려왕조의 과거과목에는 전문적인 풍수이론서의 색채가 약하고 풍수도참서로 보이는 책들이 여럿 포함해 있다는 것도 조선왕조와 다른 시대적 특징이다.

풍수 과거 시험

조선왕조의 과거 시험은 문과(文科)·무과(武科)·잡과(雜科)가 있었다. 그중 잡과가 풍수학이 포함된 음양과 등의 전문기술관을 뽑는 과거 시험이다. 분과는 시기별로 조금 달랐다. 개국시기(1392년)에는 이과(吏科)·역과(譯科)·의과(醫科)·음양과(陰陽科) 등 4과가 있었다. 『경국대전』(1485) 시기에는 이과(吏科)가 율과(律科)로 대체되었다. 음양과는 천문학(天文學)·지리학(地理學)·명과학(命課學)으로 나뉘었다. 그 지리학이 풍수학이다. 고려시대 과거에는 지리업(地理業)이라는 명칭으로 나온다. 지리학 분야는 국가에서 시행하는 시험인 과거(科試)와, 해당 관서에서 시행하는 시험인 취재(取才)로 뽑았다. 국가에서 주관해 시행하는 지리학 과거는, 음양과 분야로 정기적으로 3년에 한 번 시행하는 시험[式年試]과 부정기적인 시험[增廣試]이 있었다. 1차 시험[初試]에 합격하면 2차 시험[覆試]을 치렀다. 시험 과목과 방식은 다음과 같았다.

"『청오경(靑烏經)』과 『금낭경(錦囊經)』은 책을 보지 않고 강론하게 했다[背講]. 『명산론(明山論)』, 『호순신(胡舜申)』, 『동림조담(洞林照膽)』, 『탁옥부(琢玉斧)』, 『대전통편(大典通編)』은 책을 보고 강론하게 했다[臨文]. 선발 인원은 1차 시험이 4명이고, 2차 시험에서 다시 2명을 추렸다." 『서운관지』

＊시기별 법전에 따라 책을 보고 강론하는 임문(臨文) 과목은 달랐다.

『경국대전』(1485): 『호순신』, 『명산론』, 『동림조담』, 『감룡』, 『의룡』, 『착맥부』, 『지리문정』
『속대전』(1746): 『호순신』, 『명산론』, 『동림조담』, 『탁옥부』
『대전회통』(1865): 『호순신』, 『명산론』

관서(관상감)에서 주관해 시행하는 지리학 취재는 정기적인 시험으로서 6개월에 한 번 시행하는 시험[祿取才]와 부정기적인 시험[別取才]가 있었다. 시험 과목과 방식은 다음과 같았다.

"『청오경』과 『금낭경』은 책을 보지 않고 강론하게 했다[背講]. 『착맥부(捉脈賦)』, 『지남(指南)』, 『변망(辨妄)』, 『의룡(疑龍)』, 『감룡(撼龍)』, 『명산론(明山論)』, 『곤감가(坤鑑歌)』, 『호순신(胡舜申)』, 『지리문정(地理門庭)』, 『장중가(掌中歌)』, 『지현론(至玄論)』, 『낙도가(樂道歌)』, 『입시가(入試歌)』, 『심룡기(尋龍記)』, 『이순풍(李淳風)』, 『극택통서(剋擇通書)』, 『동림조담(洞林照膽)』 등은 책을 보고 강론하게 했다[臨文]. 선발 인원은 2명이었다." 『서운관지』

고려와 조선왕조의 풍수 과거과목

고려왕조의 풍수 과거과목으로는 『신집지리경(新集地理經)』, 『유씨서(劉氏書)』, 『지리결경(地理決經)』, 『경위령(經緯令)』, 『지경경(地鏡經)』, 『구시결(口示決)』, 『태장경(胎藏經)』, 『가결(訶決)』, 『소씨서(蕭氏書)』 등이 있었다.

조선시대의 풍수 과거과목에는 『청오경(靑烏經)』, 『금낭경(錦囊經)』, 『명산론(明山論)』, 『호순신(胡舜申)』, 『지리문정(地理門庭)』, 『감룡경(撼龍經)』, 『착맥부(捉脈賦)』, 『의룡경(疑龍經)』, 『동림조담(洞林照膽)』 등이 있었다.

조선왕조에서는 『명산론』이나 『호순신』 같이 중국 송나라의 유학자가 저술한 풍수서가 텍스트에 포함되었다. 다수의 풍수서에서 음양오행에 기초한 자연의 이치와 질서를 서술하고, 풍수윤리로서 덕의 함양[修德]을 강조했다. 이는 주자의 성리학을 통해 사회문화를 개혁하고자 했던 유신(儒臣)들의 세계관과 부합했을 뿐만 아니라, 성리학적인 자연관과 사상체계의 틀로 풍수의 이론과 태도를 수용한 것이었다.[11]

이기풍수의 적극적인 수용과 활용, 현장에서의 실천과 적용도 조선왕조 풍수의 특징으로 꼽을 수 있다. 조선 전기부터 이기풍수는 성리학자들의 견제를 받으면서도 유교 이념과 접합점을 찾아 나갔다. 이기파 이론은 조선 초기에 '음양술수학'이라는 이름으로 도참과 분리됐고, 유교의 효사상, 동기론(同氣

---

11. 장지연, 『고려·조선 국도풍수론과 정치이념』, 신구문화사, 2015, 320~321쪽을 참고해 보완함.

論)과 사상적 타협점을 이루면서 조선의 양택 및 음택 풍수 현장에 적극적으로 채택됐다.[12]

조선왕조의 풍수 과거과목에 드는 책들을 살피면 조선시대 풍수론의 중요한 특징이 드러난다. 바로 묏터풍수론이라는 것이다. 그 사실은, 당시에 조선왕조가 유교적인 효 이데올로기와 연관시켜 풍수를 사회적으로 수용했던 정황을 드러낸다. 조선왕조에서 왕릉을 둘러싸고 조정에서 수많은 풍수 논의와 담론이 일어났던 것도 이러한 배경에서 이해될 수 있다. 고려왕조만 하더라도 풍수 실행의 주류는 도읍풍수론이었다. 당시에 그것은 지기쇠왕설·비보도참설과 결합하여 권력집단 간의 정치사회적 담론으로 성행했다. 반면에 조선왕조의 묏터풍수론은 도참을 철저히 배제하고 풍수 논리 자체에만 치중됐다. 그것은 사회적인 운용에 있어서 유교엘리트 계층이 주도한 풍수담론이었다.

조선왕조가 교과서로 취급했던 공식적인 풍수서(과거과목)의 특징과 내용은 무엇이고, 왕실에서는 어떻게 활용했는지 살펴보자. 조선왕조에서 과거 과목에 든 모든 풍수서들은 중국에서 저술된 것이다. 그리고 모두 묏터풍수론을 위주로 하는 책이다. 풍수이론적으로 보자면 형세론이 주(主)를, 이기론이 종(從)을 이룬다. 『지리신법호순신』처럼 유학자가 저술하여 인성풍수를 부분적으로 담고 있는 책도 있다.

실록에서 풍수 운용과 실천 논의를 살펴보면, 풍수서들 중에서 『금낭경[葬書: 장서]』이 가장 많이 인용되거나 거론되었다. 세종 대에 최호원이 승문원터가 명당이라고 주장하는 논거와 헌릉 고갯길을 막을 것인지 논거, 중종 대에 장경왕후의 희릉을 옮기는 논거도 『금낭경』을 들고 있다. 그리고 『청오경』도 여러 차례 거론되었다. 세종 대에 현덕왕후의 묏자리의 문제에 대해서 상소한 목효지의 주장을 논단하는 근거, 광해군 대에 선조의 능자리(목릉)를 구하는 데서 발생한 문제에 대한 논거도 『청오경』에서 뽑고 있다. 기타 이기론 혹은 방위론 풍수서로 대표되는 『지리신법호순신』은 하륜이 태조의 정도(定都) 당시에 계룡산 후보지를 철회시킨 책으로 유명하다. 그러나 선조 때 의인왕후의 능자리를 따지는 과

---

12. 안영배, 「고려·조선전기 理氣派風水 研究 - 地理新書·洞林照膽·地理新法의 流行을 中心으로-」 원광대학교대학원 불교학과 氣學專攻 박사학위논문, 2013, 281쪽.

정에서 호순신의 설은 거론하지 말아야 할 것으로 부정되기도 하였다.[13]

풍수 관원의 구성과 역할

조선왕조에서 풍수를 담당한 제도적 기관은 세조 때 서운관(書雲觀)에서 이름을 바꾼 관상감(觀象監)이었다. 관상감은 풍수를 포함하여 천문(天文)·역수(曆數)·점산(占算)·측후(測候)·각루(刻漏) 등의 일을 관할했다.[14] 삼학(三學)으로 일컬어지는 천문학(天文學)·지리학(地理學)·명과학(命課學)을 나눠 운영했다.

전기의『경국대전(經國大典)』(1485)에는 관원과 관직 구성에 대해 규정했다. 관원은 영의정이 영사(領事)를 맡고 제조(提調: 종2품) 2명, 정(正: 정3품), 검정(僉正: 종4품), 판관(判: 종5품), 주부(主簿: 종6품) 1명을 둔다.

후기의『대전통편(大典通編)』(1785)에는 관직 및 인원, 담당 역할에 대해 규정했다. 지리학교수 1명(종6품), 지리학훈도 1명(정9품), 상지관 7명으로 각

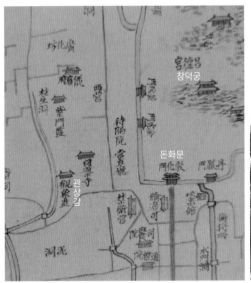

• 창덕궁의 돈화문 왼쪽에 위치한 관상감 자리(청구도, 오부전도)

• 관상감터 표지석. 종로구 원서동 206 현대 문화센터 앞에 있다.

---

13. 『선조실록』 33년 11월 9일. "호순신(胡舜申)의 설은 중국에서 이미 혁파하였다 하고 나도 이미 거론하지 말도록 하였으니, 다시 논하지 말라."

14. 『경국대전』 권6, 吏典, 京官職

산릉을 살피거나[奉審] 나침반으로 방위를 보는[泛鐵] 등의 일을 관장한다.

『서운관지(書雲觀誌)』(1818)에는, 지리학 분야에 별선관(別選官) 10명과 총민(聰敏) 2명, 생도(生徒) 10명을 둔다고 적었다. 『서운관지』에 기록한 지리학 관원의 직임 내용은 아래와 같다.

- 산실청(産室廳: 왕비의 출산을 맡는 임시기구)을 설치할 때 범철관(泛鐵官: 방위를 정하는 관리) 1명과 배태관(陪胎官: 태를 모시는 관리) 1명을 참상(參上: 6품 이상 종3품 이하) 이상의 관원들 중에 임명한다.
- 태를 안장할 때 영사와 제조가 관상감에서 소장하고 있는 태봉 관련 기록(胎封簿籍)을 참고하여 세 후보지를 임금에게 올려 낙점을 받는다.
- 대왕 태실의 비석을 만들어 세우거나 석물을 수리할 때 감역관(監役官)이 나아가 작업을 감독한다. 교수와 훈도 중에서 뽑아 보낸다.
- 국릉(國陵)의 후보지 중에 표를 세워둔 곳, 태봉의 후보지로 장부에 기록해 둔 곳을 살펴보러 갈 때 상지관은 교수, 훈도 또는 그런 직을 지냈던 관원들 중에서 임명한다.
- 능 위의 잔디와 석물에 이상이 있거나 불탔을 때 의정부 관원과 관상감 제조, 상지관이 나가서 살펴본다. 수리할 때도 마찬가지이다. 단 함경도에 있는 능과 장릉(莊陵: 영월)의 능이나 잔디를 고칠 때는 주시관(奏時官: 시간을 알리는 벼슬)을 겸하는 상지관(相地官)이 간다.
- 왕이 능행할 때 수행하는 상지관으로 교수와 훈도가 번갈아 1명 간다. 대윤도(大輪圖: 큰 나침판)를 싣는 말은 경기도 내의 역에서 교체한다.
- 기타, 봉상시(奉常寺: 제사 등을 담당하는 관서)에서 신주를 만드는 데 쓰는 재목(材木)이 나는 곳에 범철관을 파견한다.

산가, 산도, 산론

실록을 개관하면, 조선왕조에서 풍수를 하는 사람들은 산가(山家)로 통칭했다.[15] 풍수설을 산가의 설[山家之說]이라고 했다. 문서화된 풍수 그림지도를 산

---

15. 山家는 산림에서 사는 사람이라는 뜻과 풍수하는 사람이라는 뜻으로 쓰였다.

도(山圖)라고 했다. 민간에서는 풍수서를 산서(山書)라고도 했다. 능도 산릉(山陵)이라고 했다. 산릉의 풍수 입지를 논평한 기록물을 산론(山論)이라고 했다. 풍수이론에서 산이 핵심적인 요소인데다가, 한국풍수에서 산이 차지하는 중요성이 반영되어 풍수는 산이란 말로 대치되었다.

그중 산론은 산릉지를 선택하는 과정에서 상지관이나 신하들이 후보지의 풍수적 조건을 논평하여 왕에게 보고한 기록이다. 산릉도감의궤에 수록되었으며, 대상지를 검토한 날짜, 참여 인물, 풍수적 평가 및 특징 등이 상세히 기록되어 있다. 실록에서 산론이라는 용례는 선조 대부터 순종 대까지 보이는 것으로 보아 조선 후기부터 일제강점기까지 왕실의 공식문서로 쓰였음을 알 수 있다.

조선왕조에서는 산론과 함께 산릉과 태실의 입지지형, 형세 및 국면, 시설물의 배치 형태 등에 관련된 주요한 사실을 그림지도로 그려 올리고 문서화했다. 그것을 산도라고 한다. 실록에서 산도라는 용례는 세종 대의 태실산도부터 고종 대까지 등장하는 것으로 보아 전 시기에 걸쳐 쓰였음이 확인된다.

학문 분야나 관직 접두사로는 풍수학이나 지리학이 널리 쓰였지만, 풍수를 하는 주체 혹은 계통의 표현으로는 산가가 일반적으로 통칭되었다. 산가는 조선왕조 전 시기를 통해서 가장 일반적으로 쓰인 표현이다. 대체로 지리가는 조선 전기, 지가는 조선 중후기, 풍수가는 조선 중기, 그리고 감여가는 조선 후기에 국한되어 쓰인 표현이었다. 이로써 조선왕조에서 산가는 풍수가를 가리키는 대표 용어로 쓰였음이 확인된다.

이상과 같은 조선왕실의 풍수 실천과 태도, 제도와 운용에는 관류하는 사상적인 맥락이 있었다. 그것은 고려왕실의 풍수사상과 같고도 다른 것이었다. 같다면 인문적 속성이 같고, 다르다면 이념적 방식이 달랐다. 땅의 논리인 풍수의 편향을 조정하는 노력으로서 사람을 중시하는 풍수로의 견인이 같다면, 인성 함양과 사회 윤리를 앞세운 논리는 유교사상에 기조를 둔 조선왕실의 새로운 풍수사상적 경향이었다. 그것은 고려왕실과 조선왕실이 견지한 인문풍수의 보편성을 이루면서도, 고려왕실의 비보풍수에 대비되는 조선왕실의 인성풍수라는 특수성이 되었다.

실록을 통해 본 풍수가의 호칭

조선왕조에 풍수가는 지리가 혹은 지가(地家), 감여가(堪輿家)라고도 불렀지만 산가(山家)가 가장 일반적이고 전 시기에 걸쳐 쓰였다.

'산가'의 용례를 조선왕조실록을 살펴보면 세종 대부터 영조 대까지 스무 차례 나타난다. 산가의 술수(山家之術), 산가의 설(山家之說), 산가의 논의(山家之論) 산가길흉의 설(山家吉凶之說), 산가염정의 설(山家廉貞之說), 산가가 꺼리는 것(山家之忌·山家所忌), 산가의 일(山家事) 등으로 등장한다. 『세종실록』 15년 7월 19일 기사에서 시작하여 『영조실록』 20년(1744) 6월 5일 기사까지 20여 차례 山家를 포함하는 용례가 등장한다.

조선왕조 지식인들의 문집에서도 산가라는 표현을 썼다. 세종 대의 천문학자로 알려진 이순지(?~1465)는 『선택요략(選擇要略)』에서 풍수 택일법과 관련하여 산가화혈(山家火血), 산가묘운(山家墓運), 산가정운(山家正運)·산가대오행(山家大五行)·산가묘룡변운(山家墓龍變運) 등의 키워드를 요약·제시하였다. 이익(1681~1763)은 『성호사설(星湖僿說)』에서 『산가술(山家術)』이라는 소제목으로 풍수술을 논평하였다. 이유원(1814~1888)은 『임하필기(林下筆記)』에서 『산론(山論)』이란 소제목으로 이항복(1556~1618)의 풍수에 대한 견해를 인용하였는데, 거기서 '산가의 설(山家之說)'이라는 표현이 나오며, 제목의 산론(山論)은 풍수론을 말한다.

같은 의미의 다른 호칭인 '지리가'라는 용례는 왕조실록의 세종 대부터 명종 대까지 여덟 차례 나타난다. 이로써 지리가라는 표현은 조선 전기에 주로 쓰였음을 알 수 있다. 지리가의 줄임말로 통칭되는 지가(地家)라는 용례는 광해군 조부터 순조 대까지 열네 차례 정도 나온다. 기타 지가설(地家說), 지가의 설(地家之說), 지가제살법(地家制殺法), 지가서(地家書), 지가음양의 서(地家陰陽之書) 등의 표현이 있다. 지술(地術)이라는 용례도 선조 대부터 고종 대까지 다수 등장한다. 이로써 지가 혹은 지술이라는 말은 조선 중후기에 널리 쓰였음을 알 수 있다.

상대적으로 '풍수가'라는 용례는 왕조실록의 중종 대부터 숙종 대까지 일곱 차례 등장하는 데 그친다. 풍수가설(풍수설) 등으로 등장한다. 이로보아 풍수가라는 표현은 16·17세기에 한정되어 쓰였음이 확인된다. 그리고 서운관에서 풍수학을 담당하는 관인이라는 의미로 풍수학인이라는 호칭은 『태조실록』에 유일하게 나온다.

또 다른 호칭인 '감여가'라는 용례도 왕조실록의 현종 대부터 고종 대까지 열두 차례 나온다. 감여가술(堪輿家術), 감여가설(堪輿家說), 감여가사(堪輿家事) 등의 표현이 있다. 이로 보아 감여가라는 표현은 조선 후기에 일반적으로 쓰였음을 알 수 있다.

그러나 학문 분야 및 관직명의 접두사로서 풍수학 혹은 지리학은 조선왕조 전 시기에 걸쳐 쓰였다(상대적으로 풍수학이 지리학 보다 용례가 훨씬 많으며, 감여학은 정조 대에 한 차례만 나온다).

『고려사』를 살펴보면, 고려왕조에는 지리라는 용어가 지리학의 뜻으로 일반적으로 쓰였다. 또 '음양지리제가(陰陽地理諸家)'라는 표현으로 보아 지리하는 사람을 지리가라고 호칭하였음을 알 수 있다. 한편 풍수라는 용례는 열 차례 나오는데, 그중 "공양왕 원년에 십학(十學)을 두었는데 풍수음양학은 서운관에 소속시켰다."는 대목이 있다.

3. 인문풍수의 지평과 미학

유교의 인문과 풍수의 자연이 만나다

조선왕실의 풍수문화는 사상적으로 인문풍수의 속성을 지닌다. 인문풍수는 사람과 인문의 역할에 방점을 둔 풍수사상의 경향이다(앞에서 궁성·태실·산릉풍수로 분류되는 형태적인 유형과 대비된다). 인문풍수는 역사적으로 고려왕실의 비보풍수와 조선왕실의 인성풍수로 구성된다. 그중 비보풍수는 불교사상에 토대를 반영한 고려왕조적 특징을 보이고, 인성풍수는 유교사상에 토대를 반영한 조선왕조적 특징을 보인다. 비보풍수와 인성풍수는 인문풍수에 속하는 두 가지의 하위범주라고 할 수 있다.

조선왕조의 위정자와 엘리트는 국가이념인 유교를 줏대[體]로 공간미학인 풍수를 쓰임새[用]로 운용했다. 땅이 어떤지에 따라 인간사의 좋고 나쁨이 결정된다는 풍수의 인식틀과 지리결정적인 사유는, 조선왕조에 와서 사람을 본위로 하는 유교의 인문사상과 긴밀하게 영향을 주고받아 섞이면서, 사람의 역할을 중시하는 실천적인 전통을 견지할 수 있었다.

조선왕조에서 유교의 인본주의는 풍수의 자연주의와 만나 독특한 풍수미학을 빚어냈다. 그것은 사람과 자연을 상보적 관계로 사유하는 방식이었다. 자연에 대해 작용하는 사람의 적극적인 역할과 의미는 풍수서 『명산론』과 『지리신법호순신』에도 표현됐다. 두 책은 유학자가 집필한 책으로서 조선왕조의 풍수 텍스트였다.

『명산론』에서 하늘과 사람은 '서로 말미암아 이루는 관계'로 설정된다. "하늘은 사람이 아니면 말미암지 않고, 사람은 하늘이 아니면 이루지 못한다(天不人不因 人不天不成)."고 했다. 그런데 하늘이 부여한 생명·수명·운명 등과 같이 사람이 타고난 규정성(천명)은 변하지 않는 절대상수적인 것이 아니라 풍수 작용에 의해 바뀔 수 있는 상대변수적인 관계적 존재로 설정됐다. 풍수를 통해 사람의 명(命)을 바꿀수 있는 것에서 천명론·운명론에 대한 풍수사상의 변혁

가능성이 도출된다. 그래서 이 책은 '하늘의 명과 사람의 풍수'가 서로 말미암고 이룬다고 했다.

『지리신법호순신』에서도 천명과 지리는 '서로 말미암아 서로 이룬다(相因相成).'고 했다. 『명산론』의 '하늘의 명[天之命]'은 『지리신법호순신』에서, '산천의 스스로 그러함[山川自然]'으로 대치됐다. 하늘에서 땅(산천)으로 주체가 터닝하고, 땅의 스스로 그러한 작용으로 하늘의 명을 대신했다. 방법론으로서 『명산론』의 '무덤과 집을 통한 풍수작용'이, 『지리신법호순신』에서는 '방향을 가리고 자리를 정해 건립하는 것'으로 더 구체화한다.

인문풍수

비보풍수	인성풍수
고려왕조	조선왕조

• 인문풍수 범주 개념도

조선왕조 풍수서의 하늘 · 땅 · 사람

	천지자연	풍수작용	관계설정
『명산론』	하늘의 명[天之命]	묘의 낳음[墓之所生] 집의 기름[宅之所養]	하늘은 사람이 아니면 말미암지 사람은 하늘이 아니면 이루지 못함[天不人 不因 人不天不成]
『지리신법호순신』	산천의 스스로 그러함[山川自然]	방위를 바로잡아 건립함[辨方正位 而建立之]	서로 말미암고 서로 이룸[相因相成]

"명이란 것은 하늘의 명이다. 그저 그렇게 나오는 것이 아니라, 묘가 낳고 집이 길러 그것(천명과 풍수)이 서로 말미암아 이루는 것이다." 『명산론』

"사람은 산천의 스스로 그러함[自然]에 달려있다. 심안(心目)의 교묘함과 법술(法術)의 미묘함으로써 방향을 가리고 자리를 정하여 건립한다. 이것이 곧 '하늘은 사람이 아니면 말미암지 않고, 사람은 하늘이 아니면 이루지 못한다.'는 말인 것이다." 『지리신법호순신』

『명산론(明山論)』의 지리인식

조선왕조의 풍수 교과서 중에 하나였던 『명산론』의 논리틀과 구성을 통해 당시의 풍수 인식구조를 들여다보기로 하자. 땅(산수)이 풍수적으로 조건화되면 길흉을 낳게 된다. 이상적인 형태로 명당이 되기 위한 산수의 조건에 대한 인식은 아래와 같은 체계로 구성되었다.

땅이 사람의 길흉을 낳는다는 인식의 바탕에는 천·지·인의 존재론적인 상관성이 전제되어 있다. 우주만물은 기(氣)·형(形)·질(質)로 이루어졌는데, 하늘과 땅은 그것의 나뉨, 사람은 섞임으로 이루어졌다는 것이다.

"기(氣)와 형(形)과 질(質)이 순차적으로 생겨났는데, 가볍고 맑은 것은 하늘을 이루고, 무겁고 흐린 것은 땅을 이루고, (모두가) 섞인 것은 사람을 이루었다."

길흉으로 인한 성패에는 '기운과 운행의 순역(順逆)'이 전제된다. '기운과 운행을 따르면 이루지만 거스르면 실패한다.'라는 것이다. 풍수적 길흉이 사람의 덕을 본받고 따른다고는 하지만, 인사(人事)의 성패로 귀결되는 모든 풍수의 작동과정에서 우선적으로 관철되는 전제가 있다는 것이다.

"말하자면 음과 양은 두 기운이다. 목·화·토·금·수라고 말하는 것은 다섯 운행이다. 그것을 거스르면 패하고, 따르면 이룬다."

	기(氣)·형(形)·질(質)	형(形)·수(數)	순(順)·역(逆)
천	가벼움[輕]·맑음[淸]		
지	무거움[重]·탁함[濁]	음양(陰陽) 오행(五行)	따름[順]->성공[成] 거스름[逆]->실패[敗]
인	무거움[重]·탁함[濁]		

땅을 이루는 두 가지 형태로서의 산수는 무엇이고 어떻게 이루어진 것으로 인식했을까. 수는 기운이 변화하고 운행되어 흐르다가 녹은 것이고, 산은 맺힌 것이다.

산과 수는 조건에 따라 길과 흉으로 사람에게 미치는 영향력이 발생한다. 산수가 인사(人事)에 미치는 길흉 작용과 지형 조건은 어떻게 인식했을까. 길한 조건은 산과 수의 지형 조건이 조화와 균형을 이루고 한자리로 모이는 것이다. 흉한 조건은 그 반대의 경우이다.

"두 기운(음·양)이 변화하고 다섯 운행(목·화·토·금·수)으로 두루 흐르다가 녹으면 수[江河]가 되고 맺히면 산[山岳]이 된다."

"산수가 서로 알맞으면 조화로운 기운을 이루고, 산수가 모이면 생성하는 기운을 이룬다. 산은 큰데 수는 작거나, 반대로 산은 작은데 수는 큰 경우, 그리고 산에 기복이 없거나, 수에 고요함이 없는 경우는 흉한 조건이 된다. 산은 큰데 수는 작으면 끊기고, 산은 작은데 수가 크면 쇠잔한다."

지리	이기(理氣) 오행(五行)	길함=음양 조화·만남[和會]	흉함=음양 부조화·헤어짐(不和會)
산[山岳]	맺힘[結]	산수가 걸맞음[山水相稱] ➡ 음양이 조화로움[陰陽和] ➡ 기의 충만[沖氣]	산은 큰데 물은 작음[山大水小]: 독양(獨陽) ➡ 주인이 끊김[主殄絶] 산은 작은데 물은 큼[山小水大]: 독음(獨陰) ➡ 주인이 쇠잔함[主衰殘]
수[江河]	녹음[融]	산수가 모임[山水聚集] ➡ 음양이 모임[陰陽會] ➡ 기를 낳음[生氣]	산에 기복이 없음[山無起伏]: 고음(孤陰) 물에 깊이와 고요함이 없음[水不沈寂]: 고양 (孤陽)

그러면 구체적으로 산수의 모양·자태·동향은 기에 어떤 영향을 주는지 이렇게 적었다.

"산의 모양은 높아야 하고, 자태는 일어나야 한다. 일어나면 기가 모인다. 산이 수로 나아가면 기는 머문다. 수의 모양은 깊어야 하고, 자태는 굽어야 한다. 굽으면 기가 그친다. 수가 산으로 나아가면 기는 응한다."

	모양	형(形)·수(數)	순(順)·역(逆)
산	높음[高]	일어남[起] ➡ 기가 모임[氣聚]	산이 물로 나아감[山就水]->기가 머뭄[氣止]
수	깊음[深]	굽어돎[灣] ➡ 기가 머뭄[氣止]	물이 산으로 나아감[水就山]->기가 응함[氣應]

인성풍수 - 땅의 길흉은 사람의 덕을 따른다

조선왕조 유학사상의 인문주의는 풍수사상의 지리적 길흉 결정 과정에 개입함으로써 사람의 덕성과 역할을 강조하는 인성풍수로 정립시켰다. 『지리신법호순신』에도 '길흉의 조건은 사람의 덕(德)을 본받아 따르기에 땅에서만 구할 수 없다. 스스로 수양하여[修身] 사람의 도리를 다하는 것[盡人事]에 달려있다.'고 유학사상적 기반의 풍수관을 천명했다. 이렇게 땅의 좋고 나쁨보다 더 중요한 것으로 그 터에 살게 될 사람의 덕을 강조했다는 점에서 호순신의 지리설은 당시의 '자연과학'이었을 뿐만 아니라 '인문학'이었다.[16]

'풍수(산수)로 인한 길흉은 사람의 덕에 부합해 따르는 것'일 따름이라는 해석은, 기존의 풍수 길흉관에 대한 유교사상적 버전의 재해석이자, 풍수인문학으로서 새로운 준거틀을 제시한 것이었다. 호순신은 풍수법을 믿을 수는 있지

16.　김두규 역해, 『호순신의 지리신법』 장락, 2001, 35쪽.

만 도그마에 빠져 얽매여서는 안된다고도 다음과 같이 경고했다.

사람은 힘써 스스로 수양할 뿐이다. 스스로 수양하면 사람의 도리를 다하게 되고, 사람의 도리를 다하면 하늘의 이치를 얻어 부귀가 장차 저절로 이른다. 그러지 않으면 마침내는 빈천(貧賤)할 뿐이니 이 또한 그 분수이다. 그러므로 '길흉의 다가옴은 모두 그 덕을 본받고 따르는 것'이라 일렀다. 이것이 길흉을 다만 산수 사이에서만 구하는 것이 옳지 않은 이유이다.

무릇 산수의 길흉은 매번 이것(덕)과 더불어서 서로 부합할 뿐이다. 그러므로 산수의 법과 음양이 있고 없는 설은 대체로 믿을 수는 있지만 거리끼거나 얽매여서는 안된다.[17] 『지리신법호순신』

이러한 천명과 사람과 풍수 간의 관계는 태조 대에 풍수를 써서 천도(遷都)하는 데에도 일정한 기준으로 작용했고, 선후의 전제로 설정하여 논의될 수 있었다. 바로 "천명에 순응하고[應天] 인심을 따르고[順人]"난 후에야 지리적인 천도가 가능하다는 것이었다. 중추원 학사 이직은 다음과 같이 말했다.

"무릇 터를 잡아서 도읍을 옮기는 것은 지극히 중요한 일로서 한두 사람의 소견으로 정할 것이 아니며, 반드시 천명에 순응하고 인심을 따른 뒤에야 할 수 있는 것입니다. 지금 (도읍을) 옮기고 안 옮김은 때의 운수가 있는 것이니, 신이 어찌 쉽게 의논하겠습니까? 전하께서 천심에서 출발해서 인심이 지향하는 바를 살피는 것이 곧 하늘에 따르는 것입니다."『태조실록』 3년 8월 12일

사상적인 전개과정으로 보자면 동아시아에서 풍수는 운명론(Fatalism)의 지리적 변형이자 결정론(Determinism)의 단계에 있었다. 운명론(혹은 숙명론)은 세상만사가 미리 정해진 필연적 법칙에 따라 이루어진다는 언설이다. 중국 고대철학에서 주요하게 나타나는 천명론도 운명론의 일종이다. 중국에서 천명론의 한계를 극복하는 방향은 두 가지로 나타났다. 그 하나는 사람에 의한

---

17. 『地理新法胡舜申』卷上, 形勢論第十二

인사(人事)의 덕(德) 혹은 자유의지(Free Will)이고, 다른 하나는 땅에 의한 지덕(地德) 혹은 풍수였다.

풍수의 개천명(改天命) 사상은, 조선왕조 풍수의 교과서였던 『금낭경』에서 주장했듯이, 하늘이 정한 운명의 규정[天命]에서 벗어나 "군자는 신의 공력을 빼앗고 천명을 바꾼다[君子 奪神功 改天命]"는 변혁적인 사상성으로 전개되었다. 그럼에도 불구하고 풍수의 개명론(改命論)은 땅(풍수)의 결정적인 영향과 법칙을 전제한다는 점에서 운명론의 범주를 벗어나지 못하였다. 미완의 탈운명론이자 지리적 결정론인 셈이다.[18]

전근대 풍수의 결정론적인 한계는 고려시대의 비보풍수와 조선시대의 인성풍수로 지양되어 전개되었다고 볼 수 있다. 한국의 풍수사상사에서 고려시대의 선불교와 조선시대의 성리학은 풍수결정론의 극복에 사상적 토양을 제공했던 인문적 두 요소였다. 선불교의 영향을 받은 비보풍수와 성리학의 영향을 받은 인성풍수는, 역사적으로 인문풍수로 전개된 두 분야이기도 하다. 통시적으로 고려시대에 정립된 비보풍수론은 조선시대를 거치면서 인성풍수론으로 발전, 변용되었다. 조선왕조는 성리학의 바탕 위에서 풍수를 수용하고 재해석하여, 내적인 덕성의 수양을 강조한 인성풍수의 길을 열어 놓았다.

일반풍수와 인문풍수

유형분류	왕조시대	구성 요소	사상속성
자연풍수[19]		산·수·방위	
형세풍수		산·수	
이기풍수		산·수·방위	
인문풍수		산·수·방위·마음·인성	선불교·성리학
비보풍수	고려왕조	산·수·방위·마음	선불교
인성풍수	조선왕조	산·수·방위·인성	성리학

---

18. 결정론은 세상만사가 이미 정해진 곳에서 정해진 때에 결정되어 있다는 사상이다. 그 반대가 자유론(Libertarianism) 혹은 자유의지론이다. 결정론의 지리적 표출은 서양에서 환경결정론으로, 동아시아에서는 풍수로 나타났다고 판단된다. 서구에서 환경결정론은 정지 및 진행 결정론(Stop-and-Go Determinism), 환경확률론(Probablism), 환경가능론(Posibilism)으로 지양되어 전개되었다.
19. 자연풍수는 일반풍수를 일컬으며, 인문풍수와 상대적인 개념으로 대비해 자연풍수라고 별도로 호칭했다. 자연풍수는 자연적 조건, 인문풍수는 인문적 조건에 치중하는 경향성을 띤다.

인문풍수의 미학

인문풍수는 새로운 차원의 풍수미학으로 전개된다. 중국의 가오유치엔[高友謙]은 풍수미학의 일반적 원리를 네 가지—구불구불 생동함[屈曲生動]·단정하고 원만하며 바름[端圓體正]·균형 있고 경계가 정해짐[均衡界定]·조화롭고 정겨움[諧和有情]이라고 요약한 적이 있다.[20] 그런데 인문풍수에서는 사람의 마음과 인성이라는 요소가 중요하게 작용하여 심미적 인식을 이끈다.

명당을 이루는 지형 형태와 조건은 일반적으로 여기는 심미적 아름다움이 산수에 '투영'된 것이다. 분석심리학에서도 명당은 우리 마음속의 최고 가치인 조화와 균형, 완전성 그리고 전일성인 자기의 상이 땅에 투사된 것으로 해석한다.[21] 그래서 풍수론에서 좋지 않다고 말하는 지형경관의 형상은 공통적으로 부정적인 이미지의 말과 일치한다. 반대로 좋다고 말하는 지형경관의 형상은 긍정적인 이미지의 말이다. 미추와 길흉을 관계적 시선으로 파악하면, 아름답게 보이는 것은 길하고, 추하게 보이는 것은 흉하다는 것이다.

그렇다면 인문풍수 미학의 요체는 보는 대상의 너머에 담긴 마음이며, 사람으로 은유하여 보는 시선이다. 대상에 나의 심상을 투영하여 상관적으로 보는 방법이다. 풍수서에는 아래와 같이 그 편린을 적었다.

땅을 보는 요체는 오로지 마음[情意]에 있다. 산이 명당을 맺는 것[結地]은 (명당을 맺을) 마음[情意]이 있는지 만을 볼 뿐이다.[22]

형세가 우뚝 솟고 뛰어난 것은 마치 사람의 모습이 청수하고 뛰어난 것과 같다.[23] 『지리신법호순신』

이제 인문풍수 미학의 상대적 구성 관계를 제시하고, 공간디자인과 경관모형을 일반화해서 도출해보자. 풍수론에서 말하는 심미적인 추함과 흉함[醜·惡·凶]은 정지·불안정, 부조화·불균형·과부족, 불완전·추한 모양[醜相], 흩

20.　高友謙, 1992, 『中國風水』 中國華僑出版公司, 78~105.
21.　강철중, 「땅에 투사된 자기의 상징―명당의 분석심리학적 측면」, 『심성연구』 26(1), 2011, 67~68쪽.
22.　『地理新法胡舜申』 卷上, 形勢論第十二
23.　『地理新法胡舜申』 卷上, 形勢論第十二

어짐[散]·거역함[逆]·등짐[背]으로 정리할 수 있다. 이에 대비되는 심미적인 아름다움과 길함[美·善·吉]은 생동·안정, 조화·균형·적정, 완전·좋은 모양[好相], 모임[聚]·순함[順]·마주함[向]으로 표현할 수 있다. 풍수미학적 아름다움과 추함[美醜]의 공간디자인과 경관모형을 도식적으로 제시하면 아래의 그림과 같다.

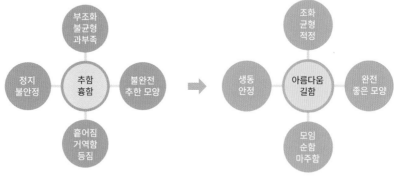

● 인문풍수의 미학 원리와 상대적 구성 관계

● 풍수미학의 공간디자인과 경관모형

이상에서 살펴보았듯이, 조선왕실에서 풍수는 국가이념인 유교사상의 기조로 운용되는 실용적인 문화요소였다. 그것은 왕조의 번영을 희구하며 실천된, 고귀한 생명의 탄생에서 거룩한 죽음의 영속으로 이어지는 풍수적 공간생활사이자 장소미학이기도 했다. 조선왕실 풍수문화의 역사적 개막은 조선을 연 태조 이성계가 한양 도읍지를 정하는 장면에서부터 열린다.

2부
권위의 장소, 궁성

"한양을 보건대, 안팎 산수의 형세가 훌륭한 것은 옛부터 이름난 것이요, 사방으로 통하는 도로의 거리가 고르며, 배와 수레도 통할 수 있으니, 여기에 영구히 도읍을 정하는 것이 하늘과 백성의 뜻에 맞을까 합니다."

『태조실록』 3년 8월 24일

"신들이 비추어 보건대, 예전[上古]에는 국도를 건설하는 데는 방향과 위치를 살펴 정하는 것에 불과했는데 궁궐터를 보고 고을[邑]을 정하는 것까지 더욱 길흉과 관계되면서 후세에 전문화하여 드디어 풍수라고 일컫게 되었습니다."

『선조실록』 26년 8월 8일

조선왕조 초기의 태조와 태종 대에 한양 천도를 통한 왕도계획과 궁궐조성 과정에서 풍수사상은 강력한 영향력을 발휘했다. 세종 대에 조정에서는 궁성의 주산과 주맥에 대해 치열한 논쟁을 통해 풍수지리를 구체적으로 인식하고 파악하였다. 성종 대까지 한양의 풍수적 경관보완 역시 활발히 이루어졌다. 조선왕조 중후기에는 한양 국도가 공간적으로 안정되면서 풍수 논의가 궁궐의 건축물을 중심으로 지엽적으로 제기되었다. 다만 광해군 대에는 교하천도론을 비롯하여 경덕궁(경희궁)과 인경궁의 축조 문제와 얽혀 풍수담론은 다시금 크게 부상하였다.

1. 한양의 터잡기와 풍수 비보

1) 왕도와 풍수

왕도는 정치권력을 행사하는 지배 왕조가 통치를 효과적으로 수행하기 위해 조직적으로 구성한 장소이다. 역사적으로 시대와 국가에 따라 왕도를 조영(造營)하는 여러 방식의 공간적 이념과 질서가 있었지만, 동아시아에서 풍수는 그 중에서 중요한 위치를 차지한다. 특히 조선의 왕도에서 풍수는 입지와 경관에 직접적으로 관련되어 있으며, 그것은 통치집단의 권위를 과시하는 공간적 전략으로도 활용되었다. 그러한 역할을 한 풍수를 일반적인 의미로 왕도풍수 혹은 국도풍수라고 일컫고 있지만, 이 책에서는 궁궐과 도성에 초점을 둔 것으로 궁성풍수라는 동일한 의미의 개념 용어로 쓰고자 한다.

조선 건국 당시 왕도 한양이 선택된 데에는 어떤 요인이 주요하게 고려되었을까? 풍수, 교통(뱃길[漕運: 조운]과 도로), 국방(방위) 등의 제반 지리적 조건을 종합적으로 고려하는 입지 과정을 거쳤다. 『태조실록』을 보면, 왕도를 정하

• 한양의 입지지형 위성사진. 산은 도성을 사방으로 에워싸고 있고, 강은 동쪽에서 흘러들어와 둥글게 감싸면서 서쪽으로 흘러나간다.

• 남산에서 바라본 한양 도성 안. 삼각산에서 뻗어내린 북악을 주산으로 오른쪽으로 낙산줄기와 왼쪽으로 인왕산의 두 팔에 감싸여 있는 모습이다.

• 낙산에서 바라본 한양 도성 안. 사진 오른쪽이 주산 북악이다. 북악 맞은편으로 남산도 멀리 보인다.

는 세 가지 요건 중에 첫번째가 풍수 조건으로서 산천의 형세였고, 두번째는 교통 조건으로서 뱃길[漕運]의 소통과 육로의 거리, 그리고 세번째는 국방 조건으로 성곽을 축조할 수 있는지의 여부였다.[1] 그중에서 단연 풍수는 세 조건을 모두 아우르는 입지요소로 가장 중시되었다.

　개국 초기에 새 왕도의 입지선정을 둘러싸고 왕과 신하들 간에는 치밀한 논의와 답사가 있었다. 신도 후보지의 풍수적 조건과 그 합당성 여부를 둘러싼 치열한 논쟁도 벌어졌다. 그것은 고려왕조에서 비기(祕記)와 도참(圖讖)을 근거로 이궁(離宮)과 가궐(假闕)을 조성하는 천도 방식의 논의와는 질적으로 달랐다. 조선왕조의 천도과정에 작용한 풍수적 논리와 지리적 이해는 고려왕조에 비해 훨씬 더 정교하고 발전적으로 진행된 것이었다. 고려와 조선의 왕도풍수를 대비하면, 고려는 도참적인 예언성이 강한 반면, 조선은 지리적인 합리성이

---

1. 『태조실록』 2년 2월 9일, 3년 8월 12일

심화되었다고 할 수 있다.

조선왕실의 왕도 계획과 조성에 있어 풍수지리는 근간이 되는 입지경관요소였다. 국도 한양에 대한 풍수지리의 이론적 검토와 공간적 적용은 정교해졌다. 그 결과 조선왕조의 풍수경관은 고려왕조보다 훨씬 더 공간적으로 짜임새가 있었다. 풍수적 공간 인식틀을 보더라도, 고려왕조에서는 주산인 송악산에만 치중하였던 데에 비해, 조선왕조에서는 주산인 백악(북악) 이외에도 인왕산, 낙산, 남산 등 도읍지의 풍수 명당이 갖추어야 할 사방산[四神砂]의 필요조건과 형국을 전체적으로 고려했다. 궁궐의 건축에 있어서도 풍수적 원리에 기초하여 산의 형세와 방위 조건에 맞춘 관계적 배치방식을 취하였다. 세종 대부터는 정궁인 경복궁 명당과 주요 전각 자리의 풍수를 이루는 필수적인 요건으로서 주산과 주맥에 대해 철저한 검토도 있었다. 성종 대의 금산(禁山) 제도와 같이 도성 주위의 산지에 대한 비보적인 보전 및 관리정책을 보더라도 공간적인 범위와 내용적인 면에 있어서 고려왕도(개성)에 비해 한층 더 발전했음을 알 수 있다.

조선의 한양에서 실행된 환경 및 경관보완(풍수비보)는 고려의 개성과 비교해 이론과 실제 면에서 큰 차이를 나타낸다. 고려왕조에서는 개경의 주산인 송악산에 한정한 비보에 집중했다. 그런데 조선왕조에서는 주산에 이르는 산줄기 내맥(來脈)과 궁궐에 이르는 지맥까지 비보를 고려하는 거시적 인식으로 발전했다. 이에 따라 궁성의 비보 형태도 보토(補土), 식수(植樹), 조산(造山) 등 여러 가지 방식으로 나타났다. 산줄기 비보, 사방산 비보, 수구 비보 등 비보 기능도 다양화되고 맞춤형으로 발전하였다. 도성 동편의 흥인문(興仁門) 근처에는 인위적으로 가산(假山)을 지어 한양의 수구(水口)가 허한 것을 방비하기도 했다. 더 나아가 금산 정책을 법제화하는 등 고려왕조에 비해 도성 주변 산지의 풍수 조건에 대한 정책적인 관리와 조직적인 운영 방식을 체계화했다.

조선왕조의 궁성풍수는 당시의 사회문화적 제반 조건과 연동되어 발현된 것이었다. 주요한 배경요소로서는 지리지식과 국토인식의 발전, 유교사상의 인문적 합리주의, 풍수이론의 정교화 등을 꼽을 수 있겠다. 위 『태조실록』에서 왕도의 필요충분조건으로 풍수·교통·국방이라는 세 요건의 충족 여부를 종합적으로 따져보는 견지는, 이러한 시대적 배경에서 가능했다. 한양으로 천도를 확정한 후에 도평의사사(都評議使司: 국가 최고의 정무기관)가 올린 아래의 글 역시

'산수의 형세, 도로의 거리, 조운의 소통'이 한양 입지의 요소임이 확인된다.

　"한양을 보건대, 안팎 산수의 형세가 훌륭한 것은 옛날부터 이름난 것이요, 사방으로 통하는 도로의 거리가 고르며, 배와 수레도 통할 수 있으니, 여기에 영구히 도읍을 정하는 것이 하늘과 백성의 뜻에 맞을까 합니다."『태조실록』 3년 8월 24일

　조선왕조의 공간정책을 주도했던 조정의 유신(儒臣)은 국토에 대한 지리적 인식과 풍수에 대한 이론적 지식을 균형적으로 겸비해야 했다. 태조 대에 하륜이 주장한 계룡산 도읍지 불가론의 요지를 보더라도 지리와 풍수의 두 방면에 대한 합리적인 지적이 제기된 것이었다. 그 첫째는 계룡산의 지리적 편재성(偏在性)으로, "도읍은 마땅히 나라의 중앙에 있어야 될 것인데, 계룡산은 지대가 남쪽에 치우쳐서 동·서·북면과 서로 멀리 떨어져 있다."는 교통지리조건과 지정학적인 문제점이었다. 그 다음이 풍수적 부당성(不當性)으로, "계룡산 도읍 후보지의 물줄기가 빠져나가는 방향이 패망(敗亡)할 입지 조건"이라는 당시의 최신 풍수서인 호순신의 『지리신법』으로 따져본 풍수이론상의 문제점이었다.
　조선왕조에서 풍수의 실행은 여러 권력집단의 역학 관계 속에서 이루어졌다. 그 과정에서 전개된 조선왕실의 주요한 풍수담론은 새 도읍지를 둘러싼 풍

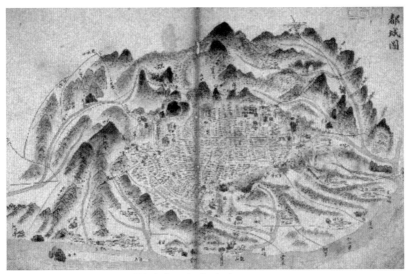

● 한양의 산천 지형과 풍수 입지가 잘 표현된 지도(『동국여도』「도성도」)

수입지의 견해, 경복궁의 주산과 명당 논쟁, 문소전과 강녕전 주맥 길 폐쇄 문제, 창경궁 뒤 흥덕사 길의 폐쇄 논의, 청계천 명당수 준설 논의 등의 방면에서 여러 정책적인 논쟁을 유발하기도 했다.

2) 태조가 꿈꾼 새 도읍지

조선왕실의 궁성풍수에 첫 물꼬를 튼 인물은 조선왕조의 개국자 태조였다. 태조 이성계가 한양으로 도읍을 새로 정하는 과정과 여러 정황들은 『태조실록』에 생생하게 기록됐다. 풍수와 관련된 주요 사안을 연대기(年代記) 형식으로 재구성해서 살펴보자.

1392년(태조1) 7월 17일, 역성혁명을 통해 조선의 국왕 자리에 오른 이성계는, 한 달도 채 되기 전인 8월 13일, 도평의사사에 명령을 내려 한양으로 도읍을 옮기게 했다.

일찍이 한양은 조선 정도(定都) 이전의 고려시대(12세기)에 남경이란 별경(別京)이 설치되었던 곳이었다. 또한 한양(남경)은 이미 고려 말 공민왕·우왕·공양왕 대에 유력한 천도 후보지로서 대두되고 실행되었던 곳이었다. 한양 천도는 공민왕 때부터 본격적으로 논의되다가 우왕과 공양왕 때는 직접 한양에 얼마간 옮겨 거처하는[移御] 수준의 천도를 이행하기도 했다. 우왕은 1382년(우왕8) 9월부터 한양에 일시적으로 천도하여 이듬해 2월에 다시 환도하였으며, 공양왕도 1390년(공양왕2) 9월부터 이듬해 2월까지 한양에 머물렀다.

태조는 왜 그리도 급하게 천도하기를 원했을까? "예로부터 왕조가 바뀌고 천명을 받는 군주는 반드시 도읍을 옮기게 마련"[2]이라는 태조의 말은 그 일단의 이유를 짐작하게 해준다.

그런데 정작 개국왕 태조의 천도 속행(速行)에 대한 정치적 의중과 조정 중신들의 천도 여건에 대한 행정적 판단은 각도가 달랐다. 실무자(신료)들의 판단으로, 당시 한양에 갖춰졌던 남경의 시설만으로는 현실적으로 빠른 천도가 어

---

2. 『태조실록』 2년 2월 1일

려웠다. 배극렴, 조준 등의 중신들이, 태조의 한양 천도 지시 후 한 달여 지난 9
월 3일에 "겨울이 다가오니 한양의 궁궐과 관사, 성곽 등이 완성된 후에 도읍을
옮기자."[3]고 청한 까닭도 그러한 이유 때문이었다. 나중에 태조의 술회(述懷)에
도 드러나겠지만, 실상 여기에는 당시 개경에 근거지를 둔 신하들이 한양 천도
를 내심으로 주저하는 의중도 반영되어 있었다. 이러한 조정의 의견을 접한 태
조도 이때는 어쩔 수 없이 "이를 옳게 여겨 받아들였다."[4] 천도할 만한 여건이
조금 더 성숙되기를 기다리는 수밖에 없었던 것이다.

계룡산 도읍지 부상

새해(1393년)가 되자 태조는 본격적으로 천도할 작정으로 준비를 서둘렀다.
우선 긴요한 것은 새 도읍지가 될 만한 장소를 정하는 일이었다. 태조는 기존의
한양이 이미 고려왕조의 남경(南京)으로서 도읍이 되기 위한 기본적인 시설은
갖추고 있지만, 역성혁명(易姓革命)의 명분에 걸 맞는 새로운 혁신의 땅은 되
지 못한다고 판단했다. 때마침 계룡산이 매력적인 천도 후보지로 급부상했다.
계룡산을 추천한 장본인은 권중화(權仲和, 1322~1408)였다. 그는 태조의 태
실지를 정하는 책임자를 수행했던 계기가 있었다. 1392년(태조1) 11월 27일에
태조의 명으로 양광도(楊廣道: 충청도를 포함한 경기남부 및 강원도 일부), 경상도,
전라도에 터를 보러 가서, 이듬해 1월 2일에 돌아와 태실지 뿐만 아니라 계룡
산 신도 후보지의 산수형세를 그린 지도를 바친 것이다.

> 태실증고사(胎室證考使) 권중화가 돌아와서 아뢰기를, "전라도 진동현(珍同縣: 현 충남
> 금산군)에서 길지(吉地)를 살펴 찾았습니다." 하면서, 이에 산수형세도를 바치고, 겸하여 양
> 광도 계룡산의 도읍 지도를 바쳤다. 『태조실록』 2년 1월 2일

권중화가 추천한 태조 태실지와 계룡산 도읍지의 거리는 직선거리로도
23km 남짓 인접한 곳이다(자세한 관련 사항은 본문 214쪽의 태조 태실지 참조). 계
룡산이라는 전연 새로운 곳을 제안 받은 태조는 역성혁명이라는 개국이념에

---

3. 4. 『태조실록』 1년 9월 3일

걸맞는 참신한 지역성에 마음이 끌린 것 같다. 앞에서 살펴보았듯이, 한양은 이미 고려왕조부터 여러 차례 천도지로 거론되었고 실제 우왕과 공양왕 대에 천도를 실행하기도 했던 고려의 유습이 잔존한 장소였기 때문이었다.

1393년(태조2) 1월 19일, 때는 한겨울의 엄동설한임에도 불구하고 천도에 마음이 달아있었던 태조는 신하들과 함께 급히 개경을 출발하여 계룡산의 지세를 친히 살펴보러 갔다. 도착하는 데만 해도 스무날이 걸리는 장거리의 행차였다. 계룡산으로 가는 도중의 2월 1일 이른 새벽, 태조는 그간에 신하들이 천도를 미적거리는 데에 대한 불만과, 자신이 새 도읍을 정하고자 하는 데에 대한 속마음을 이렇게 털어놓은 적이 있다.

"도읍을 옮기는 일은 세가대족(世家大族)들이 함께 싫어하는 바이므로, 구실로 삼아 이를 중지시키려는 것이다. 재상(宰相)은 송경에 오랫동안 살아서 다른 곳으로 옮기기를 즐겨하지 않으니, 도읍을 옮기는 일이 어찌 그들의 본뜻이겠는가. … 예로부터 왕조가 바뀌고 천명을 받는 군주는 반드시 도읍을 옮기게 마련인데, 지금 내가 계룡산을 급히 보고자 하는 것은 내 자신 때에 친히 새 도읍을 정하고자 하기 때문이다."『태조실록』 2년 2월 1일

이 한마디에는 당시 천도라는 국가 대사를 둘러싸고 벌어진 왕과 신하 간의 긴장 관계가 선연히 엿보인다. 새 왕조를 연 개국 군주로서, 태조의 천도에 대한 강력한 의지와 주저하는 신하들에 대한 마뜩찮은 심정의 토로도 잘 나타난다.

일행은 개경을 출발한 지 꼬박 스무 날이 걸려서 마침내 2월 8일에야 계룡산 밑에 이르렀다. 다음날 태조는 신하들과 함께 계룡산이 신도 후보지로서 산수의 풍수적 형세가 과연 어떠한지 둘러보았다. 지리적 여건으로서, 배로 실어 나를 조운은 편리하겠는지, 도로의 여건은 잘 갖춰져 있는지, 그리고 주위 지세는 성곽을 축조할 만한지 등을 신하들에게 꼼꼼히 검토하게 했다.

임금이 여러 신하들을 거느리고 새 도읍의 산수 형세를 관찰했다. 신하들에게 명하여, 조운의 편리하고 편리하지 않은 것과 육로의 험난하고 평탄한 것, 성곽을 축조할 지세를 살피게 했다.『태조실록』 2년 2월 9일

계룡산에 머문 지 사흘째 되던 날, 계룡산 도읍지를 추천한 장본인으로 태조를 수행하고 있었던 권중화가 계룡산 신도에 들어설 기본적인 시설로서 종묘, 사직, 궁전, 시장 등 도읍 계획의 초안이 되는 지세 도면을 그려 바쳤다. 일종의 신도 마스터플랜을 위한 밑그림이었다. 이에 태조는 담당 전문관서인 서운관과 풍수학인에게 명하여 신도 지형의 형세를 더욱 자세히 조사하고 땅을 측량하게 했다.

• 계룡산 도읍지와 태조 태실지의 거리. 인근에 위치하고 있다.

• 계룡산 신도 후보지의 지형 위성사진. 산 속의 분지이다. 너른 평지가 펼쳐졌다. 현재는 1983년을 시작으로 삼군본부 군사기지(계룡대)가 들어섰다.

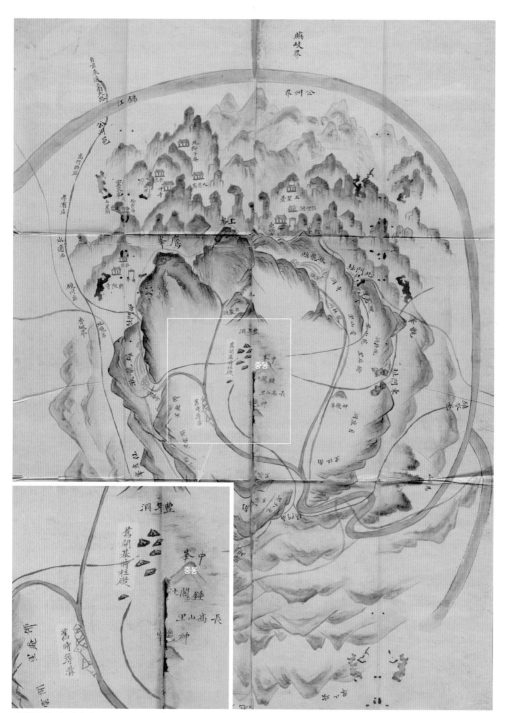

• 「계룡산 전도」(조선 후기, 국립중앙박물관 소장). 풍수적 시선으로 계룡산의 산수와 지형, 주요 건물과 지리정보 등을 회화적으로 묘사했다. 산세와 물줄기가 둥글게 신도안을 에워싸서 풍수명당 형국의 분지 지형을 이루었다. 신도안 뒤로 뭇 봉우리들이 신선처럼 기립하고 있는 모습이다. 신도안에는 중봉(中峯), 백암동(白巖洞), 풍년동(豊年洞) 등의 주요 골짜기를 적었다. 중봉 왼쪽에는 '예전에 터를 닦을 때의 주춧돌[舊開基時柱礎]'이라는 표기와 함께 자취를 그렸다. 내백호 물줄기 곁에는 '예전에 축조한 도랑[舊時築溝]'이라는 정보도 기록했다.

권중화가 새 도읍의 종묘·사직·궁전·시장을 만들 지세의 그림을 바쳤다. 서운관과 풍수학인 이양달·배상충 등에게 명하여 땅[地面]의 형세를 살펴보게 하고, 김사행에게 명하여 먹줄로써 땅을 측량하게 했다. 『태조실록』 2년 2월 10일

다음날 계룡산 신도의 기본적인 지형지세에 대한 도면을 확인한 태조는 계룡산 신도 후보지 중심에 있는 높은 언덕에 직접 올라가서 지세를 두루 살펴보았다. 그곳은 조선 후기에 그려진 「계룡산 전도」에서 찾을 수 있듯이 신도안 분지 가운데의 중봉(中峯)일 가능성이 크다. 그리고 동행한 왕사(王師) 무학(자초)에게 신도의 터에 대해 자문을 구했다. 그러나 무학이 어떻게 대답했는지는 실록에 기록하지 않아 아쉽게도 알 길이 없다.

그 후 이틀 동안의 현지답사를 통해 태조는 계룡산 신도 후보지의 입지 여건을 어느 정도 확인할 수 있었다. 그리고 바로 신도 건설을 확정하기에 이른다. 2월 13일에, 태조는 계룡산에서 길을 떠나면서 김주와 박영충, 최칠석을 그곳에 남겨 두고 새 도읍의 건설을 감독하게 했다. 그리고 개경으로 돌아온 태조 일행은 마침내 다음 달 3월 24일에 "계룡산에 새 도읍을 정했다."[5]고 공표하였다.

작년 8월 13일에 한양으로 천도를 결정하였으나 시설 준비의 미비 등으로 미뤄진 이후, 금년 새 봄에 와서 조선왕조를 새롭게 열 왕도로서 계룡산 신도가 공식적으로 결정되는 순간이었다.

한편, 서운관에서는 도선(道詵)의 이름을 빌린 도참설을 근거로 계룡산 신도가 조성되기 전이라도 길한 장소[吉方]로 거처를 옮길 것을 태조에게 권청하게 된다. 9월 6일에 서운관에서 올린 의견은 다음과 같았다.

"도선이 '송도는 5백 년 터'라 하고, 또 '4백 80년 터이며, (고려) 왕씨(王氏)의 제사가 끊어진 땅이라.' 했습니다. 지금 바야흐로 (계룡산 신도) 토목공사를 일으키고 있사오니, 새 도읍을 조성하기 전에 좋은 방위로 옮기소서." 『태조실록』 2년 9월 6일

---

5. 『태조실록』 2년 3월 24일

여기서 고려왕조에서 성행했던 풍수도참의 분위기를 흠씬 느낄 수 있다. 태조 대만 하더라도 고려의 풍수 관성이 잔존하고 있어 이런 방식의 실행이 가능했던 것 같다. 당시만 해도 도선(827~898)과 그의 풍수도참설이 조정에 미친 영향력이 상당히 컸음도 알 수 있다. 하지만 도참설은 후대로 갈수록 풍수설과 차별화되고 유학자 관료들에 의해 비판받으면서 입지가 급격히 좁아지게 된다.

태조는 서운관에서 올린 안건을 도평의사사에 내려 의논케 하였다. 조정에서 의견이 받아들여지자 9월 30일에는 서운관 관원을 대궐 안으로 불러서 임금이 옮겨 거둥할 길지를 점치게 했다. 그 이후 태조가 점쳐 얻은 길지에 실제로 머물거나 순주했는지는 확인하기 어렵다.

하륜의 계룡산 불가론

그해 봄과 여름철을 지나면서 계룡산 신도 공사는 일사천리로 진행되었다. 어느 듯 가을도 지나고 한겨울로 접어들면서 계룡산에서 왕도 조성을 위한 토목공사가 한창이던 때 신도 사업에 돌발 상황이 벌어졌다. 경기관찰사 하륜(河崙, 1347~1416)이 계룡산 신도의 지리와 풍수적인 문제점을 들어, 계룡산의 입지는 신도가 될 만한 입지 조건이 불가하다고 주장한 것이다. 당시의 이 주장은 태조와 조정에 커다란 파장을 불러일으켰음을 불을 보듯 빤하다.

하륜의 계룡산 도읍지 반대 주장은 두 가지로 요약된다. 첫째 지리적으로, 새 도읍지의 위치가 남쪽으로 치우쳐 있어 각 지방으로부터 왕도에까지 이르는 접근성이 떨어진다는 문제였다. 왕도의 중심성과 접근성의 요건을 지적한 이 논리는 충분히 타당성과 설득력을 가질 만했다. 그가 이미 염두에 두고 있었을지 모르는(나중에 일관되게 주장하는) 무악 후보지에 비해 상대적으로 계룡산 후보지는 국토의 남서부에 치우쳐 있기 때문이다. 하륜의 말을 직접 들어보자.

경기 좌·우도관찰사 하륜이 아뢨다. "도읍은 마땅히 나라의 중앙에 있어야 될 것인데, 계룡산은 지대가 남쪽에 치우쳐서 동면·서면·북면과는 서로 멀리 떨어져 있습니다." 『태조실록』 2년 12월 11일

둘째 풍수적으로, 새 도읍지의 산수 조건 특히 산과 대응하여 하천이 빠져나

가는 방위의 길흉 문제였다. 실록에는 다음과 같이 적고 있다.

"계룡산의 땅은, 산은 건(乾: ↘) 방향에서 오고 물은 손(巽: ↘) 방향으로 간다 하니, 이것은 송나라 호순신(胡舜臣)의 이른바, '물이 장생(長生) 방향으로 빠져 쇠퇴해 패망이 드는 땅[水破長生 衰敗入地]'이므로, 도읍을 건설하는 데는 적당하지 못합니다." 『태조실록』 2년 12월 11일

이 논리를 이해하기 위해서는 하륜이 주장의 전거로 삼은 책 『지리신법호순신(地理新法胡舜申)』의 논지를 짚어 볼 필요가 있다.

『지리신법호순신』은 물(水)과 물길(하천)을 중시하는 풍수서다. 이 책의 저자 호순신은 물길의 이치를 사람의 몸에서 혈맥의 중요성으로 비유해 다음과 같이 논한다.

산은 사람의 형세와 같고, 물은 사람의 혈맥과 같다. 사람이 나서 크며[生長] 시들고 번성함[枯榮]은 한결같이 혈맥에 바탕한다. 혈맥이 한 몸 사이에 두루 흘러서, 그 도수(度數)가 순조롭고 어긋남이 없으면 그 사람은 반드시 편안하고 굳세지만, 반대로 절도(節度)를 잃으면 그 사람은 반드시 병들고 죽는다. 이것은 스스로 그러한 이치[自然之理]이고 바꿀 수 없는 도리[不易之道]이다.[6] 『지리신법호순신』

저자 호순신의 이러한 물에 대한 인식은 원리적으로 산과 관계지어 길흉을 파악하는 방식의 논리였다. "물이 와서 가는 것이 반드시 산과 부합한 이후라야 길함이 된다."는 식이다.[7] 그런데 이에 따르면 계룡산 후보지의 산수 조건은 그렇지 못하다는 것이다. 호순신의 논리로 보자면, 계룡산 후보지는 물길이 빠져나가는 방위를 산세가 오는 방향과 관계지어 판단할 때 마땅한 절도를 잃어 패망할 땅으로 흉하였다.

금년 봄 이후로 한 해가 저물도록 엄청난 국가적인 비용과 백성들의 노동력을 들여 계룡산 신도의 기반을 착착 조성해나가는 판에, 이러한 반대 의견을 낸

---

6. 7. 『地理新法胡舜申』卷上, 水論

다는 것은 자칫 목이 달아날 수도 있는 엄중한 사안이었다.

　이런 판국에 태조가 하륜의 계룡산 천도 반대 의견을 묵살할 만도 하였지만, 짐짓 이를 심중히 받아들였다. 이성계는 풍수론에 대한 믿음도 깊었지만, 백전노장으로 체득한 판단의 정치적 신중함이 중대 사안을 합리적인 방향으로 이끌게 했다. 그는 신하들에게 당면한 이 문제 제기를 신중히 검토하도록 명하였다. 우선 호순신의 논리가 과연 타당한 지를 이론적으로 살펴보게 한 뒤에, 그 이론이 실제와 맞는지를 고려왕조 산릉(왕릉)의 길흉까지 모두 적용해서 면밀히 조사하게 했다. 그 결과는 이론과 실제가 일관되고 타당한 것으로 판정이 났다. 그러자 태조는 즉각 계룡산 신도의 건설을 중지시키고, 도리어 하륜으로 하여금 서운관에 소장한 비결서를 열람하게 한 후에 새로 천도할 곳을 다시 물색케 한다.

　임금이 명하여… 고려왕조의 여러 산릉의 길흉을 다시 조사하여 아뢰게 했다. 이에 봉상시(奉常寺) '제산릉형지안(諸山陵形止案)'의 산수가 오고 간 것으로서 상고해 보니 길흉이 모두 맞았다. … 호순신의 글이 이로부터 비로소 널리 퍼졌다. 임금이 명하여 고려왕조의 서운관에 저장된 비록(秘錄) 문서를 모두 하륜에게 주어서 보게 하고는 천도할 땅을 다시 보아서 아뢰게 했다. 『태조실록』 2년 12월 11일

　이렇게 새 도읍지의 선정과 건설, 그리고 중단을 둘러싼 급격한 변동 과정에는 어떠한 정치사회상의 배경이 있었을까? 첫째 정치적으로, 정책과정을 주도한 당사자로서 신료들 간, 특히 권중화와 하륜의 권력을 둘러싼 알력과 정쟁 관계가 있었을 것이다. 둘째 현실적으로, 5백여 년 동안이나 개경에 뿌리들 둔 신하들의 근거지를 생판 낯선 아랫녘인 계룡산지역으로 옮기는 부담감이 컸을 것이다. 이를 뒤집을 만한 강력한 왕권도 뒷받침되지 못했던 것으로 보인다. 셋째 경제적으로, 지방에서 민력(民力)을 대대적으로 동원하여 신도 조성을 위한 큰 공사를 벌이는 데에 대한 재정적인 비용도 만만찮았을 것이다. "새 도읍의 공사를 그만두게 하니, 중앙과 지방에서 크게 기뻐했다."는 실록의 기록은 이러한 정황을 드러내고 있다. 1393년(태조2) 12월 11일의 일이었다.

심효생에게 명하여 새 도읍의 공사를 그만두게 하니, 중앙과 지방에서 크게 기뻐했다.
『태조실록』 2년 12월 11일

여러 대안 후보지 물색 - 무악, 불일사, 선고개 등

계룡산 불가론을 관철시킨 하륜은 이제 신도 후보지를 정하는 데에 막중한 권한과 역할을 담당하는 주역으로 부상했다. 이런 그가 적극 추천한 새로운 곳은 한양 인근의 무악(모악)이었다. 무악이 계룡산 도읍지 폐기 이후에 신도 후보지로 유력하게 대두한 것이다.

이에 태조는 이듬해(1394년) 6월 27일에, 무악 신도 후보지의 땅을 십여 명의 재상들에게 명하여 미리 보게 하고는, 신도가 될 곳으로 또다시 결정했다. 최초의 한양과 다음의 계룡산에 이어 세번째로 무악이 신도로 정해지는 순간이었다.

태조의 이러한 성급한 결정 과정을 보더라도 그가 얼마나 내심 천도를 바랐는지 족히 짐작할 수 있다. 그런데 같은 날에 조정에서는 기다렸다는 듯이 무악 후보지에 대한 반대 의견이 올라왔다. 풍수를 전문적으로 담당하고 있는 서운관 관원이 반대 상소의 깃발을 들었다. 풍수이론으로 무악의 입지 조건을 볼 때 도읍을 정할 곳이 아니라는 것이다. 여러 재상들도 한결같이 무악 반대 의견에 동조했다. 그래서 이번에도 태조는 어쩔 수없이 또 다른 곳을 물색하게 했다. 나라의 중차대한 일에서 이래도 안된다 저래도 안된다 하니, 정작에 타들어가는 것은 이성계의 속마음뿐이었다. 실록에 표현된 태조의 심정을 행간으로 읽어 보자.

"서운관원 유한우와 이양달 등이, '신이 배운 바로 보아서는 도읍으로 정할 곳이 아닙니다.' 한다. 나라의 큰 일이 이보다 중한 것이 없는데, 혹은 좋다 하고 혹은 좋지 않다 하니, 전날에 가 본 재상 및 서운관원과 더불어 그 옳고 그른 것을 논의해서 알리라."

권중화와 김사형이 여러 재상들과 더불어 서운관의 말한 바를 기록하여 아뢨다. "다 옳지 못하다 합니다." 임금이 말했다. "이들로 하여금 다시 좋은 곳을 물색하게 하라." 『태조실록』 3년 6월 27일

이번에는 신도 후보지를 선정하는 역할의 담당 주체가 서운관으로 넘어갔다. 하륜의 무악 후보지가 조정에서 부결된 며칠 후인 7월 2일에, 서운관 관원은 새 도읍의 후보지로, 불일사(佛日寺)가 제일이고 선고개[鐥岾]가 다음이라고 천거해 아뢨다. 공교롭게도(?) 두 곳 다 개성 권역에 있었다. 태조는 곧바로 이틀 뒤인 7월 4일과 5일에, 서운관 관원이 추천한 후보지인 선고개와 불일사 터를 살펴보았다. 그러나 그 역시 천도할 곳으로 좋지 못하다는 결론이 났다.

이처럼 신도지 결정을 둘러싸고 여러 차례 조정의 의견이 일치되지 않고 시비 판단이 분분하자, 조정에서는 아예 판단의 기준으로 삼을 만한 풍수이론에 대한 새로운 정립의 필요성이 대두됐다. 이에 즉시(7월 11일), 도평의사사에서 풍수학설의 표준을 세우기 위해 음양산정도감(陰陽刪定都監)이라는 임시기구의 설치를 건의한 것이다. 태조도 수긍하여 그대로 의견을 따랐다. 이튿날에 조정에서는 음양산정도감을 설치하여, 여러 중신(권중화, 정도전, 하륜 등)들로 하여금 서운관 관원과 함께 지리와 도참서들을 모아 교정하게 했다.

"지리의 학설이 분명치 못해서 사람마다 각각 자기의 의견을 내세워, 서로 같기도 하고 다르기도 하니, 어느 것이 참말이며 거짓인지를 분별하기가 어렵습니다. 고려조에서 전해 오는 비록(秘錄)도 역시 같기도 하고 다르기도 하여, 거짓[邪]과 올바름[正]을 정하기 어려우니, 청하옵건대 음양산정도감을 두어 일정하게 교정하소서." 임금이 그대로 따랐다.
『태조실록』 3년 7월 11일

부소 명당이 첫째요, 남경이 다음입니다

다음 달(1394년 8월)에 들어서면서, 태조와 무학, 그리고 신하들은 궁궐이 될 만한 터로서 무악을 재차 직접 살피고 신도로서 타당한지에 대해 논의하게 된다. 무악은 하륜이 천거한 장소로서 유력한 후보지로 부상했지만, 서운관 관원들의 반대로 새로 개경 근처의 두 곳을 검토했던 터였고, 두 장소 불일사·선고개 역시 마땅한 곳이 아니라는 중론에 따라 다시 무악을 검토하게 된 것이다. 지난번에는 신하들만 가서 살폈지만, 이번 참에는 태조 본인이 직접 볼 요량이 었다. 태조가 무악 후보지 현장을 신하들과 직접 보고 여부를 판단하고 싶었던 것이다.

● 무악(왼쪽)과 인왕산(오른쪽)이 경복궁 너머로 솟아있다.

● 무악(현 안산)에서 바라본 명당 국면(서편). 너른 평지가 펼쳐졌다.

그 달(8월) 8일에, 태조는 신하들을 데리고 무악의 천도할만한 땅을 보러 출발했다. 사흘 뒤(11일)에 무악에 도착한 태조는 현장에서 무악이 천도할 만한 곳인지 아닌지 신하들과 의논했다. 태조가 먼저 서운관 관원들에게 예전 사실을 확인할 겸 무악의 풍수 조건에 대해 물어보았다. 전과 마찬가지로 무악 후보지는 풍수가 좋지 못하다는 대답이 돌아왔다.

같은 자리에서 신하들은 차라리 개성에 다시 궁궐을 지어서 도읍을 정하자는 의견까지 제기했다. 보나마나 이 말은 태조에게 가당치도 않았을 것이다. 울화가 치민 태조는, 그간에 너희들이 오판한 천도 문제로 백성을 괴롭히고 나라를 속인 일은 징계감이라고도 으름장을 놓기까지 했다.

지금까지 태조는 개성의 지기(地氣)가 쇠했다는 말을 믿어 의심치 않아 천도할 마음을 이미 굳혔고, 천도를 실행할 의지도 철석같았다. 심지어는 길지라면 삼국시대의 도읍지도 좋다고 생각했던 터였다. 그래서 무악이 아니라면 다시 다른 후보지를 찾아서 보고하라고 서운관 관원에게 명했다. 이번에는 서운관에서 부소(扶蘇: 송경 지역 소재)를 첫째로, 남경(南京)을 다음으로 추천했다. 비로소 한양이 차선의 후보지로 재등장하게 된 것이다. 실록은 이렇게 생생히 적었다.

판서운관사 윤신달과 서운부정 유한우 등이 임금 앞에 나와서 말했다. "지리의 법으로 보면 여기(무악 명당)는 도읍이 될 수 없습니다."

이에 태조가 말했다. "너희들이 함부로 옳거니 그르니 하는데, 여기가 만일 좋지 못한 점이 있으면 문서에 있는 것을 가지고 말해 보아라."

윤신달 등이 물러가서 서로 의논하였는데, 임금이 유한우를 불러서 물었다. "이곳이 끝내 좋지 못하냐?"

유한우가 대답했다. "신이 보는 바로는 실로 좋지 못합니다."

태조가 또 말했다. "여기가 좋지 못하면 어디가 좋으냐?"

유한우가 대답했다. "신은 알지 못하겠습니다."

태조가 노하여 말했다. "네가 서운관인데 모른다고 하니, 누구를 속이려는 것인가. 송도의 지기가 쇠했다는 말을 너는 듣지 못하였느냐?"

유한우가 대답했다. "이것은 도참으로 말한 바이며, 신은 단지 지리만 배워서 도참은 모릅니다." 태조가 말했다. "옛사람의 도참도 역시 지리로 인해서 말한 것이지, 어찌 터무니없이 근거 없는 말을 했겠느냐? 그러면 너의 마음에 쓸 만한 곳을 말해 보아라."

유한우가 대답했다. "고려 태조가 송산(松山: 송악산) 명당에 터를 잡아 궁궐을 지었는데, 중엽 이후에 오랫동안 명당을 폐지하고 임금들이 여러 번 이궁(離宮)으로 옮겼습니다. 신의 생각으로는 명당의 지덕(地德)이 아직 쇠하지 않은 듯하니, 다시 궁궐을 지어서 그대로 송경에 도읍을 정하는 것이 좋을까 합니다."

태조가 말했다. "내가 장차 도읍을 옮기기로 결정했는데, 만약 가까운 지경에 다시 길지가 없다면, 삼국 시대의 도읍도 또한 길지가 됨직하니 합의해서 알리라."

조준·김사형에게 일렀다. "서운관이 전 왕조 말기에 송도의 지덕이 이미 쇠했다고 하고 여러 번 상서하여 한양으로 도읍을 옮기자고 했다. 근래에는 계룡산이 도읍할 만한 땅이라고 하므로 민중을 동원하여 공사를 일으키고 백성을 괴롭혔다. 이제 또 여기가 도읍할 만한 곳이라 하여 와서 보니, 유한우 등의 말이 좋지 못하다 하고, 도리어 송도 명당이 좋다고 하면서 서로 논쟁을 하여 나라를 속이니, 이것은 일찍이 징계하지 않은 까닭이다. 경 등이 서운관 관리로 하여금 각각 도읍될 만한 곳을 말해서 알리게 하라."

이에 최융과 윤신달·유한우 등이 상서했다. "우리나라 내에서는 부소 명당이 첫째요, 남경이 다음입니다." 『태조실록』 3년 8월 11일

위 인용문에는 당시의 유력한 두 가지 공간담론이 경합하는 한편, 시대적으로 두 가치가 변화되고 있음에 주목한다. 천도 논의의 기준으로 작용하고 있는 도참과 풍수에 대한 인식이 그것이다. 태조가 '송도의 지덕이 쇠했다.'는 도참담론을 내세운 반면, 서운관 관원들은 "지리의 법으로 보면"이라는 표현으로 드러나듯 풍수담론을 제기하고 있는 것이다.

고려왕조에서 도참은 풍수와 결합하여 강력한 영향력을 발휘한 공간담론이었다. 그 결과 풍수도참이라는 용어까지 굳어졌다. 그러나 조선왕조에서는 도참을 탈피한 지리이론으로서의 풍수의 비중이 커졌다. 따라서 고려왕조의 공간담론이 '풍수도참'이라면 조선왕조의 공간담론은 '풍수지리'라고 대비할 수 있는 것이다.

● 송악산 부소 명당의 지형 위성사진. 물줄기는 예성강(서)과 임진강(동)을 끼고, 한강(남)과 함께 조강(祖江)으로 합수하여 서해로 이어진다.

왕도풍수론

조선왕조의 주요 풍수교과서에는 왕도풍수에 대한 대목이 나온다. 『지리신법호순신』은 주산의 방위와 관련하여 도읍 입지를 말했다. 『명산론』은 산과 물이 많이 모이고, 규모가 큰 장소가 왕도가 된다고 하였다. 『감룡경』과 『의룡경』은 규모가 크고 평평한 곳에 도읍이 있다고 했다.

"지금의 경도(京都), 고을(州縣), 절과 도관(道館), 무덤과 집의 좋은 것은 이 여섯 산[艮山 · 巽山 · 兌山 · 丙山 · 丁山 · 辛山]을 주산으로 한 것이 많다. 그밖에 해산(亥山)도 귀한데, 역시 주산으로 한 것이 많다." 『지리신법호순신』

"경도(京都)나 제도(帝都)는 만 개의 물과 천 개의 산이 모두 하나의 신성한 곳으로 모인다." 『명산론』

"산이 모이는 곳은 (규모가) 작으면 마을이 되고 크면 경도(京都)가 된다." 『명산론』

"가지를 나누고 맥을 쪼개어 종횡으로 가다가
기혈(氣血)이 이어지다 물을 만나 머무네
크면 도읍으로 제왕이 머물 공간이고
작으면 고을로 군(君) · 공(公) · 후(侯)가 머물 공간이네 『감룡경』

"고을이나 도읍은 평평한 곳에 많다." 『의룡경』

무악과 부소 후보지의 평가와 논쟁

이어 신하들 간에 무악과 부소(송경권역) 신도후보지를 둘러싼 분분한 논쟁이 벌어졌다. 무악 반대론자인 성석린은 무악의 형세와 규모가 도읍의 조건에 부합하지 않다고 했다. 그는 부소 도읍에 찬성하지만 신도의 건설에는 두 해 정도의 유보 기간을 두자는 의견을 말했다. 정총 역시 무악의 입지가 명당이 좁고, 주산이 낮으며, 수구가 열려 있는 풍수적인 결함이 있어 도읍터로 부적합하다고 주장했다.

풍수론에서 수구가 닫혀있는 것은 요구되는 명당 조건의 하나다. 무악과 한양의 수구 조건을 비교해 볼 때 무악은 명당의 수구를 여며주는 산세의 지형 조건을 확보하지 못해 수구가 열려 있으나, 상대적으로 한양은 인왕산과 낙산, 그리고 남산으로 인해 청계천 명당수의 수구가 닫혀있다.

실록에 기록된 두 사람의 무악 반대 논리와 개성 옹호 주장은 이러했다.

성석린이 말했다. "이곳은 산과 물이 모여들고 조운이 통할 수 있어 길지라 할 수 있으나, 명당이 기울어지고 좁으며, 뒷산이 약하고 낮아서, 규모가 왕자의 도읍에 맞지 않습니다. …

부소의 산수는 거슬려 놓은 데가 있어 선현들이 좌소(左蘇)와 우소(右蘇)에 돌아가면서 거주하자는 말이 있으나, 그 근처에 터를 잡아서 순주하는 곳을 삼고, 부소 명당으로 본 궁궐을 지으면 매우 다행일까 합니다. 어찌 부소 명당이 왕씨만을 위하여 생겼고 뒤 임금의 도읍이 되지 않을 이치가 있겠습니까? 또 백성을 쉬게 하여 두어 해 기다린 뒤에 의논하는 것도 늦지 않을까 합니다."

정총이 말했다. "… 도선(道詵)이 말하기를, '만약 부소에 도읍하면 세 나라 강토를 통일해 가질 수 있다.'고 했습니다. 전 왕조는 시조 왕건 이전 삼국이 정립할 때부터 삼국을 통일한 이후에 단지 개성에 도읍하였는데, 왕씨가 5백 년에 끝나는 것은 운수이며 지리에 관련시킬 것이 아닙니다.

만약에 주·진·한 나라가 서로 계속해 가면서 한 곳에 도읍한 것을 보면, 비록 개성이라도 해가 없을 것 같습니다. 구태여 여기를 버리고 다른 곳을 구하려면, 다시 널리 찾아보는 것이 좋겠습니다. 무악의 터는 명당이 심히 좁고, 뒷산의 주맥[主龍]이 낮으며, 수구(水口)가 잠기지 않았으니, 길지라면 어찌 옛사람이 쓰지 않았겠습니까?『태조실록』3년 8월 12일위 두 사람과 맞선, 일찍이 무악을 천거한 장본인으로서 무악 찬성론자인 하륜의 판단과 의견은 분명히 달랐다. 무악의 형세가 낮고 좁다는 비판적인 견해에 대해, 경주와 평양에 비해서는 규모가 넓다고 반박하였다. 더구나 무악이 위치상의 나라 중앙이라는 입지상의 장점, 옛 도참 비기에도 부합한다는 점, 그리고 도회(都會)로 산수가 모이는 조건에 대한 풍수론까지 들어 무악이 신도에 합당하다고 물러서지 않고 재차 고집했다. 하륜의 주장을 들어보자.

무악의 국세가 비록 낮고 좁다 하더라도, 계림과 평양에 비해서는 궁궐의 터가 실로 넓습니다. 더구나 나라의 중앙에 있어 조운이 통하며, 안팎으로 둘러싸인 산과 물이 또한 기댈 만하고, 우리나라 선현들의 비기(秘記)에 대부분 서로 부합됩니다. 또 중국의 지리에 대한 여러 학자[諸家]들의 '산과 물이 알현해 모여든다는 설[山水朝聚之說]'과도 서로 가까우므로, 전날 대면해 물으실 때에 자세히 말씀드렸습니다. 『태조실록』 3년 8월 12일

중추원학사 이직도 하륜의 의견에 동조하면서 힘을 실어주었다. 무악의 위치가 지닌 조운과 도로 등의 지리적 장점과 함께, 풍수문헌의 논리와 전해오는 비결을 근거로 들어 무악 명당이 합당하다는 설명을 보태었다. 다만 그는 무악의 명당 국면이 좁다는 점은 수긍했다.

실제로 무악의 명당 규모가 백악(북악)의 한양에 비해 좁다는 것은 위성지도로 보아도 확인할 수 있다(위성지도 참고). 한 나라의 도읍지는 효율적인 통치행위를 위해 행정적이고 경제적으로 뒷받침할 만한 충분한 공간적 영역이 확보되어야 한다. 풍수적인 필요조건으로도 왕도가 되기 위해서 주산은 일정한 크기로 위세를 갖추어야 한다. 그러나 무악 후보지의 결점으로 지적되었던 주산의 높이를 비교해도 무악(295m)은 북악(342m)보다 낮으며, 더구나 북악은 바로 뒤로 북한산(836m)이 웅거해 있기에 겹쳐 보여서 상대적으로 훨씬 크게 느껴진다. 이직의 말을 들어보자.

"도읍을 옮기고 나라를 세우는 땅에 대하여 지리책을 상고해 보니, 대개 말하기를, '만 갈래 물과 천 봉우리 산이 한자리로 모이는 큰 산과 큰 강이 있는 곳이 도읍과 궁궐이 되는 땅이라(萬水千山 俱朝一神 大山大水處 爲王都帝闕之地).'고 하였습니다. 이것은 산의 기맥

이 모이고 조운이 통하는 곳을 말한 것입니다.

또 이르기를, '1,000리 영역으로 왕이 된 자는 사방을 각 500리로 하고, 500리 영역으로 왕이 된 자는 사방을 각 50리로 한다.'고 하였습니다. 이것은 도로의 거리[道里]를 고르게 하기 위하여 말한 것입니다.

우리나라 비결에도 이르기를, '삼각산에 남쪽으로 마주하라.' 했고, '한강에 임하라.' 고 했으며, 또, '무산(毋山)이라.'고 했습니다. 이곳(무악)을 들어서 말한 것입니다. … (그러나) 무악의 명당은 신도 역시 좁다고 생각합니다." 『태조실록』 3년 8월 12일

무악 신도후보지의 채택 여부에 대한 신하들 간의 치열한 논의가 있고 나서, 이튿날(8월 12일) 태조는 왕사 무학을 만난다. 무악터를 보려 할 때 먼저 사람을 보내서 맞아온 것이었다. 실록에는 이 또한 한 마디도 기록이 없어 태조와 무학 사이에 무슨 말이 오갔는지 알 도리가 없다.

• 무악 명당(왼쪽)과 백악 명당(오른쪽)의 규모, 주산의 높이, 수구의 여밈 여부는 위성사진으로도 비교, 확인된다.

• 대동여지도에서 본 무악 명당과 백악 명당

• 무악(안산)에서 바라본 전망. 멀리 관악산이 마주하고 있다.

이날마저도 무악을 비롯한 신도 후보지들에 대해서 여러 신하들의 의견은 일치를 보지 못하였다. 더욱이 태조는, 본인(태조)의 속마음도 모르고 신하들이 대체로 천도할 조건이 불가하거나 바람직하지 않다고 한 까닭에, 내심 언짢아하면서 "내가 개성으로 돌아가 소격전(昭格殿)에서 의심을 해결하리라." 하고 개성으로 행차해 버렸다.

태조가 의심을 푸는 장소로 제시한 소격전은 소격서(昭格署)다. 소격서는 즉위년 11월에 고려의 여러 도관(道觀)들을 병합해서 만든 관청으로서, 도교식 제사[醮祭]를 지내는 것이 주 역할이었다. 태조가 소격전에서 의심을 해결하고자 한다는 의미는, 도교의 점치는[占卜] 방식을 통해서라도 천도할 운세를 판단하고, 천도할 터에 대한 상징적 정당성을 확보해보려는 정치적 심리전술로 읽힌다.

그런데 태조를 수행하던 일행이 개성으로 돌아가는 도중에, 서운관에서 차선의 후보지로 올린 남경에 들르게 된다. 최초에 천도할 곳으로 태조가 정했던 그 곳, 돌고 돌아 결국은 제자리로 다시 돌아온다더니, 머지않은 곳에서 현실적인 귀결은 태조 일행을 기다리고 있었다.

한양의 형세를 보니, 왕도가 될 만한 곳

이러지도 저러지도 못하고 개성으로 되돌아가는 길에 태조의 천도에 대한 마음은 복잡하기도 급하기도 했던 것 같다. 어찌했건 천도는 하긴 해야겠는데, 개국의 분위기로 일신할 수 있으리라 기대한 새로운 곳인 계룡산 후보지도 무산되고, 무악 명당마저도 신하들의 반대에 부딪혀 의견의 일치를 보지 못했다. 그 억하심정은 결국 도관의 소격서에서 점쳐서라도 해결하리라는 심경으로 표출되기까지 했다. 그럼에도 불구하고 태조에게는 물러설 수 없는 마지막 기회와 카드가 하나 있었다. 그곳은 바로 한양이었다.

개성으로 돌아가기를 결정한 이튿날(8월 13일), 도중에 남경에 들른 태조는 신하들과 남경 옛 궁궐터의 풍수지리를 살피게 된다. 이때 이미 태조는 마음속으로 남경을 천도지로 작심했던 것 같다. 태조는 신하들과 형식적이나마 논의를 거쳐, 한양이 지닌 몇 가지 결점을 수용하면서도 전격적으로 한양을 조선왕조의 신도로 결정했다. 이런 판단과 결정이 어떻게 현실적으로 가능할 수 있었을까? 미적미적한 여러 신료들을 어떻게 설득할 수 있었을까?

한양(남경)은 비록 모든 구태의 면모를 일신할 수 있는 참신한 곳은 아니었지만, 이미 고려의 삼경 중의 하나로 자리 잡고 있었기에 신하들에게 낯선 곳이 아니었다. 계룡산에 비해 개경 본거지로부터 지리상의 거리도 상대적인 부담이 적었다. 그래서 남경은 반드시 천도를 해야겠다는 국왕과, 가능하면 개성을 유지하려고 했던 신하 간의 절충안이자 타협점이기도 했다. 여러 신료들이 "꼭 도읍을 옮기려면 이곳이 좋습니다."라고 말했던 정황이 이를 일러준다. 남경은 차선책이었지만 강력한 현실책이었던 것이었다. 그 당시 신하들이 제시한 남경의 몇 가지 풍수지리적인 결점은 더 이상 태조의 마음을 뒤집지도 흔들지도 못했다. 사실상 태조의 안중에도 없었다는 것이 정확한 표현일 것이다. 한양이 송경 다음 간다는 윤신달의 말에 "기뻐하면서 말했다."는 태조의 반응은 이를 여실히 보여준다. 왕사인 무학의 긍정적인 대답도 큰 힘이 되었다. 하륜이 끝끝내 남경이 아니라 무악을 고집하여도 이제는 태조를 돌이킬 수가 없었다. 실록은 그 정황을 이렇게 기록했다.

(태조가) 산세를 관망하다가 윤신달 등에게 물었다. "여기가 어떠냐?" 그가 대답했다. "우리나라 경내에서는 송경이 제일 좋고 여기가 다음가나, 한 되는 바는 건방(乾方: ↖)이 낮아서 물과 샘물이 마른 것뿐입니다."

태조가 기뻐하면서 말했다. "송경인들 어찌 부족한 점이 없겠는가? 이제 이곳의 형세를 보니, 왕도가 될 만한 곳이다. 더욱이 조운하는 배가 통하고, 사방 거리[里數]도 고르니, 백성들에게도 편리할 것이다."

태조가 또 왕사 자초(무학)에게 물었다. "어떠냐?" 자초가 대답했다. "여기는 사면이 높고 수려하며 중앙이 평평하니, 성을 쌓아 도읍을 정할 만합니다. 그러나 여러 사람의 의견을 따라서 결정하소서."

태조가 여러 재상들에게 분부하여 의논하게 하니, 모두 말했다. "꼭 도읍을 옮기려면 이곳이 좋습니다."

하륜이 홀로 말했다. "산세는 비록 볼 만한 것 같으나, 지리의 술법으로 말하면 좋지 못합니다."

태조는 여러 사람의 말로써 한양을 도읍으로 결정했다. 『태조실록』 3년 8월 13일

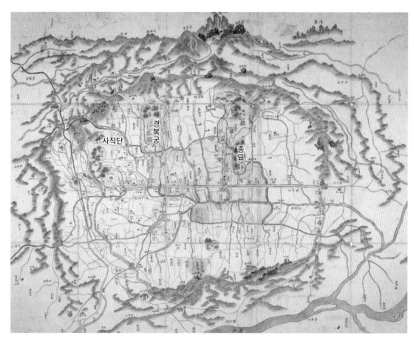

● 한양의 산수와 입지를 잘 묘사했다.(『여지도』 「도성도」)

미련이 남아 적성에 들르다

우여곡절 끝에 태조는 한양으로 신도를 결정하기는 했지만 어떻게 보자면 마지못해 차선으로 결정한 곳, 그것도 고려왕조의 유풍이 남아있는 남경이 태조의 성에 차지는 않았던 것 같다. 태조의 마음 한켠에 새 길지에 대한 미련이 남아있는 차에 적성의 광실원이 비결에 나오는 것과 흡사하여 도읍터가 될 만하다고 추천받는다. 한양을 도읍지로 결정했던 바로 그날, 8월 13일의 일이었다.

"신이 가지고 있던 비결은 앞서 이미 명령을 받아서 올렸거니와, 적성 광실원(廣實院) 동쪽에 산이 있어 거기에 사는 사람들에게 물으니, 계족산(雞足山)이라 하는데, 그 곳을 보니 비결에 쓰여 있는 것과 비슷합니다."

이에 태조가 말했다. "조운할 배가 통할 수 없는데, 어찌 도읍터가 되겠는가?"

양원식이 대답했다. "임진강에서 장단까지는 물이 깊어서 배가 다닐 수 있습니다." 『태조실록』 3년 8월 13일

추천한 적성은 또 혹시 어떨까하는 마음에 태조는 개성으로 돌아가는 중인 8월 16일에 신하들과 그곳을 살펴보기에 이르나, 신하들이 한결같이 좋지 못하다고 해서 그만두었다.

마침내 8월 24일에 개성으로 돌아온 태조는 도평의사사에서 한양으로 도읍을 정할 것을 아뢰는 공식적인 절차를 거쳐 천도를 확정 지었다. 아래 인용문에서 확인되듯이, 새 도읍으로 결정된 입지요소는, '산수의 형세, 도로의 거리, 조운의 소통' 세 가지였다. 여기에 빠진 국방의 조건은 산수의 형세에서 포괄되는 요건으로 이해해도 무방하다.

"한양을 보건대, 안팎 산수의 형세가 훌륭한 것은 옛날부터 이름난 것이요, 사방으로 통하는 도로의 거리가 고르며, 배와 수레도 통할 수 있으니, 여기에 영구히 도읍을 정하는 것이 하늘과 백성의 뜻에 맞을까 합니다." 왕지(王旨)로 아뢴 대로 하도록 했다. 『태조실록』 3년 8월 24일

돌이켜보면, 태조는 신도 후보지를 구하느라 만 2년간 계룡산, 무악, 불일사, 선고개, 부소, 적성을 거쳐 돌고 돌아 결국에는 옛 남경터가 있던 지역인 한양으로 도읍지를 확정했다. 그때가 1394년(태조3) 8월 24일이었다. 최초 즉위하자마자 한 달도 채 되기 전(태조 1년 8월 13일)에 도평의사사에 한양 천도 명령을 내린 그 결정으로 다시 되돌아온 셈이었다.

한양에 궁궐을 준공하다

무려 만 2년의 기간을 들여 한양을 신도로 최종 결정한 태조는 이제 본격적으로 새 도읍의 궁궐과 성곽, 그리고 주요 시설을 조성하는 작업에 착수한다. 우선적인 절차는 신도궁궐조성도감에서 담당 관리를 임명하는 일이었다. 9월 1일, 한양 천도 결정 후 일주일 남짓 지나서 이루어졌다. 이듬해에 정궁인 경복궁을 창건하고 종묘와 사직단도 건설하였다.

실제적인 한양 신도 건설은 왕도에서 기능적으로 요구되는 주요 장소와 건물이 들어설 터를 정하고, 효율적으로 접근할 수 있는 도로를 설계하는 일부터 시작되었다. 곧바로 태조는 권중화·정도전 등의 중신을 한양에 보내어 종묘, 사

직, 궁궐, 시장, 도로 등의 터부터 정하게 했다.

한양에 이른 신하들은 우선 남경터의 현지 조건을 살펴보았다. 당연하겠지만, 고려 때 경영했던 옛 별궁의 터는 좁다고 판단됐다. 그래서 그들은 새로 그 남쪽에 있는, 해방(亥方 : ↖)의 산을 주산으로 삼은 임좌병향(壬坐丙向 : ↘)의 평탄지를 궁궐터로 정했다. 그리고 동쪽 몇 리 되는 땅에는 감방(坎方 : ↑)의 산을 주산으로 삼은 임좌병향의 터를 얻어 종묘의 터전으로 정했다. 이러한 판단의 근거 자료로 도면을 그려 태조에게 바쳤다. 9월 9일의 일이었다.

다시 한 달 보름이 지난 후 10월 25일에, 태조는 직접 한양 신도지의 주요 건물이 들어설 터를 확인하기 위하여 재차 한양으로 출발했다. 사흘 만(28일)에 한양 새 도읍지에 이르러 터를 살펴본 후, 우선 옛 한양부의 객사(客舍)를 이궁(離宮)으로 삼았다. 그리고 11월 2일에, 태조는 직접 도평의사사와 서운관의 서리들을 인솔하고, 한양에서 종묘와 사직이 될 만한 터도 살펴보았다.

한양 현지에서 신도의 기본적인 공간 얼개를 확인한 태조는 달이 바뀌자 이윽고 12월 3일에, 하늘[皇天]과 땅[后土]에 한양 천도와 함께 왕도 공사의 시작을 고했다. 그 고유문(告由文)은 이러했다.

"조선 국왕 신 이단(李旦 : 태조)은 조준과 김사형 및 정도전 등을 거느리고서 한마음으로 재계와 목욕을 하고, 감히 밝게 황천후토(皇天后土)에 고하나이다.

엎드려 아뢰건대, 하늘이 덮어 주고 땅이 실어 주어 만물이 생성하고, 옛것을 개혁하고 새것을 이루어서 사방의 도회를 만드는 것입니다. …

돌아보건대, 너무나 무거운 임무를 짊어져 항상 두려운 마음을 품고 편히 지내지 못하고, 영원히 아름다운 마무리를 도모하려고 하였으나 그 요령을 얻지 못했더니, 일관(日官)이 고하기를, '송도의 터는 지기(地氣)가 오래 되어 쇠해 가고, 화산(華山 : 북한산)의 남쪽은 지세가 좋고 모든 술법에 맞으니, 이곳에 나가서 새 도읍을 정하라.' 하므로, 신 단(旦)이 여러 신하들에게 묻고 종묘에 고유하여 10월 25일에 한양으로 천도한 것입니다.

유사(有司)가 또 고하기를, '종묘는 선왕의 신령을 봉안하는 곳이요, 궁궐은 신민(臣民)의 정사를 듣는 곳이니, 모두 안 지을 수 없는 것이라.' 하므로, 유사에게 분부하여 이달 4일에 기공하게 하였습니다…." 『태조실록』 3년 12월 3일

● 종묘. 태조가 직접 터를 살펴보았고 터를 파는 광경도 지켜보았다. 공사에 10개월이 걸려 1394년(태조4)에 준공됐다.

이어 다음날(12월 4일)에는, 최원과 권근을 보내 종묘와 궁궐터의 땅신에게 제사하고 땅을 열었다. 그리고 승려들을 모집하여 공사하도록 했다. 태조는 종묘터를 처음 여는 광경도 직접 지켜보았다.

최원을 종묘를 세우려는 터에 보내고, 또 권근을 궁궐 지을 터에 보내서 오방(五方)의 땅신[地祇]에게 제사지내고 그 터를 개척했다. 백성들을 괴롭히지 않기 위하여, 여러 절의 중들을 모집하여 관청에서 옷과 먹을 것을 주어서 공사장에 나가게 했다. 임금이 종묘의 터를 처음 닦은 광경을 보았다. 『태조실록』 3년 12월 4일

종묘에 이어 이듬해인 1395년(태조4) 1월 29일에는 사직단을 지었다. 마침내 왕도를 착공한 지 10여 개월만인 9월 29일에 한양의 종묘[大廟]와 새 궁궐도 준공했다.

이듬해 곧바로 한양의 도성 쌓기에도 돌입했다. 1396년(태조5) 1월 4일에 태조가 직접 도성의 터를 살펴보았다. 이어 9일에 백성[民丁] 11만 8천 70여 명을 징발하여 처음으로 도성을 쌓게 했다. 축성 공사만도 무려 15개월 가량이 소요되었다. 1397년(태조6) 4월 25일의 기록에 "이제 도성이 이미 축조되었고

● 북악에서 인왕산으로 이어지는 도성의 모습. 종묘와 궁궐 등을 준공한 후에 태조가 직접 도성터를 보고 축성하게 했다.

궁실도 조영되었다.”는 표현으로 보아, 그 무렵에 한양 도성과 궁궐 공사는 거의 마무리된 것으로 보인다.

돌이켜보면, 태조가 1392년(태조1) 7월 17일에 왕위에 올라 1394년(태조3) 8월 24일에 한양으로 천도를 확정하기까지 2년, 이어 신도의 궁궐과 도성 공사에 꼬박 2년 반을 썼으니, 결과적으로는 한양 천도 준비 과정에 총 4년 반이 넘는 기간이 걸린 셈이었다.

정종의 개경 환도와 태종의 한양 재환도

태조가 어렵사리 한양으로 천도하고 궁궐과 종묘·사직, 도성을 준공한 지 채 2년이 지나기도 전인 1399년(정종1) 2월 26일에, 왕위를 계승한 정종은 다시 예전의 개경으로 환도(還都)를 결정하고 만다.

실록에 기록된 개성 환도의 직접적인 계기는 한양에 ‘재이(災異)가 비쳐 거처를 옮길 것[避方]’을 서운관이 권했고, 이에 여러 재상들의 의견을 따른 것이었다. 나중에 태종도 회고했지만 한양 천도 후에 “변고가 여러 번 일어나고 하나도 좋은 일이 없었으므로 송도(松都)에 환도했다.”[8]는 것이었다.

---

8. 『태종실록』 4년 10월 4일

태종이 말한 변고와 좋지 않은 일의 실제 내용은 자연이변이라기 보다는 한양 궁성에서 벌어진 권력투쟁, 왕위 쟁탈을 둘러싼 피로 물든 정치적인 환란이었다. 1392년(태조1)에 방원(태종)은 권력의 대척점에 있었던 태조의 계비 신덕왕후 강씨와 정도전의 배척으로, 정치적으로 왕위 등극의 발판인 세자 책봉에서 밀려난 상태였고, 1398년(태조7)에는 군사적으로 세력기반인 사병마저 혁파당할 처지에 이르렀다. 이에 방원은 그해 8월에 이른바 '1차 왕자의 난'을 일으켜 정도전과 강씨 소생의 세자 방석 등을 죽이고 정치적 실권을 장악하였던 것이다. 골육상쟁을 겪은 후 태조에 의해 세자로 책봉되고, 곧이어 왕위에 오른 정종은 실세권력자인 아우 방원에게는 허수아비일 뿐이었다.

천륜까지 무력으로 짓밟은 권력이 통치조직 내에서 정당성을 보장받기 어려운 것은 당연지사다. 시간은 지나가도 장소는 변함이 없고, 동일한 현장은 지속적으로 기억을 재생시킨다. 정치적 실력자 방원(태종)이 정종의 등 뒤에서 고안해낸 그 절묘한 탈출구이자 국면전환의 전략은 대부분의 신하들이 원하는 개경으로의 환도였을 것이다. 이를 통해 기존 정치세력의 지지기반을 확보할 수 있었던 것도 꾀할 수 있는 어부지리였다.

정종이 개경 환도를 결정하자 신하들은 두 손을 들고 환영했다. 당시까지도 개성으로 귀환하려는 신하들이 대다수였다는 사실은 실록의 내용으로도 확인할 수 있다.

임금이 종친과 좌정승 조준 등 여러 재상들을 모두 불러 서운관에서 올린 글을 보이고, 또 거처를 옮겨야 할지 가부를 물으니, 모두 그래야 한다고 대답했다.

임금이 어느 쪽으로 옮길지를 물으니, 대답하기를, "경기 안의 고을에는 대소 신료와 지키는 군사가 의탁할 곳이 없고, 송도는 궁궐과 여러 신하의 집이 모두 완전합니다." 하니, 드디어 송경에 환도하기로 의논을 정했다.

애초부터 도성 사람들이 모두 예전 도읍을 생각하고 있었으므로, 환도한다는 말을 듣고 서로 기뻐하여 손에 손을 잡고 이고지고 하여 길에 연락이 끊이질 않으니, 성문을 지켜 이를 제지하도록 했다. 『정종실록』 1년 2월 26일

정종이 개경으로 환도한 이듬해(1400년, 정종2) 11월, 동생 방간이 일으킨 '2차 왕자의 난'마저 진압한 방원은, 의도했던 수순에 따라 왕위에 오른다. 그리고는 1404년(태종4)에 다시 한양으로 재환도를 결정한다. 여기서의 직접적인 계기 역시 5년 전의 개경 환도 때와 마찬가지로 개경에 있을 당시의 자연재해라고 실록은 기록했다. 앞서 태종이 술회한 대로, 당시에 개경은 여러 차례나 물난리와 가뭄의 이변을 겪어야 했고, 이에 조정은 다시 환도를 결정하였던 것이다.

왜 태종은 굳이 한양으로 다시 환도하려고 했을까? 정녕 개경의 자연재해가 원인이었을까? 겉으로 드러난 자연이변 외에 어떤 정치적인 속사정이 있었음이 분명하다.

왕위에 오른 후에 중앙집권적인 왕권을 구축하고 정치적인 기반을 다지기 위해서 태종에게는 한양 천도라는 카드가 다시 필요했던 것 같다. 그것은 개경에 근거지를 둔 정치세력들의 물리적인 기반을 약화시킬 수 있는 공간적인 전략이기도 했다. 그런데 태종은 한양으로 복귀하되 태조가 정궁으로 머물렀던 경복궁에는 되돌아가려 하지 않았다. 당시 태종에게는 복잡한 심경과 정황이 얽혀 있었다.

인지상정으로 판단해 보아도, 부왕(父王)인 태조의 권위가 서려 있는 장소이자, 그가 무참히 형제들을 죽이고 권력을 잡았던 현장(경복궁)에 다시 가서 통치하기가 꺼려졌을 것이다. 앞에서 확인했지만, 태종은 경복궁에 있을 때 변고가 여러 차례 있었고 좋은 일이 없었기에 개성으로 환도했다고 생각하고 있던 터였다.

그렇다고 경복궁을 버리고 다른 곳을 택하려 하니 당시 민심이 부정적이었다. 새로 백성을 동원하여 궁궐 공사를 시작하는 일도 큰 부담이었을 것이다. 그런 태종의 속마음은 이미 항간에 소문이 쫙 퍼져있었다. "지금 나라 사람들은 내가 부왕이 도읍한 곳을 버린다고 허물한다."[9]는 본인의 말은 그 사실을 단적으로 반영하고 있다.

이러한 태종의 한양 재환도와 새 궁궐 조성 계획은 9월 9일에, 서운관 관원인 유한우, 윤신달, 이양달을 보내 한경(漢京)에 이궁(離宮) 지을 자리를 보게 하는 것부터 시작하였다. 경복궁 외에 어떤 곳이 환도해 머물 궁궐터로 적당한지를 풍수전문가에게 살펴보게 하기 위함이었다.

---

9. 『태종실록』 4년 10월 4일

무악의 재등장

이런 태종에게 일차적으로 관심을 끌었던 새 환도지는 무악이었던 것 같다. 그리고 보면 무악은 태조 대부터 참 끈질기게도 물망에 오르내렸다. 여기에는 무악 도읍지를 줄기차게 주장한 하륜의 영향력도 컸을 것이다. 아니나 다를까 태종은 10월 2일에, 하륜을 비롯하여 조준, 권근과 여러 종친을 대동하고, 직접 무악에 가서 도읍할 땅을 자세히 살펴보았다. 이틀 뒤(4일)에는 다시 무악의 중봉(中峯)까지 올라서 한양과 비교해 궁궐이 될 만한 명당을 찾고 입지 여건에 대해 신하들과 논의했다.

이날 신료들과 현장을 함께 살펴본 태종은 하륜의 천거를 수긍하면서 무악명당이 도읍하기에 합당한 땅이라고 판단했다. 실록에 생생하게 묘사된, 당시 태종이 무악에 올라 터를 보는 방식이 흥미롭다. 전망 좋은 맑은 날을 골라 산꼭대기에서 멀리 바라보이는 경계 지점(한강 강가)에 흰 깃발을 세우고 도읍의 공간적 범위를 가늠하는 방식이었다. 실록에는 이렇게 적었다.

태종을 태운 수레[御駕]가 무악에 이르렀다. 태종이 중봉에 올라 사람을 시켜 백기(白旗)를 한강[漢水] 강가에 세우게 하고, 사방을 바라보고 말했다. "여기가 도읍하기에 합당한 땅이다. 진산부원군(하륜)이 말한 곳이 백기의 북쪽이라면, 가히 도읍이 들어앉을 만하다."『태종실록』 4년 10월 4일

• 무악(안산) 정상의 봉수대에서 남쪽으로 바라본 전경. 멀리 남산도 보인다.

대체적인 공간범위를 획정한 태종은 이어서 궁궐이 들어설 만한 명당자리도 찾았다. 마땅히 산(무악) 아래에서 살펴보았다. 구체적인 자리를 정하는 데에는 서운관 풍수전문가들의 도움도 필요했다. 명당의 중심지에서 다시 주위 산수의 형세와 조건을 따져볼 필요도 있었다. 태종은 그들에게 자문을 구하면서, 한양과 비교하여 무악이 어떤지를 설명하도록 했다. 돌아온 대답은, 이양달 외에는 대체로 한양은 돌산이 험하고 물이 부족해서 도읍지에 불가하다는 것이 중론이었다.

(태종은) 산을 내려오다가 대신·대간·형조와 지리를 아는 자인 윤신달·민중리·유한우·이양달·이양 등을 모아 명당을 찾았다. 태종이 윤신달 등에게 말했다. "거리낄 것 없이 각기 자기 말을 다하도록 하라. 이 땅과 한양이 어느 것이 좋은가?"

한양은 앞뒤로 돌산이 험하고 명당에 물이 끊어지기에 도읍할 수 없다고 윤신달과 유한우는 대답했다. 무악은 도참서[讖書]의 내용과 합치해 도읍에 합당하다고 윤신달은 의견을 제시했다. 무악도 규모와 국면에 바로 합치하지는 아니한다고 유한우와 민중리는 대답했다. 『태종실록』 4년 10월 4일

한양의 편을 들고 무악을 비평한 사람은 이양달이었다. 그는 굳이 무악에 도읍을 정할 요량이면 현 위치에서 아래쪽을 추천했다.

"한양이 비록 명당에 물이 없다고 말하나, 광통교 이상에서는 물이 흐르는 곳이 있습니다. 전면에는 물이 사방으로 빙 둘러싸고 있으므로, 웬만큼 도읍할 만합니다. 이 땅(무악)은 규모와 국면에 합치하지 못합니다. 그러나 도읍하려고 한다면, 여기는 명당이 아니고, 아래쪽에 명당이 있습니다." 『태종실록』 4년 10월 4일

서운관 관원에게 내심 듣고 싶었던 의견을 들은 태종은 이제 한양의 경복궁을 벗어나서 무악 아래로 새로 궁궐터를 옮길 풍수지리적 명분과 이유를 찾을 수 있을 것 같았다. 대뜸 태종은 서운관 관원들에게 왜 태조 당시에 한양이 도읍으로 불가하다는 말을 하지 않았느냐고 질책하기도 했다. 부왕(태조)의 몸이 위태로울 정도로 아팠고, 좋은 일도 없이 여러 차례 변고만 났던 까닭을 한양터의 풍

수지리 탓(한양의 험한 돌산과 부족한 물)으로 돌린 것이다. 이런 사실도 모르고 나라 사람들은 한양을 저버리는 나를 허물한다고, 태종은 신하들에게 항변하였다.

태종이 말했다. "내가 어찌 신도에 이미 이루어진 궁실(宮室)을 싫어하고, 이 풀이 우거진 땅을 좋아하여, 다시 토목 공사를 일으키겠는가? 다만 (한양의) 돌산이 험하고, 명당에 물이 끊어져 도읍하기에 불가한 까닭이다. 내가 지리서를 보니, 말하기를, '먼저 물을 보고 다음에 산을 보라.' 하였으니, 만약 지리서를 쓰지 않는다면 그만이지만, 쓴다면 (한양) 명당은 물이 없는 곳이니 도읍하는 것이 불가한 것은 명확하다. 너희들이 모두 지리를 아는데, 처음에 태상왕(태조)을 따라 도읍을 세울 때, 어찌 이러한 까닭을 말하지 아니하였는가?"

태종이 이양달을 불러 말했다. "네가 도읍을 세울 때 태상왕을 따라 가서, 명당이 물이 끊어지는 땅이어서 도읍을 세우는 데 불가하다는 것을 어찌하여 알지 못하였느냐? 어찌하여 한양에 도읍을 세우고 크게 토목 공사를 일으켜서 부왕(父王)을 속였는가? 부왕이 신도에 계실 때 편찮아서 거의 위태하였으나 회복했다. 살고 죽는 것은 대명(大命)에 관계되는 것이다. 그 후 변고가 여러 번 일어나고 하나도 좋은 일이 없었으므로, 이에 송도에 환도한 것이다. 지금 나라 사람들은 내가 부왕의 도읍한 곳을 버린다고 허물한다." 『태종실록』 4년 10월 4일

위 인용문에서 태종이 한 말 중에 "내가 지리서를 보니, '먼저 물을 보고 다음에 산을 보라.' 하였다."는 것으로 보아, 그는 무악 답사 전에 이미 풍수서를 읽고 기본적인 풍수이론도 알고 있었음이 확인된다. 조선왕조에서 풍수교과서로 삼았던 『금낭경』에, '풍수의 법술은 득수(得水: 물줄기를 통해 기를 머물게 함)가 우선이요 장풍(藏風: 산줄기를 통해 기를 갈무리함)은 그 다음[10]이라는 핵심 원리를 태종은 신하들에게 적시(摘示)하고 있는 것이다. 이를 토대로 그는 한양의 수(水) 조건이 가진 풍수적 문제점을 따져 보았던 것이다.

무악을 현지답사까지 했지만, 정작 태종에게 무악 천도는 여러모로 부담이었다. 백성들을 동원하여 막대한 토목공사를 또 다시 벌여야 하는 것도 그렇고, 왕위에 등극한 과정의 정치적 정당성도 가뜩이나 부족한 판에, 한양에 정

---

10. 『錦囊經』 氣感篇

도한 태조의 정통성마저 계승하지 못하는 것으로 신료들이나 백성들의 따가운 눈살이 의식되었다. 앞의 인용문에서 드러나듯이, 서운관 관원들의 평가마저 한양 도읍지의 풍수가 좋지 않다는 말은 했어도, 그렇다고 무악 명당이 도읍지로 꼭 적합하다는 시원스런 말은 듣지 못한 것도 태종의 마음에 켕긴 것 같다. 윤신달 한 사람 외에 유한우, 민중리, 이양달은 모두 무악의 풍수에 그리 후한 점수를 주지 않았던 것이다.

여러 사정상 이러지도 저러지도 못하고 환도지에 대한 조정의 의견에 일치를 보지 못한 태종은 마침내 무악에 행차한 이틀 뒤인 10월 6일에, 도읍이 될 만한 곳으로 한양·무악·송도의 세 후보지를 점쳐서 그 결과에 따르기로 했다. 태종의 이러한 결정 방식과 태도는, 일찍이 태조가 천도지의 합의를 보지 못하자 개성의 소격전에서 의심을 해결하고자 하는 모습과 닮았다.[11] 그것은 신하들과 백성들에 대한 정책적인 정당성을 확보하는 효과적이고 상징적인 방책으로서 점을 활용한 것으로도 해석할 수 있다. 당시만 하더라도 천지신명에 의해 결정됐다는 것보다 더 강력한 언사가 또 어디에 있겠는가. 점친 결과는 "재변이 있더라도 이의가 있을 수 없다."는 태종의 단언이 바로 그러한 표현이었다.

이날 새벽에 태종은 종묘에서 재환도를 묻는 점을 쳤고, 점괘는 한양으로 나왔다. 그 결과를 여러 사람에게 포고했다. 후보지인 한양·무악·송경에 대한 점괘도 절묘했다. 송경과 무악을 지지하고 한양을 부정하는 세력집단의 의향을 부분적으로 수용하고 반발심도 아우르며(송경 1길, 무악 1길, 한양 1흉) 최종적으로는 한양을 선택(한양 2길)하는 결정으로 도출된 것이다. 이에 따라 태종은 도읍을 한양에 확정했다. 그러나 태종은 끝내 경복궁으로는 돌아가지는 않았다. 이궁(離宮)으로 창덕궁을 짓게 하였던 것이다. 실록에서 태종이 도읍지 결정을 위해 동전으로 점치는 장면이 흥미롭고 이채롭다.

"내가 송도에 있을 때 여러 번 수해와 가뭄의 이변이 있었다. 지침을 내려 자문을 구했더니, 정승 조준 이하가 신도(한양)로 환도하는 것이 마땅하다고 말한 자가 많았다. 그러나 신도(新都)도 또한 변고가 많았으므로, 도읍을 정하지 못하여 인심이 안정되지 못했다. 이제 종묘

---

11. 『태조실록』 3년 8월 12일

에 들어가 송도와 신도와 무악을 고하고, 그 길흉을 점쳐 길한 데 따라 도읍을 정하겠다. 도읍을 정한 뒤에는 비록 재변이 있더라도 이의가 있을 수 없다." 하며 동전을 던져 점을 쳤다.

여러 신하를 거느리고 예배한 뒤에, 묘당에 들어가 향을 올리고 꿇어앉아, 이천우에게 명하여 점판[盤中]에 동전을 던지게 했다. 신도(한양)는 2길 1흉이었고, 송경과 무악은 모두 2흉 1길이었다. 임금이 나와 의논이 이에 정해지니, 드디어 향교동 동쪽 가를 살펴보고 이궁(離宮)을 짓도록 명했다. 『태종실록』 4년 10월 6일

3) 한양의 풍수 보완

태조와 뒤를 이은 태종은 한양을 조선의 도읍지로 결정한 후 도성 공간의 기본적인 틀을 마련하였고 법궁인 경복궁을 비롯하여 창덕궁 등의 궁궐을 조성했다. 그 이후에 세종에서 문종, 세조를 거쳐 성종에 이르기까지 궁성 경관을 완성하는 과정으로 다양한 풍수 조건의 보완(비보)을 실행했다.

한성의 풍수비보는 크게 궁궐에 이르는 주맥(主脈)의 산줄기 비보, 궁성의 사방산(四方山) 및 장풍(藏風) 조건 비보, 궁성의 물줄기 비보 세 가지로 분류할 수 있다. 실제적인 풍수비보는 조선 전기에 집중되었다. 실록에 나오는 역대 왕조별 비보 기사를 요약하여 일람하고, 비보 기능별로 구체적인 사실을 살펴보기로 하자.

주맥 비보

조선왕조는 궁궐에 이르는 주산의 내맥(來脈)과 도성의 산줄기를 보전하기 위해 많은 노력을 기울였다. 조선 최고의 법전으로서 왕조 통치의 기준을 세운 『경국대전(經國大典)』(1485)에도 "경복궁과 창덕궁의 주산과 내맥의 산등성이, 산록은 경작을 금하고, 그 밖의 산은 산등성이에만 경작을 금한다."[12]라고 궁궐의 주맥 산줄기 보전을 법제화했다. 일반적인 풍수론에서도 명당을 이루는 기본적인 요건은 주맥의 연결성에 있다고 본다. 궁성을 이루고, 궁궐에 이르는 산줄기 주맥은 온전하게 보존해야 하는 것이다.

---

12. 『경국대전』 「공전」 (재식)

왕조실록에 나타난 조선 전기의 풍수비보

왕	시기	비보 사실	문헌 출처
태 종	13년(1413) 6월 19일	최양선의 의견에 따라 경복궁의 좌우 팔에 해당하는 지맥을 보호하기 위 해 기존의 문을 닫고 서전문을 새로 열었다.	『태종실록』
세 종	15년(1433) 7월 21일	경복궁의 명당수를 비보하기 위해서 못을 팠다.	『세종실록』
	17년(1435) 9월 29일	못을 파서 경복궁의 명당수를 비보했다.	
	20년(1438) 4월 15일	일관 최양선의 헌의에 따라 주산의 내맥(來脈)을 보토하게 했다.	
	23년(1441) 5월 19일	정업원 동쪽으로부터 종묘 주산에 이르기까지 산등성이 좌우의 2,30보 되는 곳에 소나무를 심게 했다.	
	26년(1444) 11월 19일	궁성 서쪽에 저수지를 파서 영제교로 물을 끌어넣을 것에 관해 의논했다.	
	26년(1444) 12월 21일	궁성의 비보에 관한 논의가 있었다.	
	27년(1445) 11월 27일	주산의 내맥(來脈)인 삼각산과 청량동 및 중흥동 이북과 도봉산에 벌채 를 금하게 했다.	
	28년(1446) 4월 15일	장의문이 경복궁을 누르고 해친다고 하여 출입을 제한하다.	
	28년(1446) 5월 24일	풍수상 서운관 남쪽 길을 막는 것에 대한 의논을 하다.	
	30년(1448) 3월 8일	도성 내외의 산에 경전과 벌초를 금하여 산기를 배양케 했다.	
문 종	원년(1450) 6월 26일	도성 내외의 산에 채석을 금하여 지맥을 보전케 했다.	『문종실록』
	1년(1451) 4월 14일	전 부사정 정안종이 아뢰기를, 우리나라의 산천을 답사하여 이미 신술(神 術)을 밝힌 도선의 비밀서기(秘密書記) 외에 산수의 논설과 양진술(禳鎭 術: 압승술)이 남긴 자취를 모두 쫓아서, 빠짐없이 살펴 드러내어 음양을 이끌어 맞추어서 만세의 태평한 기틀을 만들 것을 말했다.	
	1년(1451) 4월 18일	경복궁의 청룡 맥에 표를 세우고 소나무를 심어서 산맥을 비보하게 했다.	
	2년(1452) 3월 3일	도성의 비보에 관한 풍수학 문맹검의 상언을 의논하게 했다.	
세 조	9년(1463) 10월 22일	도읍이 있는 주산의 내맥에 돌캐기를 금지했다.	『세조실록』
성 종	1년(1470) 9월 26일	도성 주위의 산에 경작(耕田)을 금하고 나무를 심어서 산의 맥을 보호하 게 했다.	『성종실록』
	3년(1472) 2월 23일	각도 관찰사에게 명하기를, 화재를 예방하여 여러 고을에서 비보하는 임 수의 성장한 소나무가 타지 않도록 했다.	
	3년(1472) 3월 10일	아차산이 국도를 비보하는 땅이라하여 경작과 벌채를 금하게 했다.	
	5년(1474) 5월 5일	사방의 산에 경작을 금해야 할 땅을 정해서 표를 세우게 했다.	
	5년(1474) 6월 5일	경성 내의 인가가 풍수의 금기를 범하고 궁궐을 위압하는지 살피게 하다.	
	12년(1481) 1월 12일	풍수적 이유로 (도성 내에) 철거시킬 집을 살피게 하다.	
	12년(1481) 1월 20일	경복궁의 내 청룡을 훼손한 무리에 죄를 주고, 점유한 곳을 철거하며, 경 복궁의 왼쪽 팔에 해당하는 장원서 남쪽 앞 길을 막고 나무를 심게 했다.	
	12년(1481) 1월 22일 2월 3·8일	도성의 지맥을 훼손한 산맥과 산등성이의 집 1백 99동의 철거 문제를 논 의하다.	
	20년(1489) 5월 19일	흥덕사 고개는 창경궁의 외 청룡으로 성으로 막고 길을 내어 끊는 것은 풍수에서 꺼리는 일이라 북쪽 길을 폐쇄토록 했다.	

조선왕조 한양의 '주맥 비보'는, 고려왕조 개경에서 주산인 송악에 한정하여 소나무를 심고 송충이를 잡는 등의 노력을 한 '주산 비보'에 비해 풍수론으로 심화·발전된 개념이며 비보의 공간 범위도 대폭 확대된 것이었다. 이러한 주맥 비보는 세종 대부터 본격적으로 거론되고 있는데, 그 형태도 주맥에 대한 보토(補土), 식송(植松), 벌채(伐採)와 벌석(伐石) 금지 등 다양한 양상을 보인다. 상대적으로 일반화하자면, 주산 비보가 점적인 비보 형태라면 주맥 비보는 선적인 비보 형태인 셈이다. 더 나아가 장풍 비보는 면적인 비보 형태라고 할 수 있다. 요컨대 후대로 갈수록 점에서 선으로, 선에서 면으로 비보공간과 개념이 확장된 것이었다.

조선왕실의 주맥 비보에 대한 구체적인 사실을 연대순으로 살펴보자. 1438년(세종20)에 주산의 내맥을 보토(補土)하도록 한 적이 있다. 1441년(세종23)에는 도성의 정맥인 정업원(현 종로구 숭인동 청룡사) 동쪽 언덕으로부터 종묘 주산에 이르기까지 산등성이 좌우의 20·30보 되는 곳에 소나무를 재배토록 했다. 1445년(세종27)에는 주산의 내맥인 삼각산과 청량동·중흥동 이북과 도봉산의 벌채를 금했다.

이러한 도성의 주맥에 대한 지리적 인식이 더욱 심화해서 마침내 1463년(세조9)에는 백두산에서부터 한북정맥을 거쳐 삼각산 보현봉과 백악에 이르는 산줄기를 주맥으로 파악하기에 이르렀고, 그에 따라 모두에 대해 돌 캐는 일을 금하도록 했다. 이렇게 비보 대상을 광역화한 이유는 "암석이란 산맥의 골절이므로 다만 도성의 산등성이 내면에서만 돌캐기를 금지하는 것은 불가하다."는 인식이었다. 실록에는 이렇게 적었다.

병조에서 아뢰기를, "돌이란 것은 산맥(山脈)의 골절(骨節)이므로, 다만 도성의 산등성이 내면에서만 돌캐기[伐石]를 금지하는 것은 불가합니다.

청컨대 도읍에 있는 주산의 내맥은 함길도의 장백산에서 철령에 이르고, 강원도 회양부의 남곡(嵐谷)에서 금성현의 마현(馬峴)과 주파현(注波峴)에 이르고, 낭천(狼川)의 항현(杭峴)에서 경기의 가평현 화악산에 이르고, 양주의 오봉산에서 삼각산 보현봉과 백악에 이르며, 동쪽으로는 보등동(寶燈洞)에서 다야원(多也院)의 고암 제단(鼓巖祭壇)에 이르며, 서쪽으로는 향림사(香林寺)에서 녹반현(綠磻峴)의 세답암(洗踏巖)과 북점(北岾) 연창위 농소(延昌尉農所)에 이르니, 모두 돌을 캐지 말도록 하소서.

• 보현봉에서 북악으로 뻗어 이어지는 산줄기 주맥. 낙산 자락에서 보이는 모습이다. 낙산을 따라서 한양도성이 이어진다.

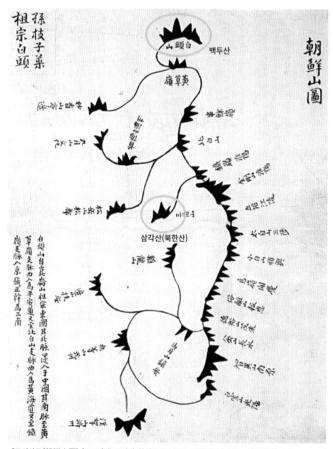

• 『조선산도(朝鮮山圖)』(1903)에 그려진 한양으로 이르는 산줄기 맥. 백두산(장백산)에서 철령을 거쳐 삼각산에 이른다.

관청[官廳]과 절과 사당[寺社]를 지을 때나, 여러 사람의 집을 짓거나 묘를 만들 때에는, 서울 내[京中]에서는 공조(工曹)에 고하고, 바깥 지역(外方)에서는 관찰사에게 고하여 돌 캐기할 곳을 살펴본 다음에 아뢰어 적당히 지급하도록 하되, 만약 법을 어기고 돌캐는 자는 제정한 법에 위배됨을 논하게 하소서." 하니, 그대로 따랐다. 『세조실록』 9년 10월 22일

특히 궁성의 주맥에서도 중요한 지점은 보토소(보토처)를 두고 관청에서 지속적으로 관리하였다. 삼각산의 보현봉에서 북악에 이르는 잘록한 맥이 그곳이다. 관련하여 『신증동국여지승람』(1530)에는 "만경봉이 동쪽으로 굽어 돌아서 석가봉, 보현봉, 문수봉 등의 여러 봉우리가 되었다. 그중의 보현봉이 도성의 주맥이기 때문에 총융청에서 보토처(補土處)를 설치하고 주관하여 보축했다."고 기록했다.[13] 김정호의 「수선전도(首善全圖)」에는 이를 보토소(補土所)라고 표기했다.

장풍 비보

다음으로 산줄기가 전후좌우로 궁성을 에워싸는 여건을 보완하는 장풍(藏風) 비보 사실을 살펴보자. 이는 산줄기의 연결성에 이어 풍수 명당을 이루는 데 있어 두번째 요건이 된다. 이미 고려왕조 개경에서도 1053년(문종7)에 도읍의 허결한 지세를 보완하기 위해 언덕의 제방을 축조한 사실이 있지만, 조선왕조 한양의 경우는 도성 청룡·백호의 산세와 지맥에 대한 보허(補虛)에 치중하였으며, 더욱이 건조물이 미치는 영향까지를 고려하여 매우 세심한 신경을 기울였다. 실록을 연대순으로 보자.

1413년(태종13)에 경복궁의 좌우 팔에 해당하는 지맥을 보호하기 위해 기존의 길과 문[藏義門: 장의문]을 폐쇄하고 서전문(西箭門)을 새로 열었다. 이후 1447년(세종29)에도 장의문이 경복궁에 임하여 누르는 해가 있어 잠가 두었는데 현재 통행하므로 다시 닫아 두게 했다.

풍수학생(風水學生) 최양선이 상서했다. "지리로 고찰한다면 국도 장의동(藏義洞) 문과 관광방(觀光坊) 동쪽 고갯길은 바로 경복궁의 좌우 팔입니다. 길을 열지 말아서 지맥을

---

13. 『신증동국여지승람』 한성부, 산천

• 『수선전도』의 '보토소(補土所)'. 삼각산에서 북악(백악)산으로 이어지는 주맥 산줄기의 잘록한 곳으로, 현재 북악터널 위치로 추정된다.(출처: 국립중앙박물관)

온전하게 하소서." 하니 임금이 그대로 따랐다. 조정에 명하여 새 문을 성의 서쪽에 열어서 왕래에 편하게 했다. 『태종실록』 13년 6월 19일

　세종은 궁성의 장풍 조건을 보완하기 위해 여러 방도의 노력을 기울였다. 1433년(세종15)에는 경복궁의 오른팔 지세가 낮고 미약해서 숭례문 밖에 남지(南池)를 파게 했다. 세종 대의 이러한 사실이 와전되어 『성종실록』의 기록에 의하면, 국초에 정승 하륜이 도선의 비보술을 써서 숭례문 밖에 못[南池]을 팠다고도 알려졌다.[14] 풍수상 못 비보는 지형지세가 명당 국면을 여미지 못하여 기가 빠져나가는 형세일 때 일반적으로 조성한다. 숭례문의 남지는 '기가 물을 만나면 머문다("氣…界水則止", 『錦囊經』).'는 원리를 적용한 비보경관이다. 그

14.　『성종실록』 16년 1월 8일

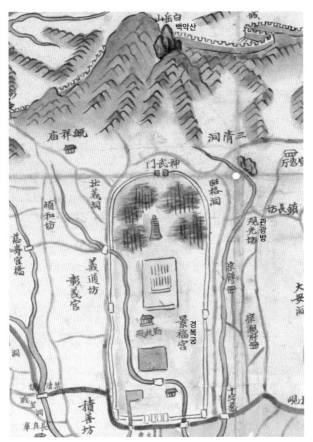

● 관광방(觀光坊)(『여지도』「도성도」). 경복궁의 왼팔이 되는 위치이기에 지맥을 보전하고자
했다.

리고 문 안에 지천사(支天寺)라는 절을 둔 것도 비보 기능을 수행하기 위한 이 유임을 밝혔다. 또한 세종은 남대문이 있는 위치의 지세를 돋우어서 인왕산에 서 남산으로 이어지는 맥을 잇게 한 다음에 그 위에다 문을 설치하도록 하자는 의견도 내었다. 소나무를 심어 도성의 백호와 청룡 자락의 산맥을 비보하도록 했다. 실록을 보자.

"경복궁의 오른팔은 대체로 모두 산세가 낮고 미약하여 널리 헤벌어지게 트이어 품에 안 는 판국이 없으므로, 남대문 밖에다 못을 파고 문 안에다가 지천사(支天寺)를 둔 것은 그

때문이었다. 나는 남대문이 이렇게 낮고 평평한 것은 필시 당초에 땅을 파서 평평하게 한 것이었으리라고 생각된다. 이제 높이 쌓아 올려서 그 산맥(지맥)과 이어지게 하고 그 위에다 문을 설치하는 것이 어떻겠는가.

또 청파역(靑坡驛: 청파동 서울역 부근)에서부터 남산에까지 잇닿은 산맥의 여러 산봉우리들과 흥천사(興天寺: 성북구 돈암동 595) 북쪽 봉우리 등 처에 소나무를 심어 가꿔서 무성하게 우거지도록 하는 것이 어떻겠는가." 하니, 모두가 "좋습니다." 하였다. 『세종실록』 15년 7월 21일

1451년(문종1)에는 도성 청룡맥의 비보를 위해서 금표를 세우고 소나무를 심도록 했다. 이러한 도성 사방의 주요 지맥과 산에 대한 풍수적 비보는 성종 대에 와서 도성에 대한 금산(禁山) 정책으로 법제화되며, 도성 둘레로 풍수적 보전 구역을 정해 표식(금표)을 세우게 된다.

이어 1470년(성종1)에는 도성의 청룡맥이 훼손되고 있어 금지시키고 나무를 심어서 산맥(山脈)을 배양하도록 했다. 그리고 백호맥의 허결처도 비보하기 위하여 숭례문의 못과, 수구문(水口門)의 못, 흥인문의 조산 등을 보수할 것을 조정에서 의논했다.

당시 숭례문의 남지(南池) 공사 계획은 1433년(세종15) 세종 때 풍수적 이유로 팠던 못을 보수 관리하고자 한 것이었다. 그리고 수구문의 위치는 흥인문 아래로 도성을 따라 남쪽 부근에 있었다. 실록을 보자.

"정인지(鄭麟趾) 등이 아뢰기를 … 경복궁 청룡은 장원서(掌苑署) 북쪽 고개로부터 가각고(架閣庫)에 이르는데, 그 산등성이 너비가 20척쯤 됩니다. 전에는 나무를 심어서 산맥을 보호하였는데, 지난날에 양정(楊汀)의 집이 그 곁에 있어서 차지해 담을 쌓았고, 영응대군 집에서 또 산등성이를 파고 집을 지었으며, 기타 함부로 점거한 자가 또한 많습니다. 청컨대 금하고 옛날같이 나무를 심어서 산맥을 북돋우소서.

또 숭례문 밖의 못과 수구문 안팎의 못이 지금 모두 메워졌고, 흥인문 안의 조산 세 곳이 또한 무너졌으니, 청컨대 수축하소서." 하였다. 전교하기를, "경복궁 청룡은 아뢴 것에 의하여 시행하되, 못과 조산은 지금 국휼(國恤: 국상)의 일이 많으니, 아직 정지하라." 하였다. 『성종실록』 1년 2월 12일

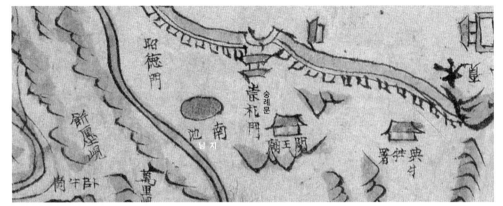

• 숭례문 앞의 남지(南池)(『지승』 경기도, 경성). 도성의 백호 맥이 이르는 곤방(坤方: ↙)이 낮아 그 허결처를 비보하기 위해 조성했던 못이다. 현재는 그 흔적도 없다.

• 남지터 표석

• 남지기로회도(南池耆老會圖, 「남지기로회도(南池耆老會圖)」(1629, 동아대박물관))에 표현된 남지의 모습. 남대문 앞에 연꽃이 핀 남지를 표현했다.

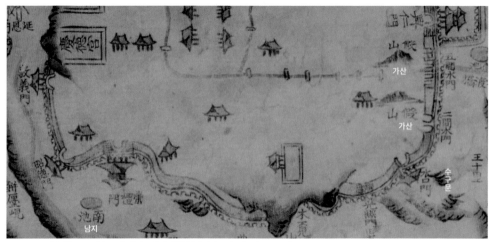

• 숭례문 남지(南池), 수구문(水口門), 흥인문의 가산(假山) (『광여도』「도성도」)

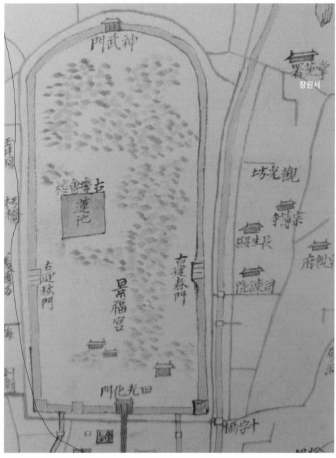

• 장원서 자리(『청구도』, 「오부전도」). 경복궁의 왼쪽 팔의 위치다. 1481년(성종12)에 앞길을 막고 나무를 심게 했다.

1481년(성종12)에는 경복궁의 내청룡을 훼손한 사람들에게 벌을 주고 점유한 곳은 철거하였다. 그리고 경복궁의 왼쪽 팔에 해당하는 장원서(掌苑署: 왕실의 후원과 과수원, 꽃과 나무를 관리하던 관청. 종로구 화동 25-1) 남쪽 앞길을 막고 나무를 심게 했다. 이어 1489년(성종20)에는, 창경궁의 외청룡인 흥덕사 뒤의 북쪽 고개를 성으로 막고 길을 내어 끊는 것은 풍수지리에서 꺼리므로 폐쇄하도록 했다.

그 밖에도 도성 주위로 일정 범위의 산을 보전하여 도성의 산기(山氣)를 배양코자 하였으니, 이 역시 전조에 비해서 비보의 공간적 범위가 대폭 확대된 것이었다. 1448년(세종30)에 도성 주위의 수구산에서부터 왕심역 서쪽까지 경작[耕種]을 금한 것 외에도, 목멱리 전곶대로의 벌아현으로부터 외면의 산허리와 산발치까지도 또한 경작과 벌초를 금하여 산기를 배양하도록 했다. 1472년(성종3)에는 아차산에서 경작(耕柞)을 금하고 벌채를 금하도록 하는 동시에 내외의 사방산에 경작을 금할 땅을 정해서 표를 세우도록 했다. 이러한 도성의 사방산에 대한 산림 보호 및 경작 제한은 이후 한양의 금산(禁山) 제도로 정착하였다.

물길 비보

물줄기 조건은 산줄기 조건과 함께 명당을 이루는 기본적인 두 가지 풍수지형요소가 된다. 고려왕조의 개경에서 사탑비보라고 하여 기존에 불교적인 절과 탑으로 물길을 비보했던 것과는 달리, 조선왕조의 한양에서는 주로 풍수적인 수단과 방법을 동원해 물길을 비보했다. 한성의 주요한 물길 비보 논의는 경복궁터의 물 보충, 명당수 정화, 수구 비보 등으로 요약할 수 있다.

경복궁터가 지닌 풍수상의 결점으로 수량이 부족하다는 것은 태조의 한양 정도(定都) 과정에서 일찍이 제기된 바 있었다. 1404년(태종4)에 태종과 중신들의 한양 재환도 논의 때에도 어김없이 명당수 문제는 심각하게 지적되었다. 이후 세종 대에 와서 "경복궁 명당은 물이 없어서 왕이 사로잡히고 제후가 멸망할 땅"[15]이라는 험악한 말이 날 정도였으며, 당시에 정승 황희(黃喜) 역시 궁궐 좌우의 물줄기가 끊임없이 흐르지 못한다는 것은 결점으로 인정했다.

---

15. 『세종실록』 15년 7월 15일

한양의 금산(禁山)과 「사산금표도(四山禁標圖)」

한양 도성의 주산·주맥과 주위 둘레의 산림 관리와 매장(埋葬) 제한은 세종 조부터 법령(法令)을 만들어 구체화하였다. 문종 조부터는 경역(境域)을 구체적으로 지정하여 관리하기에 이르며, 성종 대에서는 금산 영역으로 획정되어 표식이 세워졌다. 『경국대전』에는 "경복궁과 창덕궁의 주산과 내맥의 산등성이와 산록은 경작을 금한다."고 법으로 규정됐다.

현재 남아있는 한양의 「사산금표도」는 1765년(영조41)에 목판본으로 제작된 것으로, 한성에서 소나무의 벌목과 매장을 금지하는 표식의 범위를 지도로 그린 것이다.

실록에서 금산의 법령과 공간 범위, 그리고 당시의 관리 실태와 방안 등을 언급한 것은 1439년(세종21) 9월과 1445년(세종27) 11월의 기록이다.

의정부에서 아뢨다. "소나무의 벌채를 금하는 것은 『육전(六典)』에 실려 있는데, 요사이 담당 관리의 단속이 해이해져서 소나무를 모조리 베니 실로 온당하지 못합니다. 이제부터 성 밑 10리는 한성부로 전담하게 하여 엄히 금하게 하고…" 하니, 그대로 따랐다. 『세종실록』 21년 9월 8일

의정부에서 병조의 정문에 의거하여 아뢨다. "도성 바깥 면의 사방산[四山]에서 아차산까지는 모두 나무하고 벌채하는 것을 금하오나, 오직 주산의 내맥인 삼각산과 청량동·중흥동 이북과 도봉산은 금하는 것이 없기 때문에, 나무하고 벌채하는 무리가 날마다 모여서 찍고 베고 하여 점점 민숭민숭하게 되니, 청하건대 산 밑 근처의 주민[居民]으로 산지기[山直]를 정하여 벌채를 금하소서." 하니, 그대로 따랐다. 『세종실록』 27년 11월 27일

중종 대에, 도성 산지의 보전은 주산과 내맥, 그리고 외산(外山) 등에 따라 차별적으로 행위 제한 조치가 이루어졌다. 주산과 내맥은 산등성이와 산기슭 모두 경작을 금하였고, 외산(外山)은 산등성이만 경작 금지 조치가 내려졌다.

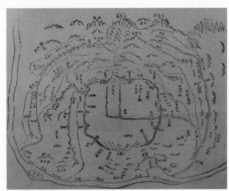

한성부에 전교하였다. "경복궁·창덕궁의 주산 및 내맥의 산등성이[山脊]와 산록(山麓)은 경작을 금한다. 외산(外山)은 산등성이만을 금하여 한성부와 사산감역(四山監役)이 단속한다. 관상감이 등성이와 산기슭을 살펴보게 하여 눌려[臨壓] 금기가 되는 곳은 인증서[立案]를 주지 말고, 금령을 범하여 집을 지은 자는 헐어 없애고 죄를 다스리라." 『중종실록』 11년 1월 28일

• 「사산금표도(四山禁標圖)」(1765). 한성 사방으로 소나무의 벌목과 매장을 금지하는 표식의 범위를 그린 지도이다.

경복궁 명당에 물이 마르는 것을 막기 위해서 주로 동원된 방법은 궁성 주위에 못을 파고 도랑을 내는 것이었다. 물줄기 조건을 보완하기 위해서 세종은 다양한 조치를 시도했다. 1433년(세종15)에, 경복궁의 동·서편과 내사복시(內司僕寺: 궁내의 수레, 말, 마굿간 등을 관리하던 관아)의 북지(北池) 등에 못을 파고 도랑을 내어서 영제교(永濟橋: 일명 금천교(禁川橋). 흥례문(興禮門)과 근정문(勤政門) 사이의 다리)의 흐르는 물을 끌어들일 것을 명했다. 2년 뒤 1435년(세종17) 9월에도 명당의 물이 마르고 풍수의 법이 맞지 않다고 하여 소격전(昭格殿: 도교의 제사의식을 담당하는 기관. 종로구 소격동1-1) 골짜기에 못을 팠으나 물이 모자라서 중지했다. 그리고 1444년(세종26)에 집현전 수찬 이선로는 궁성 서쪽에 저수지를 파서 영제교로 물을 끌어넣을 것을 주장하기도 했다.

다음으로 제기된 한양의 물길 비보는 청계천 명당수의 정화 문제였다. 청계천 보전뿐만 아니라 오염원이 되는 관아를 옮겨서라도 도성에 맑은 하천을 유지해야 한다는 주장이었다.

세종 대에 집현전 수찬 이선로가, 개천(開川: 청계천) 물에 더럽고 냄새나는 물건을 버리지 못하도록 금지하여, 물이 늘 깨끗하도록 해야 함을 건의했다. 조정의 중신들은 의논을 통해, 개천 물을 서울의 각 부(部)와 한성부 낭청(漢城府郎廳)과 수성금화도감낭청(修城禁火都監郎廳)으로 하여금 성내의 각 집을 나누어 맡아서, 더럽고 냄새나는 물건을 개천에 버리지 못하게 하여 깨끗하게 하도록 힘쓰게 하도록 아뢨다.

그러나 이러한 논의에 대해 좌참찬 권제는, 『동림조담』만을 근거해서 금령을 내렸을 때 백성들이 받는 폐해와 실제 효과가 없을 경우에 대해 우려를 나타냈다. 그의 주장은 여러 풍수서를 참고하고 적용할 대상에 맞춰 종합적으로 고려함으로써, 정책 결정을 신중히 하였으면 하는 바람을 드러낸 것이었다.

"풍수설은 의논하는 자가 한둘이 아니나, 이치에 거슬리고 어긋나는 것이 없지 아니하므로, 한 서적에 말한 것으로 결정하기는 어려울 것 같습니다. 더구나 그 글에는 묘(墓)와 기우단[雩壇]을 논한 것도 있고, 도성이나 읍의 건설을 논한 것도 있으며, 또 한 가지 일로써 길하다 흉하다 하여 말을 결정하지 못한 것도 있으니, 어찌 『동림(洞林)』 한 가지 책으로써 실행하기 어려운 금령을 얼른 청할 수가 있겠나이까. 신은 백성들이 그 폐해를 받고 나라에서는

● 한양 도성에 흐르는 여러 줄기의 물길이 청계천으로 모여 동쪽으로 빠져나간다. 경복궁 안의 영제교 위치와 사복(司僕: 사복시)도 표기되었다.(『여지도』 「도성도」)

실제 효과가 없을 것을 두려워하옵니다." 하니, 풍수학(風水學)에 내려 의논하게 하였다. 『세종실록』 26년 11월 19일

위 이선로의 청계천 명당수 정화 주장에 대해 집현전 교리 어효첨도 묘지풍수의 논리를 한양과 같은 도읍풍수에 동일하게 적용시키는 것은 옳지 않으며, 더욱이 국가의 화복은 지리와는 관계가 없다고 반박하였다. 풍수의 시행은 대상에 맞게 올바르게 적용을 해야 한다는 수긍할 수 있는 타당한 지적이었다.

"화복의 설을 묘지에 쓰는 것도 오히려 옳다 할 수 없사온데, 또 이것을 미루어서 도읍의 땅에까지 쓰는 것은 더욱 옳다고 볼 수 없나이다.
무릇 운수의 길고 짧음과 국가의 화복은 다 천명(天命)과 인심(人心)의 있고 없음에 달린 것이고, 실로 지리(地理)에는 관계가 없는 것입니다…." 『세종실록』 26년 12월 21일

문종 대에 풍수학 문맹검도 경복궁 명당수의 정화와 보전의 필요성을 역설하였다. 그는 명당수 오염의 구체적인 원인까지 파악하고, 해결의 실제적인 방도를 제안하는 한편 풍수적인 조산비보 조치도 제안하였다. 그는 우선 경복궁 명당수의 발원지를 경복궁 왼쪽 호조의 샘물과 오른쪽 사온서(司醞署: 술을 담당한 관아) 샘물이라고 했다. 여기는 명당의 원류라서 깨끗하게 하지 않을 수가 없다는 것이다. 그리고 명당수 오염의 실제 원인은, 사복시(司僕寺: 위의 고지도 참조)가 왼쪽 샘물의 가에 있기 때문에 말똥이 쌓여 있어 그 물을 더럽게 만

명당수 정화의 풍수론

• 『지리전서동림조담』
(출처: 문화재청)

이선로의 명당수 정화 논의는 『동림조담』이라는 풍수서에 근거한 것이었다.

• (물에) 비리고 노린내 나는 것은 자손이 쇠망하는 상
• 명당에 냄새가 나고 불결한 물이 있는 것은 패역(悖逆)과 흉잔(凶殘)의 상

『동림조담』은 조선왕조의 풍수과거 과목에 속했다. 관상감의 관원을 뽑는 관서(官署) 시험인 '지리학 취재(取才)'에서, 보고 강론하는 책 중의 하나였다. 이 책은 중국 오대(五代: 907~979)의 사람인 범월봉(范越鳳)이 편찬했다.
　2020년에 금속활자본 『지리전서 동림조담(地理全書洞林照膽)』은 보물(제2057호)로 지정되었다.

든다고 파악했다. 이 문제를 해결하기 위해서는 사복시를 청계천 곁으로 옮겨서 더러운 것을 흘러 보내면 된다고 보았다. 아울러 그는 명당수의 풍수적인 문제점도 지적했다. 명당의 왼쪽 물과 오른쪽 물이 모여 흘러 충동하여 서로 부딪치는 형세가 있다는 것이다. 이 문제를 해결하기 위해서 두 물의 사이에 마땅히 한 무더기의 작은 돌산(石山)을 만들어 가리면 서로 부딪치는 형세를 중화시킬 수 있다고 주장했다.

다음으로 왕실에서 대두된 중요한 물길 비보는 도성 수구부의 허술함을 보완하는 것이었다. 왕도의 수구가 되는 장소를 보허하기 위해 흥인문(興仁門) 안쪽으로 조산[假山: 가산]을 만들었다. 1448년(세종30)에 음양학훈도 전수온의 상서에서도 "지금 도성 안과 사청(射廳) 곁에 인조로 만든 산이 있다."[16]는 기록을 접할 수 있다. 1452년(문종2)에 풍수학 문맹검이 올린 글 중에 "수구의 안에 옛날 사람이 3개의 작은 산을 만들어 각기 소나무를 심었습니다. 현재는 산이 무너져 있으며 소나무는 말라 죽었습니다."[17]는 내용으로 보아 당시에 수구

---

16. 『세종실록』 30년 3월 8일
17. 『문종 실록』 2년 3월 3일

의 조산은 방치되었음을 알 수 있다. 그래서 1460년(세조6)에는 버들을 양쪽 언덕에 심어서 조산이 무너지는 것을 방지하였으며, 식목소(植木所)라고 하여 어영청에서 관할했다. 『신증동국여지승람』(1530)에서도, "가산은 도성 수구안 훈련원 동북쪽에 있다. 하나는 물 남쪽에 있고, 하나는 물 북쪽에 있는데, 흙을 쌓아 산을 만들었으니, 지기가 빠져나가지 못하게 하기 위해서이다."라고 당시 가산의 위치, 형태와 기능을 적었다. 한양 수구의 가산을 조성한 시기와 책임자는 태조 대의 하륜으로 알려졌다. 1485년(성종16) 1월 병조참지 최호원의 상소 내용 중에, "태조 대에 하륜이 숭인문 안에 산을 만들었다."고 했다.

조산이 있던 곳은 조산동이라는 지명으로 불리었는데, 1914년에 방산동으로 개명했다. 『한국지명총람』서울편에 의하면, 조산의 위치는 을지로6가 18번지 동쪽 끝으로부터 방산동 4번지 서북쪽 끝까지 청계천 양쪽으로 연한 언덕이었다. 북쪽 언덕은 1898년(광무2)에 전기회사 차고를 만들기 위하여 대부분 없애고, 서쪽에 조금 남았으며, 남쪽 언덕은 1917년에 동대문초등학교를 세울 때 대부분 갖다 썼다. 마침내 그 이듬해 조선약학교(서울대학교 약학대학)와 1922년에 경성사범학교(서울사대부속고등학교)를 설립할 때 조산을 모두 없앴다고 한다.

또한 궁성의 수구를 비보하기 위하여 흥인문 밖에 못도 팠다. 이 못을 조성한 사람과 시기는 확실치 않으나 앞에서 말했듯이 이미 세종 대에 흥인문에 수구 비보 기능의 조산이 있었고, 성종 대에는 하륜이 만들었다는 인식도 하고 있는 것으로 보아, 조산과 같이 조성했을 가능성이 충분하다. 확실한 것은 조성 이후에 제대로 관리 보수를 하지 않아 매몰된 상태로 있었다는 사실이다. 1467년(세조13) 6월 20일자 실록에 의하면, "경도의 곤방(坤方 : ☷)이 낮고, 또 수구가 넓은 까닭으로 흥인문, 숭례문 두 문 밖에다 못을 파서 물을 저장하였으나, 근자에 일찍이 수축하지 못하여 메워져서 막혀 물이 얕고, 막혀서 매몰되어 터가 없으니, 원컨대 깊이 파서 저수(貯水)하고, 둑[堤岸]에 나무를 심어 기맥을 기르소서."[18]라고 적고 있는 것이다. 이 내용으로 보아, 수구막이로 흥인문 밖에 팠던 비보못이 세조 대 당시에는 허물어졌음을 알 수 있다. 당시 세조는 관상감의 상언을 받아들이지 않았다.

---

18. 『세조실록』 13년 6월 20일

• 가산이 있었던 위치. 청계천을 끼고 마주했는데 현 오간수문(五間水門) 부근으로 추정된다.

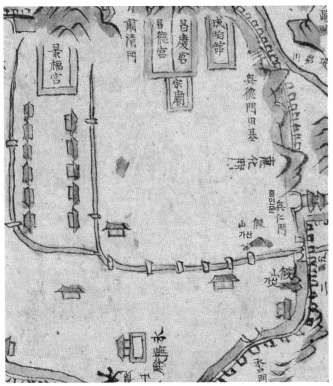

• 한양의 비보 가산(『지승』 경기도, 경성). 흥인문 안으로 좌우로 마주하여 있었다.

한양과 개성 비보의 차이점

이상과 같이 살펴보았지만, 조선의 한양에서 실행된 풍수비보는 고려의 개성과 비교해 볼 때 몇 가지 점에서 차이를 나타낸다.

비보에 대한 지리적인 인식이 고려왕조에 비해 심화했다. 조선왕조에는 주맥에 대한 인식에 있어서, 멀리는 장백산에서 철령을 거쳐 가평과 양주 그리고 백악에 이르는 체계적인 파악으로 지리적으로 심화하였고 가까이로는 궁궐에 이르는 내맥에 더욱 세심한 신경을 기울였다.

비보 대상과 형태 및 기능도 고려왕조에 비해 훨씬 다양화하고 체계화했다. 고려왕조에는 '주산'이라는 장소의 비보에 치중하고 부분적으로 도성의 사방산에 대한 비보에 한정되나, 조선왕조에는 주산에 이르는 내맥과 주산에서 궁궐에 이르는 지맥까지를 고려하는 산줄기 주맥을 비보하는 개념으로 확장하였다.

비보의 공간범위에도 차이가 드러난다. 고려 개경은 주산인 송악에 한정되고 있지만, 조선 한양은 주산의 내맥과 내외 사방의 산을 비보하는 등으로 훨씬 광역화했다. 비보정책적으로도 조선왕조는 고려왕조에 비해서 금산 정책으로 법제화하는 등 정책적인 운영과 조직적인 관리가 체계화했다.

도성의 장풍 조건을 보완하기에도 여러 방도로 힘을 썼다. 이에 따른 비보형태도 보토, 식송 등 여러 가지로 나타났다. 특히 조선왕조에는 물길[得水] 비보에 비중을 두었음이 확인되는데, 못이나 저수지를 파서 명당수를 보완하거나, 조산을 지어 수구를 방비하는 등의 비보방책을 취하고 있다.

비보 성격상의 차이점도 분명하다. 고려의 개경에는 사탑을 통하여 불교신앙적인 양식과 형태로 비보하고 있지만, 조선의 한양에서는 숲을 조성하고 조산한다든지 못을 판다든지 하여 풍수적인 수단과 방법을 주로 동원하고 있다.

그리고 조선왕조는 고려왕조에 비해 도성의 산에 배치된 인공 경관(성문, 길, 인가, 경작지 등)의 부정적인 풍수요소에 대해서도 민감하게 대처했다.

요컨대, 고려왕조가 불교적인 비보책을 위주로 실천했다면, 조선왕조는 풍수적인 비보책을 주요한 궁성의 경관보완 원리로 입안하고 시행했다는 점에서 큰 차이를 보인다. 조선왕조에서 풍수비보는 조선 전기까지 활발하였는데 특히 세종·문종·성종 대에 집중했음도 확인된다.

2. 한양의 궁궐과 풍수

조선왕조의 궁궐은 북궐이자 법궁(法宮) 혹은 정궁(正宮)인 경복궁, 동궐로서 창덕궁과 창경궁, 서궐로서 경희궁(경덕궁), 인경궁, 덕수궁(경운궁) 등 총 6곳이 있었다.

경복궁은 법궁(法宮)으로서 1395년(태조4)에 창건하고 1865년(고종2)에 중건했다. 창덕궁은 이궁(離宮)으로서 1405년(태종5)에 창건하고 광해군과 순조 대에 중건했다. 17세기 중반 이후 창덕궁은 실제적인 정궁의 기능을 했다. 창경궁은 1483년(성종14)에 창건하고 광해군과 인조 대에 중건했다. 모두 임진왜란 때에 불타서 중건한 것이다.

경덕궁(경희궁)과 인경궁은 1617년(광해군9)에 창건하였다. 인경궁은 1625년(인조3)에 철거했고, 경희궁은 1831년(순조31)에 중건했다. 덕수궁은 행궁(行宮)으로서, 광해군 대에 경운궁이라고 했고 1907년(순종 즉위년)에 덕수궁으로 이름을 바꾸었다.

조선왕조의 궁궐은 조성동기와 입지, 경관과 배치, 그리고 조경 등에 풍수와 직간접적으로 관련되어 있다. 왕조실록에 기재된 사실에 따라 한양의 주요한 궁궐 풍수를 살펴보기로 하자.

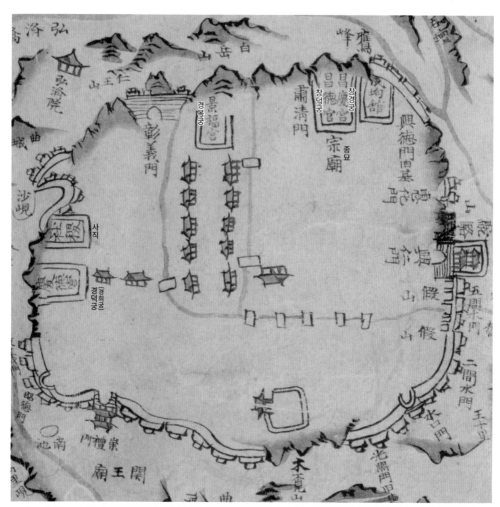

• 『여지도』「도성」의 한양 궁성. 도성이 테두리를 이루고 있다. 경복궁을 중심으로, 오른쪽(동궐)에 창경궁과 창덕궁, 왼쪽(서궐)에 경덕궁(경희궁)을 그렸다. 경복궁 좌우로 종묘과 사직도 표기했다.

• 남산에서 본 한양 도성 안. 위 도성도와 같은 시선으로 조감한 것이다.

1) 북궐의 풍수

경복궁

경복궁은 조선왕실의 정궁이자 법궁이다. 한양 궁성의 북쪽에 자리해 있어서 북궐로 불렀다. 경복궁은 정종이 개성으로 환도했을 때, 다시 태종이 한양으로 돌아와서 창덕궁을 짓고 머문 때, 이후의 난리통을 제외하고는 17세기 중반까지 정궁의 지위를 유지했다. 1553년(명종8)에 불이 나서 사정전(思政殿) 안으

• 한양과 경복궁(표시)의 입지지형 위성사진. 북악을 주산으로 삼아 남향의 분지에 입지한 모습이다.

• 광화문. 해태 뒤 담장 너머로 주산인 백악(북악)이 보인다.

• 광화문으로 들어와서 바라본 경복궁 전면

• 경복궁 근정전. 뒤로 북악이 받치고 있다.

로는 모두 타 버렸고, 이후 중수를 거듭하다가 다시 1592년(선조25)에 임진왜
란으로 불탔다. 그 후 270여 년 동안 방치되다가 1865년(고종2)에 중건하여 2
년 후인 1867년(고종4)에 완공했다.

조선왕실의 경복궁에 대한 풍수를 앉음새(입지·배치)와 물길 비보, 주산 줄
기와 명당 조건, 그리고 주맥 줄기의 파악이라는 순서로 살펴보자. 시간적 흐름
을 보면, 처음에는 거시적으로 입지 조건을 보았고, 이어서 주산 줄기를 파악하
였으며, 끝으로는 주산에서 주요 전각으로 이어지는 주맥 줄기까지 인식하였다.

실록에 기초하여 경복궁에 대한 풍수를 검토할 때 세 가지의 사안으로 개관
이 가능하다. 첫째는 태조 때 이루어진 것으로, 주위 지형지세의 파악을 통한
경복궁의 위치(입지) 지점이었다. 이에 근거하여 태종과 세종 때에는 경복궁의
물길에 대한 비보가 시행되기도 했다. 둘째는 세종 때 이루어진 것으로, 주산
혈맥(穴脈: 혈에 이르는 줄기)의 파악을 통한 경복궁의 거시적인 명당 조건에 대
한 인식이었다. 그리고 셋째는 세종과 고종 때 이루어진 것으로, 주산에서 경
복궁 안으로 흐르는 주맥 줄기에 대한 미시적인 인식과 이에 기초한 풍수적 경
관 보완이었다.

경복궁의 자리 잡기

『경복궁지(景福宮志)』(1834~1849)에는 경복궁의 지리적 위치와 풍수적 입
지, 그리고 역사적 창건 사실을 다음과 같이 기록했다.

경복궁은 경성의 가운데에 있다.

고려 충숙왕 때 지었던 옛 궁궐터가 너무 비좁아, 정도전·남온·이직에게 명하여 다시
그 남쪽으로 궁궐터를 보게 했다. 해산(亥山: ↖ 현 북악산)을 주(主)로 삼고, 임좌병향(壬坐
丙向: ↘) 했다.

1394년 태조가 즉위한 지 3년에 한양을 도읍으로 정하고, 먼저 종묘를 세운 다음 궁궐을
지었다. 청성백 심덕부에게 공사의 총감독을 맡기고 이 해 늦겨울에 공사를 시작했다. 그
이듬해 9월에 태묘(종묘)와 궁전이 건립되니, 태조가 비로소 수레[法駕]를 타고 들어갔다.

『경복궁지』

태조의 명으로 궁궐터를 보러 간 조선의 중신들은 당시에 북악을 정궁의 주산으로 삼았고, 앉음새는 남향으로 정했다. 남북 축선으로 궁궐터의 기본 구조를 가늠한 것이다. 『경복궁지』에 나타나는 경복궁의 입지 관련 서술은 최초 기록인 『태조실록』에 근거한 것으로 보인다. 실록에는 경복궁터를 선택하고 그곳의 풍수의 얼개를 정하는 과정을 다음과 같이 적었다.

1394년(태조3) 9월 9일에, 태조는 권중화·정도전·심덕부·김주·남은·이직 등을 한양에 보내서 궁궐터를 정하게 했다. 그들이 살펴보니 고려조의 궁궐(남경) 옛 터는 좁았다. 그래서 다시 그 남쪽으로 해산(亥山: ↖)을 주(主)로 임좌병향(壬坐丙向: ↓)의 터를 보니, 평평하고 넓으며, 여러 산줄기들이 모여들어[朝揖], 겉으로 드러나는 형세의 마땅함을 얻었다. 『태조실록』 3년 9월 9일

위 『태조실록』의 내용 중에서 몇 가지 사항을 고찰해보자. 우선 경복궁터는 남경(한양)의 궁궐터 남쪽에 자리 잡았음이 확인된다. 태조 대에 중신들 이 조선왕조의 궁궐터를 옛 남경의 남쪽으로 정했다고 했다. 그 이유는 남경터의 규모가 좁았기 때문이었다. 옛 고려의 남경터는 지금에 어디쯤일까? 경복궁의 북쪽에 있었고 좁은 규모라고 했으니, 현재의 청와대가 자리 잡은 구역으로 추정하는 것은 어렵지 않다.[19]

위 인용문에서 '터가 평평하고 넓은 것'은 도읍이 들어갈 자리로서 필요조건이었다. 그리고 여러 산줄기들이 모여든다[朝揖: 알현해 절함]는 것은 경복궁을 중심으로 주위 산줄기들이 모여 에워싸는 형세를 갖춘다는 것으로 풍수에서 명당이 되기 위한 기본 조건이 된다. 경복궁터가 갖춘 지형과 풍수여건을 지적한 것이다.

알다시피 고려왕조의 남경은 서경(평양), 동경(경주)와 함께 3경의 하나였다. 일찍이 1067년(문종21)에 고려 문종은 왕권강화책의 일환으로 양주(楊州)를 승격해 남경으로 삼고, 이듬해 12월에 신궁(新宮)도 지었다.[20] 당시 남경의

19. 이병도는 『고려시대의 연구』 아세아문화사, 1980, 288쪽에서 남경의 옛궐터를 지금 북악(백악) 아래인 경복궁 부근(神武門 밖)으로 추정한 적이 있다.

20. 『고려사』 권8, 문종세가 22년. 『고려사』 권56, 지리지 남경유수관 양주. 『고려사절요』 권5, 문종22년 12월. 왕권강화와 관련한 남경 설치에 대해서는 김갑동, 「고려시대의 南京」 『서울학연구』 18, 2002, 81~112쪽에 자세한 논의가 있다.

• 남경은 북악의 산줄기가 남쪽으로 머무는 곳에 자리 잡았던 것으로 추정된다.

• 북악산 아래 남경터로 추정되는 현 청와대 부근 자리

규모는 작았을 것으로 추정된다.

　이후 30여 년 지나 고려 숙종 대에 다시 남경의 궁궐은 크게 재건되었다. 그 과정을 연대기로 살펴보자. 1099년(숙종4) 9월에, 고려 숙종은 남경 재건을 신하들과 의논하며 직접 왕비와 원자, 그리고 신료들과 승통(僧統)을 거느리고 삼각산으로 행차하였다. 다음 달(윤9월)에는 도성 지을 땅의 지형지세를 살펴보기도 했다. 이후 2년여의 현지조사를 거쳐 이윽고 1101년(숙종6) 10월에는 남경의 재건을 종묘와 사직, 그리고 산천에 고하고 공사를 착수하였다. 2년 8개월 간의 대공사 끝에 1104년(숙종9) 5월에 남경의 궁궐을 완성하였다. 이처

럼 고려의 남경이 조선의 정궁 북쪽에 자리 잡고 있었으니, 사실상 고려왕조의 남경 궁궐터는 조선왕조의 한성 궁궐터로 계승되었음을 알 수 있다.[21]

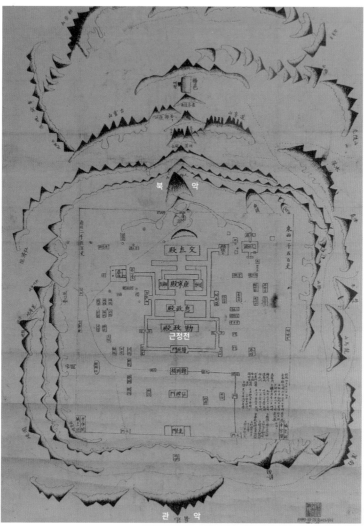

• 「경복궁도」(1865, 서울역사박물관). 주산인 북악으로 주맥의 산줄기가 내려와 이어지고, 평평하고 넓은 터를 갖춘 경복궁을 중심으로 주위의 여러 산줄기가 둘러싸고 있다. 전면의 남쪽으로는 관악(冠岳)과 마주했다. 경복궁의 입지가 풍수 산도(山圖) 형식으로 묘사되었다.

---

21. 나각순, 「고려시대 남경의 도시시설」, 『成大史林』 12~13, 1997, 113쪽.

부족한 물길을 내다

경복궁은 창건 초기부터 명당수가 부족해 풍수적으로 결점이 되었다. 조선 초기에 경복궁의 물길을 보완하기 위해 조정에서는 어떤 노력을 했을까?

경복궁 근정문(勤政門) 앞에 있는 금천(禁川)은 명당수를 보완하기 위해 인공적으로 물길을 낸 것이다. 태종은 1411년(태종11) 7월 30일에 궁 안에 도랑을 만들게 하고, 9월 5일에는 성 밖의 명당수를 끌어들이게 했다.

경복궁 안에 도랑[渠]을 만들라고 명하였다. 태종이 "경복궁은 태조가 창건하셨으니, 마땅히 여기에 사는 모습을 자손들에게 보여주어야 하지 않겠는가?" 하자, 풍수사가 말하기를, '흠이라면 명당수(明堂水)입니다.' 하니, 도랑을 만들라는 영을 내렸다. 『태종실록』 11년 7월 30일

경복궁 성 서쪽 모퉁이를 파고 명당 물을 금천(禁川)으로 끌어들이라고 명하였다. 『태종실록』 11년 9월 5일

● 금천교. 인공적으로 파서 끌어들인 물길 위로 낸 다리다.

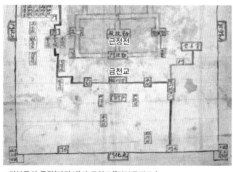

● 경복궁의 물길(파란선)과 금천교(『경복궁전도』)

세종 대에도 경복궁의 명당수를 보완하기 위해 많은 노력을 기울였다. 1433년(세종15) 7월 21일에, 경복궁의 동·서편에 못을 파고 도랑을 내서 영제교(금천을 넘는 다리[禁川橋]는 세종 때 영제교(永濟橋)라고 이름 지었다)로 물을 끌어들여 흐르게 했다. 1435년(세종17) 9월에도 명당의 물이 마르고 풍수의 법이 맞지 않다고 하여 소격전(昭格殿: 도교의 제사의식을 담당하는 기관. 종로구 소격동1-1) 골짜기에 못을 팠으나 물이 모자라서 중지했다. 1444년(세종26) 11월에 집현전 수찬 이선로는 궁성 서쪽에 저수지를 파서 영제교로 물을 끌어넣을 것을 주장하기도 했다.

주산 혈맥(穴脈) 줄기의 인식과 명당 논쟁

세종 대에 조정에서는 한양에 이르는 주산 혈맥 줄기가 어딘지를 두고 치열한 명당 논쟁을 벌였다. 삼각산 보현봉에서 백악으로 내려와 경복궁 자리에 이르는지, 아니면 응봉으로 내려와서 승문원 자리에 이르는지가 핵심적인 논점이었다. 주산이 백악이 아니라 응봉이라면 법궁인 경복궁 자리가 풍수로 볼 때 혈자리가 아닐 수 있다는 당시에는 매우 중대한 문제였다. 승문원 자리가 혈이라면 창덕궁 자리도 풍수적 중심자리를 벗어났기에 옮기는 대규모 공사를 벌어야 될지도 모를 심각한 사안이었다.

그 발단은, 1433년(세종15) 7월 3일에 올린 최양선의 상소였다. 경복궁과 창덕궁 자리가 명당이 아니고 승문원(承文院: 외교 문서를 담당하던 관청. 현 계동 140-55) 자리가 명당이라는 주장을 제기한 것이다. 실록을 보자.

"경복궁의 북쪽 산이 주산이 아니라, 목멱산(木覓山: 남산)에 올라서 바라보면 향교동에 이어진 맥인 지금 승문원의 자리가 실제로 주산[22]이 되는데, 도읍을 정할 때에 어째서 거기다가 궁궐을 짓지 않고 백악 아래에다 지었을까요. … 만약 창덕궁을 승문원 자리로 옮기면 만대의 이익이 될 것입니다." 『세종실록』 15년 7월 3일

• 승문원터 표석. 종로구 계동 140-55 북촌 문화센터 건너편 보도에 있다.

• 위성지도에서 본 승문원지(표시). 경복궁과 창덕궁 주맥의 사이에 위치했다.

---

22. 주산 혈맥 줄기의 의미로 이해할 수 있다.

• 남산에서 바라본 승문원터 산줄기 전경. 북악 오른쪽으로 길게 뻗어내렸다. 그 맥을 타고 창덕궁과 창경궁, 그리고 종묘가 들어섰다.

• 승문원터 앞에서 도성 안을 바라본 모습. 평평한 분지가 형성되어 있고, 뒤로는 북악과 보현봉이 우뚝하다.

이러한 최양선의 주산 혈맥 줄기 주장과 그 내막에 대해, 실록의 사관(史官)은 "이진과 신효창 등이 최양선을 사주하여 지리(풍수)의 요망한 학설을 가지고 승진되는 계략을 삼으려 한다."고 의도를 꼬집어 논평했다.

그런데 사관이 파악한 최양선의 의도와는 별개로 그의 상소를 접한 세종의 반응은 남달랐다. 조정에 미친 파장도 예상 외로 컸다. 세종은 즉각 사실 확인과 검토를 명하였다. 우선적으로 남산에 올라 주산에서 경복궁으로 이어지는 산줄기 맥[穴脈]을 살펴볼 것을 지시했다. 혹시라도 최양선의 주장이 사실이라면 주산 혈맥이 이르는 곳에 따로 별궁이라도 지어야 한다는 의중의 계획까지 내비쳤다.

"높은 데 올라서 보면 주산 혈맥(穴脈)을 볼 수 있을 것이다. 청명한 날을 가려서 영의정 황희와 예조판서 신상과 함께 이진·이양달·고중안·최양선·정앙 등을 데리고 목멱산(남산)에 올라가서 주산 혈맥을 바라보라. 잘못 되었으면 창덕궁은 진실로 옮기기 어려우니, 한 100여 칸 되는 것을 지어서 별궁(別宮)을 삼는 것이 옳을 것이다."『세종실록』 15년 7월 3일

그 후 일주일 못 미쳐, 황희·신상·안숭선 등에게 명하여, 다시 남산에 올라서 산수의 내맥을 살피게 한 후, 풍수학하는 신하들에게 최양선의 말을 변론하게 했다.

답사 후에 경복궁터가 의심할 바 없는 그대로의 명당이라는 이양달, 고중안, 정앙 등의 의견은 아래와 같았다. 그들이 파악한 주산 혈맥의 산줄기는 삼각산 정상에서 보현봉을 거쳐 백악에 이르러 주산이 되고 그 아래에 경복궁 명당터를 열었다는 것이다.

"삼각산 봉우리에서 내려와 보현봉이 되고, 보현봉에서 내려와 평평한 언덕 두어 마장[里]이 되었다가 우뚝 솟아 일어난 높은 봉우리가 곧 백악입니다. 그 아래에 명당을 이루어 널찍하게 바둑판 같이 되어서 1만 명의 군사가 들어설 만하니, 이것이 바로 명당이고, 여기가 곧 명당 앞뒤로의 한복판 되는 땅입니다…."『세종실록』 15년 7월 9일

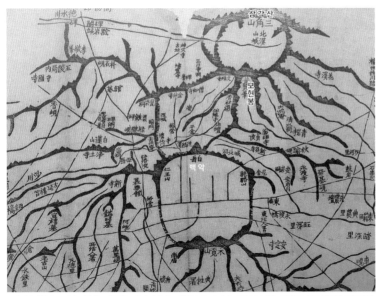

• 김정호의 「경조오부도(京兆五部圖)」. 삼각산에서 보현봉으로 이어져 백악으로 솟는 주맥의 산줄기를 잘 표현했다.

• 삼각산(사진 오른쪽)에서 보현봉을 거쳐 백악으로 이어지는 주맥의 산줄기가 한눈에 드러난다.

• 인왕산에서 바라본 보현봉의 모습. 우뚝하게 돌출해 솟은 봉우리가 보현봉이다.

세종은 신하들로 하여금 이번에는 반대편으로 삼각산 보현봉에 올라서 주산 혈맥 줄기를 살피게 했다. 앞의 남산과 뒤의 보현봉에서 경복궁에 이르는 산줄기 맥을 정확하게 살펴보자는 의도였다. 보현봉은 북악과 삼각산을 연결하는 산줄기의 결절점(Joint)으로서 전체적인 형국을 조망하기에 좋은 위치이다.

경복궁의 풍수 논란에 대한 상소와 세종의 입장

연일 이렇게 여러 차례 조정의 중신들이 풍수 문제로 산에 거동하고 가타부타 논란이 일자, 같은 날 (7월 15일) 예조 좌참판 권도가, 보다 못해 "나라의 정치에 유학을 준거로 삼아야지 풍수에 이끌리지 말라."고 상소하기에 이른다. 유신(儒臣)의 입장에서, 한갓 허탄한 풍수라는 술수 때문에 국정이 휘둘리는 것을 경계한 발언이었다.

예조 좌참판 권도(權蹈)가 글을 올렸다.

"주공(周公)과 공자(孔子)는 큰 성인입니다. … 정치를 하는 데에 주공과 공자를 본받지 않아서는 옳게 될 수가 없습니다. 이제 최양선의 글 올린 일은 신이 그 상세한 것을 알지 못하나 사람들의 말을 들으니, 승문원으로 나라의 명당이라 하고, 경복궁은 명당이 아니니 불가불 궁궐을 새로 지어야 하며, 그리고 보통 사람으로 그런 데에 살게 되면 땅 기운의 엉긴 소치로 혹시 호걸이 나더라도 나라의 이익이 아니라 합니다. 이에 대신에게 명하시어 살펴보게 하시고, 또 집현전에 명하시어 지리서를 참고하여 자문에 대비하게 하셨습니다. 신은 풍수의 학설이 어떤 사람에게서 나왔는지 알지 못하오나, 그 감응의 길하고 흉함이 과연 말한 바와 같고, 그리고 국가의 이해에 관계됨이 그렇게 중대하다면, 주공과 공자의 나라를 근심하고 세상을 걱정하는 지극한 마음으로써 어찌 한 마디의 이에 대한 언급이 없었습니까. …

그런즉 풍수의 설은 주공이나 공자의 말하지 않은 바이요, 사마온공이나 주문공이 취택(取擇)하지 않은 바이니, 그 허탄하고 망령되어 족히 믿을 만한 것이 되지 못함은 분명히 알 수가 있으며, 최양선의 배운 것이 거칠고 정밀하지 못한 까닭으로 믿지 못할 것임이 의심 없습니다.

신이 처음 이 말을 들었을 때는 전하께서 반드시 믿지 않으시리라고 하였더니, 급기야 대신에게 명하여 산에 올라 살펴보게 하시고, 또 집현전에 명하여 그런 서적을 상고하게 하심으로, 모든 사람들이 웅성웅성하고 서로들 들떠 움직인다 함을 듣고서, 그제야 전하께서 최양선의 이해 따지는 말에 좀 의아하셔서 이렇게 수선스럽게 된 줄을 알았나이다.

전하 같으신 총명한 슬기로서 최양선의 허황하고 망령됨을 깊이 아시는 데도 거룩한 마음에 동요를 일으킨 그 간사한 말의 이해관계가 이렇듯 끔찍합니다. 신이 비록 멍청하오나 엄하신 뜰 앞에 뵈옵기를 청하여 가슴에 품은 바를 극진히 아뢰고 싶음이 간절한데… 감히 좁은 소견을 펴 올리오니, 엎드려 바라건대, 거룩하신 사랑으로 굽어 살피옵소서.

대업을 창건하여 정통을 전해 주는 임금은 그 보는 바가 멀고 그 조심함이 깊습니다. 우리 태조께서 신성하신 포부와 명철하신 계획이 한 시대 모든 사람의 위에 높이 뛰어나시지마는, 비록 한 마디 명령을 내리심에도 언제나 가볍게 하지 않으셨는데, 하물며 도읍을 정하고 궁궐을 세우는 것은 일 중에도 큰일이거늘, 어찌 근거가 없이 억측으로 정하셨으리까.

승진하기를 바라는 아첨하고 간사한 무리는 임금 달래기에 영리하여, 천 가지 꾀와 만 가지 재간으로 임금의 비위를 맞추려고 그 말하는 것이 간절 측은하고 세밀 곡진하여서, 듣기에 매우 실행할 만한 것 같으나, 실행해 보면 옳지 않은 것이 많고, 비록 어쩌다 실행하였다가는 반드시 후회가 있게 되오니, 예나 이제나 다 같은 걱정입니다. 최양선이 어떤 사람이기에 이제 그 승진을 바라는 경박한 말을 믿으시고 태조께서 정하신 것을 의심하심이 과연 옳으십니까."『세종실록』 15년 7월 26일

이 상소를 접한 세종의 입장은 분명하고 단호했다. 지리의 서적이 정통인 경서(經書)가 아니어서 간혹 허황하고 망령됨이 있지만 아주 버릴 수는 없다는 것이었다.

여기에서 세종의 풍수에 대한 인식과 태도가 드러난다. 풍수 논리가 간혹은 실질적이지 않고 정도를 벗어나는 면이 없지 않지만 쓸 만한 가치가 있다는 것이다. 열흘 뒤인 7월 26일에도, 다시 사헌부에서 풍수설에 대해 조정에서 더 이상의 논의를 억제할 것을 상소하였지만, 이번에도 세종은 받아들이지 않았다.

세종, 직접 경복궁 자리의 풍수를 살피다

조정에서 경복궁의 명당 여부에 관해 두 편으로 나뉘어 옳으니 그르니 분분하게 되자, 이제는 세종이 중신들을 대동하고 친히 주산 혈맥 줄기를 살펴본 후 옳고 그름을 판단해 결정하겠노라고 했다.

이 보다 앞서 황희, 김자지, 하연, 정인지, 안숭선 등이 이양달 등을 데리고 백악산에 올라 바라보고, 또 봉황암(鳳凰巖)에 올라 살펴보았다. 그때 이진, 신효창, 최양선 등은 말하기를, "보현봉의 바른 줄기가 직접 승문원터로 들어왔으니 바로 현무가 머리를 숙인 땅으로서 나라의 명당이 이만한 데가 없다."[23]고 했다. 그러나 이양달, 고중안, 정앙 등은 말하기를, "보현봉의 바른 봉우리가 직접 백악봉으로 내려왔다."고 하여, 두 의견으로 갈렸다. 이에 세종은 "내일 내가 친히 백악의 내맥 들어온 곳에 올라가 보고 그 가부를 결정하리라."[24]고 말했다.

이튿날 세종은 직접 백악산에 올라 삼각산 줄기와 승문원 내맥의 형세를 면밀히 살펴보고 검토했다. 그 결과 주산 혈맥 줄기가 보현봉에서 백악으로 들어와 경복궁이 명당이 됨은 의심할 바 없으나, 승문원에 이르는 맥도 보통이 아니라고 판단했다. 다만 이양달 등이 제기한 승문원터가 지니고 있는 세 가지 풍수적 결점에 대한 논의(명당터가 낮고 약함, 산수가 곧음, 마주하는 산이 높음)에 대해서는 풍수서를 살펴 그 타당한 근거를 아뢰도록 했다. 실록을 보자.

---

23. 24. 『세종실록』 15년 7월 17일

• 겸재 정선이 그린 백악산(북악)의 위용. 우뚝 솟아있어 빼어나지만, 명당을 품어 안는 형상은 아니다.

"오늘 백악산에 올라서 오랫동안 살펴보았다. 이양달과 최양선의 두 말을 들으면서 여러 번 되풀이하여 살펴보았다. 보현봉의 산맥이 곧게 백악으로 들어왔으니 지금의 경복궁이 바로 명당이 되기는 하나, 승문원의 내맥도 역시 보통의 땅은 아니다.

이제 이양달·고중안·정앙 등이 명당이 아니라고 함은 승문원의 터가 낮고 미약하다는 것이 첫째이고, 산수가 좀 곧다는 것이 둘째이고, 정면으로 마주보는 남산이 높다는 것이 셋째여서, 이런 것으로 흠을 잡으니, 그것을 풍수학하는 자를 시켜 지리서를 강구하여 그 이해되는 것을 논술하여 아뢰게 하라." 『세종실록』 15년 7월 18일

경복궁터와 승문원 자리의 풍수비교

이렇게 세종이 북악산에 다녀온 다음날에 이진의 반대 상소가 올라왔다. 그 내용은 최양선의 의견에 동조하면서, 풍수론을 근거로 경복궁과 승문원 자리를 비교해 논의한 것이었다.

이진은 우선 경복궁 자리의 풍수적 문제점을 지적했다. 궁궐은 사방산[四神]이 단정한지 여부를 살펴보아야 하는데, '현무인 백악의 형세는 웅장하고 빼어난 것 같으나 머리를 드밀어[入首] 품어 안은 형상이 없으며, 주작(남산)은 낮고 평평하여 약하며, 청룡(낙산)은 등져 기운이 빠지며, 백호(인왕산)는 높이 솟고 험해서 단정하지 못하다.'고 비평했다.

누구도 부정하기 어려운 날카로운 지적이었다. 사실상 북악산의 형세는 명당을 품어 안는 형상이라기보다는 우뚝 솟은 모습이다. 청룡 산줄기인 낙산 역시 명당 바깥쪽(동편)으로 산줄기가 휘어 있어 기가 빠지고 무정(無情)하다. 백호산인 인왕산은 높고 험해 명당 오른쪽을 지키기에는 너무 우람하다. 다만 위 글에서 주작(여기서 주작은 남산을 가리킨다)은 낮고 평평하며 약하다고 한 견해는 언뜻 수긍하기 어려운 점은 있지만, 경복궁에서 볼 때 동쪽으로 비껴있는 남산의 모습을 지적한 것으로 이해할 수 있다(반면 제생원 자리는 남산이 정면으로 응대하고 있다).

• 경복궁 너머의 인왕산 모습. 높이 솟고 험하다고 보았다.

• 제생원터 표석(종로구 계동 140-2 현대건설 사옥 화단에 있다)

상대적으로 이진은 제생원(濟生院: 의료기관. 승문원과 인접) 자리가 명당됨을 이론적인 근거를 제시하며 조목조목 지적했다. 그 풍수론의 전거는 형세에 기초한 산줄기 논의[龍論]와 사방산 논의[砂論] 두 가지였다.

우선 산줄기 이론[龍論]으로 볼 때 네 가지 요소를 지적했다. 첫째, '주맥이 장대하게 내려왔다.'는 점, 둘째, 명당을 맺기 위한 필요조건으로서 가운데가 잘록한 '벌의 허리와 학의 무릎처럼 생긴 지형 요건을 갖추었다.'는 점, 셋째, 주산에 이르러서는 '그 기가 잡스럽지 않고, 온화한 자태로 들어오다가, 우뚝한 둥근 산언덕으로 솟았다.'는 점, 그리고 넷째, '사방으로 여러 산줄기의 가닥을 나누었다.'는 점이었다. 그리하여 승문원 자리의 명당터는 종합적으로 '사방의 주위를 둘러 모아 놓고, 국면의 가운데에 높이 자리했다.'고 좋게 평가했다.

이진은 또 덧붙였다. 이러한 제반 명당됨의 여건은 풍수[山家]에서 말하는 '하나가 크면 하나는 특별히 작아야 한다는 설[大則特小之說]'이 증거될 수 있

• 응봉에서 제생원과 동궐 자리로 장대하게 내려오는 산줄기 맥

• 제생원 자리의 주산 응봉. "온화한 자태로 들어오다가 우뚝한 둥근 산언덕으로 솟았다."는 표현에 걸맞은 모습이다.

• 응봉 줄기에서 목멱산(남산)이 마주 응대하며 조응하는 모습

다고 했다. 이 말은 삼각산과 승문원의 주산을 빗대어 말한 것으로, 삼각산이 크기에 승문원 주산인 응봉은 작을 수밖에 없다는 것이었다. 이에 관한 이진의 설명은 이러했다. "화악(華嶽: 북한산)의 형세가 하늘을 지탱할 듯이 우람하고, 산의 기운이 맹렬하게 뛰고 솟구치다 남쪽으로 와서 머물러 국면을 맺었으니, 이러한 판국 중에서는 특히 작은 산이 아니고서는 주산이 될 수 없다."는 것이다. 다시 말해 승문원의 주산이 작은 것은 북한산과 상대적인 관계 속에서 이해할 때 아무런 결점이 아니며, 차라리 작아야 마땅하다는 논리였다.

다음으로 사방산 이론[砂論]으로 볼 때 세 가지 요소를 지적했다. 첫째, 명당이 되기 위한 주작산인 남산이 마주 응대한 점, 둘째, 좌청룡 우백호가 겹겹이 둘러싸고 있다는 점, 셋째, 명당 국면의 세력이 중심을 잡고 있어 기가 모이는 점 등을 들었다. 종합적으로 이진은 이렇게 요약했다. "주작으로는 목멱산(남산)이 바로 조응하고, 좌우로 돌아보면 여러 겹으로 둘러쌌으며, 중정(中正)하여 치우치지 않아 삼양(三陽)[25]이 갖춰졌으니, 기가 모인 가운데서도 취할 만한 땅이다."

경복궁 명당의 타당성

이러한 이진의 견해에 대해 조정의 중신들은 한양의 산줄기를 현지 답사하는 한편 관련 풍수서를 검토하고 난 후 정면으로 반박하는 의견을 낸다. 그들의 반

---

25. 『세조실록』 10년 9월 7일 기사에 의하면, 三陽에 관해 穴法秘要를 인용해 "明堂爲內陽, 案山爲中陽, 案後山 爲外陽, 是爲三陽"이라고 했다. 案後山은 後山의 誤字이며, 明堂은 內陽, 案山은 中陽, 後山은 外陽이라고 해석된다. 따라서 명당, 안산, 후산이 삼양이다.

론은 매우 논리적이면서도 체계적이었다. 크게는 현지의 경복궁 입지 조건을 역시 산줄기와 사방산, 그리고 물길 논의로 파악한 후에, 이진이 들어 제기한 풍수 해석의 잘못을 논파하는 형식으로 개진하였다.

우선 현지의 산줄기 형세에 대한 반대 논리를 인용하고 해설해 보자. 내맥의 가지와 줄기[支幹]를 유의해서 살펴보니, 제생원 자리의 산줄기 맥은 줄기[本]가 아니라 가지[末]라는 것이다. 무릇 풍수에서 명당(혈)을 맺기 위해서는 지엽이 아니라 줄기가 됨이 필수적인 요건이다. 중신들은 주장하기를, 삼각산의 (본)줄기는, "보현봉에서 멀리 내려와 그 뜻[情意]이 백악에 이르러 머물렀으니 그것의 맥의 줄기[脈之幹]"라고 했다. 이른바 백악 줄기론으로, 경복궁 명당의 타당성을 산줄기 논의로 밝힌 것이다.

중신들이 파악한 줄기와 가지 논의를 구체적으로 살펴보자. 줄기에서 나온 두 개의 가지는, 우선 낙산 가지로서, "백악에 와서 이른 줄기가 동쪽을 향해 '가지[條]'를 나누어서, 정업원(淨業院: 창경궁 서편에 위치)에 이르러 북쪽으로 가로지른 언덕[橫崗]을 이루었고 동남으로 내려가서 종묘와 창덕궁의 맥이 되었다."고 파악했다. 그리고 줄기에서 다시 한 '가지'를 내어 동쪽으로 비스듬히 이어져 동대문에 이르러 그치니 왼쪽의 빗장[關欄]이 된다."고 했다. 이것은 경복궁의 내청룡과 외청룡에 해당하는 지맥(支脈)을 지적한 것이다.

그런데 제생원 자리는 "미미한 맥이 옆 기슭을 따라 내려와서 된 땅"으로, "가지[支]를 나눈 후에도 다시 우뚝 일어나 머무른 형세가 없으니, 이것은 내맥이 이른 가지 중의 가지"로 보았다. 낙산을 이루는 가지(외청룡)와 창덕궁·종묘를 이루는 가지(내청룡)에 비해서 제생원 자리의 산줄기는 '잔가지'로서 명당을 맺을만한 산줄기의 필수 요건에 한참 미치지 못한다는 것이었다.

그 밖에도 제생원 자리에서 보이는 사방산과 물길의 제반 조건, 그리고 명당 국면마저도 혈을 맺는 풍수 요건에 적합하지 않아 길하지 않다고 했다. 중신들이 반박한 상세한 논의를 정리해보자.

첫째로 땅을 선택하기 위해서는 모름지기 사방산[四獸, 四神砂]을 살펴보아야 한다고 하면서 차례대로 현무·청룡·백호·주작 산의 문제점을 지적했다.

제생원 자리의 북쪽 현무를 보면, "낮고 연약하여 전연 형세를 갖추고 있지 않을뿐더러, 주맥마저 엎드려 있는 것이 곧고 길쭉하다."고 했다. 한 나라의 궁

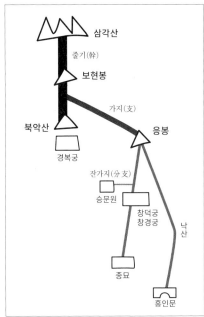

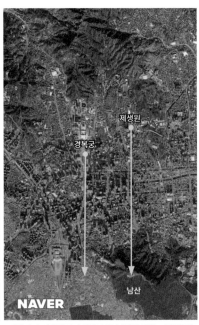

• 한양 궁성 산줄기의 간지(幹枝: 줄기와 가지) 개념도

• 경복궁과 제생원의 축선에서 본 남산의 위치. 제생원과는 마주 대하고 있으나 경복궁에서는 비껴있다.

귈자리가 될 만한 현무의 형세는 웅장해야 하고, 현무를 이루는 주맥도 생기있게 굴곡하며 용틀임하듯 해야 하는데 그렇지 못하다는 것이다. 경복궁의 주산인 백악과 제생원 자리의 주산인 응봉을 비교해 보면, 응봉이 백악에 비해 상대적으로 낮고 연약하다는 주장을 충분히 펼 수 있겠다.

그리고 제생원의 좌청룡 줄기를 보면, "서운관 북쪽은 오히려 괜찮으나, 남쪽은 매우 낮고 약하게 곧장 내려오다가 그 끝이 밖으로 향해 버렸고", 다시 우백호 줄기를 보면 "명통사(明通寺) 위쪽은 오히려 괜찮으나, 남쪽은 역시 낮고 약하며 안으로 기울어졌다."는 것이다. 결론적으로 "청룡과 백호가 가두어 모으지도 못하고, 모두 돌아 감싸는 형세가 없다."고 했다. 모름지기 명당이 되는 이상적인 형세의 청룡과 백호는 서로 안으로 명당터를 향하여 양팔로 감싸 안는 형세여야 하나 그렇지 못하다는 논리이다.

또한 제생원 자리를 기준으로 남쪽 주작(남산)을 보면, "너무 높아서 현무·청룡·백호와 상대되지 않으니, 주인 없이 손님이 강한 꼴이라 풍수에서 크게 꺼리는 것"것이라고 비평했다. 앞서 이진은 남산이 바로 조응해서 좋다고 보았지만 중신들은 도리어 남산이 높게 마주하고 있어 흠으로 보았다. 종합적으로 볼 때 이러한 제반 여건이 제생원이 갖추고 있는 "사방산(사신사)의 불길함"이 된다는 것이다.

둘째로 제생원의 물길 조건도 마땅하지 않다는 것이다. "명당 좌우의 물이 모두 곧게 흘러서 면전(面前)에서 모이고, 청룡과 백호를 따라서 곧게 가다가 수백 보를 지난 뒤에 동쪽으로 빠져나갔으니, 이것은 곧 물빠짐[水破]이 무정하게 된 것"이라 했다. 물길 역시도 산길과 마찬가지로 굴곡하고 유정하게 흐르다 빠져나가야 함에도 불구하고 그렇지 못하다는 것이다.

• 제생원 자리에서 본 오늘날의 남산. 너무 높아서 현무·청룡·백호와 상대되지 않는다고 보았다.

• 경복궁의 물길(왼쪽)은 좌우의 명당수가 모여 굴곡하여 빠져나가는 모습이지만, 제생원의 물길(오른쪽)은 곧장 무정하게 빠져나가는 모습이다.(「여지도」의 「도성도」)

셋째로, 제생원의 명당 국면도 합당하지 않다는 것이다. 명당은 "너그럽고 평평하고 둥글고 넓어야 귀한 것인데, (승문원) 자리는 매우 좁고 작으니 명당이 없는 것"이라 했다. 도읍이 되기 위해 요구되는 넓고 평탄한 지형 조건과 규모에 맞지 않는다는 평가였다.

요컨대 명당자리인지의 여부를 풍수적으로 검토함에 있어서 중요하게 보아야 할 사항은 다섯 가지(내맥의 가지인지 줄기인지, 사방산을 갖추었는지 못했는지, 주위 산이 명당을 호위하는 데 완전한지 혹시 결함은 없는지, 물빠짐이 향하고 등지는 조건은 어떤지, 명당이 있는지 없는지)를 통한 종합적인 판단이어야 하는데, 제생원 자리는 도무지 이러한 기준에 맞지 않는다는 것이었다.

경복궁 자리가 명당인 까닭

마침내 황희, 신상, 김자지 등은 보현봉과 백악, 그리고 남산까지 올라서 한양의 주산 혈맥 줄기를 전반적으로 답사하였다. 그리고 풍수이론까지 종합적으로 살펴본 후, 최종적으로 경복궁이야말로 임좌병향(壬坐丙向 : ↘)의 명당에 자리했다는 보고를 세종에게 올린다. 이로써 경복궁 명당 논쟁은 공식적으로 종결되기에 이른다.

이날 경복궁이 앉은 자리에 대한 중신들의 보고 내용은 어땠을까? 문제점으로 지적된 것에 대한 반대 견해까지를 포함해 해설하면 다음과 같다.

우선 경복궁에 이르는 주산 혈맥 줄기[幹]는 보현봉에서 용틀임하면서 두 번이나 봉우리를 솟구쳐 올리며 북악에 머물렀으며, 다시 북악은 남산이 마주하고 상응하고 있어서 정맥 산줄기가 분명하다는 것이다.

보현봉에서 내려와 두 번이나 봉우리[星峰]를 일으키고, 종횡으로 솟았다 엎드렸다 하다가 백악에 이르러 특별히 봉우리를 지어 머문다. 목멱(남산)이 남쪽[丙方]에 있어서 주인과 손님[主客]이 상응하고 있으니, 이는 곧 백악이 정맥(正脈)이라는 사실이 분명한 것이다.
『세종실록』 15년 7월 29일

다음으로 사방산의 형세는 '경복궁 자리를 (산이) 사방으로 에워쌌다.'고 했다. 네 산을 차례로 지적하여, 우선 "현무(북악산)의 형세는 왕성한 모습이 특

● 경복궁 뒤쪽으로 우뚝한 백악의 모습이 보인다. 백악 왼쪽에는 인왕산이 궁성을 받치고 있다. 백악의 형세는 왕성한 모습이 특별히 빼어나고, 인왕산의 형세는 쭈그리고 앉는 것이 실로 형세에 부합한다고 보았다.

● 창덕궁 너머로 길게 걸쳐 있는 낙산 줄기. 경복궁에서 볼 때 낮고 약하고 여러 언덕이 약간 등져 있다고 보았다.

별히 빼어나다.", "백호(인왕산)의 형세는 쭈그리고 앉는 것이 실로 형세에 부합한다."고 하여 좋게 평가했다. 명당이 되기 위해 현무와 백호가 갖춰야 할 형세의 조건이 풍수론에 합당하다는 것이다. 다만 청룡인 낙산 줄기에 대해서는 "낮고 약하고 여러 언덕이 약간 등져 있다."고 비평적으로 보았다. 주작인 남산에 대해서도 "낮고 약하다."고 약점을 인정했다.

그럼에도 불구하고 청룡(낙산)과 주작(남산) 조건의 결점은 풍수론에서 볼 때 크게 흉하거나 해가 되는 것은 아니라고 상세히 논평했다.

우선 청룡인 낙산 줄기가 낮고 약한 문제점에 대하여 풍수서에 의거해 명당의 기운이 왕성하면 백호만 있고 청룡은 없어도 거리낌이 없다고 했다.

• 백악에서 바라본 남산과 도성 안. 경복궁에서 볼 때 남산인 안산(案山)이 낮고 약하다고 약점을 지적했다. 오른쪽 너머는 관악산이다.

• 도성도(1788, 부분도). 회화적으로 묘사된 남산(목멱산)의 모습. 도성 안에서 남쪽으로 바라본 시선이다.

옛글을 살펴보면, '백호가 있고 청룡은 없어도 역시 흉하지 않으니, 만약 바깥 산이 이어져 닿아 응하면, 분명히 조회받는 혈자리에 복이 상봉하네.'라고 하였으니, 큰 기운이 이미 모였으면 가지나 마디 정도는 해가 되지 않는다. 『세종실록』 15년 7월 29일

청룡이 되는 낙산 산줄기의 여러 언덕이 약간 등져 있는 문제점에 대해서도 등져 있는 언덕에 창끝같이 날카로운 형상은 없으니 풍수서에 비춰 봐도 흉하지 않다고 했다. 더구나 그것은 풍수의 귀산(鬼山. 134쪽 그림 참조)일리도 없어서 해되지 않는다고 근거를 밝히며 논했다.

그리고 남산인 안산(案山)이 낮고 약한 문제점에 대하여, 시선이 가슴 높이보다

낮지만 않으면 아무런 해될 것이 없고, 가까운 안산은 좀 낮아야 한다고도 했다.

안산이 비록 낮아도 역시 가슴보다 낮지는 않으니, 과연 고중안이 말한 바 '가까운 안산은 좀 낮아야 하고 먼 안산은 높아야 한다.'는 것과 같다. 만일 평평한 언덕이 없이 목멱산이 가리고 막아서 바깥 조정(朝廷)이 보이지 않는다면, 한 겹 안산 안이 마치 깊은 우물에 쌓인 곡식과 같아서, 한갓 아는 것만 많고 생각은 완고한 것과 같다. 이는 곧 가까운 안산이 낮은 것이 또한 해(害)가 되지 않는 것이다. 『세종실록』 15년 7월 29일

이어서 경복궁 명당이 갖춘 규모의 조건을 보면, "널찍하고 평평하여 좋다."고 옛 말을 들어 다음과 같이 좋게 평가했다.

명당은 넓고 평평한 것으로 귀한 것을 삼는다. 그래서 옛 말에 일렀다. '사람을 보는 데는 먼저 얼굴을 보고, 땅을 보는 데는 먼저 명당을 보는 것이다. 명당이 넓고 평평하면 천 년 동안 길하고 경사롭다.' 하였으니, 이는 곧 백악 명당을 이른 것이다. 『세종실록』 15년 7월 29일

조정의 중신들은 "다만 좌우의 물줄기가 끊임없이 흐르지 못할 뿐"이라고 경복궁이 앉은 자리의 물길 조건에 있어서의 풍수적 약점은 있는 그대로 수긍했

귀산(鬼山)

* 출처: 『인자수지(人子須知)』

귀성(鬼星) 혹은 줄여서 귀(鬼)라고 한다. 혈 혹은 주산의 뒤를 베개처럼 지탱해주는 산을 말한다. 풍수 개념 용어의 하나다.

『감룡경』에 일렀다. "정룡에는 귀산(鬼山)이 없으며, 귀산이 있더라도 반 리도 나가지 못하네. 용에 있어서 귀산은 짧음을 알아야 하니, 감싸인 용이 후단에 있기 때문이네. 이미 감싸인 용이 있어서 붙어 보호해 오므로, 귀산이 공연히 늘어짐을 허락치 아니하네." 『세종실록』 15년 7월 29일

● 인왕산에서 바라본 경복궁 전경. 북악에서 이어진 평탄하고 넓은 터에 자리 잡았다. 널찍하고 평평하여 좋다고 평가했다.

다. 앞서 살펴보았지만, 경복궁의 명당수 문제는 일찍이 태조의 정도 당시에도 지적된 바 있으며, 이에 태종 대(1411년)에 경복궁의 물길 조건을 보완하기도 했었다. 더하여 세종은 두 차례나 못을 파고 도랑을 내어서 경복궁으로 물길을 끌어들이고자 했다.

이상과 같은 놀라우리만큼 치밀한 변론이 세종 대에 한판 벌어진 경복궁의 주산과 명당 논쟁에 대한 상세한 전말이었다. 이러한 경복궁의 주산 혈맥 줄기에 대한 거시적인 인식과 이해는 곧이어 경복궁 경내로 이어지는 주맥 줄기에 대한 미시적인 인식과 이해로 나아가게 되고, 이에 기초하여 현지의 문제점과 부족한 점에 대한 풍수적 경관보완으로 전개되기에 이른다.

경복궁의 주맥 줄기 인식과 보전

조선왕실은 경복궁을 풍수적으로 인식함에 있어서 주맥 줄기를 중요하게 여겼다. 주맥은 등줄기맥[脊脈]이라고도 한다. 마치 사람의 몸에서 등줄기(척추)

가 중요하듯이, 풍수에서 주맥은 명당(혈)에 생기를 공급하는 주 통로로서 여겨 매우 소중하게 취급한다. 인위적으로 훼손해서 안 되는, 그대로 보전해야

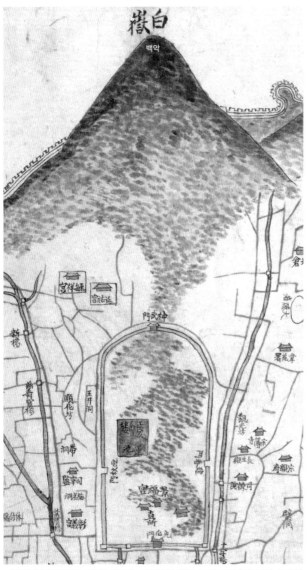

● 백악(북악)에서 경복궁 안으로 이어지는 산줄기의 주맥을 잘 묘사했다.(『청구요람』「도성전도」 부분도)

될 지형경관인 것이다. 경복궁에 이르는 주맥은 주산 백악에서 교태전 뒤의 아미산을 거쳐 근정전까지 자연지형으로 이어져 있다. 고종 대의 『승정원일기』에도 "아미산에서 근정전까지는 등줄기맥[脊脈]이 있었다."라고 일부의 주맥 줄기를 증언했다.[26]

주맥 줄기에 대한 조선왕조의 이런 인식을 반영하듯이, 조선 후기의 고지도에서는 북악 주산에서 경복궁에 이르는 주맥 줄기를 강조해 표현하고 있다. 주맥 줄기의 가시적인 이미지로는 『청구요람』「도성전도」와 「경복궁도」(1865) 등에 잘 드러나 있다.

실록에는 세종 대에 두 차례 주맥 줄기에 대한 보전 논의가 등장한다. 통행으로 말미암아 주맥 줄기를 훼손하지 않는 방안에 대한 것이었다. 그리고 고종 대에는 주맥 경관인 아미산에 대한 보전을 신하들이 건의하면서 조정에서 논의하기도 했다.

주맥 줄기를 보전하고 비보하다

앞에서 살펴보았지만, 세종 대에 경복궁에 이르는 주산 혈맥 줄기와 명당 논쟁으로 풍수적 지형 조건에 대한 거시적 이해는, 경복궁의 주요 전각까지 이르는 미시적인 주맥 줄기에 대한 인식으로 심화, 발전했다. 특히 왕과 왕비의 침전으로서 앞뒤에 있는 강녕전과 교태전으로 닿는 주맥 줄기는 더욱 중시되었다. 이를 통하여 경복궁 주맥 줄기의 훼손을 막고 보전하는 방법을 강구했고, 실제로 조정에서는 주맥 줄기의 비보를 실행하기도 했다.

조선왕실의 첫번째 경복궁 주맥 줄기 보전과 비보는 세종 대에 두 가지 방면으로 이루어졌다. 길의 폐쇄와 건축물의 제한을 통한 주맥 줄기 보전, 그리고 자연적이거나 인위적인 훼손지에 대한 주맥 줄기 비보의 실행이었다.

우선 주맥 줄기 보전 논의의 사실을 살펴보자. 1441년(세종23) 5월 21일에, 술사 고중안은 경복궁으로 이르는 주맥 줄기에 난 길을 폐쇄하고 사람의 통행을 막아서 보전하도록 건의했다. 세종은 주맥 줄기를 훼손하지 않도록 서편으로 길을 내자는 그의 의견에 그대로 따랐다.

---

26. 『승정원일기』 고종 12년 3월 29일

"궁성의 북쪽에 길을 내면 문소전(文昭殿)과 강녕전(康寧殿)의 주맥을 밟고 상하게 되오니, 서쪽을 따라 길을 내는 것이 온당하겠습니다." 하니, (세종은) 그대로 따랐다. 『세종실록』 23년 5월 21일

다시 7년 후인 1448년(세종30) 8월 4일, 목효지가 경복궁 주맥 줄기에 불당(佛堂)을 건립해서는 안된다고 상소했다.[27] 위치상 그 건물터는 주맥의 목구멍 부분에 있기에, 건축물을 세우는 것은 터의 근맥(筋脈)을 끊는 것과 같다는 것이다. 이렇게 하면 "예전 사람의 터를 잡고[卜宅] 땅을 보는[相土] 법에 어긋난다."고 지적했다. 이러한 문제에 대처하기 위하여 "풍수에 정통한 자를 명해고쳐 정하여 산줄기(산맥)를 완전하게 하면 영구히 흉한 탓이 없을 것"이라고 주장했다.

세종은 목효지의 상소가 있기 한 달 전에 문소전 불당(佛堂)을 재건하도록 명한 적이 있었다. 당시에 세종은 소헌왕후의 소생인 광평대군과 평원대군이 1444년(세종26)과 1445년(세종27)에 연이어 죽고, 이듬해 소헌왕후마저 세상을 떠나자 불교에 귀의하고 있었다.[28] 세종의 불당 건립은 이러한 배경에서 계획된 것이었다.

이제 경복궁의 주맥 인식에 초점을 맞추어 목효지의 풍수 논의와 주장 내용을 재정리해보자. 목효지는 "옛 사람(古人)들의 지형(地形)의 말도 살피지 않을 수 없다."고 하면서, 지리의 법은 "조종산(祖宗山)의 내맥(來脈)으로 근본을 삼는 것"이라고 논의의 근거와 이유를 밝혔다. 명당에서 주맥 줄기의 중요성을 지적한 것이었다. 그러면서 "조산(祖山)의 맥이 높고 수려하며 구불구불하게 굴곡되어 일어나기도 엎드리기도 하면서 온다. 입수(入首)의 자리에 이르러서는 단정하고 풍후하여 단절된 곳, 훼손되거나 파손된 곳이 없다. 그 연후에야 산 기운이 바야흐로 성하고 음덕이 더욱 오래된다."고 일반 풍수의 산줄기론을 말했다. 그런데 "그 주맥이 상하고 깨어지면 해가 매우 크다."고 주장했다. 이를 마치 "초목에 비유하면, 근본이 튼튼하고 오래면 가지와 잎이 무성하고, 근본이 상

27. 『세종실록』 30년 8월 4일
28. 이정주, 「세종대~단종대의 정치 변동과 풍수지리: 풍수가 목효지의 사례를 중심으로」, 『역사민속학』 36, 2011, 138쪽.

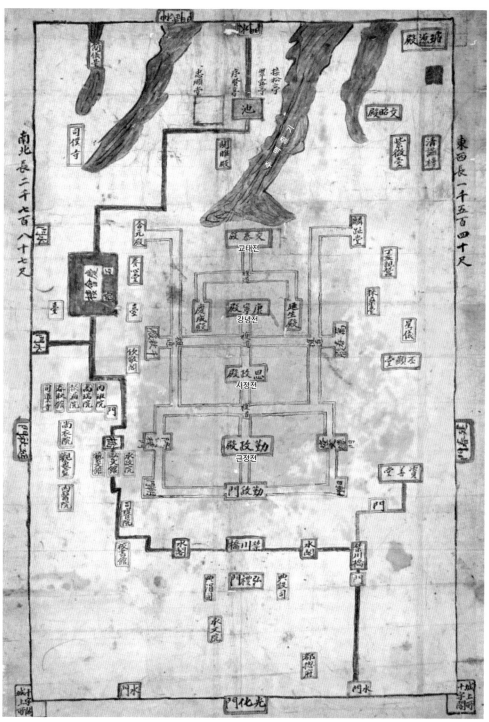

● 경복궁에 이르는 주맥 줄기를 받아 교태전, 강녕전 등 주요 전각의 주축을 이루는 모습이 잘 표현되었다. 경복궁에 이르는 네 줄기의 지맥 중에서 교태전에 이르는 주맥 줄기를 가장 굵고 뚜렷하게 묘사했다.(「경복궁전도」 국립중앙도서관)

하고 쇠잔하면 가지와 잎이 마르는 것과 같은 이치"라고도 했다. 목효지는 자기의 주장을 뒷받침하기 위해 아래와 같이 풍수서를 논거로 제시하였다.

풍수서	관련 전거
『소권(小卷)』	'성(城)과 길로 끊기고 잘리고, 개천과 도랑이 패인 것은 모두 기운이 상한 혈'
『명산보감(明山寶鑑)』	'기울어지고 무너져 손상된 것은 병룡(病龍)이 되니, 병룡은 난산(難産)과 긴 병에 걸린다.' '큰물로 부딪치거나[衝破], 사람의 힘으로 상하여 깨치면, 패룡(敗龍)이 되는데, 패룡은 동네가 많이 무너진다.'
『지리신서(地理新書)』	'장성(長城)을 쌓아 산맥을 차단하였기 때문에 진(秦)나라가 망하였고, 기(淇)·변(汴)을 개통하여 지맥(地脈)을 끊었기 때문에 수(隋)나라가 망하였다.'

한편 이 일이 있기 얼마 전에도 전 서운장루(書雲掌漏) 문득겸이 주맥 줄기에 건축물(절)을 지으면 풍수에서 기운을 끊고 흉방(凶方)을 범하기에 불가하다고 상소한 적이 있었다. 역시 주맥 줄기의 훼손을 우려하고 경계하는 논의와 다름 없었다.

" 지리도로서(地理道路書)에 이르기를, '길이 우물정자(井) 모양이 되면 자손이 가난하고 궁하다.' 하였습니다. 지금 대궐 뒤에 불당을 지으면 길이 정자(井字)가 되고, 내맥(來脈)에 절이 있으면 기운이 끊어지므로, 주산(主山) 내맥에 절을 짓는 것은 불가합니다. 또 금년에 동궁(東宮: 세자 혹은 세자궁)이 북방(北方) 진성(辰星)과 직성(直星)의 삼살방(三煞方: 세살(歲煞)·겁살(劫煞)·재살(災煞)이 낀 불길한 방위)인데, 지금 (불당을) 지으면 (살 방위를) 해쳐 생동하게 하니, 신은 심히 두려워합니다. 다시 다른 곳을 택하소서." 『세종실록』 30년 7월 24일

당시 목효지의 상소를 받은 세종은 불당터를 다른 위치에 정하자는 의견을 받아들이지 않았고, 도리어 그를 원래의 천인(賤人) 신분의 노비로 환원시키고 만다. 전농시(典農寺)의 노비 신분으로서 풍수로 인해 조정의 입에 오르내렸던 목효지는 노비 신분을 면하고 다시 환원되는 과정을 거치다 결국 세조 때(1455년)에 교수형으로 죽임을 당하고 말았다.

세종 대에 주맥 보전은 훼손지 보완과 같이 논의되고 동시에 실행되었다. 다음으로 주맥 줄기 비보의 사실을 구체적으로 살펴보자. 1441년(세종23) 5월 21일에

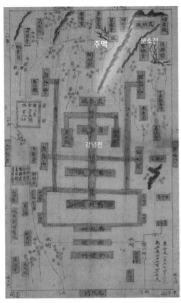

• 강녕전. 왕의 침전이다. 주맥 줄기가 이어지는 위치에 자리했다.

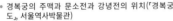

• 경복궁의 주맥과 문소전과 강녕전의 위치(「경복궁
도」, 서울역사박물관)

술사(術士) 고중안은 문소전이 있는 주맥에 행인으로 길이 난 부분에 흙담을 쌓아 비보하도록 하고 통행을 금지시킬 것을 주장했다. 세종은 그의 의견을 따랐다.

문소전 주맥의 산등성이에 일찍이 흙담을 쌓았는데, 그 길이가 멀지 아니하고 거의 다 무너져서 왕래하는 사람으로 인하여 길이 되었습니다. 마땅히 옛 터를 따라 백악을 향하며 150여 보가 되는 곳에다 다시 높은 담장을 쌓게 하시고, 행인(行人)은 끊어 산의 맥을 기르게 하옵소서." 하니, (세종은) 그대로 따랐다. 『세종실록』 23년 5월 21일

그리고 어느 때인지 분명하지는 않지만, 주맥 줄기의 윗부분이 패여 있어서 흙을 채워 비보하였음도 확인된다. 『세종실록』에는 이현로(?~1453)가 아뢰어, 경복궁 주맥 줄기의 윗부분이 상하고 깨져 깊은 웅덩이가 된 곳을 흙을 메우고 보태 이어서 용맥을 완전하게 하였다는 기록이 있다.[29]

---

29. 『세종실록』 30년 8월 4일

교태전 뒤의 아미사는 하늘이 만든 것

경복궁의 주맥 줄기에 대한 풍수 논의는 조선 말기에 교태전의 후원 공사와 연관되어 다시 등장한다. 1875년(고종12) 3월 29일, 조정에서 경복궁 내 전각(殿閣)의 중수 계획을 논의했는데, 교태전 뒤뜰의 확장을 위해 아미산을 깎아낼 것인지 말 것인지 쟁점이 되었다. 그 아미산은 경복궁의 주맥 줄기일 뿐만 아니라 주맥의 기운이 뭉쳐 있는 중요한 풍수적 지형경관이라는 점이 주목되었던 것이다. 신료들은 아미산이 명당을 이루는 데 필요한 지형 요소로서 풍수의 아미사(蛾眉砂)에 해당한다고 여겨 그 보전 가치를 역설했다.

아미산은 왕비가 거처하는 교태전(交泰殿) 뒤의 화계(花階) 동산이다. 아미산이 경회루 앞의 경회지(慶會池)를 파고 난 흙으로 조산(造山)했다는 설이 있었지만 위 『승정원일기』의 논의를 보더라도 천연지형이라는 사실이 드러난 셈이다.

아미산은 풍수적인 뜻말로서 아미사(蛾眉砂)로 인식되었음도 알 수 있다. 여기서 아미(蛾眉)라는 말은 누에나방의 촉수처럼 초승달 모양으로 굽은 눈썹을 형용하는 말이다. 사(砂)는 풍수에서 지형지맥을 지칭하는 용어이다. 따라서 아미사는 초승달 모양의 지형지맥이다.

풍수명당론에서는 혈을 맺기 위한 필요조건으로서, 주산에서 주맥이 내려오다가 도도록한 둔덕인 잉(孕)을 이루고, 다시 잉을 이어받아 직전에서 혈을 감싸는 아미(蛾眉)를 요구한다. 교태전 뒤의 아미사는 이러한 모양새를 지칭하는 것이다.

아미(蛾眉)

아미(蛾眉)는 혈을 이루기 위한 필요조건으로 요구되는 풍수지형의 하나다. 인체에 눈을 보호하는 눈썹처럼, 혈의 맺힌 기운을 보호하는 기능을 한다. 둥근 초승달처럼 혈을 감싸는 모습을 한다. 아미는 하나로 이루어진 월미형(月眉形)과 둘로 이루어진 팔자미형(八字眉形)이 있다.[30]

---

30. 김두규의 『풍수학사전』(2005)을 참고해서 작성했다.

• 교태전. 왕비의 침전이다. 주맥 줄기를 바로 받는 곳에 자리했다.

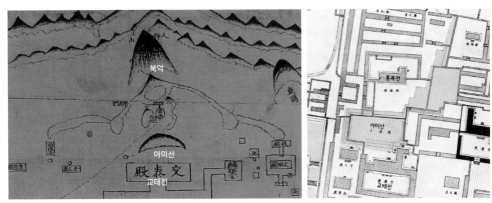

• 북악에서 주맥이 내려와 교태전 뒤의 아미산으로 이어지는 모습(「경복궁도」 부분도, 1865)

• 「조선고적도보」 경복궁배치도에 나타난 언덕모습(음영부)
(출처: 정우진, 심우경(2012), 83쪽)

• 아미산 화계(花階). 교태전 뒤쪽(후원)에 있다.

고종 대 아미산 보전을 둘러싼 조정의 논의

『승정원 일기』(고종 12년 3월 29일)의 관련 내용을 요약하여 정리하면 아래와 같다.

고종이 말했다. "전각의 중수를 계획하고자 한다."

이에 민치상이 "교태전 뒤의 아미사(蛾眉砂)는 바로 하늘이 만든 것으로, 그 아래에 전각을 세운 데는 깊은 뜻이 있는 듯합니다. 지금 만약 헐고 옮겨 짓는다면 이미 천연적인 지형을 잃게 되고 또 언덕 모서리에 응하여 전각을 세우는 뜻도 아닐 것입니다."라고 아미산을 보전할 것을 아뢨다.

이유원도 "비록 평범한 여염집이라도 집터는 반드시 상세히 살펴야 하는 법입니다. 더구나 전각의 처소아니겠습니까"라고 하면서, 풍수를 살펴 신중히 판단해서 건축하기를 권했다.

민치상은 덧붙여, "궁전의 터는 관계되는 바가 매우 중대하므로 풍수가의 속설로 돌려서는 안 됩니다."라고 궁전터의 중요성을 재차 강조했다.

이최응은 "국초에 터를 잡은 데는 의의가 있을 것입니다. 옛사람의 견해는 필시 오늘날 사람보다 나은 데가 있을 것입니다."라고 아미산 전각에 옛 경관으로서의 가치를 매겼다. 김병학도 이 의견에 동조했다. "아미산이 교태전 뒤에 있는 것은 본래 깊은 뜻이 있으므로 깎여버려서는 안 됩니다."

다시 고종이 말했다. "아미산에서 근정전까지는 본래 등줄기맥[脊脈]이 있었다."라고 들은 바를 일렀다. 풍수에서 명당에 연결되는 지맥은 마치 인체에서 태아에 이어지는 탯줄과도 같은 이치다.

이에 답하여 이최응이 아뢨다. "지맥은 보지 않을 수 없습니다. 일반 주택[閭閻]도 각별히 택하지 않는 적이 없는데, 더구나 이 궁전이겠습니까." 궁전에서 지맥이 가지는 풍수적 중요성을 강조한 것이다.

이에 고종은 말했다. "처음에는 아미산이 인공적으로 만든 산인 줄 알았는데, 근래에 들으니 바로 자연적으로 만들어진 것이라 한다. 그러므로 반드시 변통하려고 하지 않는 것이다." 아미산의 자연적 가치를 재고한 것이다.

그러자 김병학이 아뢨다. "교태전 뒷뜰이 좁다고는 하지만 아미산에 손을 대서는 안 됩니다."라고 재차 보전을 주장하였다.

역시 이최응도 "연전에 궁궐을 짓던 때에 어느 하루도 지형을 보지 않은 날이 없었으니, 지금 만약 아미산을 깎아버린다면 모두가 우려하고 탄식할 것입니다."라고 아뢨다. 그대로 둬야하는 필요성을 강조한 것이다.

경복궁에서 '아미사'라는 풍수적 용어로 불리진 교태전 북쪽의 언덕명은 18세기 말에서 19세기 초에 '아미산(峨眉山)'이란 고유명사로 바뀌게 되었다.[31] 중국 쓰촨성(泗川省)에 있는, 신선이 머무는 어메이산[峨眉山]이라는 성산(聖山) 이름과 동일시된 것이다. 이제 풍수의 아미사[蛾眉砂]는 신선의 아미산(峨眉山)이 되었다. 다른 대상으로 지명 환치(換置)가 일어나자 경관이 지니는 의미

---

31. 정우진·심우경, 「경복궁 아미산의 조영과 조산설(造山說)에 관한 고찰」, 『한국전통조경학회지』 30(2), 2012, 85쪽.

의 상징성도 달라진 것이다.

조선 말기까지 소중하게 지켜졌던 아미산을 포함한 경복궁의 주맥은 일제 강점기에 훼손되었다. 일제는 1915년 9월 15일부터 10월 30일까지 경복궁에서 개최한 대규모 박람회인 '시정 5년 기념 조선물산공진회'를 준비하는 과정에서, 아미산 북쪽에 극히 일부 건물만 남기고 대부분의 건물과 담장을 훼철했다. 1914년 9월부터 땅을 고르는 토목공사를 시작했고, 이듬해 3월까지 배수로 개축, 기타 돌담, 교량을 신설하는 공사가 진행되었다. 아미산으로 이어진 산줄기가 깎여 나간 것은 이 시기로 보인다. 이로서 아미산을 잇는 용맥은 개인과 집단의 기억에서 점차 잊혀졌다. 이후 교태전 후원의 화계 동산 모습으로 그 자취가 남아있는 아미산은 중국 도교와 불교의 성지인 아미산을 모방하여 선계를 조성한 정원으로 알려졌다.[32]

2) 동궐의 풍수

창덕궁

창덕궁은 한양 궁성의 동쪽에 자리해 있어서 창경궁과 함께 동궐로 불렀다. 1405년(태종5)에 창건하고 임진왜란 때 불탔으나 광해군과 인조·순조 대에 중건했다. 조선왕실에서 창덕궁은 최초 태종 대에 이궁(離宮)의 위상으로 조성되었으나, 17세기부터 19세기 중반까지 경복궁을 대신하여 정궁으로 위상을 유지하였다. 『창덕궁지(昌德宮志)』(1834~1849)에 기록된 창덕궁의 약사(略史)를 요약하면 다음과 같다.

창덕궁은 국초에 세워 별궁으로 삼았으며, 정전(正殿)은 임좌병향(壬坐丙向: ↘)이다.
1592년(선조25)에 불탔다.
1606년(선조39)에 경복궁을 수리하려 하자, 이국필이 경복궁은 불길하니 창덕궁을 중수해야 한다고 건의하여 조정은 그의 의견을 따랐다. 『창덕궁지』

---

32. 정우진·심우경, 「경복궁 아미산의 조영과 조산설(造山說)에 관한 고찰」 『한국전통조경학회지』 30(2), 2012, 80~84쪽.

• 창덕궁 전경. 정전인 인정전을 중심으로 남향하여 자리 잡았다. 왼쪽 뒤로 침전인 대조전의 축선이 남남서 방향으로 조금 다른 것은 자연지형을 고려했기 때문이었다.

• 창덕궁의 침전, 대조전. 주맥인 응봉 산줄기 자락이 평지를 만나 머무는 지점에 자리했다.

• 창덕궁의 정전, 인정전. 뒤로 응봉에서 내려오는 산줄기 지맥(산맥)이 연이어 있다.

1609년(광해군 원년)에 중수하고 1611년(광해군3)에 중수 공사를 완성했다.

다시 1623년(인조 원년)의 반정 후에 방화로 불타서 수정당(壽靜堂) 등 일부만 남았다.

1647년(인조25)에 다시 지어 구조를 모두 바꿨다.

1832년(순조32)에 실화(失火)로 대조전으로부터 희정당에 이르기까지 모두 불탔다. 곧 바로 규모와 구조를 그대로 중건하여 일 년 만에 완공했다. 『창덕궁지』

창덕궁의 풍수에 관한 주요 사안은, 궁궐 안의 건축물로 인해 종묘에 이르는 정맥(주맥)의 지형이 훼손된다는 문제 제기로 실록에 나타났다.

일찍부터 창덕궁의 주맥에 대한 풍수적 인식은 있었다. 예컨대 1417년(태종 17)에 태종은 전각 바로 뒤에 있는 산맥(지맥)을 해친다는 이유로 정전인 인정 전이 좁아서 다시 짓자는 건의를 받아들이지 않았다.

이조판서 박신이 또 아뢨다. "인정전은 매우 좁으니 고쳐지어야 합니다." 임금이 말했다. "이 집은 이궁(離宮)이라 비록 좁더라도 좋다. 만약 대사(大事)가 있다면 마땅히 경복궁으로 나아가겠다. 또 바로 산맥을 만나니 개조하기도 어렵다." 박신이, "서쪽 가까이 당겨서 옮겨 지어도 맥을 만납니까?" 하니, 임금이 대답하지 아니하고…. 『태종실록』 17년 윤5월 12일

이후, 1441년(세종23)에 최양선은 종묘에 이르는 지맥의 훼손을 지적하면서 창덕궁 자리가 풍수학적으로 불가하다고 상소했다. 그리고 1612년(광해군4)에는 창덕궁 내의 몇몇 건물이 종묘에 이르는 주맥을 막았다는 상소도 있었다.

창덕궁 자리는 풍수법으로 불가합니다

1441년(세종23) 5월 19일, 창덕궁 자리가 풍수학적으로 불가하다고 상소가 올라왔다. 그 이유는 주맥의 팔에 있어서는 안될 사묘(祠廟: 종묘)가 있고, 창덕궁 건축물로 말미암아 종묘의 산언덕이 훼손되기 때문이라는 것이다. 실록을 보자.

"신(최양선)이 삼가 창덕궁이 앉은 자리와 수강궁(壽康宮: 창경궁터에 있었던 고려시대 궁궐)이 앉은 자리를 보니, 지리법에 있어서 모두 불가하였습니다. 왜냐하면 종묘의 산언덕[宗廟山]은, 창덕궁으로 말하면 왼팔 청룡이 되고, 수강궁으로 말하면 오른팔 백호가 되기 때문입니다." 『세종실록』 23년 5월 19일

여기서 말하는 '종묘의 산언덕'은 종묘에 이르는 주맥 줄기를 가리키는 것이다. 이 줄기는, 남향하고 있는 창덕궁의 인정전을 중심으로 보자면 왼쪽으로 손을 내민 형국의 청룡이 되고, 동향하고 있는 창경궁(수강궁) 명전전을 중심으로 보자면 오른쪽으로 손을 내민 형국의 백호가 된다.

이어서 최양선은 이 줄기에 종묘의 배치와 그로 인한 풍수지형의 훼손 문제에 대해 다음과 같이 말했다.

"『동림조담』에 이르기를, '청룡·백호 두 팔에는 사묘(祠廟)가 있어서는 안되니, 자손이 귀신에게 해를 당하고 또 고아와 과부가 난다.' 하였는데, 이것은 사소한 말이 아니어서 삼가지 않을 수 없습니다.

또 종묘 주산의 근맥(筋脈)이 파지고 끊어졌는데 궁실을 경영하는 것은 『감룡경』에 이른바 '목을 조르고 근맥을 끊는 것'이라 하겠습니다. 옛 사람[古人]이 이르기를, '주먹 만한 돌이나 한줌의 흙이라도 금·옥(金玉)보다 낫다.'고 하였으니, 신은 이를 애석하게 여깁니다." 『세종실록』 23년 5월 19일

이 두 가지 문제 제기에 대해 조정의 풍수학 제조 등이 곧바로 의논해 세종에게 아뢨다. 그 결론과 조치는 다음과 같이 내려졌다.

첫째, 풍수서에서 말하는 사묘는 신당이나 사찰로서 최양선의 주장과는 달리 종묘와 사직을 가리키는 것이 아니기에 아무 문제가 없다.

둘째, 건축물로 인한 종묘에 이르는 주맥 지형의 훼손 문제는 부분적으로 인정되므로, 정업원이 들어선 동쪽 언덕에서 종묘 주산까지 소나무를 심어 비보

• 종묘의 주맥을 이루는 언덕. 숲이 잘 조성, 관리되어 돈독한 느낌을 준다.

• 응봉에서부터 동궐을 거쳐 내려오는 맥을 받고 들어선 종묘

하기로 한다. 세종 당시 정업원은 종묘에 이르는 주맥에 해당하는 창경궁 서쪽에 있었다.[33]

실록에 나오는 조정에서의 답변을 들어보자.

"여러 지리서에서 사묘라고 칭한 것은 신불(神佛)을 가려서 말함이니, 동림조담과 지남등의 여러 책에서 말한 '신전(神前)과 신후(神後)의 온갖 것'이 바로 그것이며, 이는 종묘와 사직을 가리켜 말한 것이 아닙니다. …'

이제 창덕궁과 수강궁은 모두 종묘의 주맥에 매우 가까워서 비록 좌우에 끊어짐이 없다하오나, 정맥이 있는 곳은 파헤쳐지고 손상된 곳이 있습니다. 정업원(淨業院) 동쪽 언덕으로부터 종묘 주산에 이르기까지 산등성이 좌우로 이삼십 보를 헤아려 소나무를 재배함이옳겠나이다." 하니, 그대로 따랐다. 『세종실록』 23년 5월 19일

몇몇 건물이 종묘의 주맥을 막았다

창덕궁의 건축물로 종묘에 이르는 주맥 지형을 훼손한다는 문제는 광해군 대에도 제기되었다. 1612년(광해군4) 11월 15일에 술관 이의신이 창덕궁 내의 내탕고와 약방이 설치된 곳이 종묘의 주맥을 막았다고 상소한 것이다. 이에 대해예조판서 이정귀가 조정에서 의논해 처리하기를 아룀으로서 일단락 지었다.

"(이의신의 주장에) '창덕궁 내의 내탕고(內帑庫)와 약방이 설치된 곳은 바로 종묘 주맥의 가장 긴요한 곳을 막았고 산맥을 끊고 억누르고 있으니 심상한 해가 될 뿐이 아니다.'고하는 것에 대해서는, 이는 모두 평시에 관아를 설치할 곳이 정해져 있는 것이지 지금 와서창시한 것이 아닙니다.

정말로 방해가 된다면 의논해 처리하는 것도 무방하겠지만 다만 신들은 풍수설을 모르니 그 말의 허점과 실상을 어떻게 가릴 수 없습니다. 그리고 궐내에 지어놓은 건물을 철거하거나 그대로 두거나 하는 것은 중대한 문제이니 대신과 의논하여 처치하는 것이 어떻겠습니까?" 『광해군일기(중초본)』 4년 11월 15일

---

33. 현 종로구 숭인동 산3, 청룡사에는 정업원옛터[淨業院舊基]라는 비석이 있다.

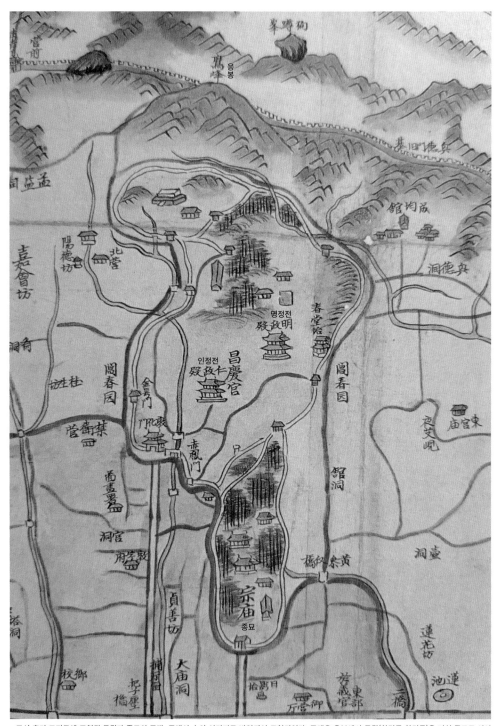

• 조선 후기 고지도에 표현된 동궐과 종묘의 주맥. 주맥이 숲의 이미지로 반영되어 표현되었다. 주맥은 응봉에서 동궐(창덕궁·창경궁)을 거쳐 종묘로 이어지는 형국이다. 창덕궁의 인정전(仁政殿) 오른쪽에는 창경궁의 명정전(明政殿)을 그렸고, 아래에는 종묘가 숲 속에 싸인 모습이다.(『여지도』, 「도성도」)

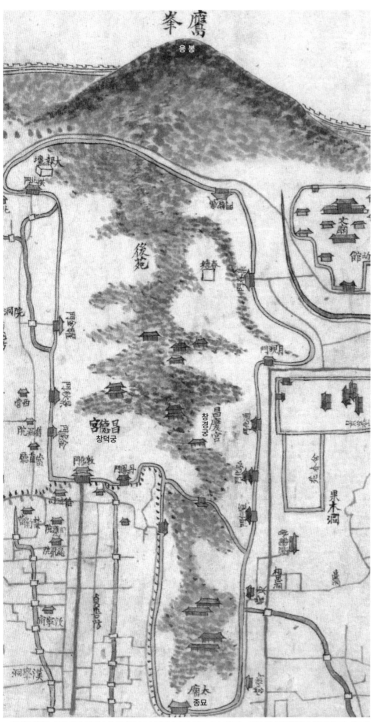

• 응봉(鷹峯)을 주산으로 창덕궁과 창경궁으로 이어지면서 종묘까지 이르는 맥을 잘 표현하였다.(『청구요람』, 「도성
  전도」 부분도)

• 창덕궁 정문(돈화문) 뒤로 봉긋하게 보이는 주산(응봉)과 높이 솟구친 보현봉

• 낙산에서 바라본 응봉과 창덕궁으로 이어지는 맥. 왼쪽으로 백악산도 보인다. 백악산은 보현봉에서 맥이 내려왔다.

• 응봉에서 동궐과 종묘로 가는 산줄기 맥. 안온하면서도 도도한 기세로 뻗어 내렸다.

• 위성사진으로 본 창덕궁과 창경궁. 왼쪽은 경복궁이다.

• 동궐과 종묘로 이어지는 맥이 일제가 도로(율곡로)를 개설하면서 끊어졌다. 서울시는 2010년부터 옛모습 복원 사업의 일환으로 도로를 터널로 지하화하고 보행로를 조성하였다.

• 1910년대 1:5만 지형도상의 경복궁·창덕궁·종묘. 당시만 해도 현재의 광화문에서 안국역을 지나 원남동사거리로 난 율곡로가 없어, 동궐과 종묘는 연결되어 있었음이 확인된다.

창경궁

창경궁은 1483년(성종14)에 창건했다. 임진왜란 때 불탔으나 1617년(광해군9)과 1833년(순조33)에 중건했다. 『창경궁지(昌慶宮志)』(1834~1849)에는 창경궁의 창건과 중건 사실을 다음과 같이 기록했다.

창경궁은 옛 수강궁(壽康宮)터다. 1483년(성종14)에 정희왕후(貞熹王后: 세조비)·소혜왕후(昭惠王后: 추존 덕종비)·안순왕후(安順王后: 예종비) 등 세 대비를 위하여 세웠다. 그 후 임진왜란에 화재를 만나 불탔고, 1616년(광해군8)에 수리했다. 명정전(明政殿)이 창경궁의 정전(法殿)이다. 세상에서 이르기를, 고려 때 창건한 것이라 한다. 『창경궁지』

윗글에 의하면 창경궁은 옛 수강궁터에 자리 잡았음을 알 수 있다. 수강궁은 태종이 왕위를 세종에게 넘기고 본인의 거처를 위해 지은 것이다. 부왕(태종)의 장수(長壽)와 건강(健康)의 염원을 담은 뜻인 수강(壽康)이라는 명칭은 세종 즉위년(1418년)에 생겼다.[34] 그런데 수강궁 이전에도 그 언저리에는 이미 고려왕조의 가궐(假闕)이 있었던 것으로 추정된다. 1234년(고종21)에 고려 고종은 풍수비보설에 따라 남경의 이궁(離宮)에 왕의 옷[御衣]을 봉안했는데, 창경궁의 명정전이 고려 때 창건한 것이라는 근거 등을 들어 가궐지를 그 일대로 보는 견해가 있다.[35] 그렇다면 고려 고종 대의 가궐(혹은 이궁)이 태종과 세종 대의 수강궁으로, 다시 성종 대의 창경궁으로 궁궐자리가 계승되어 확장되었음을 알 수 있다.

조선왕실에서 창경궁의 풍수에 관한 주요 사안은 실록에 두 가지가 등장한다. 1489년(성종20)에 창경궁의 뒤쪽의 흥덕사에 난 길의 폐쇄 여부를 둘러싸고 조정에서 논란이 벌어졌다. 그리고 1615년(광해군7)에는 한 술사가 풍수를 근거로 창경궁의 정전 배치, 물길 등에 대해 고칠 것을 상소하였다.

---

34. 『세종실록』 즉위년 11월 3일. "상왕전(上王殿)의 신궁(新宮)이 이루어졌으므로, 그 궁의 이름을 수강궁(壽康宮)이라 하였다." 수강궁과 관련한 자세한 논의는 윤정, 「세종초 上王(太宗)의 궁궐경영과 그 정치적 의미 —壽康宮·豊壤離宮을 중심으로 —」『서울학연구』41, 2010, 99~137쪽에 나온다.

35. 이병도, 『고려시대의 연구』 아세아문화사, 1980, 288~289쪽.

흥덕사 길의 폐쇄 논의

1489년(성종20) 5월, 창경궁의 뒤쪽에 난 흥덕사(興德寺) 길의 폐쇄 여부를 둘러싸고 조정에서 논란이 일었다. 실상 문제가 제기된 것은 창경궁에 거처하고 있는 대비가 유생(儒生)의 왕래로 겪은 사건으로 말미암아 불편한 심기를 보이자, 성종이 길의 폐쇄를 위한 정당성을 풍수적인 논리와 이유로 확보하고자 한 것이었다. 실록에는 다음과 같이 그 장면을 적었다.

• 창경궁의 입지경관. 정전인 명정전(明政殿)이 동향으로 배치됐다. 왼쪽으로 창덕궁의 인정전 지붕도 보인다. 동궐의 주맥 너머로 백악이 웅거했다.

• 창경궁 명정전. 광해군 대에 동향의 배치를 문제 삼아 남향으로 새로 중건해야 한다는 상소가 올라왔다.

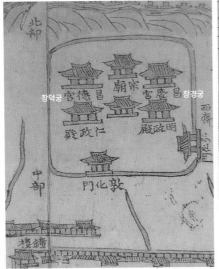

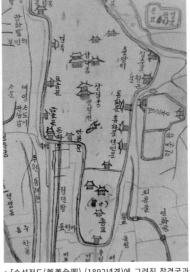

• 「도성도(위백규, 1822)」의 창경궁과 창덕궁

• 「수선전도(首善全圖)」(1892년경)에 그려진 창경궁과 창덕궁 전각의 모습

성종은 창경궁의 외청룡(外靑龍)이 되는 흥덕사 뒤에 길이 나서 산의 맥이 끊긴다고 우려하면서, 상지관을 보내 살펴보고 어떨지 아뢰도록 했다.

"흥덕사 뒤에 있는 길은 막은 지가 오래 되었는데도 지금 다시 길을 뚫어 산의 맥을 끊었다고 하니, 속히 상지관을 보내 길을 여는 것과 막는 것이 편한지 아닌지를 아뢰도록 하라."
『성종실록』 20년 5월 11일

일주일여 뒤, 성종은 한성부에 명하여 흥덕사 북쪽 고갯길을 폐쇄하도록 했다. 그 이유를 풍수를 빌미로 다음과 같이 내세웠다.

"만약 우리나라에서 풍수설을 사용하지 않으면 그만이거니와, 부득이하여 풍수설을 사용하는 것은 오늘부터 시작된 일이 아니다. 흥덕사 뒤의 고개는 곧 창경궁의 외청룡이니 폐쇄함이 마땅하다. … '성(城)'으로 막고 길을 내어 끊는 것은 풍수지리에서 꺼리는 것이다."
『성종실록』 20년 5월 19일

• 낙산의 흥덕사가 있었던 흥덕동(「여지도」「도성도」, 서울대 규장각). 지도상에서 창경궁의 내청룡(함춘원 줄기)과 외청룡(낙산 줄기) 줄기를 확인할 수 있다.

• 흥덕사터 표석. 명륜동1가 2-13에 있다.

• 동궐의 내청룡 줄기와 외청룡(낙산) 줄기. 동궐 명당의 왼쪽을 겹으로 보호한다.

그로부터 며칠이 지나, 창경궁의 지맥을 보호하기 위해 흥덕사 북쪽 길을 막은 데 대하여, 길이 예전부터 있었다는 이유로 논박하면서 폐쇄가 불가하다는 신하들의 상소가 올라왔다. 정작 대비의 편안한 거처를 위해 제기한 성종의 의도를 간파하지 못한 채 한갓 술사의 허황된 풍수 논리 때문에 길의 효용성을 버릴 수 없다는 신료들의 견해였다.

"이 길은 근년에 처음 연 길이 아니고 조종조(祖宗朝: 태조)로부터 개통한 지 이미 오래된 길인데, … 설사 이 길이 실제로 창경궁의 외청룡이어서 맥을 끊고 밟고 다니는 것이 불가능하다고 한다면, 당초 수강궁을 세우고 창경궁을 개축할 때에 꺼리는 지역을 많이 폐쇄했으나 이 길만 폐쇄하지 않은 까닭은 무엇입니까?

이 길이 외청룡(外靑龍)이 된다면 이현(梨峴)은 필시 내청룡(內靑龍)이 된다고 생각되는데도 이미 큰 길이 났는데 홀로 그 먼 지역만 폐쇄하려 하십니까? 술사가 처음에는 이곳을 막으려고 하지 않았다가 지금 임금의 뜻에 영합하여 막아야 한다고 하니, 그것은 속이는 것이라 용서할 수가 없습니다."『성종실록』 20년 5월 23일

홍문관 부제학 허계 등도 같은 논지로 흥덕사 길을 막지 말 것을 상소했다.

"신 등이 풍수설을 들으니 허황한 것 같아 알 수가 없습니다. 가령 그 설과 같이 흥덕사 뒷길이 창경궁의 외청룡이어서 막아야 한다면, 창경궁의 앞에서 또 큰길이 있어 사람과 말이 왕래하는데도 오히려 금하지 않고 유독 작은 길만 금하는 것이 옳겠습니까?

또 창경궁은 곧 수강궁의 옛터로서, 이 길은 조종조(祖宗朝)로부터 있던 것인데 막아야 한다는 말이 없었습니다. 만약 진실로 해가 있다면 술사가 먼저 폐쇄하기를 청하였을 것이니, 어찌 성상께서 명을 내린 후에야 이러한 말이 나오게 되는 것입니까? 그 말이 구차하게 영합하는 말이라는 것을 알 수 있습니다."『성종실록』 20년 5월 23일

신하들의 상소에도 불구하고 임원준과 어세겸이 성종의 명을 받고 흥덕사 뒷길을 보고 와서 풍수적으로 폐쇄가 타당하다고 아뢰니, 성종은 그렇게 시행하도록 했다. 풍수사들은 그 도로는 풍수적으로 불가하며, 반드시 있어야 할 길은 아니라는 의견을 아래와 같이 보고했다.

"이곳은 실로 창경궁의 외청룡으로, 인(寅: ↗) 방향에 있어 청룡·백호가 교차하는 곳으로 풍수지리가들이 꺼리는 곳입니다. 또 이 길은 꼭 있어야 할 통행로도 아니고 단지 주민들이 이웃에 가는 데 가까울 뿐입니다. 비록 이 길이 없다고 해도 따로 큰 길이 있으므로, 지금 길을 막으면 반수(泮水)에 외부 사람이 왕래하는 시끄러움도 없을 것이고, 대성전(大成殿) 또한 압박되지 않을 것입니다." 하니, "전지(傳旨)에 따라 시행하라." 했다.『성종실록』 20년 5월 24일

이튿날 다시 홍문관 부제학 허계 등이 와서 길 폐쇄가 불가하다는 상소에 대한 회답이 없다고 따져 묻자, 성종은 창경궁에 있는 두 대비가 유생의 왕래로 겪은 사정을 넌지시 전하면서 다음과 같이 말했다.

"절(흥덕사) 뒤의 길은 내가 알고서도 막지 않은 것이 아니다. 근일 유생(儒生)이 왕래한 사건으로 인하여 대비께서 말씀하시기를, '절 뒤의 길은 막은 지 오래 되었는데 언제 다시 개통했는지 모르겠다.'고 하시기에, 내가 어머니의 말씀을 듣고 사람을 보내 살펴보게 했더니, 과연 궁궐을 범하고 있었다.

내 생각에는 이현은 비록 내청룡이라고 하나 형편상 막을 수 없겠다고 했다. 내가 만약 학궁(學宮: 성균관)에 가게 된다면 어떤 길로 갈 것인가. 아니면 빙빙 돌아서 갈 것인가. 이 길은 막을 수 없는 것이다. 풍수설을 채용하지 않는다면 그만이거니와 지금 이미 채용하고 있으며 두 대비께서 창경궁에 거처하고 계시니, 신자(臣子)로서 차마 말 못할 사정도 있는 것이다." 『성종실록』 20년 5월 25일

창경궁의 중건 상소에 대한 조정의 대응

1615년(광해군7) 7월에 지관 김일룡이 풍수설을 근거로 창경궁의 정전 배치, 물길 등을 고칠 것을 상소하였고, 8월에도 이의신이 창경궁의 배치를 남향으로 주장하자, 선수도감(繕修都監: 궁성을 수리하기 위해 설치한 임시 관아)에서 반박했다. 실록을 보자.

"지금 창경궁을 새로운 제도로 고쳐서, 동향으로 세워졌던 정전(正殿)의 옛 터대로 하지 않고 남향으로 창건하려고 하고 있습니다. 그러면서 심지어는 궁궐 안으로 도랑을 통하게 할 양으로 흙을 파내고서 구불구불 물길을 터서 현(玄)자 모양으로 만들려고 하고 있습니다.

이것은 마치 일반 민가에서 지세가 낮은 곳에다가 물을 끌어대고 돌계단을 쌓아 정원의 완상거리로 삼는 것과 비슷하여, 왕궁의 아름다운 제도가 아닌 듯합니다.

더구나 함춘원(含春苑)의 남쪽 기슭의 지맥을 가로질러 끊으려고 하는데… 함춘원 한 줄기는 바로 경복궁·창덕궁·창경궁 및 종묘의 동편에 있는 데, 바로 이것은 내청룡입니다. 이는 비보하기에도 겨를이 없어야 하는데 어찌 깎아내서야 되겠습니까. 이곳은 도읍을 정하던 초기에도 일찍이 이론이 없었습니다. 그런데 2백 년이 지난 지금에 와서 갑자기 지맥을 깎아내면서 상서로움을 불러들이고 길함을 맞이하기 위해서라고 하니, 전혀 이해하지 못하겠습니다. …

산을 깎아내리는 공사는 더욱더 잘못된 것으로, 신들은 복을 오게 하는 데에는 보탬이 없

● 「수선전도」에 표기된 함춘원(현 서울대학교병원 일대). 궁성의 내청룡 자락이라서 보전되어야 한다는 논리를 폈다.

● 함춘원의 정문. 사도세자의 경모궁(景慕宮)터가 바로 뒤쪽에 있다.

고 도리어 뒷날 해되는 바가 있어서, 아마도 머지않아 끊은 것을 다시 소통시키고 파낸 것을 다시 메우며, 쌓은 것을 다시 헐어내자는 의논이 나오지 않을까 염려됩니다.

김일룡의 상소 내용은 이치에 가깝지 않으니 그대로 예전의 방향대로 하는 것이 어떻겠습니까?" 하니, 알았다고 전교했다. 『광해군일기(중초본)』 7년 7월 11일

다음 달에도 이의신이 창경궁의 배치를 남향으로 주장하는 것에 대해 선수도감에서 반박하는 글로 아뢌다.

"지금 여러 술관(術官)들은 모두 옛 터의 동향이 좋다고 하는데, 오로지 이의신만이 새 터의 남향이 좋다고 합니다. … 조종조(祖宗朝)에서 새 터를 닦으면서 향하고 등짐(向背)을 정할 때에는 반드시 뒷사람들로서는 따라갈 수 없는 제대로 볼 줄 아는 술관이 있었을 것입니다. 따라서 동향으로 정한 것은 참으로 우연한 것이 아닐 것입니다.

그러니 묘리를 제대로 터득하지 못하고서 조종조의 옛 제도를 가벼이 고치는 것에 대해서는 신들이 참으로 감히 의논하지 못하겠습니다." 『광해군일기(중초본)』 7년 8월 8일

위 내용을 검토해보면, 지관 김일룡과 이의신은 중국 풍수서에 근거한 이론에 얽매여 인위적으로 물길을 낸다던지, 지맥을 끊는다던지, 정전의 배치를 바꾼다던지 하는 무리한 주장을 펼치고 있다. 이에 비해 선수도감에서는 창건 당시의 옛 제도와 실행 방식을 존중할 뿐만 아니라, 창경궁의 현지 지형경관 조건까지 감안하는 차원에서 합리적으로 반박하고 있다.

3) 서궐의 풍수

서궐은 경희궁, 인경궁, 덕수궁을 일컫는다. 그중 덕수궁(경운궁)은 원래 태조가 정한 정릉(貞陵) 영역의 일부였고, 선조 때의 행궁(行宮)이었다. 덕수궁은 풍수와 관련한 기록이 거의 없어, 여기서는 광해군 대에 경덕궁(경희궁)과 인경궁의 창건과 관련하여 벌어졌던 역사적 사실 위주로 살펴보기로 하자.

경덕궁과 인경궁은 전란 후 복구 사업이 활발히 일어나던 광해군 대에 정치적인 배경과 풍수적인 동기로 지었다. 두 궁궐의 창건은 당시 조정을 뒤흔들었던 교하천도론에 연이어서 벌어진 일이었다.

경희궁

경희궁은 1617년(광해군9)에 창건하고 1831년(순조31)에 중건했다. 창건 당시의 이름은 경덕궁이었고, 인경궁, 경운궁(덕수궁)과 함께 한양 궁성의 서쪽에 자리해 서궐이라고도 불렀다. 『경희궁지(慶熙宮志)』(1834~1849)에는 경희궁의 옛 이름, 창건 동기 그리고 중건 사실 등을 기록했다.

1616년(광해군8)에 새문동(塞門洞)의 궁궐에 왕기(王氣)가 있다는 이야기를 매우 싫어하여 그 궁궐을 철거하고, 경덕궁(慶德宮)이라는 새 궁궐을 지어 그 터를 눌렀다.

1693년(숙종19)에 중수했다.

1760년(영조36)에 장릉(章陵)의 시호와 음이 같다고 하여 경희궁으로 고쳤다.

1829년(순조29) 10월에 불이 나서 회상전 등이 소실되어, 1831년(순조31)에 중건했다.

『경희궁지』

• 경희궁(표시)의 입지지형 위성사진. 인왕산에서 이어지는 산줄기의 맥을 받고 있다.

• 1910년대 1:5만 지형도상의 경희궁지와 덕수궁

• 숭정문(崇政門). 정전인 숭정전으로 진입하는 정문이다. 뒤로 주산인 인왕산이 우뚝하다.

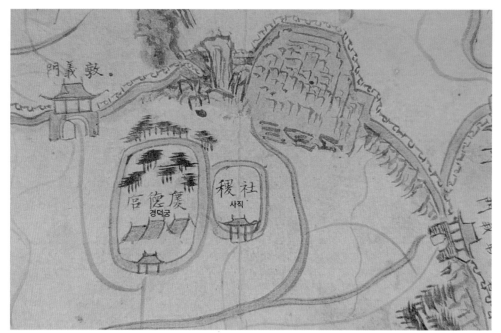

• 경덕궁이 사직 왼쪽에 자리 잡았다. 뒤로는 인왕산을 그렸다.(『해동제국지도』「왕성」)

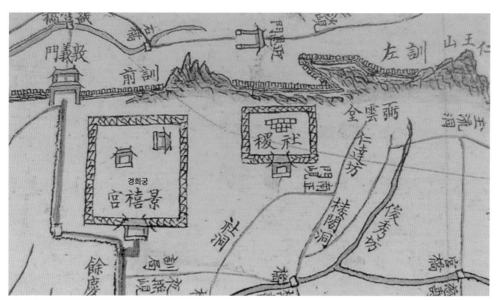

• 「조선성시도(朝鮮城市圖)」에 표현된 경희궁의 모습

왕기가 서린 터에 궁을 짓다

광해군은 아버지 선조의 영향을 받아 풍수에 대한 관심이 컸다. 그래서 풍수는 경덕궁을 짓는 데에 직접적인 동기로 작용했고, 궁궐의 배치나 구성에도 기본적인 공간설계 원리로 쓰였다.

경덕궁의 창건 이유와 관련하여 본인의 취약한 정통성 때문에 왕권을 과시하기 위해서 궁궐을 지었다는 해석이 있다. 궁궐이 한양의 서쪽에 치우쳐 있는 문제점을 보완하는 한편 피난을 고려하여 궁궐을 창건했다는 견해도 있다.[36] 정치적 이유와 의도로 경덕궁을 조성하는 배경 논의를 자세히 살펴보자.

광해군이 선조의 후궁(공빈 김씨)의 둘째 아들이었음에도 불구하고 세자로 책봉된 점은 왕실의 적통에서 약점으로 작용하였다. 더구나 광해군은 즉위 후에 형인 임해군(臨海君)을 교동에 유배시켰고, 광해군 5년에는 적통인 인목왕후 김씨의 아들 영창대군(永昌大君)을 강화에 위리안치(울타리 안으로 주거를 제한함)했다가 이듬해 죽였다. 그 정치적 여파로 광해군 7년에는 능창군(綾昌君)의 추대사건이 일기도 하는 등, 왕위의 명분이 약해지면서 왕자들의 존재가 위협이 되었다.

이런 정황에서 능창군의 아버지인 정원군(定遠君)의 집에 왕기가 서려 있다는 항간의 소문은 광해군을 자극하고 동요시키기에 충분했을 것이다.[37] 이 기회를 틈타 풍수사 김일룡도 재빨리 영합하였다. 왕기가 서린 땅에 궁궐을 선점해 지을 것을 부추긴 것이다. 경덕궁터(새문동)에 대해 광해군 7년 11월 17일의 실록에는 '왕성한 기운[旺氣]이 있다.'고 표현되었지만, 2년 후인 9년 6월 11일 실록에는 '왕의 기운[王氣]이 있다.'고 표현되어 의미가 크게 달라졌다.

어떤 사람이 왕에게 참소하기를 "정원군(定遠君) 및 이전(李佺)에게 특이한 상(相)이 있고 그들이 사는 곳인 새문리의 집 부근에 왕성한 기운[旺氣]이 있습니다." 하니, 왕이 이전을 시기하여 죽이고 그 집을 빼앗아 허물어 경덕궁을 지었다. 『광해군일기(중초본)』 7년 11월 17일

---

36.   노대환, 「광해군 대의 궁궐 경영과 풍수지리」.

37.   장지연, 「光海君代 宮闕營建: 仁慶宮과 慶德宮(慶德宮)의 창건을 중심으로」, 『한국학보』 23(1), 1997,
      112~150쪽에 상세한 설명이 있다.

성지(性智)가 이미 인왕산 아래에다 신궐(인경궁)을 짓게 하고, 술인(術人) 김일룡이 또 이궁(離宮)을 새문동에 건립하기를 청하였는데, 바로 정원군의 옛집이다. 왕이 그곳에 왕기(王氣)가 있음을 듣고 드디어 그 집을 빼앗아 관가로 들였는데, 김일룡이 왕의 뜻에 영합하여 이 의논이 있게 된 것이다. 『광해군일기(중초본)』 9년 6월 11일

위 '새문동 왕기설'은 정원군 집안을 견제하기 위해 북인(北人)들이 지어낸 것이라고도 보았다. 광해군 자신이 왕권 강화책의 일환으로 궁궐을 조성했다는 기존의 설명에 더하여, 이 내용은 권신(權臣) 집단의 정치적 암투로 궁궐 조성의 의도를 해석하는 것이다. 정원군의 아들 능창군(1599~1615)이 재능과 지혜가 뛰어나고 무예에도 능하여, 북인 정권에서 정원군의 집에 왕기가 있다거나 인빈 김씨의 무덤 자리가 매우 좋다는 등의 유언비어를 만들어냈다는 것이다.[38]

그런데 광해군이 경덕궁을 조성하려한 이유는 정작 다른 데에 있었다. 표면적으로는 그가 창덕궁에 거처하기를 꺼렸다는 사실이다. 광해군은 즉위 후(1609년) 바로 창덕궁의 중수를 시작해서 2년 후에 공사를 완성한 상태였다. 창덕궁 중건의 직접적 동기는, 이미 3년 전인 선조 재위 당시에 전 현령 이국필이 '경복궁은 길하지 못하니 창덕궁을 중수해야 한다.'고 주장한 상소를 조정에서 받아들인 것이었다. 그러나 광해군은 창덕궁에 머물지 않으려 했다. 단종과 연산군이 창덕궁에서 폐치(廢置)된 일을 알고 있어 꺼렸기 때문이었다. 때마침 인왕산 아래에 왕기가 있다는 말이 항간에 떠돌았다. 이를 놓칠세라 풍수 지관(이의신)의 부추김도 있었다. 광해군은 이참에 그곳에 새로 궁궐을 짓고 왕의 권위를 세우려고 했다. 1613년(광해군5) 1월 초하루와 1615년(광해군7) 11월 17일 간에 있었던 일이었다. 경덕궁의 창건 동기를 실록의 사관(史官)은 다음과 같이 구체적으로 기록했다.

왕이 일찍이 지관 이의신에게 몰래 물었다. "창덕궁은 큰일을 두 번 겪었으니 내 거처하고 싶지 않다." 하였다. 이는 노산군(魯山: 단종)과 연산(燕山)이 폐치(廢置)되었던 일을 가리키는 것이다.

---

38. 노대환, 「광해군대의 궁궐 경영과 풍수지리설」, 『조선시대사학보』 63, 2012, 243쪽에서 재인용

• 복원된 경희궁의 전각 경관. 1988년부터 일제강점기 때 흩어진 전각을 제자리로 이건하여 복원했다.

이의신이 답했다. "이는 고금의 제왕가(帝王家)에서 피할 수 없었던 변고입니다. 궁전의 길흉에 달린 것이 아니라 오로지 도성의 기운이 빠졌기 때문입니다. 빨리 옮기시는 것이 좋습니다." 했다.

왕이 이로 말미암아 창덕궁에 거처하지 않았다. 군신들이 거처를 옮기기를 여러 차례 청하였으나 왕이 따르지 않았다. 그 후 행궁에 변괴가 나타나자 비로소 창덕궁에 거처하면서 더욱 꽃과 돌 같은 물건으로 꾸몄지만, 오래 있을 뜻이 없었다.

이에 창경궁을 짓도록 재촉하고는 궁이 완성되자 또 거처하지 않고, 드디어 두 채의 새 궁을 짓도록 했다. 완성시킨 후에 거처하려고 하였기 때문에 경덕궁을 먼저 완성하였는데, 인경궁이 채 완성되지 않아 왕이 폐위되었으니, 모두가 이의신이 유도한 것이다. 『광해군일기(중초본)』 5년 1월 1일

이윽고 궁궐 공사를 착수했다. 경덕궁과 인경궁 공사를 한꺼번에 시작하여 수백 명의 실무자를 동원하였고, 일거에 무려 수천 채나 되는 민가를 헐었다. 실록에는 다음과 같이 적었다.

한꺼번에 공사를 시작하여서 제조와 낭청이 수백 명이었으며, 헐어버린 민가가 수천 채였다. 여러 신하들이 먼저 한 궁궐을 지어 옮긴 뒤에 차례차례 공사를 일으키기를 청하였으나, 왕이 듣지 않았다. 『광해군일기(중초본)』 9년 6월 11일

창건 후 이듬해에는 경덕궁의 좌청룡 자락이 허하여 누각과 연못을 조성해 비보하기도 했다.

"경덕궁의 동쪽이 허술한 듯하니, 신순일과 진산군의 집 근처에 누각 하나를 축조하고 큰 연못을 깊게 판 다음 가운데에다 한 개의 섬을 쌓아서 동쪽을 진압시켜라. 아무 공망일(空亡日)에 모여 지형을 살펴보고 여러 술관(術官)에게 상세히 물어서 아뢸 것을 도감에 말하라." 『광해군일기(중초본)』 10년 11월 23일

인용문에서 보았듯이 경덕궁의 창건을 유도했던 풍수사는 이의신이었고 조성 과정에서 풍수를 자문했던 풍수사는 김일룡(?~1623)이었다. 김일룡은 인조반정 직후에 이 일로 말미암아 죽임을 당하여 효수(梟首)되고 말았다.

김일룡(金馹龍)을 주살(誅殺)하였다. 김일룡은 풍수라는 요사스러운 술법으로 폐주(광해군)를 미혹시켜 궁궐을 창건하게까지 함으로써 백성들의 삶에 혹독한 고통을 안겨 주었으므로 그 죄가 성지(性智)와 다를 것이 없어 분개하지 않는 사람이 없었다. 이때에 이르러 비로소 효시(梟示)할 것을 명하였다. 『인조실록』 1년 5월 4일

조선왕실의 풍수 인물

이의신(李懿信, ? ~ ?)
선조와 광해군 대에 활약한 풍수사이다. 선조 대에 의인왕후의 장지에 대해 풍수론으로 관여했다. 광해군 대에는 교하천도론을 주장했고, 경덕궁(경희궁)과 인경궁의 창건을 유도했고, 창덕궁 내 건축물 입지의 풍수문제를 거론하기도 했다. 실록에 기록된 이의신의 주요 풍수 활동 경력은 아래와 같다.

- 1600년(선조33) 7월 21일과 22일에, 의인왕후 장지(葬地)의 풍수와 관련하여 풍수서의 논의를 들어 글을 올리고 답했다.
- 1612년(광해군4) 11월 15일에, 창덕궁 내의 내탕고와 약방이 설치된 곳이 종묘의 주맥을 막았다고 상소했다.
- 1612년(광해군4) 9월 14일과 11월 15일에, 국도(國都)는 기운이 쇠했고 교하가 길지라고 상소했다.

광해군의 교하천도론

1612년(광해군4)과 이듬해에 걸쳐, 왕도를 교하(交河: 경기도 파주시 교하면)로 옮겨야 한다는 이의신의 주장으로 야기된 광해군과 조정의 쟁론이다. 국도를 옮기느냐 마느냐 하는 사안의 중대성으로 말미암아 조정에 큰 파장을 불러일으켰다.

교하천도론의 배경은 광해군의 취약한 정통성에 기인한 정치적인 불안 심리와 지나친 풍수지리설의 신봉에 있었고, 일부 집권세력의 정치적 불안을 해소하기 위한 방편이기도 했다.[39]

교하천도론의 촉발은 "국도(國都)는 기운이 쇠했고 교하가 길지"라는 풍수사 이의신의 상소에서 비롯했다. '임진년의 병란, 역변(逆變)의 계속되는 발생, 조정 관리들의 분당(分黨), 사방산들의 황폐(황무지)'는 국도의 왕성한 기운이 이미 쇠하였기 때문에 생긴 것이라는 주장이었다. 그래서 도성을 교하현(交河縣)에 세워 순행(巡幸)을 대비해야 한다고 했다.

이 말에 광해군은 마음이 크게 움직였다. "교하는 강화를 앞에 마주하고 있고 형세가 매우 기이하다."고 생각됐다. 그는 비밀스럽게 비변사에 전교하기를, "독성산성(禿城山城)의 예에 따라 성을 쌓고 궁을 지어 때때로 순행하고 싶다. 대신과 해조 당상은 헌관(獻官)·언관(言官)·지관(地官)과 같이 날을 택해 가서 살피고 형세를 그려 오라."고 했다.

그러나 조정 중신들은 이의신의 교하천도 주장에 극력 반대하는 의견을 폈다. 이의신이 제기한 네 가지 문제는 국도와 아무런 관계가 없을뿐더러, 무엇보다 도성을 옮기는 일은 막중 막대한 일이라는 것이었다. 왕이 있는 곳에 기(氣)가 따르는 것이지 풍수에 원인이 있지 않으며, 교하는 도읍터가 될 만한 조건을 갖추지도 못했다고 강력히 논했다. 교하는 일개 작은 고을인데다 포구에 치우쳐 있어 성을 쌓고 부서를 만들기에 결코 적소가 아니라는 논박이었다. 뒤로는 높은 산이 없어 방어에 불리하고, 옆으로는 큰 하천이 없어 물이 부족하다는 아래의 논변은 교하천도의 현실적인 부적합성을 분명하게 지적하는 것이었다. 실록에는 이렇게 적었다.

"교하라는 고을은 항구 입구에 끼어 있되 뒤로는 옹호하는 고산준령이 없고, 옆으로는 끼고 두르는 큰 내와 강이 없으니, 다만 하류의 일개 습지일 뿐입니다. 더구나 단지 한두 개의 우물이 있을 뿐이어서 읍내의 백성들이 항상 물이 부족해 걱정이고, 돌 한 조각 나무 한 개도 모두 수십 리 밖에서 갖다 씁니다. 그러니 방어할 땅이 될 수 없음이 명백합니다."『광해군일기(중초본)』 5년 1월 6일

신하들의 극렬한 반대에 부딪힌 광해군은 결국 교하천도의 의향을 접고, 인왕산 아래에 인경궁을 건설하는 것으로 방향을 돌렸다. 실록을 보자.

이이첨이 비밀히 아뢨다. "교하에 대한 의논을 정지하고 이곳에다 궁궐을 지으면 백성들이 반드시 앞 다투어 달려올 것입니다." 이 당시에 여러 신하들이 교하의 일에 대해 간쟁하였는데 인왕산 아래의 공사에 대해서는 다시 간쟁하지 못하였다.『광해군일기(중초본)』 8년 3월 24일

---

39. 이장희, 「광해군과 교하천도론」, 『향토서울』, 65, 2005, 187~215쪽.

인경궁

인경궁은 인왕산 아래 사직단 북쪽에 있었다. "실록에도 신궐의 남쪽 담장이 사직의 담장과 연이어져 있다."고 했다. 인경궁은 경덕궁과 동시에 착수하여 1617년(광해군9)에 창건됐고, 1625년(인조3)에 철거됐다.

인왕산 아래에 궁을 짓다

인왕산 아래에는 경덕궁과 함께 인경궁이 있었다. 광해군은 경덕궁의 축조와 함께 1616년(광해군8) 3월부터 이듬해 7월에 걸쳐 풍수사들에게 인경궁터를 잡게 하고 공사 계획을 논의했다. 실록에는 그 장면이 생생하게 나온다.

인왕산의 터는 두 구역이 있다. 하나는 사직 담장의 동쪽에 있다. 또 하나는 인왕동(仁王洞)에 있는 바, 바로 소세양의 청심당(淸心堂)터다. 성의 담장은 양쪽이 함께 하였으나 건물[殿宇]는 서로 달라서 실로 두 개의 대궐이었다. 그런데 새문동에 또 하나의 대궐을 지어서 셋째 대궐이라고 불렀다. 『광해군일기(중초본)』 9년 6월 11일

광해군은 교하천도의 시도가 신료들의 반대로 좌절되자, 그 대신에 성지(性智)와 시문용(施文龍) 등을 시켜 인경궁터를 잡게 했다. 성지는 무안현 총지사 소속

• 겸재 정선이 묘사한 인경궁. 정자(삼승정)의 시점에서 오른쪽 위로 네모난 사직단이 보이고, 그 오른쪽에 인경궁을 그렸다.

승려로 처음에 풍수설을 가지고 사대부의 집을 출입하면서 풍수를 보아주다가 광해군의 눈에 띄었던 인물이다. 시문용은 중국에서 도망쳐 온 병사 출신으로, 정인홍이 천거하여 궁궐터를 잡는 데 대비하게 한 인물이었다.[40] 1616년(광해군 8) 3월 24일의 실록을 시작으로 날짜순으로 인경궁 조성 논의를 살펴보자.

왕은 성지와 시문용 등에게 인왕산 아래에다 새 궁궐터를 잡게 했다. 왕이 이의신의 말을 받아들여서 장차 교하에 새 도읍을 세우려고 하였는데, 중론이 한꺼번에 일어나서 그렇게 하지 못했다. 이에 성지와 시문용 등이 왕에게 토목공사를 크게 일으키려는 뜻이 있음을 알고 몰래 인왕산 아래가 궁궐을 지을 만하다고 아뢰자, 왕이 크게 기뻐해서 즉시 터를 잡으라고 명했다. 『광해군일기(중초본)』 8년 3월 24일

그해 10월 20일에는 여러 술관들이 함께 가서 인왕산 아래에 인경궁터를 살폈다. 이듬해에 광해군은 정해진 터에 이궁(離宮) 수준으로 크지 않게 인경궁을 지을 것을 하명하게 된다. 우선 정전을 먼저 짓고 난 다음에 형세를 보아 나머지를 지으라고도 일렀다. 조정에서 본격적인 건축 계획에 대한 논의가 시작된 것이었다.

"인왕산 아래에다 잘 헤아려 지나치게 높고 크게 하지 말고 명랑하고 깔끔하게 짓는다면 편리할 듯하다. 속히 긴 담장을 쌓고 남아 있는 재목을 가지고 조하(朝賀)를 받을 정전(正殿)을 짓기만 한 다음, 다시 형세를 살펴서 다 짓는 것이 더욱 좋을 듯하다. 선수도감으로 하여금 상세히 살펴서 하게 하라." 하셨습니다(이것이 인경궁의 역사를 일으키는 시초였는데, 당초에는 단지 이궁만 짓도록 명한 것이었다). 『광해군일기(중초본)』 9년 1월 18일

이어 봄이 지나자 광해군은 인경궁 건축에 자문을 구하기 위해, 지방에 머무르고 있는 명나라인 시문용을 서울로 불러들이게 했다. 이 명을 접한 사관(史官)은, 괴이한 무리들에게 미혹되는 광해군의 처사를 통탄하면서 다음과 같이 글을 덧붙였다.

---

40.   노대환, 「광해군 대의 궁궐 경영과 풍수지리설」 『조선시대사학보』 63, 2012, 241쪽.

사신은 논한다. 토목공사를 크게 일으키자 괴이하고 교활한 무리들이 나왔다. 성지(性智)와 김일룡이 삿된 말을 떠들어대고 박자우와 시문용이 계속해서 일어났다. 이에 일러 부르기까지 하였으니, 통탄스러움을 금할 수 없다. 『광해군일기(중초본)』 9년 4월 8일

사관의 통탄에도 아랑곳없이 그 달 말경에 광해군은 5월 초에 날을 정하여 관료들과 풍수사를 만나 보다 세부적인 건축 계획을 논의하도록 했고, 여러 전각을 조성할 그림까지 그려 올리도록 했다. 다음 달 5월 11일에 인왕산 아래에 짓는 궁궐 이름을 신궐(新闕)로 이름 하도록 명했다. 그리고 비로소 정전의 터를 여는 행사인 개기식(開基式)을 준비하는 모임을 하였다.

이어서 선수도감이 인경궁 정전의 터를 정하기 위한 의논을 청하자, 전각 조성의 현실적인 방안을 조처하고 시행하게 했다.[41] 그리고 선수도감이 택일된 인경궁 침전과 별당의 터 닦을 날을 아뢰자, 광해군은 각 건물의 높이, 넓이, 배치, 그리고 지형 조건 등을 살피고 상세하게 의논하라는 지침을 내렸다.

"새 궁궐의 두 침전(寢殿)터를 닦을 날짜를 관상감으로 하여금 가리게 하였더니, 두 침전터를 닦는 것은 이달 26일 묘시(卯時), 별당터를 닦는 것은 이달 28일 묘시가 길하다고 하였습니다. 감히 아룁니다."

전교하기를, "알았다. 이번의 이 새 궁궐은 옛터에다 그대로 중건하는 것과는 같지 않으니, 정전의 높이와 전 안의 넓이 및 침전의 제도에 대해서 일일이 상세히 의논한 다음, 그림으로 그려 올려서 결정지으라. 그리고 두 침전은 경춘전(景春殿)과 명광전(明光殿)의 규례에 의거해서 배치(向背)를 정해 짓는 것이 옳다. 그러니 다시금 시문용과 성지 등에게 물어서 상세히 살펴 조성하라. 그리고 외침전(外寢殿)의 후원에는 환경전(歡慶殿)의 예에 의거해서 당(堂) 한 채를 짓거나 각(閣) 한 채를 짓되, 지세가 좁으니 아무쪼록 잘 살펴 정하여서 지으라." 『광해군일기(중초본)』 9년 5월 20일

마침내 광해군은 도감에게 두 궁궐(인경궁·경덕궁)을 지을 풍수 책임자를 지정하여 축조를 지시했다.

---

41. 『광해군일기(중초본)』 9년 4월 26일, 5월 11일·15일

광해군은 하명했다. "인왕산 아래의 새 궁궐은 시문용과 성지의 말에 따라 짓고, 서별궁(경덕궁)은 김일룡이 말한 바에 따라 지으라고 도감에 말하라."『광해군일기(중초본)』 9년 7월 13일

광해군 대의 무리한 새 궁궐 공사로 입은 백성들의 고초와 실상은 차마 눈을 뜨고는 볼 수 없었던 것 같다. 그 참담한 실태와 백성들의 원망은 동부승지 한효중이 왕에게 아뢰는 말에서도 여실하다.

성지(性智)의 요망스러운 말에 따라 영건(營建) 공사를 일으키자 백성들의 재산이 고갈되어 고난이 극심한 지경에 이르렀고, 굶주려 죽은 시체가 길에 가득하며 재이(災異)가 잇달아 일어나고 있으므로, 사람들 모두가 이 중에게 죄를 돌려 그의 뼈를 부수고 그의 살점을 먹으려고 합니다.『광해군일기(중초본)』 14년 10월 5일

인경궁의 터잡기와 조성 과정에서 풍수 책임과 자문을 맡았던 성지와 시문용도, 경덕궁의 풍수사 김일룡과 마찬가지로 인조반정 직후인 1623년(인조1)에 참형(斬刑)을 받고 죽고야 말았다.

조선왕실의 풍수 인물

성지(性智, ? ~ 1623)

광해군 대에 풍수사로 활약한 승려이다. 궁궐, 산릉 등 여러 왕실풍수 일에 참여했고, 인경궁의 터잡기와 조성에 풍수책임을 맡았다. 그 공로로 첨지중추부사(僉知中樞府事)를 제수 받았다. 실록에 기록된 성지의 주요 풍수 활동 경력은 아래와 같다.

- 1615년(광해7) 윤8월 2일에, 경복궁 근정전 옛 터의 풍수를 살피고, 창경궁의 문정전과 명전전터를 바꾸는 것에 대해 여러 풍수사들과 함께 논의했다.
- 1618년(광해8) 2월 21일에 왕명으로 세 능의 풍수 형세를 살펴보러 갔다.
- 1618년(광해8) 3월부터 7월에 걸쳐 인경궁의 터를 정하고 건물을 조성하는 일에 풍수 책임자로 활약했다.
- 1620년(광해10) 윤4월 16일에, 창덕궁 인경궁의 금천교를 이건하는 사안에 대해 풍수 자문을 했다.

3부
생명의 터전, 태실

"남자의 태가 좋은 땅을 만나면 총명하여 학문을 좋아하고 벼슬이 높으며 병이 없을 것이요. 여자의 태가 좋은 땅을 만나면 얼굴이 예쁘고 단정하여 남에게 우러름을 받게 된다. 좋은 땅이란 대개 단정하고 우뚝 솟아 위로 하늘에 닿은 듯해야 길지가 된다."

『세종실록』 18년 8월 8일

"사람이 날 때는 태로 인하여 장성하게 되는데, 그 현명하고 어리석음과 성하고 쇠함 모두 태에 달려있으니, 태란 것은 신중히 하지 않을 수가 없습니다."

『문종실록』 즉위년 9월 8일

태실풍수는 조선 초기에 왕실에서 중요하게 취급되었다. 중후기로 가면서 태실의 조성과 관리 과정에서 발생하는 왕실의 부담과 백성들의 폐해가 누적되고 태실풍수의 가치와 위상이 약화되었다. 이러한 분위기는 태실지를 왕도와 가까운 경기 권역에 선택하는 방편으로도 나타났고, 하나의 태봉에 여러 태실을 한꺼번에 조성하는 형식으로도 실행됐다.

조선왕실의 태실문화사를 개관하면 태실의 비중이 컸던 태조에서 예종까지, 태실의 비중이 약화되는 성종에서 순종까지로 시기구분할 수 있다.

1. 조선왕실의 태실 조성과 관리

1) 태실과 풍수

전통시대에 태는 새 생명의 뿌리로 여겨 소중히 다루었다. 지역에 따라 민간에서는 태를 산에 묻거나 불에 태우거나 말려 보관하거나 강물에 띄워 보냈다. 고려와 조선의 왕실에서는 풍수 길지에 태실을 조성하여 태를 특별하게 관리했다. 태실은 풍수와 직접적으로 관련된 조선왕실의 출산문화이기도 하다.

전통적인 태실문화는 땅에 뿌리를 둔 생명 존중 사상의 발로였다. 왕실의 태실문화는 지덕(地德)과 풍수에 기댄 왕조 번영의 희구(希求)였다. 따라서 고려에 이어 조선왕실에서는 태봉을 선택하고 태실을 조성하는 데 신중했으며 제도적으로 태실을 관리하였다. 왕실의 태실 조성 이유와 동기, 태실지의 입지와 경관은 풍수와 깊은 관련성을 가진다.

조선왕실이 궁성과 왕릉뿐만 아니라 태실까지도 풍수 원리로 입지를 선정·관리했다는 점은 여타 동아시아 왕실의 풍수문화와 비교해 볼 때 주목할 만한 현상이다. 중국과 일본의 왕실만 하더라도 태실풍수는 찾아보기 힘들기 때문이다.

태실(胎室)은 태를 태항아리에 담아 묻은 시설로, 조성한 시기에 따라 아기태실(阿只胎室)과 가봉태실(加封胎室)로 나뉜다. 아기태실은 탄생 후에 처음 조성한 태실이고, 가봉태실은 왕이나 왕세자가 되고 난 후에 새로 단장한 태실이다. 태실을 조성한 봉우리는 태봉(胎峯)이라고 일렀다. 그리고 태봉(胎封)은 태를 봉안했다는 뜻이다.

태봉에 태실이 들어서는 형식(하나 혹은 다수)에 따라 '단독 태실'과 '모둠 태실'로 구별할 수 있다. 일반적으로 태실은 한 태봉(胎峯)에 하나가 들어선다(현존하는 왕태실의 경우는 세조 태실을 제외하고는 모두 그렇다). 한 태봉에 여러 태실이 들어서는 경우도 있다. 세종이 성주의 선석산에 집합적으로 조성한 왕자태실이 그렇다. 이를 본받아 숙종과 영조도 하나의 산을 정해 왕실 자손들의 여러

• 영조의 태항아리. 홍패(紅牌)에는 "1694년[康熙33] 9
월 13일 최숙의의 사내 아기씨 태(崔淑儀房男阿只氏
胎)"라고 적었다.(성주 태실문화관 전시품)

• 왕자 숭수(崇壽) 아기씨 태항아리(왼쪽)와
태지석(오른쪽)(국립진주박물관 전시품)

• 태지석(胎誌石). 돌에 새긴 장태(藏胎) 기록
이다. "1524년[嘉靖3] 9월 25일 해(亥)시에
출생한 왕자 숭수(崇壽) 아기씨 태를 1528년
[嘉靖7] 3월 13일 자(子)시에 묻는다."고 기
록하였다.

아기태실

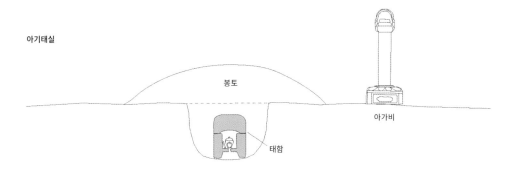

가봉태실

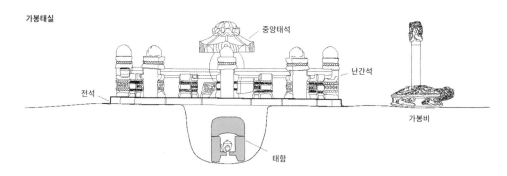

• 아기태실과 가봉태실의 구조. 경상북도 문화재연구원에서 제공한 그림이 실린 『조선왕실 아기씨의 탄생』에서 인용

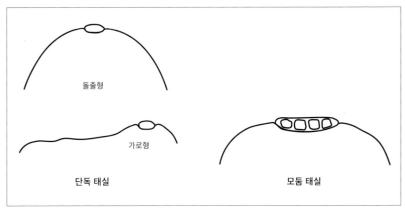

* 태봉 형태별 태실 유형. 왕태봉의 경우, 세조를 제외하고는 모두 단독 태실이고 그중 가로형은 태종와 성종 태봉에만 나타난다.

태를 모아서 안치하였다. 모둠 태실은 조성과 관리가 상대적으로 단독 태실에 비해 수월하였다.

한국의 태실문화는 언제부터 비롯되었을까? 실록에서 "태경(胎經)의 설이 시작된 것은 신라와 고려 사이이고, 중국에 예로부터 있었던 일은 아니다."라고 했다.[1] 전조를 계승한 조선왕조의 태실문화는 세계사에서도 유례가 없을 정도로 독특한 것이다. 태실지의 선정과 조성, 석물 및 부장물, 의례와 관리 등의 측면에 있어서 유·무형적 유산가치가 크다.

땅은 어머니, 산은 태반, 산줄기는 탯줄, 삶의 둥지는 태자리

전통적으로 태는 어미와 자식을 이어주는 매개로서, 새 생명의 기반으로 여기고 매우 정성껏 다루었다. 태가 어디에 묻히는지에 따라 인생의 길흉을 좌우한다고까지 해서, 사대부나 왕실에서는 좋은 터를 골라서 소중히 안장했다. 왕세자의 태는 왕조와 국운까지 영향을 준다고 믿어 엄정한 절차에 의해 태실이 조성되었고, 왕으로 등극하면 태실은 가봉되거나 새로 길지를 선택해 묻기도 했다.

조선왕실의 태봉 대부분은 평지에 돌출하여 젖무덤처럼 생긴 봉우리 형태를 하고 있다. 태를 묻는 태실은 봉우리 정상의 꼭지 부위에 자리한다. 태를 산봉우리에 묻게 된 것은 풍수사상의 영향이 컸다. 돌혈(突穴)에 묻는 것이다.

이런 산을 일러 태봉산이라 했다. 태를 묻은 산봉우리다. 요즘의 태(제대혈) 보관소인 셈이다. 태봉

---

1. 『선조수정실록』 3년 2월 1일

산은 좁은 의미로는 왕실의 태를 묻은 산이름이지만, 민간에서 태를 묻은 산도 넓은 의미로 태봉산이다. 지도에 오르지 않은 것까지 포함해서 전국에 수백 개는 훌쩍 넘어설 것이다(조선왕실 태봉만 300여 곳으로 집계한 연구도 있다). 태봉이 있어서 태봉마을, 태봉동, 태봉리라고 붙은 지명도 흔하고, 태봉초등학교라는 이름도 여럿 있다. 모두 태봉 돌림 지명이다.

민간에서는 태를 꼭 산에만 묻는 것은 아니었다. 지역에 따라서도 달랐다. "한 밭머리에 태를 묻었다."는 북한 지역 속담이 있다. 한 동네의 친한 사이를 비유하는 말이다. 태를 밭머리에 매장했던 사실을 일러준다. 일반인들은 태를 어디에, 어떻게 처리했을까? 태를 불로 태운 후에, 강물에 띄워 보내거나 산 혹은 땅에 묻었다. 정화해서 자연으로 되돌린다는 의미일 것이다. 태우지 않고 그대로 산이나 땅에 묻거나, 바다나 강물에 띄워 보내기도 했다. 산간지역에는 산에 묻었고, 해안이나 강가에서는 물에 띄웠다. 제주도에서도 중산간에서는 산에 묻었지만 해안가에서는 바다에 띄웠다.

일본인들은 어땠을까? 옛 류큐(오키나와)에는 산모가 태반을 먹었다는 기록이 있다. 놀랄 일이 아니다. 포유류는 어미가 태를 본능적으로 먹는다. 영양덩어리기 때문이다. 일본의 서민들도 태를 강과 바다에 띄우거나 땅에 묻는 것은 우리와 같다. 다만 왕가에서는 이나리산[稻荷山], 가모산[賀茂山], 요시다산[吉田山] 등 특정 산에 묻었다. 높고 신성한 공간에 태를 두고자 한 심리로 이해된다. 중국의 헤이룽장성[黑龍江省]에서도 아이가 고관대작이 되려면 태를 높은 언덕이나 산에 묻어야 된다고 생각했다. 풍수사상이 미친 영향으로 보인다. 민간에서 한국사람들은 태를 주로 태웠지만, 일본사람들이 태워 처리한 것은 비교적 근대의 일이었다.

조선 전기에 이문건(1494~1567)이 쓴 『양아록(養兒錄)』이라는 육아일기에는 당시 양반들이 어떻게 태를 태봉산에 묻었는지에 대한 기록이 있다. "태를 냇가에 깨끗이 씻어 기름종이로 싼 뒤 태운다. 나흘째 되는 날 북산(태봉)에 묻는다." 왜 북산일까? 북쪽은 오행의 수(水)로 생명의 근원이다. 사람이 죽어서 간다는 북망산도 북쪽을 가리킨다. 『성종실록』에는 "보통사람은 반드시 가산(家山)에 태를 묻는다고 왕대비가 말씀하시더라."는 표현이 있는 것으로 보아도, 사대부마을에서는 태봉산을 정해 태를 묻었다는 사실을 알 수 있다. 그렇다면 웬만한 마을마다 태봉산이 있었던 셈이다.

한국에서 태를 산에 묻은 역사는 매우 오래다. "김유신(595~673)의 아버지가 유신의 태를 고을(경기도 진천) 남쪽 15리에 안장해 태령산(胎靈山)이라 불렀다."는 『삼국사기』의 옛 기록이 있다. 고려 충렬왕 때 세자의 태를 안동부에 안장했다는 기록도 『고려사』에 나온다. 고려와 조선에 걸쳐 왕조에서는 전담부서까지 두고 풍수전문가가 명당터를 골랐으며, 신중히 택일하여 태실을 조성하고, 사후에 철저하게 보호 관리하였다. 한국의 왕실문화에서 탄생(태실지)-삶(궁궐)-죽음(왕릉)으로 이어지는 일생토록 풍수사상이 전반적인 영향을 주었다는 점은 동아시아에서도 특이한 문화현상으로 흥미를 끈다. 상대적으로 중국만 하더라도 풍수문화가 태실까지는 크게 미치지 못했고, 일본은 가옥배치(家相) 정도로 영향을 주는데 그쳤다.

조선왕실에서 아기가 출산하면 남자의 태는 출생 후 5개월, 여자의 태는 3개월째 되던 날에 묻는 것이 관례였다. 태실 후보지는 세 곳이 추천되었고 왕이 최종 결정하였다. 낙점 후 택일하여 정해진 의식과 절차에 의해 태실이 조성되었다. 태봉산에는 금표를 두고 소나무 채취, 경작 등을 금지하는 등 보호 관리에 만전을 기하였다. 태실은 도면과 문서로도 남겼다. 『태봉산도』로 실제 모습을 상세히 그렸고, 『태봉의궤』로 조성, 보수, 관리 사실을 철저히 기록하여 왕실기록유산으로 전한다.

조선왕조의 태실은 대부분 충청도, 전라도, 경상도에 주로 분포하고 있다. 성종 대 이후로는 경기도와 강원도에도 태실을 조성했고 황해도 지역에도 있었다. 일제강점기에 이들 태실 유적은 모두 파헤쳐 강제적으로 옮겨지면서 원형을 잃었다. 일제는 1929년에 태실 54기를 경기도 고양의 서삼릉 구석에 공원묘지처럼 집단으로 모아두었다. 태실명당에 눈독을 들이고 있던 지역 권력자와 친일파들은 이때다 싶어 자기네 선조의 묘를 그 자리에 썼다. 그래서 조선왕실의 태봉 유적지를 가보면 대부분 텅 비어 있거나 사묘가 들어서 있다.

근래 태실 유적은 지방자치단체가 나서서 복원하는 분위기지만, 아직도 어디에 있는지 조차 알 수 없는 태실도 있고, 개발로 훼손된 유적지도 여러 곳이다. 인조 태봉은 충주댐으로 수몰되었고, 현종 태봉은 태실이 있던 산봉우리가 깎여나갔으며, 순종 태봉은 공장지가 되면서 형체도 없어졌다. 태실은 옮겨서 복원해도 되는 석조물만의 유적이 아니다. 제자리에 있기에 태실로서 온전한 것이다. 우리 문화재의 장소적, 경관적 가치를 재평가해야 할 이유이기도 하다.

왜 선조들은 산에 태를 묻었을까? 전통적으로 우리네 생명은 산의 정기를 타고 나는 것이었다. 산이 생명의 근원이었던 셈이다. 새 생명이 태어나면 모태를 산에 묻었으니 왔던 곳으로 되돌리는 회귀 의식의 반영이다. 그리고 산이라는 큰 생명에너지에 접속하여 주인의 생기를 증폭하고자한 현실적인 뜻도 있다. 전기콘센트에 코드를 꽂아 무선기기를 쓰는 이치와 마찬가지다.

사람들이 태를 산에 묻으면서 산에 대한 인식에 변화가 생기고, 사람과 산의 관계가 새롭게 달라졌다. 태를 묻은 산은 왕조 혹은 마을과 가문의 번성을 염원하는 생명의 산이 되었다. 모태산이다.

눈을 크게 뜨고 보면, 우리는 어미 뱃속의 태아처럼 하늘과 땅(산)으로 이루어진 커다란 자궁 속에 잉태되어 공명하는 존재임을 알 수 있다. 형태적으로 그렇다. 어미 뱃속의 자궁 이미지를 그려 보라. 태반이 태아를 받치고 있는 모습은 우리네 산이 삶터를 뒷받침하고 있는 모습과 똑같다. 태반에서 탯줄이 태아에게 연결되듯, 뒷산에서 산줄기가 마을과 집으로 연결되었다. 태반과 뒷산, 탯줄과 산줄기가 등치되는 것이다. 기능적으로도 그렇다. 태반이 태아의 생존과 성장에 필요한 물질교환을 매개하고 보호하는 역할을 하듯, 산은 주민에게 지속가능한 삶의 터전을 제공하고 먹을거리를 주며 생활공간을 에워싸서 지킨다. 탯줄이 태아의 생명줄이듯, 산줄기는 주민과 생태의 통로 역할을 한다.

겨레 의식의 골수를 담고 있는 무가(巫歌)에도 "울 엄니 품 속 같은 좋은 땅"이라고 했듯, 우리네 삶터의 모형은 모태와 동일하게 상징되어 구상화되었다. 칼 구스타프 융의 개념 틀에 적용해 새로 해석하면, 어미의 뱃속과 산의 품속은 원형상(Archetype)의 반복이며, 그것은 집단적으로 내재해 있는 산천무의식이 공간상에 투사(投射, Projection)되어 삶터에서 재현된 것이었다.

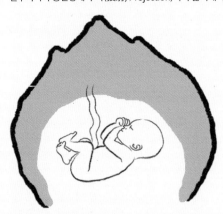

• 태반에서 탯줄이 태아에게 연결되듯, 새 생명의 태를 산에 묻는 것은 큰 생명의 모태에 접속하는 이치와 상징을 지닌다.
＊ 출처: 최원석, 『산천독법』, 한길사, 2015

이제 구체적으로 분명해졌다. 전통적인 지인상관적(地人相關的) 사유 방식에서, 땅은 어머니, 산은 태반, 산줄기는 탯줄, 삶의 둥지는 태 자리였던 것이다. 그것은 산과 몸의 인문학적·현상학적 합일이요, 공진화하는 과정에서 형성된 '신산불이(身山不二)'의 경관상이었다. 이런 사상적·문화적 풍토에서 산의 아들[古山子] 김정호는 "산등성이는 땅의 살과 뼈이고, 하천 줄기는 땅의 혈맥"이라는 뜻깊은 말을 남길 수 있었던 것이다. 그 태봉산은 신산불이를 표상하는 모태산의 아이콘이었다.

영지(靈地)에서 길지(吉地)로

한국에서 태실 조성의 역사적 기원은 늦어도 6세기 말로 거슬러 올라간다. 『삼국사기』에 "처음 김유신(595~673)의 태를 높은 산에 묻었으므로 지금까지 태령산(胎靈山)이라 한다. 만노군(萬弩郡)은 지금의 진주(鎭州: 현 진천)이다." 라고 기록했다.[2] 『고려사』에서도, "김유신의 태를 갈무리해… 태령산이라 부르고, 신라 때부터 사당(祠宇)을 두어 봄·가을로 제사를 지냈다."고 했다.[3] 이처럼 충북 진천에 김유신의 태실을 조성하여 산이름을 태령산이라고 했고, 신라 때부터 그 태실의 사당에서 제사를 지냈던 사실도 알 수 있다.

김유신의 태를 갈무리한 산의 이름을 당시에 '태령산(胎靈山)'이라고 불렀다는 사실이 흥미롭다. 산이 지닌 고대적인 신령한 상징성에 더하여 태를 묻은 장소의 신성성을 고취시키는 명칭이다. 산이름으로 짐작할 수 있듯이 신라 태실지의 장소적 성격은 신령한 땅, 영지(靈地)였다. 그런데 이것이 고려와 조선으로 갈수록 풍수의 영향을 입으면서 길지(吉地)로 그 장소성이 바뀐다. 길지는 흉지와 상대되는 말이다. 풍수를 통해 땅의 길흉을 따져본 후에 얻은 좋은 땅이 길지다.

영지와 길지의 개념은 그 시대적이고 사상적인 속성이 다르다. 영지는 고대적인 애니미즘(Animism)에 기반한 신성지이고, 길지는 중세적인 풍수사상에 기반한 명당지이다. 정신적인 영역으로 치우친 영지의 영(靈)과, 물질적인 영역까지 걸쳐 있는 길지의 기(氣)로도 대비될 수 있다. 흔히 풍수의 도입 이후에 영지의 관념은 길지의 관념으로 변용되는 경향을 나타낸다. 신령한 태령산이 명당길지의 태봉으로 인식되는 것이다.

김유신의 태실지에서도 확인되듯이 태실지의 위치는 신라 때부터 산꼭대기에 조성했다. 이러한 입지 관성은 고려와 조선으로 이어지는 태실의 산꼭대기 입지에 영향을 주었을 것이다. 그럼 언제부터, 어떤 연유로 태실지가 산꼭대기에 들어섰을까?

김유신 태실지의 산꼭대기 입지를 풍수의 영향이라고 단정하기는 어렵다.

---

2. 『삼국사기』권41, 열전, 김유신 상
3. 『고려사』권56, 지, 지리1

• 김유신 태실. 충북 진천 상계리 태령산 꼭대기에 있다. 약 3m 지름의 원형으로 돌담을 쌓았다.

• 태령산(453m) 원경. 조선과는 달리 크고 높은 산봉우리를 태봉으로 삼았다.

태실풍수의 영향으로 본다면 이미 6세기 말부터 풍수를 적용한 셈이 되지만, 신라왕실에서 풍수가 정착한 시기로 추정되는 8세기 말보다는 너무 앞서기 때문이다.[4] 정작 풍수에서도 산꼭대기 혈자리 지정은 매우 드문 경우이다. 그렇다면 신라 때의 산꼭대기 태실지 입지는 관습적으로 하늘에 가장 가까운 장소라는 고대적인 상징성이 반영되지 않았을까 추정된다.

신라 김유신의 태실은 크고 높은 태령산(453m)의 꼭대기에 있지만, 고려를 거쳐 조선시대의 태실은 작고 나지막한 봉우리(보통 200m 내외) 꼭대기에 위치한다. 이 사실은 태실지 입지경관의 관념과 형태가 변화된 것을 나타낸다. 그 배경 중의 하나로 중국에서 전래된 『태장경(胎藏經)』 등과 같은 태실풍수의 입지 논리가 영향을 주지 않았을까 생각한다. 풍수에서 명당지는 크고 높은 산보다는 작고 낮은 봉우리를 길지로 판정하는 경향이 일반적이기 때문이다. 요컨대 한국의 태실문화는 전통적으로 전래되어 오다가 풍수의 영향을 받아 변용되었다고 판단된다.

고려왕실의 태실 조성

고려왕실에서도 왕과 세자의 태를 소중히 보관했고 태실을 제도적으로 조성하고 관리했다. 국가적인 태실의 조성과 관리에 풍수와 관련시킨 증거는 지리(풍수)분야의 과거(科擧) 제도에도 있다. 시험 과목으로 태를 안치하는 방법과

---

4. 최치원의 「대숭복사비명」에 기록된 798년에 신라왕실에서 곡사를 원성왕릉으로 바꾸어 쓰는 결정에 준거하여, 왕실풍수의 정착으로 판단한 것이다.

응험을 기록한 『태장경』을 포함한 것이다.[5] 『태장경』은 고려왕조가 실시했던 잡과(雜科) 지리업(地理業) 과거 시험과목의 하나였고, 태실풍수에 이론적 기반을 제공했을 것으로 추정된다. 조선왕실에서도 태실은 중요하게 취급해 제도화했지만 과거 시험과목은 묏자리풍수에 치중되어 있지 태실풍수에 해당하는 것은 없다.

고려왕실의 태실 조성은 초기에는 제대로 시행하지 못하다가 후기에 들어와 정착했던 것으로 추정한다.[6] 따라서 태실 조성 관련 기록은 고려 후기의 사실로 전한다. 『고려사』에, 1278년(충렬왕4)에 "세자의 태를 안동부에 갈무리했다."고 했다.[7] 안축(安軸, 1282~1348)의 『죽계별곡(竹溪別曲)』에도, "죽령 남쪽 안동 북쪽의 소백산 앞, 순흥성 안 취화봉(翠華峰)에 왕자의 태를 묻었다."는 기록도 나온다.[8] 그리고 우왕(1365~1389)은 왜구로 인해 자신의 태실이 훼손됨이 없도록 막을 것을 지시하기도 했다.[9]

현존하는 고려시대의 태실지를 확인하기는 쉽지 않다. 다만 조선 중후기 사료인 『신증동국여지승람』(16세기)과 『여지도서』(18세기) 등의 관찬지리지와 『교남지』(18세기) 등의 밀양 읍지에, "구령산(龜齡山)에 고려 인종(1109~1146)의 태가 안치되었다."는 기록이 나온다. 그 태실은 현재 경남 밀양시 초동면 성만리 산107-2번지 태봉산(131m) 꼭대기에 있다. 태실에는 반구형(半球形) 봉토(封土)를 하고, 가운데에 사각형의 태함(胎函)이 있었다.[10]

고려왕조는 왕실의 태를 묻은 지방 고을의 행정적 위상도 승격시켰다. 태실 조성에 지방의 인력이 동원되었을 뿐만 아니라 앞으로 관리 책임을 담당하기 때문이었다. 『고려사』에 1172년(명종2)에 강종(1152~1213)의 태를 묻은 곳을 현령으로 승격했다거나[11], 원종 대(1219~1274)에는 "태실을 봉안하고 서흥현(현 황해북도 서흥군)으로 승격하여 영(令)을 두었다."고 했다.[12] 조선왕조에서도

---

5. 『고려사』 권73, 지, 선거1 과목1 과거 인종14년
6. 심현용, 『한국 태실 연구』 경인문화사, 2016, 94쪽.
7. 『고려사』 권31, 세가, 충렬왕 4년
8. 『謹齋集』 卷2, 「竹溪別曲」
9. 『고려사』 권135, 열전, 신우 9년
10. 심현용, 『한국 태실 연구』 경인문화사, 2016, 94쪽.
11. 『고려사』 권19, 세가, 명종 1년·명종 2년
12. 『세종실록』 지리지, 황해도, 황주목·서흥도호부

* 고려 인종 태봉. 봉우리 꼭대기에 태실 유적이 있었다. 입지형태가 조선왕실의 태봉과 유사하여, 입지관의 계승 사실을 확인할 수 있다.

한 고을에 새로 태실을 조성하면 전례대로 읍을 승격시키곤 했으며, 해당 지방관이 책임지고 태실을 보호하고 관리하도록 조치했다.

왜 태실에 풍수를 따져 봤나

풍수사상이 지배했던 전통시대에 자손의 성품과 건강, 출세 등은 장태(藏胎)와 관계가 있다고 생각했다. 좋은 땅(길지)에 태를 갈무리함으로써 그 당사자가 땅의 감응을 얻어 일신의 건강뿐만 아니라 사회적인 성공도 얻을 수 있다는 것이다. 일반적으로 묘지풍수가 조상의 뼈를 매개로 땅의 생기와 감응을 통한 후손 발복이라는 경로인데 비해, 태실풍수는 당사자의 태가 길지의 생기에 접해 감응함으로써 본인 발복이라는 경로로서 차이가 난다.

왕실에서 태실을 조성하는 목적도 길지에 갈무리함으로써 풍수의 좋은 영향을 받기 위해서였다. 명당에 묻은 태는 그 사람의 건강과 수명, 인성과 화복뿐만 아니라, 왕조의 운명까지도 영향을 끼칠 수 있다고 믿었다. 그래서 태실지의 풍수는 국가적으로 매우 중요하게 취급했다. 실록에 드러난 태실풍수의 인식을 요약해서 보자.

음양학을 하는 정앙이 글을 올렸다. "당나라 일행(一行)이 저술한 육안태(六安胎)의 법에 말했다. '사람이 나는 시초에는 태로 인하여 자라게 된다. 더욱이 그 어질고 어리석음과 성하고 쇠함이 모두 태(胎)에 관계있다. 남자의 태가 좋은 땅을 만나면 총명하여 학문을 좋아하고 벼슬이 높으며 병이 없을 것이요. 여자의 태가 좋은 땅을 만나면 얼굴이 예쁘고 단정하여 남에게 우러름을 받게 된다. … 좋은 땅이란 대개 (봉우리가) 단정하고 우뚝 솟아 위로 하늘에 닿은 듯해야 길지가 된다.'

또 왕악(王岳)의 책에, '만 3개월을 기다려 높고 고요한 곳을 가려서 태를 묻으면 수명이 길고 지혜가 있다.'고 했으니, 길지를 가려서 이를 잘 묻어 미리 수명과 복을 기르게 하소서."
『세종실록』 18년 8월 8일

풍수학에서 아뢰었다. "『태장경(胎藏經)』에 일렀다. 사람이 날 때는 태로 인하여 장성하게 되는데, 그 현명하고 어리석음과 성하고 쇠함 모두 태에 달려있으니 태란 것은 신중히 하지 않을 수가 없습니다. 남자가 만약 좋은 땅을 만난다면 총명하여 학문을 좋아하고, 아홉 가지 경서[九經]를 배워 뛰어나고, 잘 생겨 병이 없으며, 관직이 높은 곳에 승진되는 것입니다." 『문종실록』 즉위년 9월 8일

조선왕조의 풍수지식은 고려왕조보다 더욱 이론적·제도적으로 발전했다. 그래서 태실의 조성에 있어서도 풍수를 더 치밀하게 적용했다. 태실지는 풍수를 잘 아는 중신이나 관상감의 풍수전문가가 선정했다. 기존에 조성한 태실도 더 길한 곳을 가려 옮기기도 했다. 현존하는 태실지의 입지지형에 공통적인 패턴을 보이는 까닭은 입지 결정에 일정한 준칙이 있었기 때문이다.

태실의 제도적 정비

조선왕조에 와서는 태실 제도와 기구를 새롭게 정비하고 편성했다. 태실을 조성할 때 태실도감(胎室都監)을 설치해 임시 기관으로 운용했다. 태실지 선정과 조성, 관리 등에 있어서 법제화된 지침과 규정도 만들었다.

왕실에서 태실을 만들고 관리하는 대상의 범위도 시대적으로 차이가 났다. 고려왕조에서는 왕과 왕세자에 한정되었을 것으로 추정된다. 조선왕조에서는 점차로 대군과 왕자, 공주와 옹주, 왕후까지 그 조성 대상을 확대했다. 성종 때

부터 왕녀(공주)의 태실 축조가 일반화되었다.[13] 조선의 세종, 숙종, 영조가 모둠 태실을 조성한 것도 고려왕실과의 차이점이다. 세종 때에 성주에 조성한 왕자태실이 대표적인 것으로 지금까지도 현존한다.

조선왕실의 태봉에는 위계에 따라 1등(대왕, 원자, 원손), 2등(대군, 공주), 3등(왕자, 옹주) 태봉의 구분이 있었다. 아래 실록을 보자.

관상감이 아뢨다. "평상시에 증고사를 뽑아 보내 태봉으로 합당한 곳을 살펴보고 3등으로 나누어 장부를 만들어 둡니다. 원자와 원손은 1등, 대군과 공주는 2등, 왕자와 옹주는 3등으로 태봉을 가려 뽑은 후 낙점을 받아 장태하는 것이 전례입니다." 『선조실록』 35년 6월 25일

"신들이 원자(元子)의 태를 봉하는 일에 대해 의견이 있습니다. 태를 봉하는 법은 본래부터 1등·2등·3등의 구분이 있습니다. 신의 부서의 등록(謄錄) 가운데 우리 조정 18대 임금의 태봉이 낱낱이 기록되어 있습니다." 『정조실록』 7년 4월 27일

따라서 왕실에서 태봉을 조성할 때는 신분에 따라 의례와 격식에도 차등을 두었다. 1754년(영조30) 3월 22일에 영조는 다음과 같이 명하고 있다.

"봉태(封胎)하는 한 가지 일은 원손(元孫) 이외에 대군·왕자도 차등을 두어야 한다. 세자(世子)의 여러 중자(衆子: 맏아들 이외의 아들)·군주(郡主: 왕세자와 정실 사이의 딸)·현주(縣主: 왕세자와 첩 사이의 딸)의 장태(藏胎)에는 안태사(安胎使)를 차출하지 말라. 다만 내시 관상감의 관원과 함께 묻어 두되 석함(石函)은 쓰지 말 것이다. 석물군(石物軍)에 5명을 쓰고 담여군(擔昇軍: 짐꾼)에 2명을 써라." 『영조실록』 30년 3월 22일

그런데 중후기로 가면서 태봉의 등급 구분은 점차로 모호해졌다. 1643년(인조21)에 관상감 관원이 "장부에서는 상고할 수는 있지만 등수나 우열은 상세히

---

13.   심현용, 『한국 태실 연구』 경인문화사, 2016, 92~112쪽, 122쪽 주.

알 수 없다."고 한 말이 이러한 정황을 추정케 한다. [14]

조선왕실에서는 자손이 태어나면 우선 아기태실(阿只胎室)을 조성했다. 이후 왕세자로 책봉하거나 왕으로 등극하면 새로 형식을 갖추어 가봉태실(加封胎室)을 만들었다. 태실을 가봉하면 가봉비를 세우고 태실의 석물도 새로 조성했다. 왕비와 추존된 왕도 가봉태실을 조성했으며, 사도세자처럼 왕의 신분이 아니지만 태실을 가봉한 경우도 있었다. [15] 헌종의 아버지로서 왕으로 추존된 익종의 태실을 가봉했다는 실록의 기록도 아래와 같이 확인된다.

익종대왕(翼宗大王, 1809~1830)의 태실을 가봉할 때의 관상감 제조 이하에게 차등 있게 시상하였다. 『헌종실록』 2년 3월 23일

태실지를 정하는 절차와 의례

조선왕실의 태실 조성은 정해진 절차와 의례가 있었다. 아기가 태어나면 태실지를 선정하는 일에 착수한다. 왕태실의 경우, 전기에는 태실 조성을 총괄하는 임시 관서로서 태실도감(胎室都監)을 설치했다. 그리고 풍수에 밝은 중신(重臣)에게 태실증고사(胎室證考使)라는 직책을 맡겨 안태할 길지를 찾았다. 후기에는 각 도의 도사(都事)가 관상감의 지리학 관원을 대동하여 태실지를 선정했다. [16] 관상감 및 풍수학 관원[相地官]은 태의 갈무리를 실무적으로 담당했다. 미리 태실이 될 만한 후보지는 예비로 태실 장부에 등록해 두었다. 태실을 조성하고 수리할 때는 반드시 날을 가렸다. 필요하다면 새로 길한 곳으로 옮기기도 했다. 아래의 기록을 보자.

중궁(中宮: 왕비)의 태를 처음에는 양주 동면 마을 사이에다 갈무리했는데, 다시 길한 곳을 가려서 옮겨 갈무리하도록 명했다. 『세종실록』 20년 1월 20일

원자(元子: 왕세자로 책봉되기 전의 맏아들)의 태봉을 예천에 정했다. … 상지관을 보내 살

---

14.   이하 『태봉등록』의 번역은 『국역 태봉등록』 국립문화재연구소, 2006을 인용한 것이다.
15.   심현용, 『한국 태실 연구』 경인문화사, 2016, 4쪽.
16.   심현용, 『한국 태실 연구』 경인문화사, 2016, 126쪽.

펴보도록 하여 결정하게 한 것이다. 『정조실록』 7년 8월 5일

"등록(謄錄)을 살펴보니, 대왕 태실의 석물을 개수할 때에는 관상감으로 하여금 날을 가리게 한 뒤에… 일을 시작하도록 하고…." 『승정원일기』 고종 3년 1월 8일

태실지는 관상감에서 세 군데의 후보지를 올려서 왕의 선택(낙점)을 받았다. 남자의 태는 출생 후 5개월, 여자의 태는 3개월 되는 날에 맞추어 태실에 안치하는 것이 왕실의 관례였다.

태봉으로 적합한 곳은 전에 이미 기록한 곳들이 있으므로, 그 중 세 곳을 올리니…. 『태봉등록』 영조 6년 1월 5일

원손의 태봉을 강원도 영월부 하동면 정양리 계족산 서쪽 기슭 계좌정향으로 정하고, 계유년 정월을 기다렸다가 날을 잡아 거행하도록 했다. 대개 남자의 태는 5개월이 되어서 묻는 것이 관례이기 때문이다. 『영조실록』 28년 11월 25일

"새로 태어난 옹주 아기씨의 장태의 일을 전례에 따라 여자의 태는 석 달이 되어야 장태할 수 있다는 것이 방술서[方書]의 장태법이며…." 『태봉등록』 영조 6년 1월 5일

왕이 태실지를 낙점하면 곧바로 일을 착수한다. 태실 조성은 택일(擇日), 개기(開基), 후토제(后土祭: 땅에 대한 제사), 발태(發胎), 태신안위제(胎神安慰祭), 사후토제(謝后土祭) 등의 순서로 길일을 가려 의례를 거행했다.

"장태 길일은 다가오는 갑술년 2월 28일 진시(辰時)입니다. 공사를 시작하는 날[擇日]은 갑술년 정월 28일 진시이며, 터를 여는 것[開基]은 다가오는 2월 12일 진시이며, 후토제(后土祭)는 같은 날 꼭두새벽에 거행하고, 태를 꺼내는 것[發胎]은 2월 24일 진시이며, 태신안위제는 봉토 후에 즉시 하고, 사후토제는 제사를 끝낸 뒤에 하도록…." 『태봉등록』 숙종 19년 10월 23일

조선 초기에는 태를 묻은 후에는 태실안위제라는 제사도 3년마다 지냈다. 그 렇지만 세종은 1421년(세종3)에 태조와 정조가 안위제를 거행하지 않았다는 것을 전거로 태실안위제를 없앴다.

태실을 어떻게 관리했나

조선왕실에서 태봉의 관리는 능(陵)·원(園)의 제도와 동일하게 취급했다. 태봉에는 규정된 영역을 두고 보전과 관리에 만전을 기했다. 금표(禁標)를 설치해 소나무 벌목, 태실지 훼손 등을 방지했고, 태봉에 지형이 손상된 언덕에는 보토(補土)했다.

태봉에 표식을 하여 농사를 짓거나 나무를 하는 것을 금지하는 것을 원릉(園陵)의 제도와 같이 했다. 『현종개수실록』 11년 3월 19일

안태사 윤이림의 장계에, "신이 이달 24일에 명을 받들고 태를 모시고 떠나서, 이 달 27일에 청주목에 있는 태봉 점혈처(點穴處)에 도착했습니다. 28일 진시(辰時)에 태를 안치했으며, 신들 일행은 공사를 완전히 마친 뒤에 다시 서울로 올라왔습니다. 방화구역[火巢] 내에는 경작하는 민가가 별로 없었으므로, 규정된 거리 척수(尺數)에 따라서 금표를 세웠습니다." 『태봉등록』 숙종21년 2월 1일

"손상된 부분을 모두 보토하여 완전히 메웠습니다. 태봉의 뒤쪽으로 40보 아래로 뻗어내린 산맥이 부분 부분 끊겨서 거의 평지가 되다시피 한 곳이 있었습니다. 그래서 길이 31척, 넓이 10척으로 흙을 채워 완전하게 구축했습니다. 그 위에 소나무를 심어서 지금까지 오고가던 도로를 막아 통행을 금지 시키도록 했는데…." 『태봉등록』 영조 7년 2월 29일

태실의 풍수적 관리 필요에 따라 태실지에 인위적으로 숲을 조성하기도 했다. 성주 고을 북쪽 17리는 천수(泉藪)라는 숲이 있었다. 선석산(禪石山) 태실 (세종대왕자 태실)의 좌청룡이 낮고 약해서 숲과 나무를 무성하게 길러 비보한

것이었다.[17]

태봉이 길지로 알려져 서민들이 몰래 묘를 쓰는 경우도 많았다. 그래서 왕실에서는 조사해 처벌하기도 했다. 후기에는 태봉 구역이 토착민들에게 농지로 점유되는 일도 많아 금지시키기도 했다.

태봉 경계 내에 있는 몰래 쓴 분묘를 조사했다. 『태봉등록』 숙종 40년 8월 5일

"진산군의 태실에 범장(犯葬)한 죄인 김치운을 법에 비추어 처단하소서."라고 한 것에 대하여 (고종이) 명했다. "특별히 한 목숨을 살려 주어, 세 차례 엄히 문초하여 원악도(遠惡島: 멀고 살기 나쁜 섬)에 죽을 때까지 유배하되 이후에 사면령이 내리더라도 사면하지 말라." 『승정원일기』 고종 3년 5월 3일

"농경을 금지하는 땅 문제를 말씀드린다면… 많은 백성들이 경계를 범하여 놀랍기 짝이 없는 일입니다." 『태봉등록』 영조7년 4월 27일

"각도와 해당 읍에 분부하여, 토착민이 태실지를 점유하거나 파는 폐단을 금지시키는 것이 어떠하오니까?" 『태봉등록』 영조11년 3월 4일

왕실에서는 위계와 신분에 따라 태봉의 관리 영역에 차등을 두었다. 대왕의 1등 태봉은 300보(步: 1보는 주척(周尺: 0.231m) 6척 4촌이니 147.8cm로 약 440m), 대군의 2등 태봉은 200보(약 300m), 3등의 왕자 태봉은 100보(약 150m)의 금지 구역을 설정했다. 그런데 중후기로 가면서 태봉의 등급 구분이나 관리 범위가 모호해졌다.

왕태실의 관리상에 문제가 발견되면 관할 수령이 관찰사에게 보고했다. 관찰사는 즉시 현장을 살펴본 뒤 중앙에 보고했다. 예조는 보고된 내용을 토대로 태실의 보수 여부를 왕에게 아뢨다. 태실의 보수가 결정되면 공사 날짜를 고르고, 인력과 준비 사항을 내리며, 해당 도의 관찰사는 고을 별로 맡을 역할을

---

17. 『京山志』 藪澤

나눴다. 일은 감역관이 내려온 뒤 '고후토제(告后土祭)'를 행한 뒤에 시작했고, '사후토제(謝后土祭)'를 하고 마쳤다.[18]

왕실에서는 태실을 수호하는 역할을 담당하는 사찰[願堂]을 두기도 했다. 정종태실의 직지사, 문종태실의 명봉사, 세조태실의 선석사, 인종태실의 은해사, 선조태실의 오덕사, 인조태실의 정토사, 순조태실의 법주사가 원당이었던 것으로 추정된다.[19] 이러한 경향은 고려의 유습을 이은 것이었다. 고려의 순종태실의 장수사, 의종태실의 향복사, 강종태실의 용문사 등이 태실 수호사찰이었다.[20]

태실의 문헌과 그림을 남기다

조선왕조는 공식적인 문서 기록을 통해 태실과 관련한 정보를 관리했다. 『안태등록(安胎謄錄)』 혹은 『태봉등록(胎封謄錄)』을 작성했다. 1602년(선조35)에는, 왜란 이후로 태실지를 기록한 장부가 불타 없어져 새로 장부를 만들기도 했다. 1643년(인조21)에는 전국의 태봉을 새로 조사하여 책을 만들게 한 적도 있다. 1735년(영조11)에는, 기존 장부에 기록된 태봉 중에 쓸만한 것은 겨우 두 곳이 남았다는 보고도 있었다.

관상감이 아뢨다. "평상시에 증고사를 뽑아 보내 태봉으로 합당한 곳을 살펴보고 3등으로 나누어 장부를 만들어 두는데 난리 이후로는 만들어 둔 장부가 불에 타버렸습니다. 각도 도사(都事)로 하여금 본감(本監)의 지리학 관원을 거느리고 태봉으로 합당한 곳을 미리 살펴서 등급에 따라 재가를 받아 장부를 만들어 두었다가…." 『선조실록』 35년 6월 25일

"태봉을 기록한 문서가 병란으로 흩어진 까닭에 조사하여 아뢸 도리가 없습니다. 해당부서(예조)로 하여금 각도에 공문을 보내 여러 고을에 흩어져 있는 태봉을 하나하나 조사하여, 지명과 좌향이 기록된 책을 만들어 올려 보내라 했는데…." 『태봉등록』 인조 21년 8월 5일

---

18. 김해영, 「英祖朝 세종·단종 태실의 修改 役事」 『남명학연구』 44, 2014, 187~188쪽.
19. 심현용, 『한국 태실 연구』 경인문화사, 2016, 120쪽.
20. 한기문, 「고려사원의 구조와 기능」 민족사, 1998, 238~239쪽.

"지난 만력 갑진년(1604년)과 갑자년(1624년)에, 각 도와 각 읍에서 (태실지를) 조사하여 정했습니다. 그러나 100여 년 동안 거의 다 사용했고, 혹 남은 곳이 있다고 하더라도 여러 해가 지났으니 다른 사고가 생겼는지 알 수 없습니다. 강희 경오년(1690년) 분을 다시 살펴보았더니, 전에 정해둔 곳은 산사태의 충격으로 봉우리가 망가지거나 형체가 바뀌어 다시 아홉 곳을 정했으며, 그 뒤로 계속 골라서 태봉으로 쓰고 이제 겨우 두 곳이 남았는데…." 『태봉등록』 영조 11년 1월 26일

현존하는 주요 태실 관련 문헌은 아래와 같다.

태실 관련 주요 고문헌

서명	편찬연도	내용
『태봉등록(胎峯謄錄)』	1643~1740	태봉 관련 기록
『영조대왕태실가봉의궤(英祖大王胎室加封儀軌)』	1729	영조의 태실 가봉
『원자아기씨안태등록(元子阿只氏安胎謄錄)』	1783	정조의 문효세자 안태
『정종대왕태실석난간조배의궤(正宗大王胎室石欄干造排儀軌)』	1801	정조의 태실 석물 가봉
『순조태실석난간조배의궤(純祖胎室石欄干造排儀軌)』	1806	순조의 태실 석난간 가봉
『원자아기씨장태의궤(元子阿只氏藏胎儀軌)』	1809	효명세자의 안태
『성종대왕태실비석개수의궤(成宗大王胎室碑石改竪儀軌)』	1823	성종의 태실 비석 보수
『원손아기씨안태등록(元孫阿只氏安胎謄錄)』	1827	헌종 원자의 안태
『경종대왕태실석물수개의궤(景宗大王胎室石物修改儀軌)』	1832	경종의 태실 석물 보수
『익종대왕태실가봉석난간조배의궤(翼宗大王胎室加封石欄干造排儀軌)』	1836	익종의 태실 석물 가봉
『성상태실가봉석난간조배의궤(聖上胎室加封石欄干造排儀軌)』	1849	헌종의 태실 석난간 가봉
『원자아기씨안태등록(元子阿只氏安胎謄錄)』	1858	철종 원자의 안태
『태조대왕태실수개의궤(太祖大王胎室修改儀軌)』	1866	태조의 태실 석물 보수
『원자아기씨장태의궤(元子阿只氏藏胎儀軌)』	1874	순종의 안태
『왕세자태실매안시사후토제태신안위제매안후사후토제홀기(王世子胎室埋安時祠后土祭 胎神安慰祭埋安後謝后土祭笏記)』	미상	왕세자의 태를 태실에 들이는 의식 순서를 적은 홀기

태실을 조성한 후에 태봉도를 그렸다. 한국학중앙연구원 장서각에서 소장하고 있는 태봉도는 「장조태봉도」(1785), 「순조태봉도」(1806), 「헌종태봉도」(1847), 「태봉산도」(1929) 등이 있다.

• 「장조태봉도」의 장조(사도세자) 태실(확대도). 경모궁(景慕宮)은 사도 장헌세자(莊獻世子)의 호칭이다. 정조의 추숭사업으로 가봉한 것이다.

• 「장조태봉도」(장서각). 태봉을 중심으로 산수의 모습을 회화적으로 그렸다.

• 「헌종태봉도」(부분도, 장서각). 봉우리 꼭대기에 자리 잡은 태실의 모습을 사실적으로 묘사하고, 주위 풍경을 실경산수화처럼 그렸다. 태실을 에워싸고 있는 소나무 숲의 모습도 인상적이다. 그림의 오른쪽 위에는 '충청도 덕산현 가야산 명월봉 자좌(忠淸道德山縣伽倻山明月峯子坐) 성상 태실 석물 가봉도(聖上胎室石物加封圖)'라고 기입했다.

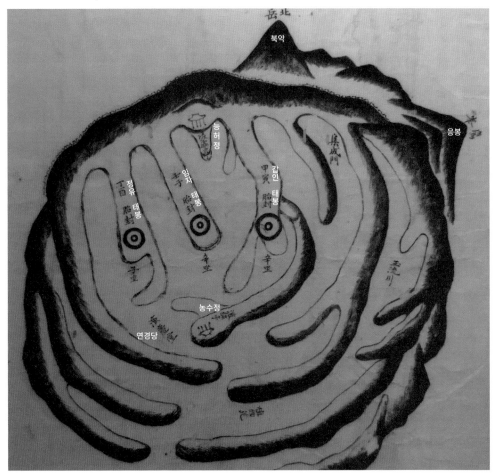

• 「태봉산도(胎封山圖)」(1929. 한국학중앙연구원 장서각 소장). 세 태봉의 입지를 풍수적인 명당형국으로 표현하고 지리정보를 덧붙였다. 응봉(鷹峯)의 산줄기를 받아 창덕궁 후원 능허정(凌虛亭) 아래, 연경당(演慶堂)과 농수정(濃繡亭) 위의 세 줄기 맥에 갈무리하였음을 표현했다. 왼쪽부터 장태(藏胎)한 연도와 좌향을 각각 '정유 태봉(丁酉 胎封, 1897) 자좌(子坐)', '임자 태봉(壬子 胎封, 1912) 신좌(辛坐)', '갑인 태봉(甲寅 胎封, 1914) 신좌(辛坐)'라고 표기했다. 윤진영은 태주(胎主)에 대해서, 태지석(胎誌石)에 표기된 장태지 기록을 근거로 각각 영친왕(1897~1970), 덕혜옹주(1912~1989), 고종 제8왕자 이육(李堉, 1914~1916)의 태봉으로 밝힌 바 있다(윤진영, 「조선왕실의 장태문화와 태실 관련 회화자료」, 국립고궁박물관, 『조선왕실아기씨의 탄생』, 2018, 246쪽).

• 창덕궁 능허정(凌虛亭)

• 창덕궁 농수정(濃繡亭)

중후기로 갈수록 약화되는 태실의 비중

조선왕조에서 태실의 비중은 중후기로 갈수록 약화되었다. 태실지를 조성하는 데 막대한 사회경제적 비용과 엄청난 백성들의 노동력이 들었기 때문이다. 이에 따라 태실이 가지는 풍수적인 가치와 위상도 작아졌다. 그래서 15세기 후반부터 태실지도 기존의 원거리 지방 보다는 근거리 경기나 도성 가까운 곳으로 정했다. 성종은, 태실지의 풍수에 크게 길한 감응이 없어 허탄(虛誕: 허황되고 속임)하니, 가까운 경기에서 태실지를 고르라고 명했다. 신하들이 왕비의 태실을 수호하고 경작을 금하도록 주청하자, 백성의 폐해가 없도록 그대로 두게 한 적도 있다.

"일반 사람은 반드시 모두들 가산(家山)에다가 태를 묻는다. 근래에 나라에서 택지(擇地)하는 것이 비록 면밀하기는 하나, 대길(大吉)한 감응이 없다. 풍수설은 허탄(虛誕)하다고 할 수 있다고 하였으니, 안태할 만한 땅을 경기에서 고르도록 하라." 『성종실록』 7년 11월 18일

동지사 이승소가 아뢨다. "중궁(中宮)의 태실이 경상도 예천에 있으니 다시 살펴서, 그 산이 불길하거든 길한 곳으로 옮겨 모시고 수호군을 정하는 것이 어떠하겠습니까?" 했다. 임금이 말했다. "수호군을 두면 경작을 금하는가? 경작을 금하면 백성의 폐해가 많을 것이니, 아직 그대로 두도록 하라." 『성종실록』 8년 1월 5일

중종도 도성 가까운 곳에 태실지를 선택하게 했다. 태실지가 백성들에게 끼치는 폐단과 관리들이 원거리로 행차하는 어려움 때문이었다. 중종은 풍수설은 믿을 수 없고, 태실지를 고르고 안태하는 것은 무익(無益)하다고 말했다. 신하들도 태실로 인한 백성들의 폐해와 태실풍수의 무용론을 이구동성으로 말했다.

참찬관 이자가 아뢨다. "해마다 흉년이 들어 백성이 고생합니다. 폐단을 헤아릴 수 없습니다. 지금 증고사가 내려갈 때에 종사관도 많고 따라가는 상지관도 한둘씩 됩니다. 만약에 백성의 집이나 전지(田地)의 집 근처를 지목하면 이를 피하려고 백성이 다들 재산을 기울여서 뇌물을 쓸 것입니다. 이것은 올해에 반드시 해야 할 일은 아니니 보내서는 안 됩니다.

풍수설이란 황당한 것입니다. 어찌 가까운 곳에 고를 만한 데가 없기에 반드시 먼 곳에서 골라 백성에게 폐해를 끼칩니까?"

중종이 일렀다. "말한 것이 옳다. 증고사는 역시 옛 관례를 그대로 좇아서 하는 것에 지나지 않으니, 이것은 과연 무익(無益)한 일이다. 또 하삼도에 왕래하는 것은 더욱 폐단이 있으니 가까운 곳에서 가리는 것이 역시 옳으리라. 풍수설은 본디 믿을 수 없는 것이라 안태하는 일 역시 관계될 것이 없는 일인데…."

유용근이 아뢨다. "화를 당하고 복을 받으며 오래 살고 일찍 죽는 데에는 반드시 하늘이 정한 바가 있는 것이니 이것(태실)은 다 보탬이 없는 일입니다. 원자(元子)라면 오히려 땅을 가려야 하겠으나, 번번이 그렇게 한다면 땅도 부족할 것입니다."

권벌이 아뢨다. "화복의 설이 무슨 관계되는 것이 있겠습니까? 상시 사대부의 집에서는 아들을 낳거나 딸을 낳거나 태는 죄다 불에 태우니, 이것은 화복에 관계되는 것이 아닙니다."

중종이 일렀다. "이것은 예전 관례를 따라 예사로 하는 일인데 과연 무익하니, 유사(有司)에 물어서 다시 처치할 방법을 생각하도록 해야 하겠다."『중종실록』 12년 11월 23일

16세기 후반부터 17세기 후반에, 태실의 조성으로 인한 백성들의 폐해와 태봉 풍속의 폐단에 대해 많은 지식인들이 비판적으로 인식했다는 사실도 확인된다.

굶주린 백성들이 돌을 운반하는 데 동원되어 임금의 태[聖胎] 하나를 묻는 데 그 피해가 3개 고을에 미쳤으므로 식자(識者)들이 개탄했다. 우리나라 법규는 국장(國葬)에 있어서는 길지를 고르기 위하여 심지어 사대부와 백성[士民]들의 묘를 모두 파내고 혈을 정하기도 하고, 태봉은 반드시 최고로 깨끗한 자리를 고르기 위하여 이렇게까지 하고 있는데, 이는 의리에 어긋나는 일일 뿐만 아니라 감여(풍수)의 방술(方術)로 따지더라도 근거가 없는 일이다.『선조수정실록』 3년 2월 1일

안태하는 제도는 옛 예법[禮]에는 보이지 않는데, 우리나라에서는 임금에서부터 왕자와 공주에 이르기까지 모두 태봉이 있었으니, 이러한 우리나라 풍속의 폐단에 대해서 식견 있는 자들은 병통으로 여겼다.『현종개수실록』 11년 3월 19일

조선 후기에 왕실 태실에 대한 이러한 사회적인 인식과 분위기로 말미암아, 태실 영역 내에 민간인의 경제적 활동을 허용하거나, 태실 조성으로 발생된 손실을 나라에서 보상해주기도 했다. 현종은 공주의 태 갈무리로 농사를 짓지 못하게 된 백성을 보상하게 했다. 정조는 원자(元子)의 태봉지 근방에 백성의 무덤이 있어 옮길 사정이 되면 차라리 다른 곳을 구하라고도 했다. 그리고 순조는 태봉 금표(禁標) 안에 있는 백성들의 집을 헐지 말고 논밭도 묵히지 말라고 명하였다.

안태사(安胎司) 민점이 아뢰기를, "두 공주의 태를 갈무리할 때에 백성의 전답 약간이 금표 안에 들어가 올해부터 농사를 짓지 못하게 되었습니다. 관둔전(官屯田)으로 보상해주도록 하소서." 하니, 임금이 따랐다. 『현종개수실록』 11년 3월 19일

원자(元子)의 태봉을 예천에다 정했다. 처음에는 원주에다 정했는데, 연신(筵臣: 왕의 경연을 맡은 신하)의 말이, "태봉 근방의 땅에 백성의 무덤이 있으므로 마땅히 파내야 합니다." 하니, 임금이 말했다. "여러 신하들의 의논이 모두 그대로 둘 수 없다고 여긴다면 차라리 다시 딴 곳을 구해야 한다. 이 (태실) 항아리 하나를 간수하기 위해 사람들의 무덤을 옮기는 것은 내가 차마 할 수 없는 일이다." 『정조실록』 7년 8월 5일

선대왕(先大王)의 태봉 금표(禁標) 안에 있는 백성들의 집을 헐지 말고 논밭을 묵히지 말라고 명하였다. 『순조실록』 1년 11월 8일

조선 후기에 와서 하나의 태봉을 정해서 여러 태를 한꺼번에 안장하도록 했다. 왕실의 공주나 옹주까지도 태봉을 정하고 태실을 조성하여 백성들에게 커다란 부담과 폐해가 되었기 때문이다. 그 현실적인 해결책으로서 숙종은 왕실에서 태봉을 쓸 때 개별적으로 하지 말고 하나의 산을 정해서 조성하도록 조치했다. 또한 표석만 세우고 석물을 쓰지 않게 해서 공사의 부담을 대폭 감소시켰다.

우의정 민희가 말했다. "태봉에 대한 규정은 어느 때 처음 시작했는지 알 수 없지만, 심지어 왕자도 공주도 옹주까지도 모두 태봉을 갖게 되었으며, 각 태봉마다 산 하나씩을 점유하게 됩니다. 방화구역[火巢]을 만들고 석물을 배치하는 일로, 백성들에게 큰 폐를 끼치게 됩

니다. 예전부터 내려오는 규정인데 갑자기 고치기 어렵지만 태봉의 길지를 따로따로 택하지 말고, 깨끗한 산 하나를 골라서 한꺼번에 나열하여 묻고, 다만 표석만 세우고 석물은 쓰지 않는 것이 마땅합니다."

이에 숙종이 일렀다. "이제부터 이들 태봉은 따로따로 만들지 말고 같은 산에 한꺼번에 만드는 것이 좋겠다." 『태봉등록』숙종4년 6월 24일

이러한 모둠 태봉 형식은 영조 때에도 같은 이유로 시행되었다. 이미 세종 대에 성주에 조성된 왕자태실(세종대왕자 태실군)이 그 본보기였다. 영조는 태봉을 조성하는 데 드는 폐단을 고려해서, 같은 태생[同胎]이라면 태실지를 굳이 봉우리 꼭대기로 따로 정하지 말고 같은 산의 다른 등성이를 이용해 연이어서 갈무리하도록 했다.

정조는 1등 태봉의 경우는 기존대로 길지를 구해서 갈무리하도록 하고, 그 외의 태는 내원(內院)의 정결한 땅에 묻도록 명했다. 이처럼 태실의 봉안은 점차로 간소해졌다.

임금이 숭문당에 나아가서 승지에게 명했다. "같은 태생[同胎]을 같은 등성이에 묻는다 하더라도 무슨 거리낌이 있겠는가? 지금은 한 태를 묻는 데에 문득 한 고을을 이용하니, 그 폐단은 이루 다 말할 수 없다. 이것도 마땅히 조종(祖宗)의 제도를 본받아야 될 것이다. 이 뒤로는 새로 정하지 말고 차례로 이어서 묻되, 한 산등성이가 비록 다했을지라도 한 산 안에 또 다른 산등성이를 이용할 것이다. 이어서 묻는 곳은 서로의 거리가 2, 3보(步)에 지남이 없도록 하라." 『영조실록』 34년 3월 24일

"장태(藏胎)하는 폐단은 내가 익히 아는 바이다. 지금부터는 장태를 할 때는 반드시 어원(御苑)의 정결한 곳에 도자기 항아리에 담아 묻게 하고…." 『영조실록』 41년 5월 13일

예조판서 이재협이 아뢨다. "태봉은 사안이 지극히 중대한 것입니다. 선조(先祖: 영조)께서 내리신 가르침은 대개 2등 이하의 태함(胎函)을 가리킨 것이고, 당초에 1등을 두고 깨우친 것은 아니니, 관상감에 분부하여 규례(規例: 정해진 규칙과 관례)대로 거행하도록 하시기 바랍니다."

정조가 말했다. "이 일은 진실로 난처한 일이다. 대개 선조께서 가르침을 내린 뜻이 혹시라도 1등이나 2등을 막론하고 모두 다 설치하도록 하신 것이라면, 이와 같은 미미한 일도 그대로 받들지 못한 것이니, 어찌 너무도 송구스럽지 않겠는가? 혹시라도 그렇지 아니하여, 1등의 봉산(封山)에 있어서는 가르친 내용에 들어있지 않은 것이라면, 국초(國初) 이래로 응당 거행해 온 예법(禮法)을 또한 나로부터 정지할 수도 없는 노릇이다. 그래서 이렇게 의심만 가지다가 이제는 이미 때를 넘기게 되었고, 또한 대궐 안에는 이미 태봉을 할 만한 곳이 없기에, 그전의 태봉 자리에 같이 두는 것이 또한 무방할 듯하니, 규례대로 거행하도록 하라." 『정조실록』 7년 7월 5일

갓 난 옹주(翁主)의 태를 내원에 묻었다. 영종 갑술년에는 명하여 군주의 태를 묻을 적에 안태사를 보내지 말고 다만 중관(中官)을 시켜 가서 묻도록 했다. 그러다가 을유년에 태를 담은 석함(石函)을 경복궁의 북쪽 성 안에서 얻고서야 비로소 중엽 이전의 옛 규례는 내원에 묻었음을 알았다. 그리고는 명하여 앞으로 태를 묻을 때는 반드시 내원의 정결한 땅에 묻도록 했다. 『정조실록』 17년 4월 8일

조선왕실의 태실은 전국적으로 얼마나, 어디에 있을까? 총 143개소가 파악되었는데, 평안도와 함경도를 제외하고 각 도에 분포한다. 지역적으로는 경상도가 32%로 가장 많고, 경기도 25%, 충청도 16%의 순으로 나타났다.[21] 성종 이후로는 경기도와 강원도에도 태실지를 조성했고 예외적으로는 황해도 지역에도 두었다.[22]

조선왕실의 태실문화 전통은 순종까지 면면히 계승되었으나 일제강점기에와서 단절되고 왜곡되었다. 1920년대 후반부터 1934년까지 이왕직(李王職: 일제강점기에 이씨왕조의 사무 일체를 담당하던 기구)은 전국의 태실지와 태실 유적을 파내어 서삼릉 한 켠에 모아 안치하면서 원형을 훼손하였다. 서삼릉의 검은색 비석(烏石)은 왕, 황제, 황태자의 태실 22기이고, 흰색 비석(화강석)은 왕실 가족의 태실 32기이다.

---

21. 심현용, 『한국 태실 연구』 경인문화사, 2016, 184쪽.
22. 윤석인, 『조선왕실의 태실 변천 연구』 단국대학교 대학원 석사학위논문, 2000, 1쪽.

• 서삼릉의 왕, 황제, 황태자 태실비. 검은색의 오석(烏石)을 썼다.

• 서삼릉의 왕실 가족 태실비. 흰색의 화강석을 썼다.

• 『선원보감(璿源寶鑑)』(1931)에는 '여러 왕들의 태단이 고양에 있다(列聖胎壇在高陽).'고 적고, 서삼릉(禧陵·孝陵·睿陵) 서편 가에 간좌(艮坐)로 자리 잡은 태단(胎壇)을 그렸다.

2) 왕태실의 풍수

조선왕실에서 태실은 관례적으로 조성하는 것이 일반적이었지만, 시기에 따라 왕들의 태실에 대한 가치와 인식은 달랐다. 왕태실의 조성에서 드러나는 태도는 어떤지 살펴보기로 하자.

조선을 개국한 태조는 왕위에 오르자마자 천도(遷都) 준비와 동시에 본인의 태실을 새로 길지를 구해 조성하도록 했다. 국왕의 태실이 왕실에서 차지하는 상징적 위상과 본인이 생각하는 태실풍수의 의미가 적지 않았음을 반증한다. 정종 역시 왕위에 오르자 곧바로 멀리 삼남(경상, 전라, 충청) 지방에서 안태(安胎)할 태실지를 새로 잡게 명한다. 태종도 즉위한 이듬해 하륜을 태실지 선정의 책임자로 윤신달을 실무자로 자신의 태실지를 구하게 했다.[23] 태실지에 대한 중요성과 풍수적 가치를 크게 인식하였던 것이다. 위 세 왕의 태는 모두 함흥(영흥)에서 옮겨 지방의 길지에 새로 태실을 조성한 것이었다.

세종도 즉위하자마자 태실지 조성에 나선 것은 마찬가지였지만, 전왕(前王)과 태실을 조성하는 방식과 태도가 달랐다. 자신의 태실지를 가봉하는 과정에 태실의 설비 등에 이르기까지 풍수를 신중하게 고려하도록 지침을 내렸다. 세종은 국정의 전반을 모두 세세하게 간여하고 파악했는데 태실의 경우도 그랬다. 태실지의 지맥을 해치지 않게 건조물까지 신경 쓰는 모습을 보더라도, 세종이 풍수를 얼마만큼 세심하게 따졌는지 알 수 있다. 그럼에도 세종은 태실에 대한 허례도 줄였다. 재위 중에 태실안위제(胎室安慰祭)를 없앤 것이다. 그는 태실을 정비하는 데도 힘을 썼다. 무덤을 쓰는 등 태실지의 훼손을 방지하고, 태실지 수목의 온전한 보전과 관리에 치중했다.

문종은 조정에서, 태봉으로 인한 민폐를 고려하여 논밭의 폐지와 가옥의 철거를 중지할지 여부에 대해서 논의했다. 그 결론은 화재방지를 위해 태봉에 근접한 곳과 풍수보전을 위해 주산 기슭만 보호하는 것으로 났다. 풍수 논리와 현실 사정을 둘 다 감안한 절충적인 판단이었다.

단종이 왕세자로 결정되자 문종은 태실지를 새로 구해서 옮겨 조성했다. 그

---

23. 하륜은 태조 당시 계룡산 천도를 저지한 중신이었고, 윤신달은 서운관의 관리로 풍수전문가였다.

러나 세조는 단종의 왕위를 강제적으로 빼앗은 후에 태실마저 정치적인 의도로 철거했다.[24] 이런 사실을 통해 왕실에서 가지는 태실의 상징적인 의미와 그에 대한 세조의 인식이 잘 드러난다. 그러나 정작 세조는 본인 태실에 대한 가봉은 길지를 새로 구해서 하지 않았다. 성주 태실군 중에 있던 기존의 표석 대신에 비석만 새로 세워서 구별하게 했다.

성종은 왕위에 오르자 본인의 태실을 경기도 광주에 조성하게 했다. 당시 왕실에서 태실지의 풍수적 효험이 비판되면서 인근에 태실을 조성하는 편의성을 택했던 것이다. 성종의 태실에 대한 단적인 인식은 "태를 갈무리하는 일은 나라의 큰 일이 아니다."[25]는 말에서 분명히 드러난다. 당시 왕실에서 태실이 갖는 가치와 위상은 이미 떨어져 있었다는 사실을 여실히 느낄 수 있다. 이런 그의 인식은 태실지의 관리 규제를 완화하는 태도로 반영되었다. 왕실의 태실 조성에 백성의 폐해와 경작 시기를 고려하게 했다. 농사철에 백성을 동원해서 하는 태실 공사를 정지하라고도 명했다.

중종의 태실지도 마찬가지로 경기에 두었다. 태실 때문에 담당 관리들이 먼 지방으로 오고가는 어려움과, 태실지가 백성들에게 끼치는 폐단 때문이었다. 중종 대에 이르자, 태실지를 조성하는 데 드는 막대한 사회경제적 비용과 폐단에 비추어 풍수적 위상과 가치는 더욱 약화되었다. 그렇지만 중종은 정작 아들인 인종 태실지의 관리에는 엄격했다. 관리 소홀로 태봉에 불이 나서 담당자와 수령에게 책임을 물었는데, 군수까지 곤장을 맞고 파직될 정도로 태실지를 엄중하게 관리했다.

선조는 조선의 국왕 중에서 풍수를 신봉하는 편에 속한다. 왕위에 오르자마자 태실 가봉을 했다. 길지를 구하려 재정을 낭비하면서 두 차례나 시행착오를 겪다가 3년째 되던 해에야 태를 갈무리했다. 선조는 태실 조성의 시기에 있어 농번기를 고려하자는 신하의 건의도 받아들이지 않고 강행하기도 했고, 선왕(명종)의 태봉이 파괴된 데에 관리 책임을 물어 고을 수령을 파직시키기도 했다.

이후의 현종, 숙종, 영조, 정조, 순조는 민생과 민폐를 감안해 태실지를 조성하거나 관리했다. 현종은 태실에 대한 민생의 부담을 경감시키려 노력했다. 재

---

24. 마치 태종의 재위 당시에 도성 안에 있었던 신덕왕후의 정릉을 성 밖으로 내친 것과 맥락이 같았다.

25. 『성종실록』 17년 2월 6일

위 중 태실의 가봉을 추수 후에 시행했다. 숙종은 왕위에 오른 지 10년째에 들어서야 태실을 가봉했다. 흉년이 들어 계속 미뤘기 때문이었다. 영조도 즉위 5년째가 되던 해에야 태실을 가봉했는데, 백성들의 노역을 생각하여 태실 공사를 미룬 까닭이다. 그는 석물 양식도 간소하는 등 태실로 인한 백성의 민폐를 줄이는 시책도 강구했다. 정조도 마찬가지로 자신의 태실에 대한 가봉을 여러 차례 미루었다. 아들 순조 태실지 조성에서도 민생을 살펴 검소하게 수행하도록 했다. 태봉 영역 안에 있는 백성들의 집을 헐지 말고, 밭도 경작할 수 있도록 허용했다. 정조의 태실 가봉은 결국 순조 때에야 했다.

왕태실지가 지방에 많은 까닭은

조선의 왕태실지는 대부분 한강 이남의 하삼도(下三道: 충청, 전라, 경상)에 분포해 있다. 위치가 확인되는 왕태실지로서 성종과 중종 태실만 경기도에 있다. 『춘관통고』와 『정조실록』에는 당시에 파악된 왕태봉의 위치를 다음과 같이 기록하였다.

역대 왕[왕후]	태봉 위치 / 현 소재지
태조대왕(太祖大王)	진산(珍山) 만인산(萬仞山) / 충남 금산군 추부면 마전리 산4
정종대왕(定宗大王)	김산(金山) 직지사(直指寺) 뒤 / 경북 김천시 대항면 운수리 산84-2
태종대왕(太宗大王)	성산(星山) 조곡산(祖谷山) / 경북 성주군 용암면 대봉리 산65
세종대왕(世宗大王)	곤양(昆陽) 소곡산(所谷山). 진주 옥산(玉山)에서 동쪽으로 와서 주맥이 되었다. / 경남 사천시 곤명면 은사리 산27
[소헌왕후(昭憲王后)]	순흥(順興) 소백산(小白山) 윤암봉(輪庵峯)
문종대왕(文宗大王)	풍기(豊基) 명봉사(鳴鳳寺) 뒤 / 경북 예천군 상리면 명봉리 501
단종대왕(端宗大王)	곤양(昆陽) / 경북 성주군 월항면 인촌리 산8
세조대왕(世祖大王)	성주(星州) 선석산(禪石山). 영산(鈴山)에서 맥이 왔다. / 경북 성주군 월항면 인촌리 산8
덕종대왕(德宗大王)	기록 없음
예종대왕(睿宗大王)	전주(全州) 태실산(胎室山) / 전북 완주군 구이면 덕천리 산158
성종대왕(成宗大王)	광주(廣州) 경안역(慶安驛) 영장산(靈長山)/ 경기 광주시 태전동 265-1
(연산군)	기록 없음
중종대왕(中宗大王)	가평(加平) 서면(西面) 색현(色峴) / 경기 가평군 가평읍 상색리 산112
인종대왕(仁宗大王)	영천(永川) 공산(公山: 팔공산) 동편 은해사 서쪽 봉우리 / 경북 영천시 청통면 치일리 산24
명종대왕(明宗大王)	서산(瑞山) 동면(東面) / 충남 서산시 운산면 태봉리 산1

역대 왕	태봉 위치 / 현 소재지
선조대왕(宣祖大王)	임천(林川) 서면(西面) / 충남 부여군 충화면 청남리 산227
(광해군)	기록 없음 / 대구광역시 북구 연경동 태봉산 산135
원종대왕(元宗大王)	기록 없음
인조대왕(仁祖大王)	기록 없음 / 미상
효종대왕(孝宗大王)	기록 없음 / 미상
현종대왕(顯宗大王)	대흥(大興) 원동면(遠東面) 박산(朴山) 서편 산록 아래 / 충남 예산군 신양면 황계리 189-2
숙종대왕(肅宗大王)	공주(公州) 목동(木洞) 태봉리(胎封里) / 충남 공주시 태봉동 산64-1 [남면(南面) 오곡(吳谷) 무수산(無愁山) 동구(洞口)]
경종대왕(景宗大王)	충주(忠州) 엄정면(嚴正面) / 충북 충주시 엄정면 괴동리 산34-1 (엄정립비(嚴政立碑)의 북쪽 2·3리 쯤)
영종대왕(英宗大王)	청주(淸州) / 충북 청원군 낭성면 무성리 산6-1 [산내(山內) 일동면(一東面) 무쌍리(無雙里)]
진종대왕(眞宗大王)	기록 없음
정조대왕(正祖大王)	영월(寧越) 계죽산(鷄竹山) 정양리(正陽里) / 강원도 영월군 영월읍 정양리 산51
순조대왕(純祖大王)	기록 없음 / 충북 보은군 속리산면 사내리 산1-1
(헌종)	기록 없음 / 충남 예산군 덕산면 옥계리 산6-2
(철종)	기록 없음 / 미상
(고종)	기록 없음 / 미상
(순종)	기록 없음 / 충남 홍성군 구항면 태봉리 366-38

• 『춘관통고』,(『정조실록』)에 기록된 국왕태봉의 위치를 기본으로 정리한 것이다. 기록이 없는 것은 당시 위치를 확인할 수 없었던 국왕태봉으로 추정된다.

　　왕태실지가 주로 지방에 있었던 까닭은, 좋은 땅(길지)을 구하려 먼 거리도 마다했기 때문이었다. 『중종실록』에서, "원자(元子)의 태봉(胎封)은 가리지 않을 수 없다."는 표현은 이러한 정황을 일러준다.[26] 중후기에 태실풍수의 비중이 약화됨에도 불구하고 왕태실지는 지방에 많았다. 막대한 사회경제적 비용을 들이더라도 왕태실지만은 지방의 길지를 골라 썼던 것이다.

　　"종전에 안태(安胎)는 모두 하삼도(下三道)에다 했으니 그 뜻이 무엇인가? 풍수학에게 물어보는 것이 좋겠다." 하니, 풍수학이 아뢨다. "멀고 가까운 것을 따질 것 없이 길지 얻기를 바랄 뿐입니다." 『성종실록』 7년 11월 28일

---

26. 『중종실록』 12년 11월 23일

왕태실지는 어떤 곳에 자리 잡았나

조선왕실의 태실지에서 입지 조건과 지형패턴은 어떻게 나타날까? 왕태실지가 입지한 지형에는 모두 공통점이 발견된다. 봉긋한 봉우리의 꼭대기에 태실이 자리 잡고 있다는 점이다. 이처럼 봉우리 정상에 태실이 들어서는 모습은 조선 후기의 태봉도에서도 확인할 수 있다. 실록과 『태봉등록』(1643~1740)에 태봉의 입지지형에 대한 다음과 같은 서술이 있다.

좋은 땅이란 대개 단정하고 우뚝 솟아 위로 하늘에 닿은 듯해야 길지가 된다. 『세종실록』 18년 8월 8일

나라의 제도는 반드시 들판 가운데의 둥근 봉우리를 선택하여 그 꼭대기에다가 태를 갈무리하여 태봉이라 했다. 『현종개수실록』 11년 3월 19일

"무릇 태봉은 산꼭대기에 쓰는 것이 상례이며, 원래 내맥(來脈)이나 좌청룡·우백호나 안대(案對: 마주하는 산)는 터 잡는 데에 없다고 합니다." 『태봉등록』 현종3년 2월 1일

조선왕조에서 태실풍수의 터잡기 원리와 방식은 일반적인 주택풍수 및 묘지풍수와는 달랐다. 명당에 이르는 산줄기 내맥이나, 사방산(四神砂: 청룡·백호·주작·현무), 물길 등 명당 필수 요건의 전형적인 지형지세가 수반되지 않는다는 사실이다.[27]

현지답사에서 확인해 보아도, 태실지가 묏자리와 같이 주산(북현무)이나 좌청룡, 우백호 등의 사방산과 물길[臨水] 조건을 엄격하게 갖추고 있지 않다. 태실지 선정기준에 대한 옛 문헌의 표현도 그렇고, 현존하는 왕태실지의 입지에서도 묘지풍수의 입지패턴으로는 예외적인 경우가 많다.

그럼에도 불구하고 한국의 지형특성상 산줄기의 연결성은 대체로 보인다. 근대화로 외딴 모습이 된 단종(사천), 성종 태봉을 제외한 모든 태실봉우리가 산줄기 내맥으로 연결되어 있다. 들판 가운데에 솟은 독봉형(獨峰形)이라기보

---

27. 이와 관련하여 태실연구가 심현용은 현존 태실의 입지가 실제로는 산줄기 내맥과 사방산이라는 풍수의 일반적인 입지 조건을 갖추었다는 비판적인 연구결과를 밝힌 바 있다.

● 태실지의 입지지형 모형. 봉긋하게 돌출한 봉우리의 꼭대기에 태실이 자리 잡았다.(「장조태봉도」 부분도, 장서각)

다는 대부분 산줄기에 이어진 비산비야(非山非野)의 연봉형(連峰形)이다. 독특한 것으로 태조와 성종 태봉의 입지지형은 봉긋한 젖무덤형이 아니고 가로의 산줄기 끝에 뭉툭하게 맺힌 모습을 하였다. 이러한 태실의 입지지형에 이론과 실제의 차이가 나는 것은, 태실풍수서로서 『태장경』이 지형적으로 기반하고 있는 중국 중원의 평원지대와, 한반도에서 산줄기와 산록이 발달한 지형 조건과는 근본적으로 다르기 때문이었다.

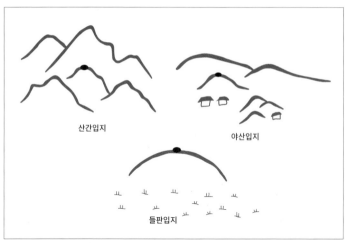

산간입지

야산입지

들판입지

● 왕태실지의 입지지형 경관-산간입지 태봉, 야산입지 태봉, 들판입지 태봉

왕태실지의 입지지형 경관은 단순하게 산간·야산·들판 입지의 봉우리로 분류할 수 있다. 산 속에 있는 산간입지 태봉은 정종(황악산), 문종(명봉산), 세조(선석산), 인종(팔공산), 순조(속리산) 태실지가 해당한다. 가장 많은 수를 차지하는 비산비야(非山非野)의 야산입지 태봉은 태조, 세종·단종(성주), 예종, 선조, 숙종, 영조, 정조, 순종, 헌종 등의 태실지가 이에 해당한다. 그리고 들판을 바라보고 있는 들판입지 태봉은 태종, 단종(사천), 성종, 중종, 명종, 광해군, 현종, 경종 태실지 등이 해당한다.

2. 역대 왕태실

　조선왕조의 왕태실지를 역대 순서대로 정리했다. 광해군과 연산군도 포함했고, 추존된 왕은 제외했다. 진위 논란이 있는 단종 태실지는 성주(경북)와 사천(경남) 두 곳 다 정리했다(학계에서는 학술적인 고증을 거쳐 성주 태실로 확인된 상태다).

　위치가 확인되는 태실지는 왕태실의 성쇠(盛衰)로 두 단계 시기구분(태조부터 예종까지, 성종부터 순종까지) 하여 역대 차례로 살펴보았다. 조선왕조의 27대 국왕 중에서 태실지를 확인할 수 있는 것은 총 22기이다. 위치를 알기 어려운 연산군, 인조, 효종, 철종, 고종 태실지는 모아서 끝부분에 따로 정리하였다.

　개별 왕태실지의 서술 형식은 다음과 같다. 출생 사실과 왕조실록에서 기록된 태실지를 정하고 안치하는 과정, 후대의 관리 사실 등의 순으로 살펴보고 그 의미를 서술했다. 포함된 내용은 태실지 위치와 태실 조성의 역사적 사실, 태실지를 선정한 인물, 고지도상의 태실 표현, 태실지의 풍수적인 산줄기 입지 등이다. 끝부분에는 따로 개인적인 견해와 답사 소회를 추가해 덧붙이기도 했다.

　왕태실지의 풍수를 이해하는 데 요긴한 시각적인 이미지로서 위성사진과 고지도, 현장사진 등도 활용했다. 우선 위성사진을 통해 태실지의 입지를 조감할 수 있도록 했다. 그리고 현장 사진을 통해 현지의 상태와 모습을 살펴볼 수 있도록 했다. 태봉 전경, 복원해 현존하는 태실 유적의 순서로 배치했다. 조선 후기의 주요 군현지도에는 소략하나마 태실의 옛 모습이 재현되어 있고 지리정보가 들어있어, 활용가치가 있는 것으로 선별해 게시했다.

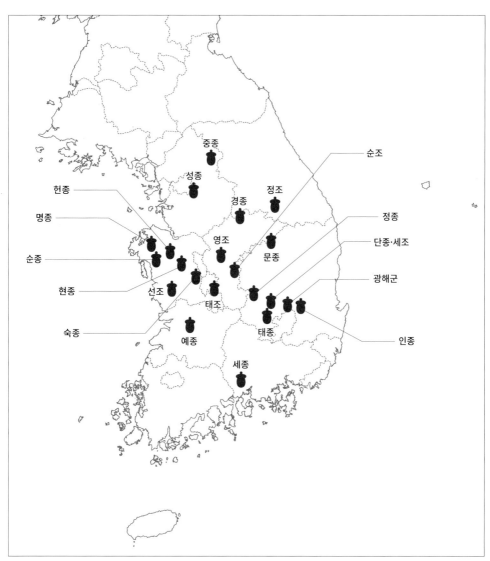

• 현존 왕태실지 분포 지도

1) 태실의 비중이 컸던 시기: 태조부터 예종까지

1대 태조 태실지

태조(1335~1408)는 1335년(고려 충숙왕4) 10월 11일 함경남도 함흥(영흥)에서 환조(桓祖 : 이자춘)와 의혜왕후 최씨의 둘째 아들로 태어났다. 탄생 후 태조의 태는 본래 고향인 함경도 함흥(영흥)에 묻었으나[28] 조선의 국왕으로 즉위한 후인 1393년(태조2) 1월 7일에 전라도 진동 현 만인산(현 충남 금산군 추부면 마전리 산4)으로 옮겨 가봉(加封)해 태실을 조성했다. 태실터를 선정한 사람은 태실증고사를 담당했던 권중화(權仲和, 1322~1408)였다. 실록에도 태조 태실지의 위치를 "태조대왕(太祖大王) 진산(珍山) 만인산(萬仞山)"[29]이라고 기록했다.

조선 후기의 군현지도에도 태조 태실을 표현했다. 18세기 중엽의 『해동지도』(전라도 진산군)에는 태실의 풍수적 형세를 강조해 그렸으며, '태조대왕태봉'(太祖大王胎峯)이라고 표기했다. 『1872년 지방지도』(전라도 진산군)에서는 만인산(萬仞山) 아래에 태실과 태실비를 간략하게 그리고 '태조대왕태실비(太祖大王胎室碑)'라고 적었다. 특히 『비변사인방안지도』(전라도 진산군)에서는 태실지의 풍수적 입지 형세와 함께 태실 및 태실비를 사실적으로 묘사해 주목된다.

태조 태실은 이후 중·개수되다가 1928년에 일제 이왕직(李王職)이 태실을 정리하면서 흩어졌고, 1933년에 지역 주민들이 비석과 석물을 수습하여 지금 위치(마전리 산1-86)에 옮겨 복원했다. 원 태실지에는 민간인 묘가 들어섰다.

태조 태실지의 지형경관은 야산입지 태봉이다. 가로로 길쭉한 산줄기 모양새를 했다. 만인산(534m)에서 동남쪽으로 뻗은 지맥이 골짜기를 형성하면서 손가락처럼 갈라져 그중 가장 곧고 길쭉한 봉우리 꼭대기에 태실이 들어섰다. 만인산이 태실지의 주산이라는 사실은 『1872년 지방지도』(전라도 진산군)에서도 확인된다. 지도에서는 만인산을 주산으로 태실과 태실비를 표현했다.

---

28. 태조의 태를 처음 봉(封)한 곳에 준원전(濬源殿)을 세워 어진(御眞 : 초상화)을 봉안하였다.

29. 『정조실록』 8년 9월 15일. 이하 왕태실지의 실록 위치 인용 부분의 출처는 동일함.

• 태조 태실지의 입지지형 위성사진

• 태조 태봉. 길쭉하게 산줄기가 뻗어 나와 뭉쳐 있는 꼭대기에 태실지가 자리 잡았다.

• 태조 태실지의 현재 모습

• 옮겨서 복원한 태조 태실

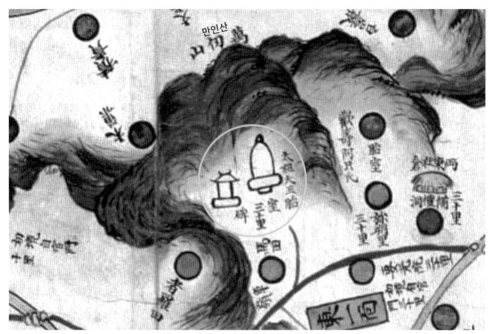

• 『1872년 지방지도』(진산)의 '태조대왕태실'과 '비'. 태봉 위로 만인산(萬仞山)도 표기되었다.

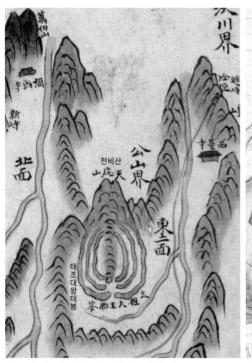

• 『해동지도』(진산)의 '태조대왕태봉'. 천비산(天庇山)에서 주맥이 내려와 태실지에 이르고 좌우와 앞을 겹겹의 산줄기로 에워싼 풍수적인 지형지세를 강조해 표현했다.

• 『비변사인방안지도』(진산)에 사실적으로 그린 '태조대왕태실'. 태실지에 이르며 에워싸는 여러 갈래의 산줄기와 태실 앞으로 모이며 흐르는 물줄기의 모습을 잘 표현했다.

태실지를 새로 정하고 태를 안장하다

1392년(태조1) 7월 17일, 조선의 국왕 자리에 오른 이성계는 곧바로 한양으로 도읍을 옮길 준비를 진행하는 동시에 본인의 태실지를 새로 조성할 계획을 세웠다. 당시만 하더라도 국왕의 태실이 차지하는 상징적인 위상과 풍수적인 비중이 컸음을 짐작할 수 있다. 그해 11월 27일에 권중화로 하여금 태실증고사(태실 조성을 담당하는 책임자)로 임명하고 본인의 태실을 길지에 조성하도록 했다.

태실증고사 권중화는 여말선초의 중신(重臣)이자 지리(풍수), 점[卜筮], 의학 등에 밝은 인물이었다. 그는 계룡산 신도(新都)를 천거한 인물로 유명하고 한양 천도와 도성 계획에도 역할을 수행하였다.

태조가 권중화를 보내 안태할 길지를 찾게 한 지 한 달여 후인 이듬해 1월 2일에, 권중화는 전라도 진동현(현 충남 금산군)에서 길지를 찾아서 산수형세도를 바쳤다. 정작 그의 계룡산 신도후보지 추천은 태조 태실지 선정을 수행하는 계기로 이루어졌다는 점도 흥미롭다. 태조 태실지와 계룡산 신도후보지는 멀지않은 거리에 위치하고 있다. 이어 1월 7일에 태조의 태를 안치했다. 실록의 내용을 요약하면 아래와 같다.

날짜	실록 내용
1392년(태조1) 11월 27일	권중화를 보내어 양광도(경기남부, 강원일부, 충청도)·경상도·전라도에서 안태(安胎)할 땅을 잡게 했다.
1393년(태조2) 1월 2일	태실증고사의 직무를 수행한 권중화가 "전라도 진동현에서 길지를 살펴 찾았습니다."라고 아뢰고 산수형세도를 바쳤다.
1월 7일	권중화를 보내어 태실을 완산부 진동현에 안치하고, 그 현(縣)을 승격시켜 진주(珍州)로 삼았다.

조선왕실의 풍수 인물

권중화(權仲和, 1322~1408)

여말선초의 중신이자 지리(풍수), 점, 의술 등에 밝았다. 태조의 태실지를 전라도 진동현(이후 진산군으로 개칭. 현 충남 금산)에 새로 정해 태를 갈무리했다. 조선왕조의 천도 과정에서 계룡산 도읍 후보지를 추천하였고, 한양 새 도읍지의 궁성 계획을 수립했다. 1392년(태조1)에 태실증고사의 역할을 수행했고, 1393년(태조2)에 영서운관사(領書雲觀事)를 겸임했다. 주요 풍수 활동 경력은 아래와 같다.

- 1392년(태조1) 11월 27일부터 1393년(태조2) 1월 7일까지 태실증고사로서 태조의 태실지를 선택하고 태를 옮겨 갈무리했다.
- 1393년(태조2) 2월 10일에 계룡산 도읍지를 천거하고 새 도읍지의 종묘, 사직, 궁전, 시장을 만들 지세의 그림을 바쳤다.
- 1394년(태조3) 6월 27일에 무악 등의 한양 도읍지를 검토하는 현장에서 태조를 수행하고 자문했다.
- 1394년(태조3) 7월 12일에 음양산정도감에서 정도전 · 하륜 · 서운관원 등과 함께 지리와 도참서들을 모아 교정했다.
- 1394년(태조3) 9월 9일에 정도전 등과 함께 한양에 가서 종묘, 사직, 궁전, 시장, 도로 등의 터를 정했고, 도면을 그려 바쳤다.

태실지를 관리하다

태조의 태를 봉안한 이후, 관례에 따라 진동현은 군으로 승격했고 명칭도 바꾸어 진산군이라고 했다.[30] 『세종실록지리지』는 태조 태실의 봉안 사실을 이렇게 적었다.

1393년(태조2)에 태조의 태실을 봉안했으므로 지진주사(知珍州事)로 승격했으며, 1413년(태종13)에 전례에 의하여 진산군(珍山郡)으로 고쳤다. 『세종실록지리지』

태종 대에는 태조의 태산(胎山)과 태실에 대해 제의도 있었다. 태조 태실이 있는 산에 대한 의례는 산천 제사에 준하여 실행했다. 태종은 1413년(태종13) 9월에 태조의 태봉을 지나면서, 태조의 태산을 산천에 제사지내는 예로 받들 것을 명한 바 있다.

태종이 태조의 태산(胎山)을 보고 말했다. "태실에 제사를 받드는 것은 비록 옛 의례가 없다고 하나, 마땅히 과거에 산천의 예로 제사지내는 것에 의거해야 할 것이다."라고 하며 내시를 보내어 태조의 태실에 제사지냈다. 『태조실록』 2년 2월 9일

태조의 태봉에 대한 왕실의 제사도 정기적으로 있었다. 3년 만에 한 차례씩

---

30. 진산군(진산면)의 행정구역은 1914년에 전북 금산군으로 통합되었고, 다시 1963년에 충남에 편입되어 현재의 충남 금산군이 되었다.

태실안위제(胎室安慰祭)를 했다. 그러나 이 제의는 세종 대에 와서는 없애게
된다.

이후 17세기 후반의 숙종 대에는 태조 태실지를 적극적으로 보존·관리했다
는 기록이 전한다. 1684년(숙종10) 8월 29일에 태조의 태실지에 백성들이 경
작하고 벌목한 것을 다스려 금지시켰다. 당시에 관리 소홀로 민간인들이 태실
지 영역 안을 침범하여 농사를 짓거나 나무를 베곤 했었기 때문이다. 이어 두
해 뒤에는 태조 태실을 대규모로 수리했다.

진산군 태조의 태실에… 간사한 백성이 함부로 이 땅을 경작하고 나무를 베었으므로, 이
를 중하게 다스려서 금단(禁斷)하게 했다.『숙종실록』 10년 8월 29일

1686년(숙종12) 8월 6일에는, 강풍으로 태봉 근처의 오래된 나무들이 부러
지고 태실의 석물들이 파손되었다. 그 뒤 몇 차례 (수리가) 미뤄지다가 1689년
(숙종15) 3월 27일에 마침내 보수 공사를 가봉(加封)과 다름이 없을 정도로 큰
규모로 진행하여 마무리했다.

조선 말기에는 태조 태실지가 풍수의 명당길지로 인지되면서 민간인들이 몰
래 태실지 근처에 매장한 것이 발각되어 문제가 되기도 했다.『태조대왕태실
수개의궤』(1866)에 이렇게 적었다.

"진산군 동일면에 봉안한 태봉은 고을[營邑]에서 보호[禁護]를 얼마나 엄중히 하는가?
방금 들으니, 어떤 법도를 무시한 놈이 금표(禁標) 안 가까운 땅에 몰래 매장[偸埋]했다가
스스로 파갔다고 한다. 관에서 캐어보니, 예전대로 보축(補築)하고 후판(朽板)과 예물(穢
物)은 다른 곳에 버렸다고 했다. … 살펴본 뒤 파내 간 상황에 대해 도형을 그려 보내되…."
『태조대왕태실수개의궤』

"진산군 만인산에 있는 태실의 수호(守護)와 금양(禁養: 수목 등을 보전해 가꿈)은 본래 엄
중한데, 봉표(封標: 태봉의 영역을 나타낸 표식) 내 가까운 땅에 범장(犯葬: 몰래 허락없이 장사
지냄)했다가 다시 파간 흔적이 있다 했습니다."『태조대왕태실수개의궤』

태조 태실지와 유적은 일제강점기(1928년)에 훼손되었고, 근래에 마전리 산 1-108에 태실을 복원했다.

～⊱∞⊰～

태조 태실지는 후대의 왕태실지와는 입지 형태가 전혀 다르다. 봉긋한 봉우리 정상이 아니라 가로로 길쭉한 언덕의 꼭대기에 자리 잡았다. 시기적으로도 국왕으로 등극하고 나서야 길지를 찾아 태를 옮겨 새로 안치한 것이었다. 원 자리에는 민간인 묘가 들어서 있다. 태실지는 안내판 없이 방치된 채로 있다.

2대 정종 태실지

정종(1357~1419)은 1357년(고려 공민왕6) 7월 1일에 함경남도 함흥(영흥)에서 태조 이성계와 신의왕후 한씨의 둘째 아들로 태어났다. 출생 직후 태는 원래 함흥에 묻었으나 어딘지는 확인하기 어렵다. 왕위에 오른 후에 경상도 김산현 황악산 직지사 대웅전 뒤 태봉산(현 경북 김천시 대항면 운수리 산84-2)으로 옮겨 가봉해 태실을 조성했다. 태실지를 선정한 사람은 민제(閔霽, 1339~1408)였다. 실록에도 정종 태실지의 위치를 "정종대왕(定宗大王) 김산(金山) 직지사(直指寺) 뒤"라고 기록했다.

조선 후기의 군현지도에도 정종 태실을 표현했다. 『1872년 지방지도』(경상도 김산군)에는 직지사 위편에 정종의 태실을 간략하게 그렸고 '태실'이라고 표

• 정종 태실지의 입지지형 위성사진   • 정종 태봉(대웅전 뒷 봉우리). 꼭대기에 태실 유적이 있다.

• 정종 태실지 잔존 석물

• 정종 태실지 난간 기둥석[蓮葉柱石]

• 정종 태실지 잔존 초석(礎石)

• 『1872년 지방지도』(김산)의 '태실'

기했다. 일제강점기 때 태실이 훼손된 이후로 원 태실지에는 남은 석물이 흩어져 있고, 일부 석물은 직지사 경내와 성보박물관에 남아 있다.

정종 태실지의 지형경관은 산간입지 태봉이다. 황악산(1,111m)의 산줄기가 동쪽으로 직지사터를 맺은 주산인 태봉산(277m) 봉우리 꼭대기에 태실이 들어섰다.

충청·전라·경상도에 안태할 땅을 잡게 했다

정종이 1399년(정종1) 1월 1일에 왕위에 오르자, 태조도 그랬지만 곧바로(19일) 자기의 태실지를 찾아 새로 정하게 한다. 이렇듯 태실지를 새로 옮기거나 태실을 가봉하는 일은 왕위에 오른 다음이나 왕세자로 책봉된 후에 실행하는 것이 후대에서 일반적인 관례가 되었다.

1399년(정종1) 1월 19일에 여흥백 민제를 충청도·전라도·경상도에 보내어 안태할 땅을 잡게 했다. 『정종실록』 1년 1월 19일

일을 착수한 지 넉 달째 되던 그해 4월 5일에 중추원사 조진을 보내 태를 안장하게 했다. 정종의 태를 김산(金山)에 갈무리하면서, 관례에 따라 김산현을 김산군으로 승격했다.[31]

중추원사 조진을 보내어 김산현(金山縣)에 태를 안치하게 하고, 김산을 승격시켜 군으로 하였다. 『정종실록』 1년 4월 5일

본조의 공정왕(恭靖王: 정종) 때에 왕의 태[御胎]를 묻었으므로 승격하여 군이 되었다. 『신증동국여지승람』

⋙⋘

정종 태실지는 직지사 대웅전 뒷편 언덕 꼭대기에 있다. 언덕 이름도 태봉산이라 했다. 가파르게 경사진 언덕 위로 비스듬히 올라가면 평평한 꼭대기에 석

---

31. 김산군은 1914년에 김천군이 되니 현재의 김천시이다.

물들이 여기 저기 흩어져 있어 태실지를 짐작하게 한다. 온전한 모습의 석물도 쓰러져 있다. 태실지 주위로 소나무숲이 둘러있어 청량한 느낌을 준다.

3대 태종 태실지

태종(1367~1422)은 1367년(고려 공민왕16) 5월 16일에 함경남도 함흥(영흥)에서 태조 이성계와 신의왕후 한씨의 다섯째 아들로 태어났다. 출생 직후 태는 원래 함흥(영흥)의 고향에 묻었으나 정확한 위치는 확인하기 어렵다. 왕위에 오른 이듬해(1401년) 10월 8일에 경상도 성주 조곡산(현 경북 성주군 용암면 대봉리 산65)으로 옮기고 가봉해 태실을 조성했다. 태실지를 선정한 사람은 태실증고사 하륜(1347~1416)과 지관 윤신달이었다. 실록에도 태종 태실지의 위치를 "태종대왕(太宗大王) 성산(星山) 조곡산(祖谷山)"이라고 기록했다.

조선 후기의 군현지도에도 태종 태실을 표현했다. 18세기 중엽의 『해동지도』(경상도 성주)에는 조곡방 위편 산등성이 꼭대기에 '태봉'이라고 위치를 표기했다. 태종 태실이 일제강점기에 훼손되고 나서 원 위치에는 민간인 묘가 들어섰고 남은 유적이 방치되어 있다.

태종 태실지의 지형경관은 들판입지 태봉이다. 대황산(486m) 아래로 남쪽으로 뻗은 지맥이 하천변에 다다라 맺은 봉우리 꼭대기에 태실이 들어섰다. 태봉 아래로는 낙동강 지맥의 하천이 태실지를 에워싸고 동쪽으로 흘러나간다.

• 태종 태실지의 입지지형 위성사진

• 태종 태봉. 하륜이 책임을 맡아 정한 자리다.

• 태종 태실지의 현재 모습

• 태종 태실지 잔존 유적

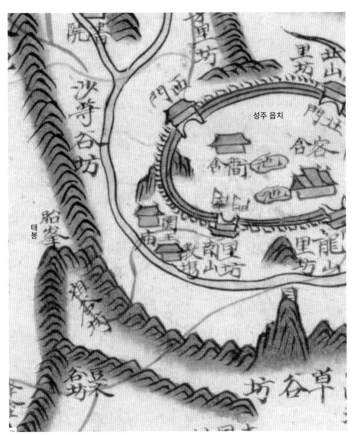

• 『해동지도』(성주)의 '태봉'. 오른쪽에 성주 읍치가 있다.

하륜을 태실증고사로 삼았다

태종 역시 태조나 정종과 마찬가지로 왕위에 오르고 나서 태실을 새로 옮겨 조성하였다. 다만 태실지 조성은 시기를 늦춰 즉위한 다음 해에 착수했다. 태종은 1401년(태종1) 7월 23일에 하륜을 태실지 선정의 책임자로, 윤신달을 실무자로 삼고 자신의 태실터를 구하게 했다. 태실증고사 하륜은 태종의 심복으로서 능자리(헌릉)를 선정한 장본인이기도 하다. 태종은 1415년(태종15)에 당

조선왕실의 풍수 인물

하륜(河崙, 1347~1416)

여말선초의 문신(文臣)이다. 조선왕조의 천도 과정에서 계룡산 신도를 반대하고 무악 명당을 주장했다. 태종의 태실지를 봉안하는 책임자인 태실증고사를 수행했다. 왕조실록에 기록된 하륜의 주요 풍수 활동 경력은 아래와 같다.

- 1393년(태조2) 12월 11일에 계룡산 신도의 지리 및 풍수상의 문제점을 지적하여 저지시켰다.
- 1394년(태조3) 7월 12에 음양산정도감에서 정도전, 권중화, 서운관원 등과 함께 지리와 도참서들을 모아 교정했다.
- 1394년(태조3) 8월 12일·13일에 한양 도읍지를 검토하는 현장에서 태조를 수행하고 신도 후보지로 무악 명당을 주장했다.
- 1401년(태종1) 7월 23일에 태실증고사가 되어 태종의 태실을 봉안하는 책임자 역할을 수행했다.
- 1404년(태종4) 10월 2일과 4일에 조준·권근 등과 함께 태종을 수행하여 무악에 가서 환도(還都) 할 땅을 살펴보았다.
- 1415년(태종15) 11월 15일에 태종의 능자리를 대모산에 정했다.

윤신달(尹莘達, ?~?)

조선 초기에 서운관(書雲觀)에 관리인 판서운관사(判書雲觀事)로 재직하면서 왕실의 풍수 실무를 담당하였다. 태조의 한양 천도와 태종의 환도 과정에서 수행하여 풍수를 자문했다. 그리고 태종의 태실지를 구하는 일로 하륜을 도왔다. 왕조실록에 기록된 윤신달의 주요 풍수 활동 경력은 아래와 같다.

- 1394년(태조3) 8월 11일에 태조와 무악 후보지에 동행하여 도읍불가론을 주장하고, 부소(扶蘇) 명당을 첫째로, 남경(南京)을 둘째로 글을 올려 추천하였다.
- 1394(태조3) 8월 13일에 태조와 한양 후보지를 검토하면서 한양의 건방(乾方)이 낮아서 물과 샘이 마름[乾方低下 水泉枯涸])을 자문했다.
- 1401년(태종1) 7월 23일에 태실증고사 하륜을 수행하여 태실터를 정하는 일을 도왔다.
- 1404년(태종4) 9월 9일에 태종의 명으로 유한우·이양달 등과 함께 한경(漢京)에 이궁(離宮) 지을 자리를 살펴보았다.
- 1404년(태종4) 10월 4일에 태종을 수행해 무악명당지를 찾을 때, 무악과 한양을 비교 검토하면서, 풍수와 도참을 들어 한양은 불가하고 무악이 적합함을 말했다.

시 좌의정으로 있던 하륜에게 명하여 자신의 능자리를 구하 게 했는데, 그때 하륜이 현재의 대모산 헌릉 자리를 정했던 것이다. 그리고 윤신달은 일찍이 태조 대에 서운관 관리인 판서운관사(判書雲觀事: 서운관의 으뜸 벼슬. 정3품)로 재직하였는데, 이번에 풍수자문 담당역할로서 태실증고사로 임명된 하륜을 도와 일을 수행하였다.

영사평부사 하륜을 태실증고사로 삼았다. 임금이 청화정에서 전송하고 하륜에게 말 2필·안장 1개·옷 1벌[褶: 말탈 때 입는 바지]을 주고, 지관 윤신달에게 말 1필, 옷 1벌을 주었다. 『태종실록』 1년 7월 23일

착수한 지 넉 달째 되던 그해 10월 8일에 태종의 태실을 가봉해 새로 조성했다. 민제가 함흥(영흥)에서 태를 가져와서 봉안하였고, 태실지의 관리 조치도 시행했다.

민제가 함주(咸州)에 가서 태함(胎函)을 받들고 경산부에 이르러 태실 시위품관 4인과 수호인 10호를 정했다. 『태종실록』 1년 10월 8일

태종 태실지는 들판 뒤로 볼록 솟은 마을 언덕 꼭대기에 있다. 언덕 위로 올라가면 태실지에는 민간인 묘가 들어서 있고, 잔존 석물로 추정되는 석재만 방치되어 있다. 태실지라는 안내판은 없다. 태종이 하륜에게 태실지를 구하게 했고, 함흥에게 태를 옮겨 안장한 사실로 미루어 보아 태실이 지니는 상징성을 중시했다고 판단된다.

4대 세종 태실지

세종(1397~1450)은 1397년(태조6) 4월 10일에 한양에서 태종과 원경왕후 민씨의 셋째 아들로 태어났다. 출생 직후 세종의 태를 어디에 갈무리했는지는 확인하기 어렵다. 왕으로 즉위한 해인 1418년(세종 즉위년) 10월 25일에 경상

• 세종 태실지의 입지지형 위성사진

• 세종 태봉. 태실증고사 정이오가 정한 자리다.

• 『해동지도』(곤양)의 '태봉'

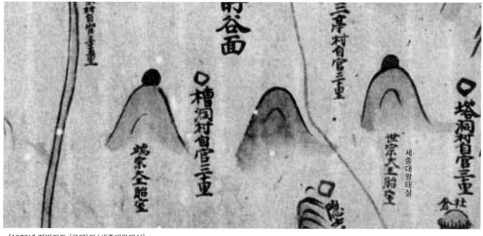

• 『1872년 지방지도』(곤양)의 '세종대왕태실'

● 세종 태실 유적. 원 태실지의 산자락 아래로 옮겨 전시한 것이다.

● 세종 태실지의 현재 모습

도 곤명현 소곡산(현 경남 사천시 곤명면 은사리 산27)에 가봉해 태실을 조성했다. 태실터를 선정한 사람은 태실증고사 정이오(鄭以吾, 1347~1434)였다. 실록에도 세종 태실지의 위치를 "세종대왕(世宗大王) 곤양(昆陽) 소곡산(所谷山)"이라고 기록했다.

조선 후기의 군현지도에도 세종 태실을 표현했다. 18세기 중엽의 『해동지도』

(경상도 곤양)에는 '태봉'을 적었고, 『1872년 지방지도』(경상도 곤양)에는 '세종대왕태실'을 위치와 함께 표기했다. 세종 태실이 일제강점기에 훼손되고 나서 원 태실지에는 민간인 묘가 들어섰으며, 태실 유적은 산자락 아래에 옮겨 복원해 놓았다.

세종 태실지의 지형경관은 야산입지 태봉이다. 지리산 삼신봉(1,289m)의 산줄기가 동남쪽으로 뻗어 내려오다 소곡산으로 맺은 봉우리 꼭대기에 태실이 들어섰다.

태를 봉할 것이오니 길지를 택하도록 하소서

세종은 왕위에 오른 후에 자신의 태실터를 새로 정하고 태를 옮겨 봉안하도록 했다. 실록을 보면 그가 태실을 정비할 때 설비 등에 이르기까지 풍수를 신중하게 고려하도록 지침을 내렸다는 사실을 알 수 있다.

1418년(세종 즉위년) 8월 14일 즉위 후 4일 만에 예조에서 전례에 따라 길일을 택해 태실을 봉안할 것을 아뢨다. 이어 세종은 태실도감을 설치하여 길지를 선택하도록 했다.[32]

예조에서, "이제 장차 길한 때를 가리어 태를 봉할 것이오니, 청컨대 전례에 좇아 태실도감을 설치하여 길지를 택하도록 하소서." 하여, 그대로 좇았다.『세종실록』 즉위년 8월 14일

이윽고 태실도감을 설치하고 길지를 물색하는데, 태실지 선정 책임자는 정이오가 담당했다. 정이오는 본관이 진주(晉州)인 문신으로 당시 벼슬은 의정부 찬성(贊成)이었다. 태실자리를 물색한 지 두 달여 후인 10월 25일에 정이오는 진양에서 직접 태실의 지형지세를 그린 산도(山圖)를 바쳤다. 이후에 최종적인 검토를 거쳐 태실자리로 곤명이 선정되었다. 당시 곤명은 진주[牧] 영내에 속한 고을[屬縣]이었다.

태실증고사 정이오가 진양으로부터 와서 태실산도(胎室山圖)를 바치니, 그 산은 진주의

---

32. 태실도감은 태실을 조성하는 역할을 전담하여 수행하는 임시관청이다.

속현 곤명에 있는 것이었다. 『세종실록』 즉위년 10월 25일

터를 구한 곧바로 태실도감에서는 태실의 조성을 추진했고, 조영 과정에서 풍수를 신중하게 고려했다. 11월 3일에 세종은 풍수를 고려한 설비 지침까지 세세하게 내렸다. 그가 태실지의 지맥을 해치지 않게끔 건조물까지 일정한 법식으로 정히면서 신경 쓰는 모습을 보더라도 풍수를 얼마만큼 따졌는지 알 수 있으며, 당시 왕실에서 풍수가 차지하는 비중을 짐작케 한다.

"태실에 돌난간을 설치하면서 땅을 파서 지맥을 손상시켰으니, 지금 진주의 태실에는 돌난간을 설치하지 말고, 단지 나무를 사용하여 난간을 만들었다가 썩거든 이를 고쳐 다시 만들 것이다. 이를 일정한 법식으로 삼을 것이다." 했다. 『세종실록』 즉위년 11월 3일

이틀 후인 11월 5일에 예조에서는 태실을 옮겨 봉안할 때 갖춰야 할 의례 절차와 시설에 대해 세종에게 아뢰게 된다. 태를 옮기고 갈무리하는 과정에서 수행되는 통과 의례와 절차에 대해서는 알려진 사실이 없는데, 아래 내용은 그 일단을 짐작하게 해준다. 당시만 해도 태를 봉안하는 의례는 매우 성대하였음도 확인할 수 있다.

"태실을 진주로 옮겨 봉안할 때에, 태를 모시는 곳에는 채붕(綵棚: 비단 누각)을 짓고 나희(儺戲: 부정함을 쫓는 의례)를 베풀게 합니다. 지나가는 주·현에는 다만 관문(館門)에만 채붕을 짓고, 의장(儀仗)과 고악(鼓樂)을 갖추며, 교외에서 맞이하고, 각 도의 감사와 수령은 자기의 관내를 넘어오지 못하게 할 것입니다." 하니, 그 말을 따랐다. 『세종실록』 즉위년 11월 5일

이윽고 예조에서 태실도감의 설치를 발의한 지 넉 달째 되던 1418년 11월 11일에 권규(1393~1421)가 세종의 태를 곤명의 태실자리로 옮기는 일을 진행했다.

길창군 권규가 유후사로부터 임금의 태를 받들고 진주 곤명현을 향하여 가는데, 털옷[毛衣]과 털갓[毛冠]을 내려주었다. 『세종실록』 즉위년 11월 11일

태실에 안위하는 제사를 없애라

세종의 태실이 새로 조성된 곤명현은 관례에 따라 현에서 군으로 승격했다.[33]

왕의 태[御胎]를 현에서 20리 북쪽 소곡산에 안치하고, 남해현(南海縣)을 곤명현(昆明縣)과 합쳐서 곤남군(昆南郡)으로 승격시켰다.[34] 『세종실록』 지리지

세종은 재위 시에 태실에 대한 허례를 줄였다. 1421년(세종3)에 태조와 정종이 안위제를 거행하지 않았다는 것을 근거로 태실안위제를 없앴다.

태실에 안위하는 제사를 없애라고 명했다. 왕자의 태를 묻은 뒤에 3년 만에 한 차례씩 제사지내는 것을 태실안위제(胎室安慰祭)라 하는데, 이 날 예조에서 서운관에 명하여 옛날 규례를 상고하라 했다. 그러나 태조와 공정왕(恭靖王: 정종)은 안태한 뒤에 다 안위제를 행하지 않았다 하므로 없애라고 명하게 되었다. 『세종실록』 3년 10월 10일

다만 왕실 태실지의 정비와 관리는 철저하게 했다. 세종이 재위하던 당시 조정에서는 태실을 조성한 이후에도 온전한 보전에 치중하는 모습이 역력하게 드러난다. 태실을 수호하는 군사의 거주를 통제하고, 담당 관원이 3년마다 태실을 점검하며, 태실지의 수목을 관리하도록 했다. 태실지 부근의 옛 무덤은 길흉을 따져 이장을 명했다. 순흥태실지(소헌왕후), 성주태실지(왕자군), 기천태실지(문종) 등도 함께 정비했는데, 국면 안에 있는 무덤, 절, 사당과 괴상한 나무, 바위 등을 철거하게 했다.

태봉산 수목의 보전 관리에 치중했다. 성주목사가 태종의 태봉산에 있는 나무를 잘라 관아 짓는데 쓰고, 세자의 태봉을 훼손했다는 상소가 올라와서, 사실 여부를 살펴보았다. 실록의 관련 내용을 요약하면 다음과 같다.

---

33. 곤명현의 현재 행정구역은 사천시 곤양면이다.
34. 『세종실록』 지리지, 경상도, 진주목 곤남군

날짜	실록 내용
1436년(세종18) 7월 20일	여러 태실을 수호하는 군사들에게 여러 능실(陵室)의 예에 의거하여 한정한 곳 밖에 접해 거주함을 금하게 했다. 3년마다 한 차례씩 관원을 보내어 돌아다니며 살피게 했다. 그리고 잡목을 뽑아 버리게 했다.
1444년(세종26) 1월 5일	임금이 "태실 영역[圖局] 안에 옛 무덤이 있으면 길흉이 어떠한고?" 물었다. 의생이 아뢰기를, "『안태서(安胎書)』에 이르되, '태실은 마땅히 높고 정결한 곳이라야 한다.'고 했으니, 장경의 묘는 속히 철거함이 마땅합니다." 했다. … 임금이 즉시 명하여 장경의 묘를 옮기라 했다.
1월 7일	"경상도 순흥·성주·곤양·기천 등의 고을은 태실 영역 안의 옛 무덤과 절[寺社]을 모두 철거하고, 괴상하게 생긴 나무나 돌과 철거해야 할 것은 그곳 각관으로 하여금 도면을 세밀하게 작성하여 올려 보내게 하고, 다시 대신을 보내어 살펴보아 철거하게 하소서." 하니, 그대로 따랐다.
1448년(세종30) 4월 9일	권총이 글을 올렸다. … "지금 성주목사 유지례가… 태산(胎山)의 나무를 함부로 베어서 아문(衙門) 1백 40여 간을 짓고, 그 고을의 품관(品官) 한 사람도 따라서 벌목하여 산림이 거의 벗어졌습니다. 신은 생각하건대 이와 같은 무리가 함부로 선왕의 태실을 움직이고 동궁(東宮: 왕세자)의 태봉을 짓밟아서 나라 근본을 흔드니… 임금께서는 깊이 헤아리소서."

이후 1731년(영조7) 3월 25일에, 영조는 세종 태실지의 금표 내에 있는 백성들의 밭에 대하여 보상하거나 대토(代土)해주는 조치를 취하였다. 태실지로 감수해야 하는 경제적 불이익에 대한 보상의 차원이었다.

홍치중이 아뢰기를, "이는 곤양(昆陽)의 태실을 살펴본 문서입니다. 지금 이 태실은 금표(禁標) 내에 백성들의 전답이 17결(結) 60여 부(負)나 될 정도로 많으며, 민가도 4호가 있다고 합니다. 200년 동안 백성들이 경작하며 살아온 주거지를 하루아침에 묵혀 버린다면 틀림없이 생업을 잃어 삶이 보전되지 못하는 폐단이 생길 터이니, 마땅히 값을 주거나 대토(代土)해 주는 조치가 있어야 합니다. 다만 태실은 으레 높고 외딴 곳에 있게 마련이어서 평지에서 매우 멀리 떨어져 있는 법인데, 어찌 금표 안에 17결이나 들어갈 수가 있겠습니까. 이는 틀림없이 척량(尺量)할 때 자세히 살피지 못한 소치일 터이니, 다시 자세히 척량하여 금표를 정하고, 금표 내의 민전(民田)과 민가는 값을 주든 대토해 주든 간에 마땅히 변통하는 조치가 있어야 합니다." 하니, 영조가 이르기를, "그리하라." 『승정원일기』 영조 7년 3월 25일

세종 태실지는 소곡산 뒤쪽으로 민간인 묘소까지 난 길로 올라간다. 현재 소곡산 산자락 아래에 마련되어 있는 태실 유적지는 원 태실지의 석물을 옮겨 새로 복원한 것이다. 꼭대기의 태실지에는 민간인 묘가 들어섰고, 세종의 원태실

지라는 안내판은 없다. 세종이 풍수를 꼼꼼히 따져 태실을 가봉하게 지시하는 실록의 내용이 흥미롭다.

5대 문종 태실지

문종(1414~1452)은 1414년(세종3) 10월 3일에 한양에서 세종과 소헌왕후 심씨의 맏아들로 태어났다. 탄생 후 문종의 태를 어디에 갈무리했는지는 확인하기 어렵다. 왕세자로 책봉되고 나서 1439년(세종21) 2월 3일에 경상도 기천현 명봉산(현 경북 예천군 상리면 명봉리 501)로 태실을 가봉해 봉안했다. 태실터를 선정한 사람은 안태사 판중추원사 안순(安純, 1371~1440)이었다. 실록에도 문종 태실지의 위치를 "문종대왕(文宗大王) 풍기(豊基) 명봉사(鳴鳳寺) 뒤"라고 기록했다.

「장조태봉도」(1785)에는 명봉사 바로 뒤에 입지한 '문묘조태실'을 적고 상세히 그렸다. 조선 후기의 군현지도에도 문종 태실을 표현했다. 18세기 중엽의 『해동지도』(경상도 풍기)와 『1872년 지방지도』(경상도 풍기)에는, 문종 태실로 이르는 산줄기 맥을 강조해 표현했고, 명봉산을 주산으로 그렸다. 지도에는 위치를 알 수 있도록 각각 '문종대왕태봉'과 '문종대왕태실'이라고 표기했다.

문종 태실은 일제강점기에 훼손된 후, 현재 명봉사 경내에 유적지가 별도로 남겨져 있고, 일부 수습된 석물 일부 유적과 함께 명봉사 뒤 산언덕에 새로 조성했다.

문종 태실지의 지형경관은 산간입지 태봉이다. 황장산(1,077m)이 동남쪽으로 산줄기를 뻗어 명봉산을 주산으로 명봉사터를 맺었는데, 그 무량수전 뒷산 봉우리 꼭대기에 태실이 들어섰다.

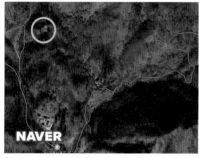
• 문종 태실지의 입지지형 위성사진

• 문종 태봉

● 문종 태실 잔존 유적. 명봉사 경내에 수습해 모아 놓았다.　● 유물을 수습해 새로 조성한 문종 태실

● 「장조태봉도」(1785)에 상세히 그린 '문종태실[文廟朝胎室]'. 명봉사 뒤 우뚝한 봉우리 머리에 들어섰다.

• 「해동지도」(풍기)의 '문종대왕태봉'

• 「1872년 지방지도」(풍기)의 '문종대왕태실' 명봉산에서 태실로 내려오는 산줄기 맥도 표현하였다.

길지를 가려 묻어 수명과 복을 기르게 하소서

세종은 문종을 왕세자로 정한 후에 태실터를 새로 정해 옮기게 한다. 왕세자로서 태실을 가봉하는 경우는 문종이 시작이었다. 1436년(세종18) 8월 8일에 문종의 태를 길지를 가려 옮기자는 조정의 논의가 처음 있었다. 풍수학을 하는 정앙(鄭秧)의 상서에서 비롯되었다. 당나라 일행(一行)이 쓴 『태장경』의 육안태(六安胎) 법 등에 근거하여 왕세자의 태실을 미리 조성해서 세자의 수명과 복록을 기르자는 것이었다. 일행은 당나라 때의 승려로서 풍수지리로 유명한 인물이다. 조선왕조에서 가장 으뜸 되는 풍수교과서로 삼은 『금낭경』에도 주석을 달았는데, 규장각에 판본이 현존한다. 실록을 보자.

음양학을 하는 정앙이 글을 올렸다. "원컨대 일행(一行)과 왕악(王岳)의 태를 간수하는 법에 의거하여 길지를 가려서 이를 잘 묻어 미리 수명[壽]과 복을 기르게 하소서."

(세종이) 풍수학에 내리어 이를 의논하게 하니, 모두 상서한 것이 적당하다고 하므로, 명하여 내년 가을에 다시 아뢰라고 했다. 『세종실록』 18년 8월 8일

문종의 태실지를 예천으로 결정한 과정은 확인하기 어렵다. 조정에서 문종 태실의 가봉 논의를 한 지 3년 후인 1439년(세종21) 2월 3일에 문종의 태를 지

금 자리(예천 명봉리)로 옮겨 안치한다. 그때 태를 봉안한 사람은 안태사 안순이었다. 안순은 본관이 순흥(順興)인 문신이었다.

안태사 판중추원사 안순이 동궁의 태를 받들고 경상도 기천(基川)으로 갔다. 『세종실록』 21년 2월 3일

태실 영역 안의 옛무덤과 절을 모두 철거하고

1444년(세종26) 1월 7일에 문종의 태실지를 정비하면서, 영역 안에 있는 무덤, 절, 사당과 괴상한 나무, 바위 등을 철거하고 관리했다.

"태실 도국(胎室圖局) 안의 옛무덤과 절[寺社]을 모두 철거하고, 괴상하게 생긴 나무나 돌과 철거해야 할 것은 그곳 각관으로 하여금 도면을 세밀하게 작성하여 올려 보내게 하고, 다시 대신을 보내서 살펴보아 철거하게 하소서." 하니, 그대로 따랐다. 『세종실록』 26년 1월 7일

문종의 태실이 안치된 경상도 예천은 태실을 봉안한 이유로, 문종이 즉위하자(1450년) 현에서 군으로 승격했다. 관례에 따른 것이었다. 풍기라는 지명도 그때 생겼다.

처음에 문종의 태실을 기천의 임내(任內)인 은풍(殷豊) 땅에 봉안했다. 문종이 즉위하자, 기천과 은풍을 병합하여 한 고을로 만들어서 군(郡)으로 승격시켜 '풍기(豊基)'라고 부르고, 기천의 옛 고을을 그대로 다스리게 했다. 『문종실록』 1년 9월 28일

"본 군은 문종의 태실을 봉안하여 지난 경오년에 현에서 군으로 승격했습니다." 『세조실록』 5년 1월 29일

태봉 아래에 백성의 집을 철거하고 밭을 폐지하니 애통합니다

1451년(문종1) 1월 22일 중추원 부사 박연이 태봉으로 인한 민폐를 고려하여 태실지 영역에 있는 논밭의 폐지와 가옥의 철거를 중지해 주도록 상소했다. 그는 주장의 근거로 '풍수설에도 사람이 사는 것을 꺼리지 않는다.'고 했고, 실

제적으로도 '현지에는 번성한 도읍에 인구가 많다.'는 논리를 폈다. 하물며 태실의 경우에는, 백성의 원망을 감수하면서까지 집을 철거하고 밭을 없앨 이유가 없다는 것이었다.

그간에 왕실에서는 태실의 일정 영역을 규례로 정하여 자연상태 그대로 엄격히 보존·관리한 바 있었다. 그런데 민가 근방에 새로 태실지를 정할 때나, 세월이 지나 태실지에 하나 둘씩 집과 경지가 들어서면서 강제 철거로 사회적인 문제가 되었던 것이다. 사실상 태실지가 정해지면서 발생되는 이 사안은 조선 후기까지 지속되어 왕실에서는 두고두고 골칫거리가 되었다.

이에 문종은 현지 사정을 조사하여 보고하게 하는 한편 풍수학에 내려 심의하게 했다. 그러자 풍수학에서는 태봉에 근접한 가옥은 태실에 화재의 우려가 있으니 옮기고, 주산의 기슭 외에 기존의 논밭과 절은 그대로 둘 것을 건의했다. 이 방책은 현실적인 사정과 풍수적인 원리를 둘 다 감안한 절충적인 판단이었다. 화재방지를 위해 태봉에 근접한 곳은 관리하는 한편 풍수의 지맥보전을 위해 주산 기슭은 보전하면서도, 그 외의 장소는 경지로 활용할 수 있도록 조치한 것이었다. 실록의 상세한 논의를 보자.

중추원 부사 박연이 상언했다. "태봉의 아래에 백성들의 집을 철거하고 밭을 폐지하니, 지극히 애통합니다. 지리(풍수)의 설에 말하기를, '닭이 울고 개가 짖고 시끌시끌한 시장과 연기 나는 마을은 은연히 융성하니, 누가 그 근원을 찾아내겠는가?' 하고[35], 또 말하기를, '산이 마주함은 물이 마주함과 같지 아니하고, 물이 마주함은 사람이 마주함과 같지 아니하다.'[36]고 했으니, 사람이 거주하는 것을 꺼리지 않는 것이 분명합니다.

산수의 기운이 사람이 거주하기 때문에 손해가 있다고 하면, 도성의 주·현은 백성이 모여 사는 바가 여러 해 계속되었으나 부유하고 번성하기가 한결같으니 사람의 주거가 풍수에 해가 없음을 충분히 증험할 만합니다. 또 장법(葬法)을 상고하면, 고금의 경험이 모두 사람이 거주하는 것을 꺼리지 않습니다. 신이 보건대 신라의 능묘는 왕성 안에 많이 있었으나 나라를 천년이나 계승했고 성대(盛代)라고 일컬었습니다. 중국 사람들의 묘는 전원의 두둑

---

35. 『청오경』에 나오는 구절로 원문은 다음과 같다. "雞鳴犬吠 鬧市烟村 隱隱隆隆 孰探其源"
36. 원문은 다음과 같다. "朝不如水朝 水朝不如人朝"

에 있으나 가세가 끊이지 않고 명현이 나왔으니, 사람의 거주지가 모인 것도 또한 길한 기운이 되는 것은 의심할 것이 없습니다.

하물며 태실은 능묘의 깊고 미묘함에 비길 바가 못 되므로 더욱 사람의 거주를 꺼려할 것이 못됩니다. 어찌 반드시 태봉의 천 길 아래에 있어, 산맥에 침범되지 않는 평지 아래 땅인 전원과 집을 남김없이 철거한 뒤에야 길하겠습니까? 이것은 심히 이치가 없는 것입니다. 만약 이러한 예를 굳게 고집하여 항구한 법규를 세운다면… 나라의 밭은 줄어들어 민생의 원망이 그칠 날이 없을 것입니다.

진실로 바라건대 전하께서는 지리의 여러 책과 태경(胎經)의 설을 두루 고찰하도록 명령하여, 만약 가옥을 철거하고 농경을 금지하는 글귀가 없거든 특별히 말씀[德音]을 내려서 옛날의 생업을 그대로 허락하시고, 그 태봉 주변에 절이 있는 곳에는 기도하는 곳으로 삼아 옛사람의 태실의 예(例)와 같이 하는 것이 어떠하겠습니까?" 하니, 풍수학에 내려 이를 의논하게 했다.

뒤에 풍수학에서 의논하여 아뢨다. "태봉에 너무 가까이 사람이 거주하면 화재가 두려우니, 도국(圖局)의 밖에 옮기는 것이 마땅합니다. 만약 태봉의 주혈(主穴) 산기슭 이외에는 일찍이 경작한 밭과 태봉 주변의 절은 다른 태실의 예에 의하여 옛날 그대로 하소서." 했다.
『문종실록』 1년 1월 22일

태실을 관리하다

태실을 조성한 지(1439년) 20여 년이 지난, 1463년(세조9) 3월 4일에 문종의 태실 석물의 일부가 손상되었다고 하여, 세조는 도순찰사로 하여금 살펴서 보고하게 했다.

예조에서 아뢨다. "옛 은풍의 문종대왕 태실은 석난간과 전석(磚石)이 조금 물러났으니, 청컨대 풍수학관을 보내어 살펴보고 수리하게 하소서." 하니, 세조가 전교하기를, "마땅히 도순찰사 이극배로 하여금 살펴보고 아뢰게 하라." 했다. 『세조실록』 9년 3월 4일

이후 한참의 세월이 지나서 1666년(세조9) 4월 21일에는 울산의 수령이 문종의 태봉 구역 안에 논밭을 두어 관련자에게 죄를 묻도록 했다는 기록이 나온다.

대사간 정만화 등이 아뢰기를, "울산부사 남천택은 입안(立案)을 사칭하여 방화구역[火巢]인 문종대왕 태봉 안에 논밭[莊]을 설치하였으니, 크게 법을 무시한 처사입니다. 나문(拿問: 잡아서 심문함)하여 죄를 주소서. 경상도의 전임과 후임 감사는 즉시 아뢰지 않았으므로 사실을 숨긴 죄를 면하기 어렵습니다. 아울러 추고(推考: 허물을 캠)하소서." 하니, 임금이 따랐다. 『현종실록』 7년 4월 21일

※

문종 태실지는 명봉사 무량수전 오른쪽을 끼고 난 길을 돌아 올라가면 뒷산 꼭대기에 있다. 현재에는 흩어진 태실 유물을 수습하고 부분적으로는 새로 조성해 복원해 놓았다. 세종은 문종이 왕세자로 책봉되자 곧바로 태실을 옮겨 가봉하고 보전에 힘을 썼다. 그러나 이때부터 태봉의 조성과 관리 과정에서 발생하는 민폐의 문제가 왕조에 부담이 되기 시작한다.

6대 단종 태실지

단종(1441~1457)은 1441년(세종23) 7월 23일에 한양에서 문종과 현덕왕후 권씨의 외아들로 태어났다. 탄생 후 태는 선석산(현 경북 성주군 월항면 인촌리 산8)의 세종대왕자 태실지에 안치했다.[37] 세종은 이미 2년 전(1439년)에 길지를 골라 여러 왕자들의 태를 성주 선석산에 갈무리하게 한 바 있었다. 단종이 왕세자로 책봉된 다음 1451년(문종1) 3월 6일에 성주 가야산 북쪽의 법림산(경북 성주군 가천면 법전리 산10)으로 태를 옮겨 가봉해 봉안했다. 그러나 세조가 왕위를 빼앗은 후 1457년(세조3)에 단종을 노산군으로 강등했고 이듬해에 태실마저 철거했다.

단종 태실지는 현재 성주 법림산과 사천(옛 곤양) 소곡산 두 곳으로 알려져 논란이 있었다. 하지만 옛 문헌에 근거한 학계의 연구에 의하면 성주의 태실지가 맞는 것으로 판단한다. 사천의 현 태실지는 예종의 큰아들인 인성대군(仁城大君) 태실지였으나, 숙종 이후에 위치가 잘못 보고되고 영조 대에 와서 정치

---

37. 『세종실록』 25년 12월 11일 기록에 처음 원손의 태를 경상도 성주에 안치했다는 내용이 있다.

• 단종 태실지(성주)의 입지지형 위성사진

• 단종 태봉(성주). 가야산의 지맥으로 우뚝 솟았다.

• 묘비 받침석으로 쓰인 상석 유적(성주 태실지)

• 단종 태실지(성주)의 현재 모습

적인 이유로 단종 태실로 뒤바뀐 것으로 보고 있다.[38]

조선 후기의 군현지도에는 사천의 단종 태실을 표현했다. 『1872년 지방지도』
(경상도 곤양)에는 세종대왕태실 왼쪽의 봉우리 꼭대기에 점을 찍어 위치를 표
시하고 '단종대왕태실'이라고 표기했다. 태실지가 봉우리 꼭대기에 입지한 모
습을 나타냈다.

성주와 사천의 단종 태실지는 일제강점기 때 훼손되고 나서 석물이 흩어져 주
위에 남아있다. 성주 태실지의 태봉 정상에는 석물이 남아있는데, 석물로 보아 재
위 시에 가봉했음을 짐작케 한다.[39] 원 태실 위치에는 둘 다 민간인 묘가 들어섰다.

성주 태실지의 지형경관은 야산입지 태봉이다. 가야산(1,432m)의 산줄기가
서쪽으로 두리봉(1,135m)로 솟고, 두리봉에서 동북쪽으로 맥을 뻗어 형제봉
(1,022m)과 장대(615m)로 이어져 내려오다 태봉으로 솟아오른 꼭대기에 태
실이 들어섰다. 태봉 앞으로는 계곡물이 에두르고 서출동류(西出東流: 서쪽에
서 나와 동쪽으로 나감)하며 흘러나간다.

전(傳) 사천 태실지의 지형경관은 들판입지 태봉이다. 지리산 삼신봉
(1,289m)의 산줄기가 동남쪽으로 뻗어 평지에 이르면서 봉곳하게 맺혀진 봉
우리 꼭대기에 태실이 들어섰다. 태실지 주위로는 낮은 산언덕이 둘러있다. 동
쪽에는 세종태실지도 자리하고 있다.

• 전(傳) 단종 태실지(사천)의 입지지형 위성사진

---

38. 심현용, 『한국 태실 연구』, 경인문화사, 2016, 560~590쪽. 윤정, 「영조대 昆陽 '端宗胎室' 건립의 정치사적 의
미-戊申亂에 대한 이념 적 대책-」, 『역사와 실학』, 64, 2017, 5~6쪽.
39. 『심현용, 『한국 태실 연구』, 경인문화사, 2016, 120쪽.

• 전(傳) 단종 태봉(사천). 알봉처럼 외딴 봉우리 모습으로 남았다.

• 전(傳) 단종 태실지(사천)의 현재 모습

• 전(傳) 단종 태실(사천) 유적

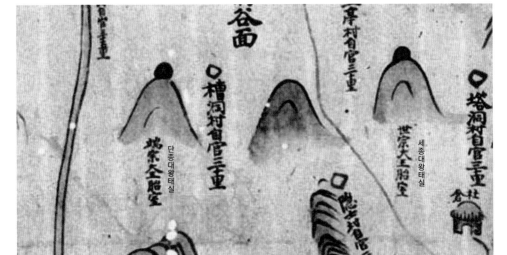

• 『1872년 지방지도』(곤양)의 '단종대왕태실'. 그림 오른쪽에 '세종대왕태실'도 표현했다.

길지를 경기와 하삼도에서 널리 구하게 하소서

부왕(父王) 세종이 그랬듯, 문종도 단종을 왕세자로 결정하고 나자 태실지를 새로 구해서 태를 옮겨 안장하게 했다.

단종이 왕세자로 책봉된 후 1450년(문종 즉위년) 9월 8일 풍수학에서 태실 자리로 길지를 구할 것을 아뢰자 문종이 허락했다. 풍수학에서 전례에 따라 새로 태실을 조성할 것을 권청(勸請)한 것이었다. 당시 단종의 태실은 세종 대에 지형을 보토하여 조성한 성주의 세종대왕자 태실군에 속해 있었다.

풍수학에서 아뢰었다. … 지금 왕세자의 태실이 성주의 여러 대군의 태실 옆에 기울어져 보토한 곳에 있으니 진실로 옳지 못합니다. 『태장경(胎藏經)』의 택지(擇地)하는 방법에 의거하여 길지를 경기와 하삼도에 널리 구하게 하소서." 하니, 그대로 따랐다. 『문종실록』 즉위년 9월 8일

이듬해인 1451년(문종1) 3월 6일에 왕세자 단종의 태실을 성주 가야산으로 옮겨 봉안하게 된다. 관례에 따라 사방에 구역을 정하여 금표를 세우고 총 14명의 태실 관리인도 두었다.

동궁의 태실을 성주 가야산에 옮겨 모셨다. 사방 경계를 정했는데, 동쪽과 남쪽을 각 9,600보(步), 서쪽을 9,590보, 북쪽을 470보로 하여 표를 세웠다. 또 품관(品官) 이효진 등 여덟 사람과 백성 김도자 등 여섯 사람을 정하여 수호하게 했다. 『문종실록』 1년 3월 6일

노산군의 태실은 철거하게 하소서

그러나 세조가 어린 단종의 왕위를 강제적으로 빼앗은 후 5년이 지난, 1460년(세조1) 7월 8일에 노산군(단종)의 태실을 예조의 주청을 기화로 정치적인 의도로 철거한다. 그 일이 있기 3년 전(1457년)에는 단종을 죽음으로 내몰았다. 이렇듯 세조와 권신(權臣)들은 단종에게 왕위만 뺏은 것이 아니라, 젊은 목숨을 앗아버리고, 기존에 안장되어 있었던 단종의 태마저 없앴다. 태실이 갖는 상징성을 뿌리 채 뽑은 것이었다. 단종 복위를 도모한 이유로 사사(賜死)되었던 금성대군(錦城大君: 세조 동생)의 태실도, 세조 태실 옆자리인 성주의 세종대왕자 태실군에 있었으나 함께 철거해버리고 만다.

"성주 선석산에 주상의 태실을 봉안했으나 여러 대군과 군과 난신(亂臣) 이유(李瑜: 금성대군)의 태실이 그 사이에 섞여 있고, 또 법림산에 노산군의 태실이 있으니 청컨대 여러 대군과 군의 태실을 옮기고 이유와 노산군의 태실은 철거하게 하소서." 하니 그대로 따랐다.『세조실록』 4년 7월 8일

한편, 철거 이후 오랜 세월이 지나고 임진왜란의 혼란스런 와중에 단종의 태실 관련 기록을 잃어버리게 되었다. 1643년(인조21)에 예조에서는 각 도에 공문을 보내 전국에 흩어져 있던 태실을 조사하도록 지시하기도 했다. 그런데 1698년(숙종24)에 단종이 복위되고 나서, 단종 태실은 경상도 곤양 소곡산(현 경남 사천시 곤명면 은사리 산438)에 있다고 잘못 보고하게 된다. 이 사건을 계기로 단종 태실지의 오류와 혼란이 지속되었다.

이후의 기록에서도 위 보고가 근거가 되어 위치상의 오류가 반복되었다.『영조실록』에, "단종대왕의 태봉은 경상도 곤양군에 있다."고 했으며,『정조실록』에도 단종 태실지의 위치를 "단종대왕(端宗大王) 곤양(昆陽) 소곡산(所谷山)"이라고 기록했다.『경상도읍지(慶尙道邑誌)』(1832)에도 "소곡산은 군 북쪽 25리, 지리산 남쪽에 있으며, 진주 옥산(玉山)이 동쪽으로 와서 주맥(主脈)을 삼았다. 세종대왕과 단종대왕의 태실이 봉안되어 있다."고 기록했다.

그러나 출토된 태지석(胎誌石) 등을 근거로 하여 현 사천의 태실은 예종의 장남인 인성대군(1461~1463)의 태실로 확인한 바 있다.[40]

단종 태실지는 두 곳으로 알려져 있지만, 학계에서는 성주 태실지로 이미 진위 여부와 경위를 밝힌 상태이다. 나이 많은 현지 지역 주민들도 성주 태실지가 있는 봉우리를 태봉이라고 알고 있었다. 성주 태실지 현장에는 원 태실지로 난 길도 없고, 태실지는 안내판 없이 방치되어 있다. 흩어져 있는 석물 중에 하나는 민간인 묘비 받침석으로도 쓰였다. 성주와 사천 태실지 둘 다 민간인 묘가 들어섰다.

---

40. 심현용,『한국 태실 연구』, 경인문화사, 2016, 560~590쪽.

7대 세조 태실지

세조(1417~1468)는 1417년(태종17) 9월 24일에 한양에서 세종과 소헌왕후 심씨의 둘째 아들로 태어났다. 출생 직후 태를 어디에 안치했는지는 확실하지 않다. 이후 세종이 1439년(세종21) 성주의 선석산에 세종대왕자 태실군을 조성하고 나서 거기에 태를 옮겨 안장했다. 세종은 경상도 성주 선석산 산등성이(현 경북 성주군 월항면 인촌리 산8)에 태실을 조성하여 왕자들의 태를 한꺼번에 갈무리한 바 있다. 실록에도 세조 태실지의 위치를 "세조대왕(世祖大王) 성주(星州) 선석사(禪石寺) 뒤"라고 기록했다. 세조 태실이 일제강점기에 훼손되고 나서 석물 유적은 현재의 자리에 남아있다.

세조 태실지의 지형경관은 산간입지 태봉이다. 금오산(977m)의 산줄기가 남쪽으로 뻗어 내려와서 선석산(742m)으로 맺고 그 품에 좌우로 양팔을 벌리고 에워싼 봉우리 꼭대기에 태실이 들어섰다.

• 세조 태실지의 입지지형 위성사진

• 세종대왕자 태봉(가운데로 볼록하게 솟은 봉우리). 세조 태실지도 그 속에 하나로 있다.

• 세조 태실비와 태실(성주 세종대왕자 태실). 세조가 왕위에 있을 때 따로 세운 것이다.

• 세종대왕자 태실군(성주). 모둠 태실의 형태이다.

땅을 점쳐 태를 갈무리하다

세종은 재위 당시에 길지를 골라 둘째 아들인 수양대군(세조)을 포함한 왕자들의 태실지를 성주 선석산에 옮겨 한꺼번에 조성하게 했다.

1439년(세종21)에 담당 관리[有司]에게 명하여 땅을 점치게 하고, 대군과 여러 군의 태를 성주 북쪽 20리 선석산의 산등성이에 갈무리하게 했다. 『세조실록』 8년 9월 14일

사실 이러한 태실 조성 방식은 조선 초기 당시만 하더라도 매우 이례적이고 혁신적이었다. 기존에는 하나의 봉우리를 정해 하나의 태실을 두는 방식이었는데, 왕실의 자손들이 많아지면서 태실 조성에 있어서 많은 인력이 소요될 뿐 아니라 왕실 재정의 낭비가 초래되었고, 태실지 획정으로 인한 백성들의 경제적인 민폐가 사회적으로 문제로 대두되었던 것이다. 그래서 세종은 하나의 봉우리에 여러 태실을 두는 모둠 방식으로 이러한 문제를 해결하려 했다. 이후에 조선 후기의 숙종이나 영조도 세종의 전례를 모범으로 삼아 모둠 태실을 조성하기에 이른다.

조정에서 세조 태실의 이전과 가봉에 대한 논의는 한참 뒤에야 있었다. 세조가 왕으로 즉위한 7년 후인 1462년(세조8) 9월에야 태실을 옮기고 가봉하자는 주청이 있었다.

"임금(세조)의 태실[御胎室]이 성주의 대군과 여러 군의 태실 곁에 있으며, 또한 의물(儀物: 의장으로 쓰는 물건)도 없으니, 청컨대 장소를 가려서 옮겨 안장하고 선왕의 예전 예에 의하여 의물을 설치하게 하소서" 했다. (세조는) 윤허하지 아니하고, 다만 명하여 표석을 없애고 비만 세워 구별하도록 했는데, 이에 이르러 비를 세웠다. 『세조실록』 8년 9월 14일

그런데 세조는 허락하지 않고 기존의 표석 대신에 비석만 새로 세워서 구별하게 했다. 관례대로라면 왕위에 오르면 자신의 태실을 따로 가봉해 조성함에도 불구하고 왜 그러지 않았을까?

몇 가지로 추정할 수 있다. 2년 전(1460년)에 조카인 단종의 태실을 없애버린 정치적 부담으로 그랬을 수 있다. 다른 한편으로는, 세종대왕자 태실군에서 태실을 유지한 채 비석으로 구별함으로써 자신의 정통성을 강조하기 위한 의

도일 수 있다. 혹은 당시에 태실지가 갖는 풍수적 상징성과 의미가 축소되어서 굳이 따로 가봉할 필요성을 느끼지 않았을 수도 있다.

후대에 세조 태실을 관리한 기록도 실록에 나온다. 1631년(인조9) 5월 21일에 세조 태실에 불이 났다고 해서 예조참판 등이 살펴보러 갔다.

경상 감사가 성산에서 "본현(本縣)에 있는 세조대왕의 태실에 화재가 났습니다."라고 글을 올렸다. 예조참판 홍방과 예조정랑 정두경이 성산에 있는 태실을 살피러 나갔다.『승정원일기』인조 9년 5월 21일·25일

세조 태실지는 세종대왕자 태실군에 속해 잘 정비되었다. 세종이 일찍 왕자의 모둠 태실을 마련한 지혜와 안목이 놀랍다. 성주군에서는 태실문화관과 태실생명문화공원을 조성해서 태실의 문화재 가치를 널리 홍보하고 있다. 세조가 본인의 태실을 옮겨 새로 가봉하지 않고 기존대로 유지하되 비석만 세워 구별하게 한 것은 어떤 이유에서였을까?

8대 예종 태실지

예종(1450~1469)은 1450년(세종32) 1월 1일 한양에서 세조와 정희왕후 윤씨의 둘째 아들로 태어났다. 출생 직후 예종의 태를 어디에 갈무리했는지는 확인하기 어렵다. 예종이 왕세자로 책봉된 다음 1462년(세조8) 10월 15일에 전라도 전주 태실산(현 전북 완주군 구이면 덕천리 산158)에 태실을 가봉해 조성했다. 『신증동국여지승람』(1530)에, "전주부 남쪽 20리에 있는 태실산에 예종의 태를 안치했다."[41]고 적었다. 실록에도 예종 태실지의 위치를 "예종대왕(睿宗大王) 전주(全州) 태실산(胎室山)"이라고 기록했다.

조선 후기의 군현지도에도 예종 태실을 표현했다. 18세기 중엽의 『해동지도』(전라도 전주)에는 읍성 서남쪽에 '태봉'을 풍수 산줄기 형세로 그렸다. 예종 태

---

41. 『신증동국여지승람』전라도, 전주부, 산천

• 예종 태실지의 입지지형 위성사진

• 예종 태봉. 마을(원덕천)에서는 큰태봉이라고 부른다.

• 옮겨 복원한 예종 태실(전주 경기전 내)

• 예종 태실지의 현재 모습

• 『해동지도』(전주)의 '태봉'. 산도(山圖)의 이미지로 태봉의 풍수 국면을 이루는 주위 산줄기를 표현하였다. 위로 전주읍성과 관아도 그렸다.

실이 일제강점기에 훼손되고 나서 원 위치에는 민간인 묘가 들어섰다. 남은 석물 유적은 경기전(慶基殿: 현 전북 전주시 풍남동 3가 102) 안에 옮겨 새로 복원했다.

예종 태실지의 지형경관은 야산입지 태봉이다. 금성산(328m)이 남쪽으로 산줄기를 뻗어 태봉을 이루고 다시 아래로 큰태봉을 이루는 꼭대기에 태실이 들어섰다. 태봉을 에두르고 마을 하천이 흘러나간다.

태봉 비석이 깨어진 것을 고쳐지으라

예종은 세조가 재위했을 당시 맏아들 의경세자(덕종)가 병으로 일찍 죽자 1457년(세조3)에 왕세자가 되었다. 그러나 그마저도 이듬해 왕위에 오른 지 1년 남짓 만에 갑작스럽게 승하했다. 예종의 태실은 그 기간에 옮겨 가봉했을 것으로 추정되나 관련 전거를 찾기 어렵다. 조선 후기에 와서 1734년(영조10) 4월 10일에 예종 태실의 비석이 파손되어 보수하게 했다는 기록이 전한다.

전주에 있는 예종 태봉의 비석이 깨어진 것을 고쳐 지을 것을 명했다. 『영조실록』 10년 4월 10일

예종 태실지는 한적한 원덕천마을 오른쪽 봉우리 꼭대기에 있다. 마을에 큰 태봉과 작은태봉이라는 이름의 봉긋한 언덕이 있는데, 태실은 큰태봉에 있었다. 태실 자리에는 현재 민간인 묘가 들어섰다. 현장에는 태실지라는 안내판도 없다. 태실 유적은 전주 경기전 내로 옮겨 비교적 온전한 모습으로 새로 복원했다.

2) 태실의 비중이 약화된 시기: 성종부터 순종까지

9대 성종 태실지

성종(1457~1494)은 1457년(세조3) 7월 30일에 한양에서 세조의 장남인 의경세자(추존 덕종)와 소혜왕후 한씨의 둘째 아들로 태어났다. 출생 직후 성종의 태를 어디에 갈무리했는지는 확인하기 어렵다. 왕위에 오른 뒤에 경기도 광주 태봉산(현 경기 광주시 태전동 265-1)에 가봉해 태실을 조성하였다. 실록에도 성종 태실지의 위치를 "성종대왕(成宗大王) 광주(廣州) 경안역(慶安驛) 뒤"라고 기록했다.

조선 후기의 군현지도에도 성종 태실을 표현했다. 18세기 중엽의 『해동지도』(경기도 광주)에는 태봉을 그렸다. 성종 태실은 일제강점기 때 훼손된 후, 현재 서울 창경궁 양화당 뒤 언덕에 옮겨 비교적 온전한 형태로 복원했다.

• 성종 태실지의 입지지형 위성사진. 원래는 산줄기가 태봉까지 이어져 있었다.

• 성종 태봉. 나지막이 가로로 뻗은 산줄기의 언덕 꼭지에 태실이 자리 잡았다. 유적은 자취도 남아있지 않다.

• 옮겨 복원한 성종 태실(창경궁 내)

• 『해동지도』(광주)의 '태봉'. 오른쪽 위에 광주 읍성과 관아도 잘 묘사됐다.

성종 태실지의 지형경관은 들판입지 태봉이다. 현재 지형 모습은 근대화로 개발되면서 지맥이 잘려 분리되어 있으나 원래는 이어져 있었다. 산줄기로 보면 한남정맥의 지맥(支脈)으로서 용인의 보개산에서 갈라지는 경안천의 동쪽 지맥에 태실이 들어섰다. 물줄기로 보면, 태봉을 감싸 안으면서 동서로 흐르는 동대천과 직리천과 남북으로 흐르는 경안천과 맞닿아 합수하는 부근에 태실이 입지했다.

안태할 땅을 경기에서 고르도록 하라

성종은 세조의 장남인 의경세자의 둘째 아들로 태어났다. 출생 시 군(君: 자을산군)의 신분으로 태실지를 어디에 어떻게 정했는지 명확하지 않다. 경기도 광주에 있던 태실은 왕위에 오른 후에 새로 가봉해서 조성했을 것이다.

특이한 사실은 성종의 태실지가 전례와는 달리 도성과 가까운 경기도에 조성되었다는 것이다. 이전에는 모두 먼 지방의 길지에 태를 안장하였다. 왜 입지관이 바뀌었을까? 당시 왕실에서 태실지의 풍수적 효용성이 비판받으면서, 일부러 원거리 삼남지방에 길지를 골라 태실을 조성하는 일의 번거로움보다는, 인근 경기권역에 태실을 조성하는 편의성을 택했기 때문이었다. 또한 성종 자신의 풍수에 대한 믿음이 적었던 이유도 있었다. 1476년(성종7)에 그는 대비(大妃: 인수대비)의 말이라고 하면서 "풍수설은 크게 길한 감응이 없어 허탄(虛誕: 허황되고 속임)하다."[42]고 한 적이 있다. 이러한 정황에서 같은 해 11월 28일에, 성종은 자신의 태실지를 먼 지방이 아니라 가까운 경기에서 고르도록 하라고 명하게 된다.

"종전에 안태(安胎)는 모두 하삼도(下三道)에다 하였으니, 그 뜻이 무엇인가? 풍수학에 물어보는 것이 옳겠다." 하니, 풍수학에서 아뢰기를, "멀고 가까운 것을 따질 것 없이 길지 얻기를 바랄 뿐입니다." 하였다.

명하기를, "대비(大妃: 인수대비)의 말씀에, '일반 사람은 반드시 모두들 가산(家山)에다가 태를 묻는데, 근래에 나라에서 택지(擇地)하는 것이 비록 면밀하기는 하나, 대길(大吉)한 감응이 없으니, 풍수설은 허탄(虛誕)하다고 할 수 있다.' 하였으니, 안태할 만한 땅을 경기에서 고르도록 하라." 하였다. 『성종실록』 7년 11월 18일

---

42. 『성종실록』 7년 11월 18일

태를 묻는 것은 나라의 큰 일이 아닌데

성종 태실지의 관리 영역은 풍수적으로 범위를 따져 주위 사방산과 하천의 지형 조건을 고려하여 획정했다.

"태실 사방산[四山]의 금표(禁標) 보수(步數)를 척량하여 보고합니다. (태실지에) 이르는 산줄기[來龍] 바깥 동·남·북 삼면은 모두 당초에 정한 큰 내를 한계로, 동북은 300보가 넘고 남쪽 1면은 300보가 차지 않습니다."
<후록(後錄): 사산의 금표 보수-서쪽 내룡에서 동쪽 내까지 370보, 남쪽 내까지 270보, 북쪽 내까지 320보>.『성종대왕태실비석개수의궤』

태실 관리에는 사실상 화재가 가장 신경이 쓰였다. 성종은 백성들이 일으킨 화재로 태실과 비보숲 등의 훼손이 없도록 팔도 관찰사에게 글을 내려 경계하도록 했다. 1472년(성종3) 2월 23일의 일로, 당시에는 정희왕후가 수렴청정을 하고 있었다.

"무식한 백성이 산과 들에 불을 놓아 원·릉과 태실이 타버릴까 두렵다. 여러 고을에서 비보(裨補)하는 숲의 성장한 소나무까지 모두 타버릴 염려가 있으니, 엄격히 금단하라. 만일 범하는 자가 있으면 법에 의하여 죄줄 것임을 두루 마을에 깨우쳐 주지 못하는 이가 없게 하라."『성종실록』 3년 2월 23일

성종은 왕실의 태실지를 관리함에 있어 백성의 폐해와 경작 시기를 감안하게 하였다. 왕비(당시에는 폐비윤씨가 왕비로 있었지만, 첫째 왕비인 공혜왕후를 가리키는 지는 확실하지 않다)의 태실을 길지로 옮기고 수호하는 군인을 두어 관리하자는 주청에도, 경작 금지로 인한 백성의 폐해를 고려하여 그대로 두도록 했다. 1477년(성종8) 1월 5일의 일이었다.

동지사 이승소가 아뢨다. "왕비 태실의 수호군은 법에 두도록 되어 있습니다. 중궁(中宮: 왕비)의 태실이 경상도 예천에 있으니, 사람을 보내어 다시 살펴서, 그 산이 불길하거든 길한 곳으로 옮겨 모시고 수호군을 정하는 것이 어떠하겠습니까?"

임금이 말했다. "수호군을 두면 경작을 금하는가?" 하니, 이승소가, "그렇습니다." 대답했다. 임금이 말하기를, "경작을 금하면 백성의 폐해가 많을 것이니, 아직 그대로 두도록 하라." 『성종실록』 8년 1월 5일

또한 성종은 농사철에 백성을 동원해서 하는 태실 공사를 정지하라고 명한 적이 있다. 태를 갈무리하는 일은 국가의 대사(大事)가 아니라는 것이다. 성종의 이 말을 통해서 당시 왕실에서 태실이 갖는 가치와 위상은 이미 확연히 떨어져 있었다는 사실을 알 수 있다. 1486년(성종17) 2월 6일의 일이었다.

승정원에, "태를 묻는 것은 나라의 큰 일이 아닌데, 지금 농사 때를 당하여 백성을 역사시키는 것은 마땅하지 않다."고 명했다. 도승지 성건 등이, "여러 가지 일이 이미 완비되었으니, 정지할 수 없습니다."고 대답하자, "농사를 망칠까 염려스러우니, 정지하도록 하라."고 명했다. 『성종실록』 17년 2월 6일

한참의 세월이 흐르고 난 후인 1823년(순조23) 6월 2일에 성종의 태실 비석을 다시 세우게 된다.

현재 경기도 광주의 태전동에는 성종 태실지와 관련하여 풍수로 각색된 설화도 전해 내려온다. 이 설화는 태실지와 마주하는 산의 형세를 황새 형국으로 비유해서 태실자리의 풍수적인 결점을 지적하였다. 묏자리로는 적당하지는 않지만 태실지로는 가능하다는 이야기이다.

"태전동 땟골 마을의 앞산 중에 황새울이라고 있는데, 황새가 날개를 펴고 있는 형국의 산이라서 붙여진 이름이다. 황새가 태봉지를 쪼아 먹으려는 형상을 하고 있어서 묘를 쓰기는 어려우나 태는 묻어도 좋다하여 성종의 태를 묻었다."

성종 태실지는 왕태실로는 처음으로 경기 지역에 조성되었다. 태실지는 도시화 과정에서 산줄기 맥이 잘려 외딴 봉우리 모습이다. 꼭대기에 태실이 있었지만, 태실지라는 안내판이나 유물 흔적도 없다. 태실 유적은 창덕궁 경내로

옮겨 비교적 온전한 모습으로 복원했다. 성종 대부터 왕실에서 태실이 가지는 풍수적인 가치는 현저하게 낮아지기 시작했다.

11대 중종 태실지

중종(1488~1544)은 1488년(성종19) 3월 5일에 한양에서 성종과 정현왕후 윤씨의 둘째 아들로 태어났다. 출생 직후 중종의 태를 어디에 갈무리했는지는 확인하기 어렵다. 이후 1492년(성종23) 9월 7일에 경기도 가평 태봉산(현 경기 가평군 가평읍 상색리 산112)에 태를 봉안했다가, 왕위에 오른 이듬해인 1507년 (중종2)에 가봉해 태실을 조성했다.[43] 실록에도 중종 태실지의 위치를 "중종대 왕(中宗大王) 가평(加平) 서면(西面)"이라고 기록했다.

조선 후기의 군현지도에도 중종 태실을 표현했다. 18세기 중엽의『해동지도』(경기도 가평)와『1872년 지방지도』(경기도 가평)에는 각각 '태봉'과 '중종대왕 어태봉산(中宗大王御胎峯山)'이라고 표기했다. 중종 태실은 일제강점기에 훼손되었고, 석물 유적은 수습하여 현 위치에 복원했다.

중종 태실지의 지형경관은 들판입지 태봉이다. 불기산(601m) 산줄기가 동쪽으로 뻗어서 들판의 하천가에 이른 봉우리 꼭대기에 태실이 들어섰다.

• 중종 태실지의 입지지형 위성사진

• 중종 태봉. 들판을 바라보고 자리했다.

43. 심현용, 『한국 태실 연구』, 경인문화사, 2016, 105쪽.

• 복원한 중종 태실

• 중종 태실 유물

• 『해동지도』(가평)의 '태봉'. 오른쪽에 가평군 읍치도 표현했다.

• 『1872년 지방지도』(가평)의 '중종대왕(中宗大王) 어태봉산(御胎封山)'. 가평군 읍치를 이루는 산줄기의 외백호 자락에 자리 잡았다.

태실지를 고르고 안태하는 것은 무익하다

중종의 태실지도 부왕(父王)인 성종과 마찬가지로 경기도에 있다. 중종이 자신의 태실지를 멀리 지방이 아니라 도성 가까이 경기에 조성한 이유 역시, 태실 조성 때문에 담당 관리들이 먼 지방[下三道]으로 오고가는 행정적인 어려움과 태실지가 백성들에게 끼치는 폐단이 지적되었기 때문이었다. 또한 아버지 성종과 마찬가지로 스스로가 태실풍수의 효과를 믿지 않았던 까닭도 있었다. 실제 중종은 "풍수설은 믿을 수 없고, 태실지를 고르고 안태하는 것은 무익(無益)하다."고 다음과 같이 말한 적이 있다.

임금이 일렀다. "말한 것이 지당하다. 증고사는 역시 옛 관례를 그대로 좇아서 하는 것에 지나지 않으니, 이것은 과연 무익한 일이다. 또 하삼도에 왕래하는 것은 더욱 폐단이 있으니 가까운 곳에서 가리는 것이 역시 옳으리라. …"

승정원에 명하였다. "태를 봉안할 땅은 먼저 동문·서문 밖에 터를 가리되 문 밖에 마땅한 곳이 없거든 하룻길이나 이틀 길 되는 곳에 가리고, 하루나 이틀 길을 넘지 말라. 장례에 있어서 터를 가릴 때에도 먼데서 찾을 것이 없는데, 더구나 이 일이겠는가? 하삼도에 보낼 것 없다. 또 태가 묻힐 땅 근처의 밭을 묵히는 데에도 한계가 있는 것인데 백성이 모르므로 소요가 많다. 이것도 큰 폐단이니 먼저 그 한계를 정하도록 하라. 또 경기에 마땅한 곳이 없으면 하삼도에서 가리더라도 증고사를 보낼 것 없다. 외람된 짓을 하지 않을 상지관(터의 풍수를 보는 관리)을 가려 보내어 그 도의 감사와 함께 돌면서 한꺼번에 터를 택하도록 하라."

『중종실록』 12년 11월 23일

이처럼 성종 대를 거쳐 중종 대에 이르자 태실지를 조성하는 데 드는 막대한 사회경제적 폐단과 비용에 비추어 풍수적으로 가지는 위상과 가치는 더욱 약화되었음이 확인된다. 실록을 보면, 백성들이 태실지로 지목됨으로써 집이 철거되고 경작이 금지되는 것을 피하려 관리들에게 재산을 털어가면서까지 뇌물을 쓰기도 했다는 사실도 알 수 있다. 실록을 보자.

참찬관 이자가 아뢨다. "해마다 흉년이 들어 백성이 고생합니다. … 지금 태실증고사가 내려갈 때에 종사관(從事官)도 많고 따라가는 상지관(相地官)도 한둘씩 됩니다. 만약에 백성의 집이나 밭의 집 근처를 지목하면 이를 피하려고 백성이 다들 재산을 기울여서 뇌물을 쓸 것입니다. 태실지 선정은 올해에 반드시 해야 할 일은 아니니 보내서는 안 됩니다. …"

『중종실록』 12년 11월 23일

태실을 가봉해 조성하고 난 후인 1507년(중종2) 10월 16일에, 관례에 따라 태실 봉안지인 가평은 현에서 군으로 승격했다.

경기 가평현을 올려 가평군으로 삼았으니 이곳은 임금의 태실이 있는 곳이다. 『중종실록』 2년 10월 16일

✦

중종 태실지도 한양 궁성에서 멀지 않은 경기도 가평에 조성되었다. 가평 고을(읍치)의 인근에 태실터가 자리 잡아 관리에 더욱 용이하였다. 지역에서는 태실이 있는 산을 태봉산이라 불렀고 태실 아래의 들을 태봉들이라고 했다. 주민들은 태봉이 있었다고 일러주었다. 태실은 태봉산 꼭대기에 있다. 현장에는 태실지라는 안내판도 없다.

12대 인종 태실지

인종(1515~1545)은 1515년(중종10) 2월 25일에 한양에서 중종과 장경왕후 윤씨의 맏아들로 태어났다. 출생 직후 인종의 태를 어디에 갈무리했는지는 확인하기 어렵다. 왕세자로 책봉된 이듬해인 1521년(중종16) 1월 27일에, 경상도 영천 팔공산(현 경북 영천시 청통면 치일리 산24)에 태실을 가봉하여 조성했다.[44] 실록에도 인종 태실지의 위치를 "인종대왕(仁宗大王) 영천(永川) 공산(公山, 현 팔공산)"이라고 기록했다.

조선 후기의 군현지도에도 인종 태실을 표현했다. 18세기 중엽의 『해동지도』(경상도 영천)에는 '인종대왕태실'이라고 표기하고 산줄기와 물줄기의 풍수 명당 형세를 표현했다. 특히 『1872년 지방지도』(경상도 영천)는 '인종대왕태실봉'이라고 적고 태실지의 입지를 산도(山圖)의 이미지를 빌려 회화적으로 명당 형세를 묘사하였다. 인종 태실은 일제강점기에 훼손되고 나서 1999년에 발굴·조사를 했고 2007년에 보수하여 원 위치에 복원했다.

---

44. 심현용, 『한국 태실 연구』, 경인문화사, 2016, 107쪽.

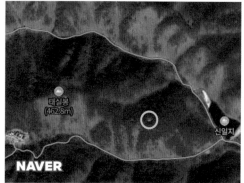

• 인종 태실지의 입지지형 위성사진

• 인종 태봉. 팔공산 은해사 뒤쪽의 산간에 자리했다.

• 복원한 인종 태실

• 인종 태실 유적

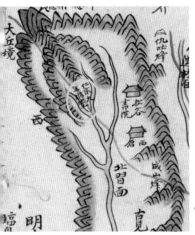

•『해동지도』(영천)의 '인종대왕태실'. 주맥이 태실
지로 이어지고 좌우의 산줄기가 에워싸며 명당수
가 합수하는 풍수적 형국을 표현했다.

•『1872년 지방지도』(영천)의 '인종대
왕태실봉'. 주맥이 혈에 이르는 산줄
기 내맥의 모습과 좌우의 산줄기와
물줄기가 풍수적인 명당을 맺는 지
형 조건을 회화적인 필치로 표현하
였다. 아래에 은해사도 그렸다.

인종 태실지의 지형경관은 산간입지 태봉이다. 팔공산(1,193m)의 산줄기가 동쪽으로 뻗어 태실봉(462m)을 맺는데 그 동편으로 다시 솟은 봉우리 꼭대기에 태실이 들어섰다. 『해동지도』(경상도 영천)에는 태실지가 근원한 산줄기를 '공산'이라 표기했다.

태실에 불 낸 죄로 곤장형에 처하다

인종 태실은 1520년(중종15)에 왕세자로 책봉된 후에 가봉했다. 이후 인종 태실의 관리 소홀로 태봉에 불이 나서 담당자와 수령에게 관리의 책임을 물은 적이 있다. 당시 재위했던 중종은 풍수설과 태실지 무익론을 들어 태실에 대한 가치를 낮추어 평가했음에도 불구하고, 정작 담당 산지기는 물론이고 군수까지 곤장을 받고 파직시킬 정도로 세자(인종) 태실지의 실화(失火)는 엄중하게 다뤘다. 1529년(중종24) 7월 14일의 일이었다.

영천(永川)에 사는 산지기 김성문과 박만수 등이 세자 태실을 지키지 못해 실화한 죄로 100대의 곤장형[杖刑]을 받았고, 군수 허증은 살피지 못해 실화한 죄로 70대의 곤장형에 처했다.

중종이 말했다. "평상시 태를 봉(封)할 적에 택일을 능묘의 일과 달리하지 않는 것은 그 일을 중히 여겨서이다. 예조의 공사(公事)를 보건대, 수백 보나 태웠으니 지극히 놀랍다. … 세자의 태봉은 평상시에도 근신하여 지켜야 하는 것인데, 잘 거두어 살피지 못하여 실화하게 된 것이다. 이 일이 중하다는 것을 보이려면 수령을 갈아야 한다. 그러면 뒷사람들이 반드시 '과거에 수령이 실화 때문에 갈린 일이 있다.'면서, 경계하는 마음을 가질 것이다."
『중종실록』 24년 7월 14일

그 이후로도 여러 차례 인종 태실에 방화하는 사건이 발생했다. 당시 조정에서는 태실에 대한 의도적인 훼손을 왕실에 대한 도전으로 간주했다. 1546년(명종1) 8월 4일에도 인종 태실의 돌난간을 훼손한 사건이 있었다. 방화 사건을 접한 영의정 김근사 등은 이 일이 왕조에 대한 반역과 다를 것이 없다고 아뢰어, 중종은 엄중히 다룰 것을 명하였다. 결국 3개월 후에 이 일로 범인뿐만 아니라 태봉 근처에 살고 있는 사람과 산지기도 함께 처벌을 받았다. 실록을 보자.

"… 매우 해괴하고 경악스럽습니다. 이 사건은 반역과 다를 것이 없습니다. … 산지기의 진술에 '전에도 여러 번 불을 질렀다.'고 했으니 참으로 수령을 해치려고 계략을 꾸민 것이 아닙니다. 만약 수령을 해치려고 했다면 반드시 관아 창고에 불을 질렀을 것이지 어찌 꼭 태실에다 불을 질렀겠습니까. 이는 진실로 전에 없던 일입니다. 의금부의 낭관(郎官)을 보내어 잡아다가 추고해서 명백하게 죄명(罪名)을 정하여 다스리소서…."

중종이 답하였다. "영천 사람의 범행은 매우 해괴하고 경악스럽다.…이 일은 매우 중대하니 당장 잡아다가 추문하여 중한 법을 보여주어야 할 것이다."『중종실록』 30년 9월 16일

인종은 재위 기간을 1년도 채우지 못하고 1545년(인종1) 7월 1일에 승하하였다. 소생도 두지 못한 인종에 이어, 문정왕후 윤씨의 큰 아들로 배다른 경원대군(명종)이 왕위를 계승했다. 이듬해 1546년(명종1) 4월 22일에 명종은 인종 태실의 수리를 계획하면서, 태실 수리는 중대한 일이나 민생을 고려하여 추수 후에 하도록 조치했다. 이렇게 민폐를 감안하여 태실의 조성 시기를 미루는 논의는 이후의 현종, 숙종, 영조, 정조, 순조 대에 나타난다.

"인종대왕 태봉의 돌난간을 고쳐 배치하는 일은 매우 중대한 일이므로 작은 폐단을 따질 수 없습니다. 지금 경상 감사의 보고[啓本]를 보니, 거기에 쓰이는 돌을 7식(息: 30리) 혹은 4식의 거리에서 가져오기 때문에 운반 과정에서 밭곡식을 짓밟게 되면 굶주린 백성들이 무엇으로 살아가겠느냐고 했는데, 그 일이 비록 부득이한 일이나 민생의 곤궁 또한 우려하지 않을 수 없습니다. 몇 달 더 늦추었다가 추수가 끝난 후에 하도록…." 하니, 아뢴 대로 하라고 명하였다.『명종실록』 1년 4월 22일

그런데 조정의 논의가 있은 이튿날 예조판서 윤개가 영천 태실의 돌난간이 절반이나 이미 조성되었으니 공사를 마치는 것이 좋겠다고 아뢨다. 이에 명종도 "토석(土石)이 이미 갖추어졌는데 정지했다가 다시 공사를 벌이게 되면 오히려 민력(民力)을 거듭 피곤하게 할 것"이니 미루지 말고 시행하도록 했다.

이후 1562년(명종17) 7월 3일에는 승려들이 태실 영역 내에 나무 수백그루를 베어낸 일이 발생하여, 태봉 경비인[守直]을 관리소홀로 벌주도록 했다. 영

천의 승려들이 태봉 금표 안의 나무 4백여 그루를 베었는데도 금하거나 보고하지 않았기 때문이었다.

〜〜〜

인종 태실지는 은해사 경내로 진입하여 뒤의 산쪽으로 한참 들어가면 저수지가 나오는데, 저수지와 마주하는 봉우리 꼭대기에 있다. 태실로 오르는 길이 가파르다. 현장에는 태실이 비교적 잘 복원되어 있고, 곁에 석물 유적을 모아 놓았다. 중종은 본인 스스로는 태실을 무익하다고 생각했지만 아들 인종의 태실 조성과 관리에는 무척 신경을 썼다.

13대 명종 태실지

명종(1534~1567)은 1534년(중종29) 5월 22일에 한양에서 중종의 셋째 왕비인 문정왕후의 맏아들로 태어났다. 출생 직후 명종의 태를 어디에 갈무리했는지는 확인하기 어렵다. 출생 4년 후인 1538년(중종33) 2월 21일에 충청도 서산 태봉산(현 충남 서산시 운산면 태봉리 산1)에 태실을 조성했고, 왕위에 오른 이듬해인 1546년(명종1) 10월에 가봉했다.[45] 실록에도 명종 태실지의 위치를 "명종대왕(明宗大王) 서산(瑞山) 동면(東面)"이라고 기록했다.

• 명종 태실지의 입지지형 위성사진

• 명종 태봉. 너른 들판을 바라보고 자리했다.

---

45. 심현용, 『한국 태실 연구』, 경인문화사, 2016, 107쪽.

• 명종 태실의 복원 모습

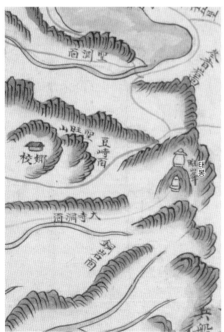

• 『해동지도』(서산)의 '태봉'

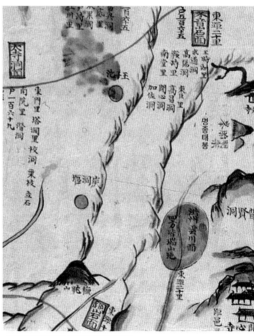

• 『1872년 지방지도』(서산)의 '명종태봉'

조선 후기의 군현지도에도 명종 태실을 표현했다. 18세기 중엽의 『해동지도』(충청도 서산)에는 '태봉'이라고 표기하고 그렸다. 『1872년 지방지도』(충청도 서산)에는 서산 읍치의 오른쪽 산봉우리에, '명종태봉(明宗胎峯)'이라고 적었다. 명종 태실이 일제강점기에 훼손되고 나서 원 위치인 서산시 운산면 태봉리 지금 자리에 석물 유적을 복원했다.

명종 태실지의 지형경관은 들판입지 태봉이다. 상왕산(309m)의 산줄기가 서북쪽으로 뻗어 돌출한 봉우리 꼭대기에 태실이 들어섰다.

태봉 공사도 추수 후에 하도록 하소서

인종의 급작스런 죽음으로 12살의 어린 나이에 왕위에 오른 명종은 자신의 태실을 가봉하는 일을 당장 시행하지 않았다. 어머니인 문정왕후가 수렴청정을 할 당시 1546년(명종1) 4월 22일에, 인종은 민생을 고려해 추수 후로 자신의 태봉 공사를 미루도록 했다.

"서산(瑞山) 태봉의 공사도 추수 후에 하도록 하소서." 하고 사헌부에서 아뢰니, (명종이) 그렇게 하라고 명하였다. 『명종실록』 1년 4월 22일

다음의 선조 대에 와서 명종 태봉이 훼손된 사실이 있었다. 해당지역의 군수가 직접적인 태실 관리의 책임자이기에, 그를 공격하기 위해 민간인이 앙심을 품고 석물을 파괴한 것이었다. 이렇게 왕태실이 가지는 상징성으로 말미암아, 태실은 백성들이 간접적으로 소재지 수령의 학정(虐政)에 저항하는 수단으로도 이용되었음을 할 수 있다. 1573년(선조6) 2월 21일과 1575년(선조8) 11월 1일의 실록을 보자.

"서산에 있는 선왕의 태봉을 삼가 수호하지 않아서 이런 변이 있게 한 것은 매우 놀라우니, 예관을 보내어 다시 살펴보게 하소서." 『선조실록』 6년 2월 21일

도적이 명종의 태봉을 허물었다. 이 태봉은 서산에 있는데 간악한 백성이 군수를 해치려고 하여 태실의 돌난간을 깨뜨렸다. 『선조수정실록』 8년 11월 1일

이후 1711년(숙종37) 10월 22일에 명종 태실의 비석이 낡아서 새로 세웠다.

예조참의 송징은이 호서(湖西)에 가서 삼조(三朝) 태봉의 석물을 손질하여 옛 모습을 고치고 돌아왔다. 명종 태봉은 서산에 있는데 비석이 전부 손상된 까닭에 새 비를 다시 세웠고….『숙종실록』 37년 10월 22일

∽

명종 태실지는 태봉리에 있는 산봉우리 꼭대기에 있다. 태봉이 있어서 행정 명도 태봉리이고 산이름도 태봉산이 되었다. 주위가 목장지로 개발되면서 산봉우리의 초목이 깎여나가 태봉이 우스운 꼴이 되었다. 태실지에 오르면 전망이 탁월하다. 태실은 비교적 온전한 모습으로 복원되었다.

14대 선조 태실지

선조(1552~1608)는 1552년(명종7) 11월 11일에 한양에서 중종의 아들 덕흥대원군과 하동부대부인 정씨의 셋째 아들로 태어났다. 선조는 덕흥군의 아들로 태어났기 때문에 출생 당시에는 태를 집 북쪽 소나무 숲 사이에 묻었다. 이후 왕위에 오르고 나서 1570년(선조3) 2월 1일에 충청도 임천 태봉산(현 충남 부여군 충화면 청남리 산227)에 태를 옮겨 갈무리했다. 실록에도 선조 태실지의 위치를 "선조대왕(宣祖大王) 임천(林川) 서면(西面)"이라고 기록했다.

조선 후기 군현지도에도 선조 태실을 표현했다. 18세기 중엽의 『해동지도』(충청도 임천)에는 천등산(天燈山)에 자리 잡은 오덕사(五德寺) 오른쪽에 '선묘태실(宣庙胎室)'이라고 표기했고 석물 그림도 간략히 그렸다. 『1872년 지방지도』(충청도 임천)에는 '선조대왕태실'이라고 표기했고, 태실 오른쪽 위아래로 '명혜공주 태실(明惠公主胎室)'과 '명안공주 태실(明安公主胎室)'이라고 적었다.[46]

선조 태실은 일제강점기에 훼손된 이후 태실지에는 석물과 가봉비의 귀부

---

46. 명혜공주(1665~1673)과 명안공주(1667~1687)는 조선 제18대 현종과 명성왕후의 둘째와 셋째 딸이다.

(龜趺)가 파괴되어 매몰되었다.[47] 원 태실지에는 민간인 묘가 들어섰다. 태실비는 태실지에서 1.5km 서북쪽에 위치한 오덕사(五德寺)의 경내로 옮겼다.

선조 태실지의 지형경관은 야산입지 태봉이다. 청등산(260m) 산줄기가 남쪽으로 뻗어 돌출한 봉우리(태봉산) 꼭대기에 태실이 들어섰다. 앞으로는 송정 저수지가 마주한다.

• 선조 태실지의 입지지형 위성사진　• 선조 태봉

• 선조 태실비. 오덕사 경내에 있다.

47.　이규상, 『한국의 태실』 청원군·청원문화원, 2005, 156쪽.

• '선조대왕태실'이라고 적은 태실비 앞면의 명문

• 선조 태실지의 현재 모습

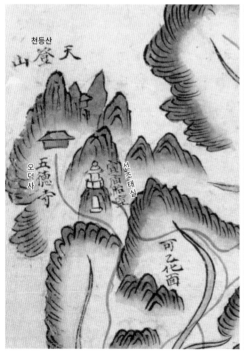

• 『해동지도』(임천)의 '선조태실[宣廟胎室]'. 천등산(天燈山)이 주산으로 표기되었다.

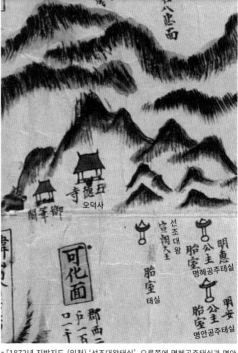

• 『1872년 지방지도』(임천) '선조대왕태실'. 오른쪽에 명혜공주태실과 명안공주태실도 표기했다.

태를 옮기는데 드는 민폐를 지식인들이 개탄했다

1567년(선조 즉위년) 7월 3일에 16세의 어린 나이로 명종에 이어 선조가 왕위에 오르자, 명종의 정비이자 선조의 양어머니로서 수렴청정을 했던 인순왕후는 서둘러 선조의 태실을 옮겨 가봉하고자 했다. 그 배경으로는 첫째, 선조가 적손(嫡孫)이 아닌 덕흥대원군의 아들로서 명종의 양자로 왕위에 올랐기에, 태실의 가봉을 통해서라도 왕실의 정통성을 확보하려는 의도가 있었다. 둘째, 선조가 개인적으로 풍수를 대단히 믿었던 데에도 태실의 길지 봉안에 대한 애착이 컸으리라 짐작된다. 조정에서는 온전한 길지를 구하려 두 차례나 시행착오를 겪다가, 마침내 즉위 3년째 되던 해인 1570년(선조3) 2월 1일에야 임천에 태를 갈무리했다.

임금의 태[聖胎]를 임천에 묻었다. 임금이 즉위했을 때 태를 전례대로 좋은 자리를 골라 묻어야 한다는 조정의 논의가 있어, 옛 집을 뒤져 정원 북쪽 소나무 숲 사이에서 태를 찾았다.

강원도 춘천 지방에 자리를 정하여 공사를 했는데, 끝나갈 무렵 그 혈(穴)이 바로 옛날에 태를 묻었던 곳임을 알았다. 다시 황해도 강음 지방으로 옮겨 정했는데, 터를 닦는 동안 정혈(正穴)로부터 몇 십 보 떨어진 자리에서 옛날 묻어놓은 작은 항아리를 발견했다.

그런데도 관찰사 구사맹이 "작은 항아리 하나가 묻혀 있다는 이유만으로 이 거대한 공사를 그만둘 수는 없는 일이다." 하고 알리지 않은 채 추진하여 공사가 마무리 단계에 들어갔는데, 조정에서 소문을 듣고 깜짝 놀라 구사맹을 불경(不敬)으로 탄핵하여 파직시키고 다시 깨끗한 자리를 골라야 한다고 청하여 임천에 묻게 된 것이다. 『선조수정실록』 3년 2월 1일

이 일을 두고 실록의 사관(史官)은 그냥 지나칠 수 없었다. "선조의 태를 옮겨 갈무리하면서 드는 민폐에 대해 지식인들이 개탄하였다."고 하면서, 태실풍수가 풍수적으로 근거가 없을 뿐더러 이치와 도리에도 맞지 않다고 신랄하게 비판했다. 선조 대에 와서 태실 조성에 조정과 백성의 부담을 감당하기 어렵게 되자 마침내 '태실무용론'까지 고개를 든 것이다.

당시 굶주린 백성들이 돌을 운반하는 데 동원되어 임금의 태 하나를 묻는 데 그 피해가 세 개 고을에 미쳤으므로 식자들이 개탄하였다.

태경(胎經)의 설이 시작된 것은 신라·고려 사이이고 중국에 예로부터 있었던 일은 아니다. 우리나라 법규는 국장(國葬)에 있어서는 길지를 고르기 위하여 심지어 사대부와 백성[士民]들의 묘소를 모두 파내고 혈을 정하기도 하고, 태봉은 반드시 최고로 깨끗한 자리를 고르기 위하여 이렇게까지 하고 있다. 이는 의리에 어긋나는 일일 뿐만 아니라 풍수의 술법으로 따지더라도 근거가 없는 일이다. 『선조수정실록』 3년 2월 1일

이런 분위기에도 불구하고 선조의 고집을 꺾지 못했던 것은 풍수에 대한 본인의 믿음이 컸기 때문이었다. 심지어는 왕녀의 태실을 조성하는 데, 시기상 농번기를 고려해 미루자는 사헌부의 건의도 받아들이지 않고 택일한 안태 날짜를 맞춰야 한다는 이유로 강행하기도 했다. 1595년(선조28) 2월 26일의 실록을 보자.

"왕녀(王女)의 태를 안치하자면 토공(土功: 흙 일)과 석역(石役: 돌을 부리는 일)이 매우 크니, 몇 달 안에 끝낼 수 없는 형세입니다. 지금 농사철을 당하였는데, 경기[畿內]에 외롭게 남아 있는 백성이 장차 농사를 폐하게 될 것이니, 우선 정지하도록 명하소서…." 하니 답하기를, "태를 간수하는 것은 마땅히 간수하는 달이 있다. 아무 달에나 간수하는 것은 불가하니 물릴 수 없다…." 하였다. 『선조실록』 28년 2월 26일

태봉이 파괴된 책임을 물어 수령을 파직시키다

두 차례 왜란의 난리 통에 왕실에서 관리하던 태봉 장부도 그만 불타 없어졌다. 왕실에서는 예비로 여러 합당한 태실후보지를 확보해 두고 그 정보를 기록해왔다. 탄생하는 왕족들의 태를 갈무리하기 위해서 다수의 태실이 필요했기 때문이었다. 그런데 그 장부가 불타 조정에서는 각 지방관으로 하여금 관상감의 풍수관원을 대동하여 태봉이 될 만한 후보지를 미리 살펴보고 새로 장부를 작성해 올리게 했다. 1602년(선조35) 6월 25일의 일이었다.

관상감이 아뢰기를, "평상시에 증고사를 뽑아 보내 태봉으로 합당한 곳을 살펴보고 세 등급으로 나누어 장부를 만들어 두는데 … 난리 이후로는 만들어 둔 장부가 불에 타버렸습니다. 지금 여러 아기씨들의 저장하지 못한 태가 한둘이 아닌데 오래지 않아 태를 저장하라는 명이 계시면 살펴볼 만한 자료가 없으니, 지극히 민망스럽습니다.

비록 증고사를 뽑아 보내지는 못하더라도, 각도의 지방관[都事]으로 하여금 본감(本監)의 지리학 관원을 거느리고 태봉으로 합당한 곳을 미리 살펴서 등급에 따라 재가를 받아 장부를 만들어 두었다가 쓸 무렵에 아뢰어 사용할 수 있도록 뜻을 받드는 것이 어떻겠습니까?" 하니, 윤허한다고 전교하였다. 『선조실록』 35년 6월 25일

한편, 차기의 왕위를 계승한 아들 광해군은 부왕인 선조 태봉이 파괴된 데에 관리 책임을 물어 고을 수령인 김상헌(金尙憲, 1570~1652)을 파직시킨 일이 벌어졌다. 이러한 조치는 단순히 태실 관리상의 문제라기보다는 권력집단 간의 정쟁과 보복의 빌미로 왕태실이 이용된 측면으로 심증이 간다. 산릉 편에서 서술하겠지만, 왕릉의 이장을 두고 벌어지는 권력 간의 암투는 태실보다 훨씬 정치적으로 치열했다.

당시 김상헌은 이 일이 있기 전년(1611년)과 후년(1613년)에도 파직과 복직을 반복한 바 있다. 1611년(광해군3)에는 정인홍의 상소(회퇴변척소(晦退辨斥疏): 회재 이언적과 퇴계 이황을 배척하는 내용으로 올리는 글)를 강력히 비판하면서 파직된 후 다시 복직되었고, 1613년(광해군5)에도 아들이 역모자와 연루됐다는 이유로 파직되었다. 1612년(광해군4) 3월 12일의 실록을 보자.

"사헌부가 아뢰기를 … 선왕(先王: 선조)의 태봉을 파괴한 변고는 실로 전고에 있지 않았던 일입니다. 수령이 된 자는 당연히 항상 삼가하여 뜻밖의 환난이 없게 했어야 합니다. 지금 이 불측한 변고가 미친 적(賊)의 소행이라고는 하더라도 그 고을 관원이 책임을 면하기는 어렵습니다. 광주목사 김상헌을 파직시키소서." 하니, 답하기를, "이미 의논하여 정하였으니 다시 의논할 필요 없다. 김상헌은 파직하라." 『광해군일기(정초본)』 4년 3월 12일

후대에도 여러 차례 선조 태실의 비석을 보수하거나 새로 세웠다. 1711년(숙종37) 10월 22일에 선조 태실의 비석 글자를 보수하였다. 1747년(영조23) 3월 21일에도 선조 태실비의 글자가 깎여서 없어졌다고 해서 다시 보수하여 세우게 했다.

예조참의 송징은이 호서에 가서 삼조(三朝) 태봉의 석물을 손질하여 옛 모습을 고치고

돌아왔다. … 선조 태봉은 임천(林川)에 있는데 비석의 글자가 마멸된 까닭에 앞면을 갈아 다시 새겼고….『숙종실록』 37년 10월 22일

"비의 글자가 깎여서 잘 보이지 않는 것은 중요하게 여겨야 할 바가 있으니… 처리하는 것이 좋겠습니다." 예조 참판 김상로가 말했다. "앞면에는 묘호(廟號)를 쓰고 뒷면에는 새로 고쳐 세우는 시·월·일을 숭정(崇禎)의 간지(干支)로 쓰고, 그 아래에 주석하기를, '햇수가 오래되어 글자가 마멸되었기에 다시 세운다.'고 한다면 좋을 듯합니다." 임금이 그대로 따랐다.『영조실록』 23년 3월 21일

✖

선조 태실지는 오덕리 장자마을과 마주한 나지막한 봉우리 꼭대기에 있다. 마을 할머니의 안내로 동네 안길을 지나 봉우리에 이르는 오른쪽 길로 접어드니 태실지가 나왔다. 태실지에는 안내판도 없고, 민간인 묘가 들어섰다. 남은 유적 중에 태실비는 인근의 오덕사(五德寺) 경내로 옮겨 놓았다.

15대 광해군 태실지

광해군(1575~1641)은 1575년(선조8) 4월 26일에 한양에서 선조와 공빈 김씨의 둘째 아들로 태어났다. 출생 직후 광해군의 태를 어디에 갈무리했는지는 확인하기 어렵다. 태어난 지 6년 뒤인 1581년(선조14) 4월 1일에 경상도 대구 태봉산(현 대구광역시 북구 연경동 산135)에 태실을 조성했고, 왕으로 즉위한 이듬해인 1609년(광해군1) 11월에 가봉했다.[48]

조선 후기 군현지도에는 광해군 태실을 표현했다. 18세기 중엽의『해동지도』와『1872년 지방지도』(경상도 칠곡)에는 태봉을 표기했고,『1872년 지방지도』(경상도 칠곡)에는 태봉 꼭대기에 있는 태실의 석물을 강조해 그렸다.

광해군 태실은 2003년에 도굴되었는데, 당시 비석좌대 등 석물 파편이 나뒹굴고 구덩이가 나 있었다. 당시에 현지를 답사한 연구자는 태함(胎函), 파손된

---

48.   심현용,『한국 태실 연구』 경인문화사, 2016, 108쪽. 태실 소재지는 수정했다.

아기태비와 가봉태비, 개첨석 등도 발견할 수 있었다고 한다.[49] 이후 태실지는 2018년에 발굴조사를 거쳐 현재 새로 정비되었다.

광해군 태실지의 지형경관은 들판입지 태봉이다. 도덕산(660m)의 산줄기가 남쪽으로 뻗어 내려와 금호강과 만나기 전에 솟은 봉우리 꼭대기에 태실이 들어섰다.

• 광해군 태실지의 입지지형 위성사진

• 광해군 태봉. 앞으로 너른 들판이 펼쳐졌다.

• 『해동지도』(칠곡)의 광해군 '태봉'. '건령산(乾靈山)'의 지맥 자락에 있다.

• 『1872년 지방지도』(칠곡)의 광해군 '태봉'

---

49. 심현용, 「광해군 태실에 대하여」, 『강원문화사연구』 제9집, 2004, 128~131쪽.

태실을 가봉하고 논상하다

광해군은 1608년(광해군 즉위년) 2월 2일에 아버지 선조를 계승하여 왕위에 올랐고, 관례대로 이듬해에 태실을 가봉했다. 실록에는 공사 후 논상(論賞)의 사실을 다음과 같이 기록했다.

"태실을 고쳐 봉안[改封]할 때의 관상감 제조 이하 여러 관원 및 여러 인부[匠役]들에게 논상의 차등이 있게 하라." 『광해군일기(정초본)』 1년 12월 19일

～⚬～

광해군 태실지는 탯등산 꼭대기에 있다. 태실지로 진입하는 주변 평지는 아파트단지로 개발되었다.

18대 현종 태실지

현종(1641~1674)은 1641년(인조19) 2월 4일에 중국(청나라) 심양에서 효종과 인선왕후 장씨의 맏아들로 태어났다. 출생 직후 현종의 태를 어디에 갈무리했는지는 확인하기 어렵다. 현종이 1644년(인조22)에 심양에서 귀국하고 나서 3년 후(1647년, 인조25)에야 충청도 대흥 태봉산(현 충남 예산군 신양면 황계리 189-2)에 태실을 조성했다.[50] 이후 1659년에 왕으로 즉위하고 나서 한참 지난 1681년(숙종7)에 태실지(석난간)를 가봉해 조성했다. 실록에 현종 태실지의 위치를 "현종대왕(顯宗大王) 대흥(大興) 원동면(遠東面)"이라고 기록했다.

조선 후기 군현지도에도 현종 태실을 표현했다. 18세기 중엽의 『해동지도』(충청도 대흥)에는 '현묘태봉(顯廟胎峯)'과 태실비를 그렸고, 『1872년 지방지도』(충청도 대흥)에는 백월산(白月山)의 산줄기 아래로 '현종대왕태실'을 표기했다.

현종 태실지의 지형경관은 들판입지 태봉이다. 박봉(233m) 산줄기가 서쪽으로 뻗어 내려와, 신양천이 만든 들판에 이르러 솟은 봉우리 꼭대기에 태실이 들어섰다. 오늘날 현종 태실지는 개발공사로 훼손되었다.

---

50. 심현용, 『한국 태실 연구』, 경인문화사, 2016, 109쪽. 태실 소재지는 주민인터뷰를 거쳐 수정했다.

● 현종 태실지의 입지지형 위성사진

● 개발공사로 훼손된 현종 태봉(2013년 4월)

● 『해동지도』(대흥)의 '현종태봉[顯廟胎峯]'

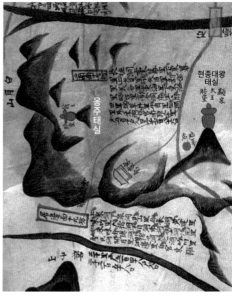

● 『1872년 지방지도』(대흥)의 '현종대왕태실'. 왼쪽에 옹주태실(翁主胎室)도 그렸다.

태실로 인한 백성의 피해를 보상해주도록 하소서

현종이 왕위에 오르고 3년 후인 1662년(현종3) 6월 23일에 조정에서 태실을 가봉할 것을 건의하자 현종은 민생을 고려하여 추수 후에 시행하라고 했다.

"임금께서 즉위하신 후에 태봉의 석물을 즉시 더 설치해야 했는데, 신들이 고사(古事)를 잘 알지 못해 아직까지 거행하지 못했으니, 정말 흠전(欠典: 규정에 모자람)이라 하겠습니다." 하니…, 임금이 이르기를, "추수 때까지 기다렸다가 하도록 하라." 하였다. 『광해군일기 (정초본)』 1년 12월 19일

1670년(현종11) 3월 19일에도 현종은, 공주의 태 봉안으로 인해 농사를 짓지 못하게 된 백성의 피해를 경제적으로 보상토록 했다.

안태사 민점이 아뢰기를, "두 공주의 태를 봉안할 때에 백성의 논밭 약간이 금표 안에 들어가 올해부터 농사를 짓지 못하게 되었습니다. 관둔전(官屯田: 지방 관아에 둔 토지)으로 보상해 주도록 하소서." 하니, 임금이 따랐다. 『현종개수실록』 11년 3월 19일

이후에도 현종 태실의 가봉은 연이은 재해와 흉년으로 미뤄지다가 결국 숙종 대에 가서야 시행되었다. 1681년(숙종7) 10월 12일에 현종 태실의 돌난간을 수리했다는 기록이 있다. 이후에도 여러 차례 현종 태실을 수리했다. 1711년(숙종37) 10월 22일에는 상석(裳石)을 개축했고, 1734년(영조10) 4월 10일에도 태봉의 무너진 곳을 고쳐 지었다.

예조참의 송징은이 호서에 가서 현종 태봉의 석물을 손질하여 옛 모습을 고치고 돌아왔다. … 현종 태봉은 대흥에 있는데 상석(裳石)이 물러나서 역시 개축하였다. 『숙종실록』 37년 10월 22일

현종 태실지는 개발공사로 태실 봉우리 자체가 깎여나가 흔적도 찾을 수 없다.

19대 숙종 태실지

숙종(1661~1720)은 1661년(현종2) 8월 15일에 한양에서 현종과 명성왕후 김씨의 외아들로 태어났다. 관례대로 출생 후 다섯 달째인 12월 25일에 충청도 공주 무수산(현 충남 공주시 태봉동 산64-1 태봉산)에 태실을 조성했다. 1674년(숙종 즉위년)에 왕위에 올랐지만 태실 가봉은 흉년이 들어 계속 미뤄지다가 1683년(숙종9) 10월에 들어서야 시행됐다. [51] 실록에도 숙종 태실지의 위치를 "숙종대왕(肅宗大王) 공주(公州) 남면(南面) 오곡(吳谷) 무수산(無愁山) 동구(洞口)"라고 기록했다.

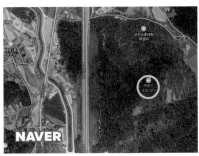

• 숙종 태실지의 입지지형 위성사진

• 숙종 태봉. 계룡산 자락의 야산에 자리했다.

• 숙종 태실비(앞면)

• 숙종 태실지의 현재 모습

---

51. 심현용, 『한국 태실 연구』, 경인문화사, 2016, 110쪽.

태봉

갑사

● 『해동지도』(공주)의 숙종 '태봉'. 계룡산 갑사(甲寺) 왼쪽에 있다.

조선 후기 군현지도에도 숙종의 태실을 표현했다. 18세기 중엽의 『해동지도』(충청도 공주)에는 계룡산 갑사(甲寺) 왼쪽에 태봉을 표기했다. 숙종 태실이 일제강점기에 훼손되고 나서 원 태실지에는 민간인 묘가 들어섰고, 태실비 등의 석물 유적이 흩어져 있다.

숙종 태실지의 지형경관은 야산입지 태봉이다. 계룡산(845m)의 산줄기가 서쪽으로 뻗어 이룬 봉우리 꼭대기에 태실이 들어섰다.

태봉은 같은 산에 한꺼번에 만드는 것이 좋겠다

1678년(숙종4) 6월 24일, 조정에서 태실의 조성과 관련하여 회의가 벌어졌다. 그 자리에서 숙종은 앞으로 왕실에서 태봉을 쓸 때 개별적으로 하지 말고 하나의 산을 정해서 조성하도록 조치했다. 표석만 세우고 석물을 쓰지 않도록 하여 공사의 부담도 대폭 감소시켰다.

공주나 옹주까지도 각각 태봉을 정하고 태실을 조성함에 따라 갈수록 왕실과 백성들에게 커다란 부담과 폐해가 되었는데, 그 현실적인 해결책으로서 하나의 태봉만을 정해서 같은 장소에 안태하도록 한 것이다. 이러한 모둠 태실 형식은 영조 대에도 같은 이유로 시행되었다. 모둠 태실은 세종 대에 성주에 조성된 왕자태실(세종대왕자 태실군)이 본보기가 될 모범[典範]이었다. 당시의 실록을 보자.

우의정 민희가 말했다. "태봉에 대한 규정은 어느 때 처음 시작했는지 알 수 없지만, 심지어 왕자도 공주도 옹주까지도 모두 태봉을 갖게 되었으며, 각 태봉마다 산 하나씩을 점유하게 됩니다. 방화구역[火巢]을 만들고 석물을 배치하는 일로, 백성들에게 큰 폐를 끼치게 됩니다. 예전부터 내려오는 규정인데 갑자기 고치기 어렵지만 태봉의 길지를 따로따로 택하지 말고, 깨끗한 산 하나를 골라서 한꺼번에 나열하여 묻고, 다만 표석만 세우고 석물은 쓰지 않는 것이 마땅합니다."

이에 숙종이 일렀다. "이제부터 이들 태봉은 따로따로 만들지 말고 같은 산에 한꺼번에 만드는 것이 좋겠다."[52]

⁂

숙종 태실지는 태봉동 태봉산 꼭대기에 있다. 태봉이 있어 행정명도 태봉동이 되었고, 초등학교 명칭도 태봉초등학교이다. 태실지에는 민간인 묘가 들어섰고, 주위에는 아기태실비, 가봉태실비 등의 석물이 남아 있다.

---

52. 『국역 태봉등록』 국립문화재연구소, 2006, 61쪽.

20대 경종 태실지

경종(1688~1724)은 1688년(숙종14) 10월 28일에 한양에서 숙종과 옥산부대빈(희빈) 장씨의 맏아들로 태어났다. 관례대로 출생 후 다섯 달째인 1689년(숙종15) 2월 22일 날 충청도 충주 태봉산(현 충북 충주시 엄정면 괴동리 산34-1)에 태를 갈무리했다. 실록에도 경종 태실지의 위치를 "경종대왕(景宗大王) 충주(忠州) 엄정립비(嚴政立碑)의 북쪽 2·3리 쯤"이라고 기록했다.

조선 후기 군현지도에도 경종 태실을 표현했다. 18세기 중엽의 『해동지도』(충청도 충주)에 태봉을 표기했고, 『1872년 지방지도』(충청도 충주)에는 인등산(人登山) 산줄기의 맥을 받아 왕심산(旺心山)에 들어선 태봉을 표현했다. 태종 아래에 "경종대왕 태봉은 고을 북쪽 40리 엄정면에 있다."라고 위치를 밝혔다. 경종 태실이 일제강점기(1928년) 때 훼손된 이후 태항아리는 서삼릉에 옮겨졌고, 이후에 흩어진 석물을 1976년에 원 위치에 다시 복원했다.

경종 태실지의 지형경관은 들판입지 태봉이다. 백운산(1,087m)의 산줄기가 남쪽으로 뻗다가 다시 동쪽으로 내려와 원곡천을 만나는 즈음, 봉긋하게 솟은 봉우리 꼭대기에 태실이 들어섰다.

• 경종 태실지의 입지지형 위성사진

• 경종 태봉 근경. 볼록한 봉오리가 탐스럽다.

• 경종 태봉. 앞으로 너른 들판이 펼쳐졌다.

• 경종 태실

• 아기태실비

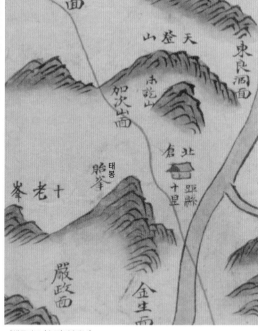

• 『해동지도』(충주)의 '태봉'

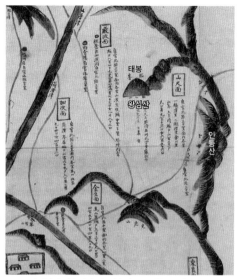

● 1872년 지방지도(충주)의 경종 '태봉'. 인등산(人登山) 산줄기의 맥을 받고, 왕심산(旺心山)에 있다.

왕자 아기씨의 태를 일등 태봉에 갈무리했다

1688년(숙종14) 10월 28일 경종이 탄생한 지 보름 후, 담당 관리는 장태(藏胎)의 일을 착수했다. 이윽고 다섯 달째 되던 이듬해 봄 3월 3일에 경종의 태를 갈무리했다.[53] 날짜별로 『태봉등록』의 기록을 보자.

날짜	등록 내용
1688년(숙종14) 11월 12일	담당 내관이 지관 한필웅을 불러 왕자 아기씨의 장태(藏胎)할 일을 말했다.
1689년(숙종15) 1월 1일	1688년 10월 28일 유시(酉時)에 탄생한 왕자 아기씨의 태를 안치할 날을 말했다. "일등 태봉이 공홍도 충원에 있는 경좌갑향(庚坐甲向)입니다. 태를 안치할 길일은 2월 22일 진시이며, 공사 시작은 정월 20일 묘시입니다. 터를 여는 날은 2월 8일 오시이며, 고후토제는 같은 날 꼭두새벽에 지냅니다. 태를 꺼내는 때는 2월 16일 사시에, 태신안위제는 봉토(封土)한 뒤 일정한 시간에 지냅니다. 사후토제는 일을 다 마친 뒤 일정한 시간에 장태의 일을 마치소서."
3월 3일	신하가 2월 16일에 명을 받들어 태를 모시고 출발하여, 19일에 충주에 있는 태봉 예정지에 도착했다. 22일 진시에 태를 갈무리했다.

53. 『국역 태봉등록』 국립문화재연구소, 2006

경종 태실의 석물을 가봉하도록 했다

그런데 정작 왕위에 오른 뒤에 의례적으로 시행되었던 태실의 가봉은 미루어져 영조 대에야 이루어졌다. 경종은 소론과 노론이 정쟁하는 당쟁의 절정기에 시달리다 4년이라는 짧은 재위 기간으로 삶을 마무리했고, 숙빈 최씨 소생으로 왕위를 계승한 영조는 1726년(영조2) 9월 4일에 경종 태실의 석물을 가봉하도록 한 것이다.

충주에 있는 경종대왕의 태실에, 선공감 제조 김택현, 관상감 제조 정형익에게 명하여 석물을 가봉하도록 했다. 『영조실록』 2년 9월 4일

같은 해 9월 25일에, 영조는 경종 태실을 가봉하는 과정에서 경제적으로 손해를 입은 백성들에게 피해 정도를 참작하여 보상하도록 조치했다.

심택현이 아뢰기를, "충주에 있는 태실을 가봉할 때에 석물을 끌고 지나가는 길 곁의 밭 곡식이 많이 손상되었으니, 더러는 값을 주기도 하고 더러는 일을 감해 주기도 하여 백성의 심정을 위로해 주는 것이 좋겠습니다." 하니, 영조는 "신하[道臣]에게 분부하여 참작하여 처리하도록 하겠다." 했다. 『영조실록』 2년 9월 25일

경종 태실의 관리는 후대 왕에 이르러서도 지속되었다. 순조는 경종의 태실을 훼손했다는 이유로 인근 백성과 감독관을 가두었고, 잡은 범인은 법으로 다스리게 했다. 1831년(순조31) 11월과 12월에 벌어진 일이었다.

공충감사 홍희근이 아뢨다. "이달 4일 충주 구만리에 있는 경종대왕 태실의 개첨석(蓋簷石)·우상석(隅裳石)·좌대석(坐臺石)과 정남쪽 아래 전석(磚石)·횡대석(橫帶石)·연엽주석(蓮葉柱石)에 모두 훼손한 흔적이 있어서, 산 아래에 사는 백성과 감관(監官)을 일체 잡아다 가두었고, 죄인은 방금 사로잡는 중입니다." 『순조실록』 31년 11월 12일

태봉에 변고를 일으킨 우두머리 죄인 김군첨을 경차관(敬差官)을 내보내어 법대로 행하고 함께 참여했던 11인은 원악도(遠惡島)에 보내 종을 삼으라고 명하였다. 『순조실록』 31년 12월 2일

경종 태실지는 넓은 들판을 바라보고 있는 봉우리 꼭대기에 자리 잡았다. 평평한 들 뒤로 돌출하여 있는 태봉의 모습이 이채롭다. 태실은 소나무 숲으로 둘러싸여 있는 청정한 느낌을 준다. 1970년대에 들어 비교적 온전한 형태로 태실이 복원되었다.

21대 영조 태실지

영조(1694~1776)는 1694년(숙종20) 9월 13일에 한양에서 숙종과 숙빈 최씨의 둘째 아들로 태어났다. 탄생 후 열사흘 뒤(9월 26일)에 태실 조성에 바로 착수하여 다섯 달째인 이듬해(1695년) 1월 28일에 충청도 청주 태봉산(현 충북 청원군 낭성면 무성리 산6-1)에 태를 갈무리했다. 태실의 가봉은 즉위 5년째 되던 해인 1729년(영조5)에야 시행했다.[54] 실록에도 영조 태실지의 위치를 "영종대왕(英宗大王) 청주(淸州) 산내(山內) 일동면(一東面) 무쌍리(無雙里)"라고 기록했다.

영조 태실은 일제강점기에 서삼릉으로 이봉되면서 크게 훼손되었다. 태실지 자리에는 민간인 묘가 들어섰다. 청원군에서 태실 복원공사를 하여 1992년 6월 20일에 완료했지만, 본래 자리보다 150여 m 아래에 있어 원 위치에 다시 복원해야 하는 과제를 남기고 있다.[55]

• 영조 태실지의 입지지형 위성사진

• 영조 태봉(마을 뒤쪽의 봉긋한 봉우리)

---

54. 재위 당시 이인좌의 난(1728년)과 가뭄 등으로 미뤄진 까닭이었다.
55. 이규상, 『한국의 태실』 청원군·청원문화원, 2005, 265~279쪽.

• 복원 이전된 영조 태실. 원래의 위치에서 벗어나 있다.

• 영조 태실지의 원 자리 모습

영조 태실지의 지형경관은 야산입지 태봉이다. 속리산(1,058m)에서 서쪽으로 뻗은 산줄기가 가래산(543m)에 이르고 그 서편으로 봉긋하게 솟은 봉우리의 꼭대기에 태실이 들어섰다.

태실지를 정하고 태를 안장하다

영조 태실지의 선정은 출생 후 곧이어 결정되었고, 태실의 조성은 다섯 달째에 순조롭게 이루어졌다. 관련 기록으로 『태봉등록』(1643~1740)과 『영조대왕 태실가봉의궤』(1729)에 다음과 같이 태실 조성 과정을 상세히 적었다.

날짜	등록 및 의궤 내용
1694년(숙종20) 9월 26일	관상감이 보고했다. "이번 9월 13일에 탄생한 왕자 아기씨 장태의 일을 명하셨습니다. 일등 태봉지로 충청도 청주 산내 일동면 무쌍리(현 청원군 낭성면 무성리)에 묘좌유향으로 낙점하셨습니다. 장태(藏胎)는 내년인 을해 정월 28일 진시(辰時)로 합니다. 공사 시작은 다음 12월 26일이며, 터를 닦는 날은 오는 정월 11일 묘시(卯時)입니다. 고후토제는 이날 꼭두새벽에 행합니다. 태를 꺼내는 날은 오는 정월 24일 진시이며, 태신안위제는 봉토 후에 적당한 시간에 합니다, 사후토제는 일을 마친 뒤 적당한 시간에 하소서."[56]
1695년(숙종21) 2월 1일	안태사 윤이림이 보고했다. "신이 이달 24일에 명을 받들고 태를 모시고 떠나서, 이 달 27일에 청주목에 있는 태봉 점혈처(點穴處)에 도착했습니다. 28일 진시에 태를 안치했으며, 신들 일행은 공사를 완전히 마친 뒤에 다시 서울로 올라왔습니다. 방화구역[火巢] 내에는 경작하는 민가가 별로 없었으므로, 규정된 거리 척수에 따라서 금표를 세웠습니다."[57]

태를 묻는 폐단은 이루 다 말할 수 없다

태실 가봉은 왕위에 오른 후 곧바로 하는 것이 상례였지만, 영조는 즉위 5년째가 되던 1729년(영조5)에 이르러서야 가봉했다. 백성들이 부담하는 노역의 어려움을 생각하여 태실 공사를 가을 수확기 뒤로 미루게도 했다. 태실의 석물(石物) 양식도 간소화하고, 태실을 하나의 태봉에 한꺼번에 조성하는 등, 태실로 인한 백성의 노고와 피해를 줄이는 시책도 강구했다.

영조는 "백성의 부역이 크니 금년 가을의 수확이 끝난 뒤에 거행하되, 상석과 비석은 제도를 줄이라."고 명했다.[58] 좌의정 이태좌가, 일반적으로 태봉은 즉위 원년에 중수하는 것이 국가의 제도인데 지금까지 미뤄왔다면서 태실의 가봉을 청한 데 대한 조치였다. 이어 가봉하는 본인 태실의 석물 무게를 줄여 민폐를 줄이고 후세에 폐해를 없애는 방도로 삼게 했다. 백성들의 농번기를 고려하여 세종 태실의 수리 역시 뒤로 미루게 했다. 흉년으로 선왕들의 태실 석물의 수리를 미루게 한 적도 있다.

또한 영조는, 태실의 영역을 확대하지 말고 예전대로 함으로써 백성들에게 미

56. 57. 『국역 태봉등록』 국립문화재연구소, 2006

58. 『영조대왕태실가봉의궤』

칠 경제적인 피해를 염려했다. 태실지에 조성에 대한 새로운 방책도 지시했다. (세종대왕자 태실의 제도를 본받아서) 같은 태생의 안태는 따로 정하지 말고 한 등성이로 한정할 것을 명했다. 그리고 앞으로 태를 갈무리할 때는 어원(御苑)의 깨끗한 곳에 안장하도록 했다. 실록의 자세한 기록을 날짜순으로 살펴보자.

날짜	실록 내용
1729년(영조5) 8월 29일	예조 판서 김시환이 아뢨다. "청주에 있는 태봉의 석물에 체제(體制)를 조금 줄이라는 명이 있었습니다마는, 줄이기가 편치 않습니다." 영조가 말했다. "선왕조(先王朝)에서 후릉의 석물 제도가 참으로 좋았기 때문에 특별히 이를 본받아 법제로 삼도록 명했으나, 석물의 무게도 오히려 줄여 작게 했다. 하물며 태실을 표시하는 것이겠는가. 석물의 무게가 크고 작은 것이 어찌 일에 관계가 있겠는가. 만일 3분의 1을 줄인다면 운반해 가기도 조금 나을 것이다. 또한 이번에 줄인다면, 뒷날에 마땅히 이를 정식(定式)으로 삼아 준행할 것이니, 오늘날의 민폐를 제거할 뿐만 아니라, 또한 뒷날의 폐해를 제거하는 방도가 될 수 있을 것이다."
1730년(영조6) 5월 10일	"곤양에 있는 세종대왕 태실 난간석에 탈이 있는 곳에… 수리하려고 하나, 농번기에 백성을 부역(赴役, 징발하여 일을 시킴)시키는 것이 염려됩니다. 또 태봉 내에 탈이 있는 것과는 조금 다르니 우선 장마철이 지나기를 기다려 공사를 시작하는 것이 마땅할 듯합니다." 하니, 임금이 옳다고 했다.
1731년(영조7) 6월 4일	조문명이 말하기를, "역대 임금의 태실은 보수(步數)의 제도가 각기 다른데 현종·숙종의 태실은 모두 3백 보가 되지 못합니다." 하니, 임금이… 명하기를, "역대 임금이 남긴 뜻을 본받아 예전대로 하는 것이 옳겠다." 했다. 대개 자신(영조)의 태실을 봉(封)하게 되어 영역을 넓게 정해 백성들 논밭에 해를 끼칠까 염려했기 때문이었다.
1731년(영조7) 12월 15일	예조 판서 신사철이 말하기를, "세종·단종·예종·현종대왕의 태실 석물을 마땅히 명년 봄에 수리해야 하는데, 마침 흉년이 든 시기를 만났으니, 청컨대 내년 가을을 기다리게 하소서." 하니, 임금이 그대로 따랐다.
1758년(영조34) 3월 24일	세조가 왕위에 오르기 전에 태봉이 성주 선석산에 있는데, 여러 대군과 왕자의 태봉이 같이 있기 때문에 예조에서 다시 봉(封)하기를 청하였다. 그때 민폐를 위하여 동태(同胎)의 〈안장에 관한〉 하교가 있었는데, 단지 다시 돌만 세우게 하였으니, 아름답고 거룩하다. 이로써 보건대, 근래에 태봉을 반드시 봉우리 꼭대기에 하는 것은 그릇된 예(例)이고 예조의 초기(草記) 가운데에 '동강(同崗)'이란 두 글자로써 보더라도 꼭대기가 아님을 알 수 있다. 같은 태생의 아우를 형의 태봉 아래에 묻고 손아래 누이를 손위의 누이 태봉 아래에 묻는 것은 이치의 떳떳함이다. 하물며 예전의 고사(故事)가 있으니, 비록 같은 등성이에 묻는다 하더라도 무슨 거리낌이 있겠는가? 지금은 한 태(胎)를 묻는 데에 한 고을을 이용하니, 그 폐단은 이루 다 말할 수 없다. 이것도 마땅히 조종(祖宗)의 제도를 본받아야 될 것이니, 그 뒤로는 새로 정하지 말고 차례로 이어서 묻되, 한 등성이가 비록 다하였을지라도 한 산 안에 또 다른 등성이를 이용할 것이며, 그 이어서 묻는 곳이 서로의 거리가 2, 3보(步)에 지남이 없도록 하라. 동생을 형의 태봉 아래에 묻는다는 것이다. 세자(世子)와 여러 서자(庶子)의 장태(臧胎)는 이미 그냥 두라고 명하였으나, 이 뒤에는 비록 여러 적자(嫡子)와 군주(郡主: 왕세자와 정실 사이의 딸)가 있을지라도 원손(元孫)과 두 군주(郡主)의 장태한 산을 같이 이용할 것이며, 앞으로 대군(大君)·왕자(王子) 이하의 장태도 그렇게 하도록 하라. 대(代)의 멀고 가까움을 구애하지 말고 등성이가 다하는 것으로 한정할 것을 서운관에 분부하라."
1765년(영조41) 5월 13일	"장태하는 폐단은 내가 익히 아는 바이다. … 지금부터는 장태를 할 때는 반드시 어원(御苑)의 정결한 곳에 도자기 항아리에 담아 묻게 하고 이로써 의조(儀曹)에 싣게 하라."

영조 태실지는 무성리 태봉말 곁의 봉우리 꼭대기에 있다. 태봉이 있다고 하여 마을이름도 태봉말이 되었다. 태봉 꼭대기에 있는 원 태실지 자리에는 민간인 묘가 들어섰다. 아무런 안내판도 있지 않다. 현재에 새로 복원된 태실은 원 자리보다 아랫자락에 자리 잡았다.

<u>22대 정조 태실지</u>

정조(1752~1800)는 1752년(영조28) 9월 22일에 한양에서 장헌세자(장조)와 혜경궁 홍씨의 둘째 아들로 태어났다. 탄생 직후 태실 조성에 착수하여 한

• 정조 태실지 입지지형도

• 정조 태봉. 계족산 자락의 야산에 자리했다.

• 정조 태실의 복원된 모습

달 뒤인 10월 6일에 태실지를 결정했고, 이후 다섯 달째인 이듬해 1753년(영조 29) 1월 21일 날 강원도 영월 계족산(현 강원도 영월군 영월읍 정양리 산51)에 태를 갈무리했다. 재위 중에 태실의 가봉은 민폐를 감안하여 미루었고, 순조 때인 1801년(순조1) 10월 27일에야 시행했다. 실록에도 정조 태실지의 위치를 "강원도 영월부 하동면 정양리 계족산 서쪽 기슭 계좌정향"이라고 기록했다.

정조 태실은 일제강점기 때 훼손된 후 석물이 방치되었고, 한국전쟁 후 광산 개발로 매몰되기도 했는데, 다시 1998년에 원 위치에 복원했다.[59]

정조 태실지의 지형경관은 야산입지 태봉이다. 계족산(889m)에서 산줄기가 남쪽으로 뻗어 남한강 줄기에 이르는 즈음 솟아난 봉우리 꼭대기에 태실이 들어섰다.

태봉에 있는 백성의 집을 헐지 말고 논밭을 묵히지 말라

1752년(영조28) 9월 22일에 정조가 탄생하자 영조는 원손의 태실 조성에 착수하여 두 달 후인 11월 25일에 태실지 선정을 마치고, 태를 안장할 길일을 택하게 했다.

원손(元孫: 정조)의 태봉을 강원도 영월부 하동면 정양리 계족산 서쪽 기슭 계좌정향(癸坐丁向: ↓)으로 정하고, 계유년 정월을 기다렸다가 날을 잡아 거행하도록 했다. 대개 남자의 태는 5개월이 되어서 묻은 것이 관례이기 때문이다. 『영조실록』 28년 11월 25일

왕위에 오르면 본인의 태실지를 가봉하는 것이 관례였지만, 정조는 왕위에 오르고 나서도 민폐를 감안하여 자신의 태실에 대한 가봉을 여러 차례 미루었다. 결국은 아들 순조 대에 와서 부왕(정조)의 태실을 가봉했다. 순조 역시 정조 태봉의 영역 안에 있는 백성들의 집을 헐지 말고, 밭도 경작할 수 있도록 허용했다.[60] 실록을 보자.

59.   이규상, 『한국의 태실』, 청원군·청원문화원, 2005, 166쪽.
60.   당시 11살로 어린 순조의 수렴청정은 영조의 계비인 정순왕후가 했다.

날짜	실록 내용
1777년(정조1) 12월 24일	영의정 김상철이 아뢨다. "임신년에 영월 계죽산(鷄竹山)에 봉토한 장태는… 성상께서 즉위하신 뒤에는 일이 지극히 중요하게 되었으니, 표석 세우는 일들을 한결같이 열성조(列聖朝)에 이미 시행해 온 전례대로 즉시 거행하도록 하시는 것이 합당합니다." 정조가 하교했다. "올해 관동에 어떻게 민간의 힘을 번거롭게 할 수 있겠는가? 풍년 들기를 기다렸다가 거행하라."
1788년(정조12) 1월 13일	영의정 김치인이 아뢨다. "전하의 태실이 영월에 있는데, 가봉하는 것이 예에 마땅하니, 택일하여 공사를 시작하게 하소서." 정조는 추수가 끝나기를 기다리라고 명했다.
1801년(순조1) 10월 9일	영월부에 있는 선왕의 태실 가봉을 이달 27일에 거행하도록 하라고 명했다.
11월 8일	선대왕의 태봉 금표 안에 있는 백성들의 집을 철지 말고 논밭을 묵지지 말라고 명했다.

한편, 정조는 아버지 경모궁(景慕宮: 사도세자)의 태실을 가봉하는 공사가 끝나자 관리들을 포상하기도 했다. 1785년(정조9) 3월 18일의 일이었다. 이렇게 재위 중인 국왕이 세자의 신분이었던 사친(私親)의 태실을 가봉한 경우는 처음이었다. 산릉 편에서 자세히 서술하겠지만, 정조는 4년 뒤인 1789년(정조13)에 사도세자의 묏자리마저 길지(吉地)로 새로 옮겨서 조성하기에 이른다. 태실에 이어 능묘까지 옮겨 새로 조성함으로써 개인적으로는 효를 다하고 정치적으로는 왕권을 강화할 수 있었다.

정조 태실지는 계족산의 나지막한 봉우리 꼭대기에 있다. 일제강점기 이후로 석물이 방치되고 한 때는 매몰되는 등의 수난을 겪다가 원 위치에 다시 복원하면서 주변을 정비했다.

23대 순조 태실지

순조(1790~1834)는 1790년(정조14) 6월 18일에 한양에서 정조와 수빈 박씨의 둘째 아들로 태어났다. 탄생 후 한 달 뒤인 7월 6일에 충청도 보은 속리산의 지금 자리(현 충북 보은군 속리산면 사내리 산1-1)에 태실지를 정했다. 태실 조성을 마치고 태를 안장한 때는 확실하지 않다. 태실의 가봉은 왕위에 오른 지 6년 후인 1806년(순조6) 10월에야 마쳤다.

『순조태봉도』(1806)에는 태봉의 지형과 태실을 상세하게 묘사했고, 『1872년 지방지도』(충청도 보은)에도 '순조대왕태실'을 표기했다. 순조 태실이 1928년 일제강점기에 훼손되고 나서 원 위치에 석물 유적을 복원했다.

순조 태실지의 지형경관은 산간입지 태봉이다. 속리산 천황봉(1,058m)에서 서쪽으로 뻗은 산줄기를 타다가 솟아난 봉우리 꼭대기에 태실이 들어섰다.

● 순조 태실지의 입지지형 위성사진

● 순조 태실 주위로 둘러있는 산세. 속리산 능선이 병풍처럼 둘렀다.

● 순조 태실. 산간에 있어 석물은 비교적 원형의 모습이 남아있다.

속리산 문장대

법주사

• 「순조태봉도」(1806). 법주사 뒤쪽으로 봉긋한 범종 모양의 태봉과 주위 속리산의
  산세를 회화적으로 표현했다.

• 「순조태봉도」(태봉 부분 확대도)

• 『1872년 지방지도』(보은)의 '순조대왕태실'. 위로 속리산 비로봉과 천왕봉 등도 보인다.

영원하기를 비는 뜻에서 나온 것인 만큼

1790년(정조14) 6월 18일에 순조가 태어나자, 곧바로 24일에 정조는 태를 묻을 날을 받고 안태 준비를 명했다. 다만 민폐와 민생을 살펴 검소하게 수행하도록 당부했다.

"태를 묻을 길일을 가까운 날로 받도록 하라. 백성과 고을에 폐를 끼칠 수 있는 모든 일에 대하여 해당 관서의 제조(提調) 한 사람을 시켜 전례를 상세히 살피고 되도록 검소하게 하도록 하라. 이것 역시 영원하기를 비는 뜻에서 나온 것인 만큼, 그 장소를 의논해 결정하기를 기다린 후에, 의정부[廟堂]로 공문을 띄워 태를 봉안할 해당 도에 엄하게 신칙하라."『정조실록』 14년 6월 24일

이때 길지 3곳이 후보지로 올랐는데, 보은의 현 위치를 결정했다. 순조 태실지의 위치와 배치에 대해 실록은 다음과 같이 기록했다.

1790년(정조14) 7월 6일에, 원자의 태봉 길지를 보은현 속리산 아래에 있는 을좌신향(乙坐辛向: ↖)의 자리로 정했다.『정조실록』 14년 7월 6일

태실 석물의 가봉은 순조 본인이 왕위에 오른 지 6년 뒤인 1806년(순조6)에야 시행했다. 그리고 관례대로 태실 소재지인 보은은 현에서 군으로 승격했다.

보은현에서 순조의 태실을 가봉하는 일을 마쳤다고 하니, 감동관(監董官) 이하에게 차등 있게 시상했다.『순조실록』 6년 10월 20일
보은현을 보은군으로 승격시켰는데, 태실을 봉한 후에 관례대로 승격시킨 것이다.『순조실록』 10년 5월 25일

1806년에 작성된『순조태실석난간조배의궤』(聖上胎室石欄干造排儀軌)에는 1806년 4월부터 10월까지 시행된 태실 가봉에 대한 전 과정이 기록되었다.

❧

순조 태실지는 속리산 법주사 곁의 산길을 타고 가다 보면, 세심정을 지나 태실로 이르는 표식이 나온다. 개울을 건너 가파른 길을 오르면 봉우리의 꼭대기에 태실이 있다. 태실지에 오르면 속리산 능선이 병풍처럼 둘러쳐져 있다. 태실은 충청북도 유형문화재로 지정되어 관리되고 있다.

24대 헌종 태실지

헌종(1827~1849)은 1827년(순조27) 7월 18일에 한양에서 효명세자(추존 익종)와 신정왕후 조씨의 외아들로 태어났다. 출생 후에 곧바로(7월 25일) 태실지 선정에 착수하였고, 다섯 달째인 그해 11월 11일 충청도 가야산 명월봉 (현 충남 예산군 덕산면 옥계리 산6-2)에 태를 갈무리했다. 태실의 가봉은 왕위에 오른 지 한참 뒤인 1847년(헌종13)에야 이루어졌다. 『원손아기씨안태등록』 (1827)에도 헌종 태실지의 위치를 "덕산현 서면 가야산 명월봉 자좌오향(子坐午向:↓)"이라고 기록했다.

『헌종태봉도』(1847)는 태실지와 석물을 상세하게 표현했다. 『1872년 지방지도』(충청도 덕산)에도 '태봉'이라고 표기했다. 헌종 태실은 일제강점기 때 훼손되고 원 위치에 일부 석물 유적만 남아 있다.

헌종 태실지의 지형경관은 야산입지 태봉이다. 서원산(473m)의 산줄기가 남동쪽으로 뻗어 옥계저수지와 만나는 돌출부 정상에 태실이 들어섰다.

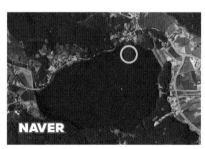

• 헌종 태실지의 입지지형 위성사진

• 헌종 태봉. 나중에 저수지가 조성됐다.

• 헌종 태실 유적(뒷편)

• 헌종 태실 유정(옆면)

• 「헌종태봉도」(1847)에 그려진 태실의 사실적인 모습(부분확대)

• 「1872년 지방지도」(덕산)의 '태봉'. 오른쪽 위에 '남연군묘소'도 보인다.

명월봉에 태를 봉안했다

헌종이 탄생한 후 일주일째인 1827년(순종27) 7월 25일, 관상감에서는 안태할 후보지를 골라 올렸다. 다음 달 8월 23일에 태실지 위치를 낙점 받았다. 이윽고 탄생 후 다섯 달째 되던 11월 11일에 충남 예산군 덕산면 옥계리 산6-2(명월봉)에 태실을 조성했다. 그 과정의 기록은 『원손아기씨안태등록』(1827)에 자세하다.

날짜	등록 내용
1827년(순조27) 7월 25일	관상감 관원이 아뢨다. "이번에 원손아기씨 태를 묻는 일은 규례대로 거행하겠습니다. 본감에 있는 기록을 가져다 살펴보니, 그 가운데 좌향이 길한 곳은 공충도 덕산현 서면 가야산 명월봉 자좌(子坐)의 언덕, 회인현 북면 27리 자좌의 언덕, 강원도 춘천부 수청원 자좌의 언덕 세 곳 뿐입니다. 수록한 해가 이미 오래되어 탈이 없는지는 보장할 수 없으니, 본감의 상토관(相土官)을 보내어 다시 더 살펴본 뒤 망단자(望單子: 후보지 기록)를 갖추어 들이고 하명을 기다려 길일을 택하도록 하는 것이 어떻겠습니까?" 하니, 알았다고 명했다.
8월 23일	관상감관원이 아뢨다. "방금 상토관 박주학이 내려가 살펴보니, 세 곳이 모두 합당하지만, 덕산현 자좌(子坐)의 언덕이 두 곳에 비해 더욱 길하다고 했습니다. 규례대로 망단자를 갖추어 들이겠습니다. 감히 아룁니다." 하니, 알았다고 명했다.
8월 23일	관상감에서 원손 아기씨의 태를 묻을 길지에 대하여 세 후보(三望)를 올려, 첫째[首望]에 낙점을 받았다. • 첫째: 공충도 덕산현 서면 가야산 명월봉 자좌오향 • 둘째: 공충도 회인현 북면 27리 자좌오향 • 셋째: 강원도 춘천부 수청원 자좌오향
8월 24일	관상감 관원이 아뢨다. "원손아기씨의 태를 묻을 길지는 공충도 덕산현 서면 가야산 명월봉 자좌오향(子坐午向)으로 낙점을 받았습니다. 길지는 이미 완정되었으니 태를 묻을 길일과 길시를 일관(日官)으로 하여금 택해서 들이도록 하는 것이 어떻겠습니까?" 하니, 그대로 하라고 명했다.
11월 11일	안태사 이지연이 이달 11일에 태를 모시고, 덕산현 가야산 밑 명월봉 태봉소에 가서 그날 신시(申時)에 태를 봉안했다.

이후 헌종이 왕위에 오르고 관례대로 이루어지는 태실의 가봉은 잇따른 자연 재해와 정국의 불안으로 한참 뒤로 미루어졌다. 이윽고 1847년(헌종13) 1월 28일에야 착수하여 두 달 여의 공사기간을 거쳐 3월 21일에 완성했다. 가봉의 전 과정은 『헌종태실석난간조배의궤(憲上胎室石欄干造排儀軌)』에 기록되었다.

헌종 태실지는 1957년에 준공된 옥계저수지를 끼고 있는 명월봉 꼭대기에 있다. 현재는 저수지 수위로 인해 봉우리가 낮아 보인다. 태실의 원형은 1847년에 그린 태봉도가 전해져서 옛 모습을 어렵지 않게 추정할 수 있다. 일제강점기 때 훼손된 후에 남아있는 태실 석물을 부분적으로 모아 원 자리에 겉모습대로 조성했다.

27대 순종 태실지

순종(1874~1926)은 1874년(고종11) 2월 8일에 한양에서 고종과 명성황후 민씨의 둘째 아들로 태어났다. 출생 후 열흘 뒤(2월 19일)에 태실지 선정에 착수하였고, 다섯 달째 되던 6월 6일, 충청도 결성 묘산(현 충남 홍성군 구항면 태봉리 366-38)에 태실을 조성해 갈무리했다. 『원자아기씨장태의궤』(1874)에도 태실지의 위치를 "충청도 결성현 구항면 묘산(卯山) 갑좌경향(甲坐庚向: ←)터"라고 기록했다.

순종 태봉도로 추정되는 옛그림에 오성산(五聖山) 아래로 우뚝한 모양으로 봉우리를 그리고 '태봉'이라고 표기했다. 순종 태실은 일제강점기 때 훼손되어 방치되다가 태실지(태봉산) 마저 공장지로 개발되면서 없어졌다.

순종 태실지의 지형경관은 야산입지 태봉이었다. 보개산(274m)이 남서쪽으로 뻗은 지맥의 구릉지 돌출부 정상에 태실이 위치했다.

원자아기씨의 태를 묻는 일을 거행하겠습니다

1874년(고종11) 2월 8일에 순종이 태어나자, 아버지 고종은 관상감에서 태

• 순종 태실지의 입지지형 위성사진

• 공장지로 개발되면서 훼손되어 없어진 순종 태봉(2013년 4월 촬영)

• 순종 화소비(火巢碑). 보전구역의 경계를 표식한 비석이다.(출처:『홍성신문』 2017.10.10.일자)

• 순종태봉의 원래 모습(출처:『구항면지』, 2013)

• 순종 태봉도(한국학중앙연구원 장서각 소장). 가운데에 우뚝 솟은 봉우리로 태봉(胎峯)이라고 표기했다. 오성산(五聖山) 자락에 있다. 태봉 위편으로 삼성암(三星巖)의 위치도 적고, 정암사(淨巖寺)의 모습도 그렸다.

실 후보지를 찾게 했다. 이후 한 달 만인 3월 26일에 세 후보지 중에서 첫째의 지금 자리로 선택해 결정했다. 이윽고 탄생 후 다섯 달째 되던 6월 8일에 태실을 조성했다. 순종의 안태 과정은 『원자아기씨장태의궤』(1874)에 자세하게 기록됐다.

날짜	의궤 내용
1874년(고종11) 2월 19일	관상감 관원이 아뢨다. "이번에 원자아기씨의 태를 묻는 일은 규례대로 거행하겠습니다. 본감에 있는 등록을 가져다 상고해보니, 그 가운데 좌향이 길한 곳은 오직 충청도 결성현 구항면 묘산 갑좌(甲坐)의 언덕, 강원도 원주부 신림역 백운산 아래 오좌(午坐)의 언덕, 그리고 경기도 양주목 가정자 오좌의 언덕 세 곳 뿐입니다. 수록한 해가 이미 오래되어 그 자리가 탈이 없는지는 보장할 수 없으니, 예전대로 본감의 상토관(相土官)을 보내어 다시 더 살펴본 뒤 망단자를 갖추어 들이고 품하기를 기다려 길일을 택하도록 하는 것이 어떻습니까?" 하니, 허락한다고 명했다.
3월 26일	관상감에서 원자아기씨의 태를 묻을 길지에 대하여 세 후보를 올렸더니, 첫째에 낙점했다. • 첫째: 충청도 결성현 구항면 묘산 갑좌경향 • 둘째: 강원도 원주부 신림역 백운산 아래 오좌자향 • 셋째: 경기 양주목 가정자 오좌자향
3월 27일	관상감 관원이 아뢨다. "원자아기씨의 태를 묻을 길지는 충청도 결성현 구항면 묘산으로 정했습니다. 길지는 이미 정해졌으니, 태를 묻을 길일과 길시를 일관(日官)으로 하여금 택해서 들이도록 하는 것이 어떻겠습니까?" 하니, 허락한다고 명했다.
6월 6일	태를 갈무리했다.

순종 태실지는 공장지로 개발되면서 형체마저 없어졌다. 태봉이 있어서 행정명을 태봉리라고 했고, 산이름을 태봉산이라고 했지만, 정작 태봉은 없어지고 이름만 남았다.

위치가 확인되지 않는 왕태실지

현재 소재지 확인이 어려운 왕태실지는 연산군 태실지(10대), 인조 태실지(16대), 효종 태실지(17대), 철종 태실지(25대), 고종 태실지(26대) 등 총 5곳이다. 이들 태실지는 정조 때(1784년) 태실 소재지를 파악했을 때 누락된 것으로 보아 당시에도 위치 파악이 어려웠던 것으로 보인다.

소재지 불명의 이유를 추정하자면, 인조(능양군)나 효종(봉림대군)처럼 출생 당시에 군(君)이거나 대군(大君)의 신분이어서 종통을 잇는 적자(嫡子)가 아니었기 때문에 세자와는 다른 형식으로 태를 처리했을 수 있다.

혹은 왕위에 오른 후에 태실을 가봉했을지라도 후대에 관리 소홀로 소재지를 망실했을 수 있다. 인조 태실이 그러한 경우인데, 실록에는 왕위에 오른 후에 가봉한 사실 등 태실 관리에 관한 기록이 나온다. 이에 의하면, 인조는 반정(反正)으로 왕위에 오르고 4년 이후가 되어서야 신하들이 태실 조성을 건의해 따랐고, 태봉에 최소한의 관리만 하도록 지시한 적이 있다. 인조의 태봉은 '정토사(淨土寺) 앞 봉우리'에 있다는 사실도 확인할 수 있다. 그러나 그곳이 현재 어딘지는 확실하지 않다. 1626년(인조4) 8월 1일의 실록을 보자.

예조가 아뢰기를, "임금의 태실을 살펴보고[奉審] 조성할 것을 전례에 근거하여 아뢨는데, 임금께서 '형식적인 일을 나는 매우 싫어한다. 봉심하지 말라.'고 말씀하셨습니다. 신들은 백성들의 폐해를 제거하여 주시고자 하는 지극한 임금의 뜻을 공경합니다. 그러나 만일 (태실을) 조성하여 표시하지 않으면 후일 필시 그곳을 모르게 될 것입니다. 해당 관리로 하여금 전례를 상고하여 거행하게 하소서." 하니, 따랐다.

예조가 또 아뢰기를, "임금과 왕세자의 태장(胎藏)이 모두 정토사(淨土寺) 앞 봉우리에 있다고 합니다. 의정부와 예조 당상, 관상감 제조 각 한사람이 가서 그대로 갈무리되어 있는가를 봉심할 일을 길일을 가려 거행하도록 하소서." 하니, 답하기를, "수직군(守直軍)을 정해서 나무하고 꼴 뜯기는 것만을 금하도록 하라." 했다. 『인조실록』 4년 8월 1일

그리고 철종이나 고종처럼 먼 왕족으로 대통을 이은 경우는 탄생 후에도 그랬겠지만 태실을 별도로 가봉하여 조성하지 않았을 수 있다. 연산군의 경우도 인조와 마찬가지로 재위 중에 태실을 가봉했지만 후대에 관리의 소홀로 소재

지 파악이 어려웠을 가능성도 배제할 수 없다.

출생 사실(태실 소재지를 확인하기 어려운 왕)

연산군(1476~1506)은 1476년(성종7) 11월 7일 성종과 폐비 윤씨의 맏아들로 태어났다.

인조(1595~1649)는 1595년(선조28) 11월 7일에 선조의 다섯째 아들 정원군(추존 원종)과 인헌왕후 구씨의 맏아들로 태어났다.

효종(1619~1659)은 1619년(광해군11) 5월 22일에 인조와 인열왕후 한씨의 둘째 아들로 태어났다.

철종(1831~1863)은 1831년(순조11) 6월 17일에 전계대원군 이광과 용성부대부인 염씨의 셋째 아들로 태어났다.

고종(1852~1919)은 1852년(철종3) 7월 25일에 흥선대원군 이하응과 여흥부대부인 민씨의 둘째 아들로 태어났다.

4부
영속의 공간, 산릉

산릉은 나라의 큰일이다. 당연히 공경스럽고 조심스럽게 해서 감히 털끝만큼이라도 미진한 일이 있게 해서는 안 된다. 반드시 산줄기가 휘감아 돌고 물이 굽이쳐 흐르며, 북풍을 가리고 남쪽을 향하는 곳으로, 조금도 결점이 없는 곳을 가려야 쓸 수 있는 것이다.

『선조실록』 33년 9월 2일

"길한 경사가 음덕을 드리우고, 복이 길이 흘러서, 성스러운 자손들이 번창하여, 천지와 더불어 무궁할 것입니다. 종묘에 만년 동안 제사지내는 계책이 이보다 더 급한 것이 없을 것입니다."

『순조실록』 21년 3월 22일

산릉은 조선왕조의 유교 이념의 영향으로 가장 풍수와 밀접하게 관계된 왕실경관이 되었다. 산릉풍수가 가진 큰 사회적 영향력으로 말미암아 권력집단이 능자리 선정과 이장을 정치적으로도 이용되는 현상마저 빚어졌다. 능의 풍수를 둘러싸고 벌인 세력간의 다툼은 조선왕조의 풍수정치의 한 면이기도 하다. 태실풍수와 궁성풍수는 후기로 갈수록 약화되는 경향을 나타났지만 산릉풍수는 조선왕조 전 시기를 거쳐 일관되게 강성했다.

1. 조선왕실의 산릉 조성과 관리

1) 산릉과 풍수

산릉(山陵)이라는 말은 조선왕실에서 왕과 왕비의 능을 합쳐서 부른 공식적인 용어이다. 산지에 입지한 능이라는 지리적인 의미도 담고 있다. 드물게 왕릉이라고도 일반화하여 일컬었다. 엄밀히 말하면 왕릉(혹은 대왕릉)은 왕의 능이고, 왕비릉은 왕비의 능이다. 실록에서도 왕비릉이라는 호칭이 나온다. 중국의 황제 능은 황릉(皇陵)이라고 불렀고, 같은 뜻인 제릉(帝陵)도 드물게 쓰였다. 이 책에서는 산릉과 왕릉을 혼용하되, 왕비릉을 포함한 의미로 왕릉이라고 쓸 것이다.

조선왕릉은 풍수와 직접적으로 관련된 조선왕실의 장례·장묘 문화경관이다. 한국에서 왕릉을 조성한 역사는 고대로 거슬러 올라가지만, 조선왕조부터 본격적인 풍수 원리로 능자리를 정하고, 격식을 갖추어 경관을 구성하였으며, 제도적으로 관리했다. 이런 역사적 배경을 반영하여 2009년에 유네스코 세계문화유산으로 등재된 '조선왕릉'(Royal Tombs of the Joseon Dynasty)은 여러 가지로 평가된 가치 중에서 풍수적 입지와 원리도 주목했다.[1]

조선왕릉은 일반적으로 뒤로는 산언덕으로 보호되고, 남쪽으로는 하천과 멀리 여러 겹의 산이 이상적으로 마주하는, 탁월한 자연미를 지닌 자리에 선택되었다.

조선왕릉의 자연환경은 풍수 원리에 의해 구성되었다. 풍수 원리를 적용하고 자연경관

---

[1] '조선왕릉'(http://whc.unesco.org/en/list/1319)의 개요(Brief description)와 탁월한 보편적 가치 요약문(Brief Synthesis)에 서술된 관련 원문은 다음과 같다. "Spots of outstanding natural beauty were chosen for the tombs which typically have their back protected by a hill as they face south toward water and, ideally, layers of mountain ridges in the distance." "The natural surroundings of the Royal Tombs of the Joseon Dynasty, shaped by the principles of pungsu, Through the application of pungsu principles and the retention of the natural landscape, a memorable type of sacred place has been created for the practice of ancestral rituals."

을 보존함으로써, 조상 의례를 행하기 위한 기억할 만한 형태의 성스러운 장소가 창조되었다. 「세계유산 개요/요약(Brief description/Brief Synthesis)」

　한국에서 풍수가 왕릉 입지의 주요인으로 등장하는 역사적 기원은 늦어도 8세기 말이다. 최치원의 「대숭복사비명」에서 798년(신라 원성왕14)에 신라왕실에서 경주 인근(현 외동읍 괘릉리)에 있는 곡사(鵠寺)터의 풍수가 좋아 왕릉으로 쓸 것인지 그대로 사찰로 둘 것인지에 대한 논쟁이 등장한다. 결국 능지로 쓰는 것으로 결판이 났는데 그 자리가 바로 원성왕(元聖王)의 괘릉(掛陵)이다. 사찰을 왕릉으로 바꾸고, 풍수로 터를 잘 골라 써서, 오랫동안 후손에게 경사를 미치게 하자는 당국자의 주장은 아래와 같았다.

　절이란 자리하는 곳마다 반드시 화(化)하여 어디든 어울리지 않음이 없다. 능히 재앙의 터[殃基]를 복된 장소[福場]로 만들어 오랜 세월 동안 위태로운 속세를 제도한다. 능묘란 아래로는 땅의 맥[地脈]을 재고 위로는 하늘의 마음[天心]을 헤아린다. 반드시 능묘에 사상(四象: 청룡, 백호, 주작, 현무)을 포함하여 천만대 후손에게 미치는 경사를 보전하는 마땅한 이치이다.

　불법[法]은 머무는 모양이 없고 장례[禮]는 왕성한 시기가 있으니, 땅을 바꾸어 자리함이 하늘의 이치를 따르는 것이다. 다만 청오자[靑烏: 중국 명풍수사. 청오경의 저자]와 같이 땅을

● 경주 곡사터. 외동읍 괘릉리에 있는 현 원성왕 괘릉지이다.

• 괘릉 무석인(武石人)

잘 고를 수만 있다면 어찌 절이 헐리는 것을 슬퍼하겠는가.[2]

　고려시대에 이어지면서 풍수는 왕릉의 입지와 구성에 영향을 미쳤다. 『고려사』에는 최씨 무신정권 때 거란의 대외적인 침입을 왕릉자리의 풍수와 관련시켜 이해한 정황도 있다.

　김덕명이 최충헌에게 고하여 말했다. "현종(顯宗, 992~1031)이 목종(穆宗, 980~1009)의 능을 개장(改葬)하고 경술년 거란병의 침략을 초래하였습니다. 이번에는 후릉(厚陵: 강종(康宗)의 능)을 그 옆에 장사지내고 거란병이 또 침략해 왔습니다. 이것은 아마도 풍수로 그런 것이니 속히 개장하는 것이 좋겠습니다." 최충헌이 옳게 생각하고 개장하기 위해서 택일을 지시했으나….[3]

2. 「有唐新羅國初月山大崇福寺碑銘」"梵廟也者 所居必化 無往不諧 故能轉禍基爲福場 百億劫濟其危俗 靈隆也者 頹痊坤脈 仰揆乾心 必在苞四象于九原 千萬代保其餘慶 則也 法無住相 禮有盛期 易地而居 順天之理 但得靑烏善視 豈令白馬悲嘶" 번역문은 최영성 주해, 『註解 四山碑銘』 아세아문화사, 1987, 252쪽을 참고하여 보완한 것임을 밝힌다.

3. 『고려사』 권129, 열전 제42, 반역3

왕실이 왕릉풍수를 정치적 권위를 높이는 상징수단으로 적극 활용하기 시작한 것은 유교의 효 관념과 결합한 사상적 배경과 관련되어 있다. 시대적으로는 묏자리풍수의 이데올로기와 사회담론이 널리 확산되었던 고려 말부터 조선시대에 걸쳐 있었다. 고려왕조는 조선왕조에 비해 왕릉풍수의 비중과 위상이 현격히 낮았다. 도참과 비보에 의거한 삶터풍수에 중점이 있었기 때문이다. 고려왕조의 정치사회를 지배했던 풍수담론은 왕도의 연기(延基: 왕업의 연장)를 위한 궁궐[異宮]의 조성, 자연재해를 방비하기 위한 비보적 환경관리, 사찰의 배치 등이 있다. 그러나 조선왕조에서는 왕릉과 같은 묏자리풍수가 국가적으로 중요하게 취급됐다.

따라서 조선왕릉을 조명할 때 능자리의 입지와 조성 과정을 둘러싸고 전개된 조선왕조 권력집단 간의 풍수정치는 조선왕릉의 사회문화사적인 측면을 깊이 이해하는 의미 있는 시선이 된다. 왕릉은 단순한 왕실의 무덤을 넘어서 조선시대의 왕과 왕실(왕족), 왕과 신하, 종친과 신하, 신하와 신하 간에 얽힌 정치권력적 역학 관계가 고스란히 투영된 경관 단면이기 때문이다.

마찬가지로 공간과 정치집단 혹은 공간과 권력의 상관적 조명은 조선왕릉의 문화경관을 해석하는 데 있어 중요한 관점이 된다. 왕릉 경관에서 가시적으로 드러나는 산릉 조영 제도의 변화에도 왕과 왕실, 왕권과 신권 등 각 정치 세력의 입장과 이해가 반영되었다. 왕릉은 주도하는 정치권력의 정통과 위세를 표상하는 아이콘으로서 상징경관이었다.

조선왕릉은 어디에 있나

조선왕릉은 한양도성을 중심으로 북동쪽과 북서쪽 권역에 32기가 모여 있다. 고려왕릉도 개성왕도를 중심으로 개풍지역과 장단지역에 대부분 분포하고, 일부는 강화도에 있다.[4] 한강은 도성의 접근로를 격절하는 교통의 장애물이었기에 강 너머는 능역 입지의 제한 요인으로 작용하였다. 그래서 한강 남쪽에는 일곱 개의 왕릉만 있다. 산릉에 행차하거나 관리하는 데 있어 왕궁에서의 지리적 접근성이 중요했다.

---

4. 장경희, 『고려왕릉』 예맥, 2013, 49쪽.

• 조선의 왕궁(경복궁: ★)을 중심으로 본 왕릉의 분포. 왕이 하루에 능행(陵行)할 수 있는 거리(100리) 안에 대부분 자리했다.

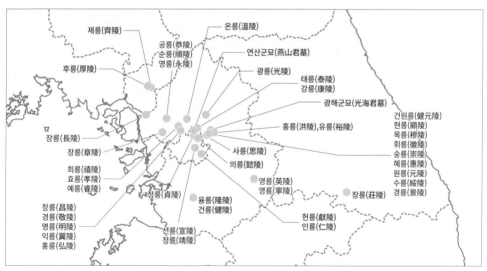

• 조선왕릉 분포도

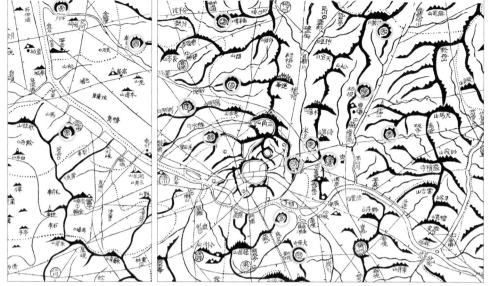

• 『대동여지도』에 표시된 조선왕릉(도성 부근)

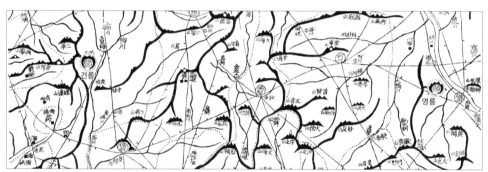

• 『대동여지도』에 표시된 건릉과 영릉

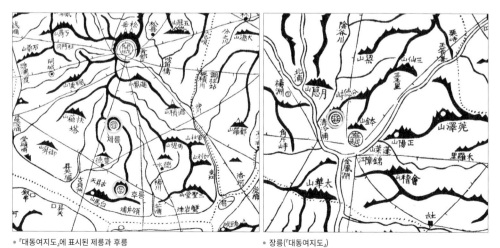

• 『대동여지도』에 표시된 제릉과 후릉

• 장릉(『대동여지도』)

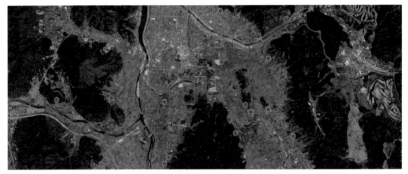

• 신라왕릉의 평지입지(출처: 최원석, 『사람의 지리 우리 풍수의 인문학』, 한길사, 2018, 221쪽)

• 고려 희종(熙宗, 1181~1237) 석릉(碩陵)의 능침 뒤에서 바라본 입지경관(강화군 소재)

• 고려 고종(高宗, 1192~1259)의 홍릉(洪陵)의 능침 뒤에서 바라본 입지경관(강화군 소재)

• 고려 공민왕(恭愍王, 1330~1374)의 능침 입지(사진출처: 국립문화재연구소, 『사진으로 보는 북한 국보유적』, 2006)

• 고려 공양왕(恭讓王, 1345~1394)의 능침 뒤에서 바라본 입지경관(삼척시 소재)

　　조선왕조의 왕릉 입지를 한마디로 대변하는 용어가 있다. '산릉(山陵)'이다. 산에 있는 능이라는 장소적 성격이 고유명사로 굳어졌다. 산릉도감의궤(山陵都監儀軌: 산릉을 조성하는 과정을 기록한 공식문서), 산릉도(山陵圖: 산릉을 그린 그림지도) 등의 명칭도 여기서 비롯되었다. 사실 산릉이라는 말은 고려와 조선 왕조에나 가능하다. 신라의 경주만 하더라도 평지에 능을 쓴 것이 많기 때문이다. 다만 통일신라 후기에는 구릉지나 산기슭으로 왕릉의 입지경관이 변화하는 경향을 보여 산릉이라고 할 만한 초기적 모습을 보인다.[5]

조선왕릉의 지형적인 입지 경향을 역대 왕릉과 비교하여 살펴보자. 대체적인 위치상으로 신라왕릉은 평지(들(野): 일반 평지(一般平地) 혹은 배산 평지(背山平地))와 구릉지)에 있고 후기로 갈수록 산기슭에 입지하는 경향을 나타낸다. 고려왕릉은 산지 혹은 산복(山腹)에 대체로 분포한다. 조선왕릉은 단종 장릉(莊陵) 외에 모두 산기슭[非山非野]에 위치하는 지형적인 입지경관 패턴을 보인다. 시대적으로 왕릉의 입지경관은 신라왕조의 평지 혹은 구릉지에서 고려왕조의 산지 혹은 산복, 조선왕조의 산기슭으로 변천했다. 이렇게 변화된 가장 큰 요인은 풍수사상이었다.

조선왕릉의 입지지형은 일반적으로 작은 분지(盆地)의 국면을 나타낸다.[6] 사방산[四神砂]의 경관 요건을 필수적으로 요구하는 풍수 원리가 왕릉의 입지에 반영되었기 때문이다. 왕릉의 방위배치는 대부분 남향을 선호했고 다음으로 동향과 서향이며, 정북향은 한 곳도 나타나지 않는다. 배치는 풍수의 방위론에 따라 엄격하게 앉음새가 결정되었다.

산릉의 풍수경관

조선왕릉은 풍수 원리에 의거하여 입지와 배치가 정해졌으므로 풍수경관을 나타낸다. 일반적인 풍수적 입지경관의 모형은 배산임수(背山臨水)의 산기슭에 주위 사방으로 산과 구릉지가 에워싸는 소분지 형국이다. 조선왕릉의 능침과 부대 시설물의 배치도 풍수와 관련 깊다. 대체로 능 뒤의 주산과 앞으로 마주하는 안산(案山)의 축선을 기준선으로 자연적인 지형지세에 맞추었다. 조선왕릉의 능역 경관에서 풍수적 보완이 필요한 경우는 보토(補土)하거나 못(池塘)과 숲 등을 조성하기도 했다.[7]

---

5. 장경희는 "제 35대 경덕왕(재위 742~765)의 왕릉 입지는 종래의 평지에서 산지로 바뀌면서 산릉이라는 개념이 등장하게 되었다."고 했다(장경희, 『고려왕릉』 예맥, 2013, 20쪽).

6. 상대적으로 중국의 명, 청릉은 광역의 거대분지에 배산하여 입지했다.

7. Lee, Chang~Hwan · Jo, Woon~yuen, "The Circumstances and Cultural Characteristics of Royal Tomb Sites in the Joseon Dynasty", *Journal of the Korean Institute of Traditional Landscape Architecture* vol 5, 2007, p.72.

4부 영속의 공간, 산릉   311

• 장릉(章陵) 연못. 네모난 둘레 가운데로 둥근 섬이 있다.　• 홍릉(洪陵) 연못. 둥근 둘레 가운데로 둥근 섬이 있다.

조선왕릉의 풍수경관요소의 한 사례로서 못에 관해 살펴보자. 『강릉지』에 "조선시대 능 앞에는 반드시 연못(蓮池)이 있었다."고 하여 연못이 능역의 일반적 경관 요소였음을 알 수 있다. 『춘관통고』(1788)에는 조선왕릉에 20개의 연못이 있었던 것으로 기록하고 있다.[8] 연못은 능의 좌우측 명당수가 모이는 수구(水口)에 조성하며, 대체로 능역의 진입공간에 해당하는 재실과 홍살문 앞에 위치한다. 능역 전면이 넓고 허한 경우에 풍수적 비보 차원에서 조성됨과 아울러 휴식 공간, 방화수 등의 실용적인 기능도 했다. 현존하는 남한 왕릉의 연못은 9개소이다.[9]

통치권력의 정치수단으로 이용된 산릉

조선왕릉은 왕조라는 사회집단이 구성한 문화경관이라는 기본적 속성을 지니고 있다. 따라서 왕릉의 조성과 이장을 둘러싸고 전개된 정치적 권력 의도와 집단적 역학관계가 반영되지 않을 수 없다. 조선왕릉의 입지는 그곳을 선택한 정치사회적 힘이 공간에 작용한 결과물이기 때문이다. 조선의 왕릉경관은 왕실의 복잡한 왕통계승의 과정에서 이루어진 다양한 논의를 반영하고 있다.[10]

일반적으로 권력집단은 장소 입지와 경관 구성으로 권위를 강화하려는 공간적 정치전략을 세우기 마련이다. 조선왕조의 권력주체는 왕릉이라는 경관 상징물을 매개로 정치사회적 기능을 확보하고자 했다. 태조가 도성 안에 정릉(貞

8.　건원릉, 숭릉, 장릉, 경릉, 희릉, 효릉, 익릉, 英陵, 寧陵, 장릉, 의릉, 정릉, 태릉, 강릉, 貞陵, 장릉, 제릉, 후릉 등이다.
9.　김홍년, 「조선왕릉 연지의 입지 및 공간구성에 관한 연구」, 고려대학교 생명환경과학대학원 석사학위논문, 2009. 1쪽.
10.　조인수, 「조선시대 왕릉의 현상과 특징~명청대 황릉과의 비교를 중심으로」, 『미술사학연구』 262, 2009, 90쪽.

陵)을 조성한 것은 신덕왕후(神德王后) 사후에 세자 방석(芳碩)의 위상을 계속 확보하려는 정치적 의도가 깔린 조치로 해석할 수 있다. 정릉이 경복궁 정면으로 육조(六曹) 거리가 끝나는 지점의 오른쪽 언덕에 자리 잡고 있었기에, 신하들은 태조의 행차를 보며 지속적으로 정릉과 신덕왕후의 존재를 의식할 수밖에 없었던 것이다.[11]

조선왕조의 권력집단에게 왕릉의 장소 선택과 이장은 그들의 정치적 의도를 달성하는 효과적인 수단이기도 했다. 조선왕조에서 왕을 장사지낼 땅을 결정할 때는 풍수 못지않게 정치적인 상황이 중요하게 작용하였다. 특히 능을 옮기는 것은 이미 정치적으로 타협해 결정한 것을 뒤집는 행위이므로 국왕과 신하 사이에, 그리고 애초에 능을 조성했던 권력과 이장을 주도하는 권력 사이에 정치적 긴장을 불러일으킬 수밖에 없었다. 이장 과정에서 먼저 확인되는 대립의 축은 국왕과 정치적인 힘을 주도하고 있는 사류(士類)들 간의 주도권 다툼이다. 조선 후기에는 서인(西人)과 왕실간의 갈등으로 나타난다. 여기에 국왕의 도움을 얻어 서인과 정치적 균형을 유지하려는 남인(南人) 등이 개입하고, 일부 종실도 일정한 목소리를 내거나 다른 정치 세력의 등에 업혀 동원되기도 하였다.[12]

조선왕릉의 이장 과정에서 전개되는 정치적 내막을 들여다보면, 그 속에는 정치권력의 전략과 의도가 깊숙이 개입해 있음을 알 수 있다.[13] 이장은 단순히 풍수적 길지로 옮긴 것이라기보다는 실제로는 정치적 행위였다고 해도 과언이 아니다. 이장은 정치주도세력이 정국 전환과 정계 개편 등을 위해 활용한 위장된 의식이기도 했고, 왕의 입장에서는 왕권강화책의 효과적인 한 방법이기도 했다. 이에 관한 여러 실례를 들 수 있다.

태종이 도성 안 궁궐의 가시권에 있던 신덕왕후의 정릉을 강제로 성 밖으로 내치고 훼손을 방임한 것도 왕권 쟁투와 관련된 정치 보복으로 해석된다. 예종 대에 진행된 세종 영릉의 이장도 한명회의 정치적 이해관계와 연관되어 있었다. 장경왕후 희릉의 이장 동기도 김안로가 산릉 책임자인 정광필을 축출하려고 의도한 것이었다. 중종 정릉의 이장은 문정왕후와 명종이 왕위계승의 정통

---

11. 윤정, 「태조대 정릉 건설의 정치사적 의미」, 『서울학연구』 37, 2009, 184~186쪽.
12. 이희중, 「17, 8세기 서울 주변 왕릉의 축조, 관리 및 천릉 논의」, 『서울학연구』 17(1), 2001, 27쪽.
13. 조선왕릉의 이장은 전체의 3분의 1에 이른다.

성을 확보하고 왕권을 강화하려고 단행한 것이었다.[14] 이러한 역사적 과정과 정치적 배경에서 발생한 조선왕실의 이장은, 중국의 명·청대 황릉과 비교해 두드러진 특징이기도 하다.[15]

눈에 드러나는 왕릉경관으로서 입지 위치와 규모, 형태, 시설물 등도 왕실 간 또는 왕권과 신권 간의 정치역학적인 함수관계에 따라 결정되거나 좌우된 면이 다분했다. 조선 중기에 왕권이 약화되면서 왕릉의 규모나 석물이 축소된 것도 이러한 측면으로 해석할 수 있다. 조선 후기에 몇몇 경우는 산릉이 기존의 지방행정중심지(읍치) 자리를 차지하고 옮길 정도로 왕릉 축조의 정치공간적 위상과 영향력이 컸던 때도 있었다. 인조 대에는 김포 읍치가 추존 원종과 인헌왕후의 장릉(章陵)터로 선정되었다. 현종 대에는 안산 읍치가 현덕왕후 소릉(昭陵)의 적지로 선택되었다. 영조 대에는 교하 읍치가 인조의 장릉(長陵)을 이장할 터로 정해졌다. 정조 대에는 수원 읍치를 사도세자의 현륭원(顯隆園) 자리로 선택함으로써 새로 화성(華城)이 건설됐다.

일차적으로 조선시대에 왕릉은 왕실세력의 정치적 권위를 드러내고 강화하는 상징적 경관으로 기능했다. 왕권과 신권의 각축장이었던 조선왕조의 정치역학적 구조상 왕릉의 권위적 조성과 왕릉지 점유는 신권을 누르는 강력한 왕권강화책이기도 했다.[16] 조선왕릉을 조성하는 과정에서 신하의 묘역 가운데 풍수적으로 뛰어난 곳을 왕릉지로 점유하는 경우를 여러 차례 확인할 수 있다. 왕권이 강했을 때는 신하의 묘역을 강점하는 등 왕권을 과시하고 신권을 지배·통제했다.

왕조실록을 살펴보면 능역지 선정 과정에서 왕과 신하 사이에 미묘한 주도권 쟁탈전이 드러난다. 왕은 더 좋은 길지를 찾아 왕릉을 조영하려 했고, 사대부들은 자기 조상이 묻혀 있는 묘산을 지키고자 보이지 않는 저항을 했다. 이 두 세력의 중심에는 풍수지리설이 자리 잡고 있었으며, 그 담론은 점차 발전하여 정치적 행동으로까지 퍼졌다.[17] 왕실의 정치 세력은 정적 제거 수단으로 수없이

---

14. 신재훈, 「조선전기 천릉의 과정과 정치적 성격」, 『조선시대사학보』 58, 2011, 35~64쪽.
15. 조인수, 「조선시대 왕릉의 현상과 특징–명청대 황릉과의 비교를 중심으로」, 『미술사학연구』 262, 2009, 81쪽.
16. 장영훈, 『왕릉풍수와 조선의 역사』, 대원사, 2000, 98쪽.
17. 이덕형, 「선조대 유릉 택지에서 드러나는 왕릉 조영의 변화와 원인: 유릉 택지 풍수담론을 중심으로」, 『지방사와 지방문화』 13(2), 2010, 172쪽.

산릉의 풍수를 활용했다.[18] 실록에서 "간신들이 산릉의 일을 가지고 죄를 얽어 살육했다."는 선조 때 사관(史官)의 적나라한 표현은 산릉이 어떻게 정치적으로 이용되었는지를 잘 말해준다.[19]

이렇듯 조선시대에 왕릉 조영 과정에서 수행된 정치적 기능은 왕권강화를 위한 권위적·상징적 공간 역할만으로 그치지 않았다. 왕릉 조성을 둘러싸고 전개된 양상과 관계에는 왕과 왕실뿐만 아니라 왕과 신하, 신하들이라는 집단 간의 사회적 역학과 정치적 이해, 계산도 복잡하게 맞물려 있었다. 따라서 왕릉의 입지와 조성과정에 반영된 정치역학적 관계의 양상은 왕권강화, 왕실 내부에서 정통성과 주도권 획득, 왕권과 신권의 권력 경합, 종친과 권신 혹은 권신 간의 세력 확대 등 다양한 기능적 측면으로 전개되어 나타났다. 이를 다시 집단 간 정치관계로 유형화하면, 왕권의 신권 지배·통제형, 왕실 내부의 정치적 쟁투와 정통성 확보형, 왕권과 신권의 경쟁형, 신료들 간의 주도권 쟁탈형 등으로 정리할 수 있겠다.

여기서 지적해야 할 의미심장한 사실은 조선왕릉의 택지와 이장 과정에 결정적으로 개입한 풍수라는 요인마저도 사실상 정치권력의 의도와 담론의 영향권 안에 있었고 정치적 역학관계의 지배를 받았다는 것이다. 중종 정릉은 1545년(인종1)에 고양의 서삼릉에 있는 장경왕후 옆자리에 있었으나, 1562년(명종17) 9월 4일에 경기도 광주(현 서울 강남구)로 옮겼다. 당시 이장해야 할 이유가 겉으로는 풍수적으로 주산이 좋지 않다거나 물들이[得水], 물빠짐[得破]이 좋지 못하다는 것이었다. 그러나 그것은 풍수를 이장의 정치적 명분으로 삼으려 한 것일 뿐 실제로는 문정왕후가 왕위의 정통성을 확보하려는 정략적 목적 때문이었다.

이상과 같은 역사적 사실로 보더라도 조선왕릉의 조영과 입지, 특히 이장은 왕과 왕실, 왕과 신하, 신하 간의 정치적 세력관계가 풍수를 정략적 수단과 외피로 하여 드러난 것이었음을 알 수 있다. 왕릉이라고 해서 모두 명당 길지에 안장된 것은 아니었던 것이다. 전왕(前王)과 후사(後嗣: 대를 잇는 자식)를 이은 금상(今上: 현재 왕위에 있는 임금)과의 혈연관계 및 정치적 역학구도가 명당과

---

18. 이규원, 『조선왕릉실록』, 글로세움, 2017, 444쪽.
19. 『선조실록』 33년 9월 2일

흉지를 극명하게 갈랐다.[20] 몇몇 경우는 정치세력 간의 역학관계에 따라 윤곽이 정해진 뒤 구체적인 장소 선택에서 풍수적 입지 원리가 적용되었다. 사실상 정치권력의 세력관계가 주요한 입지요인으로 작용했고 풍수지리는 정치권력의 의도를 합리화·정당화하는 이념적 수단으로 기능했다. 따라서 모든 조선왕릉은 풍수적 입지경관을 보이지만, 왕릉지 선택 과정에 실제로 작용했던 건 권력의 논리였던 것이다.

2) 산릉의 조성과 관리

왕과 왕후의 능자리 선택은 왕실의 의례[凶禮]에서 가장 긴요하고 우선적인 것이었다. 조선왕실은 풍수지리적 조건을 엄밀히 판단하여 능자리를 결정했다. 『국조오례의(國朝五禮儀)』에도 "예조 당상관과 관상감 제조가 지리학관을 거느리고서 장사지낼 만한 땅을 고른다."[21]고 규정했다. 입지가 결정된 장소에서 능의 위치와 배치, 능역 경관의 조영 및 사후 관리는 풍수 원리에 입각하여 이루어졌다.

특히 능의 명당지 선정은 매우 중요한 것으로 받아들였기에 능자리의 결정에는 국왕이 주관하여 다수의 풍수 전문인력의 입지 평가와 검토 과정이 수반되었고, 터잡기에 왕이 직접 나서는 경우도 허다했다. 조선왕실은 예비로 확보된 80여 곳의 능자리를 표시[封標]하여 일반인의 장례를 금하고 보호하기도 했다.[22]

조선시대에 왕릉의 축조 과정은 산릉도감에서 주관했다. 산릉도감의 역할에 대해 『세종실록』, 「오례의」에서는 다음과 같이 규정하고 있다.

산릉도감은 현궁(玄宮: 왕의 관을 묻는 광)과 정자각, 재방(齋坊) 조성 등의 일을 맡아 본다. 제조 3인 중에 공조판서와 선공감 제조로 이에 임명하고 낭청 10인 중에 2인은 문신과 선공감의 관원으로 임명 충당한다.[23]

20. 이규원, 『조선왕릉실록』 글로세움, 2017, 444쪽.
21. 『국조오례의』 권7, 흉례, 치장
22. 이희중, 「17, 8세기 서울 주변 왕릉의 축조, 관리 및 천릉 논의」 『서울학연구』 17(1), 2001, 26쪽.
23. 『세종실록』 오례, 흉례의 계령

산릉도감(山陵都監)은 빈전도감(殯殿道監 : 승하 후 빈전을 설치하고 관을 모시는 일을 관장)과 국장도감(國葬道監 : 발인하여 장지까지 옮기는 장례를 관장)과 함께 설치되며, 총괄은 왕의 신임을 받는 인물로서 총호사(摠護使)가 담당했다.

조선왕조는 왕이 세상을 떠나면 5개월 만에 장사를 지냈다.[24] 세종은 『장일통요』라는 책을 편찬하여 장례 기일을 법으로 규정토록 했다. 풍수에 얽매여 길지와 길일을 얻기 위해 장례를 치루지 못하는 일이 당시에 빈번했기 때문이다. 이에 세종은, "선왕의 제례는 천자·대부·사(士)를 막론하고 장사에 대한 기한이 각각 달수로 정해 있다. 후세의 음양가들이 많은 금기에 구애되어 시기가 넘어도 장사하지 않으니, 나는 심히 민망히 여긴다."고 책망하며 규정을 새로 정비한 것이었다.[25]

기일 전에 예조의 당상관과 풍수학제조가 서운관 관원을 거느리고 장사지낼 곳을 가렸다.[26] 능자리 선정의 실무는 보통 국왕이 세상을 떠난 뒤 임시로 조직되는 산릉도감에서 시행했다. 산릉도감의 상지관과 이들이 추천한 지관들은 능자리 대상지를 상대로 풍수를 검토했다. 상지관으로 선발된 지관들은 대개 관상감소속의 관원들이었다. 관상감 관원의 인원과 품계는 지리학교수(종6품) 1명, 주부(종6품) 2명, 직장(종7품) 2명, 봉사(종8품) 2명, 부봉사 3명(정9품), 참봉 3명(종9품) 그리고 지리학훈도(종9품) 1명으로 구성했다.[27]

능자리를 검토한 결과는 일정한 문서양식으로 국왕에게 보고하는데, 이것을 '산론(山論)'이라고 한다. 산론의 내용은 해당지역에 대한 풍수적 견해로서 『산릉도감의궤』에 기록됐다. 산론에는 대상지역을 검토한 날짜, 참여한 인물, 대상지역에 대한 평가, 풍수적 특징 등이 기록된다.[28]

예비로 능자리가 정해지면 의정부의 당상관이 다시 살펴보아 글로 아뢰고 왕의 윤허를 얻어 능역을 결정하였다. 결정된 능자리는 날짜를 택하여 영역을 조성했다.[29] 능역의 면적에 관해서, 1406년(태종6) 11월 예조에서 능실의 보수(步數)에 대해 옛 관례를 살펴 다음과 같이 아뢴 바 있다.

24. 26. 29. 『국조오례의』 권7, 흉례, 치장. 『세종실록』 오례, 흉례의식, 치장.

25. 『세종실록』 즉위년 3월 9일

27. 『경국대전』 권1, 이전, 경관직

28. 이덕형, 「조선왕릉의 택지와 산론」, 한성대 대학원 사학과 박사학위논문, 2013, 3쪽.

태조와 정조의 산릉 조성 일지

날짜	『태종실록』
1408년(태종8) 5월 24일	태조 승하. 4도감(빈전·국장·조묘·재) 13색(상복·옥책·복완·관곽·제기·유거·법위의·상유소조·산소·영반·의장·묘소포진·반혼) 설치
6월 12일	능자리 살핌[看審]
6월 28일	능자리 결정(양주 검암). 공사 시작
7월 5일	군정 징발 후 부역(충청도 3,500명, 풍해도 2,000명, 강원도 500명)
9월 9일	건원릉에 장사지냄

날짜	『정종대왕건릉산릉도감의궤』
1800년(순조 즉위년) 6월 28일	정조 승하. 산릉도감 설치
7월 7일	능자리 살핌(현륭원 주변)
7월 11일	수목 제거
7월 12일	능자리 다시 살핌
7월 25일	능자리 확정(정조가 생전에 표석을 세워 놓은 자리)
8월 2일	터 조성
8월 24일	정자각, 재실 초석 조성
9월 3일	보토한 곳에 사초를 입힘
9월 16일	혼유석 도착
9월 18일	금정(金井) 엶
9월 19일	광(壙) 뚫기 완료
9월 26일	석물 도착
10월 20일	표석 마무리
10월 21일	정자각, 재실 마무리
11월 1일	문무석 세움
11월 5일	대여(大轝) 도착
11월 6일	현궁(玄宮) 내림 혼유석, 장명등, 난간석 배설 등 마무리
11월 11일	안릉전(安陵奠) 제사지냄
조성 비용과 인력	• 비용: 쌀 5,235석, 콩 366석, 돈 68,020냥, 각종 종이·황촉(黃燭)·白·각종 포목·정철(正鐵) 48,884근, 강철 2,848근, 탄(炭) 6,286석 등 • 인력: 목수 96명, 조각장 20명, 석수 145명, 모군(募軍) 270명, 기타 보토소(補土所) 1,680명, 소부석소(小浮石所) 210명

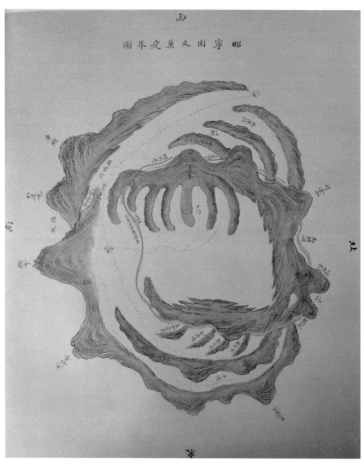

• 「소령원 화소 정계도(昭靈園火巢定界圖)」(보물 제1535호, 한국학중앙연구원). 풍수 산도(山圖)의 형식으로 소령원의 산줄기를 묘사하고 방화구역[火巢]의 경계를 붉은 실선으로 표시했다.

"역대의 능실을 살펴보니, 광무제의 원릉산(原陵山)은 사방이 3백 23보였습니다. 이를 반감하여 1백 61보로 하면, 사면이 각각 80보가 됩니다. 선대의 여러 산릉의 능실 보수를 원릉의 예에 따라 사방 각각 1백 61보로 하소서."『태종실록』 6년 11월 1일

산릉의 조영 과정에서 필요한 능상(陵上)의 보토 등 토목공사는 보토소(補土所)가 담당하였다. 보토소는 삼물소(三物所: 능상각 등 제작), 조성소(造成所: 정자각 등 조성), 대부석소(大浮石所: 석물 조성), 수석소(輸石所: 석물 운반), 노치

소(爐治所: 철물 제작) 등과 함께 분장된 업무 중의 하나이다. 보토소 업무는 지형 조성을 담당하기 때문에 풍수와도 관련이 깊었다.

능역을 결정하면 사방·중앙·남문 자리에 표를 세우고 관상감 관원이 땅의 신에게 제사를 지낸다. 그리고 17, 8세기에 조성된 산릉은 깊이 10척, 너비 29척, 길이 25척 5촌의 광을 파고 관이 놓일 석실을 만들었다.[30]

묏자리의 산불을 방지하기 위한 조치로 화소(火巢)도 있다. 화소는 왕실의 능(陵)·원(園)·묘(墓)에 산불을 막기 위해 해자(垓子) 밖 일정 구역의 초목을 불사른 곳을 말한다. 현종 조(1668)에는 "각 능의 화소는 반드시 해자 바깥 가장자리를 경계로 삼는다."고 구역을 정하고, 화소 안쪽에 (민간인이) 장사지내는 것은 금지·단속했다.[31] 왕실에서는 화소의 경계를 따로 그려 공간적인 범위를 명확히 하기도 했다. 「소령원 화소 정계도(昭靈園火巢定界圖)」는 소령원(영조 생모 숙빈 최씨(淑嬪崔氏, 1670~1718)의 묘소)에 화소의 경계(붉은 실선으로 표시한 구역)를 그린 지도이다.

산릉은 누가 어떻게 관리했나

왕릉를 실무적으로 관리하는 담당자로서 능관(영, 참봉)과 수호군 등이 배정되었다. 수호군은 왕릉을 지키거나 보수하는 일을 했다. 왕릉 관리는 능 소재지 지역의 백성들에게도 상당한 부담을 요구하였다. 수호군과 인근 백성은 능의 보수와 산림의 보호, 봄·가을의 능행(陵行)에 길을 닦고 교량을 새로 놓는 데 동원되었다.[32]

왕릉의 관리 상태는 해마다 왕에게 보고했다. 영조와 정조를 전후한 시기에는 능 자체의 수리 못지않게 능역 주변의 산림 관리도 중요하게 취급했다.[33] 특히 풍수적으로 중요한 곳(주산의 내맥(來脈)에 깔아놓은 박석이 파인 곳이나 훼손된 곳 등)은 관찰사가 왕에게 보고했다. 조선 초기의 『경국대전』(1485)에는 풍수와 관련된 왕릉의 관리 규정을 적었다. 조선 후기의 『속대전』(1746)과

---

30. 이희중, 「17,8세기 서울 주변 왕릉의 축조, 관리 및 천릉 논의」 『서울학연구』 17(1), 2001, 10쪽.
31. 『창릉지』 금양.
32. 이희중, 「17,8세기 서울 주변 왕릉의 축조, 관리 및 천릉 논의」 『서울학연구』 17(1), 2001, 11쪽.
33. 『춘관통고』 권17, 길례, 능침, 건원릉. 정조는 현릉원과 각 능의 금송 등 산림 보호에 힘썼다.

『대전회통』(1865)에는 왕릉을 살펴보는 규정을 더 구체적으로 정비했다.

능의 사초지와 석물에 탈이 있거나 불이 나면 개부 대신, 예조의 당상관과 낭관, 관상감과 선공감 제조와 함께 상지관과 화원이 함께 살피도록 하고 비가 새어 틈이 생기면 의정을 보내 수리하도록 했다.『대전회통』

왕실은 능자리를 안정적으로 확보하기 위해 후보지를 미리 정해 봉표(封標: 봉분을 만들어 표식을 세움)하고 보호하였다. 후기로 갈수록 봉표한 곳이 늘어나 영조 때는 80곳에 이르렀다. 그중에 30곳이나 사대부나 백성들이 범장(犯葬: 허락 없이 장사지내는 일)해서 문제가 되었다.

국릉(國陵)으로 봉표한 땅에 매장하지 않은 것은 매장을 금하고, 이미 매장한 것은 옮기되 사대부가 이미 매장한 것은 논하지 말라고 명하셨다. 승지가 아뢨다. '봉표한 장소가 80곳인데 사대부가 범장(犯葬)한 장소가 이미 30곳이나 됩니다. 국조(國祚)가 길어서 장차 몇 백 대가 되는지 모르니 사대부가 범장한 것도 옮기는 것이 온당하겠습니다.' 영조가 말했다. '국조가 길고 짧은 것은 오직 백성을 보전하기에 달려 있는 것이지, 어찌 명산(名山)이 많고 적은 것을 말하겠는가….'『영조실록』 부록, 행장, 23년 추7월

왕릉의 관리를 두고 사상적으로는 풍수와 유교, 사회적으로는 풍수관료의 풍수적 원리원칙과 유신(儒臣)의 경세적 실용주의가 서로 대립·갈등하고, 절충·조정되는 모습을 빚기도 했다. 그 대표적인 사례가 헌릉의 허리에 해당하는 길의 통행 문제를 둘러싸고 전개된 논쟁이다. 이것은 헌릉에 통행로의 실용적 기능을 우선시하여 풍수적 요처라도 길을 냄으로써 편의를 우선시할 것인가, 아니면 풍수적 의미를 최우선하여 불편을 감수하더라도 도로의 통행을 막을 것인지에 대한 논쟁이었다. 세종 대에 시작하여 문종과 세조에까지 3대에 걸쳐 지속되었다.

논쟁의 진행 과정에서 여러 입장이 개진됐다. 풍수론에 의거하여 길을 막자는 원칙론, 길을 막을 필요는 없다는 실용론, 길을 막지 않되 지맥 보호를 위해서 박석을 깔자는 절충론이 나왔다. 이에 따라 길을 막기도 하였고, 길을 열어

산릉 관리 규정

- 산릉은 해마다 본조가 제조와 함께 살펴본 후 왕에게 보고한다. 지방은 관찰사가 왕·왕비·왕세자의 태실과 종묘 각실, 왕후 부모의 묘소까지 모두 살펴본다.
- 여러 산릉의 주산·내맥(來脈)에 얇은 돌을 깔아 놓은 곳이 혹 오래되거나 빗물로 헐어져서 파인 곳이 있으면 관찰사가 모두 살펴보고 왕에게 아뢴다.
- 역대 시조 및 고려 태조 이하 4위 현종·문종·충경왕의 능침은 소재지의 수령이 매년 돌아보고 또 밭을 일구거나 나무하는 것을 금한다.『경국대전』

- 각 능의 봉릉 위의 사초(莎草)·석물에 탈이 있는 곳과 능 위에 불 난 곳에는 정부와 본감의 제조·상지관이 나아가 살펴본다. 수리할 때도 같다.
- 행차 때의 상지관 1원은 교수·훈도를 번갈아 차출한다.
- 국릉(國陵)으로 표시한 곳과 태봉으로 목록에 오른 곳을 살펴 볼 때의 상지관과 예장할 때의 가정관은 교수·훈도와 이 벼슬을 지낸 자를 차출한다.『서운관지』

두기도 하였으며, 박석을 깔기도 했다. 그런데 지배적인 논의의 흐름은 왕릉에 미치는 풍수적 영향을 수용하는 틀 내에서 결정되는 방향으로 흘렀다. 실용론에 의한 편의보다는 풍수론에 의한 원칙이 의사 결정과정에서 비중 있게 작용된 것이다.[34]

산릉을 기록한 문헌과 자료들

조선왕릉에 대한 기록물은 많은 수가 다양한 형태로 존재한다. 등록(謄錄)·양안(量案)·일기·의궤·축문 등의 정서류(政書類), 능지·산릉도 등의 지리류, 사보(史補)·선생안(先生案)·지상(誌狀) 등의 전기류, 능표(陵表)·능신도비·능지문(陵誌文) 등의 금석문류, 사략(史略)·기사(紀史) 등의 잡사류(雜事類), 만장(輓章) 등의 총집류(總集類) 등도 있다.[35] 그중에서 능지와 산릉도, 산릉도감의궤 등은 주로 풍수지리와 관련된 내용을 포함하고 있다.

산릉도감의궤는 보통 상·하편의 2권으로 구성했다. 상편에는 도면과 목차

---

34. 『세종실록』 12년 7월 7일.『문종실록』 1년 10월 16일.『세조실록』 10년 3월 11일, 4월 22일
35. 국립문화재연구소, 『조선왕릉』 종합학술조사보고서(1), 2009, 460쪽.

가 실려 있으며 총론의 내용에 해당한다. 목차는 좌목(座目), 전교(傳敎), 계사(啓辭), 이문(移文), 내관(來關), 예관(禮關), 감결(甘結), 식례(式禮), 부(附) 의궤(儀軌), 서계(書啓), 논상(論賞) 등으로 구성했다. 그리고 하편에는 산릉도감에 부속되는 기구의 의궤를 수록했다. 목차는 삼물소(三物所), 조성소(造成所), 대부석소(大浮石所), 소부석소(小浮石所), 노야소(爐冶所), 보토소(補土所), 유석소(輪石所), 별공작(別工作), 분장흥고(分長興庫), 번와소(燔瓦所) 등으로 구성했다.

능지 일람표[36]

역대	서명	편저자	편찬연도	비고
1	健元陵誌		1910	李王職 필사본
	健元陵誌	한후유	1800~1834	
	齊陵誌	예조	1936	
	貞陵誌	김이순	1900(광무4)~	
2	厚陵誌		1904(광무8)	
3	獻陵誌	김명연	1910~1930	
4	英陵誌	정인지		
5	顯陵誌		1911~	李王職 필사본
6	魯陵誌	윤순거	1741(영조17)	
	莊陵誌	박경여·윤순거	1912년경 1711(예종37)	
	莊陵誌補初稿	정조	1796(정조20)	
	莊陵誌續編		1800~1834	
	思陵誌騰抄	정운기		
7	光陵誌	예조	1936	
	敬陵誌	박필준	1724년 이후	
8	昌陵誌	이덕용 성종	1795(정조19) 1913년경	
	恭陵誌			
9	宣陵誌			
	順陵誌			
	宣靖陵誌	김종수	1936	

---

36. 『조선왕릉 종합학술조사보고서(1)』 국립문화재연구소, 2009, 461~463쪽의 표를 수정 편집.

역대	서명	편저자	편찬연도	비고
10				
11	靖陵誌			
	宣靖陵誌	김종수	1936	
	溫陵誌	예조	1900	
		신후담	1741(영조17)	
		김광태	1744(영조20)	
		신종석	1936	
	禧陵誌			
	泰陵誌		1911~	李王職 필사본
12	孝陵誌	이언적	1910~1945	
		정기춘	1858(헌종14)	
13	康陵誌	한경리	1911~	
14	穆陵誌	한덕사	1900년경	
	裕陵誌			
15	章陵誌	박응한	1911년 이후	
16	長陵誌	유석, 유도종, 이중만	1911년 이후	
	徽陵誌		1910	李王職 필사본
17	寧陵誌			
	孝陵誌			
18	崇陵誌	편자미상	1911	
19	明陵誌			
	翼陵誌	예조	1916	
		이희기		
	明陵誌			
20	懿陵誌			
	惠陵誌	조한상	1900	
	懿陵誌			
21	元陵誌	정조	1910	
	弘陵誌	이영유	1905(광무9)	
	永陵誌			李王職 초록
	隆陵誌			
22	健陵誌	남정철	1878(고종15)	
	正宗大王遷陵誌	심상규 등		
	孝懿王后健陵誌	김조순 등	1821(순조21)~	
23	仁陵誌		1911~1940	李王職 필사본
	綏陵誌	산릉도감	1900년경	
24	景陵誌		1910	李王職 필사본
25	睿陵誌	예조		
26	大韓明聖王后洪陵誌	민영소	1897(광무1)	
27	裕陵誌	조병억	1930	

조선왕릉의 풍수적 재현, 산릉도

조선왕실의 산도는 왕릉산도(산릉도)와 원(園)과 묘(墓)에 대한 왕실산도, 그리고 왕의 태봉을 대상으로 하는 태실산도로 구분하여 제작되었다.[37]

조선왕조는 왕릉의 조성, 배치, 형태 등에 관련된 주요한 사실을 산릉도에 상세하게 재현했다. 산릉도에는 능역을 구성하고 있는 경관요소들을 회화식으로 사실적으로 표현했다. 풍수적 입지 조건에 관한 풍수 형세의 산수 묘사 방식과 함께 자세한 풍수 정보를 표기했다. 산릉도는 산형도(山形圖)라고도 했으며, 조선왕릉을 그림으로 재현한 특수 지도로서 주목된다. 기타 읍 지도인 군현도에는 왕릉 입지의 지형적 형세와 위치가 대략적으로 표기했다.

조선왕실의 산도(山圖) 살펴보기

「양주 고령동 옹장리 산도(楊州高嶺洞瓮場里山圖)」는 영조의 생모인 숙빈 최씨(淑嬪崔氏)의 소령원(昭寧園)을 그린 산도이다. 1718년(숙종44)에 김원명 등이 편찬한 것이다(장서각 소장). 일반적으로 산도는 묘소를 중심으로 하여 주위 산수의 지형지세와 경관을 풍수적인 안목으로 사실적으로 그린 그림으로서, 풍수적인 평가가 간략히 덧 붙여 기록되기도 한다. 산도에서 굵게 그린 것은 산과 지맥이고 점선은 하천을 표현한 것이다. 이 산도에는 묘소에서 보이는 논[畓]과 가옥 및 절[寺]도 그려서 인공적인 경관을 표시했다. 산도의 제목에 해당하는 '우선 신태룡 유좌묘향 간손득수 손파(右旋 辛兌龍 酉坐卯向 艮巽得水 巽破)'라는 표기는 묘소 주위 산수의 형세를 풍수적으로 요약한 내용이다. 풀이하면, "(묘소에 이르는 산줄기는) 오른쪽으로 휘어지며 신(辛: ↖) 방향에서 오다가 태(兌: ←) 방향으로 오며, (묘소는) 유좌묘향(酉坐卯向: →)을 하고, (묘소에서 보이는 하천은) 간(艮: ↗) 방향과 손(巽: ↘)방향에서 흘러들어와[得水] 손(巽: ↘) 방향으로 빠져나간다[破]."는 말이다.

이 그림에서 묘사하고 있는 풍수적 주요요소인 산, 수, 방위에 대한 표현은 각각 다음과 같다. 먼저 산과 지맥에 대한 설명이다. 가장 외곽에 '태을(太乙)·남극(南極)·천을(天乙)·천시(天市)·양선(陽璇)·음선(陰璇)·천황(天皇)·천주(天柱)'라고 표기된 것은, 해당 산의 방위별로 대응하는 별자리(天星)로서 풍수적으로 묘소 주위 산의 의미를 부여한 것이다. 묘혈로 들어오는 주요 지맥은 따로 방위와 방향을 신(辛: ↖)과 태(兌: ←)로 표시하여 두었다.

산도의 왼편 하단에 주머니처럼 그려져 있는 '나성(羅星)'이란 수구(水口)가 여며지며 형성된 언덕을 가리키는 풍수 용어로서, 풍수서에서 "나성은 수구부에 있는 매우 귀한 지형(砂)으로 부귀한 묘혈의 응함이 있다."고 하므로 주목한 것으로 보인다.

묘소 정면의 맞은편에 '복배사(伏拜砂)'라는 안산(案山)을 표시했고, 복배(伏拜: 엎드려 절함)라는

---

37. 황인혁,「조선시대 璿源寶鑑의 분석과 활용에 관한 연구—전자문화지도를 중심으로」, 건국대학교 대학원 문화정보콘텐츠학과 박사학위논문, 2015, 국문초록

표현에서 알 수 있듯이 주산과 혈에 엎드려 절을 하는 것처럼 순종하는 이상적 형세임을 표시했다.

이 그림의 수(水)의 풍수적 묘사에 대해 살펴보면, 묘혈 주위의 수를 사실적으로 그리고 있으며, 특히 풍수의 수 조건에서 물이 들어오고 나가는 중요한 방위를 표시하는 용어인 물들이[得水]와 물빠짐[水破]을 표시했다. 방위는 묘소의 혈을 기준으로 정치(定置)하였으며 주위 둘레로 卯(동)·巽(동남)·午(남)·坤(서남)·兌(서)·乾(서북)·坎(북)·艮(동북)의 방위를 표기했다.

산도의 우측 상단에서는 이러한 풍수적 지세에 대하여 종합적으로, '과왈(課曰), 왕정이수(旺丁頤壽) 요재영화(饒財榮華)'라고 표기하여 왕성하고 오래살고 풍요롭고 영화로운 발복을 얻을 수 있을 것이라고 감평(監評)했으며, 구체적으로 사람과 관련하여 사(巳), 유(酉), 축(丑)년에 태어난 사람이 음덕을 받고, 풍수적 응험과 관련하여 병(丙)·신(辛)의 해에 발복한다고 덧붙였다.

이 산도는 19세기 조선왕실의 묘지 습속에 대한 풍수적 태도와 이해 방식을 잘 반영하고 있는 귀중한 자료로 평가된다.

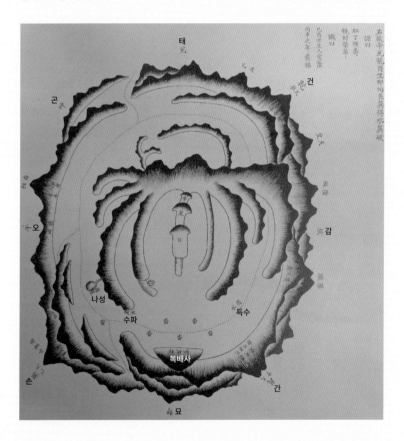

2. 역대 산릉

조선왕실의 무덤은 총 119개가 있다. 42기는 능이고, 13기는 원이며, 나머지 64기는 묘이다. 북한의 개성에는 제릉과 후릉이 있다. 네 곳의 추존 능과 함께 10대 연산군과 15대 광해군은 묘이지만 포함시켜 총 44곳을 수록했다.

본문의 서술 순서는 다음과 같다. 조선왕릉의 풍수 관련 사실을 역대 순서대로 정리하였다. 능 개요와 왕력(王歷), 실록에서 능자리를 구하고 장사지낸 기록, 능의 조성과 이장에 관한 역사적 사실, 후대의 풍수적 관리 사실 등을 살펴보았다. 능이 있는 현재 위치, 능의 형태와 배치, 능의 풍수적인 산줄기 입지에 초점을 두었다. 능의 풍수와 관련한 상소와 논쟁, 그리고 이장을 둘러싸고 전개된 정치적 의미도 주목했다. 끝에는 능지(陵誌) 등의 참고자료를 덧붙였다. 몇몇은 따로 개인적인 견해와 답사 소회를 추가하기도 했다.

산릉의 풍수를 이해하는 데 필요한 시각적인 이미지로서 위성사진과 고지도, 현장사진 등도 충분히 활용했다. 위성사진은 전체적인 산릉의 입지를 조감하는 데 도움을 준다. 『대동여지도』와 군현지도로 거시적인 산줄기 입지와 당시의 인식을 알 수 있다. 현장 사진으로 전체적인 경관 모습을 파악할 수 있도록 했다. 능의 전경, 전면의 봉분과 상설(象設: 석물), 능침 뒤로 들어오는 맥, 능침 뒤에서 바라본 입지경관 등의 순서로 배치했다.

1대 건원릉(태조), 제릉(신의왕후), 정릉(신덕왕후)

태조에게는 첫째 왕비 신의왕후 한씨와 둘째 왕비 신덕왕후 강씨가 있었다. 능은 각각 따로 썼다. 태조는 1408년(태종8)에 양주(구리시)의 검암산(동구릉)에 장사지냈고, 신의왕후는 1391년(고려 공양왕3)에 해풍군에 묏자리를 조성했다. 신덕왕후는 1396년(태조5)에 도성 안에 안장했다가 1409년(태종9)에 정릉동으로 옮겼다.

건원릉(태조)

건원릉(健元陵)은 조선왕조 제1대 태조(太祖, 1335~1408)의 단릉(單陵)이다.

능은 경기도 구리시 인창동의 동구릉 내에 있다. 능침은 계좌정향(癸坐丁向: ♪)으로 자리 잡았다. 능자리를 고른 사람은 하륜(河崙, 1347~1416) 등이었고, 결정한 사람은 태종이었다.

태조는 역성혁명(易姓革命)으로 조선을 건국하고 6년의 재위기간 동안 한양으로 도읍을 옮겨 나라의 기틀을 마련한 후 74세로 세상을 떠났다.

1408년(태종8)에 태조가 세상을 떠나자 지금 자리에 장사지냈다. 이런 사실을 능 곁에 조성한 비문에 기록했다.

1408년(태종8) 5월 24일에 승하하니 나이는 74세였다. 같은 해 9월 9일에 양주 검암산 계좌의 언덕에 장사지냈다. 「비문」

「구리 태조 건원릉 신도비(九里太祖建元陵神道碑)」에 변계량(1369~1430)은 건원릉의 산줄기 유래와 능침의 앉음새에 대해 다음과 같이 적었다.

(태조는) 1408년(태종8)에 정침에서 승하하여 양주의 검암산에 장사지냈다. 산이 오는 근원은 장백산(백두산)에서 2천여 리 완연히 뻗어 철령에 이르고, 철령에서 꺾여 서쪽으로 수 백리에 머물러 우뚝 솟았으니 백운산이다. 또 남쪽으로 100여리 잇닿다 북으로 일으켜 남쪽을 마주하여 검암산이다. 능은 계좌(癸坐)의 언덕에 정향(丁向)이다. 「구리 태조 건원릉 신도비」

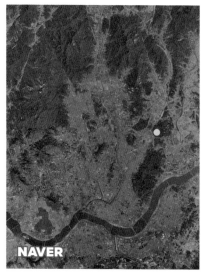
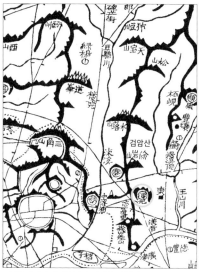

• 건원릉의 입지지형 위성사진. 『대동여지도』에서 표현한 대로 산줄기가 뚜렷하다.

• 『대동여지도』의 산줄기와 건원릉. 검암산을 주산으로 자리 잡았다.

건원릉의 입지를 『대동여지도』(1861)의 산줄기로 개관해 보자. 백운산에서 한북 정맥의 주맥으로 내려오다가 주엽산에서 한 지맥으로 갈래졌고, 남으로 천보산·송산·수락산을 거쳐 검암산에서 아차산에 이르는 산줄기 중간의 한 동편 언덕에 건원릉이 있다. 『해동지도』(18세기 중반)에는 건원릉을 포함한 육릉(六陵) 자리를 개략적으로 표시했다. 『1872년 지방지도』(경기도 양주)에서는 주엽산(舟葉山)에서 산줄기 맥이 뻗어 나와 동구릉에 이른 것을 표기했다. 『선원보감』(1931)의 산릉도는 건원릉을 이루는 풍수 국면과 산수의 짜임새를 상세히 표현했다.

능자리를 구하다

태조가 승하한 후에 능자리를 구하는 과정이 실록에 생생하게 전한다. 태조가 묻힌 현재의 능자리를 고르고 정했던 사람은 태종을 위시한 하륜 등의 중신들이었다. 자리 선정의 핵심적인 역할은 태종의 심복이었던 하륜이 담당했고, 최종 결정권자는 태종이었다.

일찍이 살아생전에 태조는 능자리 풍수를 중요하게 생각했던 것 같다. 왕으로 등극한 후에 계룡산에 이은 한양 천도 과정에서 절실히 느꼈던 풍수의 중요성도

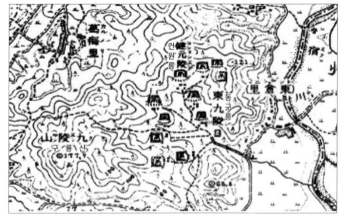

• 1910년대 1:5만 지형도상의 건원릉과 동구릉. 구릉산 자락에 입지하고 있다.

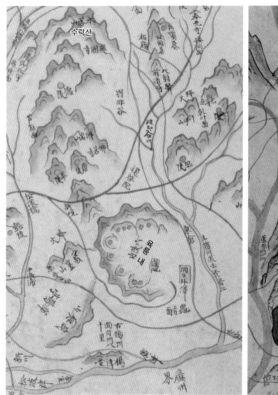

• 『해동지도』(경기도 양주)의 '육릉 내'(건원릉은 표시 부분). 수락산에서 뻗은 산줄기 맥을 받아 입지했음을 표현했다.

• 『1872년 지방지도』(경기도 양주)는 동구릉[九陵]이 수락산에서 뻗어 나온 것을 표기했다.

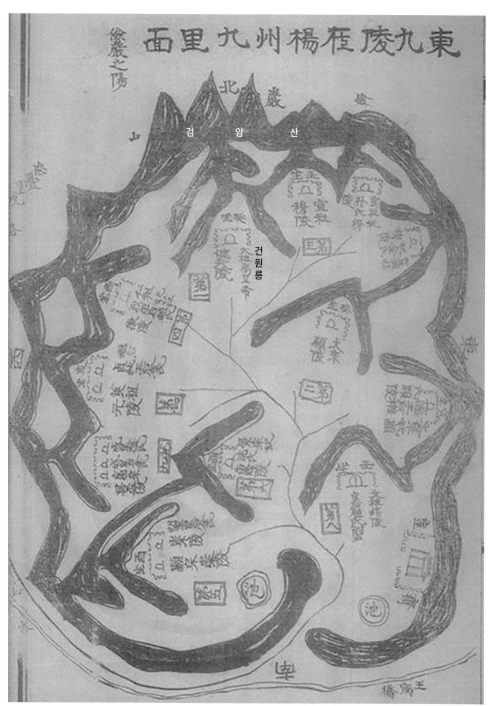

● 건원릉 산릉도(『璿源寶鑑』(1931) 「列聖祖山陵圖」). '동구릉은 양주 구리면에 있다(東九陵在楊州九里面).'고 적고, 검암산을 주산으로 동구릉의 풍
수적인 입지를 표현했다. 건원릉은 동구릉에서 제1(第一) 능이며, '계좌(癸坐)' '태조고황제(太祖高皇帝) 건원릉'이라고 적었다. 주위로 동구릉 소재
여러 능의 이름[陵號]과 묘호(廟號), 앉음새(좌향)를 적고, 역대 순서대로 제1부터 제9까지 번호를 매겼으며 산줄기·물줄기의 모양새, 봉분 형태(단
릉·쌍릉·삼연릉 등)와 곡장(曲墻), 재실(齋室) 등의 건조물, 못[池] 등을 묘사했다.

● 앞에서 바라본 입지경관과 능전(陵殿)-능침·정자각·비각. 건원릉 자리는 하륜이 주관하여 정했다.

● 봉분과 상설(象設). 억새풀이 무성한 봉분이 인상적이다.

* 능침 뒤에서 바라본 입지경관. 마주하는 산줄기가 일렁이는 파도처럼 넘실댄다.

* 능침 뒤로 들어오는 맥

그를 새삼 일깨웠을 것이다. 그런 그는 스스로 자신의 능자리를 구하려고 무척
노력했으나 결국은 여의치 못하고, 세상을 떠난 후에 아들 태종이 정했다.

　태조는 왕으로 즉위(1392년)하고 몇 해 뒤부터 직접 자신의 능자리[壽陵]를
구하려 했다. 즉위 3년째 되던 해(1394년) 11월 4일에 목사동(木寺洞)에 가서
살펴보았다. 그 한 달 뒤 12월 19일에는 과천[果州]에서 묏자리를 보려 하다가
겨울철 행차가 위험하다는 신하의 만류로 중지한 적도 있다. 이듬해(1395년) 9
월 28일에는 안암동(安菴洞)에 가서 묏자리를 찾았다. 그런데 이 자리는 1396
년(태조5) 8월, 신덕왕후 강씨가 세상을 떠난 후 땅을 파니 물이 솟아 나와 폐
기했다. 1396년(태조5) 4월 6일에도 경기도 광주(廣州)를 지나다가 능자리가
될 만한 곳을 둘러보았다.

그 이후의 실록에는 태조가 자신의 능자리를 가려 정했다는 기록은 없다. 실록에는 1408년(태종8) 5월 24일, 태조가 세상을 떠난 후에 태종의 지휘 아래 조정에서 능자리를 구하고 장사지냈던 기록만이 전할 뿐이다.

항간에는 살아생전에 이성계가 직접 무학대사를 데리고 건원릉터를 잡았다고 잘못 알려지기도 했다. 후대의 기록인『선조실록』에, "국초에 도읍을 정할 당시 명산을 두루 찾아다니다가 이곳을 대대로 장사지낼 장소로 삼았으니 아마 깊은 뜻이 있었던 것으로 여겨집니다. 항간[時俗]에 전하는 말로는 '태조 3년에 신승(神僧) 무학(無學)을 데리고 몸소 능침을 구하러 다니다가 산 하나를 얻고서 "대대로 쓸 수 있다."고 하였습니다.' 이 말은 태종 때 재상 김경숙이 지은 주관(周官) 육익(六翼)의 글에서 나왔다고 하는데…"[38]라는 표현은 이러한 정황을 방증해준다.

1408년(태종8) 5월 24일, 태조가 세상을 떠나자 곧바로 태종은 장례 준비를 위해 4도감과 13색을 설치한다. 이어 조정에서는 태조의 능자리를 구하기 시작하였다. 유한우와 이양달이 봉성의 길지를 추천했다. 그러나 하륜이 자리를 검토한 후에 쓸 수 없다고 하고, 대신 행주의 땅이 어느 정도 지리법(풍수)에 합당하다고 하며 추천했다. 그러자 태종은 더 좋은 다른 곳을 살펴보도록 했다. 6월 12일의 일이었다.

유한우·이양달 등이 아뢰기를, "신 등이 산릉 자리를 잡으려고 원평(原平: 현 파주)의 예전 봉성(蓬城)에 이르렀는데, 길지를 얻었습니다." 했다. 이에 하륜 등을 보내 가서 보게 하였는데, 하륜이 돌아와서 아뢰기를, "이양달 등이 본 봉성의 땅은 쓸 수 없고, 해풍(海豐)의 행주(幸州)에 땅이 있는데 지리의 법에 조금 합당합니다." 했다. 임금은 "다시 다른 곳을 택하라."고 했다. 『태종실록』 8년 6월 12일

보름여 후 하륜은 다시 유한우·이양달·이양 등을 데리고 양주에서 능자리(지금의 건원릉)를 살피는데 김인귀가 추천한 길지를 보니 좋았다. 마침내 태조의 능자리를 세상을 떠난 후 한 달 남짓 지난 6월 28일에 양주의 검암으로 터

38. 『선조실록』 33년 11월 9일

를 결정했다.

산릉을 양주의 검암에 정했다. 처음에 영의정부사 하륜 등이 다시 유한우·이양달·이량 등을 거느리고 양주의 능자리를 보았다. 검교참찬의정부사 김인귀가 하륜 등을 보고 말하기를, "내가 사는 검암에 길지가 있다." 했다. 하륜 등이 가서 보니 과연 좋았다. 조묘도감 제조 박자청이 일꾼[工匠]을 거느리고 공사를 시작했다. 『태종실록』 8년 6월 28일

곧이어 7월 초에는 산릉을 조성할 인원을 계획하고 그달 그믐부터 일을 시작하게 했다. 충청·황해·강원도에서 총 6,000명의 인력이 동원되었다.

여러 도의 군정을 징발하여 산릉 공사에 부역하게 하였는데, 충청도에서 3,500명, 풍해도(황해도의 옛 이름)에서 2,000명, 강원도에서 500명이었다. 7월 그믐날을 기하여 공사를 시작하게 했다. 『태종실록』 8년 7월 5일

이윽고 세상을 떠난 후 다섯 달째 되던 9월 9일에 태조를 건원릉에 장사지냈다.

능을 관리하고 보수하다

태종은 태조의 능을 조성한 이듬해(1408년)와 그 다음해(1409년)에도 건원릉에 소나무를 심도록 했다. 한편으로는 민생을 고려해서 1415년(태종15)에, 건원릉의 화재를 금지하는 지역[禁火地] 이외의 땅에는 백성들이 경작하는 것을 허용했다.

세종은 1442년(세종24)에, 산릉수리도감(山陵修理都監)이라는 관청을 따로 설치하여 건원릉을 헌릉·제릉과 함께 수리하게 하였다. 그 또한 민생을 고려해서 그간에 건원릉의 능침에 이르는 산줄기 내맥(來脈)으로의 통행금지가 백성들의 왕래에 불편을 초래한다고 해서 정지시켰다. 1447년(세종29) 2월 19일의 일이었다.

"건원릉·제릉·헌릉의 산줄기 내맥 좁은 길에 통행하는 사람을 금지시킨 까닭으로, 근방에 거주하는 백성이 왕래하면서 밭을 경작할 수 없으니 근심과 원망이 없을 수가 없다. 이

웃에 거주하는 백성이 왕래하면서 밭을 경작하는 것을 금지시키는 일을 정지하고 다시 의논하기를 기다리게 하라." 『세종실록』 29년 2월 19일

『세종실록』 지리지에서는 건원릉의 관리 사실에 관하여 위치, 좌향, 설비와 함께 아래와 같이 적고 있다. 이에 의하면 개경사과는 원찰도 두었음을 알 수 있다.

건원릉은 양주부 남쪽 검암산 기슭 감(坎: ↑) 방향의 산에 있다. 계좌정향(癸坐丁向: ↙)이다. 능 남쪽에 신도비를 세우고, 능지기·권무 2인과 수호군 100호를 두고, 매호마다 밭 2결을 주었다. 골 안에 재궁(齋宮)을 짓고 개경사(開慶寺)라 하여 선종(禪宗)에 소속시키고 밭 400결을 주었다. 『세종실록』 지리지, 경기, 양주도호부

건원릉을 조성하고 나서 40여 년이 지난 후부터, 문종·단종·세조 대에 능의 풍수 조건 및 관리 실태가 몇 차례 점검해 보수되기도 했다. 실록에는 다음과 같이 적었다.

날짜	실록 내용
1452년(문종2) 3월 3일	풍수학 문맹검이 아뢨다. "건원릉의 정자각과 비각은 앉은 자리가 본래부터 낮고 평평한데, 왼쪽과 오른쪽에서 나오는 물이 이곳으로 서로 모여드는 데도 도랑이 좁은 까닭으로, 봄·여름에 빗물이 많으면 도랑이 막히고 물이 젖어 들어가서 통하지 않습니다. 또한 가을·겨울에 얼음이 솟으면 신로(神路)의 전석(磚石)과 비각(碑閣)의 섬돌이 떠 움직여서 어긋나고 위태로워 참으로 우려스럽습니다. 왼쪽과 오른쪽의 도랑을 깊이 파 통하게해서 낮은 곳으로 물이 스며들지 못하게 하소서. 그리고 건원릉의 동구인 용산의 끝에는 인가가 너무 가까이 있어 밭을 갈고 길을 내어 화기(和氣)를 손상시키고 더구나 화재 또한 두렵습니다. 인가를 다른 곳으로 옮겨야 할 것입니다."
1453년(단종1) 1월 7일	의정부에서 아뢨다. "건원릉 내맥의 불암산 도로는 지난 신미년에 이미 교지를 받아 사람들을 통행케 하여 흙을 메우고 돌을 채우게 하였으나, 사고로 지금까지 완성하지 못하였습니다. 병조로 하여금 감역관과 군인을 정하여 오는 2월 안에 흙을 메우고 돌을 채우기 시작하게 하소서." 하니 그대로 따랐다.
1458년(세조4) 윤2월 12일	건원릉의 보토한 곳을 가서 살피게 했다.

韓後裕가 1751년(영조27)에 편찬한 태조의 건원릉에 대한 능지이다(장서각 소장).

첫머리에는 편찬자의 일러두기가 있는데, 책을 편찬한 동기와 구성의 개요를 적었다. 요약하면, '齋中에 誌는 없었고 다만 『健齋記聞』이라는 소책자가 있었는데, 능에 대한 事蹟과 條例가 소략한데다 연도가 오래되어 종이가 해어져 있었다. 다섯 능지를 취하여 凡例와 分目을 절충하였고, 公式節目과 職務所管은 따로 하편에 기록했다.' 이 글은 崇禎紀元後三辛未라고 밝힌 것으로 보아 1751년(영조27)임을 확인할 수 있다.

책의 구성과 내용을 살펴보면 다음과 같다. 建元陵誌上 편은 太祖의 行狀이 요약되었으며 양주 검암산 계좌정향의 언덕에 장사지낸 사실이 확인된다. 다음으로는 妃 神懿王后韓氏의 行狀, 繼妃 神德王后康氏의 神道碑銘 및 碑陰記가 있다. 그리고 誌文, 太上王上尊號玉冊文, 謚冊文에 이어 廟時樂章이 附記되었고, 追上尊號時事蹟 등의 문서를 편집했다.

다음으로 陵寢 항목에서는 능의 풍수적 입지에 관해, 산줄기(來龍)의 脈과 좌향(癸坐丁向), 得水, 案山, 주위 능과의 境界를 기록했다. 陵上莎草에서는 때마다 능을 관리할 내용을 적었다.

다음으로 丁字閣, 碑閣, 典祀廳, 香大廳, 齋室 등 능의 부속시설에 대한 크기, 상태, 중건 및 移建 사실 등을 기록했다. 동구 밖에 있었던 못(洞口外舊池)의 길이와 넓이도 적었다. 또한 香炭山의 위치, 位田의 규모(結數)를 기록했고, 기타 復戶, 承傳, 祭享時節目, 陵幸時規式 등과 圖式으로 忌辰大祭祭物陳設圖, 五大祭祭物陳設圖, 告由還安祭祭物陳設圖를 실었다.

建元陵誌下 편은 문첩 규식을 차례대로 기록했다. 나열하면 다음과 같다. 齋中凡規, 正朝祭獻官書啓式. 祭擧案式, 摘奸時擧案式, 大臣奉審時擧案式, 褒貶單字式, 仕簿報狀式, 解由報狀式, 守護軍充定長單字式, 移文式, 報狀式, 書目式, 發行狀式. 끝으로 本齋完議를 실었다.

이 책은 건원릉에 관한 지리적 입지와 풍수에 관한 사실, 제반 관리 규식과 제의 절차 등의 관련 문서를 종합한 문헌으로서 가치가 있다.

건원릉은 건국자 태조의 산릉이라는 이유로 조선왕릉의 상징적인 대표성을 지닌다. 동구릉이라는 왕실의 집단적인 능역도 처음 건원릉이 입지했기에 가능했다. 태조는 생전에 자신의 능자리를 구하려 애썼지만 뜻을 이루지 못하였다. 그가 승하하자 결국 권력자 태종에 의해 도성 밖 현 위치로 결정되었다.

건원릉 능침에 서서 마주 바라보면 정면의 산자락이 겹겹이 실루엣처럼 비단 장막을 친듯하다. 방석에게 왕위를 물려주고 신덕왕후와 함께 묻히고 싶었던 그의 이루지 못한 바람은 산자락 너머로 그림자 되어 어른거린다. 역사를 풍미했던 한 영웅의 영광과 상처는 아랑곳없이 무덤의 억새풀만 바람에 흩날린다.

제릉(신의왕후)

제릉(齊陵)은 태조의 첫째 왕비 신의왕후(神懿王后) 한씨(1337~1391)의 단릉이다.

능은 황해북도 개성시 판문군 대련리에 있다. 능침은 갑좌경향(甲坐庚向: ↙)으로 자리 잡았다.

신의왕후는 이성계의 영흥 시절에 혼인하여 정안군(태종)을 포함한 6남 2녀를 남기고, 태조가 왕이 되기 1년 전에 55세의 나이로 세상을 떠났다.

1391년(고려 공양왕3) 9월 23일에 신의왕후가 세상을 떠나자 성(城) 남쪽 해풍군(海豐郡: 개풍군) 치속촌(治粟村) 언덕에 장사지냈다. 1392년(태조1)에 조선왕조가 개국하면서 제릉으로 능호를 높였다. 신의왕후는 국왕이 된 태조와 왕위를 이어받은 두 친아들(정종·태종)로 능의 위상과 모습을 제대로 갖추었다.

제릉의 입지를 『대동여지도』(1861)의 산줄기로 개관해 보자. 백두대간에서 임진북예성남정맥으로 갈라진 주맥이 서남쪽으로 수룡산·백치·성거산·천마산을 거쳐 개성의 송악을 맺고, 송악에서 다시 남쪽으로 진봉산을 지나 백마산에 이르는 도중에 제릉이 있다. 『선원보감』(1931)의 산릉도는 제릉을 이루는 풍수 국면과 산수의 짜임새를 상세히 표현했다.

백성을 동원하여 송충이를 잡았다

신의왕후는 이성계가 즉위하기 전에 세상을 떠났다. 그래서 능자리를 구하고 장사지내는 내용은 실록에 없다. 다만 세종 대에 제릉의 능역을 관리 보전하

• 제릉의 입지지형 위성사진

• 『대동여지도』의 산줄기와 제릉

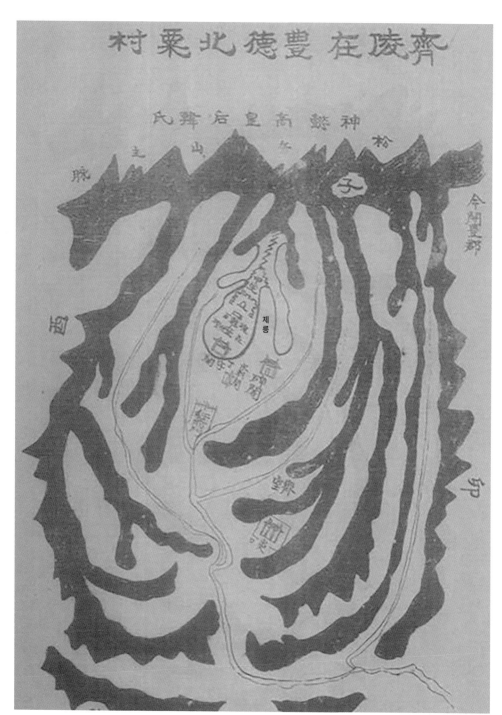

• 제릉 산릉도(『璿源寶鑑』(1931) 「列聖祖山陵圖」). '제릉은 풍덕 북쪽의 율촌에 있다(齊陵在豐德北栗村).'고 적고, 갑좌(甲坐)로 자리한 제릉의 풍수
적 입지를 표현했다. 송악산의 맥[松岳山之脈]을 받아 구불구불 능침으로 이어지고, 좌우로는 산줄기가 겹겹이 에워싸며, 앞으로는 물줄기가 빗장질
러 합수하였다. 건조물로서 봉분·곡장(曲墻)·혼유석(魂遊石) 등과 능전(陵殿)으로서 정자각·수라간·비각·홍살문[紅箭門]과 재실 등도 묘사하였
다. 지도상에 동·서·남·북(卯·酉·午·子) 방위도 표시했다.

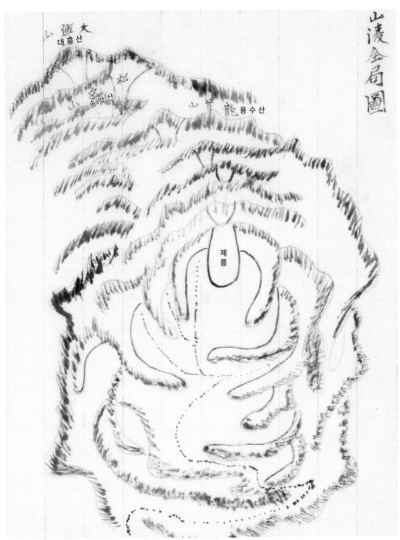

• 산릉전국도(『齊陵誌』(1936) 「山陵全局圖」) 제릉의 풍수적 입지를 표현한 산도(山圖)이다. 대흥산(大興山)에서 송악산(松嶽山)과 용수산(龍首山)을 거쳐 혈로 이어져 내려오는 산줄기 맥과, 명당의 좌우와 앞으로 여러 갈래가 능침을 에워싸면서 빗장질러 있는 산가지와 물줄기의 모습을 개략적으로 묘사했다.(출처: 국립고궁박물관)

거나, 민생을 조치한 기록이 나온다.

1421년(세종3)에 세종은 제릉의 능역을 보전하는 일환으로 송충이 구제(驅除)를 하였다. 송충이가 솔잎을 먹어서 바깥 산은 불을 지르고, 안쪽 산은 백성을 동원하여 송충이를 잡았다. 이듬해에는 산릉수리도감(山陵修理都監)을 따로 설치하여 제릉을 수리하게 하였다.

세종은 제릉으로 발생된 백성들의 어려움을 완화할 수 있는 민생 대책도 취하였다. 1423년(세종5)에, 제릉의 영역을 표시하는 금산(禁山) 푯말[標] 밖은 건원릉의 예(例)에 의하여 백성들이 밭으로 경작할 수 있도록 허용했다. 그리고 1447년(세종29)에는, 그간에 제릉의 능침에 이르는 산줄기 내맥(來脈)의 통행금지가 백성들의 왕래에 불편을 초래한다고 해서 정지시켰다.

정릉(신덕왕후)

정릉(貞陵)은 태조의 둘째 왕비 신덕왕후(神德王后) 강씨(1356~1396)의 단릉이다.

능은 서울 성북구 정릉동에 있다. 능침은 경좌갑향(庚坐甲向: ➝)으로 자리 잡았다. 최초 능자리를 고른 사람은 태조였지만, 태종에 의해 지금 자리로 옮겨졌다.

신덕왕후는 조선개국 이후 태조의 왕비로 책봉되어 정치적 영향력을 발휘하였다. 2남(방번·방석) 1녀(경순공주)를 남기고 41세의 나이로 세상을 떠났다.

1396년(태조5) 8월 13일에 신덕왕후가 세상을 떠나자 현 영국대사관 부근에 장사지냈다. 그런데 태종이 왕위에 오르면서 1409년(태종9)에 지금 자리로 강제로 이장했다. 이런 사실을 능 곁에 조성한 비문(1900년)에 기록했다.

• 정릉의 입지지형 위성사진. 삼각산에서 맥이 동쪽으로 뻗어 나왔다.

•『대동여지도』의 산줄기와 정릉

신덕고황후 김씨는 (1356년) 6월 14일에 탄생했다. 1392년(태조1)에 현비로 책봉했다. 1396년(태조5) 8월 13일에 승하하여, 1397년(태조6) 1월에 한성 황화방에 장사지냈다. 1409년(태종9) 2월 23일에 양주 남사아리 서쪽 언덕으로 이장했다. 「비문」

정릉의 입지를 『대동여지도』의 산줄기로 개관해 보자. 한북정맥의 도봉산을 거쳐 삼각산(북한산)과 한양 도성으로 이어지는 가지의 직전 자락에 정릉이 자리 잡았다. 『해동지도』(18세기 중반)에는 신덕왕후 정릉이 표기되었고, 삼각산의 산줄기 맥을 따라 정릉에 이어지는 모습을 그렸다. 『선원보감』(1931)의 산릉도는 삼각산에서 북악산의 맥을 받아 정릉을 이루는 풍수 국면과 산수의 짜임새를 상세히 표현했다.

• 『해동지도』(경기도 양주)의 '정릉', 삼각산 자락에 입지했다.

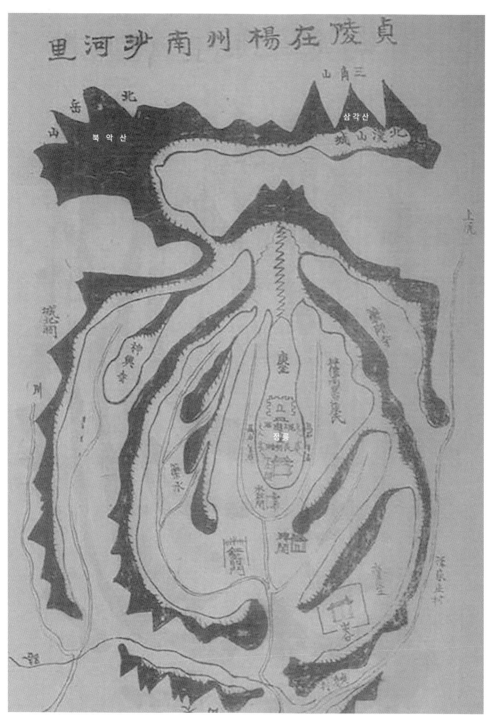

• 정릉 산릉도(『璿源寶鑑』(1931) 「列聖祖山陵圖」). '정릉은 양주 남쪽 사하리에 있다(貞陵在楊州南沙下里).'고 적고, 삼각산(三角山)에서 북악산(北岳山)의 맥을 받아 경좌(庚坐)로 자리한 정릉의 풍수적 입지를 표현했다. 주산에서 능침으로 이어지는 맥을 굴곡진 선으로 그렸다. 물줄기는 능을 끼고 발원하여 수라간 앞에서 합수해서 곧장 정면으로 빠져나간다.

• 앞에서 바라본 입지경관과 능전·능침, 정자각, 비각 등. 가파른 언덕 위에 봉분이 자리 잡고 있는 모습이다. 도성 내에 있던 것을 태종 대에 옮겼다.

• 봉분과 상설. 서쪽을 등지고 동향(동동북)으로 배치됐다.

• 장명등과 고석(鼓石)은 조선초기의 석물 양식이다.

● 능침 뒤에서 바라본 입지경관. 앞으로 나지막한 언덕이 병풍처럼 둘렀다.

● 능침 뒤로 들어오는 맥

● 금천교(禁川橋). 능침 진입로에 있다.

태조가 신덕왕후의 능자리를 애써 정하다

신덕왕후의 능자리를 최초에 도성 안으로 결정지은 이는 재위 당시의 태조였다. 그러나 사후(死後)에 현재의 위치로 강제로 옮긴이는 왕권을 차지했던 태종이었다. 여기에는 태종의 정치적인 의도와 배경이 도사리고 있었다.

태조는 신덕왕후의 능자리를 애써 구하고자 했다. 국왕의 위세가 등등했을 당시 신덕왕후는 그만 세상을 떠났다. 승하 이틀 후 태조는 바로 터를 보러 나갔다. 이미 안암동과 행주의 자리를 살펴보았으나 마땅치 않아 결국 도성 안에 터를 마련하게 된다. 실록의 기록을 날짜별로 살펴보면 다음과 같다.

태조는 신덕왕후가 세상을 떠나기 한 해 전인 1395년(태조4) 9월 28일에 안암동에 가서 왕후의 능자리를 찾은 적이 있다. 이듬해 8월 13일에 신덕왕후가 세상을 떠나자, 태조는 이틀 후(15일) 상복을 입은 채로 직접 안암동에 가서 능자리를 보았다. 또 같은 달 20일 날에는 서운관의 풍수 관원들을 대동하고 행주(幸州)에 가서 능자리를 보았지만 마음에 들지 않았다. 실록에는 이렇게 적고 있다.

임금이 행주에 가서 능자리를 보았으나 뜻에 맞지 않았다. 서운관 유한우·배상충·이양달 등이 저희들끼리 서로 좋으니 나쁘니 하여 서로 다투다가 결정을 짓지 못하므로, 임금이 크게 성을 내어 모두 매를 때렸다. 『태조실록』 5년 8월 20일

행주에 다녀온 이틀 뒤(22일) 안암동에 지점해 놓은 능자리를 열어 땅을 파니 물이 솟아나와 공사를 중지했다. 이윽고 태조는 다음날 23일에 취현방(현 중구 정동)에 가서 터를 보고 능자리로 결정했다.

이렇게 태조가 도성 안에 능을 조성한 것은, 신덕왕후의 사후에 아들 세자(방석)의 위상을 계속 확증하려는 정치적 의도가 담긴 조치라는 해석이 있다. 구 정릉은 경복궁의 정면, 육조(六曹) 거리가 끝나는 지점의 오른쪽 구릉 사면에 있어서, 백관(百官)은 태조의 행차를 통해 지속적으로 정릉과 신덕왕후의 존재를 의식할 수밖에 없는 공간구조를 형성하고 있었다는 것이다.[39]

성안에 있는 것은 적당하지 못하니 밖으로 옮기소서

그러나 배다른 태종이 무자비한 권력투쟁을 거쳐 왕위를 차지하자 계모인 신덕왕후 강씨의 정릉을 강제로 옮기게 한다. 태종은 정릉의 흔적을 지우고자 했으며, 능의 부속물까지 모두 처분하여 다른 곳에 쓰게 했다. 그 시작은 정릉의 영역을 축소하는 것이었다. 그러자 권신들이 앞 다투어 그 터를 선점하려 했는데, 태종의 심복인 하륜이 앞장서서 차지했다. 1406년(태종6) 4월 7일의 일이었다.

---

39. 40. 윤정, 「太祖代 貞陵 건설의 정치사적 의미」, 『서울학연구』 37, 2009, 184~186쪽.

정릉의 영역(塋域)을 정하였다. 의정부에서 아뢨다. "정릉이 경중(京中)에 있는데도 영역[兆域]이 너무 넓습니다. 청하건대, 능에서 1백 보(步) 밖에는 사람들에게 집을 짓도록 허락하소서." 하니 이를 허락하였다. 이에 세력 있는 집에서 분연(紛然)하게 다투어 좋은 땅을 차지하였다. 좌정승 하륜(河崙)이 여러 사위를 거느리고 이를 선점(先占)하였다. 『태종실록』 6년 4월 7일

이어 태종은 의도한 대로 1409년(태종9) 2월 23일에 신덕왕후 강씨의 능을 사을한 산기슭으로 옮겼다. 명분상의 이유는 "옛 능묘가 모두 도성 밖에 있기에 정릉이 성 안에 있는 것은 적당치 못하고 또 사신이 묵는 관사에 가깝다."는 것이었다. 그러나 실제로는 신의왕후 태생으로 후계자 선정 과정에 배제되었던 방원(태종)의 신덕왕후에 대한 정치적 보복이라는 의도를 지닌다.[40]

정릉을 애써 조성했던 부왕 태조도 이미 작년(1408년 5월 24일)에 세상을 떠난 후였기에 아무 걸림이 없었다. 조정에서 이장을 결정할 당시의 정황을 실록은 다음과 같이 기록했다.

신덕왕후 강씨를 사을한의 산기슭으로 이장했다. 처음에 의정부에 명하여 정릉을 도성 밖으로 옮길지 말 것인지 의논하게 했다. 의정부에서 아뢰기를, "옛 제왕의 능묘가 모두 도성 밖에 있는데, 지금 정릉이 성안에 있는 것은 적당하지 못하고, 또 사신이 묵는 관사에 가까우니 밖으로 옮기도록 하소서." 하였으므로, 그대로 따랐다. 『태종실록』 9년 2월 23일

봉분의 자취를 없애 사람들이 알아볼 수 없게 하라

두어 달 후(4월 13일)에 태종은 기존 정릉 경관의 흔적 지우기에 본격적으로 나섰다. 태평관의 누각을 새로 짓는 데에 정릉의 정자각을 헐어서 짓도록 하고, 정릉의 돌도 옮겨 쓰게 했다. 봉분은 자취를 없애 사람들이 알아볼 수 없게 하고, 문석인·무석인은 땅에 파묻을 것을 명했다.

태평관(太平館) 북루(北樓)를 새로 지었다. 임금이 이귀령에게 일렀다. "… 정릉의 정자각을 헐어서 누 세 칸을 짓고… 정릉의 돌을 운반하여 쓰고, 그 봉분은 자취를 없애어 사람들이 알아볼 수 없게 하는 것이 좋겠으며, 석인(石人)은 땅을 파고 묻는 것이 좋겠다." 황희

가 아뢨다. "석인을 가지고 주초(柱礎)를 메우는 것이 좋겠습니다." 하니, 임금이 이귀령에게 일렀다. "옳지 못하다. 묻는 것이 마땅하다." 하였다. 「태종실록」 9년 4월 13일

이후에도 정릉의 훼손은 지속됐다. 이듬해(1410년) 8월 8일, 한양에 큰 비가 내려 물이 넘치자 정릉 옛 터의 석물로 광통교에 흙다리 대신에 돌다리를 만들게 했다. 이후 신덕왕후의 제례마저 폐지했다.

신덕왕후의 복위는 사후 300여 년이 지난 후에야 정치적 수순을 거쳐 이루어진다. 사림(士林)의 영향력이 커지는 선조 때부터 이이(李珥) 등에 의하여 신덕왕후의 제사가 거론되었다. 이 사안이 동인(東人)과 서인(西人)의 정치적 논란으로 확대되자 선조가 중단시켰다. 인조반정 뒤에는 최명길이 정자각 등의 중건과 제사의 회복을 주장했다.[41]

1696년(현종10)에야 송시열의 신덕왕후 복위 상소를 현종이 받아들였다. 마침내 신덕왕후의 신주를 종묘에 모셨고 정릉은 왕릉의 상설을 갖추었다.

∽◯◯∽

정릉에 오르면 신덕왕후의 능자리를 곁에 애써 정해주려 했던 태조의 모습과 성밖으로 내친 태종의 모습이 함께 비친다. 태종에 의해 옮겨진 지금의 능침은 자리도 좁을뿐더러 정자각으로 이어지는 경사도 가팔라서 마지못해 선택된 자리라는 인상을 지울 수 없다.

살아생전에는 개국왕의 정비(正妃)로서 영광을 차지하였으며 아들 방석이 태조의 왕위를 계승할 것으로 굳게 믿었지만, 죽어서 태종에 의해 폐비가 되고 능자리마저도 훼철되리라는 것을 무덤 속의 그녀는 짐작이나 할 수 있었을까.

---

41. 이희중, 「17, 8세기 서울 주변 왕릉의 축조, 관리 및 천릉 논의」, 「서울학연구」 17(1), 2001, 9쪽.

2대 후릉(정종·정안왕후)

후릉(厚陵)은 조선왕조 제2대 정종(定宗, 1357~1419)과 정안왕후(定安王后) 김씨(1355~1412)의 쌍릉(雙陵)이다.

능은 북한 황해북도 개성시 판문군 영정리 백마산 기슭에 있다. 능침은 계좌정향(癸坐丁向:♨)으로 자리 잡았다.

정종은 아우 방원이 주도한 1차 왕자의 난 후 왕위에 올라, 개경으로 환도해 2년여를 재위(1398~1400)하였다. 2차 왕자의 난 이후로 권력을 방원(태종)에게 양위한 후 사실상 유폐된 생활을 하다가 63세의 나이로 세상을 떠났다.

정안왕후는 1398년에 왕비로 책봉되었으며, 자식을 남기지 못하고 58세의 나이로 세상을 떠났다.

1412년(태종12) 6월 25일에 정안왕후 김씨가 세상을 떠나자 백마산 동쪽의 지금 자리에 장사지냈다. 1419년(세종1) 9월 26일에 정종이 세상을 떠나자 정안왕후 옆 자리에 장사지냈다. 능자리를 개경 인근에 정한 것은, 정종이 개경 환도(還都) 기간(1399~1405) 중인 1400년에 태종에게 왕위를 물려준 후, 정안왕후와 함께 개성의 인덕궁(仁德宮: 옛 연경궁)에 머물렀기 때문이다.

후릉의 입지를 『대동여지도』(1861)의 산줄기로 개관해 보자. 임진북예성남

• 후릉의 입지지형 위성사진

• 『대동여지도』의 산줄기와 후릉

정맥의 주맥이 개성의 송악을 맺고, 송악에서 다시 남쪽으로 진봉산을 지나 백마산에 이르러 임진강을 만나게 되는데, 그 직전 언덕에 후릉이 있다. 『해동지도』(18세기 중반)에는 후릉을 표기했고, 『1872년 지방지도』(개성전도)에는 주산인 백룡산(白龍山) 아래에 있는 후릉의 홍살문과 건물을 간략하게 표기했다. 『선원보감』(1931)의 산릉도는 후릉을 이루는 풍수 국면과 산수의 짜임새를 상세히 표현했다.

• 『해동지도』(경기도 풍덕)의 '후릉'. '고을에서 10리 거리에 있다(自邑十里).'는 위치정보도 밝혔다.

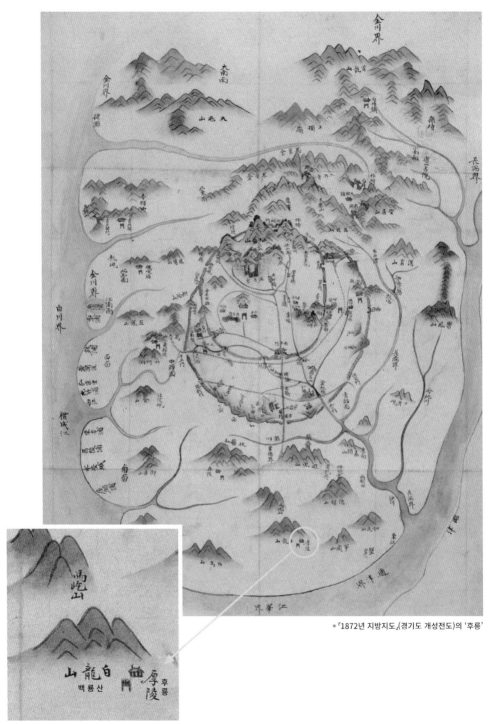

• 「1872년 지방지도」(경기도 개성전도)의 '후릉'

• 확대도. 주산인 백룡산(白龍山) 아래에 있는 후릉의
홍살문과 건물을 간략하게 표기했다.

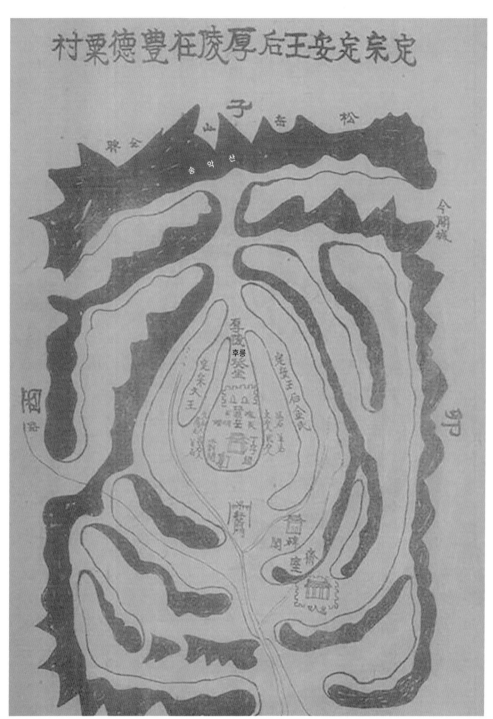

• 후릉 산릉도(『璿源寶鑑』(1931) 『列聖祖山陵圖』). '정종·정안왕후 후릉은 풍덕 율촌에 있다(定宗定安王后厚陵在在豊德北栗村).'고 적고, 북쪽[子]
에 있는 송악산의 맥을 받아 계좌(癸坐)의 쌍분으로 자리한 후릉의 풍수적 입지를 표현했다. 주위 산줄기는 능침을 사방으로 에워쌌고 앞으로는 네 겹
의 산줄기가 빗장 질렀다. 물줄기는 능 앞으로 여러 차례 합수하면서 남쪽[午]으로 빠져나갔다.

● 원경. [출처: 조선유물도감 편찬위원회, 『조선유적유물도감』, 1994]　　● 근경. [출처: 조선유물도감 편찬위원회, 『조선유적유물도감』, 1994]

정안왕후를 장사지내고 정종을 합장하다

1412년(태종12) 6월 25일에 정안왕후 김씨가 세상을 떠나자, 그해 8월 8일에 해풍군 백마산 기슭에 장사지냈다.

정안왕후를 후릉에 장사지냈다. 능은 해풍군(海豐郡) 백마산(白馬山) 동쪽 기슭에 있다. 『태종실록』 12년 8월 8일

그 후 7년 뒤, 정종이 1419년(세종1) 9월 26일에 인덕궁의 정침(正寢)에서 세상을 떠나자, 이튿날 국장도감과 산릉도감의 관리를 임명했다. 그리고 이듬해 1월 2일에 정종을 송경(松京) 해풍군에 있는 정안왕후의 능에 합장하니, 정종의 유언[遺命]에 의한 것이었다.

3대 헌릉(태종·원경왕후)

헌릉(獻陵)은 조선왕조 제3대 태종(太宗, 1367~1422)과 원경왕후(元敬王后) 민씨(1365~1420)의 쌍릉이다.

능은 서울시 서초구 내곡동 대모산 기슭에 있다. 능침은 건좌손향(乾坐巽向: ↘)으로 자리 잡았다. 현재의 능자리는 태종이 살아생전에 본인이 결정했고, 터를 고른 사람은 심복(心腹) 하륜이었다.

태종은 신의왕후의 소생으로 1·2차 왕자의 난을 일으키고 왕위에 올랐다. 17년의 재위기간 동안 권력체제를 왕으로 강력하게 집중시켰다. 세종에게 양위하고 상왕(上王)의 역할을 하다가 56세로 세상을 떠났다.

원경왕후는 1400년에 왕비에 책봉되었다. 충녕대군(세종)을 포함한 네 왕자와 네 공주를 남기고 56세로 세상을 떠났다.

1420년(세종2) 7월 10일에 원경왕후 민씨가 세상을 떠나자 대모산에 장사지냈다. 2년 후 1422년(세종4) 5월 10일에 태종이 세상을 떠나자 원경왕후 오른쪽에 장사지냈다.

헌릉의 입지를 『세종실록』「지리지」에 다음과 같이 기록했다.

(경기도) 광주의 서쪽 대모산의 남쪽 건해(乾亥: ↖) 방향의 산에 있으니, 건좌손향(乾坐巽向: ↘)이다. 능의 손(巽) 방향에 신도비를 세웠다. 『세종실록』「지리지」경기, 광주목

능 곁에 있는 비문에도 헌릉의 입지를 거리와 산줄기 위주로 기록했다.

북쪽으로 도성까지 30리쯤 되는 거리이다. 산의 맥이 장백산에서 내려와 남쪽으로 수 천리를 지나 상주 속리산에 와서 서쪽으로 꺾였고, 다시 수백리을 지나 청계산에 이르러 동북쪽으로 꺾여 한강 앞에 그쳐 대모산이 되었다. 『비문』

헌릉의 입지를 『대동여지도』(1861)의 산줄기로 개관해 보자. 칠현산에서 갈래진 한남정맥은 서북쪽으로 산줄기를 뻗어 광교산에 이르고, 광교산에서 지맥이 갈라져 북쪽으로 백운산·학현·청계산에 이른다. 청계산에서 다시 왼쪽으로는 관악산으로 오른쪽으로는 대모산에 이르는데, 그 대모산의 품에 헌릉이 있다. 『세종실록』의 기록에 의하면, 헌릉의 산수 형세는 회룡고조(回龍顧祖: 산줄기가 휘돌아 발원한 조산을 바라보는 형국)로 알려졌다. 『해동지도』(18세기 중반)에는 헌릉을 표기했다. 『선원보감』(1931)의 산릉도는 헌릉을 이루는 풍수국면과 산수의 짜임새를 상세히 표현했다.

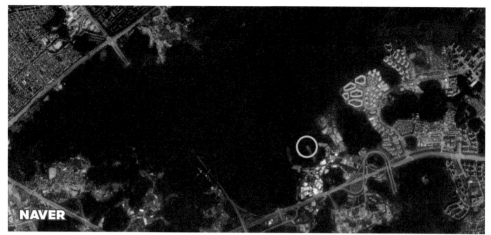

• 헌릉의 입지지형 위성사진

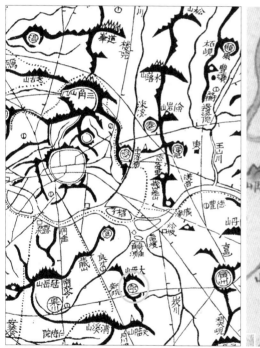

• 『대동여지도』의 산줄기와 헌릉

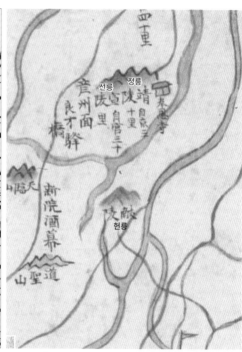

• 『해동지도』(경기도 광주)의 '헌릉'. 위로는 정릉과 선릉도 표기했다.

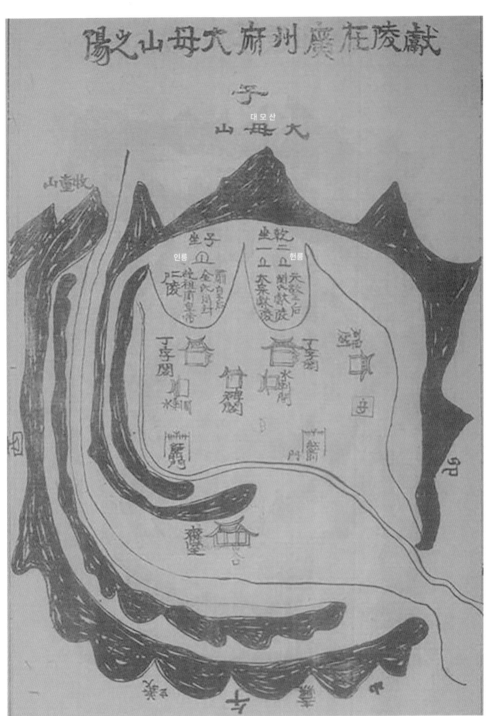

• 헌릉 산릉도(『璿源寶鑑』(1931) 「列聖祖山陵圖」). '헌릉은 광주부 대모산의 남쪽에 있다(獻陵在廣州府大母山之陽).'고 적고, 건좌(乾坐)의 쌍분으로 자리한 태종과 원경왕후 한씨의 헌릉을 풍수적 입지로 표현했다. 대모산 아래 사방으로 산줄기가 둘렀고, 서편의 백호와 남쪽의 주작 줄기는 겹겹이 에워쌌다. 물줄기는 능역(陵域)을 감싸안고 흐르다가 동쪽으로 빠져나갔다. 헌릉 왼쪽에 인릉도 그렸다.

• 앞에서 바라본 입지경관과 능전(陵殿)-능침·정자각·비각. 태종의 명으로 하륜이 대모산 남쪽 산줄기에 자리를 정했다. 뒤로 주산인 대모산이 보인다.

• 봉분(사진 왼쪽 태종, 오른쪽 원경왕후)과 상설. 북쪽을 등지고 남향(남남서)으로 자리 잡았다.

• 능상(陵上)에서 바라본 입지경관. 앞으로 인릉산(327m)과 멀리 청계산(618m)이 겹쳐 보인다.

• 능침 뒤에서 바라본 입지경관

• 능침 뒤로 들어오는 맥

흙빛이 윤택하고 물기는 없었다

태종의 능자리는 살아생전에 하륜과 이양달이 구했다. 태종 역시 태조와 마찬가지로 한양으로 재환도하는 과정에서 풍수를 비중 있게 체감했다. 당시 두 사람도 태종을 수행하여 무악 후보지를 직접 살피기도 했다. 이런 하륜에게 명하여 태종은 자신과 왕비의 능자리도 정하게 했다. 실록을 날짜별로 보자.

일찍이 태종은 왕위에 있을 때인 1415년(태종15) 11월 15일에, 좌의정 하륜에게 명하여 경기도 광주에 가서 자신의 능자리[壽陵]를 보게 한 적이 있다. 그때 하륜은 광주 서쪽에 있는 대모산의 남쪽 산줄기를 정했다.

5년 뒤, 1420년(세종2) 7월 10일에 원경왕후 민씨가 먼저 세상을 떠났다. 9월 17일에 광주군 대모산에 안장하고 능 이름을 헌릉이라고 했다. 이 터는 이미 태종이 하륜을 시켜 정한 자리였다. 실록은 "9월 7일에 원경왕후의 관이 들어갈 자리를 파니 13척 3촌이었으며, 흙빛이 윤택하고 물기는 없었다."[42]고 적었다. 명당자리라는 것을 암시한 기록이다.

태종은 원경왕후의 능침 자리를 조금 동쪽 편으로 정하고, 오른쪽을 비워두어서[右虛] 자신이 묻힐 터로 삼았다. 왕비가 먼저 세상을 떠나서 나중에 합장할 요량이었던 것이다. 후대 영조의 둘째 왕비인 정성왕후 서씨의 홍릉 등도 그랬다.

이후 1422년(세종4) 5월 10일에 태종이 세상을 떠났다. 세종은 곧바로 장례 준비와 능의 수축을 위해 관리를 임명하였고, 다섯 달째 되던 9월 6일에 원경왕후 오른쪽에 장사지냈다.

소나무와 잣나무를 심어 길한 기운을 기르소서

세종은 부모가 묻힌 헌릉을 풍수 원리에 의거해서 조경하고 관리했다. 원경왕후를 안장한 후 다음 해인 1421년(세종3) 1월에, 지관 이용과 이양달의 건의로 헌릉 수구 왼쪽에 밖으로 향한 산줄기를 없앴다. 그리고 안쪽으로 향한 곳에는 소나무를 심어 비보하게 했다. 명당을 이루는 산줄기는 안쪽으로 굽어야하는 데 바깥으로 향하고 있어 흉하다고 판단했기 때문이었다. 실록을 보자.

이용이 아뢨다. "지금 헌릉의 산수 형세는 회룡고조(回龍顧祖)로서 진실로 대지(大地)이오나, 왼편 산 안에 조금 밖으로 향한 줄기가 있어 이지러지고 헤쳐진 언덕이 매우 좋지 못합니다. … 바라옵건대 밖으로 향한 줄기를 특별히 담당 관리에게 명하여 손질하도록 하되, 산 안쪽으로 향한 곳에 소나무와 잣나무를 심어 길한 기운[吉氣]을 배양하게 하소서."

이양달이 아뢨다. "수구에 큰 산이 눌러 막으면, 작은 산은 비록 돌아다보지 않아도 해가 되지 아니합니다. 또 『서전(書傳)』에 말하기를, '혹이 있으면 떼어 버리라.' 하였는데, 하물며 이 작은 산은 이어진 줄기와 남은 생기가 바깥으로 향한 것이니, 마땅히 한식에 파헤쳐 버리고 소나무를 심는 것이 마땅할까 하나이다." 하니, 세종이 이양달의 말을 따랐다. 『세종실록』 3년 1월 5일

---

42. 『태종실록』 2년 9월 7일

1421년(세종3)과 1422년(세종4)에 여러 차례 헌릉의 언덕 뒤 등에 소나무를 심어 비보하였다. 이후에도 1442년(세종24)에, 산릉수리도감(山陵修理都監)을 설치하여 헌릉을 수리하게 하였다.

헌릉의 고갯길을 막을 것인가 말 것인가

세종 대에 헌릉의 주산 내맥을 가로지른 옛 고갯길을 막을 것인지 말 것인지 조정 대신들의 풍수 논의가 대두된 적이 있다. 이 논쟁은 헌릉 고갯길의 개방 여부를 두고 겉으로는 풍수사(風水師) 사이에서 벌어진 견해 차이로 충돌하지만, 본질적으로는 원리적인 풍수 논리와 실용적인 경세 논리가 대립한 것이었다. 논쟁 과정에는 풍수사 간, 풍수사와 유신(儒臣) 간, 유신과 국왕 간 입장과 담론의 차이가 대비되어 드러난다.

문제의 발단은 1430년(세종12)에 풍수사 최양선이 올린 상소였다. 풍수에서 "흥망은 명당 뒤의 산줄기[後龍]가 끊겼는지 여부에 달려 있는데, 맥이 들어온 곳을 길로 횡단한다면 손상이 심각할 뿐만 아니라 풍수에서 꺼린다."는 것이었다. 최양선은 풍수서의 관련 내용을 제시하고 그것을 전거로 자신의 견해를 펼쳤다. 그가 주장한 내용을 요약해 살펴보면 다음과 같다.

풍수서	관련 전거	최양선의 견해
「착맥부(捉脈賦)」 주(註)	'용호선찰(龍湖禪刹)의 뒷 산줄기[後龍]는 두 곳이나 끊겨 무력(無力)한 데가 있으니, 그 흥하고 쇠함을 징험해 알 수 있다. 구양 태수묘(歐陽太守廟)의 뒷 산줄기는 병풍을 둘러치듯이 큰 산봉우리가 높이 솟아 있어, 그의 응험(應驗)이 억만년을 내려가도 변동하지 않으리라.'	"본시 한 개의 산이라 할지라도 그 흥폐의 다름이 있는 것은 그 뒷 산줄기가 끊기고 안 끊긴 데 있다고 여겨지나이다."
「곤감가(坤鑑歌)」	'산을 끊어 가로 길을 내면, 그 기운이 이어지기 어려우나, 만약 고개[蜂腰]로 된 것이라면 도리어 자연스럽다.'	"조종(祖宗)의 맥이 들어온 곳에 다시 큰 길을 내어 이를 횡단한다면, 그 고개에 주는 손상을 어찌 자연스럽다고 이를 수 있느냐는 것입니다."
「문정(門庭)」	'고개[蜂腰·鶴膝]를 발견한 뒤에는 따로 입신(立身)을 쓰나니, 입신이 일어나지 않은 곳은 길고 멀지 못하다.'	"입신이란 조종(祖宗)을 말한 것이니, 조종산이 들어오는 맥이 끊겼다면 일어나지 않는 것과 같습니다. 어찌 사소한 끄트머리로만 보아 넘길 일이오리까."
「입향편(立向篇)」	'입신(入身)이 조종(祖宗)이 되고, 입수(入首)가 주(主)가 된다.'	"큰 산봉우리가 병풍처럼 둘러선 것을 입신이라 이르고, 처음 머리가 들어온 그 마디가 곧 주산이 되는 것인데, 그 근거가 되는 고개를 큰 길이 가로 끊은 것은, 지리에 밝은 자들이 꺼려하는 바라 하겠습니다."

풍수서	관련 전거	최양선의 견해
「귀겁편 (鬼刼篇)」	'한 마디의 주장하는 바가 12년이다.'	"만약 이와 같다면 길을 끊어 놓은 것이 그 마디에 있어 손실이 적지 않은 것이니, 어찌 대수롭지 않게 볼 수 있느냐는 것입니다."
「경(經)」	'기운이 형상에 따라 오니, 끊긴 산에는 장사지 낼 수 없다.'	"자꾸만 밟아 뭉개면 반드시 형상의 훼손을 가져올 것이니, 그 원기가 어디로부터 오겠습니까."
「사형편 (砂形篇)」	'산이 상처 입는 것을 사람이 슬퍼한다.'	"산이 상처를 입어도 오히려 슬퍼하고 한탄스러운데, 하물며 주산 뒤와 허리를 이룬 곳에 큰 길의 절단이 더해지는 것이겠습니까."
「보감 (寶鑑)」	'해는 72절후(節候)를 넘어서야 세공(歲功)을 이루고, 산도 72절후가 있어야만 진룡(眞龍)을 이루나니, 만약 그 횟수에 미치지 못한 자는 그 절후에 응함도 또한 작다.'	"뒷 산줄기[後龍]에 길이 있어 이를 끊어버렸다면 어찌 횟수에 도달하며, 진룡(眞龍)을 이루었다 이르겠습니까. … 도로를 살펴 보건대, 동서로 왕래하는 거리에 멀고 가까운 차이가 없고 보니, 만약 동쪽 길을 한번 개통해 놓는다면 길손들은 서로 뒤를 따라 이 길로 다닐 것이니, 그 누가 길을 멀리 돌아다닌다는 원성이 있겠습니까."

최양선의 주장에 대한 고중안의 반박

이에 대해 또 다른 술사(術士)인 고중안은 풍수서의 논거를 들어 최양선의 주장을 정면으로 반박했다. 길이란 음양의 마디[節目]와 같아서 길을 내는 것은 자연스러운 이치라는 것이다. 이 말은 형식적으로는 풍수 논리를 끌어와서 근거로 삼았지만, 실제적으로는 민생에서 도로가 가지는 필요성을 주장한 것에 다름없었다.

"신이 엎드려 최양선의 상서를 보니, 용호선찰(龍湖禪刹)과 구양태수(歐陽太守) 묘비(廟碑)의 말을 인용하여 우리 헌릉의 고갯길을 막으려고 하기 때문에, 신이 감히 묵과하지 못하겠기에 삼가 좁은 소견으로 임금을 번거롭게 합니다."『세종실록』 12년 7월 7일

고중안은 자신의 주장을 설득력있게 펼치기 위해 음양론을 펼쳤다. 음양의 도가 관철된 땅의 이치[地理]에서 고갯길이란 음양의 마디라는 것이다. 그렇게 보면 고개는 자연스러운 천리와 지리의 드러남이 된다. 그의 주장을 들어보자.

"한번 음하고, 한번 양하는 것을 곧 도라 이른다고 하였으니, 이는 대개 하늘과 땅 사이에 무릇 형체와 기운을 가진 것은 모두 이 도의 흐름 속에 근본을 두고 있음을 말하는 것입니다.
산천의 형체와 기운이 높은 산악으로부터 일어나서, 그 천 개의 근원과 만 개의 갈래가

순조롭기도 거스르기도 하면서, 한번 일어나 양이 되고 한번 엎드려 음이 되어, 음·양의 도를 행합니다. 그것이 바다와 육지의 부침을 꿰뚫고 마디의 다소를 나누어서 크고 작은 형국을 이루는 것이니, 이것이 곧 지리의 줄거리인 것입니다.

나라의 도성으로부터 주·부·군·현에 이르기까지 고갯길을 끊지 않은 곳이 없으니, 이는 곧 음양의 마디입니다. 또 전조(前朝)의 태조와 조종(祖宗)의 사당이 예성강 강가에 있는데, 주산으로 들어온 맥이 길에 의해 끊긴 곳이 많으며, 또 현릉 주산 뒤의 맥도 큰 길이 단절하였으니, 또한 모두 한 음의 마디입니다." 『세종실록』 12년 7월 7일

또한 그는 실제로도 고갯길로 인한 맥의 단절이 풍수의 해로움이 없다는 과거의 사례를 다음과 같이 제시했다.

"옛날 유추밀의 할아버지 묘소는 물이 명당 앞에서 흘러 나와 주산 뒷맥에 이르러 단절하였고, 또 소단명의 할아버지 분묘는 주산 뒤 맥을 큰 길이 단절하였습니다. 또 채태사의 할아버지 분묘는 주산이 몸을 돌려 조산(祖山)을 바라보고, 명당 앞으로 들어온 맥이 한번 패이고 이어 끊겼으나, 그 자손들의 벼슬이 추밀·태사삼공·단명학사에 이르러 지금까지도 그 산형(山形)을 그려 만대에 유전해 오고 있습니다. 그러니 옛 사람들의 자리를 택하는 법이 물과 길에 의해 뚫리고 파헤쳐진 것을 가리지 않은 사실을 알 수 있는 것입니다." 『세종실록』 12년 7월 7일

이어서 고중안 역시 최양선의 주장을 반박하는 내용의 풍수서 전거를 다음과 같이 들고, 자신의 견해를 펼쳤다.

풍수서	관련 전거
「지남시(指南詩)」	'길이 용(산) 뒤를 끊어도 대개 해로울 것이 없고, 앞을 활같이 에워싸고 가면 더욱 마땅하다. 하천이나 못도 동일한 것이라, 혈 앞이 단정하면 세(勢)가 따라 돌아간다.'
「지리문정(地理門庭)」	'주산이 길에 의해 끊긴 것은 음의 마디요, 앞에 교량이 마주 있는 것은 양의 마디니, 사람이 왕래한 자취가 많고 적음을 가지고서 흥망의 크고 작음을 점친다.' 하였다. 또 말했다. '사람의 자취가 많은 땅은 번성하고, 적은 땅은 쇠망한다.'
「명산보감(明山寶鑑)」	'그 맥에 밝지 못하다면 어찌 충분하게 더불어 말하리오. (산줄기가) 길고 먼 대지(大地)란 언제나 귀한 것이다.'
「지리신서(地理新書)」	'무릇 지맥을 살펴볼 때, 도로 같은 것은 비록 깊이 파이고 무너졌더라도 그 맥은 서로 이어간다.'

고중안은 헌릉의 고갯길 역시 음양의 마디 중 하나로 자연스러운 것이라고
주장했다.

"헌릉으로 들어온 산의 맥은 뭇 용과 많은 지맥들이 모두 속리산으로부터 오면서 마디를
나누어 각기 고을을 이루고, 다시 꿈틀꿈틀 내려오다가 갑자기 정돈하기도 하고, 다시 달려
능 앞의 안산에 이르러 잘록한 허리를 이루고 길을 끊어 놓았으니, 음의 마디입니다. …
비록 간혹 작은 시내가 뚫고 끊은 것이 있으나, 산천의 뼈와 맥이 스스로 모이고 통하여
본래 아무런 해가 없는 것이며, 하물며 이 물길이 평원으로 흘러 내려 잘록한 허리를 이룬
곳에 다시 역류하거나 끊는 이치가 없지 않습니까.
이를 어찌 용호선찰(龍湖禪刹)의 단절된 뒤 산줄기[後龍]에 비유하리까. 또 더욱이 선
찰은 부처의 궁전이라 본시 자손들이 그 대를 잇는 이치가 없으니, 산천의 신령한 기운이
장차 어느 누구에게 화를 주고 복을 준단 말씀입니까. 지금에 비추어 살핀다면, 서울의 연
복사(演福寺)는 불과 몇 년에 없어졌는데 반해 유후사(留後司)의 연복사는 거의 5백 년의
오랜 세월에 이르렀으니, 이 어찌 산천이 그렇게 하였겠습니까. … 엎드려 임금의 판단을
바랍니다." 『세종실록』 12년 7월 7일

세종은 이러한 논란을 예조에 내려 논의하게 했다. 예조에서 헌릉의 산길에
문제가 없음을 보고하자 그 논의 결과를 처음에는 따랐다.

"옛 글을 상고하니, '내맥의 잘록한 고개를 길이 횡단한 것은 진실로 해로움이 없고, 오히
려 사람의 자취가 있는 것을 귀하게 여긴다.' 하였습니다. 헌릉의 산길은 예전대로 막지 않
는 것이 편리하고, 잘록한 허리의 시냇물은 길을 잃을 형세가 있으니 즉시 예방하게 하소
서." 하여, 그대로 따랐다. 『세종실록』 12년 7월 7일

헌릉의 산길은 예전대로 막지 않는 것이 편리하고

그런데 세종은 헌릉에 길이 나 있는 것이 못내 마음에 걸렸는지, 한 달 여 뒤
에 다시 의정부와 육조에 명하여, 헌릉에 난 고갯길의 폐쇄 여부를 논의하도록
했다. 이에 조정에서 이양달에게 사람을 보내 물으니 재차, "이 맥에는 사람의
발자취가 있는 것이 더욱 좋으므로, 막는 것은 부당하다." 했다. 그럼에도 세종

은 "지리에는 길이 있어도 해가 없다는 글이 없을 뿐만 아니라, 길이 없으면 반 드시 열어야 한다는 글도 역시 없으니, 내 생각으로는 막는 것이 무방할 것 같 다."고 풍수에 경도된 의중을 드러냈다.

이에 대해 예조판서 신상은 지난번 결정에 근거하여 재차 헌릉자리에 길이 있더라도 해롭지 않음을 아뢴다. "산의 형상은 기복이 있는 것이라야 좋은 것 이 되기 때문에, 잘록한 허리가 일어난 맥을 지리가들은 귀중하게 여깁니다. 잘록한 허리는 반드시 길이 있는데, 길이 있는 것이 어찌 해롭겠습니까."라고 대답했다. 다시 세종은, "내가 직접 이양달과 최양선의 말을 들어보고 처리하 겠다." 했다.[43]

이후 이 논의는 3년을 끌면서 지지부진하게 이어지다가, 결국 세종은 1433 년(세종15) 7월 7일에, 헌릉의 내맥에 길을 막는 일에 대해 이치가 불분명하여 집현전의 유신(儒臣)들과 함께 그 이치를 강론하겠으니, 지리에 밝은 자를 선 택해서 보고하라고 승정원에 명했다. 이때 세종과 유신들의 국정 운영에서 대 두되는 풍수에 대한 입장과 태도가 극명하게 갈렸다.

풍수학도 역시 국가를 위하는 한 가지 소용되는 것

당시 지신사(知申事: 도승지의 별칭) 안숭선 등은, "경연(經筵)이란 성현의 학 문을 강론하는 자리인데 풍수학은 술수이고 잡된 학문이니 강론에 참여시키는 것이 옳지 못하다."고 아뢨지만, 세종이 굳이 "비록 그러더라도 그 근원을 캐 보아야 하겠다."고 풍수학 탐구의 강한 의중을 나타냈다. 그러자 안숭선 등은 한발 물러나서, "풍수학도 역시 국가를 위하는 한 가지 소용되는 것이오라 폐 해 버릴 수는 없으니, 경학에 밝은 신하를 선택하여 강습하게 하시라."고 아뢨 다.[44]

7월 22일에 다시 최양선이 "천천(穿川)의 큰 길은 헌릉의 주산 내맥이니 불 가불 막아야 합니다."고 주장하고, 이에 대해 이양달과 고중안이 "비록 큰 길이 있더라도 산의 맥에는 해가 없으니 그대로 두는 것이 좋습니다."고 맞붙었다.[45]

---

43. 『세종실록』 12년 8월 21일
44. 『세종실록』 15년 7월 7일
45. 『세종실록』 15년 7월 22일

이에 세종은 집현전에 명하여 지리의 여러 책을 참고하여 시비를 분별하도록 했다. 집현전에서 매우 상세한 풍수론의 근거를 들어서, 헌릉 주산이 길로 끊어진 것은 잘록한 허리가 된 곳이고, 교차하거나 가까운 길이 아니니, 예전대로 둘 것을 건의했다. 이후의 실록에는 세종 대에 이 일로 인한 추가적인 논의나 결정 사항에 대한 기록은 찾기 어렵다.

한편, 헌릉 고갯길 논쟁이 벌어진 10여 년 후인 1444년(세종26) 7월에도 방술가 고중안 등이, 헌릉 주산 서쪽 고개의 통로를 막을 것을 아뢴 적이 있다. 이에 의정부와 예조의 신하들이 논의한 후, 주산의 서쪽 고개에는 주민과 수호군이 왕래하면서 길이 생겼기에 엄격히 금하도록 주청했고, 임금은 그대로 따랐다.

천천 고갯길의 통행 여부에 관한 사안은 결국 1451년(문종1)에 얇은 돌을 깔아 산줄기의 맥을 보호하는 것으로 절충됐다. 얇은 돌을 길 위에 깔면 사람도 통행하는 데 문제가 없고, 지맥의 손상도 줄일 수 있다는 합리적인 방안이었다. 그리고 2년 뒤 1453년(단종2)에도 천천의 길은 보수되었는데, 단종은 감역관과 군인을 정해 이 길에 흙을 메우고 돌을 보완하도록 명했다.

---

* 참고자료: 『헌릉지(獻陵誌)』

조선 태종과 元敬王后 閔氏의 능인 헌릉의 관리 규식과 제의 절차 등을 종합적으로 편집한 책이다. 원저자는 정조 연간의 金命淵이며, 장서각본의 이 책은 1910~1930년 사이에 2권 1책으로 제작된 필사본이다(장서각 소장).

『헌릉지』는 권1과 권2로 구성했다.

권1은 능침, 璿源譜略, 헌릉대왕 행장, 신도비명, 비음기, 중건 비석 음기, 교서, 책문, 지문 등으로 편집했다. 능침 항목에서는 헌릉의 위치, 합장 사실과 함께 봉분의 좌향, 주산, 안산 및 둘레의 규모와 거리 등을 기록했다. 선원보략과 헌릉대왕 행장에서는 태종과 원경왕후 민씨의 世系와 존호 등의 사실과 태종의 行狀을 요약하여 서술했다. 이어서 신도비명, 비음기, 중건 비석 음기를 나열하였는데, 이에 의하면 1422년(세종4) 5월에 신도비를 처음 세웠고, 1695년(숙종21)에 중건하였음을 알 수 있다.

다음에는 敎書와 冊文, 樂章, 誌文 등의 문서를 편집했다. 권근이 찬술한 왕세자에게 내리는 교서, 卞季良이 찬술한 상왕께 존호를 올리는 玉冊文, 존호를 올릴 때의 악장, 卞季良이 찬술한 태상왕께 존호를 올리는 옥책문, 諡冊文, 哀冊文, 申晟이 찬술한 시호를 추상할 때의 玉冊文, 卞季良이 찬술한 왕비의 誌文, 왕비를 책봉하는 玉冊文, 왕대비에게 존호를 올리는 玉冊文 등이 있다.

권2는 능침의 시설물에 관해서는 象設 항목을 두고 설치된 석물 총 20가지를 크기, 개수, 형태, 위치 등에 대한 사실을 기록했다. 다음으로는 丁字閣 항목을 두고 陵下에서의 거리, 좌향을 기록했고, 구성 및 부속 시설로서의 正殿, 대청 등 16가지를 나열하고 설명했다. 이어 碑閣, 홍살문, 祭井, 典祀

廳, 香大廳, 齋室에 대하여 위치, 현황, 크기, 방향, 과 각 세부 시설의 기능에 대해 상세하게 기록했다. 다음으로는 능역을 관리하는 齋郎과 守護軍의 사실에 관하여 인원과 품계, 역할 등을 서술했다. 추가로 1749년(영조25)과 1769년(영조45)에 제의 및 능침의 관리에 대하여 내린 御製가 있다.

祀典에는 대왕과 왕비의 제의 날짜와 여러 가지의 설행 사항 등에 관하여 기록했다. 제기 항목에서는 陳設하거나 雜用하는 그릇의 명칭과 숫자, 기타 물품에 대해서 나열했다. 제사에 쓰는 음식으로서 祭品에서는 여러 가지의 제의 형태와 조건에 따른 음식의 종류와 진설 방법 및 위치, 보관 및 사후 처리 방법 등에 관하여 자세하게 기록했다.

축문은 大王忌辰大祭祝式과 大妃忌辰大祭祝式 전문을 적었다. 祭官 항목에서는 獻官, 大祝, 典祀官, 贊者, 謁者 등 담당 직위와 역할을 밝혔다. 다음으로는 제향할 때의 儀節과 향을 맞이하고 전하는 규례, 축문 쓰는 규례, 제물을 진설하는 규례, 음복하는 규례 등의 사실과 함께 각 제관의 位次, 제례를 준비하고 실행하는 절차 등에 대하여 썼다.

그리고 능침을 보살피는 奉審에 대하여, 유의하여 살필 곳과 이상이 있을 시 보고할 내용, 봉심할 대상 및 관직명, 계절 및 기후, 기상 조건에 따른 세부 관리 방법, 관련된 傳敎 사실을 기록했다. 이어서 능침의 보수 규례와 관련 사실 및 내용을 썼다. 다음으로는 능역의 수목 등을 관리하는 禁養 항목을 두고 세부 준칙과 어긴 자에 대한 벌칙 등을 서술했다.

기타 제향에 필요한 두부 등의 제물을 준비할 造泡寺인 용인의 鳳棲寺와 여타 屬寺 들, 기타 관련된 지리적인 내용으로 능내의 지명, 동구 밖의 마을 명칭과 거리에 대해 기록했다. 끝으로는 각종 문서의 규식을 나열했다. 발문으로는 『헌릉지』를 편집한 金明淵이 적었고, 이어 손자인 金學性과 金鎭肅이 차례로 붙였다.

헌릉지는 太宗과 元敬王后 閔氏의 능침인 헌릉에 대하여, 지리적 위치 및 풍수적 입지, 능역 시설물의 종류와 관리 사실 관계, 제의 및 제향 규식, 절차, 준비사항 등을 종합하여 상세하게 편집한 문헌으로 가치가 있다.

⚬⚬⚬

헌릉 뒤 산줄기 맥의 보전을 둘러싸고 세종 대에 헌릉의 고갯길을 막을지 여부에 관해 벌인 조정에서의 풍수 논쟁과 대처 방식, 그리고 그 과정에서 엿보이는 세종의 태도가 흥미를 자아낸다.

요즘에는 짐작하기 어려울 정도로 당시의 산릉 입지지형의 조건에 대한 풍수 인식의 정도는 크고 섬세했으며, 논쟁 당사자들이 그들 주장을 뒷받침하는 풍수서의 전거도 놀랍도록 치밀히 제시되었다.

집현전까지 나서서 풍수서의 고증을 통한 시비를 분별하는 과정을 거치면서 고갯길을 그대로 두자는 결론에 이른다. 그 고갯길은 이후의 문종 대에 박석을 깔아 지맥도 보호하면서 보행의 편의도 유지하는 절충안으로 일단락되었다.

4대 영릉(세종·소헌왕후)

영릉(英陵)은 조선왕조 제4대 세종(世宗, 1397~1450)과 소헌왕후(昭憲王后) 심씨(1395~1446)의 합장릉이다.

능은 경기도 여주군 능서면 왕대리에 있다. 능침은 자좌오향(子坐午向: ↓)으로 자리 잡았다. 처음에 능자리는 세종 본인이 부왕이 묻힌 헌릉 곁 서쪽 혈로 결정했고 승하 후 그 자리에 장사했다. 그러나 예종 대에 와서 능자리의 풍수 문제를 이유로 현재 위치로 이장했고, 터는 당시의 중신들이 정했다.

세종은 해동의 요순(堯舜)으로 칭송되었고 조선왕조의 태평성대를 열었다. 31년의 재위 기간 동안 집현전 설치 등 다방면에 수많은 치적을 남기고 54세의 나이로 세상을 떠났다.

소헌왕후는 1417년(태종15)에 왕비에 책봉되었다. 문종과 수양대군(세조)를 포함한 8남 2녀를 남기고 52세의 나이로 세상을 떠났다.

1446년(세종28) 3월 24일에 소헌왕후가 세상을 떠나자 7월 19일에 헌릉의 서쪽 언덕에 장사지냈다. 1450년(세종32) 2월 17일에 세종이 세상을 떠나자, 6월 12일에 같은 자리에 합장해 장사지냈다. 그런데 예종 대에 와서 세종 능자리의 풍수가 불길하다고 하여 다시 1469년(예종1)에 여주의 지금 자리로 이장했다.

영릉의 입지를 『대동여지도』(1861)의 산줄기로 개관해 보자. 한남정맥의 한 지맥이 동북쪽으로 뻗어 오르다 남한강에 이르러 머무는 산언덕의 품에 영릉이 있다. 물줄기는 남한강이 능자리를 안고 서북쪽으로 흘러나간다. 『해동지도』(18세기 중반)에도 영릉을 표기했다. 『영릉보토소등록』(1786)의 산도와 『선원보감』(1931)의 산릉도는 영릉을 이루는 풍수 국면과 산수의 짜임새를 상세히 표현했다.

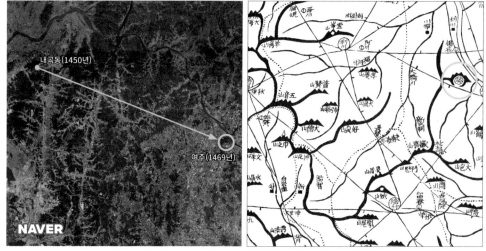

• 영릉의 입지지형 위성사진. 1469년(예종1)에 여주의 현 위치로 능자리를 옮겼다.

• 『대동여지도』의 산줄기와 영릉

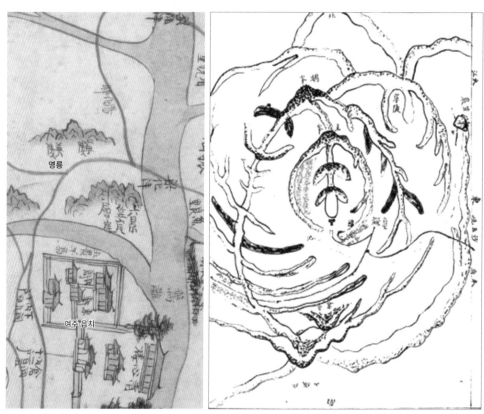

• 『해동지도』(여주)의 '영릉'. 아래로 여주 읍치도 그려졌다.

• 『영릉보토소등록(英陵補土所謄錄)』(1786,규장각)에 영릉의 산줄기가 풍수적으로 그려졌고, 보토 사실을 도면상에 표기했다.

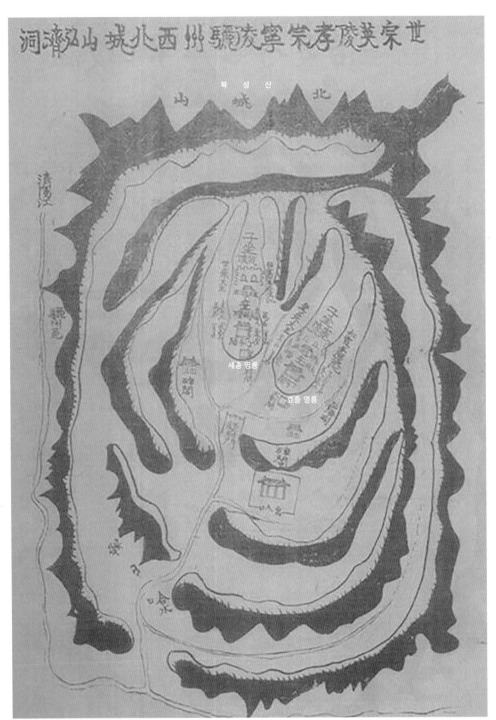

• 영릉 산릉도(『璿源寶鑑』(1931) 「列聖祖山陵圖」) '세종 영릉과 효종 영릉은 여주의 서쪽 북성산 홍제동에 있다(世宗英陵孝宗寧陵在驪州西北城山 弘濟洞).'고 적고, 북성산을 주산으로 삼고 자좌(子坐)로 자리한 세종 영릉과 효종 영릉의 풍수적 입지를 표현했다(도면상에는 세종 영릉을 쌍분으로 잘못 그렸다). 물줄기가 모이는 '합수구(合水口)'와 능침이 마주하는 '안산(案山)'도 표기하였다.

• 앞에서 바라본 입지경관과 능전(陵殿)-능침과 정자각. 부모가 있는 헌릉 곁에 있었으나 예종 때 옮긴 자리다.

• 능역 입구의 연지. 풍수비보 역할을 겸한다.

• 봉분과 상설. 북쪽을 등지고 남향으로 배치됐다.

● 능침 뒤에서 바라본 입지경관. 안산 너머로 여주의 진산인 북성산(241m)이 마주하고 있다.

● 능침 뒤로 들어오는 맥

내 능자리는 헌릉 옆에 잡아야 하고

최초 세종의 능자리(헌릉 곁)를 결정했던 사람은 본인이었다. 능자리 결정에 있어서의 주요인은 부왕인 태종 곁에 있고자 하는 효성스런 마음이었다. 그러나 예종 대에 세종의 능을 여주의 현재 위치로 이장하는데, 그때의 주요인은 풍수 조건 때문이었다.

세종은 며느리 현덕왕후의 묏자리 선정도 주도하는 등, 풍수에 대한 지식이나 관심이 남달랐다. 하지만 정작 본인의 능자리는 풍수에 크게 구애되지 않아 그저 부왕의 곁에 묻히면 된다고 생각했다. 완벽한 명당자리가 아니라면 보완[裨補]하면 된다고 여겼다. 그러나 이 또한 살아생전에야 결정할 수 있는 일이고, 죽고 난 다음에는 후왕(예종)이 능자리조차 옮겨도 어찌할 도리가 없었다.

세종은 1438년(세종20)부터 1444년(세종26)에 걸쳐, 신하들로 하여금 자신의 능자리를 부왕이 묻힌 대모산 헌릉 곁에 찾게 했고 더불어 혈자리[山穴]의 길흉에 관해서 풍수에게 질의했다. 이를 두고 손자 단종도 재위 시에 이렇게 말한 적이 있다.

"세종께서 일찍이 말씀하시기를, "내 능자리는 모름지기 헌릉 옆에 잡아야 하고, 만일 되지 않는다면 장차 능을 새로 잡아서 쓰겠다." 하시었다. 선왕의 뜻은 선릉(先陵: 선왕의 능. 헌릉)에 모시어 장사지내는 것을 귀하게 여긴 것이다." 『단종실록』 즉위년 6월 6일

세종은 1442년(세종24)과 1444년(세종26)에, 미리 자신이 묻힐 자리에 보수할 곳을 살피는 한편, 헌릉의 서쪽 혈을 보토(補土)하게 했다. 이윽고 1445년(세종27) 4월 4일에 헌릉의 서쪽 혈로 자리를 정했다.

이듬해 소헌왕후가 세상을 떠나자 7월 19일에 여기에 장사지냈다. 그리고 4년 후인 1450년(세종32)에 세종이 세상을 떠나자 6월 12일에 같은 자리에 장사지냈다. 실록에는 이렇게 적었다.

(세종의) 관[梓宮]을 받들고 가는데, 임금이 지팡이를 짚고 곡을 하며 걸어서 따르고, 백관이 따랐다. 광[玄宮]에 하관하니, 임금이 봉사(奉辭)하는 자리에 나가 네 번 절하고, 통곡하여 스스로 그치지 아니하고, 신하들이 또한 목 놓아 통곡하였다. 『문종실록』

능자리를 관리하고 보수하다

대모산에 영릉이 조성된 2년여 후인 1452년(문종2) 2월 21일, 영릉 부근의 산길에 사람들이 왕래하여 산등성이의 맥이 끊어질 지경이 되었다. 그래서 군인들을 동원하여 보축을 논의한 적이 있다.

문종이 말하기를, "영릉 부근의 산줄기는 예전부터 사람들이 왕래하여 마침내 좁은 길이 나서 산등성이[山岡]가 끊어지게 되었으니, 나는 차마 볼 수가 없다. 지금 봄철에 방패군(方牌軍: 중앙에서 호위하던 군대) 60명과 복무 중인 선군(船軍: 수군)을 사역하여 산줄기를 보축하려고 한다." 『문종실록』 2년 2월 21일

같은 해(1452년) 3월 3일에, 영릉의 물길에도 풍수적으로 문제가 있으니 고칠 것을 풍수학 문맹검이 아뢨다.

"영릉은 오(午:↓) 방향과 미(未:↙) 방향의 물이 명당으로 바로 들어오니, 비록 그것이 길수(吉水)일지라도 바로 들어오는 것은 좋지 않습니다. 물의 흐름을 이끌어 도랑을 파서 현무(玄武) 방향으로 에워싸는 형상을 만들고, 바로 들어오지 못하게 하소서." 『문종실록』 2년 3월 3일

이후 1470년(성종1) 6월에는, 영릉의 금역[禁限] 안에 있었던 오래된 무덤이 많이 있어 능역 관리상의 이유로 철거하였다.

대모산 영릉자리가 불길하여 이장을 결행하다

그런데 세종을 대모산에 장사지낸 뒤로 왕들의 재위가 짧고 6명의 대군들과 의경세자(덕종)가 요절하는 사태가 발생했다. 이에 세조와 예종 대의 신하들은 대모산의 영릉자리가 불길하다고 풍수를 탓하였고, 마침내 조정에서는 영릉의 이장을 결단하게 된다. 후대인 1630년(인조8) 2월 4일에, 심명세의 상소문에는 당시의 정황을 다음과 같이 적었다.

"신이 삼가 영릉의 장지를 상고해 보건대 처음에는 광주의 대모산 아래에 있다가 그 뒤에 여주로 옮겼는데… 처음 영릉에 장사를 지낸 뒤로 문묘의 재위가 짧았고, 노산(魯山: 단종)이 양위하였습니다. 6명의 대군들이 잇따라 일찍 죽는가 하면, 덕종(德宗)이 또 오래 살지 못하였습니다. 당시에 모두들 대모산의 능이 불길하다고 탓하였기 때문에 마침내 이장을 결단했다고 했습니다." 『인조실록』 8년 2월 4일

결국 세조는 1467년(세조13) 4월 5일에 여러 대신들에게 명하여 영릉의 이장을 의논하고, 새 능자리를 구하게 했다.

신숙주·구치관·한명회·임원준·서거정 등에게 다시 명하여 영릉을 이장할 것을 의논하게 하고, 신숙주 등에게 명하여 경기에 가서 땅을 가려 정하게 했다. … 영릉의 산형도(山形圖)를 보고 이내 안효례·최호원 등을 불러 길흉을 변론하게 하였더니… 우물우물하고 길흉을 분명하게 말하지 못하므로, 의금부의 옥에 가두게 하고 파직시켰다. 『세조실록』 13년 4월 5일

세조의 영릉 이장 논의는 본인이 겪은 여러 우환과도 연관이 깊었다. 아들 의경세자(추존왕 덕종, 1438~1457)를 잃었고 자신은 피부병에 시달렸다. 일찍이 세조는 헌릉 곁에 있었던 영릉 자리를 살펴본 적도 있었기에 터에 대한 일말의 책임감도 있었을 것이다. 그러나 세조 당대에는 영릉의 이장을 단행하지는 못했다. 이 논란은 예종 즉위년(1468)에 거듭된 정변을 도화선으로 다시 점화했다.[46]

예종은 1468년 9월 7일에 즉위하자마자 11월 29일에 대신들에게 영릉의 이장을 의논하게 했다. 그런데 그 배경에는 자신의 근거지로 이장을 통해 정치적인 세력 확대를 노리는 한명회가 있었다. 곧이어 이틀 뒤인 12월 1일에 예종은 한명회·임원준·서거정을 불러서 풍수서를 참고하여 영릉의 산세의 길흉을 논하였다. 여기서 한명회는 사전에 준비를 한 듯 자신의 별장지[別墅]를 천거하였다.

"신의 별서인 옛 임강현의 터가 능침을 쓸 만한 땅입니다. 청컨대 거주하는 백성들을 옮기고 초목을 기르도록 하소서." 『예종실록』 즉위년 12월 1일

같은 달 24일에 대신들이 이장할 땅을 살펴본 후, 26일에는 여흥(여주)에 능자리를 정하고 아뢨다. 이장지인 여흥은 한명회의 근거지이자 부인 여흥 민씨

46. 신재훈, 「조선전기 천릉의 과정과 정치적 성격」, 『조선시대사학보』 58, 2011, 49쪽.

의 본향이었다.[47] 그곳을 한명회가 추천했다는 것은, 이장의 과정과 결과를 통해 확보할 수 있는 정치적인 이익과 영향력의 확대를 꾀함이었다.

이윽고 이듬해, 1469년(예종1) 2월 30일에 대모산 영릉의 능자리를 파서 열었다. 실록에 사관은 다음과 같이 기록했다.

영릉을 파서 여니, 광중[玄宮]은 물기가 없고, 관[梓宮]과 옷[服御]이 새 것과 같았다. 『예종실록』 1년 2월 20일

ꙮ

세종이 생전에 본인의 능자리를 정하고 조성하는 과정을 보면 그의 풍수에 대한 인식과 태도가 잘 드러난다. 세종 본인은 풍수에 대한 깊은 지식이 있었지만, 정작 능자리는 풍수에 구애되지 않고, 효성이 우선이라고 여겨서 아버지의 곁에 묻혔다. 능자리 조성 과정에서, 명당 조건이 조금 부족하더라도 보완하면 된다고 여겼다. 이러한 세종의 터잡기는 윤리 도덕이 풍수 길흉보다 우선시된 것으로, 세종의 풍수에 대한 실천과 태도에서 유교사상적 이념의 우위를 분명히 보여준다.

그러나 후대의 왕(세조·예종)과 조정에서는 당시에 닥친 왕실 자손들의 단명을 세종의 능자리 풍수 탓으로 돌리거나, 자신의 정치적 이익을 꾀하는 수단으로 세종 영릉의 이장을 지금의 위치로 결행하게 된다. 이렇듯 이후의 이장은 풍수적인 길흉관과 정치적 수단으로 능자리가 결정되는 모습 또한 역력하다.

---

47. 신재훈, 「조선전기 천릉의 과정과 정치적 성격」, 『조선시대사학보』 8, 2011, 51쪽.

5대 현릉(문종·현덕왕후)

현릉(顯陵)은 조선왕조 제5대 문종(文宗, 1414~1452)과 현덕왕후(顯德王后) 권씨(1418~1441)의 동원이강릉(同原異岡陵: 같은 언덕의 다른 능성이에 있는 능)이다.

능은 경기도 구리시 인창동 동구릉 내에 있다. 문종 능침은 계좌정향(癸坐丁向: ⟋)으로 자리 잡았다. 그의 능자리는 수양대군(세조) 등이 정했다. 현덕왕후 능침은 인좌신향(寅坐申向: ⟋)으로 자리 잡았다. 그녀의 능자리는 세종의 주도하에 중신들이 정했다가, 세조에 의해 파헤쳐 버려졌다. 이후 중종 대에야 현위치로 옮겨 복원되었다.

문종은 병약한 몸으로 왕위에 오른 지 2년 만에 12세의 어린 단종에게 양위하고 39세의 나이로 세상을 떠났다.

현덕왕후는 1437년(세종19)에 세자빈으로 책봉되었다. 단종과 경혜공주를 남기고 24세의 나이로 일찍 세상을 떠났다.

1452년(문종2) 5월 14일에 문종이 세상을 떠나자 건원릉 좌측 산줄기에 장사지냈다. 앞서 1441년(세종23) 7월 24일에 현덕왕후가 세상을 떠나자 안산에 장사지내 소릉(昭陵)이라 했다. 세조 즉위 후 단종 복위 사건으로 말미암아 1457년(세조3)에 능을 파헤쳐 바닷가로 옮겼다. 1512년(중종7) 현덕왕후 복위 후 이듬해(1513년)에 문종(현릉) 동쪽 언덕으로 이장했다. 이런 사실을 능 곁에 조성한 비문(1755년)에 기록했다.

문종은 1414년(태종14) 10월 3일에 탄생했다. 1450년 2월에 즉위했다. 1452년(문종2) 5월 14일에 승하하여 9월 1일에 양주 건원릉 동쪽 등성이 계좌(癸坐)의 언덕에 장사지냈다. 나이 39세였다.

현덕왕후 권씨는 1418년(태종18) 3월 12일에 탄생했다. 1441년(세종23) 7월 24일에 승하하여 9월에 안산에 장사지냈다. 1513년(중종8) 4월 21일에, 문종 능의 왼쪽 등성이 인좌(寅坐)의 언덕으로 이장했다. 나이는 24세였다. 「비문」

현릉의 입지를 『대동여지도』(1861)의 산줄기로 개관해 보자. 백운산에서 한

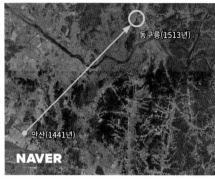
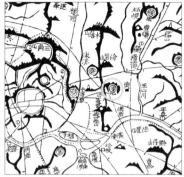

• 현릉의 입지지형 위성사진. 현덕왕후의 소릉은 안산에서 1513년 (중종8)에 동구릉 현 위치로 옮겼다.

• 『대동여지도』의 산줄기와 현릉(동구릉의 건원릉을 대 표로 표기했다)

북정맥의 주맥으로 내려오다가 주엽산에서 한 지맥으로 갈래졌고, 남으로 천보산·송산·수락산을 거쳐 검암산에서 아차산에 이르는 산줄기 중간의 한 동편 언덕에 현릉이 있다. 『선원보감』(1931)의 산릉도는 현릉을 이루는 풍수 국면과 산수의 짜임새를 상세히 표현했다.

수양대군(세조)의 손으로 능자리를 정하고 옮기다

문종과 현덕왕후의 능자리를 구하고 옮기는 과정을 들어 보면 풍수지리와 정치권력을 둘러싸고 벌어지는 각 집단 간의 담론과 역학 관계가 역력히 드러난다.

문종은 살아생전에 부왕(父王)인 세종의 곁에 묻히려고 했지만 여의치 못하였다. 그의 능자리는 동생인 수양대군(세조)이 결정했다. 입지 요인은 풍수(명당지)와 지리(도성 간 거리)였다.

현덕왕후의 능자리는 최초 세종과 조정 대신들의 의논을 거쳐 결정되었지만, 세조의 왕위 찬탈과 단종 복위운동이라는 정치적 사건으로 능이 강제로 파헤쳐졌다. 이후 중종 대에 이르러서야 현덕왕후로 복위되어 문종 곁으로 자리 잡았다. 이러한 정황을 보면 결국 정치권력에 의해 능자리가 좌우되었음을 알 수 있다.

일찍이 문종은 살아생전 아버지(세종)가 그랬듯 자신의 능자리를 부왕이 있는 영릉 서쪽 언덕에 정하려 마음을 두고 있었다. 당시를 아들 단종은 이렇게 회고한 적이 있다.

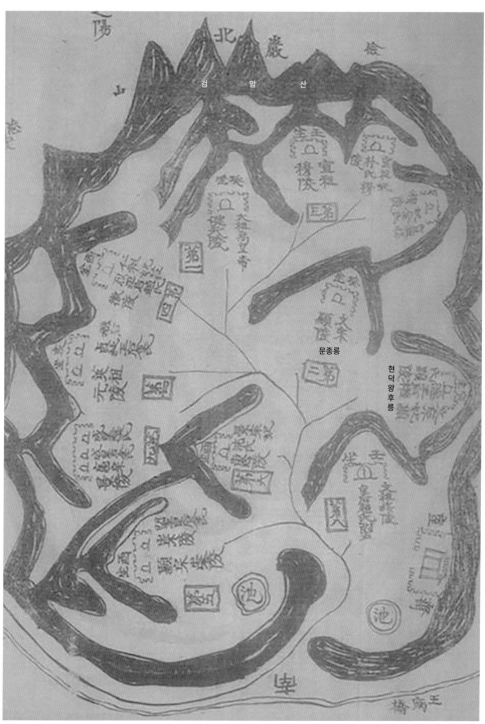

검암산

문종릉

현덕왕후릉

• 현릉 산릉도(『璿源寶鑑』(1931) 「列聖祖山陵圖」). 현릉은 동구릉에서 동편 언덕에 자리한 제2(第二) 능이다. 동원이강(同原異岡)에 계좌(癸坐)로 자
  리한 문종 현릉(文宗顯陵)과 인좌(寅坐)로 자리한 문종비 현덕왕후 권씨 현릉(文宗妃玄德王后權氏顯陵)의 풍수적 입지를 표현했다.

• 앞에서 바라본 입지경관과 능침(사진 왼쪽 문종·오른쪽 현덕왕후). 문종 능자리는 수양대군(세조)이 정했다. 현덕왕후 능자리는 중종 때 복위된 후 옮겨진 것이다.

• 문종의 봉분과 상설. 북쪽을 등지고 남향(남남서)으로 배치됐다.

• 문종의 능침 뒤에서 바라본 입지경관. 산자락이 병풍을 둘렀다.

• 문종의 능침 뒤로 들어오는 맥

　지금의 대행 대왕(大行大王: 문종)이 일찍이 영릉 서쪽 언덕에 말을 멈추고 풍수학 관원에게 묻기를, "이것이 너희들이 좋다고 하는 혈이냐?" 하고 한참동안 두루 보았다. 비록 현저히 말씀은 하지 않았으나 그 뜻은 또한 선릉(세종의 영릉)에 모시어 장사하고자 한 것이다. 『단종실록』 즉위년 6월 6일

　그러나 문종이 왕이 된 지 이태를 못 넘기고 세상을 떠나자, 그의 능자리 선정은 정치적 실력자이자 아우인 수양대군(세조)의 손에 넘어갔다. 당시 왕위를 계승했던 단종은 열두 살의 어린 나이였다. 문종의 능자리는 조정에서 왈가왈부 논란을 겪으면서 여주(영릉)에서 마전·장단을 거쳐 다시 여주(영릉)로, 마침내는 건원릉 동쪽 언덕의 지금 자리로 정해진다. 날짜별로 실록을 보자.
　1452년(단종 즉위년) 5월 23일에 수양대군(세조)은 문종의 능자리를 준비하면서 황보인·김종서 등과 더불어 영릉에 갔다. 거기서 전에 잡은 이목동의 건좌손향(乾坐巽向: ↘) 자리를 다시 살핀 후 그 결과를 단종에게 다음과 같이 보고했다.

　"영릉의 영역[圖局] 안에 있으나 등성이 하나가 빙 둘러서 따로 국면이 되었고, 산 모양과 물 빠짐[水破]이 모두 좋고, 또 조종(祖宗)의 능침 옆이니 그대로 쓰는 것이 편합니다."
『단종실록』 즉위년 5월 23일

그런데 같은 해 6월 5일, 전농시(典農寺: 제사에 쓸 곡식을 관장하던 관청)의 종목효지가 풍수를 논거로 문종의 능자리 후보지에 대한 부정적인 견해를 단종에게 올렸다. 헌릉과 영릉이 자리 잡고 있는 국면은 기본적으로 풍수에 맞지 않는다는 견해였다. 대신에 새로 경기도 마전현 북쪽 계좌정향(癸坐丁向: ♪)의 혈과 장단현 북쪽의 임좌병향(壬坐丙向: ♩)의 혈을 추천하게 된다.

헌릉의 내맥은 비봉도각(飛峯倒脚: 나는 듯한 봉우리에 거꾸러진 다리)이라 산줄기가 흐르는[行山] 자취가 주인은 약하고 손님은 강합니다. 산의 근원[山源]은 막다른 땅이요, 물의 흐름[水脈]은 동쪽을 향하여 등져 흐르고, 혈의 판국[穴道]은 구부정하니, 바로 관협가화(關峽假花: 좁은 골짜기의 가짜 꽃)의 땅이요, 정룡·정혈(正龍正穴)이 아닙니다. 『단종실록』 즉위년 6월 5일

이튿날(6일) 수양대군과 김종서 등의 대신들은 지리적인 이유로 위 논리를 반박하면서 아뢨다. "헌릉·영릉은 서울에서 멀지 않지만 큰 강을 건너는 어려움이 있는데, 하물며 (목효지가 능자리로 추천한) 지금 이 두 고을(마전·장단)은 서울에서 멀고 중간에 있는 큰 내가 하나가 아니다."라고 하면서, 거리상의 이유로 천거지를 반대하고 도리어 목효지의 무례함을 따져 묻고 벌주도록 했다.[48]

중신들의 논리는, 풍수가 비록 좋더라도 능자리의 입지에 있어 지리(거리)적인 불리함이 더 크기에 고려할 수 없다는 것이었다. 이로써 보더라도 당시에 능자리의 선택에는 풍수와 지리적 조건을 함께 주 입지요인으로 고려해 종합적으로 판단했음을 알 수 있다.

문종의 능자리 후보지에 대한 풍수적인 문제가 논란이 된 후에 수양대군은 한달 뒤인 7월 15일에 안평대군과 함께 다시 능자리를 둘러보았다. 그리고 단종은 사흘 후에 정인지 등을 보내 영릉에 가서 다른 혈을 살피게 했다. 논의한 결과 영릉의 서쪽 혈이 길하다 했다. 이윽고 7월 24일에는 영릉 서쪽에 능침을 이루는 공사를 벌였는데, 막상 광중을 파보니 돌이 나왔다. 그래서 그 자리마저 단념하게 된다. 문종은 세종 곁에 묻히고자 했지만 사정은 끝내 여의치 않았던 것이다.

---

48. 『단종실록』 즉위년 6월 6일

벌써 승하 후에 4개월이 되도록 문종의 능자리 선정에 번번이 실패하고 어찌할 도리가 없자 왕은 초조해졌다. 단종은 조정의 의견을 반영해 건원릉의 동쪽을 다시 살펴보게 했고, 마침내 문종의 능자리를 그곳으로 정하게 했다. 결국 8월 3일에 수양대군은 안평대군·황보인 등과 가서 건원릉 동쪽에 문종의 능자리를 확인한 후에 최종적으로 결정했다.

• 현덕왕후의 봉분과 상설. 동쪽을 등지고 서향(서서남)으로 배치됐다.

• 현덕왕후의 능침 뒤에서 바라본 입지경관

• 현덕왕후의 능침 뒤로 들어오는 맥

현덕왕후 묏자리의 풍수를 두고 다투다

한편, 문종이 승하하기 10여 년 전인 1441년(세종23) 7월 23일에, 세자빈 (현덕왕후) 권씨가 단종을 낳은 다음날에 세상을 떠나고 말았다. 이후 묏자리 는 안산군 옛 읍치(현 안산시 단원구 목내동 산43-2)에 마련했다.

며느리 세자빈 권씨의 묏자리는 세종이 주관하여 정했다. 한차례 조정에서 풍수입지의 타당성에 대한 논란이 있었기도 하였지만 앉음새(좌향)를 고치는 선에서 마무리했다.

그러나 죽어서 현덕왕후의 고초는 극심하기에 이를 데 없었다. 정치적으로 패자인 단종의 어머니라는 이유로, 금성대군이 주도한 단종 복위운동이 실패 로 귀결되면서 세조에 의해 그녀는 폐서인(廢庶人)이 되고 묏자리마저 파헤쳐 졌다. 겨우 1513년(중종8)에야 반정으로 왕위에 오른 중종에 의해서 현덕왕후 는 복위되었고, 묏자리는 마침내 지아비 문종 곁으로 이장되었다.

세종 대에 현덕왕후 묏자리의 명당 여부를 둘러싸고 조정에서 벌인 논쟁을 실록의 내용을 토대로 자세히 소개한다.

세종 23년(1441) 8월 25일 날 목효지가, 빈궁(嬪宮: 왕세자 문종의 아내. 세종 의 며느리)의 묏자리가 풍수상 흉악한 땅이라는 상소문을 올렸다. 앞서 목효지

• 현덕왕후의 소릉터

『해동지도』(안산군)에 표기된 옛 소릉터[舊昭陵基]

는 1452년(단종 즉위년)에 문종의 능자리 후보지도 흉지라는 문제제기를 했던 인물이다. 이 상소에서 목효지는 이런 땅은 "범하면 사내[男]를 죽이고 어른[長]을 죽이고, 장자(長子)·장손(長孫)이 일찍 죽는다."[49]고 풍수서의 길흉 감응론을 들어 과격하게 강변하였다. 이 상소가 세종은 물론이고 조정에 큰 파문을 불러일으켰음은 상상하기 어렵지 않다. 자칫 만에 하나라도 그 말이 사실이 된다면 사내(문종)와 장자(단종)가 죽을 판으로 생겼기 때문이다.

그렇지 않아도 왕세자(문종)의 거처는 말이 많은 터였다. 그 곳은 이미 첫째인 희빈 김씨가 폐서인되어 죽었다. 둘째인 순빈 봉씨도 동성애를 일삼는다고 폐서인되어 죽었다. 셋째인 세자빈 권씨마저 단종을 낳고 죽었다. 이에 궁중에서 모두, "세자가 거처하는 궁은 매우 상서롭지 못하니 헐어버리고 거처하지 못하게 하자"[50]는 말이 나올 만도 했다. 결국 세종은 왕세자의 궁(宮)을 따로 지어서 살게 조치했다. 세자빈 권씨가 사망하자 바로 다음날에 왕세자가 거처를 옮겼던 것이다.[51] 목효지의 상서가 올라온 지 불과 한 달 전의 일이었다.

세종은 즉각 상소가 올라온 바로 다음날에 신개·이정녕·민의생·정인지·유순도와 조서강 등을 불러서 목효지의 상소내용을 따져 물었다. 또 진양대군 이

49. 『세종실록』 23년 8월 25일

50. 『세종실록』 23년 7월 25일

51. 이정주, 「세종대~단종대의 정치 변동과 풍수지리: 풍수가 목효지의 사례를 중심으로」, 『역사민속학』 36, 2011, 129~130쪽.

유·안평대군 이용에게 명하여 옳고 그름을 듣게 했다.

신개 등이 아뢨다. "목효지가, 안산의 장혈(葬穴)이 건해산(乾亥山)이 되므로 물빠짐이 장생 방위[水破長生]라고 하였으나, 신 등은 생각하기를 산줄기가 임(壬: ↖) 방향에서 나왔고, 혈도 역시 임방에서 떨어진 것이 진실로 의심이 없으므로, 목효지의 말한 바가 역시 다 믿을 만한 것이 못됩니다."

이에 세종이 말했다. "목효지의 말은 나도 역시 믿지 아니하나, 다만 그 땅이 바다에 가까워서 파도소리가 있을까 염려된다. 또 그 혈을 목효지는 건해(乾亥)라고 하여 동의하지 않으니, 역시 마땅히 말해야 할 것이다." 세종은 이용과 의생·서강 등에게 명하여 다시 장사지낼 자리를 살피게 하고, 또 술사를 경기에 나누어 보내서 다시 길지를 보게 했다. 『세종실록』 23년 8월 26일

이에 8월 27일, 민의생·조서강, 안평대군 이용이 현지를 살펴본 후에 목효지의 주장을 조목조목 논단(論斷)했다. 그 주장과 반박을 실록에 상세하게 기록했다. 우선 목효지의 주장부터 살펴보자.

목효지는 묏자리의 터를 보는 방법[相地法]은 조종(祖宗: 시조산)으로써 근본을 삼는다. 조산(祖山)이 높아야 생기가 왕성하고, 생기가 왕성한 연후에라야 내리는 음덕이 길게 멀리 간다고 조산의 중요성을 말했다. 그러고서 산천의 신령한 기는 제 스스로 가지 못하고 산을 따라서 운행하는데, 길지는 다음의 열 가지 조건을 갖춰야 한다고 했다.

"산줄기가 높이 솟고(來龍高聳),
청룡과 백호가 둘러싸며(龍虎回抱),
조회하는 안산이 분명하고(朝案分明),
사방산이 조아리며(四山拱揖),
물줄기가 굴곡하고(水脈屈曲),
(물이) 깊고 맑고 휘돌고 굽이치며(泓澄洄澓),
오는 (물은) 근원이 안 보이고(來無其源),
가는 (물은) 흘러나가는 것이 안 보이며(去無其流),

마땅히 들어올 쪽으로 들어오고(宜入而入),

마땅히 나갈 쪽으로 나간다(宜出而出)."

반대로 흉지는 다음과 같은 조건이라고 했다.

"조종이 낮고 연약하며(祖宗低軟),

산줄기가 미약하고 작으며(來龍微小),

끊어진 데도 파인 데도 있고(有斷有塹),

기맥이 이어지지 않으며(氣脈不連),

산과 물이 등지며 나가고(山水背趨),

흩어져 모여들지 않으며(散亂無歸),

흐르는 물길은 곧장 나가고(流神直注),

마땅히 들어와야하는 데 나가며(宜入而出),

마땅히 나가야하는 데 들어온다(宜出而入)."

목효지의 네 가지 주장과 신하들의 논박

목효지는 안산의 묏자리가 흉지인 이유를 다음의 네 가지로 들어 설명했다. 그 첫번째 이유는, 산줄기를 볼 때 약할 뿐더러 길로 끊어졌다는 것이다. 그는 "빈궁(嬪宮)의 능소(陵所)인 안산 고읍(古邑) 땅을 보니, 그 산의 산줄기[來龍]가 얕고 약하며, 길로 끊어진 곳이 많아서 10여 군데나 된다."고 하면서, 그 응험에 대해서 풍수서를 논거로 아래와 같이 열거했다.[52]

풍수서	관련 전거
「동림조담(洞林照膽)」	'내룡이 악하고 약하면 산 아이도 사라진다(來龍惡弱 生兒銷鑠).'
「곤감가(坤鑑歌)」	'끊어진 산이 가로 파였으면 기가 이어지기 어렵네(斷山橫塹氣難連).'
「지리신서(地理新書)」	'도로가 가로 파인 것은 기맥을 끊어지게 하는 것이다(道路橫塹 令氣脈絶也).'
「신서(新書)」	'장성(長城)을 쌓느라고 산을 끊어서 진나라가 망하였고, 기(淇)·변(汴)을 뚫느라고 지맥을 끊어서 수나라가 망했다(築長城斷山岡而秦亡 開淇汴斷地脈而隋亡).'

이러한 목효지의 주장에 대한 신하들의 논박은 다음과 같았다. 주맥의 연결성은 우단사련(藕斷絲連: 연뿌리는 끊겼지만 실은 이어졌다는 말로 맥이 연결됨)이라 문제됨이 없고, 길이 나도 묏자리의 풍수는 이론적으로 문제되지 않는다는 것이다.

"산줄기가 얕고 약하다."고 하였으나, 산줄기는 안산 고을[新郡]의 주산에서 왔는데, 일어나기도 하고 엎드리기도 해서 형세에 기(氣)가 있으니, 얕고 약한 것이 아니다. 비록 얕고 약하다고 말하여도, 지리서에 우단사련이라는 말이 있으니, 어찌 산줄기가 얕고 약하다 하여 산기(山氣)가 단절되었겠는가.

"길로 끊겼다."고 하였으나, 도성의 주산인 백악과 제릉(齊陵: 신의왕후릉)은 길로 끊어진 곳이 많은데 어찌 방해된다고 이르겠는가. 만약 길로 끊어진 것을 흉하다고 하면, 청오경(靑烏經)의 주(注)에 이르기를, '저절로 이루어지기도 하고 인력으로 만들기도 한다.' 하였고, 「출식가(出式歌)」에 이르기를, '높을 것이 높고 얕을 것이 얕으면, 길을 막아 기를 기르는 것이 무슨 어려움이 있을까' 했다. 『세종실록』 23년 8월 27일

목효지의 주장으로 안산의 묏자리가 흉지가 되는 두번째 이유는, 산수의 방위를 따져볼 때 풍수법에 맞지 않는다는 것이다.

"건해산(乾亥山)이 변하여 계좌정향(癸坐丁向: ↙)이 되었습니다. 사(巳: ↘) 방향의 땅으로 물빠짐[水破]이 되고, 계(癸: ↑) 방향의 산은 토(土)에 속하여 이미 태(胎)가 끊겼으니 진실로 어처구니없습니다. 비록 토(土)를 지어서 그 장생(長生)이라는 말은 면하겠으나, 반드시 작지 않은 해로움이 있을 것입니다. 이 산은 건해(乾亥: ↖) 방향이 주(主)가 되었고, 사(巳: ↘) 방향이 물 빠짐[水破]이 되었는데, 건해 방향은 금(金)에 속하여 사(巳: ↘) 방향에서 나오니, 이것이 장생(長生)이라는 것입니다." 『세종실록』 23년 8월 25일

목효지는 위 주장의 논거로 풍수서를 아래와 같이 열거했다.

풍수서	관련 전거
「의룡경(疑龍經)」	'생왕방(生旺方)으로 물이 빠지면[流破] 모두 멸망한다.'
「호수경(狐首經)」	'주산이 감(坎) 방향에 있다가 계축(癸丑) 방향으로 돌리고 머리를 숙여 간(艮) 방향이 되었고, 물의 운행[水行]은 더욱 앞으로 나오고 산의 운행[山行]은 더욱 뒤져서, 먼저 목기(木氣)를 받고 다음에 토기(土氣)를 받아 그제야 수기(水氣)를 받으면, 3년에 1보(步)요, 10년에 일세(一世)라.' '마땅히 나가야 할 것이 들어오면 어그러짐이 모이고, 마땅히 들어올 것이 나가면 이지러짐이 가득찬다.' '물이 나가는 것이 보이면 단기(短氣)라고 이른다.'
「동림조담(洞林照膽)」	'건(乾) 방향의 산이 짧게 와서 오는 산줄기[來山]의 마디가 해(亥) 방향'.

위 목효지의 주장에 대한 신하들의 논박은 다음과 같았다. 한마디로 방위 측정이 틀렸다는 것이다.

"건해산(乾亥山)이 변하여 계좌정향(癸坐丁向: ✔)이 되었다."고 하였으나, 주산 내맥과 낙혈처를 목효지와 더불어 살펴보니, 산줄기는 임(壬) 방향에서 왔고… 혈(穴)은 감(坎) 방향에서 떨어졌다. 『세종실록』 23년 8월 27일

목효지의 주장으로 안산의 묏자리가 흉지가 되는 세번째 이유는, 혈자리와 좌청룡에 문제가 있다는 것이다. "혈이 천관(天關: 물의 근원처)에 있고, 청룡이 물을 끼고[帶水] 곧장 달아났는데, 청룡이라는 것은 남자의 자리"라고 하면서, 다음과 같이 풍수서를 논거로 제시했다.

풍수서	관련 전거
「지리문정(地理門庭)」	'천관혈은 범하지 못할 것이니, 범하면 사내를 죽이고 어른을 죽인다(天關穴 不可犯 犯之則殺男殺長).'
『소권(小卷)』 천관혈주(天關穴注)	'천관이라는 것은 물의 근원이다(天關者 水之源也).'
「문정(門庭)」	'왼쪽의 산과 물이 곧은 것은 어른을 죽인다(左山左水直者 殺長).'
「낙도가(樂道歌)」	'동궁이 달려가 서궁을 지나면 장자와 장손이 일찍 죽는다(東宮走竄過西宮 長子長孫須天壽).'

위 목효지의 주장에 대한 신하들의 논박은, 혈자리와 청룡 줄기에 대한 논의와 측정이 잘못되었다는 것이다.

"혈이 천관에 있다."고 했으나, 대개 명당의 물이 주산의 낙혈(落穴) 아래에서 나온 것이라면 그러하지만, (목효지와) 함께 명당수의 근원을 찾으니, 하나는 백호산 북쪽에서 나오고, 하나는 주산 골짜기에서 나왔으니, 혈이 천관에 있다고 말할 수 없다.

"청룡이 물을 끼고 곧장 달려났다."고 했으나, 목효지와 함께 산마루에 올라가서 보니… 그 산줄기는 곧게 달려온 것이 아니고 수구에 이르러 안으로 향하여 둘러 앉았으니… 어찌 청룡이 물을 끼고 곧장 달려났다고 하겠는가.

"왼편의 산과 물이 곧은 것"이라고 했으나, 지리서에 왼편의 산과 물이 곧다는 말은 없다. 또 "동궁(東宮: 청룡)이 달려가 서궁(西宮: 백호)을 지났다."고 했는데, 이 산의 안(案)이 백호에 연속해 있는데 목효지는 안산(案山)을 서궁(西宮)이라 하니, 그 허탄하고 망령됨이 더욱 심하다. 『세종실록』 23년 8월 27일

목효지는 안산의 묏자리가 흉지가 되는 네번째 이유로, "옛 고을터는 풍수에서 흉하여 꺼린다."고 하면서, 다음과 같이 풍수서를 논거로 제시했다.

풍수서	관련 전거
「동림조담」	'장터나 옛 고을은 부녀자가 미천하다(市墟古縣 婦女微賤).' '산이 무너지니 종이 울고, 나무에 꽃이 피니 조에 싹이 튼다(山崩鍾鳴 木華栗芽).'
「명산론」	'주인의 길흉이 그림자나 울림처럼 응한다(所主吉凶 應如影響).'
「장서」	'화와 복은 해처럼 빠르다. 군자는 신의 공력을 빼앗아 천명을 고치니 『장서』의 법칙은 골짜기에 메아리 같다((禍福不旋日 君子奪神工改天命 葬書之法 若呼谷中).'

다시 위 주장에 대한 신하들의 논박과 목효지의 반응은 다음과 같았다.

"옛 고을은 풍수에서 꺼린다."고 했다. 그런데 이 땅은 비록 옛 고을이라고는 하지만 대단한 성곽의 옛 터와는 비교가 안되고 잠시 작은 보(堡)를 쌓았을 뿐이다. 또한 지리서에 '성(城)이 끊고 길이 끊어서 기를 상한 곳은 쓰지 않는다.' 하였다. 그런데 그 주산의 혈은 성이 끊은 곳이 아니고 온전한 땅이니, 써서 무엇이 해로운가.

이렇게 힐책하니, 목효지가 말이 막히어 대답하지 못하였으나, 마음속으로는 승복하지 않았다."『세종실록』 23년 8월 27일

내가 마땅히 이 땅을 쓸 것이다

이튿날(8월 28일)에, 세종은 세자빈의 묏자리를 검토하고 장사지낼 자리를 살펴보게 했다.

"내가 목효지의 말을 듣고서 마음이 퍽 불안하였는데, 경들이 가서 그 의심을 변명하였으니, 내가 매우 기쁘다. 그러나 그 땅이 옛 고을이라는 것이 의심되고, 또 파도 소리가 들려오는 것이 염려되니, 다시 지리의 여러 책을 살펴 보고하라."

"내가 마땅히 이 땅을 쓸 것이다. 그러나 그 당초에 혈을 정하였던 곳을 자세히 표식을 세우지 아니하여, 최양선이 다른 혈을 파게 했다." 하고, 즉시 이정녕·정인지 등에게 명하여 다시 장사지낼 자리를 살펴보게 했다. 『세종실록』 23년 8월 28일

9월 2일에, 현덕왕후 능침의 좌향을 계좌정향(癸坐丁向 : ♩)에서 자좌오향(子坐午向 : ♩)으로 고치도록 아뢨다. 세종은 즉시 고쳐 정하게 했다. (『세종실록』 23년 9월 2일)

마침내 9월 21일에 현덕왕후를 경기도 안산읍 와리산에 장사지냈다.

현덕빈을 옛 안산읍 와리산에 장사지냈다. 지문(誌文)에… 시호하기를 현덕(顯德)이라 하고, 예를 갖추어 안산군의 고읍(古邑) 산에 장사했다. 『세종실록』 23년 9월 21일

이후 세종을 이은 문종은 즉위한 해에 현덕빈을 현덕왕후로 추존하고 소릉(昭陵)이라는 능호를 내렸다.

현덕왕후의 능자리를 강제로 옮기다

그런데 1457년(세조3) 6월 26일에 세조는 단종의 어머니[母后]인 현덕왕후의 위패를 종묘에서 축출하고, 유해를 바닷가로 옮기게 했다. 단종 복위운동이 빌미가 됐다. 정치권력의 힘이 풍수지리의 입지 논리를 한순간에 뒤엎는 사건이었다.

의정부에서 아뢰기를, "현덕왕후 권씨의 어미 아지와 그 동생 권자신이 모반하다가 죽임을 당하였습니다. 아비 권전은 이미 폐하여서 서인(庶人)으로 만들었으며, 또 노산군(단종)이 종사에 죄를 지어 이미 군(君)으로 봉하였습니다. 그러나 어미(현덕왕후)는 아직도 명위(名位)를 보존하고 있으므로 마땅하지 않으니, 나중에 폐하여서 서인으로 만들고 (묘를) 옮기소서." 하니, 그대로 따랐다. 『세조실록』 3년 6월 26일

이후 1513년(중종8) 4월 21일에 되어서야 중종은 현덕왕후를 복위하고, 왕후의 묘를 문종 곁으로 이장했다.

현덕왕후의 관[梓宮]을 광중[玄宮]에 내렸다. 『중종실록』 8년 4월 21일

이를 두고 사관은 아래와 같이 심회를 술회했다.

사신(史臣)은 논한다. 새 현릉이 옛 현릉 동쪽에 있어 서로 멀지 않은데, 그 사이의 소나무 한 그루가 까닭 없이 말랐다. 일꾼[工人]이 이를 베니 가려진 것이 트여 두 능이 막힌 데가 없어졌다. 그러므로 사람들이 모두 정령이 감응한 것이라고 했다. 『중종실록』 8년 4월 21일

꧁ꕥ꧂

현릉의 입구에 서서 문종과 현덕왕후의 능침을 바라보고 있노라면 여러 감정이 스치고 지나간다. 문종은 아버지 세종이 그랬듯이 효성스런 마음으로 부왕 곁에 묻히고자 하였으나 세조에 의해서 지금 자리로 결정되었다. 현덕왕후는 단종의 어머니라는 이유로 죽어서도 세조에게 고초를 당하다가 60여 년이 지난 다음에야 복위되어 문종의 곁에 묻혔다. 절대권력의 명리 앞에서는 인륜이라는 유교 이념도 한갓 겉치레에 불과했던가.

6대 장릉(단종), 사릉(정순왕후)

단종과 정순왕후 송씨의 능자리는 멀리 떨어져 따로 있다. 단종은 1457년(세조3)에 유배지인 영월에 묻혔고, 정순왕후는 1521년(중종16)에 친정인 남양주에 안장됐다.

장릉(단종)

장릉(莊陵)은 조선왕조 제6대 단종(端宗, 1441~1457)의 단릉이다.

능은 강원도 영월군 영월면 영흥리에 있다. 능침은 신좌을향(辛坐乙向: ⤳)으로 자리 잡았다.

단종은 수양대군(세조)이 일으킨 계유정난(癸酉靖難, 1453년)에 희생되었다. 이듬해인 재위 3년 만에 왕위를 빼앗기고 17세의 어린 나이로 죽임을 당했다.

1457년(세조3) 10월 21일에 단종이 세상을 떠나자 호장 엄홍도가 수습하여 지금 자리에 가매장했다. 1516년(중종11)에 능침을 만들었고, 1580년(선조13)에 석물을 세웠다. 1698년(숙종24)에 복위되어 장릉이라 했다. 이듬해 3월에 능으로 받들어 조성하였다.

장릉의 입지를 『대동여지도』(1861)의 산줄기로 개관해 보자. 영월 읍치의 진산(鎮山)인 발산(鉢山: 현 발본산)을 이룬 줄기의 곁가지에 장릉이 자리 잡았다. 물줄기는 앞으로 평창강이 에워싸고 흐르다 동쪽에서 온 동강과 합류하여 남한강 줄기로 흘러나간다. 『해동지도』(18세기 중반)에는 장릉이 정자각과 함께

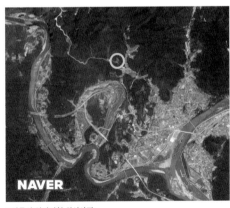

• 장릉의 입지지형 위성사진

• 『대동여지도』의 산줄기와 장릉

그렸다. 「월중도(越中圖)」(19세기)와 『선원보감』(1931)의 산릉도는 주산인 증산(甑山)의 품에서 능자리를 이루는 풍수 국면과 산수의 짜임새를 상세히 표현했다.

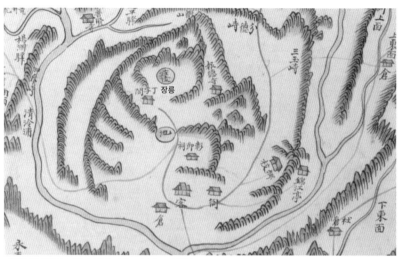

• 『해동지도』(강원도 영월)의 '장릉'. 아래로 정자각도 표현했다.

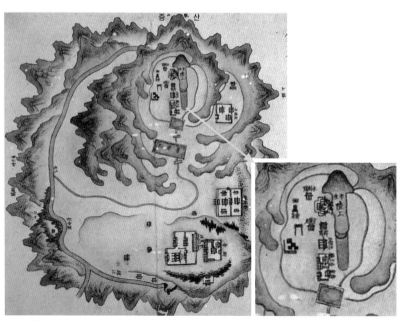

• 「월중도(越中圖)」(1840년 이후, 장서각 소장). 장릉의 풍수적 입지와 경관을 회화적으로 묘사했다.

• 장릉 산릉도(『璿源寶鑑』(1931) 「列聖祖山陵圖」). '장릉은 영월의 동지지에 있다(莊陵在寧越冬之旨).'고 적고, 신좌(辛坐)로 자리한 장릉의 풍수적 입지를 표현했다. 산줄기는 증산(甑山)을 주산으로, 발산(鉢山)과 여러 지맥(支脈)은 좌청룡이 되었다. 증산에서 발산에 못 미쳐 서편으로 뻗은 산줄기는 능침의 주맥을 이루고 남쪽으로 휘돌아 겹겹이 능침을 에워쌌다. 물줄기는 능전(陵殿)의 좌우를 끼고 흘러나가다 경액지(景液池)에 모이며, 다시 우백호 산줄기를 휘돌아 나가다 서강(西江)에 합류한다.

• 앞에서 바라본 능침과 정자각. 나중에 능으로 조성되었기에 능침과 정자각의 배치가 별다르다.

• 능침 뒤에서 바라본 입지경관. 산등성이의 날줄기 위에 들어섰다. 서쪽을 등지고 동향으로 자리 잡았다.

• 봉분과 상설

• 능침 뒤로 들어오는 맥

• 영천(靈泉)

• 엄홍도 정려각. 단종의 시신을 안장한 엄홍도의 충절을 기리기 위해 1726년(영조2)에 조성했다.

억울한 죽임을 당해 영월에 암장되다

단종의 장릉은 정치권력의 희생양으로 죽임을 당해 피치 못해 묻힌 자리 그대로 능으로 복위된 경우이다.

단종은 1441년(세종23) 7월 23일에 태어나서 1450년(문종 즉위년) 8월에 세자로 책봉되었다. 2년 뒤(1452년) 5월에 문종이 세상을 떠나자 왕위에 올랐다. 그러나 계유정난(癸酉靖難, 1453년)으로 수양대군(세조)에게 왕위를 빼앗기고, 설상가상으로 4년 뒤인 1457년(세조3)에 사육신이 주도한 복위운동이 발각됨으로써 노산군(魯山君)으로 강봉되어 영월로 유배되었다.

단종이 청령포(淸泠浦)에 유폐되어 있을 때, 다시 숙부인 금성대군이 복위운동을 일으켰지만 세조에게 발각되었다. 이로써 금성대군은 형인 세조에게서 사약을 받았고, 단종마저 서인(庶人)으로 강등되었다가 결국 1457년(세조3) 10월 21일에 죽임을 당했다. 시신이 강물에 버려졌으나 호장 엄홍도가 수습해 지금 자리에 암장했다.

이후에 단종의 복위는 점차적으로 이루어졌다. 중종과 선조 때에 이르러 단종에 대한 제사와 제청(祭廳)의 설립이 이루어졌다. 광해군 때는 사당을 건립했다. 숙종 때에 이르러 노산대군으로의 추봉 등으로 점진적인 정치적인 과정을 거쳤다. 마침내 1698년(숙종24) 11월 6일에야 단종의 복위[追復]와 동시에 능으로 격상했다. 이듬해 3월 1일 백성들의 힘으로 능을 조성함으로써 격식을 갖추었다.

묘호(廟號)는 단종(端宗)이라 하니, 예(禮)를 지키고 의(義)를 잡는 것을 단(端)이라 한다. 능호(陵號)는 장릉(莊陵)이라 했다. 『숙종실록』 24년 11월 6일

이듬해 3월 1일에 능으로 받들어 조성하였다. 장릉을 봉(封)하였다. 능이 먼 지역이 깊은 산골짜기에 있었고, 또 눈이 얼어붙은 몹시 추운 때 3개월 동안의 부역에 민력(民力)이 크게 지쳤으므로…. 『숙종실록』 25년 3월 1일

어린 나이에 정치권력의 소용돌이에서 죽임을 당했던 단종의 묏자리는 조선왕릉에서 예외적으로 영월이라는 지리적으로 외떨어진 곳에 자리 잡게 되었고, 250여 년이 지난 숙종 대에 와서야 복위해서 능의 위상을 갖추게 되었다.

---

* 참고자료: 『장릉지(莊陵誌)』

尹舜擧가 1663년(현종4)에 편찬한 魯陵誌를 朴慶餘가 補編하여 간행했던 것을 일제강점기 때 李王職에서 등사한 것이다(장서각 소장).

『莊陵誌』는 乾과 坤 두 책으로 구성했다. 『莊陵誌』 乾은 앞머리에 目錄, 凡例, 記事出處를 두었고, 목록으로 권1 舊誌: 事實, 墳墓(昭陵·貞洞附), 祠廟, 祭祝, 권2 祭祝下, 題記, 附錄을 적었다.

범례에서는 서술 방식을 綱과 目을 설정해 기술했고, 1453년(단종1)부터 1457년(세조3)까지의 사적 기록에 전거를 밝혔으며, 참고한 저술 아래에 저자의 성명을 기록하였고, 舊誌(『魯陵誌』)에 누락된 사실과 事蹟을 보충(補遺)해 수록하였음을 적었다. 이어 記事出處는 金石一般, 松窩雜記 등 총 36종의 인용문헌을 밝혔다.

권1은 舊誌 事實, 墳墓, 昭陵附, 貞洞附, 祠廟, 祭祝 순서로 『魯陵誌』의 관련 사항을 그대로 인용하고, 추록할 것은 補遺라고 표시한 후에 적었다. 그중 祭祝은 『魯陵誌』와 구성에 차이가 있는데, 致祭義節, 物目, 排設圖, 四時祭義節, 物目, 祝文式으로 배열하였으며, 排設圖에는 각종 제사음식의 위치와 이름을 적어 그려놓았다.

권2는 祭祀下, 題記, 附錄(六臣傳, 戊午士禍, 元生夢遊錄, 舊誌跋)의 순서로『魯陵誌』의 관련 사항을 그대로 인용하고, 추록할 것은 補遺라고 표시한 후에 적었다.『莊陵誌』坤은 앞머리에 目錄으로 권3 續誌: 復位(收議附), 封陵, 題記, 권4 附錄: 六臣復官, 建祠, 祭祀을 적었다.

권3은 復位항목에서 시작하며 收議를 첨부하였고 大王諡冊文, 王后諡冊文, 莊陵丁字閣上樑文, 思陵丁字閣上樑文, 附廟祝, 豫備文, 頒敎文, 御製詩竝書, 實錄附復後記, 復位祔廟都監題銘序, 兩陵象設監題楔屏序, 莊陵感詩를 차례대로 수록했다. 권4는 附錄: 六臣復官(建祠祝附), 刱修記, 上樑文, 奉安祭文, 六臣祠宇記, 本顯儒林通文, 上樑文, 奉安祭文, 春秋享祀祝, 復官告由祭文, 致祭文, 六臣疑塚碑, 六臣墓碑銘兵書, 緣雲書院事略, 成承旨神位別告祝, 奉安祭文, 成承旨神位別告祝, 六位並享先告成承旨文, 奉安祭文, 春秋享祀祝, 士人李濠等疏略, 生員金振南等疏略, 洛濱書院事略, 春秋享祀祝, 儒生張大臨等疏略, 賜額祭文, 告由文, 還安祭文을 차례대로 수록했다.

말미에는 崔錫鼎이 쓴 莊陵誌後序가 있다.『莊陵誌』는 단종 복위 후에 尹舜擧의『魯陵誌』에다 추가하여 疏章, 獻議, 備忘記, 여러 신하들의 詩文을 덧붙인 것이라고 적었다.

『장릉지 속편(莊陵誌續編)』

舊本『莊陵誌』를 보완하여 莊陵의 관리 규식과 제의 절차 등을 종합적으로 기록한 능지이다(장서각 소장). 1806~1834(純祖年間)에 편찬되었으며(편자 미상), 3권 1책의 필사본이다.

범례에는 舊本『莊陵誌』에 더하여 새로 보완한 사항을 항목별로 밝혔다. 구체적으로 살펴보면, 첫째 전체를 수집하고 유형별로 분류, 둘째, 祭享時의 碑文, 祝式, 陳設圖, 笏記를 추가로 수록, 셋째, 숙종과 영조 연간의 御製, 詩文을 추록, 넷째, 청령포 비석 설치, 관풍헌 중수, 자규루 옛터 확인, 능의 古事를 기록, 다섯째, 홍살문 밖 忠臣壇 및 三別壇의 건립 자취의 전말을 기록, 여섯째, 彰節祠와 愍忠祠에 편액을 하사하고 보수한 사실을 기록, 일곱째, 局內에 있으며 造泡하고 수호하는 사찰인 보덕사에 대한 관련 사실을 부록으로 덧붙였다는 것을 밝혔다.

이어 목록은 권1의 陵寢改修事蹟, 권2의 淸泠浦, 觀風軒, 子規樓, 권3의 忠臣壇, 彰節祠, 愍忠祠, 報德寺(附)로 편제했다.

차례대로 살펴보면, 권1에서 능침을 보수한 사실은『國朝寶鑑』,『政院日記』등의 관련 내용을 인용하여 1734년(영조10)부터 1806년(순조6)까지의 사항을 기록했다. 능소의 비문으로 朝鮮國端宗大王 莊陵의 앞면과 음기를 실었다. 한식 때 제향하는 축문식을 쓰고 大祭의 진설도를 도면으로 표현했다. 이어서 제향하는 구체적인 절차로서 贊者와 謁者의 笏記를 상세히 기록했다. 이어 詩文으로서 숙종의 御製詩와 영조의 御製文 등과 기타 記文으로서 徐榮輔의 靈泉碑陰記를 실었다.

권2에서는 淸泠浦, 觀風軒, 子規樓에 대하여 현황 및 전교 사실 등을 여러 문헌을 인용하여 편집했다. 인용한 문헌으로는『政院日記』,『寧越府誌』등이 있으며, 추가 자료로서 觀風軒記, 子規樓記, 子規樓上梁文을 차례대로 실었다.

이어서 권3에서는 忠臣壇, 彰節祠, 愍忠祠, 報德寺에 대하여『政院日記』,『寧越府誌』,『禮曹謄錄』등의 관련 내용을 인용하여 날짜별로 기록했다. 각 시설의 현황 전교 사실 외에도 관련 자료로서 추가하여 莊陵配食壇祝文과 여러 致祭文과 告由文, 享祭文, 祝文, 그리고 보덕사의 旨德庵重建記, 禁夢庵重修記 등을 실었다.

舊本『莊陵誌』에 더하여 새로 보완된 사항을 수록하였으며, 陵寢改修事蹟, 淸泠浦, 觀風軒, 子規樓, 忠臣壇, 彰節祠, 愍忠祠, 報德寺 등에 대하여 자세한 내용과 관련 문헌을 수록한 책으로 가치가 있다.

『노릉지(魯陵志)』

조선 단종의 능인 魯陵의 관리 규식과 제의 절차 등을 기록한 책이다(장서각 소장).

尹舜擧가 편찬한 것을 1741년(영조17)에 간행했다. 2권 1책(79장)의 활자본이다.

『魯陵誌』는 첫머리에 목록을 두고 권1은 事實, 墳墓, 昭陵, 貞洞附, 祀廟, 祭祝, 권2는 題記, 附錄으로 나눴다. 이어 범례에서는 서술 및 전거의 기록 방식에 대해서 언급하고 참고자료로 金石一班, 慵齋叢話, 前火迹冊, 謏聞瑣錄, 本郡謄錄, 筆苑雜記, 攷事撮要 등 45종을 열거했다.

본문의 서술 방식은 문헌자료를 인용하고 출처를 밝혔다. 권1의 事實에서는 연대기적으로 노산군(단종)의 생애에 대하여 여러 문헌기록을 인용하면서 자세히 서술했다. 본문에는 禁府都事 王邦淵의 시조인 "千萬里 머나먼 길희 고은 님 여희옵고 내 ᄆᆞᆷ 둘듸 업서 내ᄭᅡ의 안자잇다 뎌 믈도 내 안 ᄀᆞ도다 우러 밤길 녜는고야"라는 글도 한글로 수록했다.

墳墓에는 1516년(중종11)을 시작으로 魯山墓를 살필 것을 명하는 기록을 本郡謄錄의 출처로 밝히고, 致祭하는 節目을 적었다. 이어 1580년(선조13)에 노산군의 묘를 보수하고 석물을 세울 것을 명하는 기록도 적었다.

이어 昭陵附에서는 세조 3년에 단종의 母 顯德王后 權氏가 庶人으로 追廢되는 것에서부터, 1513년(중종8) 복위에 이르는 과정까지의 상소의 사실 들과, 같은 해 4월 21일에 顯陵의 왼쪽으로 이장했다는 사실을 기록했다. 貞洞附에서는 노산군의 부인 宋氏(定順王后) 묘가 楊州 乾川面 鄭眉壽 묘산의 안에 있다는 것을 적고, 부인의 생애를 海平家傳을 인용해 기록했다. 祀廟에서는 1585년(선조18)에 監司 鄭崑壽가 郡守로 있을 때 祭廳을 묘 곁에 만들었다는 것, 1610년(광해2)에 祠宇의 건립을 명하고 부인 송씨를 配한 사실을 적었다. 祭祝에서는 1516년(중종11) 右承旨 申鏛을 보내 致祭한 사실과 祭文을 적고, 致祭儀節과 致祭饌品을 상세히 적었다.

이어 1576년(선조9)에서 1603년(선조36)까지의 致祭 사실을 차례대로 나열했다. 또한 광해군 2년의 致祭 사실과 祭文, 祭享儀節, 祭享饌品, 祝文式을 열거하고, 효종 4년과 현종 3년의 致祭 사실까지 차례대로 기록했다. 권2는 題記에서는 監司 朴民獻, 承旨 李海壽, 旌善郡守 吳澐, 監司 鄭崑壽, 郡守 金玏, 原州牧使 韓浚謙 등 14명의 글을 실었다. 附錄에서는 北關志, 撮要, 東人詩話, 謏聞瑣錄, 丙子錄, 秋江集, 東閣記, 稗官雜記, 談寂記, 叢話, 芝峯類說, 東閣雜記, 西厓集, 松窩記, 旅軒集, 栗谷集, 嶺南野言, 名臣錄, 瑣錄, 一善志跋, 師友言行錄 등의 관련 내용을 인용했다. 끝으로 戊午史禍附를 실었다.

노릉지는 魯山君을 중심으로 부인 宋氏, 현덕왕후 권씨의 생애와 묘에 관한 역사적 사실, 그리고 1516년(중종11)부터 1662년(현종3)까지 致祭 사실, 기타 魯陵의 제반 관리 규식과 제의 등과 관련한 문서를 종합한 문헌으로서 가치가 있다.

사릉(정순왕후)

사릉(思陵)은 단종의 왕비 정순왕후(定順王后) 송씨(1440~1521)의 단릉이다.

능은 경기도 남양주시 진건읍 사릉리에 있다. 능침은 계좌정향(癸坐丁向: ♪)

으로 자리 잡았다.

정순왕후는 1453년(단종1)에 왕비에 책봉되었다. 1457년(세조3)에 단종이 노산군으로 강봉되자 부인으로 강등되어 한 많은 평생을 살다가, 자식도 없이 82세의 나이로 세상을 떠났다.

정순왕후가 1521년(중종16) 6월 4일에 세상을 떠나자 지금 자리에 대군부인으로 장사지냈다. 1698년(숙종24)에야 정순왕후로 복위했고, 능호(陵號)도 사릉(思陵)으로 높였다. 이듬해 2월 2일에 능으로 봉(奉)하였다. 이런 사실을 능 곁에 조성한 비문(1771년)에 기록했다.

● 사릉의 입지지형 위성사진

● 『대동여지도』의 산줄기와 사릉

● 『해동지도』(경기도 양주)의 '사릉'

● 사릉도(思陵圖). 『장릉사보(莊陵史補)』(1796)에 수록했다. 사릉의 풍수적 형국을 조감도로 그렸다. 덕암산(德巖山)을 주산으로 표기했다.

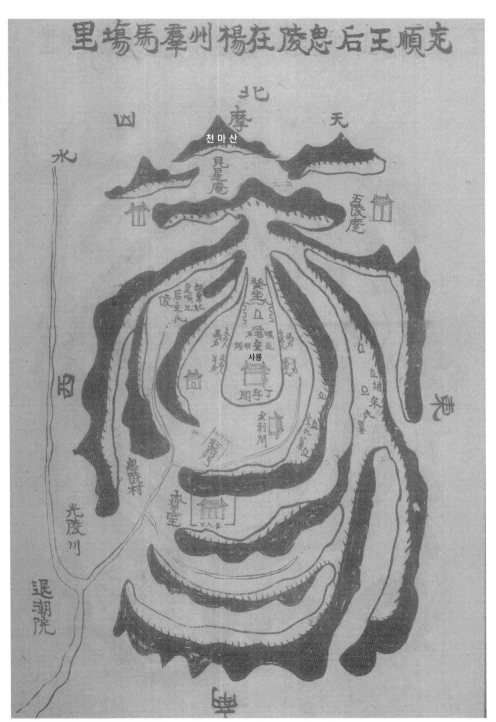

里場馬郡州楊在陵思后王順定

천마산

사릉

• 사릉 산릉도(『璿源寶鑑』(1931) 「列聖祖山陵圖」). '정순왕후 사릉은 양주군 마장리에 있다(定順王后思陵在楊州郡馬場里).'고 적고, 천마산(天摩山) 아래 계좌(癸坐)로 자리한 사릉의 풍수적 입지를 표현했다. 산줄기는 청룡과 백호가 세 겹, 주작은 네 겹으로 능침을 에위쌌다. 물줄기는 능전(陵殿)을 끼고 좌우에서 흘러나오다 홍살문에서 만나 서남쪽의 광릉천으로 빠져나간다.

• 앞에서 바라본 사릉의 입지경관과 능전(陵殿)

• 봉분과 상설. 대군부인으로 장사지냈기에 간소한 모습이다. 북쪽을 등지고 남향(남남서)으로 자리 잡았다.

● 능침 뒤에서 바라본 입지경관. 가운데가 볼록하고 평평한 안대(案對)가 병풍 치듯 둘렀다.

● 능침 뒤로 들어오는 맥

정순왕후 송씨는 1440년(세종22)에 탄생했다. 1454년(단종2)에 왕비로 책봉되었다. 1457년(세조3)에 노산부인으로 강등되었다. 1521년(중종16) 6월 4일에 승하하여, 양주 남쪽 군장리(현 사릉리) 계좌정향(癸坐丁向)의 언덕에 장사지냈다. 나이가 82세였다. 1698년(숙종24)에 정순왕후로 복위했다. 「비문」

사릉의 입지를 『대동여지도』(1861)의 산줄기로 개관해 보자. 한북정맥의 지맥으로서 검단산에서 남쪽의 천마산으로 이어지며, 천마산 곁가지가 동쪽으로 뻗어 왕숙천 지류에 이르는 지점에 사릉이 위치했다. 『해동지도』(18세기 중반)에는 사릉을 표기했다. 『장릉사보』(1796)의 사릉도와 『선원보감』(1931)의 산릉도는 사릉을 이루는 풍수 국면과 산수의 짜임새를 상세히 표현했다.

숙종 대에 사릉을 개봉할 때 올린 축문[思陵改封陵時先告事由祭祀文]에, 정순왕후의 일생과 그의 사후에 대한 심정이 다음과 같이 은연히 드러났다.

"일찍이 곤극(坤極: 왕후) 자리에 오르셨으나, 이어서 부운(否運: 단종의 일)을 만나 구의 (九疑)에 따르지 못하여 한 움큼 무덤이 멀어졌습니다. 장례[因山] 때 예(禮)를 행하지 못하여 온 국민이 함께 원통해 하였으며, 귀신과 사람이 바라온 지도 2백 년이 넘었습니다. 이제 마음에 느낀 바 있어 바로 잃어 버렸던 제전을 거행하여, 융성한 이름[隆號]을 이미 복구하고, 현책(顯冊: 작위를 높여 책봉함)을 이제 올리며, 드디어 옛 묘역(隧域)에 나아가 빨리 봉식(封植)을 개수하니, 곧 의제(儀制)에 따라 공사를 시작하였으므로, 이제 좋은 때를 택하여 감히 그 연유를 고하오니, 놀라지 마시고 향을 흠향하소서." 『숙종실록』 24년 11월 8일

일찍 지아비 단종을 여의고 홀몸으로 일생을 살다 죽은 그녀의 묏자리 기록은 왕후로 복위된 숙종 대에서야 비로소 나타난다.

7대 광릉(세조·정희왕후)

광릉(光陵)은 조선왕조 제7대 세조(世祖, 1417~1468)와 정희왕후(貞熹王后) 윤씨(1418~1483)의 동원이강릉(同原異岡陵)이다.

능은 경기도 남양주시 진접읍 부평리 운악산 기슭에 있다. 세조 능침은 자좌 오향(子坐午向:↓), 정희왕후 능침은 축좌미향(丑坐未向:↗)으로 자리 잡았다.

세조는 세종과 소헌왕후의 둘째 아들로 태어나 수양대군으로 봉해졌다. 1453년(단종 원년)에 계유정난으로 왕위를 찬탈하고 1455년(세조1)에 즉위했다. 13년간을 재위하면서 강력한 중앙집권을 통한 전제정치를 펼치다가 세자 (예종)에게 왕위를 넘기고 52세의 나이로 세상을 떠났다.

정희왕후는 1455년(세조1)에 왕비로 책봉되었다. 성종이 즉위한 후 7년간 수렴청정(垂簾聽政)을 했다. 의경세자(덕종)와 해양대군(예종), 의숙공주를 두

● 광릉의 입지지형 위성사진. 주엽산(注葉山) 아래에 자리 잡 ● 『대동여지도』의 산줄기와 광릉
 았다.

● 『해동지도』(경기도 양주)의 '광릉'. '현등산 내맥(懸燈山來脈)'이라는 연원과 주엽산 자락 아래의 입지를 표기했다. 세조와 정희왕후
 의 동원이강릉을 묘사했다.

고 66세의 나이로 세상을 떠났다.

　세조가 1468년(세조14) 9월 8일에 세상을 떠나자 11월 28일에 장사지냈다.
그 후 1483년(성종14) 4월 1일에 정희왕후가 세상을 떠나자 세조 능침 동쪽 언
덕에 장사지냈다.

　광릉의 입지를 『대동여지도』(1861)의 산줄기로 개관하면, 한북정맥의 주맥
인 주엽산의 남쪽 자락 산언덕에 광릉이 있다. 『해동지도』(18세기 중반)에는 현
등산(懸燈山) 내맥(來脈)으로 주엽산(注葉山) 자락 아래에 자리한 광릉을 표기
했다. 『선원보감』(1931)의 산릉도는 광릉을 이루는 풍수 국면과 산수의 짜임새
를 상세히 표현했다.

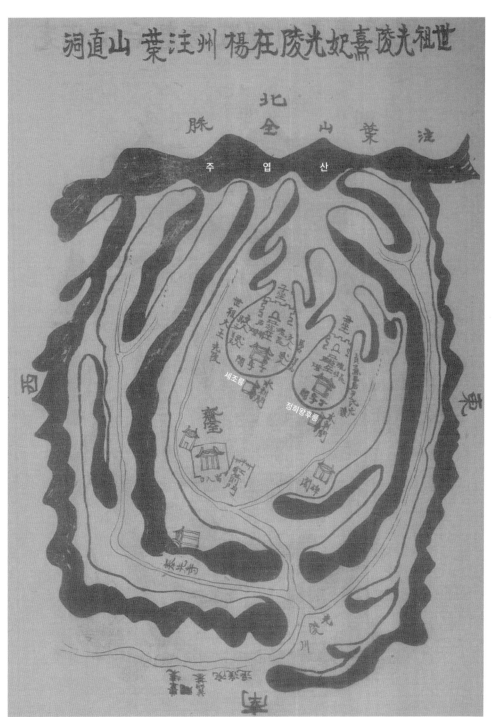

洞直山 葉注州楊在陵光妃嘉陵光祖世

• 광릉 산릉도(『璿源寶鑑』(1931) 『列聖祖山陵圖』). '세조 광릉과 희비(정희왕후) 광릉은 양주 주엽산 직동에 있다(世祖光陵禧妃光陵在楊州注葉山直洞).'고 적고, 주엽산(注葉山)의 맥을 받아 동원이강(同原異岡)의 자좌(子坐)로 자리한 광릉의 풍수적 입지를 표현했다. 산줄기와 물줄기가 능침을 겹겹이 에워싸고 빗장질렀다.

• 앞에서 바라본 입지경관과 능전(陵殿)·능침(왼쪽 세조·오른쪽 정희왕후)·정자각·비각

• 세조 능침

● 세조 능침 뒤에서 바라본 입지경관. 천겸산(391m) 자락을 마주하는 안대(案對)가 돈독하다.

● 세조 능침의 상설. 북쪽을 등지고 남향으로 배치됐다.

● 세조 능침 뒤로 들어오는 맥

• 정희왕후 능침

• 정희왕후 능침 뒤에서 바라본 입지경관. 천겸산(391m), 퇴뫼산(370m) 등의 산자락이 두텁게 마주했다.

• 정희왕후 능침의 상설. 북쪽을 등지고 남향(남남서)으로 배치됐다.

• 정희왕후 능침 뒤로 들어오는 맥

능자리를 정하고 능을 관리하다

1468년(예종 즉위년) 9월 8일에 세조가 세상을 떠났다. 열아홉의 나이에 세조의 둘째 아들(해양대군)로서 왕위에 오른 예종은(세조의 맏아들 의경세자는 스무 살에 죽어 나중에 덕종으로 추존되었다), 세조 승하 후 열흘째 되던 날 종친과 신하들에게 쓸 만한 땅을 살피게 했다. 당시 예종은 어머니(왕대비) 정희왕후의 수렴청정을 받고 있었다.

같은 날 화공(畵工) 한귀가 죽산·양지 두 고을의 주산 형세를 그려 올리며 능자리로 추천했다. 그러나 예종은 그 그림을 보더니 산과 물이 나뉘고 등져서 능을 모시기에 마땅하지 않다고 했다.

이튿날 여러 종친과 중신들이 광주 이지직과 정흠지의 무덤이 능침에 합당하다고 하여, 고령군·신숙주 등에게 명하여 상지관을 대동하고 살피게 했다. 그러나 상지관들 사이에 이견이 있어 보다 나은 곳을 찾게 했다.

9월 26일에도 전에 가려서 정한 능자리를 살펴보게 했다. 나흘 뒤에는 다시 한 번 정흠지의 묏자리를 살펴보게 하고 이튿날 조정에서 능침에 적당한지의 여부에 대해 논의하였다. 그 자리에서 신하들은 주혈(主穴)이 단정치 못한 것이 흠이 될 만하나 상지관들이 보토하면 쓸 수 있다고 아뢨다. 예종은 친히 보겠다고 했다.

다음날(10월 1일) 예종은 풍양에 가서 직접 안산(案山)의 내맥을 살펴보고, 정흠지 묘소의 주산에 올라 산세를 확인한 후 궁궐로 돌아왔다. 그리고서 산릉의 형세에 대해서 묻고, 다음날(10월 4일) 하현궁(下玄宮: 관을 광에 내림)하는 날을 정하고 산릉 조성 작업에 들어갔다.

마침내 승하 후 석 달째 되던 11월 28일에 세조를 광릉에 장사지냈다.

천전(遷奠)을 베풀고, 축시(丑時)에 현궁(玄宮)을 내리고, 입주전(立主奠)을 베풀고, 우제(虞祭)를 영창전(永昌殿)에서 베풀었다. 『예종실록』 즉위년 11월 28일

2년 후인 1470년(성종1) 5월 9일에는 능역의 관리 사실도 나타난다. 당시 광릉 근방의 민가를 철거하였는데, 모두 보상하기는 어려워 가장 가난한 자를 골라서 먼저 주게 했다.

한편, 세조가 세상을 떠난 지 15년 후인 1483년(성종14) 4월 1일에 정희왕후

도 세상을 떠나자, 석 달째 되던 6월 12일에 광릉의 동쪽 축좌미향(丑坐未向:↙)의 언덕에 안장했다.

～⁂～

세조의 능침 앞에서 되뇌었다. "13년 남짓한 짧은 권력을 누리려고 생전에 조카(단종)를 죽이고 형수(현덕왕후)의 묘를 파헤치면서까지, 어이하여 그리도 수많은 피바람을 불러일으켰단 말이오. 인생의 쓸쓸한 말년에 권력과 명리가 이다지도 무상하다고 깨닫지 않았소."

8대 창릉(예종·안순왕후), 공릉(장순왕후)

예종에게는 첫째 왕비 장순왕후 한씨와 둘째 왕비 안순왕후 한씨가 있었다. 장순왕후는 일찍이 세자빈 때인 1461년(세조7)에 세상을 떠나 파주에 따로 안장됐다. 예종과 안순왕후는 각각 1469년(예종1)과 1499년(연산군5)에 고양의 같은 능역에 안장됐다.

창릉(예종·안순왕후)

창릉(昌陵)은 조선왕조 제8대 예종(睿宗, 1450~1469)과 둘째 왕비 안순왕후(安順王后) 한씨(?~1498)의 동원이강릉(同原異岡陵)이다.

• 창릉 입지지형 위성지도

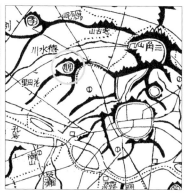

• 『대동여지도』의 산줄기와 창릉(서오릉의 명릉을 대표로 표기했다)

능은 경기도 고양시 덕양구 용두동 서오릉 내에 있다. 능침은 모두 간좌곤향 (艮坐坤向 : ↙)으로 자리 잡았다.

예종은 혼란한 정국 상황에 훈신(勳臣) 세력과 종친(宗親) 세력 간 권력다툼의 틈바구니에서 시달리다가, 왕위에 오른 지 1년 2개월만인 20세의 나이로 세상을 떠났다.

안순왕후는 1468년(예종 즉위년)에 왕비로 책봉되어 1남 2녀를 남기고 1498년(연산4)에 세상을 떠났다.

1469년(예종1) 11월 28일에 예종이 세상을 떠나자 이듬해 2월 5일에 장사지냈다. 1498년(연산4) 12월 23일에 안순왕후가 세상을 떠나자 이듬해 2월 14일에 예종 능 왼쪽에 장사지냈다. 이런 사실을 능 곁에 조성한 비문(1755년)에 기록했다.

예종은 1450년(세종32) 1월 1일에 탄생했다. 1457년(세조3)에 왕세자로 책봉되었다. 1468년 9월 7일에 왕위에 올랐다. 1469년(예종1) 11월 28일에 승하하여, 1470년(성종1) 2월 5일에 고양 경릉(敬陵) 북쪽 등성이 간좌(艮坐)의 언덕에 장사지냈다.

안순왕후 한씨는 3월 12일에 탄생했다. 1468년(예종 즉위년)에 왕비로 책봉되었다. 1498년(연산4) 12월 24일에 승하하여, 1499년(연산5) 2월 14일에 대왕릉 왼쪽 등성이 간좌(艮坐)의 언덕에 장사지냈다. 「비문」

• 『해동지도』(경기도 고양)의 '창릉'. 오른쪽으로 경릉, 순회묘, 익릉, 명릉도 표기됐다.   • 창릉의 입지 국면 지도(『창릉지』, 1796)

창릉에 이르는 산줄기와 입지를 『창릉지(昌陵誌)』(1796)에 기록했다.

산릉의 내맥이 삼각산에서부터 이마산성(利馬山城)·박석고개[礡石峴]·앵봉(鸚峯)으로 와서 주봉인 소앵봉(小鸚峯)을 일으키고, 이것이 서쪽으로 돌아 두 개의 등성이로 나뉜다. 그 맥은 모두 간(艮: ↗) 방향으로 들어가서, 간좌곤향(艮坐坤向: ↙)으로 서편에 대왕릉, 동편에 안순왕후릉이 있다. 『창릉지』

창릉의 입지를 『대동여지도』(1861)의 산줄기로 개관해 보자. 한북정맥의 삼각산으로 뻗어 내린 맥이 보현봉에서 서쪽으로 산줄기를 뻗어 맺힌 자리에 창릉이 있다. 『해동지도』(18세기 중반)에는 창릉을 표기했다. 『창릉지』(1796)와 『선원보감』(1931)의 산릉도는 창릉을 이루는 풍수 국면과 산수의 짜임새를 상세히 표현했다.

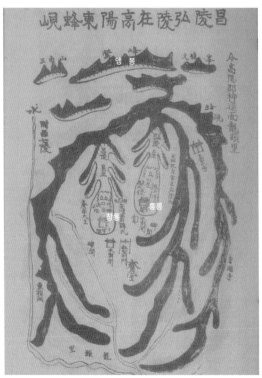

• 창릉 산릉도(『璿源寶鑑』(1931) 「列聖祖山陵圖」). '창릉과 홍릉은 고양 동봉현에 있다(昌陵弘陵在高陽東蜂峴).'고 적고, 앵봉(鸚峯)의 맥을 받아 간좌(艮坐)로 자리한 창릉의 풍수적 입지를 표현했다. 주맥 산줄기는 두 개의 명당을 맺었는데 오른쪽이 홍릉이고 왼쪽이 창릉이다.

• 앞에서 바라본 입지경관과 능전(陵殿). 정자각 너머로 사진 왼쪽이 예종 능침이고 오른쪽이 안순왕후 능침이다.

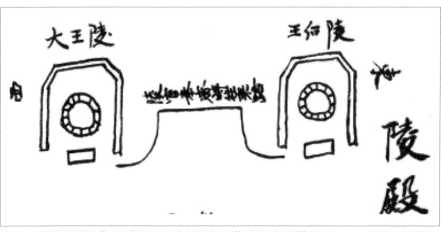

• 창릉 능전 도식(昌陵陵殿圖式) 부분도(『창릉지』,1796). '대왕릉(大王陵)'과 '왕후릉(王后陵)'이라고 적고, 그 사이로 '능관이 봉심할 때 왕래하는 길(陵官奉審時往來路)'이라고 표기했다. 아래는 '신로(神路)'를 그렸다. 동 · 서 방위도 표시했다.

• 예종 능침. 능자리는 청룡이 높고 백호가 낮아 그다지 쓰임에 적합하지 않다고 평가되었다.

• 예종의 봉분과 상설. 북동쪽을 등지고 남서향으로 배치됐다.

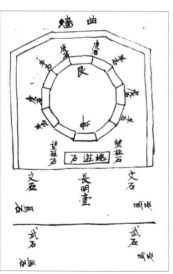

• 창릉 상설(象設)(『창릉지』,1796).
곡장(曲墻) 아래로 호석(虎石)·양석(羊石)·호석(虎石)·양석(羊石) 순으로 둘렀다. 봉분의 좌향으로 간(艮)·곤(坤)이라고 표기했다. 아래는 망주석(望柱石)이 좌우로 있고 가운데는 혼유석(魂遊石)이 있다. 밖으로는 문석(文石)이 좌우로 있고 가운데에 장명대(長明臺)를 표기했다. 그 아래는 마석(馬石)과 무석(武石), 마석(馬石)의 차례로 좌우로 있다.

• 예종의 능침 뒤에서 바라본 입지경관. 서오릉의 국면을 만든 앵봉산 자락이 능역을 감쌌다.

• 예종 능침 뒤로 들어오는 맥

• 안순왕후 능침

• 안순왕후의 봉분과 상설. 북동쪽을 등지고 남서향으로 배치됐다.

• 안순왕후의 능침 뒤에서 바라본 입지경관. 앵봉산 자락이 능역을 좌우로 빗장 질렀다.

• 안순왕후 능침 뒤로 들어오는 맥

쓰임에 적합하지는 않으나 서울에서 가까울 뿐입니다

1469년(예종1) 11월 28일, 왕위에 오른 지 1년 2개월 만에 예종이 세상을 떠났다. 곧이어 12월 6일에 왕위를 계승한 어린 성종은(정희왕후의 장남인 의경세자(추존 덕종)의 둘째 아들이다. 예종이 보위 1년 2개월 만에 세상을 떠나고 마땅한 후계자가 없자, 정희왕후에 의해 13세의 나이로 왕위에 올랐다), 즉위 당일에 여러 신하와 종친들에게 능을 조성할 땅을 살피게 한다. 당시 성종은 할머니(대왕대비) 정희왕후(세조비)의 수렴청정을 받고 있었다.

열세 살이었던 성종이 숙부인 예종의 능자리에 얼마나 노력을 들일 수 있었을까. 더구나 조정에는 예종과 정치적으로 대립했던 적이 있으며, 성종의 장인으로 그의 즉위를 뒷받침했던 권력자 한명회(1415~1487)가 위세 등등하게 떡버티고 있었다. 이리한 정황에서 예종의 능자리가 결정되는 과정은 어렵지 않게 짐작할 만하다.

성종 즉위 후 불과 나흘째 되던 1469년(예종1) 12월 10일에, 밀성군(세종과 신빈김씨의 3남)과 능성군(1406~1470)이 고양에서 의릉(懿陵)의 북쪽을 살펴가서 산릉이 될 만한 땅을 정했다. 이틀 뒤 조정에서 능자리에 대한 논의가 있었다. 원로대신이었던 정인지(1396~1478)만이 "이 산은 청룡이 높고 백호가 낮으니 그다지 쓰임에 적합하지는 않으나, 다만 서울에서 가까울 뿐입니다."라고 하며, 지리적 조건(접근성)은 좋지만 풍수적 조건은 흡족치 못하다는 견해를 보였지만, 대다수의 의견을 따라 그 자리를 채택했다.

이윽고 승하 후 넉 달째 되던 1470년(성종1) 2월 5일에 예종을 장사지냈다.

갑시(甲時)에 관을 광중[玄宮]에 내렸다. 『성종실록』 1년 2월 5일

능자리를 관리하다

예종을 장사지내고 보름여 후인 1470년(성종1) 2월 21일에, 신숙주·한명회·홍윤성·임원준·서거정·안효례에게 명하여 풍수학(風水學)과 함께 가서 창릉에 보토(補土)할 곳을 살피게 하였다. 같은 해 5월 9일에, 창릉의 금하는 경계 안에 있던 여러 묘와 민가를 철거하였다. 모두 보상하기는 어려워 가장 가난한 자를 골라서 먼저 주게 했다.

한편 예종이 승하한 지 30년 째 되던 1498년(연산4) 12월 23일에 안순왕후가 세상을 떠났다. 이듬해 2월 14일에 예종 능 왼쪽에 장사지냈다.

대행왕비의 장례를 창릉(昌陵)에 치렀다. 『연산군일기』 5년 2월 14일

* 참고자료: 『창릉지(昌陵誌)』

조선 8대 睿宗과 둘째 왕비 安順王后 韓氏의 昌陵에 관한 기록을 모아 엮은 능지이다(장서각 소장). 『昌陵誌』는 창릉 참봉으로 있던 具悌元이 1796년(정조20)에 편찬했다. 乾과 坤으로 구분했다.

乾의 첫머리에는 창릉 참봉을 지낸 具悌元이 1796년(정조20)에 쓴 昌陵誌跋이 있다, 이에 따르면 30년 전의 謄錄이 있지만 범례가 일정하지 않고 목록이 혼란스러워, 이를 보완하고자 齋中의 故事를 찾고 總目과 小目으로 나누어 補編했다고 적었다. 이어 목록이 있다.

上篇과 下篇으로 구분해, 상편은 圖式, 儀軌文字, 陵殿(官廨附), 祭享, 陵幸, 奉審, 禁養, 折受, 文牒規式, 任官, 守護軍, 傳掌으로 편제하고, 하편은 謄錄(碑文, 祭享, 修改, 禁養, 守護軍, 補遺)을 실었다.

圖式에는 처음에 陵殿으로 왕과 왕비의 봉분을 東西 방위의 표기와 함께 평면도로 그렸고, 정자각, 비각, 望燎位에서 홍살문에 이르기까지의 부대시설을 부감도로 그렸다.

象設에는 曲墻과 石物 들의 위치와 방위 및 난간석, 망주석 등의 개수와 크기도 기록했다. 陳設에는 제의 때의 상차림 규식을 도면으로 나타냈다. 位次에서는 제의 때 각 담당자의 자리도 표시했다.

圖局에서는 창릉에 이르는 주위의 산천형세를 개략적으로 그렸다. 삼각산을 정점으로 하여 利馬山城과 磚石峴 등 來龍의 지리정보와 水靑洞 등의 지명을 표기했다. 능역의 국면으로는 산줄기 및 산세가 풍수 山圖 형식으로 그려지고 왕후릉 오른쪽으로는 內靑龍이라는 표기도 했다. 물줄기도 합수되는 국면으로 표현했다. 그 사이에 대왕릉・왕후릉의 능침과 부속시설이 개략적으로 그려졌는데 두 봉분 앞으로는 艮坐라고 좌향도 표기했다. 그 밖에도 齋室 단면도를 상세히 표현했다.

다음으로는 儀軌文字로 封王世子敎名文을 비롯하여 冊文, 封王世子勅, 封典詔, 封玉冊, 誌文, 諡冊文, 哀冊文, 賜祭文, 賜諡誥, 文昭殿樂章, 封王妃冊文, 上尊號冊文, 誌文, 樂章, 碑文을 실었다.

이어 陵殿에는 山陵의 풍수적 입지 설명으로서, 삼각산에서부터 利馬山城~磚石峴~鷺峯을 거쳐 主峰인 小鸞峯에 이르는 산줄기가 자세히 표현되었고, 그 맥을 받으며 서쪽으로 돌아 두 개의 언덕으로 나뉘었는데, 모두 艮方으로 들어가서 艮坐坤向으로 서편에는 왕릉, 동편에는 왕비릉이 자리 잡았다고 했다.

寢殿과 官廨에서는 정자각 등의 부속건물의 建立 및 改建 연도, 배치(좌향), 규모 등을 기록했다. 祭享에서는 節目, 器皿, 物膳, 祭官, 祝式, 笏記, 儀節 순서로 상세히 기록했다.

陵幸에서는 節目, 展謁, 親祭가 있다. 奉審에서는 陵官奉審, 監司奉審, 摘奸, 修改를 적었다.

禁養 항목에서는 圖局으로 路道를 덧붙여서 벌채, 분묘설치, 토석 채취 등으로 능역의 훼손을 금지하고 수목을 보호해야 할 공간적 범위를 기록했다. 이어 능역의 관리를 위한 巡山과 節目을 적었다. 折受에서는 香炭山, 位田의 위치와 규모를 기록했다. 昌陵의 향탄산은 양주의 瓦孔山과 高羅山임을 알 수 있다. 위전으로 양주와 고양군 소재의 논과 밭 규모를 기록했다. 文牒規式에서는 報狀에서 吏文까지 다수의 문첩 규식을 게재했다. 기타 任官, 守護軍, 傳掌 등의 내용이 있다.

『昌陵誌』坤의 하편은 謄錄 항목으로서 碑文, 祭享, 修改, 禁養, 守護軍, 補遺의 순으로 관련 사실과 문헌을 편집했다. 책의 말미에는 昌陵誌 附圖局도 덧붙였다.

공릉(장순왕후)

공릉(恭陵)은 예종의 첫째 왕비 장순왕후(章順王后) 한씨(1445~1461)의 단릉이다.

능은 경기도 파주시 조리읍 봉일천리 파주삼릉 내에 있다. 능침은 술좌진향(戌坐辰向 : ﹨)으로 자리 잡았다.

장순왕후는 1460년(세조6)에 세자빈으로 책봉되어 인성대군(仁城大君)을 남기고 17세의 나이로 일찍 세상을 떠났다.

1461년(세조7) 12월 5일에 장순왕후가 세상을 떠나자, 이듬해 2월 25일에 지금 자리에 장사지냈다. 이런 사실을 능 곁에 조성한 비문(1817년)에 기록했다.

장순왕후 한씨는 1445년(세종27) 1월 16일에 태어났다. 1460년(세조6)에 세자빈으로 책봉되었다. 이듬해인 1461년(세조7) 12월 5일에 승하하여, 1462년(세조8) 2월 25일에 파

• 공릉의 입지지형 위성사진

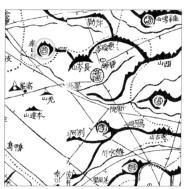

• 『대동여지도』의 산줄기와 공릉

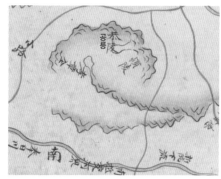

• 『해동지도』(경기도 파주)의 '공릉'

• 『1872년 지방지도』(경기도 파주)의 '공릉'

주 남쪽의 보시동(현 파주시 조리읍 봉일천리) 술좌(戌坐)의 언덕에 장사지냈다. 나이는 17세였다.「비문」

공릉의 입지를 『대동여지도』(1861)의 산줄기로 개관해 보자. 한북정맥의 주맥이 도봉산에 이르기 전에 서쪽으로 맥을 뻗어 서산과 장령산을 이루며, 장령산의 맥이 봉일천에 다다라 맺은 산언덕에 공릉이 자리 잡았다. 『해동지도』(18세기 중반)와 『1872년 지방지도』에는 공릉을 표기했다. 『선원보감』(1931)의 산릉도는 공릉을 이루는 풍수 국면과 산수의 짜임새를 상세히 표현했다.

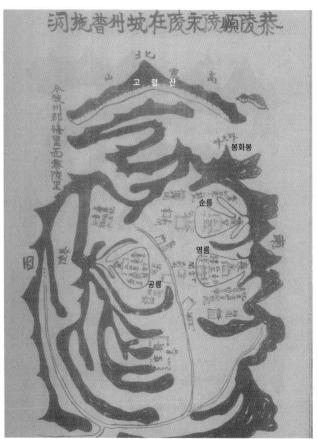

• 공릉 산릉도(『璿源寶鑑』(1931) 「列聖祖山陵圖」). '공릉과 순릉과 영릉은 파주 보시동에 있다(恭陵順陵永陵在坡州普施洞).'고 적고, 고령산(高靈山)의 맥을 받아 술좌(戌坐)로 자리한 공릉의 풍수적 입지를 표현했다(그림 왼쪽). 산줄기는 고령산에서 구불거리며 봉화봉(烽火峰)으로 솟고, 동편으로 순릉과 영릉 명당을, 맞은쪽의 서편으로 공릉 명당을 맺었다. 물줄기는 국면의 가운데를 가르며 남쪽으로 흘러나가다가 서쪽으로 빠져나간다. 오른쪽에 순릉과 영릉도 그렸다.

• 앞에서 바라본 입지경관과 능전(陵殿)-능침·정자각·비각

• 봉분과 상설. 세자빈 때 장사지냈기에 상설이 간소하다. 서쪽을 등지고 동향(동동남)으로 배치됐다.

• 문석인 얼굴이 정겹다.

• 능침 뒤에서 바라본 입지경관. 능역을 이룬 공릉산 자락이 병풍 치듯 가렸고 멀리 명봉산(245m)이 마주했다.

• 능침 뒤로 들어오는 맥

세조가 직접 묏자리를 구하고 장사지내다

1461년(세조7) 12월 5일에 장순빈(章順嬪)이 세상을 떠나자, 그 달 21일에 세조는 정인지, 신숙주, 황수신 등에게 고양현에 가서 세자빈의 장지를 찾도록 했다.

당시의 묏자리가 마땅하지 않자 다시 이듬해 1월 2일에 신하들로 하여금 풍양(남양주)에 가서 터를 고르게 했다. 이틀 뒤에는 세조가 고양에 직접 가서 터를 보기도 했다. 그러나 그 곳도 채택되지 못했다. 이윽고 한 달여 후인 1462년(세조8) 2월 25일에 장순빈을 파주에 장사지냈다.

1910년경 李王職에서 편찬한 恭陵의 圖面이다(장서각 소장).

조선왕조 제8대 왕 예종의 첫째 왕비 장순왕후 한씨의 恭陵을 1910년경 李王職에서 근대적으로 실측한 도면이다. 축척은 1/1,200이다. 방위표시도 했다. 도면상에는 능침에 이르는 구릉지 지형의 등고선도 표현했다.

第五號 恭陵이라는 제목으로 두 구역(능역과 재실)을 표시하고 각각의 면적을 따로 일본식으로 표기했다.

도면에 기재된 능역의 면적은 參町八反(段)七畝(畝)六步이고 재실구역의 면적은 三反(段)畝(畝)拾九步四合이다.

능역은 봉분을 반원 모양으로 표현하고 莎草地를 표기하였으며, 정자각 및 기타 부속 건물 3개도 그렸다.

1910년경 李王職에서 조선왕릉을 조사, 관리하기 위해 근대적 측량기법으로 실측한 恭陵의 圖面으로서, 현대 이전 恭陵의 실태와 모습을 확인할 수 있는 자료로서 가치가 있다.

추존 경릉(덕종·소혜왕후)

경릉(敬陵)은 세조의 맏아들이자 성종의 아버지로서 왕으로 추존된 덕종(德宗)(1438~1457)과 소혜왕후(昭惠王后) 한씨(1437~1504)의 동원이강릉(同原異岡陵)이다.

능은 경기도 고양시 덕양구 용두동 서오릉 내에 있다. 덕종의 능침은 간좌곤향(艮坐坤向 : ↙)으로 바라보는 오른쪽에 자리 잡았고, 소혜왕후의 능침은 계좌정향(癸坐丁向 : ↓)으로 왼쪽에 자리 잡았다.

덕종(의경세자)이 1457년(세조3) 9월 2일에 20세의 젊은 나이로 세상을 떠나자 고양에 장사지냈다. 1470년(성종1) 1월 22일에 경릉(敬陵)이라 했고 이듬해 덕종으로 추존했다.

　소혜왕후는 성종의 어머니로 인수대비(仁粹大妃)이다. 두 아들(월산대군·자을산군(성종))과 딸(명숙공주)를 두었다. 폐비윤씨와 악연으로 말미암은 연산군의 패륜으로 세상을 떠났다. 능 곁에 조성한 비문(1755년)은 다음과 같이 기록했다.

　덕종은 1438년(세종20) 9월 15일에 탄생했다. 1455년(단종3)에 왕세자로 책봉되었다. 1457년(세조3) 9월 2일에 승하하여, 11월 24일 고양 동봉현 간좌(艮坐)의 언덕에 장사지냈다. 나이는 20세였다.

　소혜왕후 한씨는 1437년(세종19) 3월 12일에 탄생했다. 1504년(연산군10) 4월 27일에 승하하여, 5월에 대왕릉 오른쪽 계좌(癸坐)의 언덕에 장사지냈다. 「비문」

　경릉의 입지를 『대동여지도』(1861)의 산줄기로 개관해 보자. 한북정맥의 삼각산으로 뻗어 내린 맥이 보현봉에서 서쪽으로 산줄기를 뻗어 맺힌 자리에 경릉이 있다. 『해동지도』(18세기 중반)에는 경릉을 표기했다. 『선원보감』(1931)의 산릉도는 경릉을 이루는 풍수 국면과 산수의 짜임새를 상세히 표현했다.

• 경릉의 입지지형 위성사진

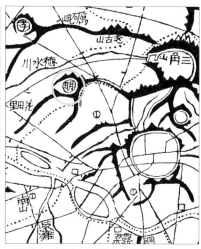
• 『대동여지도』의 산줄기와 경릉(서오릉의 명릉을 대표로 표기했다)

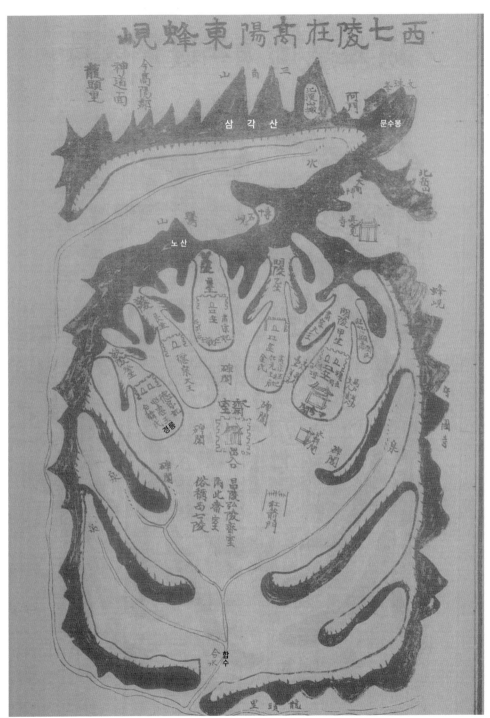

• 경릉 산릉도(『璿源寶鑑』(1931) 「列聖祖山陵圖」). '서칠릉은 고양 동봉현에 있다(西七陵在高陽東蜂峴).'고 적고, 삼각산(三角山)에서 문수봉(文殊峯)을 휘돌아 노산(鷺山)의 맥을 받아 간좌(艮坐)와 계좌(癸坐)로 동원이강(同原異岡)에 자리한 경릉의 풍수적 입지를 표현했다. 산줄기와 물줄기는 겹겹이 빗장지르며 능역의 생기를 빠져나가지 않게 가두는 형세를 했다. 물줄기가 만나는 곳에는 '합수(合水)'라고 표기했다.

• 덕종의 봉분과 상설. 세자 때 조성해 원(園)의 격식을 그대로 유지했다. 북동쪽을 등지고 남서향으로 배치됐다.

• 『해동지도』(경기도 고양)의 '경릉'

• 덕종의 능침 뒤에서 바라본 입지경관

• 덕종 능침 뒤로 들어오는 맥

의경세자의 묏자리를 구하다

1457년(세조3) 9월 2일에 의경세자(덕종)가 스무 살의 나이로 세상을 떠났다. 아버지 세조는 큰아들 의경세자의 묏자리를 스무 곳에 이르도록 살펴보며 터를 고른다. 이렇듯 경릉은 세조가 철저히 풍수를 따져보고 터를 정한 곳이었다. 실록의 내용을 요약하면 다음과 같다.

날짜	실록 내용
1457년(세조3) 9월 2일	염빈도감·국장도감·조묘도감 등 3도감을 설치했다.
9월 7일	세조는 신하들을 불러 산형도(山形圖)를 보면서 왕세자의 묏자리를 의논했다.
9월 10일	한강 나루 남쪽의 땅을 살펴보게 하였으나 신하들의 의견이 달라서 직접 보기로 작정했다.
9월 12일	세조는 친히 사평원에 가서 터를 살폈는데 마땅하지 않자 건원릉으로 신하를 보내어 터를 보게 했다. 그러나 건원릉에도 터가 될 만한 자리가 없다고 신하들이 아뢰니, 안효례가 추천한 과천 청계산 기슭의 땅을 직접 살피기로 했다. 이튿날 세조는 과천에 가서 터를 살피고, "좌우에 청룡·백호가 돌아 안은 것이 그 규모가 자못 아름답다."고 평하고, 다시 신하들에게 풍수학을 거느리고 광주와 고양으로 가서 묘지를 살피게 했다.
9월 15일	세조는 신하들이 추천한 원평을 살펴봤고, 이튿날 신하들과 과천과 원평의 터에 대하여 논의했다.
9월 17일	신하들이 장단의 옛 고을터와 임진 서곡동에 쓸 만한 산이 있다고 아뢰자 풍수학을 거느리고 살펴보게 했다.
9월 19·21일	9월 19일에는 양근·미원·교하·원평·용인, 21일에는 금천·인천·광주·고양 등지에 가서 묏자리를 살펴보게 했다.
10월 4·6일	10월 4일에는 양주, 풍양에 보내 터를 살펴보게 했고, 6일에는 직접 가서 풍양·토원의 자리를 살펴봤다.
10월 13일	신하들이 고양 고을의 동쪽에 있는 도총제 정이의 자리가 쓸 만하다고 추천하자, 이튿날 세조는 고양현 봉현에 가서 정이의 묏자리를 보고 신하들로 하여금 향배(向背)를 점쳐서 정하게 했다.

능역을 관리하다

왕위에 오른 덕종의 아들 성종과, 수렴청정을 한 덕종의 어머니 정희왕후에 의해 경릉의 관리는 어느 능보다도 철저하게 이루어진다.

성종은 능역 내 민간인 묘소의 철거와 경작 문제 등에 대하여 현실적인 해결 방책을 찾고자 했다. 능자리의 보전에 치중하되 백성들의 실정을 고려하고자 한 것이다.

1470년(성종1) 2월 21일에, 성종은 신숙주·한명회·홍윤성·임원준·서거정·안효례에게 명하여 풍수학과 함께 가서 경릉에 있는 여러 무덤을 철거할 곳을 살피게 했다. 이튿날 조정에서 경릉 주위에 있는 민간인 무덤의 철거 문제를 논의했다.

이때 성종은 백성들의 무덤을 모두 철거한다면 원망이 많을 것이라 염려하면서, 기존에 여러 무덤이 있었지만 별로 해가 되는 일이 없었으니 그대로 두자고 한다. 한편으로 능역의 범위를 제한하는 조치도 제안했다.

이에 신하들도 능역의 사방산[四山] 밖에 묘를 쓰거나 밭을 경작하는 것은 금하지 말도록 청하였다. 다만, 종친과 재상의 묘역이 정해진 한계를 지나치는 것은 금하고, 주산 내맥 등성이의 무덤과 외안산(外案山)에 바라보이는 큰 무덤은 철거할 것을 아뢨고, (성종은) 그렇게 하도록 했다. 실록을 보자.

성종이 전교했다. "여러 무덤을 만일 모두 철거한다면 백성의 원망이 반드시 많을 것이다. 여러 무덤의 있고 없는 것이 이롭고 해로움에 관계가 되는가?"

신숙주 등이 아뢨다. "그 이롭고 해로움은 감히 적확히 알지 못하오나, 다만 안산(案山) 높은 곳에 있는 것은 철거하지 않을 수 없습니다. 또 그 자손들이 왕래하여 묘를 돌보면서 [拜掃] 실화(失火)하는 근심이 있을까 두렵습니다."

성종이 전교하기를, "산천은 늘어나지 않고 길지(吉地)는 한계가 있으며, 천만세에 능실(陵室)은 끝이 없으니, 후세의 백성이 장사지낼 산도 없고 경작할 땅도 없을까 염려된다. 이제부터 입법(立法)하여 넓게 하지 말도록 금하여 제한하는 것이 어떠한가?" 하였다.

모두 아뢰기를, "능소(陵所)의 사방산[四山] 바깥 땅에서 묘를 쓰는 것과 밭을 경작하는 것은 금하지 말게 하소서. 또 종친(宗親)과 재상[宰樞]의 묘는 보수(步數)의 한계를 이미 정하였는데, 지금도 지나치게 차지하는 자가 있으니, 청컨대 일체 모두 금하소서." 하였다.

성종이 전교했다. "경릉은 전에도 여러 무덤이 있었으나 별로 해되는 일이 없었으니, 내가 그대로 두고 철거하지 말게 하려 하는데, 어떠한가?"

모두 아뢨다. "마땅합니다. 그러나 주산의 내맥(來脈) 산등성이의 무덤은 철거하지 않을 수 없으며, 경릉의 외안산(外案山)에 큰 무덤이 하나 서로 바라보이는 땅에 있으니, 철거하여야 합니다. 그 나머지 내맥의 줄기 끝에 있는 9백 10총(塚)과 경릉의 도국(圖局) 바깥 왼쪽 능선 안에 있는 두 개의 큰 무덤은 그대로 두고 철거하지 않는 것이 어떠합니까?" 하니 전교하기를, "옳다." 하였다. 『성종실록』 1년 2월 22일

• 소혜왕후의 능침

• 소혜왕후의 봉분과 상설. 북쪽을 등지고 남향(남남서)으로 자리 잡았다.

1476년(성종7) 5월 1일에도, 경릉의 산줄기를 살피고 난 후 능역의 경계를 정하고 묘소를 철거하였다.

서거정과 이승소가 아뢨다. "삼각산에서 북으로 갈현[加乙峴]까지 좌우의 곁가지 산줄기에 금지하는 경계를 정할 만합니다. 또 그 내려온 산맥의 제2절(節)에서 제8절까지 새로 장사지낸 42개 분묘를 철거하게 하소서. 그리고 아울러 자손들 중에 묘지를 잡은 자들을 신문하여 단죄하는 것이 어떻겠습니까?" 하니, 그대로 따랐다. 『연산군일기』 10년 윤4월 18일

이후 영조 대에 와서 1729년(영조5) 8월 22일에, 경릉 어귀의 방화구역[火巢] 근처 몇 보 되는 지역에 개간하는 자가 있고, 해자(垓子)를 경계로 삼아 번번이 화전을 일구는 자가 있어 밭을 없애버리도록 했다는 실록의 기록이 전한다.

• 소혜왕후의 능침 뒤에서 바라본 입지경관. 능역을 이룬 앵봉산 자락이 병풍쳤고 멀리 망월산(179m)이 마주했다.

• 소혜왕후 능침 뒤로 들어오는 맥

연산군이 소혜왕후를 서둘러 장사지내다

1504년(연산10) 4월 27일, 덕종의 원비이자 성종의 어머니인 인수대비(소혜왕후)가 창경궁 경춘전(慶春殿)에서 세상을 떠났다.

할머니 인수대비를 폭행하여 죽음으로 내몬 패륜아 연산군은 장례를 서둘렀다. 실록에서 이렇게 연산군의 뻔뻔한 말을 적었다.

"대행대비의 발인을 이미 초 3일로 정하였으나, 들으니 공사가 거의 끝났다 한다. 중국 조정에는 7일 만에 장사지내니, 망령(亡靈)으로서도 반드시 속히 장사지내는 것을 기뻐할 것이다. 그러니 임사홍 등을 불러 다시 이달 안으로 택일하게 하라." 『연산군일기』 10년 윤4월 18일

승하 후 한 달여 만인 5월 1일에 발인하고, 덕종 곁 계좌(癸坐)의 언덕에 장사지냈다.

자시(子時)에 소혜왕후의 관[梓宮]이 발인하는데, 백관(百官) 및 유생(儒生)과 노인들이 모화관(慕華館) 앞에서 공경히 전송했다. 『연산군일기』 10년 5월 1일

----

* 참고자료: 『경릉지(敬陵誌)』

추존왕 德宗과 昭惠王后 韓氏의 敬陵에 관한 능지이다(장서각 소장).

1책(25장)의 필사본이다.

『경릉지』는 장서각 소장본 끝에 있는 朴弼俊의 題에 의하면 1714년(숙종40)에 경릉 참봉에 제수된 뒤 전임 참봉 黃順承이 모아놓은 능 관련 기록을 바탕으로 다른 능의 儀式과 예조의 典例를 모아 1717년(숙종43) 6월에 1책의 능지를 만들었다고 한다.

책의 첫 장에는 敬陵寒食祭祝式을 수록했다. 이어 大王陵圖, 王后陵圖를 평면도 형식으로 간략하게 그렸다. 봉분 사방으로 방위를 표시했고, 曲墻과 석물 등의 명칭 및 위치도 확인할 수 있다. 마찬가지 형식으로 丁字閣圖는 홍살문과 수라간, 수복방, 비각 등도 표현했고, 寒食祭圖와 親祭圖式은 神御床의 상차림 등 排設 방식을 그림으로 표현했다.

이어 본문 첫머리에서는 德宗과 昭惠王后 韓氏가 승하한 날짜와 葬地의 풍수적 입지도 기록했다. 덕종의 능침은 艮坐坤向으로, 산줄기는 辛卯方으로 오다가 艮方으로 들어오며, 물줄기는 卯方으로 와서 庚方으로 빠져나간다(辛卯行龍艮入首卯得水庚破)고 상세히 적었다. 그리고 昭惠王后 韓氏의 능침은 德宗 능의 오른쪽 언덕에 癸坐丁向으로, 산줄기는 甲卯方으로 오다가 壬坎方으로 들어오며, 물줄기는 辰巽方으로 와서 未方으로 빠져나간다(甲卯行龍壬坎入首卯辰巽得水未破)고 적었다.

다음으로는 왕릉과 왕후 능의 봉분, 曲墻, 석물들의 높이와 둘레, 두께, 폭의 치수 및 개수와 정자각 등 기타 부속건물의 칸수와 규모 등을 자세히 기재했다.

이어서 대왕의 誌文, 封王世子教名文, 封王世子冊文, 諡冊文, 哀冊文, 追崇冊文, 追崇時樂章, 加上尊號冊文, 加上尊號祔 廟冊文, 祔廟時樂章, 封王世子粹嬪教名文 등과, 인수왕비의 仁粹王 妃封崇冊文, 封崇時樂章, 仁粹王妃封崇玉冊文, 仁粹王妃加上尊號冊文, 加上尊號時樂章, 追崇 時奏請顚末 등과 碑文, 封王世子粹嬪冊文을 실었다,

그 밖에도 제의 절차의 규식으로서 陵祭規例, 祭官 分排의 규칙(祭官分排之規), 典祀官 祭物陪來 之規, 延 香之規, 獻官出來後擧案規式, 塡祝之規, 祭物陪進之規, 傳 香之規, 行祝節目次序, 祝大望 燎之規, 飮福之規 등과 홀기로서 贊者笏記, 謁者笏記, 先告還安祭笏記 등을 기록했다. 그리고 正廟朝 御製, 題詠(附)가 있고, 마지막 페이지에는 祭器年限冊에서부터 復戶冊 등 12종의 서목류를 기재했다.

이 문헌은 德宗과 昭惠王后 韓氏의 敬陵에 관한 지리적 위치, 풍수적 입지, 능역 경관과 시설물, 관리 사실 관계와 규식, 제의 절차 등을 상세하게 기록한 18세기 전반의 문헌으로서 가치가 있다.

• 출처: 국립고궁박물관

9대 선릉(성종·정현왕후), 순릉(공혜왕후)

성종에게는 첫째 왕비 공혜왕후 한씨와 둘째 폐비 윤씨, 그리고 셋째 왕비 정 현왕후 윤씨가 있었다. 성종은 셋째 정현왕후와 함께 안장되었다. 성종을 장사 지낼 당시에 왕위에 있었던 중종은 정현왕후의 소생이었다. 자식 없이 18세에 일찍 세상을 떠난 첫째 공혜왕후는 파주에 따로 모셨다. 둘째 폐비 윤씨(연산 군 생모)의 묘[懷墓]는 처음 경기도 장단에 있었는데 서울 회기동을 거쳐 1969 년에 지금자리(서삼릉 내)로 옮겼다.

선릉(성종·정현왕후)

선릉(宣陵)은 조선왕조 제9대 성종(成宗, 1457~1494)과 정현왕후(貞顯王后) 윤씨(1462~1530)의 동원이강릉(同原異岡陵)이다.

능은 서울시 강남구 삼성동에 있다. 성종 능침은 임좌병향(壬坐丙向: ↓), 정현왕후 능침은 간좌곤향(艮坐坤向: ↙)으로 자리 잡았다.

성종은 25년의 재위기간 동안 『경국대전』을 완성하는 등 왕조의 통치체제를 확립한 후에 38세의 나이로 세상을 떠났다.[53]

정현왕후는 1480년(성종11)에 성종의 셋째 왕비로 책봉되었다. 진성대군(성종)과 공주 두 명을 남기고 69세의 나이로 세상을 떠났다.

1494년(성종25) 12월 24일에 성종이 세상을 떠나자 이듬해 4월 6일에 장사 지냈다. 1530년(중종25) 8월 22일에 정현왕후 윤씨가 세상을 떠나자 성종 능침의 동쪽 언덕에 장사지냈다. 이런 사실을 능 곁에 조성한 비문(1755년)에 기록했다.

성종은 1457년(세조3) 7월 30일에 탄생했다. 1469년에 즉위했다. 1494년(성종25) 12월 24일에 승하하여, 1495년(연산1) 4월 6일 광주 서쪽 학당동 임좌병향(壬坐丙向)의 언덕에 장사지냈다. 나이 38세였다. 「비문」

• 선릉의 입지지형 위성사진

• 『대동여지도』의 산줄기와 선릉

---

53. 이성무, 『조선국왕전』 청아출판사, 2012, 137쪽.

정현왕후는 1462년(세조8) 6월 25일에 탄생했다. 1480년(성종11)에 왕비로 책봉됐다. 1530년(중종25) (8월 22일)에 승하하여, 10월 29일 대왕의 능 왼쪽 등성이 간좌(艮坐)의 언덕에 장사지냈다. 나이 69세였다. 「비문」

선릉의 입지를 『대동여지도』(1861)의 산줄기로 개관해 보자. 한남정맥이 서북쪽으로 산줄기를 뻗어 광교산에 이르고, 광교산에서 지맥이 갈라져 북쪽으로 청계산과 관악산에 이른다. 관악산에서 동쪽으로 뻗다가 우면산을 거쳐 한강에 다다라 맺은 산언덕에 선릉이 있다. 『해동지도』(18세기 중반)에는 선릉을 표기했다. 『선원보감』(1931)의 산릉도는 선릉을 이루는 풍수 국면과 산수의 짜임새를 상세히 표현했다.

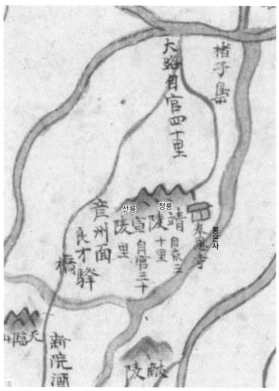

• 『해동지도』(경기도 고양)의 '선릉'. 오른쪽에 둘째 아들 중종의 정릉과 원찰인 봉은사도 표기되었다.

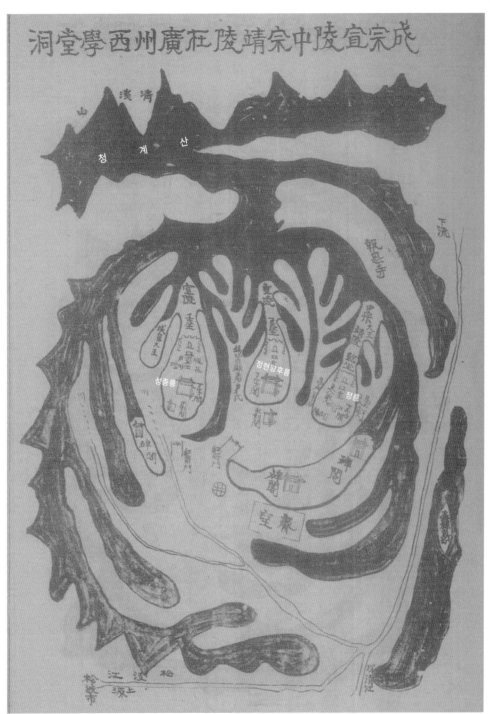

洞堂學西州廣在陵靖宗中陵宣宗成

• 선릉 산릉도(『璿源寶鑑』(1931) 「列聖祖山陵圖」). '성종의 선릉과 중종의 정릉은 광주 서쪽 학당동에 있다(成宗宣陵中宗靖陵在廣州西學堂洞).'고 적고, 청계산(淸溪山)의 산줄기를 타고 맥을 받아 임좌(壬坐)와 간좌(艮坐)로 동원이강(同原異岡)에 자리한 선릉의 풍수적 입지를 표현했다. 오른쪽 에 정릉을 그렸다. 주맥의 산줄기는 잔가지를 뻗어 세 곳의 명당 국면을 맺었고, 좌우와 앞으로 줄기를 내어 명당을 겹겹이 긴밀하게 감싸안았다.

• 앞에서 바라본 성종 정자각과 능침. 아들 연산군이 주관하여 정한 자리다.

• 성종의 봉분과 상설. 원래 광평대군의 묏자리로 좌향만 바꾼 곳이다.

● 성종의 능침 뒤에서 바라본 입지경관. 빌딩 숲으로 상전벽해가 되었다.

● 성종 능침 뒤로 들어오는 맥

성종의 능자리를 구해 장사지내다

1494년(성종25) 12월 24일, 성종이 세상을 떠났다. 보위에 오른 아들 연산군이 주관하여 능자리를 구했다. 성종의 능자리는 원래 광평대군(1425~1444, 세종과 소헌왕후의 다섯째 아들)의 묏자리로 방위(좌향)만 바꾸어 장사지낸 곳이다.

승하 후 보름 뒤(1월 10일)에 조정의 회의에서 윤필상(1427~1504) 등은 능자리 후보지를 정해 순위를 매겨 아뢨다. 광평대군(廣平大君)의 묘가 첫째, 그 다음이 정이(鄭易)의 묘, 또 그 다음이 고양군(高陽郡) 관사(官舍) 자리이고, 광평대군의 묏자리가 산릉 자리에 합당하다고 천거했다.

그러자 연산군은 상대적으로 고양군의 관사 자리와 정이의 묘가 다음 순위로 평가되는 이유를 따져 물었다. 신하의 대답을 요약하면 다음과 같다.

후보지	풍수 평가
고양군 관사 자리	• 마주하는 산[案前]에 관(官)이 있다. 주산 뒤에 귀(鬼)가 있다. 3·4월은 월극(月尅)이 된다. 초목이 없다. 집이 많이 모여있다.
정이 묘	• 청룡이 짧고 백호가 낮고 멀어서 바람이 모인다. 산세가 바로 내려오고, 산이 하나도 돌아앉은 것이 없다. 정혈(正穴)이 아니다.

그런데 내심 연산군은 천거지인 광평대군 묏자리는 어쩐지 탐탁지 않았다. 이미 쓴 자리라서 능을 새로 들이기에 언짢았던 것이다. 그래서 "묘를 쓴다면, 반드시 옛 무덤을 파내야 할 것이니, 신(神)이 편안하겠는가. 온전한 땅[全地]을 선택하여 쓰는 것이 어떤가?" 하고 조정 회의에서 제안했다.

그러나 중신들은 한결같이 "조종(祖宗)의 산릉은 옛 무덤을 파내지 않은 데가 없으니, 다만 땅의 길흉만을 볼 것이지, 어찌 그런 폐단을 헤아리겠습니까." 라고 하면서 광평대군이 묘를 굳이 권하였다. 광해군은 중의(衆意)에 따를 수밖에 없었다.

이튿날에 연산군은 인수대비의 말을 빌려 능자리를 검토하는 재상과 지리관에게 우려스러운 심정을 내비쳤다. 대왕대비가 "광평대군의 묘는 그 자손이 병들거나 일찍 죽었으며, 또 종재(宗宰: 왕의 종친·외척과 재상)의 무덤이 많이 있으니, 그것을 발굴한다면 예장(禮葬)을 해 주어야 할 것이므로 그 폐단이 적지 않다."고 말했다는 것이다. 다시금 다른 곳으로 정하자는 의향을 드러낸 것이었다.

이에 신하들은 재차 광평대군의 묏자리를 주장하면서, 정 마음에 거리낌이 있다면 앉음새(좌향)를 고쳐 쓸 것을 대안으로 내 놓았다. "광평대군의 묘는 건해좌(乾亥坐 : ↖)로서 물빠짐[水破]이 장생(長生) 방향이므로 흉하지만, 새 능자리는 임좌(壬坐 : ↑)로 정하므로 물빠짐이 문곡(文曲)이라 더할 수 없이 길하다." 고 제안한 것이다. 기존 묏자리의 흉함을 좌향 탓으로 돌리고, 새롭게 앉음새를 고침으로써 묏자리에 대한 우려를 불식했다.

마침내 연산군도 조정안에 수긍하게 된다.

"대비의 말씀이 '처음에는 광평의 자손이 일찍 죽고 또 병들었기 때문에 의심하였는데, 이제 좌향을 고쳐서 정한다 하니, 무슨 의심이 있으랴.' 하셨으니, 대군의 무덤을 옮기되 마

땅히 예장(禮葬)을 할 것이다.…"『연산군일기』 1년 1월 11일

임진왜란에 왜적이 창궐하여 능이 파헤쳐지고 불탔다

선릉은 임진왜란 당시(1592년, 선조25)에 왜적이 창궐하면서 능이 파헤쳐지고 불에 탄 변고가 있었다.

인조 대에는 선릉에 화재가 생겨 즉시 현장을 살펴보았고, 이튿날에 화재 원인을 조사하고 담당자의 책임을 묻게 했다. 1626년(인조4) 2월 4일과 5일의 일이었다.

선릉 대왕의 능에 화재가 있었다.… 중관(中官)과 사신(史臣)을 보내어 살펴보게 하였다.『인조실록』 4년 2월 4일

예조가 아뢰기를, "능에 화재의 변고가 달마다 발생하니 실로 전에 없던 일입니다. 창릉과 선릉은 모두 지난해 변고를 겪은 곳인데 인심이 여기에 이르렀으니 매우 원통하고 놀랍습니다. 수호군(守護軍)을 우선 잡아다가 불이 일어나게 된 원인을 철저히 심문하고, 참봉(參奉)도 제대로 관리하지 못한 잘못을 면할 수 없으니 잘못을 물어 죄를 다스리는 것이 어떻겠습니까?" 하니, 아뢴 대로 하라고 답하였다.

이어 임금이 하교하기를, "근래 나의 덕이 박한 탓으로 능에 화재의 변고가 달마다 발생하니 내가 매우 놀랍고 통분하게 여긴다…." 하였다.『인조실록』 4년 2월 4일

정현왕후의 능자리를 성종 왼쪽에 정해 장사지내다

한편, 정현왕후도 1530년(중종25) 8월 22일에 세상을 떠났다.

신시(申時). 대비(大妃)가 동궁의 정침에서 훙(薨)하였다.『중종실록』 25년 8월 22일

엿새 뒤(8월 28일) 영의정 정광필, 좌의정 심정, 산릉도감 제조 김근사·유여림·성세창, 좌승지 황사우가 산릉 자리를 둘러보고 와서 성종 능침의 왼쪽에 새로 쓸 것을 아뢨다.

• 정현왕후의 봉분과 상설. 성종의 왼쪽 다른 언덕에 자리 잡았다. 혈토가 두텁고 정결하며 건조했다.

• 정현왕후의 능침 뒤에서 바라본 입지경관

• 정현왕후 능침 뒤로 들어오는 맥

"옛 능(성종 능침)의 왼쪽 청룡(靑龍) 가닥이 매우 좋은데, 새 묘혈의 서쪽 면에 흙을 보충해야 할 데가 많이 있기는 하지만 그 맥으로 볼 때 이곳이 바로 요지입니다." 하고, 도면을 그려서 올렸다.

중종이 전교했다. "마땅히 새 혈 자리를 사용하겠으니 시급히 날을 가리라."

정광필 등이 또 아뢨다. "전에는 장사 날짜를 멀게 가렸던 것은 날씨가 추운 때에 승하하신 때문에 날씨가 따뜻해지기를 기다린 것입니다. 이번은 장사 시기가 추운 때에 박두하게 되어 장사를 시급히 하지 않을 수 없기 때문에 아룁니다." 『중종실록』 25년 8월 28일

이튿날 예조에서 한겨울의 추위를 피해서 10월에 장사지낼 것을 청하자, 중종은 백성들의 고초와 공사의 어려움을 생각해서 허락하였다.

"예문대로 한다면 다섯 달 만에 장사지내야 하는데, 만일 다섯 달이 되기를 기다린다면 12월의 극도로 추운 때에 이르게 된다. 이렇게 된다면 사람들이 반드시 많이 상하게 될 것이고 일도 뜻에 맞게 되지 않을 것이다. 전례를 고찰해 보면 또한 석 달 만에 장사한 때도 있었으니 10월 중에 날짜를 가려서 하는 것이 합당하다." 『중종실록』 25년 8월 28일

이후 정현왕후의 능 일은 착착 진행되었다. 9월 17일에는 총호사가 능자리의 방위를 다시 살펴 바로잡았다.

"오늘 다시 산릉의 좌향을 살펴보니 계방(癸方)의 산이 간좌(艮坐) 곤향(坤向)이어서 앞서의 좌향과 달랐습니다. 당초에 초목이 무성하여 빽빽했기 때문에 자세히 살피지 못했고, 나무를 베어 내고 보토(補土)를 함에 미쳐서야 다름을 발견하게 되었습니다. 그러나 방해로울 것은 없었습니다." 『중종실록』 25년 9월 17일

다시 열흘 뒤(9월 27일)에는 풍수학도제조 정광필과 총호사 심정 및 예조판서 유여림과 도승지 황사우 등이 능자리의 흙을 파 보고 돌아와 이상이 없음을 아뢨다.

"오늘 금정(金井)을 열기 시작하여 절반쯤 파들어갔는데 흙이 두텁고 정결하며 또한 물

기가 젖어들지도 않아 매우 조강(燥剛)했으니 의심스러울 것이 없습니다."『중종실록』 25년 9월 27일

마침내 정현왕후가 세상을 떠난 지 석 달째 되던 10월 29일에 성종의 왼쪽 다른 언덕에 장사지냈다.

첫 우제(虞祭)를 지냈다.『중종실록』 25년 10월 29일

순릉(공혜왕후)

순릉은 조선왕조 제9대 성종의 첫째 왕비 공혜왕후(恭惠王后) 한씨(1456~1474)의 단릉이다.

능은 경기도 파주시 조리읍 봉일천리 파주삼릉 내에 있다. 능침은 묘좌유향(卯坐酉向:←)으로 자리 잡았다.

공혜왕후는 1469년(성종 즉위년)에 왕비로 책봉되었다. 자식을 남기지 못한 채 19세의 나이로 일찍 세상을 떠났다. 1474년(성종5) 4월 15일에 공혜왕후가 자식 없이 세상을 떠나자, 6월 7일에 장사지냈다. 이런 사실을 능 곁에 조성한 비문(1817년)에 기록했다.

• 순릉의 입지지형 위성사진

• 『대동여지도』의 산줄기와 순릉(파주삼릉의 공릉을 대표로 표기했다)

공혜왕후 한씨는 성종대왕의 첫째 왕비로 1456년(세조2) 10월 11일에 태어났다. 1469년(성종 즉위년)에 왕비로 책봉되었다. 1474년(성종5) 4월 15일에 승하하여, 6월 7일 파주 공릉의 남쪽 등성이 묘좌(卯坐)의 언덕에 장사지냈다. 나이는 19세이다. 『비문』

순릉의 입지를 『대동여지도』(1861)의 산줄기로 개관해보자. 한북정맥의 주맥이 도봉산에 이르기 전에 서쪽으로 맥을 뻗어 서산과 장령산을 이루며, 장령산의 맥이 서쪽으로 봉일천에 다다라 맺은 산언덕에 있다. 『해동지도』(18세기 중반)에는 순릉을 표기했다. 『선원보감』(1931)의 산릉도는 순릉을 이루는 풍수 국면과 산수의 짜임새를 상세히 표현했다.

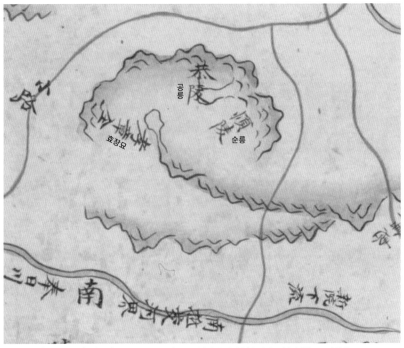

● 『해동지도』(경기도 파주)의 '순릉'. 능역의 왼쪽 공릉(장순왕후)과 효장세자(진종)의 묘(孝章墓)도 표기됐다.

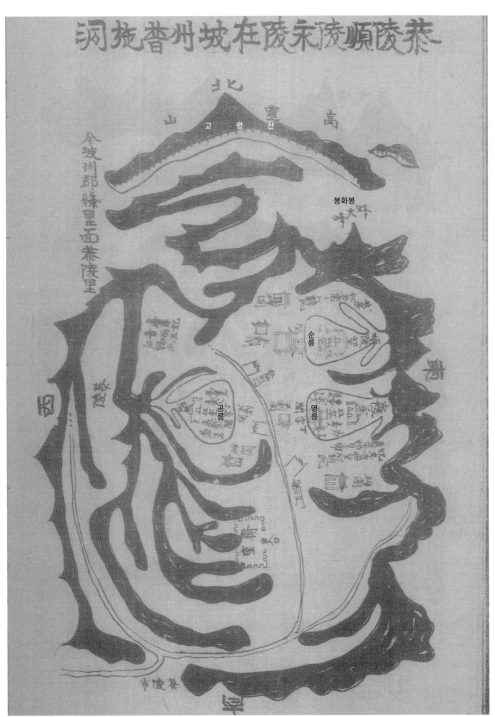

• 순릉 산릉도(『璿源寶鑑』(1931) 「列聖祖山陵圖」). '공릉과 순릉과 영릉은 파주 보시동에 있다(恭陵順陵永陵在坡州普施洞).'고 적고, 고령산(高靈山)의 맥을 받아 묘좌(卯坐)로 자리한 순릉의 풍수적 입지를 표현했다. 산줄기는 고령산을 주산으로 굽이굽이 휘돌아 봉화봉(烽火峰)에 이르며, 봉화봉에서 현무를 일으키고 다시 서쪽으로 산가지를 내어 명당 국면을 맺었다. 물줄기는 남쪽으로 줄곧 흘러나가다가 서쪽으로 빠져나갔다.

• 봉분과 상설. 성종이 주관하여 서향으로 자리 잡았다.

• 능침 뒤에서 바라본 입지경관. 능역을 이룬 공릉산 자락이 돈독하게 좌우로 감싸 안았다.

• 능침 뒤로 들어오는 맥

능자리를 정하고 장사지내다

1474년(성종5) 4월 15일, 공혜왕후가 세상을 떠났다. 닷새 뒤 성종은 공릉 부근에 능자리를 살펴보게 했다. 다시 이틀 뒤 예조에 "공릉의 국면 안에서 을(乙 : ↘) 방향으로 내려 온 산줄기의 묘좌유향(卯坐酉向 : ←)에 터를 잡으라."고 명을 내렸다.

그해 6월에 공혜왕후를 자매인 장순왕후가 묻혀있는 공릉의 왼쪽 언덕에 모셨다.

신시(申時)에 공혜왕후의 관(梓宮)이 광 중(玄宮)에 내리니 입주전(入主奠 : 새로 신주(神主)를 만들어 모시고서 올리는 제전)을 거행하고, 반우(返虞 : 장사를 치른 뒤에 신주를 모시고 집으로 돌아오는 일) 뒤에 안릉전(安陵奠 : 매장 후에 제물을 차려 지내는 제전)을 거행하였다. 『성종실록』 5년 6월 7일

----

* 참고자료: 『순릉속지(順陵續誌)』

조선 9대 성종의 비 恭惠王后 韓氏의 順陵에 관한 陵誌이다(장서각 소장).

朴應漢이 1883년(고종20) 이후에 편찬한 1책(11장)의 필사본이다.

첫머리에 恭惠王后 韓氏의 행장을 간략하게 적고, 1456년(세조2) 6월 7일, 파주의 恭陵 동쪽 卯坐酉向 언덕에 장사지냈다고 했다. 이어 誌文을 실어 상세한 내용을 기록했다. 기타 능의 부대시설로서 정자각, 재실 등의 중건 년대와 親祭의 관련사항도 적었다. 그리고 忌辰祭祝式을 싣고 節享式과 告由式도 덧붙였다.

다음으로는 順陵事例撮要라는 제목으로, 守護軍 70명, 保人 140명 등 능을 유지, 관리하는 인적인 요소와 인원에 대한 사항을 기술했다. 또한 능의 관리를 위한 물적인 요소로서 香炭山에 대해서 연천의 國藪山 둘레 25리라고 했다. 그리고 順陵續誌小序를 서술했다. 이어 順陵官員伏受單子, 四移式, 單子를 순서대로 기재했다.

『순릉 도면(順陵圖面)』

1910년경 李王職에서 편찬한 順陵의 圖面으로, 「順陵永陵圖面」의 일부이다(장서각 소장).

조선왕조 제9대 왕 성종의 비 恭惠王后 韓氏의 順陵을 1910년경 李王職에서 근대적으로 실측한 도면이다. 축척은 1/1,200이다.

따로 범례는 없으나 長陵圖面(장서각 소장)에 기재된 범례(○國有林, ○李王家所有)에 비추어, 도면상의 붉은색 채색 부분은 李王家의 소유를 표시한 것으로 보인다. 방위표시도 했다. 이에 따르면 능침과 부속 건물이 동서축으로 배치되어 있는 사실도 확인할 수 있다.

도면상에는 능침에 이르는 구릉지 지형의 등고선도 표현했다. 지리정보로서 상단에는 '恭陵에 이른다(至恭陵).', 좌단에는 '齋室에 이른다.'는 위치사항도 써 넣었다. 도면의 상단에 第七號順陵이라고 쓰고 능침, 莎草地 및 정자각 등의 부속건물과 외곽을 통합하여 측도했다. 永陵을 합쳐서 도면에 기재된 총면적은 七町六反(段)四畝(畝)拾四步이다.

봉분은 반원 모양으로 하나를 표현하고, 陵上 아래로 莎草地를 표기하였으며, 정자각과 기타 부속 건물도 그렸다.

1910년경 李王職에서 조선왕릉을 조사, 관리하기 위해 근대적 측량기법으로 실측한 順陵의 圖面으로서, 현대 이전 順陵의 실태와 모습을 확인할 수 있는 자료로서 참고할 가치가 있다.

10대 연산군·거창군부인 묘

조선왕조 제10대 연산군(燕山君, 1476~1506)과 거창군부인(居昌郡夫人) 신씨(1476~1537)의 쌍분(雙墳)이다. 서울시 도봉구 방학동에 있다. 원래 연산군 묘는 사후 매장지인 강화 교동에 있었으나 1512년(중종7)에 지금 자리로 이장한 것이다.

연산군은 12년의 재위 기간 중에 조정의 양반관료 세력에 대항하여 강력한 전제왕권을 수립하고자 했다. 그러나 포학한 정치와 어그러진 인륜을 일삼다가 1506년(중종1)에 중종반정으로 내쫓겨 강화 교동으로 유배되었다. 그해 11월 6일에 31세의 나이로 죽자 강화에 장사지냈다. 이듬해인 1512년(중종7)에 거창군부인 신씨의 요청으로 외할아버지인 임영대군의 묘역의 현 자리에 이장했다.

거창군부인 신씨는 1488년(성종19) 2월에 세자빈으로 책봉되었다. 1494년(성종25)에 왕비가 되었다가 1506년(중종1)에 연산군과 함께 폐출되어 부인으로 강봉되었다. 1537년(중종32) 4월 8일에 세상을 떠나 연산군 묘 곁에 장사지냈다.

• 연산군·거창군부인 묘 입지지형 위성사진

• 봉분과 상설

• 묘 뒤에서 바라본 입지경관

11대 정릉(중종), 온릉(단경왕후), 희릉(장경왕후), 태릉(문정왕후)

중종에게는 첫째 왕비 단경왕후 신씨와 둘째 왕비 장경왕후 윤씨, 그리고 셋째 왕비 문정왕후 윤씨가 있었다. 첫째 단경왕후는 반정 후 중전의 자리에 오른지 7일 만에 폐위되고 자식이 없었다. 중종은 둘째 장경왕후의 소생인 인종이 왕위에 있을 때 장경왕후의 능역에 함께 장사지냈다. 그러나 셋째 문정왕후의 소생인 명종이 왕위에 있을 때 문정왕후가 현 위치로 이장하면서 모두 각각으로 자리를 잡았다.

정릉(중종)

정릉(靖陵)은 조선왕조 제11대 중종(中宗, 1488~1544)의 단릉이다.

능은 서울 강남구 삼성동에 옮겨져 건좌손향(乾坐巽向: ↘)으로 자리 잡았다.

중종은 정현왕후가 낳은 성종의 둘째아들이다. 연산군의 폭정을 반대하는 신하들의 반정(反正)으로 왕위에 올랐다. 태생적으로 미약한 왕권의 배경 아래에서 그는 38년간 재위하는 동안 개혁정치에 실패하고 신료(臣僚)들에게 시달렸다. 인종에게 왕위를 물려준 후 57세의 나이로 세상을 떠났다.

1544년(중종39) 11월 15일에 중종이 세상을 떠나자, 이듬해 2월에 장경왕후의 고양 희릉 서쪽 언덕에 장사지냈다. 1562년(명종17) 9월 4일에 문정왕후가 지금 자리로 이장했다. 이런 사실을 능 곁에 조성한 비문(1755년)에 기록했다.

(중종은) 1488년(성종19) 3월 5일에 탄생했다. 1506년 9월 2일에 즉위했다. 1544년(중종39) 11월 14일에 인종에게 왕위를 물려주고 같은 달 15일에 승하했다. 나이는 57세였다. 1545년(인종1) 2월 고양 희릉에 장사지냈다. 1562년(명종17) 9월 4일에 광주 선릉의 동쪽 등성이 건좌손향(乾坐巽向: ↘)의 언덕으로 이장했다.『비문』

정릉의 입지를 『대동여지도』(1861)의 산줄기로 개관해 보자. 한남정맥이 서북쪽으로 산줄기를 뻗어 광교산에 이르고, 광교산에서 지맥이 갈라져 북쪽으로 청계산과 관악산에 이른다. 관악산에서 우면산을 거쳐 동쪽으로 뻗다가 한강에 다다라 맺은 산언덕에 정릉이 있다. 『해동지도』(18세기 중반)에는 중종의 정릉을 표기했다. 『선원보감』(1931)의 산릉도는 정릉을 이루는 풍수 국면과 산수의 짜임새를 상세히 표현했다.

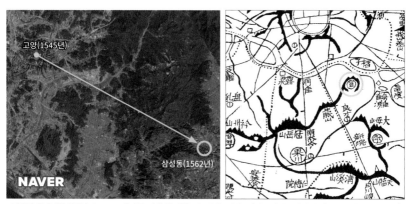

• 정릉의 입지지형 위성사진. 1562년(명종17)에 현 위치로 능자리를 옮겼다.

• 『대동여지도』의 산줄기와 정릉(선릉을 대표로 표기했다)

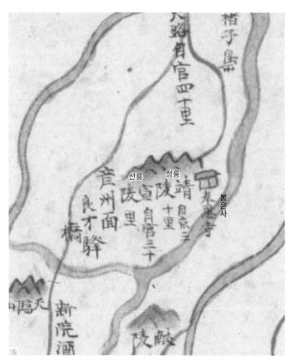

• 『해동지도』(경기도 광주)의 '정릉'. 왼쪽에 아버지 성종의 선릉이 있다.

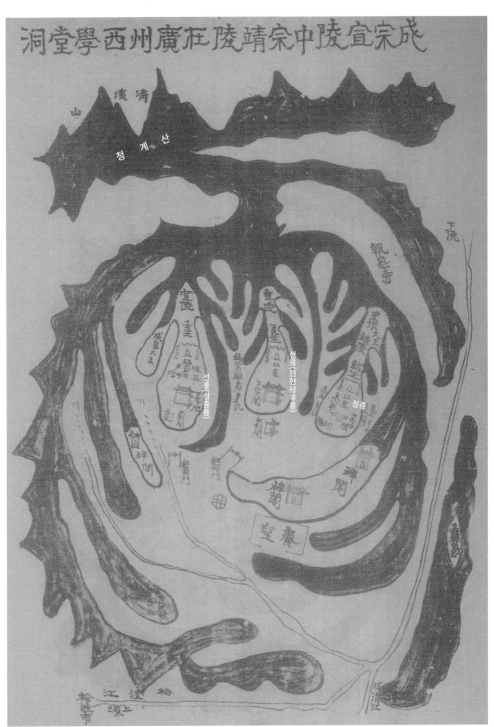

成宗宣陵中宗靖陵在廣州西學堂洞

• 정릉 산릉도(『璿源寶鑑』(1931) 『列聖祖山陵圖』). 청계산(淸溪山)의 산줄기를 타고 맥을 받아 건좌(乾坐)로 자리한 정릉의 풍수적 입지를 표현했다.
청계산에서 주맥을 일으켜 맺은 세 곳의 명당 국면에서 좌청룡 자락을 끼고 정릉이 있다.

• 중종의 능침과 정자각

• 봉분과 상설. 북서쪽을 등지고 동남향으로 자리 잡았다.

• 능침 뒤에서 바라본 입지경관. 문정왕후의 정치적 계략으로 고양에서 이장된 곳이다.

• 능침 뒤로 들어오는 맥

능자리에 조금도 흠잡을 데가 없었습니다

중종의 정릉은 원래 고양 서삼릉에 있는 둘째 왕비 장경왕후의 옆자리에 있었다. 그러나 문정왕후와 동생 윤원형이 정치적 의도를 품고 경기도 광주(서울 강남구 삼성동 지금 자리)로 옮겼다. 그 이장지의 위치 선정과 결정 과정에는 봉은사 주지로 있던 허응당 보우(普雨, 1509~1565)도 한몫 거들었다. 문정왕후의 절대적인 신임을 받고 있었던 그가 정치적 영향력을 공고하게 하기 위해 풍수에 밝은 승려를 시켜 이장할 자리를 골랐다.[54]

---

54. 『명종실록』 17년 9월 4일

명종 대에 정릉의 이장은 능자리에 아무런 문제가 없었음에도 불구하고 강행되었다. 이장을 해야 한다고 내세운 풍수적인 이유는 허울에 불과하였고, 실제로는 명종의 어머니(왕대비)이자 중종의 셋째 부인인 문정왕후의 의중과 정치적인 셈법이 작용한 결과였다. 정치권력의 논리로 능은 이장되었고 풍수는 이를 합리화하는 수단이자 도구가 되었다. 실록에는 정릉을 이장하는 상세한 과정이 다음과 같이 생생하게 기록됐다.

1549년(명종4) 8월 19일, 명종은 '정릉의 주산이 풍수적으로 좋지 않다는 이유'로 이장에 필요한 준비를 시켰다. 당시 열여섯 살의 어린 명종은 문정왕후의 수렴청정을 받고 있었던 때였다.

"정릉의 주산이 좋지 않다는 말이 인종조로부터 있었다. 그때 사헌부에서 비록 그 말을 전파한 사람을 다스리기는 하였으나, 그 말을 듣고 부터는 항상 마음이 편안치 못했다. … 지금 갑자기 능을 옮길 수는 없지만, 이번에 능을 참배할 때 예관(禮官)을 시켜 지리를 잘 보는 자를 골라 그로 하여금 수레[大駕]를 따르게 하여 다시 살펴보게 하라."『명종실록』 4년 8월 19일

그런데 두 달 후 명종의 의중을 짐작하지도 못한 신하들은 정릉을 살펴보고 와서 주산에 풍수적으로 아무 문제가 없음을 아뢰게 된다.

"세 상지관의 본 바가 각기 달랐으나 전체적으로는 모두 길하다고 하였습니다. 다만 김수가 '문곡(文曲) 방위에 봉우리가 솟아 있는데, 문곡 방위는 흉한 방위로 그곳에 봉우리가 있으면 흉하다.'고 하였습니다. 그러나 신들이 다시 보니 사실은 봉우리가 있는 것이 아니었으며, 설령 봉우리가 솟아 있다 하더라도 그 좌우에 탐랑(貪狼)과 무곡(武曲)이 길한 방위에 있어 해로울 것이 없었습니다.

또 전해 듣기로는, '주산이 낮아서 혈과 맞지 않는다.'고 하였으나, 이번에 동구에서 보았을 때는 맞지 않는 듯했지만, 막상 산에 올라가서 보니 아주 잘 맞았고 또 곧았습니다. 전해들은 말은 잘못된 것이었습니다. 더구나 그 산은 임(壬) 방향이어서 높거나 크면 흉하고, 낮아야지만 길합니다. 그렇다고 그렇게 낮은 것도 아니어서 조금도 흠잡을 데가 없었습니다."『명종실록』 4년 10월 7일

문정왕후의 죄가 극도에 달했다

이렇게 상지관의 검토에서 중종의 능자리에는 아무런 풍수적인 문제가 없었음에도 불구하고, 다시 10년 뒤에 명종은 정릉을 이장할 뜻을 강력하게 표명하며 단행할 것을 명했다. 여기에서 "자성(慈聖: 문정왕후)께서 편치 않게 생각해서…"라는 이장의 직접적인 이유가 드러나게 된다. 이때의 명종은 26살로 이미 수렴청정을 벗어나 친정(親政: 몸소 정사를 함)을 하였지만, 이 사안에는 모후인 문정왕후의 영향력이 컸음을 알 수 있다. 1559년(명종14) 4월 23일의 일이었다.

"묘소를 구함에는 일반 백성들도 그 땅을 신중히 가려서 장사지내고 만일 불길함이 있으면 곧바로 장지를 옮기는데, 더구나 나라의 왕릉이겠는가. 정릉은 처음부터 불길하다는 의논이 분분하였으므로 자성(慈聖)께서 편치 않게 생각하여 곧 다시 이장을 심의하려 하였으나, 당시 심의하여 정할 때에 결점이 없는 자리라는 말이 있었고, 또 국사의 어려웠던 일이 겨우 안정되었기에 감히 이장의 일을 가벼이 발설하지 못했다.

또 임자년에 옛 일기를 보니 불길하다는 말이 과연 옳았다. 근래에 일이 많았기 때문에 우선 잠자코 있었으나, 지금 생각해 보니 옮기지 않을 수가 없다. 좋은 날짜를 가려 이장할 일을 결정하라. 여러 능의 능실 안에 길지를 자세히 가려서 하는 것이 마땅하다.

예로부터 이장한 일이 없지 않고, 고양의 능자리(정릉)는 조종조로부터 여러 차례 의논되었는데도 쓰지 않았으니, 어찌 뜻이 없었겠는가. 사대부들도 부모를 장사지내는 땅은 반드시 지극히 좋은 곳을 가려 쓰고자 하는 것인데, 더구나 부왕[皇考: 중종]의 능이겠는가. 조금이라도 불길하다는 의논이 있으면, 어찌 감히 태연히 옮기지 않고 있다가 평생의 한이 되게 하겠는가. 옮기지 않을 수 없는 형편이다. 풍수설을 믿기 어렵다 하여 길흉을 가리지 않을 수는 없다." 하고 명했다. "예조에 말해, 새 능은 당연히 여러 능실 안에서 길지를 가려 정하고, 좋은 날을 가려 아뢰라." 『명종실록』 14년 4월 23일

이 일이 있고나서 결국 3년 뒤인 1562년(명종17) 9월 4일에 이르러 중종을 이장해 하관했다.

"오늘 간시(艮時)에 하관하고, 묘시(卯時) 초에 안릉제(安陵祭)을 지냈습니다." 『명종실록』 17년(9월 4일

당시 사관(史官)은 중종의 능을 억지로 이장하여 자신이 그 곁으로 가려고 꾀한 문정왕후의 의도를 분명히 밝히고 그 잘못을 다음과 같이 통렬하게 지적했다.

사신은 논한다. 사람을 매장하기 위하여 남의 무덤을 파내는 것은 사람의 도리로서 차마 못할 일이다. … 문정왕후가 정릉을 옮긴 것은 실로 자신이 죽은 뒤에 같은 묘역에 묻히려는 계책을 한 것이었다. 그 뒤에 재앙이 잇따르니, 사람들이 모두 이장한 인과응보라 하였고 임금도 또한 그렇게 여겼다. 이때 와서 다시 새 능을 가려 정하여 같은 묘역에 묻히려는 계책은 마침내 이루어지지 못하였으니, 어찌 하늘의 뜻이 아니겠는가. … 문정왕후의 죄가 이에 이르러 극도에 달했다 하겠다. 『명종실록』 20년 5월 30일

이러한 정릉의 이장은 문정왕후와 명종이 왕위 계승의 정통성을 확보하고 왕권을 강화하기 위해 단행되었다. [55] 문정왕후는 중종과 장경왕후의 소생으로 인종을 보위한 대윤(大尹) 윤임(尹任: 장경왕후의 오빠. 1487~1545) 세력과 치열한 쟁투 끝에 왕권을 쟁취했다. 그래서 장경왕후의 희릉 곁에 위치한 중종의 정릉을 마뜩찮게 여기고 옮기려 했던 것이다. [56] 문정왕후의 소생인 명종에게는, 중종이 장경왕후와 같은 원침에 있는 것이 꺼려지기도 했고 왕위의 정통성도 서지 않았던 것이다. 이러한 정황을 사관(史官)은 숨겨진 의도와 사실을 콕 집어 다음과 같이 논평했다.

능침을 옮기는 것은 중대한 일이므로 부득이한 경우가 아니면 쉽사리 거행할 수 없는 것이다. … 이번에 능을 옮기자는 의논은 성렬대비(문정왕후)의 뜻이었으니, 장경왕후와 같은 경내에서 무덤을 함께 하지 않으려고 한 것이다. 비록 예전 능의 물들이[得水]·물빠짐[得破]이 좋지 못하여 옮긴다고 핑계하였지만 사실은 사후의 계획[身後之計]을 꾀한 것이다.

55. 신재훈, 「조선전기 천릉의 과정과 정치적 성격」 『조선시대사학보』 58, 2011, 35~64쪽.
56. 신병주, 「왕릉을 통해 본 행복한 왕, 불행한 왕」 『선비문화』 12, 2007, 97쪽.

요승 보우가 은밀히 그 계획을 도와 지리를 아는 중을 시켜 봉은사 곁에 자리를 정하게 하였으니, 이는 보우가 이 사찰에 주지로 있으면서 저들의 소굴을 튼튼히 하려고 한 짓이다. 그 일이 매우 전도(顚倒)된 것인데도 대신들은 막지 않았다.『명종실록』17년 9월 4일

이장 후 30년 후인 1592년(선조25) 임진왜란에 왜적이 창궐하여 정릉이 파헤쳐지고 불에 탄 변고가 있었다.

〰️

중종의 능자리는 아무런 풍수상의 문제가 없었음에도 불구하고, 다만 장경왕후(희릉) 곁에 있어 왕권의 정통성이 취약해질 수 있다는 문정왕후와 윤원형의 정치적 판단으로 이장되었다. 이장을 주도하여 실행한 명종은 문정왕후의 아들이었다. 이장지의 선정도 문정왕후의 절대적 신임을 받은 승려 보우가 주도했다. 이렇듯 중종의 능자리의 이장은 풍수적인 이유만이 아니라 정치적인 계략으로 이루어진 사례였다. 이에 대한 당시 사관의 비평이 날카롭다.

중종이 장경왕후와 같은 원침(園寢)에 있는 것을 꺼리어 급히 옮기도록 하고, 죽은 후에 같은 무덤에 묻힐 계획을 한 것이다. 요승(妖僧) 보우는 밖에서 이끌고, 적신(賊臣) 윤원형은 안에서 도와 15년 동안 편안히 모신 선왕의 능을 가벼이 옮기려 한다.『명종실록』14년 4월 23일

그러나 아이러니하게도 중종 곁에 묻히려 했던 문정왕후는 사후 혈자리에 돌부리가 가로막고 있어 생전의 뜻대로 되지 못하고 멀리 태릉에 홀로 묻히고 말았다.

온릉(단경왕후)

온릉(溫陵)은 중종의 첫째 왕비 단경왕후(端敬王后) 신씨(1487~1557)의 단릉이다.

능은 경기도 양주시 장흥면 일영리에 있다. 능침은 해좌사향(亥坐巳向 : ＼)으

로 자리 잡았다.

단경왕후는 1506년(중종1) 중종반정으로 왕비에 올랐으나 아버지 신수근이 반정을 반대했다는 이유로 반정공신들에 의해 7일 만에 폐위되었다. 1557년(명종12) 12월 7일에 세상을 떠나 친정인 거창 신씨의 묘역에 장사지냈다. 1739년(영조15)에야 복위되면서 왕비로 추존되었다. 이후 기존 묘소도 능제(陵制)에 맞게 석물 등을 다시 조성했고, 능호를 온릉이라고 했다.

온릉의 입지를 『대동여지도』(1861)의 산줄기로 개관해 보자. 한북정맥의 주맥이 도봉산에 이르고 그 한줄기 지맥이 다시 서쪽으로 맥을 뻗어 맺은 산언덕에 온릉이 있다. 『1872년 지방지도』에는 온릉을 표기했다. 『선원보감』(1931)의 산릉도는 온릉을 이루는 풍수 국면과 산수의 짜임새를 상세히 표현했다.

● 온릉의 입지지형 위성사진

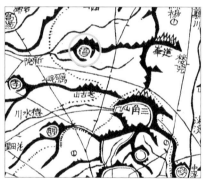

● 『대동여지도』의 산줄기와 온릉. 도봉산에서 뻗은 줄기에 자리 잡았다.

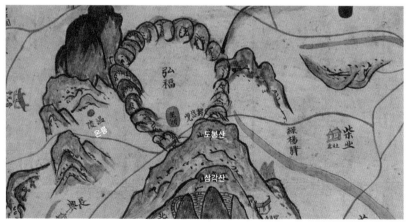

● 『1872년 지방지도』(경기도 양주)의 온릉. 오른쪽에 도봉산과 삼각산이 있다.

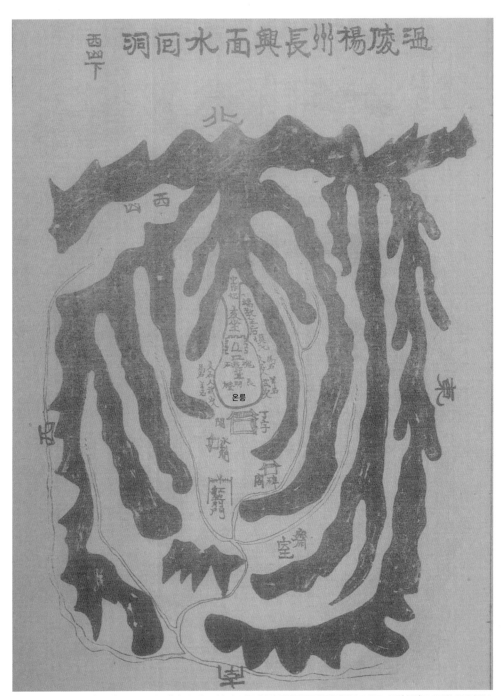

* 온릉 산릉도(『璿源寶鑑』(1931) 「列聖祖山陵圖」). '온릉 양주 장흥면 수회동(溫陵楊州長興面水回洞)'이라고 적고, 해좌(亥坐)로 자리한 온릉의 풍수
적 입지를 표현했다. 산줄기는 생기를 품으면서 촘촘하게 명당을 에워싸고, 물줄기는 생기를 가두면서 겹겹이 잠그는 형세를 하였다.

• 능침과 정자각. 폐위되어 친정인 거창 신씨 묘역에 자리했다.

• 봉분과 상설. 영조 때 복위되어 왕비로 추존했고, 석물을 능의 격식으로 다시 조성했다.

• 능침 뒤에서 바라본 입지경관. 남동향으로 배치했다. 멀리 북한산 자락인 상장봉이 보인다.

• 능침 뒤로 들어오는 맥

단경왕후는 폐위되고 나서 사후에 친정의 묘역에 장사지냈기에 묏자리를 정하는 기록은 실록에 나오지 않는다. 왕후로의 신분 복위와 그에 따른 능제 격상은 200여 년이 못 미쳐 정치적 과정을 통해 이루어졌다.

1698년(숙종24)에 단경왕후의 복위 문제가 본격적으로 거론되었다. 그때 당시는 노론과 소론의 정치세력 간에 의견이 엇갈려 사당만 설치하였다. 1739년(영조15)에 영조는 소론의 복위 주장을 기다렸다는 듯이 복위를 결정하였다. 과거를 정리하는 일은 왕권의 정통성 및 왕실 내부의 문제와 맞물려 있어서 조심스러웠지만, 영조는 국정을 주도하려는 의도에서 복위를 적극 주도했던 것이다.[57]

---

57.   이희중, 「17, 8세기 서울 주변 왕릉의 축조, 관리 및 천릉 논의」, 『서울학연구』 17(1), 2001, 9~10쪽.

희릉(장경왕후)

희릉(禧陵)은 중종의 둘째 왕비 장경왕후(章敬王后) 윤씨(1491~1515)의 단릉이다.

경기도 고양시 덕양구 원당동 서삼릉 내에 있다. 능침은 간좌곤향(艮坐坤向: ↙)으로 자리 잡았다.

1515년(중종10) 3월 2일에 장경왕후가 슬하에 1남(인종) 1녀(효혜공주)를 남기고 세상을 떠나자 그해 윤4월 헌릉 곁에 장사지냈다. 이후 1537년(중종32) 9월 6일에 지금 자리로 이장했다. 이런 사실을 능 곁에 조성한 비문에 기록했다.

장경왕후 윤씨는 1491년(성종22) 7월 6일에 탄생했다. 1507년(중종2)에 왕비로 책봉되었다. 1515년(중종10) 3월 2일에 승하하여 윤4월에 광주 헌릉의 오른쪽에 장사지냈다. 1537년(중종32) 9월 6일에 고양 남쪽 원당리(현재 고양 서삼릉 능역) 간좌(艮坐)의 언덕으로 이장했다.「비문」

희릉의 입지를 『대동여지도』(1861)의 산줄기로 개관해 보자. 한북정맥의 주맥이 도봉산을 거쳐 삼각산에 이르고, 삼각산에서 서쪽으로 지맥이 노고산을 이루고 별아산으로 뻗는 도중의 산언덕에 희릉이 있다. 『선원보감』(1931)의 산릉도는 희릉을 이루는 풍수 국면과 산수의 짜임새를 상세히 표현했다.

• 희릉의 입지지형 위성사진. 예릉, 효릉도 보인다.

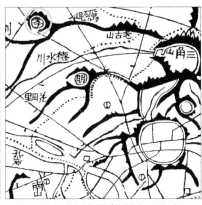

• 『대동여지도』의 산줄기와 희릉(서삼릉의 효릉을 대표로 표기했다)

陽高在壇胎聖列陵睿陵孝陵禧

도봉산

노고산

희릉

안산

• 희릉 산릉도(『璿源寶鑑』(1931) 「列聖祖山陵圖」). '희릉 효릉 예릉 열성태단(禧陵孝陵睿陵列聖胎壇在高陽)'이라고 적고, 간좌(艮坐)로 자리한 희릉
의 풍수적 입지를 표현했다. 도봉산(道峰山)에서 노고산(老姑山)을 거쳐 주맥줄기가 크게 어깨를 펼치면서 네 곳의 명당 국면을 맺었는데, 그중 좌청
룡을 끼고 있는 국면이 희릉이다. 마주보고 있는 '안산(案山)'도 표기하였다.

• 능침과 정자각. 원래 헌릉 곁에 있었으나 풍수를 빌미로 삼은 권신들의 책략에 의해 이장된 곳이다.

• 봉분과 상설. 동북쪽을 등지고 서남향으로 자리 잡았다.

• 능침 뒤에서 바라본 입지경관. 나지막한 둔덕이 안산으로 마주했다.

• 능침 뒤로 들어오는 맥

아랫자리로 옮겨 쓰는 것이 옳다

장경왕후의 능자리는 원래 헌릉의 오른쪽에 자리 잡았으나 이십 여 년 후에 권신들의 계략으로 말미암아 서삼릉 능역으로 이장했다. 실록에서 살펴보기로 하자.

1515년(중종10) 3월 2일, 장경왕후가 세상을 떠났다. 열흘 후(12일) 좌의정 정광필 등이 산릉을 살피고, 도면을 그려서 경릉과 헌릉이 있는 산을 추천하며 아뢨다.

"소견으로 말씀드리자면 경릉(敬陵)·헌릉(獻陵)의 두 산이 다 좋습니다. 다만 헌릉은 산세가 너무 장대하고, 경릉은 여자의 자리[女位]에 마땅합니다. 또 공사[功役]로 말한다면, 경릉은 일이 편리하고 헌릉은 큰 강을 건너갑니다. 그러나 의당 상께서 택하여 정하셔야 합

니다." 하니, '천천히 답하겠다.' 전교하였다. 『중종실록』 10년 3월 12일

이에 중종은 지리관 조윤 등을 불러 능자리로 적합한지를 물었고, 지리관은 헌릉이 있는 산을 추천하였다. 이에 중종은 "헌릉의 산을 쓰는 것이 좋겠다."고 전교하였다.

그 달 말(29일), 중종은 장경왕후의 능자리 공사 중 혈자리에 큰 돌이 있다는 보고를 받고 아랫자리로 옮겨 쓸 것을 명했다.

도승지 손중돈이 산릉으로부터 와서 아뢨다. "전에 잡은 자리에 광[金井]을 5자쯤 파내려가니 큰 돌이 가로질러 있고, 그 뿌리가 커서 끝내 파낼 수가 없었습니다. 그 자리 아래에 수도(隧道: 터널)를 삼으려고 파게 하니 돌덩이가 있기는 하지만 윗자리 같이 큰 덩어리는 아니었습니다. 아랫자리로 옮기면 산 모양[山形]의 향배(向背)가 윗자리와 다름이 없고, 백호·청룡과 물 빠짐[水波]이 모두 틀리지 않으니 쓰는 것이 지당하겠습니다. 다만 이것은 큰 일이라 마음대로 하는 것은 불가하므로 정승들이 신으로 하여금 아뢰게 하였습니다. 어찌 하면 되겠습니까?"

중종은 이르기를, "아랫자리의 길흉을 다시 지리관에게 물어 아뢰라." 하고, 곧 지리관 조윤을 불러서 물었다. 조윤이 아뢨다. "산 모양이 곧으므로 아랫자리에 옮기더라도 백호·청룡이 전혀 어그러지지 않고, 산 모양의 향배 또한 모두 같은데, 물빠짐은 오히려 윗자리 보다 좋습니다. 당초 자리잡을 때에 모두들 아랫자리에 쓰라고 하였는데, 다만 아랫자리를 쓰면 3단 계석(階石) 밖에 약간 보토할 곳이 있으므로 위로 옮겨 자리를 잡았습니다." 이에 중종은 "그러면 아랫자리로 옮겨 쓰는 것이 옳다." 했다. 『중종실록』 10년 3월 29일

죄로 만들려고 옮겨야 한다고 주장하여

그런데 20여 년이 지난 후인 1537년(중종32) 4월 25일, 중종은 아무런 문제가 없던 희릉을 옮기는 일을 대신들과 의논하고 이장을 결정하게 된다. 이장하려는 논의와 과정을 살펴보면, 권신(權臣) 집단 간에 정치권력의 확대를 위한 정략적 인 배경과 계책이 숨어 있음을 간파할 수 있다. 중종은 다음과 같이 명했다.

"능을 옮기는 일은 분명하게 처리하여 후세에 다시 못된 말이 없도록 해야 한다고 했는

데, 이 말이 옳다. 옮겨 장사지내야 할 것인지 정부(政府: 의정부)와 육경(六卿) 및 판윤(判尹)을 불러 의논하여 정하라." 『중종실록』 32년 4월 25일

이에 여러 중신들은, "뭇 사람들의 의논이 모두 같으므로 부득이 옮겨야 한다는 뜻을 감히 아룁니다."라고 했다. 이러자 중종은 명했다.

"앞서 대신들이 아뢰기에 나 역시 온당치 않게 여겼으나, 다만 길흉에 구애되어 20여 년이나 된 능을 갑자기 옮기는 것은 합당하지 못한 듯싶었다. 그러나 뭇 사람들의 의심이 이러하니 능을 옮기겠다." 『중종실록』 32년 4월 25일

이러한 희릉의 이장 동기에는 김안로(1481~1537)의 정략적인 배경이 숨어 있었다. 일찍이 김안로는 아들 김희를 중종과 장경왕후의 맏딸 효혜공주에게 장가보내 척신(戚臣)이 된 자였다. 그가 자신의 정적(政敵)인 정광필(1462~1538)을 제거하기 위한 수단으로 이장을 의도적으로 꾀한 것이다. 정광필은 희릉 조성 당시의 총호사로서 총책임자의 역할을 수행한 바 있었다. 이에 김안로는 과거 자신을 견제하여 유배 보낸 남곤과 심정을 차례로 축출한 뒤 정광필을 몰아 낼 궁리를 하고 있었다.[58] 곧이어 이장 논의가 본격적으로 진행되었고 연일 초장의 책임자 문책을 요구하는 상소가 올라왔다. 김안로의 배후 조종 때문이었다.[59]

사관(史官)은 아래와 같이 당시의 그러한 정치적 정황을 적실하게 파악해 꼬집어 표현했다.

사신은 논한다. 김안로가 정광필을 모함하여 죽이려고 날마다 허항을 영의정 한효원의 집에 보내어 의논하였으나, 한효원이 듣지 않으므로 죽이지 못했다. 그 뒤로도 계획을 날마다 깊이 하였으나 오랫동안 허물을 잡지 못했다. 이때에 이르러 정광필이 일찍이 총호사였으므로 이 사건을 중시하여 그의 죄로 만들려고, 마땅히 옮겨야 한다고 주창하여 의논하였

---

58. 이성무, 『조선국왕전』, 청아출판사, 2012, 179쪽.
59. 신재훈, 「조선전기 천릉의 과정과 정치적 성격」, 『조선시대사학보』 58, 2011, 35~64쪽.

는데, 사람들이 의견을 달리하지 못했다. 『중종실록』 32년 4월 25일

    김안로는 결국 정광필 등을 귀양 보낸 후 권력을 장악해 전횡을 휘둘렀다. 그러나 그의 정치적 생명은 오래가지 못했다. 정적인 문정왕후마저 폐위시키려다가 도리어 본인이 사사(賜死)되고 말았다.[60]

～⌒～

    장경왕후 희릉의 이장은 권신들 간에 권력다툼으로 빚어진 일이었다. 여기서 풍수는 정적을 제거하는 수단으로 이용되었다.

태릉(문정왕후)

    태릉(泰陵)은 중종의 셋째 왕비 문정왕후(文定王后) 윤씨(1501~1565)의 단릉이다.

    능은 서울 노원구 공릉동 있다. 능침은 임좌병향(壬坐丙向 : ↘)으로 자리 잡았다.

    문정왕후는 윤씨는 1501년(연산군7)에 태어나, 중종의 사이에 명종을 비롯한 1남 4녀를 두었다. 어린 명종이 왕위에 오르자 수렴청정을 하며 권력을 휘둘렀다. 생전에 중종의 정릉을 이장하였고, 자신도 곁에 묻히고자 했으나 뜻대로 되지 않았다. 1565년(명종20) 4월 6일에 세상을 떠나 지금 자리에 장사지냈다. 능 곁에 조성한 비문(1753년)은 기록했다.

    문정왕후 윤씨는 중종대왕의 계비로 1501년(연산7) 10월 22일에 탄생하여 1517년(중종12)에 왕비로 책봉되었다. 1565년(명종20) 4월 7일에 승하하자 7월 15일에 양주 남노원면 임좌의 언덕에 장사지냈다. 나이는 65세였다. 「비문」

    태릉의 입지를 『대동여지도』(1861)의 산줄기로 개관해 보자. 한북정맥의 주맥으로 내려오다가 지맥으로 갈래져 남으로 천보산과 송산, 수락산을 거쳐 검

---

60.   이성무, 『조선국왕전』, 청아출판사, 2012, 179쪽.

암산을 맺었는데, 그 서편 산언덕에 태릉이 있다. 『해동지도』(18세기 중반)와
『1872년 지방지도』에는 태릉을 표기했다. 『선원보감』(1931)의 산릉도는 태릉을
이루는 풍수 국면과 산수의 짜임새를 상세히 표현했다.

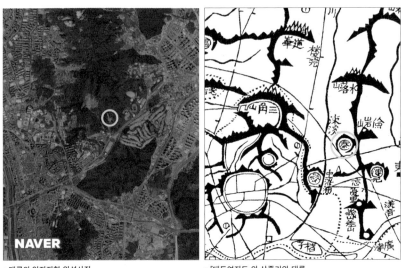

● 태릉의 입지지형 위성사진　　　　　　● 『대동여지도』의 산줄기와 태릉

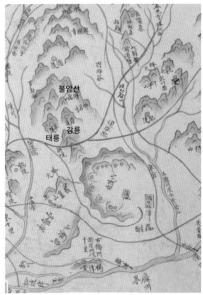

● 『해동지도』(경기도 양주)의 '태릉'. 불암산에 있다. 오른쪽에
는 강릉(명종)도 표기했다.

● 『1872년 지방지도』(경기도 양주)의 '태릉'. 아래로 동구릉이 보
인다. 강릉은 좌우 표기가 잘못된 것이다.

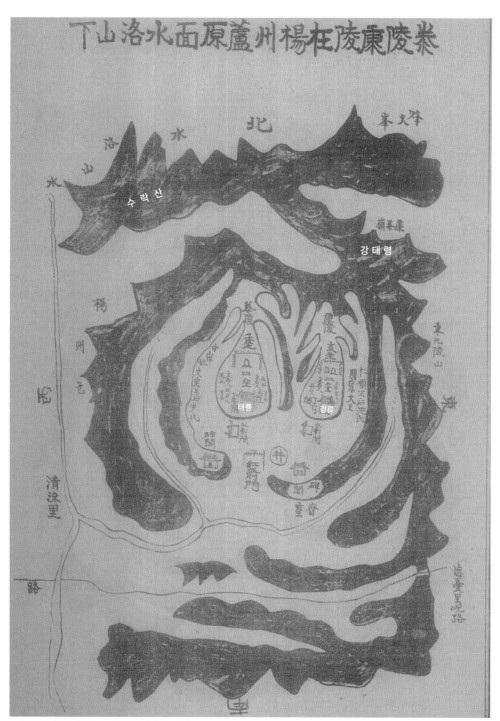

下山洛水面原蘆州楊在陵康陵泰

- 태릉 산릉도(『璿源寶鑑』(1931) 「列聖祖山陵圖」). '태릉 강릉은 양주 노원면 수락산 아래에 있다(泰陵康陵在楊州蘆原面水落山下)'고 적고, 수락산 (水落山)에서 강태령(康泰嶺)을 거쳐 임좌(壬坐)로 자리한 태릉의 풍수적 입지를 표현했다. 주맥 산줄기는 두 곳의 명당 국면을 맺었는데, 태릉은 가 운데에 위세가 크다. 마주하는 안산·조산은 명당을 겹겹이 받치고 있는 형세다.

• 앞에서 바라본 입지경관과 능침·정자각. 문정왕후는 죽어 정릉(중종) 곁에 묻히고자 했으나 뜻을 이루지 못하고 홀로 자리했다.

• 정자각 안에서 바라본 능침

• 무석인. 불교를 신봉했던 문정왕후였기에 무석인도 불교 사천왕의 모습과 닮았다.

• 봉분과 상설

• 능침 뒤에서 바라본 입지경관. 남향(남남동)으로 향해 자리 잡았다.

• 능침 뒤로 들어오는 맥

아주 좋은 자리를 골라 써야 할 것이다

1565년(명종20) 4월 6일, 문정왕후가 세상을 떠났다. 그녀의 소생인 아들 명종은 도감을 설치하고 책임자와 관리를 임명하여 능자리를 정했다. 그런데 생전에 문정왕후의 뜻에 따라 중종 곁에 모시려했는데 뜻밖에도 혈자리에 돌이 박혀 있어서 불가하였다. 이에 조정에서는 장단과 대방동 후보지를 검토한 끝에, 지리적으로 가까운 대방동 자리를 살펴 혈을 정하도록 했다. 승하 후 두 달째인 5월 30일에 명종과 신하들이 나눈 논의 내용을 보자.

총호사 심통원이 아뢨다. "새 능의 혈(穴)을 정한 곳에 풀을 베고 땅을 파보니, 정혈(正穴) 하단에 돌부리가 펑퍼짐하게 서려 있어 다 뽑아낼 수 없는 형세이므로 감히 아룁니다."

명종은 답했다. "총호사의 소임은 극히 중대하니, 산릉을 잘못 정한 것을 상지관에게만 미룰 수 없다. … 군장리(軍場里) 동쪽 언덕에 만일 좋은 곳이 있거든 정혈을 옮겨 정하는 것이 어떠한가?"

영의정 윤원형과 총호사 심통원이 아뢨다. "신들이 명을 받드니 두려운 마음 견딜 수 없습니다. 산릉을 정하는 것은 중대한 일인데 어찌 감히 경솔히 하겠습니까. 정혈에 돌이 있으니 신들도 답답하게 여깁니다. 동쪽 언덕에는 산체(山體)가 쇠약합니다. 지금 바야흐로 자리를 정하고 있는 때에 곁가지 언덕에 쓸 수 없습니다. 앞날에 살펴본 장단(長湍)과 대방동(大方洞)이 다 좋습니다. 다만 장단은 너무 멀고, 대방동은 아주 가까우니 위에서 헤아려 정하심이 어떻겠습니까?"

명종이 답했다. "자식의 마음에 어머니[皇妣]의 능침을 어찌 가까운 지역에 정하려 하지 않겠는가. 다만 이장한 뒤에 나라에 좋은 일이 없었다. 지금 새 능을 정함에 있어서 원근을 따지지 말고 아주 좋은 자리를 골라 써야 할 것이다. 내가 듣기로는 중종 때에 '대방동을 자손이 없는 자리'라고 한 듯하다. 경들은 상지관과 자세히 따져보고 바로잡아 후회가 없도록 하라."

윤원형 등이 아뢨다. "지금 이 산릉에 있어 좋은 자리를 얻으려 하는 것은 상하의 마음이 어찌 다름이 있겠습니까. 다만 지리설은 아득하여 알기 어렵고 길흉의 이치도 헤아려 알기 어렵습니다. '자손이 없다는 설'을 술관(術官)에게 물었더니, 모두 '자세하지 않다.'고 하였습니다. 신들이 보건대 김사청의 자손이 매우 많아서, 김영렬의 자손에 비교하면 아주 현격한 차이가 있습니다. 이로써 살펴보면 자식없다는 설은 믿기 어려울 듯합니다. 그러나 위에서 이 설에 의심을 두시므로 신들이 감히 청할 수 없으니, 위에서 헤아려 정하소서."

명종이 말했다. "내가 경들의 의사를 알겠다. 김사청의 자손이 번성한 것을 보니 자손이 없다는 설은 믿을 수 없다. 대방동이 해로울 것이 없으니, 정혈을 속히 살펴서 정하라."『명종실록』 20년 5월 30일

마침내 승하 후 4달째인 7월 13일 자시(子時)에 문정왕후를 발인하였고, 이틀 뒤에 명종이 친히 초우제(初虞祭)를 행하였다.

12대 효릉(인종·인성왕후)

효릉(孝陵)은 조선왕조 제12대 인종(仁宗, 1515~1545)과 인성왕후(仁聖王后) 박씨(1514~1577)의 쌍릉이다.

능은 경기도 고양시 덕양구 원당동 서삼릉 내에 있다. 능침은 간좌곤향(艮坐坤向 : ✎)으로 자리 잡았다.

인종은 척신(戚臣)들이 권력을 다투는 틈바구니에서 재위했다. 병약한 심신에 험난한 왕위를 버티지 못하고 재위 8개월 만에 31세의 나이로 세상을 떠났다.

인성왕후는 1544년(중종39)에 왕비로 책봉되었다. 슬하에 자식을 두지 못하고 64세의 나이로 세상을 떠났다.

• 효릉의 입지지형 위성사진

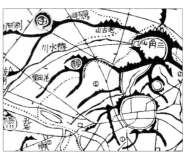
•『대동여지도』의 산줄기와 효릉

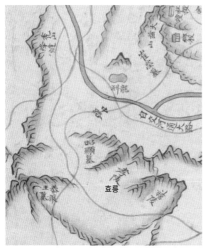
•『해동지도』(경기도 고양)의 '효릉'

•『광여도』(경기도 고양)의 '효릉'. 오른쪽에 희릉(장경왕후)과 왼쪽에 소현묘(소현세자)도 표기되었다.

1545년(인종1) 7월 1일에 인종이 세상을 떠나자 10월 12일 날 지금 자리에 장사지냈다. 1577년(선조10) 11월 29일에 인성왕후가 세상을 떠나자 이듬해 (1578년) 2월 9일 날 인종 곁에 장사지냈다.

효릉의 입지를 『대동여지도』(1861)의 산줄기로 개관해 보자. 한북정맥의 주맥이 도봉산을 거쳐 삼각산에 이르고, 삼각산에서 서쪽으로 지맥이 뻗어 노고산을 이루고 다시 별아산으로 맺는 도중의 산언덕에 효릉이 있다. 『해동지도』(18세기 중반)와 『광여도』(19세기 전반)에는 효릉을 표기했다. 『선원보감』(1931)의 산릉도는 효릉을 이루는 풍수 국면과 산수의 짜임새를 상세히 표현했다.

• 효릉 산릉도(『璿源寶鑑』(1931) 「列聖祖山陵圖」). 간좌(艮坐)로 자리한 효릉의 풍수적 입지를 표현했다(그림 왼쪽에서 두번째). 날개를 크게 펼쳐 네 곳의 명당을 맺은 주맥이 좌우와 앞으로 명당을 에워싸면서 생기를 가두려 겹겹이 잠그는 형세를 하였다.

• 능침과 정자각(출처: 문화재청). 인종은 효성이 지극해 아버 지 중종과 어머니 장경왕후 곁에 자리를 정할 것을 유언으로 남겼다. 그러나 중종의 정릉은 계모인 문정왕후에 의해 이장 됐다.

• 봉분과 상설(출처: 문화재청). 동북쪽을 등지고 서남향으로 자리 잡았다.

반드시 부왕과 모후 두 능의 근처에 써야 한다

1545년(인종1) 7월 1일, 인종이 서른한 살의 젊은 나이로 세상을 떠났다. 8개월이라는 짧은 재위 기간 동안 대윤(大尹)과 소윤(小尹)으로 나뉘어 권력을 다투는 권신(權臣)들의 굴레와 계모인 문정왕후에게 시달렸다.

평소 병약했던 인종이 자식도 두지 못하고 죽자 문정왕후의 아들인 명종이 열두 살의 어린 나이에 왕위에 올랐다. 어린 인종의 뒤에는 문정왕후가 수렴청정을 하면서 모든 결정을 좌우하고 있었다.

인종은 살아생전에 "왕릉은 백성의 폐해를 덜도록 힘쓰고 반드시 부왕과 모후 두 능의 근처에 써야 한다."[61]고 유언을 남긴 터였다. 이런 점만으로도 인종이 역대 군왕 가운데 가장 효성이 지극했던 인물[62]이라는 사가(史家)의 평이 무색하지 않다. 이에 명종과 문정왕후는 별다른 고심 없이 부왕이 묻혀있는 정릉(靖陵) 근처에 능자리를 구하게 한다. 당시까지만 해도 정릉은 인종의 모후 장경왕후의 희릉 서쪽 언덕에 있었다.

인종이 승하한 지 일주일도 지나지 않아 좌의정 유관이 터를 보고 와서 "정릉의 백호 너머에 산이 있는데 형세는 크지 않으나 둘러싼 형상이 매우 아름다웠으므로 대행 왕(인종)이 남긴 말씀[遺敎]에 따라 이곳을 택하고 다른 곳은 찾아보지 않았습니다."고 아뢨다.[63] 다시 사흘 뒤에, 신하들이 능자리를 살펴보고

61. 『인종실록』 원년 7월 4일
62. 이성무, 『조선왕조사』, 수막새, 2011, 306쪽.
63. 『명종실록』 원년 7월 5일

합당하다고 아뢰자 최종적으로 그 자리를 결정했다.

담당 신하들이 아뢴 능자리의 풍수평가는 다음과 같았다. 끝말에 새로 들어설 능자리가 정릉의 형세와 꼭 같았다는 말이 가슴을 뭉클하게 한다.

"정릉 백호 너머에 간방향(동북쪽)의 목산(木山)이 있는데 간좌곤향(艮坐坤向: ╱)입니다. 물들이[得水]는 묘(卯: →) 방향에서 들고, 물빠짐[得破]은 신(辛: ╱) 방향에서 빠집니다. 청룡은 겹으로 싸이고, 백호는 세 겹으로 형세가 감싸여 있습니다. 수청룡(水靑龍)이 감돌아 안대(案對: 마주 대한 하천)가 되었으며, 수구(水口)가 막혔습니다. 혈의 모습[形穴]이 분명하여 길하고, 흉함이 없는 것이 정릉의 형세와 꼭 같았습니다." 『명종실록』 즉위년 7월 11일

산릉도감 권철이 총호사의 의견을 가지고 와서 금정(金井: 혈자리)의 토질은 아주 좋다고 아뢨다. 노윤천이 산릉을 살피러 가서 총호사와 도감 제조 등에게 말하기를, "임권·정사룡·권응창이 '현궁(玄宮)의 흙을 여기에 온 시위 나인들에게 담아다 보이니, 다 같이 이 흙이 좋기는 하나, 다만 토질을 쥐어서 시험해 보니 꽉 쥘 때 덩어리가 지는 것이 아마 습기가 있어서 그런 듯하다.'고 하였다 합니다. 『명종실록』 즉위년 10월 12일

인종의 국장은 왕의 예(禮)인 오월장을 채우지 못한 채 4개월만의 갈장(渴葬; 정해진 기일을 지키지 않고 서둘러 장사지내는 것)으로 치러지고 말았다. 1년도 재위하지 못한 임금이라 하여 대왕의 예로서 장사지낼 수 없다는 소윤(小尹) 신료들의 주장에 문정왕후도 같은 입장이었다.[64]

마침내 10월 12일, 영가(靈駕)가 산릉을 향해 떠나는데, 거리에서 통곡하지 않는 사람이 없었다. 『명종실록』 즉위년 10월 12일

한편, 인종이 승하한 지 삼십 여 년 후인 1577년(선조10) 11월 29일에 인성왕후가 세상을 떠나자 이듬해(1578년) 2월 9일 날 인종 곁에 장사지냈다.

---

64.   이성무, 『조선왕조사』 수막새, 2011, 311쪽.

대행대비의 발인 때에 임금이 광화문 밖에서 지송(祗送)하였으며 영가가 숭례문 밖으로
나간 뒤에야 임금이 환궁(還宮)하였다. 『선조실록』 11년 2월 9일

～⚬⚬～

효성스런 인종은 부왕과 모후 곁에 묻히고자 유언대로 산릉지를 가까이 정했
지만, 계모인 문정왕후는 장경왕후와 중종이 같이 있는 것을 꺼려 1562년(명종
17)에 정릉을 다른 곳으로 옮겨버렸다. 무덤에 누워 말없는 인종은 이 사실을 아
는지 모르는지 사관(士官)의 글로만 안타까운 심정을 대신해 전할 뿐이다.

"통탄스러운 일은 20년 동안 편안히 모셔진 정릉의 혼을 까닭 없이 옮겨, 어버이 곁에 장
사지내기를 원한 인종의 뜻이 마침내 허사로 돌아가게 한 것이다. 삼가 생각건대 중종과 인
종이 하늘 아래에서 몰래 슬퍼하고 눈물을 흘릴 것이니, 문정왕후의 죄가 이에 이르러 극도
에 달하였다 하겠다." 『명종실록』 20년 5월 30일

---

* 참고자료: 『효릉지(孝陵誌)』

조선왕조 제12대 왕 仁宗과 비 仁聖王后 朴氏의 孝陵에 대한 陵誌이다. 李彦迪 등이 편찬했다
(장서각 소장). 1책(34장)의 필사본이다.

첫머리에는 仁宗과 仁聖王后 朴氏의 출생, 왕세자(빈) 책봉, 즉위, 사망 연도, 재위와 나이, 葬地와
葬事日 정보를 적었다.

仁宗은 1515년 2월 25일 경복궁에서 태어나 경복궁에서 승하했고, 孝陵은 고양 禧陵의 서쪽 언덕
에 艮坐坤向으로 있음을 알 수 있다.

李彦迪이 撰한 行狀이 실렸고, 이어 舊本에 있다는 첨언을 한 行狀도 추가로 실렸다.

다음으로는 右參贊 申光漢이 쓴 孝陵誌文이 있다. 成世昌이 쓴 封王世子敎命文, 鄭士龍이 쓴
封王世子竹冊文, 都承旨 崔演의 諡冊文, 禮曹正郎 李洪男의 哀冊文과 성명이 전하지 않는 封王
世子嬪冊文이 차례로 실렸다. 다음으로는 仁宗에 대한 詩로써 進大殿誕日詩와 進大殿春帖子, 進
中宮春帖子와 失題 한 수가 있다. 또한 仁宗에 대한 文으로써 大殿誕日賀箋, 中宗大王大漸時祝天
祭文, 祭中宗大王文 등을 실었고 以福城君嵋事上䟽는 舊本에 오류가 많아 실록을 따랐다고 첨언했
다. 人彘賦(舊本), 효릉의 행장에서 나온 賜生薑宮僚手札과 手書諭大臣, 실록에 나온 下宮僚書 등
과 옥산서원에 소장된 것에서 나온 賜答賓客李彦迪書를 편집했다.

仁宗과 비 仁聖王后 朴氏의 孝陵에 관련된 역사적 사실과 관련 여러 문서 · 詩文을 출처와 함께
알 수 있는 있는 자료로서 가치가 있다.

13대 강릉(명종·인순왕후)

강릉(康陵)은 조선왕조 제13대 명종(明宗, 1534~1567)과 인순왕후(仁順王后) 심씨(1532~1575)의 쌍릉이다.

능은 서울시 노원구 공릉동에 있다. 능침은 해좌사향(亥坐巳向: ↘)으로 자리 잡았다.

명종은 12세의 어린 나이로 즉위하여 22년을 재위하였다. 왕위에 있는 동안 안으로는 문정왕후에 의한 수렴청정의 그늘과 외척 세력들의 권력쟁탈이라는 틈바구니에서 시달리고, 밖으로는 피폐한 백성들이 연이어 일으키는 민란을 겪었다. 그는 후계자를 정하지도 못한 채 34세의 나이로 세상을 떠났다.

인순왕후는 1545년(인종 원년)에 왕비로 책봉되었다. 양아들 선조가 즉위하자 수렴청정을 하였으며, 소생으로 순회세자를 남기고 44세의 나이로 세상을 떠났다.

1567년(명종22) 6월 28일에 명종이 세상을 떠나자 모후(母后)인 문정왕후 태릉 동쪽 언덕에 장사지냈다. 이후 1575년(선조8) 1월 2일에 인순왕후가 세상을 떠나자 명종 곁에 장사지냈다.

강릉의 산줄기 내맥과 풍수 입지를 『강릉지(康陵誌)』에 자세히 기록했다.

수락산에서 왼쪽으로 떨어지니 천보산이 되고, 천보산에서 또 왼쪽으로 떨어지고 왼쪽으로 돌았다. 건해(乾: ↖ 亥: ↖) 방향에 앉은 용[坐龍]으로 해좌사향(亥坐巳向: ↘)이다. 갑묘(甲: → 卯: →) 방향에서 물이 들고[得水], 미곤(未: ↙ 坤: ↙) 방향으로 물이 빠진다[破水]. 내안산(內案)은 방현(方峴)이고, 외안산(外案)은 건왕산(建王山)이다. 『강릉지』

강릉의 입지를 『대동여지도』(1861)의 산줄기로 개관해 보자. 한북정맥의 주맥으로 내려오다가 지맥으로 갈래져 남으로 천보산과 송산, 수락산을 거쳐 검암산을 맺었는데, 그 서편 산언덕에 강릉이 있다. 『해동지도』(18세기 중반)와 『1872년 지방지도』에 강릉을 표기했다. 『선원보감』(1931)의 산릉도는 강릉을 이루는 풍수 국면과 산수의 짜임새를 상세히 표현했다.

• 강릉의 입지지형 위성사진

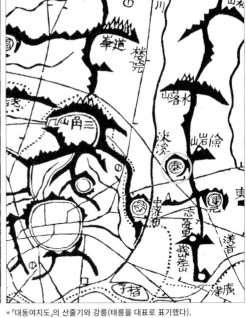

• 『대동여지도』의 산줄기와 강릉(태릉을 대표로 표기했다).

• 『해동지도』(경기도 양주)의 '강릉'. 태릉과 강릉의 위치가 잘못 표기되었다.

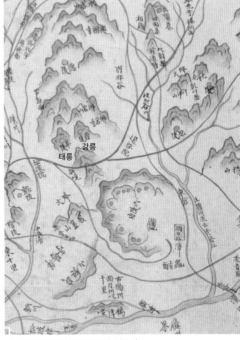

• 『1872년 지방지도』(경기도 양주)의 '강릉'

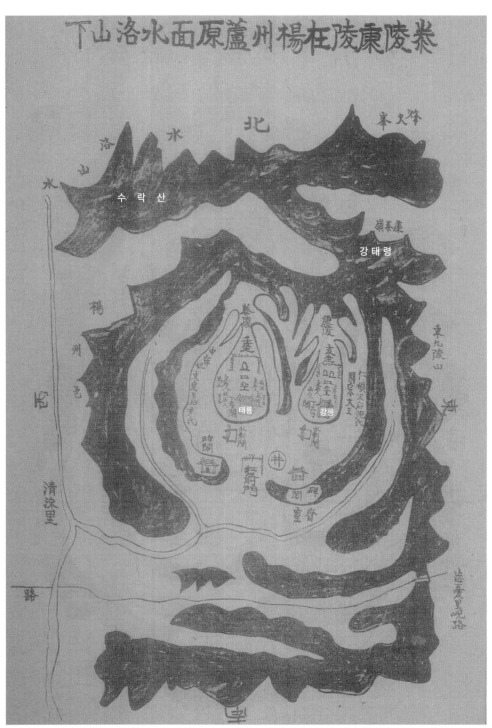

• 강릉 산릉도(『璿源寶鑑』(1931) 「列聖祖山陵圖」). 수락산(水落山)에서 강태령(康泰嶺)을 거쳐 해좌(亥坐)로 자리한 강릉의 풍수적 입지를 표현했다. 왼쪽에는 태릉을 그렸다.

• 능침과 정자각. 명종의 강릉은 어머니 문정왕후가 묻힌 태릉 곁에 자리 잡았다.

• 봉분(사진 왼쪽 명종·오른쪽 인순왕후)과 상설. 정해진 기일보다 한 달 앞당겨 장사지낸 곳이다. 북쪽(북북서)을 등지고 남향(남남동)으로 배치됐다.

● 능침 뒤에서 바라본 입지경관. 가까이로는 나지막히 병풍처럼 쳐진 안산을 받치고 멀리로는 동구릉이 있는 검암산을 마주했다.

달을 앞당겨 장사지내다

1567년(명종22) 6월 28일, 명종이 세상을 떠났다. 아들도 두지 못하고 젊은 나이에 승하하자, 창빈안씨 소생으로 배다른 형제인 덕흥대원군의 자식을 양자를 들였다. 이때 열여섯 살의 어린 나이로 왕위에 오른 이가 선조다.

실록에는 명종의 능자리를 구하는 과정을 적은 기사는 찾기 어렵고, 넉 달째에 장사지낸 경위를 적은 기록이 전한다. 명종이 6월에 승하하였기에 다섯 달째 되는 10월에 장사지내야 하지만, 일관이 10월에는 불길하다고 하여 달을 앞당겨 9월로 날을 정했다.

강릉(康陵)의 장례를 치렀다. 명종의 상을 10월에 장례해야 했는데, 일관(日官)이 10월은 불길하다 하여 9월로 청해 올렸던 것이다.

이에 대하여 생원 이유는 갈장(渴葬: 날짜를 앞당겨 지내는 장례)이 예(禮)가 아님을 상소하였다. 왕대비(문정왕후)는 하교하기를, '모든 길흉은 하늘에 매여 있는 것이다. 일관의 말을 믿을 것이 뭐 있겠는가. 10월로 정하는 것이 옳다.' 하였다.

대신 이준경 등이 아뢰기를, '장례에 있어 꼭 길일(吉日)을 택하지 않으시는 그 뜻은 비록 훌륭한 뜻이나, 다만 흉일(凶日)로 하면 선령(先靈)이 혹시 편안치 않으실까 그것이 염려됩니다.' 하여, 대비도 그대로 따랐다. 『선조수정실록』 즉위년 9월 22일

산릉을 살펴 정하는 것은 나라의 막중한 일이니

1575년(선조8) 1월 2일, 인순왕후가 세상을 떠났다. 1월 8일에 좌의정 박순은 산릉도감을 거느리고 강릉의 지맥에서 능자리를 살폈다. 그리고 닷새 뒤(13일) 영상과 좌상은 상지관(相地官)과 풍수를 아는 사람을 거느리고 강릉과 태릉으로 나갔다.

이튿날(15일) 영상과 좌상은 산릉자리를 다시 살폈다. 검토해보니, 예전에는 수산(水山)이라 하였는데, 지금은 금산(金山)이라 해서 자리의 판단에 논란이 있어, 2품 이상과 협의하여 능자리를 정하도록 선조에게 건의했다. 이윽고 강릉의 능자리를 해좌사향(亥坐巳向: ↘)으로 판명하였다.

공조 판서 원혼(元混) 등이 강릉의 무덤 앞으로 올라가니 네 명의 대신도 따라 올라갔다. 상지관(相地官)에게 기형(機衡: 천문·방위 측정기구)을 펼쳐 놓고 또 건당구범철(乾唐龜泛鐵: 패철의 일종)을 놓고 보게 하니 모두 해좌사향이 매우 분명하다고 하였다. 『선조실록』 8년 1월 15일

이러한 사태를 두고 선조는 비망기로써 특별히 다음과 같이 글을 내린다.

"산릉을 살펴 정하는 것은 나라의 막중한 일이니 술관(術官)이 된 자들은 마땅히 그 마음과 힘을 다하여 충분히 자세히 살펴 털끝만큼의 차이도 있어서는 안 된다. 그런데 강릉이 금산(金山)인데도 전날에 수산(水山)이라고 거짓으로 고하였으니 일이 매우 가볍지 않다. 나는 그것을 다스려 뒷사람들을 조심시키려 한다." 『선조실록』 8년 1월 16일

다음날(16일)에, 인순왕후의 능을 양주 땅에 있는 금산(金山) 해좌사향의 언덕 옆에 쓰기로 결정했다. 마침내 넉 달째 되던 4월 1일에 발인하여, 4월 28일에 인순왕후를 강릉에 부장(附葬)하였다.[65]

---

65. 『선조수정실록』 8년 4월 1일·28일. 한편 『선조실록』에는, 8년 5월의 사실로 기록하였다.

14대 목릉(선조·의인왕후·인목왕후)

목릉(穆陵)은 조선왕조 제14대 선조(宣祖, 1552~1608)와 첫째 왕비 의
인왕후(懿仁王后) 박씨(1555~1600), 둘째 왕비 인목왕후(仁穆王后) 김씨
(1584~1632)의 동원이강릉(同原異岡陵)이다.

능은 경기도 구리시 인창동 동구릉 내에 있다. 선조와 의인왕후 능침은 임좌
병향(壬坐丙向 : ↘), 인목왕후 능침은 갑좌경향(甲坐庚向 : ←)으로 자리 잡았다.

선조는 나이 16세에 방계(傍系)로 왕위를 계승하였다. 41년의 재위 기간 중
에 임진왜란을 겪고 사림의 다툼과 분열 속에 왕권유지에 급급하다가 56세의
나이로 세상을 떠났다.

의인왕후는 1569년(선조2)에 왕비로 책봉되었다. 자식을 두지 못하고 46세
의 나이로 세상을 떠났다.

인목왕후는 1602년(선조35)에 왕비로 책봉되었다. 영창대군과 정명공주를
두었으나, 왕권의 정통성을 둘러싼 집권세력(대북파)에 의해서 어린 영창대군
은 죽임을 당하고 본인도 폐비되어 서궁(西宮)에 유폐되었다. 그 후 인조반정
으로 복권되어 살다 49세의 나이로 세상을 떠났다.

1600년(선조33)에 의인왕후가 세상을 떠나자 지금 자리(裕陵)에 장사지냈
다. 이후 1608년(선조41)에 선조가 세상을 떠나자 건원릉 서쪽 언덕에 장사지
냈고, 1630년(인조8)에 능자리의 풍수가 좋지 않다는 이유로 지금 자리로 이
장했다. 1632년(인조10)에 인목왕후가 세상을 떠나자 지금 자리에 장사지냈
다. 이런 사실을 능 곁에 조성한 비문(1747년)에 기록했다.

선조대왕은 1552년(명종7) 11월 11일에 탄생했다. 1608년(선조41) 2월 1일에 승하하
여 6월 양주 건원릉의 서쪽 언덕에 장사지냈고, 1630년(인조8) 11월 21일 건원릉의 두 번
째 등성이 임좌(壬坐)의 언덕에 이장했다. 나이 57세였다.

의인왕후 박씨는 1555년(명종10) 4월 15일에 탄생했다. 1600년(선조33) 6월 27일에 승하
하여, 12월 22일 대왕릉의 중간 등성이 임좌(壬坐)의 언덕에 장사지냈다. 나이 46세였다.

인목왕후 김씨는 1584년(선조17) 11월 14일에 탄생했다. 1632년(인조10) 6월 28일에 승하
하여, 10월 6일 대왕릉의 왼쪽 등성이 갑좌(甲坐)의 언덕에 장사지냈다. 나이 49세였다.『비문』

목릉에 이르는 산줄기 내맥과 풍수 입지는 『목릉지(穆陵誌)』(1725)에 자세하게 적었다.

능은 양주 검암산에 있다. 검암산의 내맥(산줄기)은 수락산에서 일어났다 엎드렸다 오다가, 골짜기가 끊어졌다 다시 일어서서 불암산이 된다. 또 크게 꺾여 노원(蘆原)과 구지(龜旨) 두 면의 경계에 이르면, 용이 비상하는 듯 봉이 춤추는 듯[龍翔鳳舞] 마당현(馬堂峴)이 된다. 마당현의 왼쪽 산은 왕숙탄(王宿灘)을 따라 내려가서 능의 수구(水口)에서 다하고, 오른쪽 산은 망우령(忘憂嶺)으로 나뉘어 수구에서 끝난다. 모두 검암(산)이라 부르는데 속칭 건왕산(建王山)이라고도 한다. 산 안에 시내 하나가 있는데 맑고 넉넉하여 다하지도 흐리지도 않는다. 건원릉·현릉·목릉은 시내 왼쪽에 있고, 휘릉·숭릉·혜릉은 시내 오른쪽에 있다. 『목릉지』

목릉의 입지를 『대동여지도』(1861)의 산줄기로 개관해 보자. 한북정맥의 주맥이 주엽산에서 한 지맥으로 갈래졌고, 남으로 천보산과 송산, 수락산을 거쳐 검암산에 이르는 데 그 동편 언덕에 목릉이 있다. 『선원보감』(1931)의 산릉도는 목릉을 이루는 풍수 국면과 산수 짜임새를 상세히 표현했다.

• 목릉의 입지지형 위성사진

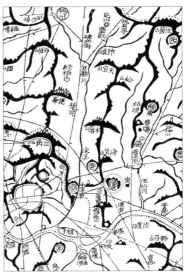

• 『대동여지도』의 산줄기와 목릉(건원릉을 대표로 표기했다).

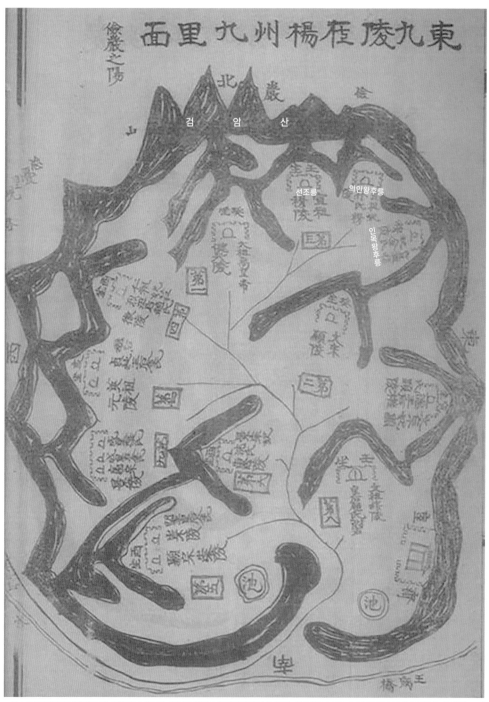

• 목릉 산릉도(『璿源寶鑑』(1931) 「列聖祖山陵圖」). 목릉은 동구릉에서 제3(第三) 능이며, 검암산을 주산으로 동원이강(同原異岡)의 임좌(壬坐)로 자리한 '선조·선조비 박씨(의인왕후) 그리고 선조비 김씨(인목왕후)' 목릉의 풍수적 입지를 표현했다.

• 앞에서 바라본 입지경관과 능침(사진 왼쪽 선조, 오른쪽 의인왕후), 정자각, 비각

• 선조 능침. 인조 때 건원릉 서쪽 언덕에서 지금 자리로 옮긴 것이다.

• 선조의 봉분과 상설. 북쪽을 등지고 남향으로 자리 잡았다.

• 선조의 능침 뒤에서 바라본 입지경관

● 선조 능침 뒤로 들어오는 맥

명당이 탁 트여서 보기에도 마음에 흡족했습니다

1608년(선조41) 2월 1일, 선조가 세상을 떠났다. 당시 선조의 능자리 결정은 왕위를 계승한 공빈 김씨의 소생인 광해군이 주관했다. 그는 지리학관 및 여러 신하들과 함께 풍수 및 거리 조건과 민생 여건을 현실적으로 반영해서 자리를 결정했다. 풍수가 좋고 나쁜지가 우선적으로 고려되었고, 궁궐에서 능자리까지에 이르는 적당한 거리와, 산릉 건설에서 생기는 민간의 폐단도 중요한 선정 요소로 포함되었다.

선조가 승하한 지 아흐레 되던 날(2월 9일), 능자리를 살피던 중신들과 지리학관은 건원릉 주변 언덕의 여러 후보지를 평가하여 광해군에게 아뢨다.

"신들이 박상의와 지리학관을 데리고 가서 건원릉 안의 첫째 언덕·둘째 언덕·넷째 언덕과 오른쪽의 다섯째 언덕을 살펴보았습니다." 『광해군일기(정초본)』 즉위년 2월 9일

담당자들은 우선 풍수적으로 능자리의 주산과 앉음새(坐向), 금년운세[年運], 물빠짐[水破], 그리고 혈을 종합적으로 검토하였다. 그리하여 주산의 형세는 좋은지, 서로 상극이 되지는 않는지, 혈의 크기는 넉넉한지 등을 살폈다. 후보지의 풍수 평가 내용을 요약하면 다음과 같다.

첫째 언덕은 주산과 앉음새(坐向)의 관계가 상극이 되어 불길하다고 했다. 주산은 해(亥: ↖)로 홍범오행상 금(金)인데, 앉음새(坐向)는 임(壬: ↑)으로 홍범오행상 화(火)여서 화극금(火克金)의 상극 관계라는 것이다.

둘째 언덕은 산모양[山形]과 혈의 판국[穴道]은 격에 맞지만, 주산과 해[年]의 관계가 상극이라고 했다. 주산은 임(壬)으로 역시 홍범오행상 화(火)이고 당시의 1608년(선조41)은 무신(戊申)년으로 홍범오행상 무신은 수(水)여서 수극화(水克火)의 상극 관계라는 것이다. 그런데 당시에는 둘째 언덕이 채택되지 못하지만, 나중 인조 때(1630년)에 목릉 자리에 문제가 있다는 상소로 인하여 재검토 끝에 다시 이 자리로 이장한다.

셋째 언덕에 대해서는 기록이 없다. 그리고 네번째는 혈의 판국[穴道]이 짧을 뿐더러 물이 빠지는 방향[水破]이 불길하여 좋지 못하다고 평가했다. 다만 다섯번째는 주산 형세도 좋고, 혈의 크기도 넉넉하고 널찍하며 탁 트여서 좋다고 했다. 실록을 보자.

후보지	풍수 평가	판정
첫째 언덕	"해산(亥山)이 주(主)가 되었으므로 임좌(壬坐)에 병향(丙向)으로 해야 되는데, 해(亥)는 금(金)이고 임(壬)은 화(火)여서 상극이 됩니다."	×
둘째 언덕	"산형[山形]과 혈의 판국[穴道]이 모두 격국(格局)의 뜻에 합치됩니다. 단, 이곳이 임산(壬山)이어서 금년과 상극[年克]이 됩니다."	△
넷째 언덕	"혈도가 짧고 또 물이 빠지는 방향[水破]이 길하지 못합니다."	×
다섯째 언덕	"주산을 이룬 형세가 구불구불 멀리 뻗어 나가다가 갑자기 우뚝 치솟아 봉우리를 이루었으며, 낙혈(落穴)이 넉넉하고, 양쪽 곁이 널찍하며, 명당이 탁 트여서, 보기에도 마음에 흡족하였습니다."	○

닷새 뒤(2월 14일) 조정에서는 선조의 능자리에 대해서 왕과 신하들이 의논하는 자리를 마련한다. 이 자리에서 광해군이 말했다.

"(건원릉) 다섯째 언덕이… 조금도 결함이 없으니, 한 언덕에 쌍분(雙墳)으로 할 곳을 얻어서 정하도록 하라." 『광해군일기(정초본)』 즉위년 2월 14일

이어 2월 22일에 대신들이 술관(術官)과 상의한 결과 건원릉 다섯째 언덕을 써도 무방하겠다고 추천하자 광해군은 허락했다.

그런데 산릉자리의 일이 순조롭게 진행되는가 싶다가 돌발적인 상황이 생겨났다. 산릉의 총책임자인 총호사 기자헌이 뒤늦게 능자리가 흉하다고 아뢴 것

이다. 풍수서를 근거로, 선조의 태어난 운[生運]과 능자리의 방위가 상극[金克木] 관계가 된다는 것이다. 만약 그대로 쓴다면 자손이 병들어 죽는다는 말을 들은 광해군이 이를 무시하기는 내심 부담스러웠다. 광해군은 일단 예조에 내려 보내 술관들이 논의하도록 조처한다.

총호사 기자헌이 아뢨다. "사인(士人) 정희주의 말에 의하면, 이순풍(李淳風)의 지리서에 있는 오음산(五音山) 사자 생운(死者生運)의 상생상극법(相生相克法)에 '금산(金山)에 목생인(木生人)을 장사지내면 자손이 9년 안에 병을 얻어 죽게 된다.'고 했다고 합니다. 산릉의 정혈이 금(金) 방향이고 대행왕(大行王: 선조)의 본래 생명(生命)은 목(木)에 속하기 때문에 아주 좋지 못합니다. 여러 술관들로 하여금 널리 의논하여 조처하게 하는 것이 어떻겠습니까?" 하니, 아뢴 대로 하라고 답하였다. 『광해군일기(정초본)』 즉위년 3월 15일

당일 날 예조의 조심스런 논의 결과가 올라왔다. 능자리가 흉하다는 근거로 삼은 글이 당나라의 풍수사인 이순풍의 저서인지도 확실하지 않고, 오음설(五音說) 상극론의 논리도 풍수가들은 처음 듣는 얘기일뿐더러 쓰지 않는 술법이지만, 산릉의 일은 나라의 중대한 일이므로 조금이라도 거리낌이 있다면 쓰기가 어렵다는 것이었다.

예조가 아뢰었다. "대신들에게 의논하였는데, 윤승훈·이산해·심희수는 말하기를 '현존하는 술관들은 『구룡별집(龜龍別集)』을 본 적이 없기 때문에 망자(亡者)의 연갑(年甲)의 납음(納音)으로 본산(本山)에 대한 거리낌(拘忌)으로 삼을 뿐 오음설(五音說)에 대해서는 전연 모른다고 합니다. 대개 풍수가는 단지 산운(山運)과 생인(生人)의 연월(年月)만 볼 뿐인데, 그 이치가 참으로 그러합니다. 구룡법(龜龍法)이 과연 이순풍에게서 나온 것인지는 알수 없으나 군부(君父)의 산릉은 더없이 중대한 일이니, 그 글을 안 보았으면 모르지만 어떻게 감히 보고나서 거리낌이 있는 곳에다 쓰기를 청할 수 있겠습니까." 『광해군일기(정초본)』 즉위년 3월 15일

이윽고 조정에서는 다시 능자리를 구했다. 신하들 간에는 수원부(水原府) 자리로 잠정적인 의견이 모아졌다. 그런데 이를 두고 광해군은 다른 의견을

냈다. 수원은 한강 너머로 거리가 멀고, 산릉 건설 과정에서 여러 민폐가 예상되므로, 원래대로 하거나 임영대군(臨瀛大君: 세종과 소헌황후의 넷째 아들. 1420~1469)의 묘산 중에 하나를 선택하도록 제안한 것이다. 건원릉 다섯째 언덕이 문제 있다고 논의된 지 보름여 후인 3월 29일의 일이었다.

"수원에 새로 점지한 자리는 비록 제일 좋은 자리라고는 하지만, 거리[道里]가 먼 것 같을 뿐만이 아니라, 산성을 헐어서 철거하고 민가를 옮겨 내보내야 하니 폐단이 또한 적지 않다. 따라서 건원릉 안의 다섯째 언덕이나 임영대군의 묘산 가운데서 정하여 사용하는 것이 어떨까 한다." 『광해군일기(정초본)』 즉위년 3월 29일

다시 사흘 뒤(4월 1일)에 예조가 임영대군의 묘산은 능침으로 쓰기에 합당하지 않다고 아뢰자, 광해군은 의논대로 하라고 대답했다. 이에 결국 원안대로 건원릉 인근의 다섯째 언덕으로 선조의 능자리를 결정했다.

이렇게 최종적으로 판단한 배경에는, 수원부로 정하기에는 거리상으로나 민생에 여러모로 부담이 커서 현실적으로 어려웠기 때문이었다. 정해진 장사 기일에 맞추자니 날짜가 촉박하다는 점도 감안되었다. 그리고 문제로 삼은 이순풍 풍수서의 오음설 상극 논리는 무시해도 될 만큼 그리 구애될 필요가 없다는 조정의 논의도 뒷받침했다.

이윽고 4월 22일에 광을 파고, 25일에 외재궁(外梓宮: 관을 담는 곽)을 내렸다. 그때 능자리의 토질에 대해서 중신들이 아뢨다. 혈토(穴土)를 어떻게 인식했는지 알 수 있는 기록이다.

"산릉의 광[穿壙]이 흠이 없고 흙의 품질이 매우 아름답다는 뜻은 내시와 승지가 이미 아뢨으리라 생각됩니다. 척수(尺數)에 맞추어 파놓고 보니 더욱 토맥(土脈)이 희고 깨끗하여 마치 비계를 잘라 놓은 것처럼 보였습니다. 습기가 없는 데다 또 거친 모래도 섞여 있지 않으며, 간혹 흰 흙덩어리가 뭉친 곳이 있었는데 손을 대면 부서져 좋은 밀가루 같았으니, 술서[方書]에서 좋은 분(粉)을 바른 섬세하고 반들반들한 살결이란 것입니다. 사면의 벽을 깎아 세워 놓자 오색이 찬란하여 비단 병풍을 두른 듯했는데, 술사(術士)들이 서로 일찍이 보지 못한 바라고 치하하였습니다." 『광해군일기(정초본)』 즉위년 4월 22일

"흙은 가늘면서도 굳으며 윤택하나 질어서는 안 된다. 비계와 옥을 자른 듯하고 오색을 갖추어야 한다. 물이나 자갈이 나오는 땅은 모두 흉한 땅이다."「금낭경」

속히 옮기지 않으면 안되겠습니다

그로부터 이십 여 년이 지난 후인 1630년(인조8) 2월 4일에 원주목사 심명세는 선조 목릉의 풍수가 좋지 않다고 상소한다. 명목상으로는 기존의 능자리가 풍수에 맞지 않아 물이 차서 이장해야 한다는 것이었다. 그러나 실제는 능자리를 정했던 당시의 총호사와 지사(地師)에게 책임을 전가하려는 것이었다. 왕실과 인척(이종사촌) 관계에 있던 심명세 등이 왕권에 밀착해서 풍수설을 이용하여 자신의 입지를 넓히려는 정치적인 의도가 있었던 것이었다.[66]

"신(심명세)이 삼가 생각건대 목릉은 곧 선조 대왕께서 영원히 계실 무덤[玄宮]인데. 당시 총호사가 풍수설을 극도로 배척한 나머지 용렬한 지사에게 맡김으로써 길하지 못한 땅을 잡아 쓰게 되었습니다.

우선 지가(地家: 풍수)의 설을 가지고 논하더라도, 장법(葬法)에서는 '바람이 갈무리되고 기가 모이는 것[藏風聚氣]'을 선결 과제로 삼습니다. 그런데 목릉은, 혈의 판국이 우뚝하니 드러나고[穴道騰露], 지세가 비탈져서 험준하며[地勢斗峻], 안쪽에 빗장지름이 없고[內無關欄], 큰 들과 평평히 맞닿으며[平臨大野], 물이 흘러나가는 것이 바로 보이니[直見水去]' 이것은 모두가 장법에서 크게 꺼리는 것들입니다.

신이 일찍이 공조 참판으로 있으면서 신흠과 이정구를 수행하여 살펴보았는데, 그때 보니 동쪽 사대석(莎臺石: 능침의 병풍석 대신에 쓰는 돌) 한 모퉁이가 떨어져 나갔고, 발라놓은 유회(油灰)가 떨어져 나간 흔적이 있었습니다. 이에 지키는 종[守僕]에게 물었더니, 모두 말하기를, '술(戌: ↘)·자(子: ↑)·축(丑: ↗) 방향 등에 사초(莎草) 아래쪽에서 장마가 질 때면 물이 샘솟듯 솟아난다.'고 하였습니다.

---

66. 이희중, 「17, 8세기 서울 주변 왕릉의 축조, 관리 및 천릉 논의」, 『서울학연구』 17(1), 2001, 28쪽.

또 재랑(齋郞: 능참봉 종9품의 벼슬)의 경력이 있는 자의 말을 듣건대, 연일 비가 내리면 무석인[武石] 아래쪽에서 물이 새어나와 흐른다고 하였습니다. 이는 필시 땅속에 물이 있어 돌과 흙으로 쌓은 축대에 막혀 있다가 콸콸 솟아 나온다는 것을 분명히 알 수 있습니다.

이번에 우연히 들으니, 목릉의 방위가 유좌(酉坐: ←)여서 금년이야말로 묘를 옮기기에 아주 길하며, 만일 올해를 넘기면 계유년 이전은 모두 불길하다고 하였습니다. 이 점으로 볼 때에도 속히 도모하여 옮기지 않으면 안되겠습니다." 『인조실록』 8년 2월 4일

위 내용에 의하면, 이장 전에 선조의 능침이 유좌묘향(酉坐卯向: →)으로 앉아 있었던 것도 알 수 있다. 이에 그 달(2월) 말에 인조는 풍수를 아는 사람들을 불러 목릉의 이장에 대해 의논하게 했다. 당시의 이러한 정황을 사관(史官)은 이렇게 쓰고 있다.

선조대왕 능의 병풍석이 자주 기울어지는 일이 발생하자 당시에 물이 광내에 있지 않나 하고 의심들 했다. 또 지술(地術)을 아는 사람들이 대부분 지리가 불길하다고 하면서 능을 옮겨야 한다고 말들을 하였으나 감히 드러내어 말하지는 못했다. 그러다가 이때에 이르러 심명세가 상소하자 뭇 사람들이 거의 그렇다고 의논하였기 때문에 이 명이 있게 된 것이다. 『인조실록』 8년 2월 30일

보름 후(3월 14일), 인조는 우의정과 풍수에 밝은 사람을 보내 목릉을 살펴보도록 했다. 또 나흘 뒤에는 관상감에서 여덟 장소의 후보지(고양군 자리, 교하읍 자리, 수원의 객사 뒤쪽, 포천의 신평, 양주의 와촌, 광주 임영대군 묘와 이지방 묘, 고양 김천령 묘)를 살펴보았다. 그러나 모두 쓸 만하지 못했다.

이들 후보지를 살펴보면 읍치 자리가 세 곳(고양·교하·수원)이다. 경기도에서 풍수입지가 좋은 읍치는 산릉의 후보지 물망에 올랐음을 알 수 있다. 마을자리의 풍수가 좋은 곳이나, 기존의 묏자리도 나라에서 필요하다면 능자리로 쓸 수 있었다.

이튿날 인조는 나라의 쓰임새[國用]로 명부에 등록[置簿]된 곳으로 헌릉의 백호 안쪽 언덕, 광릉의 방화구역[火巢] 안, 태릉의 재실 뒤쪽을 살피게 했다. 그러나 조정에서는 역시 쓸 곳으로 결정을 내리지 못했다.

이런 가운데 한 달 보름여가 지난 5월 2일에, 다시 총호사 김류가 건원릉의 둘째 능선과 영릉이 있는 홍제동의 땅을 들어, 그중에서 건원릉 둘째 능선을 추천했다. 이틀 뒤에 대신들과 모여 의논한 끝에 인조는 건원릉의 둘째 언덕으로 능자리를 결정지었다.

마침내 선조의 이장을 제기한 지 10개월만인 1630년(인조8) 11월 21일에 지금 자리에 옮겨 장사지냈다.

관을 내리고 이어 우제(虞祭)를 지냈다. 임금이 숭정전에서 망곡례(望哭禮)를 행하고 세자와 백관이 의주대로 뜰에서 곡하였다. 드디어 시복(緦服)을 벗고 이어 다음날까지 조시(朝市)를 정지하도록 명하였다.『인조실록』8년 11월 21일

• 의인왕후 능침

• 의인왕후의 봉분과 상설. 북쪽을 등지고 남향으로 자리 잡았다.

• 의인왕후의 능침 뒤에서 바라본 입지경관

• 의인왕후 능침 뒤로 들어오는 맥

간신들이 산릉의 일을 가지고 죄를 얽어 살육한 것만을 생각한 까닭에

선조가 승하하기 8년 전인 1600년(선조33) 6월 27일, 의인왕후가 세상을 떠나자 조정에서 능자리를 구했다. 의인왕후 박씨는 선조 사이에 자식을 두지 못하고 선조 재위 중에 승하했다.

나흘 후(7월 1일) 관상감에서 장지의 선정 문제에 대해 아뢨다. 이 날 산릉의 역군(役軍) 3,000명도 징병하도록 했다. 아래의 인용문에서 알 수 있듯이, 당시에 임진왜란으로 산릉 후보지에 대한 문서가 유실되었음도 확인된다.

관상감이 영사(領事)와 제조(提調)의 뜻으로 아뢰기를, "지금 이 대행왕비(의인왕후)의 장산(葬山)을, 성복(成服) 이튿날 본감 제조가 예조 당상과 함께 상지관(相地官)을 데리고 답사해 보아야 합니다.

평시에는 국장(國葬)에 쓸 만한 산을 등급을 나누어 치부해 두었었는데, 난이 일어난 뒤에 문적이 유실되어 상고할 데가 없고, 다만 두세 명 술관(術官)의 구전에 의해 일곱 군데를 얻어 그 우열을 등제하였을 뿐입니다. 이를 빠짐없이 살핀 후에 결정할 수 있기 때문에 단자에 열거하여 아룁니다.

또 신들이 선왕의 능원(陵園) 화소(火巢) 안에 쓸 만한 지산(枝山)이 있다고 들었는데,

아울러 간심하는 것이 어떻겠습니까?" 하니, 전교하기를, "윤허한다…." 『선조실록』 33년 7월 1일

선조는 명나라 사람인 섭정국(葉靖國)의 풍수 실력을 크게 신임하면서 의인왕후의 능자리를 자문하도록 했다. 의인왕후의 능자리를 준비하던 중(7월 14일)에 섭정국에게 풍수를 청문(請問)할 것을 전교했다. 일주일 뒤(7월 21일)에는 섭정국 등이 신하와 함께 고양·안산·두모포 등 여러 곳을 간심(看審)하고 논평한 글과 도형(圖形)을 올렸다.

아래 인용문은 풍수를 신봉하였을 뿐 아니라 존명(尊明) 사대(事大) 의식이 강했던 선조의 당시 풍수 실정에 대한 인식을 엿볼 수 있다.

"섭정국이 지리에 통달했다 하니 이 같은 사람은 만나기 어려운 사람이다. … 나는 항상 우리나라에는 본래 술사가 없는데 어찌 지맥에 능통한 자가 있겠느냐고 여겨왔다. 이제 술관들이 서로 다투는 말을 가지고 섭정국에게 가서 물어보고, 직접 장사지낼 산[因山]의 형세를 가서 살펴보도록 청한다면 길흉과 시비를 저절로 알게 될 것이다." 『선조실록』 33년 9월 2일

이에 대해 사관(史官)은 중국과 조선의 풍수적 지형 조건이 다르다는 점과, 작금에 산릉 일로 벌어지고 있는 국정의 어지러운 판국에 대해 다음과 같이 엄중히 논평했다.

사신은 논한다. 국모가 승하하자 장례를 위해 길지를 택하고자 하는 데 있어 의당 그 지성을 다하지 않을 수 없겠으나 반드시 외국 사람의 손을 빌리는 것이 옳은지는 알 수 없다. 설사 섭정국의 무리가 풍수에 능하여 길지를 얻는다 하더라도 우리나라에서 쓰는 격국(格局)과 같지 않아, 심지어 길가의 얕은 지역과 집 뒤의 조그마한 동산을 지적하면서 가장 좋은 곳이라 하니, 무엇을 증거하여 믿겠는가. 또 술관(術官)의 무리가 각각 자기의 소견을 고집하여 서로 이론을 제기함으로써 상하가 의심하여 좇을 바를 몰라, 끝내 산릉(山陵)을 정하지 못한 지 5개월이나 되게 하여 장례의 시기를 잃게 하였으니 유감이 한이 없다. 통탄할 일이 아니겠는가. 『선조실록』 33년 7월 14일

산릉은 나라의 큰일이다. 당연히 공경스럽고 조심스럽게 해서 감히 털끝만큼이라도 미진한 일이 있게 해서는 안 된다. 반드시 산줄기가 휘감아 돌고, 물이 굽이쳐 흐르며, 북풍을 가리고 남쪽을 향하는 곳으로, 조금도 결점이 없는 곳을 가려야 쓸 수 있는 것이다. 방위나 물이 들고 나는 것의 길흉과, 연월일시의 거리낌 따위는 단지 지엽적이고 거짓된 것이다.

… 모두들 선왕조 때 간신들이 산릉의 일을 가지고 죄를 얽어 살육한 것만을 생각한 까닭에 입을 다문 채 한결같이 임금이 재가[睿裁]만을 받았고, 위에서도 또한 이치로 결단하지 못하고 섭정국과 이문통 등에게 와서 살펴봐 주기를 간청하며 어찌할 바를 몰랐다. 이에 다섯 달의 기한이 어느새 지나갔고 안팎의 인심이 흉흉해졌다.

심지어는 세 곳에 터를 잡아 일을 시작했다가 바로 그만두기까지 하였으니, 천하 만고에 어찌 이런 일이 있을 수 있단 말인가. 과연 공경스럽고 조심스럽게 하여 털끝만큼의 미진한 점도 없었다고 말할 수 있겠는가.『선조실록』33년 9월 2일

위 사관의 비평 내용을 살펴보자. 산릉은 국가적인 대사이기에 최선을 다해야 함을 힘주어 말했다. 우선적으로 능자리를 구할 때는 형세를 따져야 함을 지적했다. 방위의 길흉이나 연월일시를 따지는 것은 거짓이라는 것이다. 특히 사회적인 측면에서, 산릉의 일이 예전부터 정치적으로 대립하는 세력을 제거하는 수단으로 흔히 이용해 왔음도 통렬히 지적했다. 의인왕후의 능자리를 구하느라 여러 곳에 능 공사를 시작하다 그만두는 등 왕실 재정이나 민력의 낭비도 컸음을 알 수 있다.

사관의 말에서 "술관(術官)의 무리가 각각 자기의 소견을 고집하여 서로 이론을 제기"했다는 표현에서도 드러나듯이, 후보지에 대한 왈가왈부와 논쟁도 많았다. 수파설(水破說), 이십사산설(二十四山說) 등의 번쇄한 논의에 대해 선조는 자신의 명당 인식과 성정의 지향성을 드러내며 다음과 같이 말했다.

"대개 포천에 있는 산지의 쟁점은 다만 이 수파일 뿐이다. 내가 지리의 내용은 모르지만, 이른바 수파설은 무슨 이치인지를 알 수 없다. 그리고 이십사산(二十四山)의 설 또한 무슨 말인지 알 수 없다.

다만 택조(宅兆)를 점쳐서 체백(體魄)을 편히 안장하면 그만이라고 생각한다. 그러므로 대개 체백을 안장하는 곳은 사방의 산세가 구비하여 바람이 자고 양지바르며 토질이 두텁

● 인목왕후 능침

● 인목왕후의 봉분과 상설. 동북쪽을 등지고 서남향으로 자리
잡았다.

● 인목왕후의 능침 뒤에서 바라본 입지경관. 앞산이 돈독하고 유정하게 마주했다.

고 물이 맑으면 곧 길지(吉地)가 되는 것이다.

　내 성미는 산천이 깊고 경내가 그윽하며 겹겹이 둘러싸여 속세와 서로 격리된 곳을 좋아
한다. 만약에 길가의 천박한 땅으로 산줄기 맥이 쇠잔하고 끊긴 곳[殘山斷岸]이라면 비록
진룡(眞龍)의 자리가 있더라도 나는 취하지 않을 것이다." 『선조실록』 33년 7월 22일

　이후 의인왕후의 능자리는 여러 지역과 장소들을 검토하면서 번복과 중단을
거치다 결국 다섯 달을 넘겨서야 건원릉의 세번째 언덕인 지금자리로 결정이
났다.

12월 22일 묘시(卯時)에 의인왕후를 장사지냈다.『선조실록』 33년 12월 22일

모두들 형국이 아름답다고 하여 자리를 정했다

선조의 능자리를 이장하고 2년 후인 1632년(인조10) 6월 28일, 인목왕후가 굴곡진 한 많은 생을 마감했다. 소생인 적자(영창대군)는 광해군에 의해 강화에서 끔찍한 죽임을 당하고, 자신마저 경운궁(西宮: 덕수궁)에 5년이나 유폐되었던 그녀였다. 그러나 서인(西人) 세력이 주도한 반정(인조반정)은 설욕의 기회를 주었다. 인목왕후는 인조에게 즉위 교서를 내려 반정의 정당성을 공표하고 다시 왕실의 최고 어른으로 복귀할 수 있었다.

이런 위치에 있었던 인목대비의 승하를 인조는 정치적으로 막중하게 여겼을 것이다. 인조는 능자리를 선조를 따라 건원릉 능역에 정하기로 하고 검토에 들어갔다. 7월 10일, 신하들은 능자리의 풍수에 대해 인조에게 다음과 같이 아뢨다.

관상감 제조 장유, 예조 참판 윤흔 등이 여러 술관(術官)들과 더불어 건원릉의 여러 언덕들을 살펴보고서 아뢨다.

"본 능(건원릉) 좌우에 각각 다섯 개의 언덕이 있는데, 왼쪽 둘째 언덕은 목릉(穆陵)이고, 셋째 언덕은 유릉(裕陵)입니다. 첫째 언덕과 다섯째 언덕이 쓸 만한데, 첫째가 다섯째보다 낫다고 합니다. 첫째 언덕과 다섯째 언덕의 도형(圖形) 및 지관 등이 논한 바를 첨부글[別單子]에 써서 올립니다."『인조실록』 10년 7월 10일

그런데 예조판서 최명길은 의견을 달리하여 다섯째 언덕을 추천했다. 첫째 언덕은 목릉과 건원릉에 인접하고 청룡·백호의 안에 있기에 꺼려진다는 것이었다. 그 이유로서 풍수 조건을 다음과 같이 주장했다.

"신이 관상감 제조의 계사 및 여러 술관들이 논한 바를 보았습니다. 첫째와 다섯째 언덕이 낫고 못하지 않는데 특별히 첫째 언덕으로 정한 것은, 필시 이 언덕이 목릉에 더욱 가까워 신령이 편안하게 여기리라 생각해서 일 것입니다. 다만 신의 마음에는 의심스러운 것이 없지 않습니다.

신이 일찍이 지난해 능을 이장할 때에 여러 술관들과 더불어 건원릉 사이를 드나든 적이 한두 번이 아니었습니다. 첫째 언덕이 참으로 쓸 만한 땅이 되지마는, 두 능의 사이에 끼어 있어 건원릉에 있어서는 내청룡이 되고 목릉에 있어서는 내백호가 됩니다. 비록 지세가 낮고 미세하여 별 존재가 될 수 없다고 하지마는, 이미 청룡 백호의 안에 있고 보면 아마도 산가(山家: 풍수가)의 꺼림을 범하지 않는다고 말할 수 없을 것입니다.

국초(國初)에 산릉 자리를 잡은 뒤에 술관들이 '건원릉 안은 곳곳마다 명당'이라고 전하고 있습니다. … 설사 산가(山家)의 말이 삿된 도[邪道]에 가까워 전적으로 믿을 수 없다손 치더라도, 능침[靈寢] 지척의 땅에서 돌을 끌어오고 흙을 쌓느라 달을 넘도록 시끄럽게 하는 것이, 어찌 신도(神道)에 대하여 크게 편치 않겠습니까. 인도(人道)는 왼쪽을 숭상하고 신도(神道)는 오른쪽을 숭상하기 때문에, 유릉(裕陵)을 잡아 장사지낼 때에, 선조(宣祖)께서 첫번째의 언덕을 놔두고 세번째 언덕을 이용한 것은 차례[位次]가 순조로움을 취한 것입니다.

다섯번째 언덕은 실로 유릉 왼쪽에 있고 목릉에 있어서도 그다지 멀지 아니하여, 이미 산가의 꺼리는 것이 없고 차례도 순조로우니, 그 취하고 버리는 즈음에 다시 더 조심스럽게 살피지 아니할 수 없습니다."[67]

이에 인조는 "어제 산릉을 살펴보고 올린 글 중에서 첫번째 언덕을 좋다고 하였기 때문에 거기에다 정하였는데, 지금 다시 생각해 보니 차례가 순조롭지 못하다. 대신들에게 의논하여 처리하라."고 대답했다.[68]

이윽고 대신들이 의논한 후에 총호사 이정귀가 다섯번째 언덕의 형세를 다시 살펴보고 혈을 가늠하였는데, 모두들 형국이 몹시 아름답다고 하여 최종적으로 그 자리로 정했다. 마침내 승하한 지 다섯 달째 되던 1632년(인조10) 10월 6일에 인목왕후를 장사지냈다.

67. 68. 『인조실록』 10년 7월 10일

15대 광해군·문성군부인 묘

조선왕조 제15대 광해군(光海君, 1575~1641)과 문성군부인(文城君夫人) 류씨(1576~1623)의 묘는 경기도 남양주시 진건읍 송릉리에 쌍분으로 있다.

광해군의 15년 재위 기간은 소용돌이였다. 대북(大北) 정권의 독주로 인한 권력의 전횡, 살제폐모(殺弟廢母 : 아우를 죽이고 어미를 폐함)의 패륜, 이를 빌미로 한 서인 세력의 반정으로 그는 결국 왕위에 내 쫓겼다. 이후 19년간의 유배 생활 끝에 제주도에서 67세로 세상을 떠났다.[69]

문성군부인은 1608년에 왕비로 책봉되었다. 인조반정(1623년)으로 광해군이 폐위되자 강화도로 유배되어 아들(폐세자 지)과 함께 살다 48세로 세상을 떠났다.

1623년(인조1) 10월 8일에 문성군부인이 유배지인 강화도에서 죽자 지금 자리에 장사지냈다. 이후 1641년(인조19) 7월 1일에 광해군이 죽자 유배지인 제주도에 장사지냈다가, 1643년(인조21)에 지금 자리인 문성군부인 곁으로 이장했다.

『광여도』(19세기 전반)에 광해군 묘를 표기했다.

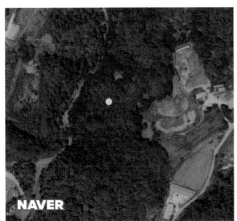

• 광해군 · 문성군부인묘의 입지지형 위성사진

•『광여도』(경기도 양주)의 '광해군 묘'

---

69.   이성무,『조선국왕전』, 청아출판사, 2012, 240쪽.

● 광해군·문성군부인 묘. 경사가 급한 지대에 자리한 모습이다.

광해군과 문성군부인을 장사지내다

인조반정으로 왕조사에서 설 자리를 잃은 폐군과 폐비의 묏자리 기록은 없다. 장사지냈다는 짧은 언급만 있을 뿐이다.

1623년(인조1) 10월 8일, 폐비(문성군부인) 류씨가 강화도의 유배지에서 죽자 다음 달(윤10월 29일) 양주 땅 적성동(赤城洞)에 장사지냈다. 인조가 사흘 동안 조회를 폐지하고, 닷새 동안 소선(素膳: 어물이나 육류를 쓰지 않은 간소한 반찬)을 할 것을 명했다. 그리고 예조의 당상·낭청과 내관 및 경기 관찰사를 보내어 장례를 감호(監護: 감독하여 보호함)하도록 했다.

1641년(인조19) 7월 1일, 광해군이 제주의 유배지에서 죽자 부음을 듣고 인조가 사흘 동안 조회를 폐지했다.

추존 장릉(원종·인헌왕후)

장릉(章陵)은 인조의 아버지로서 왕으로 추존된 원종(元宗, 1580~1619)과 인헌왕후(仁獻王后) 구씨(1578~1626)의 쌍릉이다.

능은 경기도 김포시 풍무동에 있다. 능침은 자좌오향(子坐午向:↓)으로 자리 잡았다.

원종은 선조와 인빈 김씨 사이에서 셋째 아들로 태어났다. 1587년(선조20)에 정원군으로 봉해졌다.

인헌왕후는 1590년(선조23) 정원군과 혼인하였다. 인조가 즉위하자 계운궁(啟運宮)이라 했다. 능양군(인조)을 비롯하여 세 아들을 두었다.

1619년(광해11)에 정원군(원종)이 세상을 떠나자 양주 곡촌리(谷村里: 현 남양주시 금곡동)에 장사를 지냈다. 1626년(인조4) 1월 14일에 계운궁(연주군부인: 인헌왕후)이 세상을 떠나자, 그해 5월 18일에 김포의 지금 자리에 장사지냈다. 이듬해 8월 27일에 원종을 김포로 이장하고 장릉이라고 했다.

장릉의 입지를 『대동여지도』(1861)의 산줄기로 개관해 보자. 한남정맥의 주맥이 서쪽으로 뻗어 안남산(安南山: 현 계양산)을 일으키고, 다시 북서쪽으로 이어지는 줄기의 한 가지가 한강에 이르기 전에 장릉 자리를 맺었다. 『조선지도』(18세기 중반), 『해동지도』(18세기 중반), 『1872년 지방지도』 등에는 장릉을 표기했다. 『선원보감』(1931)의 산릉도는 장릉을 이루는 풍수 국면과 산수 짜임새를 상세히 표현했다.

• 장릉의 입지지형 위성사진

•『대동여지도』의 산줄기와 장릉. 부평의 안남산(계양산)을 마주했다.

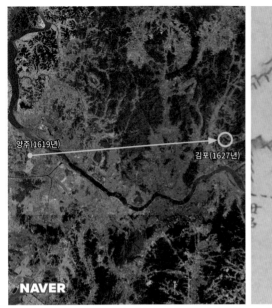

- 원종은 양주 곡촌리에서 1627년(인조7)에 김포의 현 위치로 능자리를 옮겼다.

- 『조선지도』(김포군)의 '장릉'

- 『해동지도』(김포군)의 '장릉'

- 『1872년 지방지도』(김포지도)의 '장릉'. 북성산(北城山)을 주산으로 표기했다.

● 장릉 산릉도(『璿源寶鑑』(1931) 「列聖祖山陵圖」). '원종과 인헌왕후의 장릉은 김포의 뒷산등성이에 있다(元宗章陵仁妃章陵在金浦後岡).'고 적고, 자좌(子坐)로 자리한 장릉의 풍수적 입지를 그렸다. 주산에서 능침으로 들어오는 주맥을 강조해서 표현했고, 좌우로 긴밀하게 빗장지르고 있는 여러 겹의 산가지가 명당의 생기를 온전히 갈무리하는 형세를 묘사했다.

• 능전(陵殿), 홍살문·정자각·비각. 뒤로 보이는 북성산 아래에 자리 잡았다.

• 연못. 능역 입구에 있으며 비보 역할을 한다.

• 봉분과 상설. 능선부는 군사시설의 공사로 인해 많이 깎여 나간 상태다. 북쪽을 등지고 남향으로 자리 잡았다.

• 능상(陵上)에서 바라본 입지경관. 부평도호부의 진산인 계양산이 마주했다.

• 능침 뒤로 들어오는 맥

인헌왕후의 묏자리를 구하다

인조는 선조와 인빈 김씨의 셋째 아들 정원대원군(추존 원종)의 소생이다. 1623년(인조1)에 서인(西人) 일파가 주도한 반정으로 왕위에 올랐다. 그의 방계라는 적통 문제와 정변이라는 정치 배경은 권력의 기반을 허약하게 했고, 서인세력들은 정국을 주도하며 왕권을 제약하였다. 그래서 인조는 풍수를 활용한 능자리의 선정과 이전을 통해서라도 신권을 견제하고 왕권을 강화하여 취약한 왕위의 정통성을 세우고자 노력했다. 인조의 장릉 조성 과정은 이러한 면모가 잘 드러난다.

인조는 재위 중에 어머니(계운궁)가 세상을 떠나자 도감을 설치하고 풍수를 따져 묏자리를 정했다. 이후 난리(정묘호란)를 겪는 등의 국가적인 어려움에도 불구하고 아버지(정원대원군)의 묏자리(흥경원)도 이장했다. 원(園)을 옮기고 능(陵)으로 격상해 조영함으로써 왕위의 정통성을 세우려는 인조의 강한 의지를 짐작케 한다. 인조의 정치적 의도는 부모의 능을 조성한 다음에 아버지를 원종(元宗)으로 추숭하는 수순으로 관철됐다. 이상의 과정을 실록에서 날짜별로 살펴보자.

1626년(인조4) 1월 14일, 계운궁(인헌왕후)이 세상을 떠났다. 인조는 당일에 도감을 설치했고, 이어 묏자리를 준비했다. 이후 한 달 뒤(2월 9일), 여러 후보지 중에서 조정의 논의를 거쳐 김포로 최종 확정했다.

예장도감이 아뢨다. "묏자리를 살핀 곳의 산론(山論)과 그림[圖形]을 가지고 다시 술관(術官)들에게 각기 본 바를 쓰게 하여 그곳의 높고 낮음에 대한 등급을 매겼는데, 모두들 고양·김포·교하를 일등지라 하였습니다. 신들은 모두 풍수에는 어두워 그 우열을 단정할 수는 없지만, 술관들이 논한 것을 가지고 되풀이하여 상의해 보건대, 고양이 제일 좋을 것 같습니다." 『인조실록』 4년 2월 9일

상지관	풍수 평가
정희주	교하 객사의 뒷산이 귀격(貴格)은 있으나 주산이 파손된 데가 있는 것이 큰 흠이다. 고양 옛 군(郡)의 뒷산은 형세가 매우 아름답지만 물빠짐[水破]이 곧게 나간 것이 흠이다. 그러나 둑을 조금 쌓아 오(午:↓)로 흐르게 하면 매우 길하여 교하보다 낫다. 김포 객사의 뒷산은 별로 흠될 곳이 없다.
송건	고양 옛 군의 뒷산이 제일이고 다음은 김포이고 또 그 다음은 교하 객사의 뒷산이다.
이갑생	김포 객사의 뒷산이 제일이고, 그 다음이 고양 옛 군의 뒷산이고, 또 그 다음이 교하 객사의 뒷산이다.
최남	교하는 길격(吉格)에 합치되지만 혈의 판국[穴道]이 부서졌으니 보토(補土)한 뒤에야 쓸 수 있다. 고양의 옛 군은 형격(形格)이 매우 길하지만 물빠짐이 정(丁:↙)의 땅으로 나 있으니 둑을 조금 쌓으면 매우 강하다. 김포는 형세가 모두 순하여 달리 논할 것이 없다.
오세준	교하가 첫번째이고 김포가 두번째이며 고양이 세번째이다.

신하들의 의견을 따라 인조는 다시 한 번 더 살펴보게 한 뒤에 묏자리를 고양으로 결정했다. 그런데 그 후 인조가 외방(外方: 관상감 풍수관원 외)의 지관들을 대동하고 살펴보는 데, 그들은 고양의 자리에 흠이 있다고 했다. 그래서 다시 김포에 가서 살펴보라고 명하였다. 중론이 김포가 모두 길하다고 하였으므로

드디어 그곳을 쓰기로 결정했다. 1626년(인조4) 2월 9일의 일이었다.

마침내 계운궁이 세상을 떠난 지 다섯 달째 되던 1626년(인조4) 5월 10일에 장사지냈다.

원소(園所)에 하관(下棺)할 때 임금이 망곡례(望哭禮)를 행하였다. 『인조실록』 4년 5월 10일

원종을 인헌왕후 곁으로 옮겨 장사지내다

인조는 다음으로 그해 후반기부터 이듬해(1627년)에 걸쳐 아버지 정원군의 흥경원(興慶園)을 김포로 옮기는 일을 적극적으로 추진했다. 다만 뫼를 옮기는 데에 초래되는 백성들의 고초와 민생은 고려돼야 했다. 실록에는 이장 준비에 관한 몇 가지 기사가 나온다.

예장도감(禮葬都監)이 아뢨다. "흥경원 이장 시에 수레[大轝]가 성 안을 경유하도록 하라고 명하셨습니다. 흥경원에서 김포까지는 하루에 갈 수 없는 거리인데, 성 안에서 밤을 보낼 때에 수레가 머물 곳은 아래에서 마음대로 정할 수가 없기에, 감히 아룁니다." 하니, 인조가 답하기를, "수레가 머물 곳은 남별궁(南別宮)으로 정하라." 했다. 『인조실록』 4년 9월 22일

인조가 명했다. "흥경원 이장 시에 경유하는 도로 중 논은 흙을 메우지 말고 잡목으로 다리를 만들도록 하라." 『인조실록』 4년 12월 26일

이장이 착착 준비되어 가던 중, 그만 이듬해(1627년) 1월에 정묘호란이 터졌다. 순식간에 평양이 함락당하고 왕과 신하들이 강화도로 피신하는 난리가 벌어졌다. 이 통에 도무지 조정에서는 이장할 겨를이 없어 일은 중단되고 말았다. 가까스로 3월에 난리를 수습한 인조는, 6월에 이르자 올해가 길한 해이고 이미 준비는 다 해 놓았다는 이유로 다시 이장을 거행하도록 지시한다.

"흥경원을 이장하는 일이 변란으로 정지됐다. 형편으로 말하면 오늘날에 다시 의논하기가 어려울 듯하나, 사용되는 모든 도구를 전에 이미 준비해 놓았으니 지금 더 준비할 물건이 없다. 올해를 넘기면 수년 안에는 다시 길년(吉年)이 없으니 이때에 하지 않을 수 없다.

해당 관청으로 하여금 택일하여 거행하게 하라." 『인조실록』 5년 6월 4일

그 달(6월) 12일에 홍문관에서 백성이 안정되길 기다렸다가 이후에 거행할 것을 아뢨다. 변란의 피해를 수습하기도 전에 도성의 백성들을 징발하여 이장일을 한다는 것은 무리라는 것이었다.

"흥경원을 이장하는 일은 효성이 지극한 마음에서 나온 것입니다. 그러나 생각건대 전쟁이 겨우 안정되어 백성들이 편히 쉬지 못하는가 하면, 서관(西關) 일로에는 싸우다 죽은 뼈가 성에 가득하니 이러한 때에 도성 백성들을 징발하여 새 자리[新園]로 이장할 수 있겠습니까. 바라건대 적이 물러가고 백성이 안정될 때까지 잠시 기다렸다가 다시 이 예를 의논한다면 죽음과 삶[幽明] 사이에 모두가 부족함이 없을 것입니다." 『인조실록』 5년 6월 12일

그러나 인조의 이장 의지는 확고했다. "이장하는 일에 대해서는 나 역시 시기가 아니라는 것을 안다. 그러나 길한 해를 만나기가 매우 어렵고, 장례에 필요한 예물[儀物]도 이미 준비되었다. 백성의 노동력[民力]을 사용할 일이 조금도 없기 때문에 제때에 이장하려고 했던 것이다. 그러나 마음은 실로 편하지 않다."[70]라고 하면서 굳이 의중대로 추진하고자 했다.

이어 인조는 이장할 때 백성들이 입는 폐해를 최소화할 것이고, 경제적인 손해를 입었다면 보상토록 할 것을 지시한다.

"흥경원 이장 때 도로를 절대로 넓게 닦지 말아 벼가 손상되는 폐단이 없게 하라. 부득이 곡식이 손해난 곳이 있으면 연분(年分: 조세를 매기려고 농사의 풍흉을 따라 등급을 매기던 일)에 따라 급재(給災: 재해를 입은 논밭의 세납을 면제함)하라." 『인조실록』 5년 8월 15일

마침내 1627년(인조5) 8월 27일에 김포의 지금 자리에 이장해 장사지냈다. 그리고 5년 뒤인 1632년(인조10)에 묘호(墓號)를 '장릉(章陵)'이라 하고 정원군을 원종(元宗)으로 추숭했다. 종법상의 정통성을 확립한 것이다.

---

70. 『인조실록』 5년 6월 12일

정원군의 이장 과정은 원종으로 추존하기 위한 사전 정지 작업이었다. 이미 정원군 추존으로 이어질 문제에 대한 군신 간의 갈등은, 마찬가지로 어머니 계운궁의 상례 실행 과정에서도 드러났다. 정원군의 관을 운반하는 과정에서 시신이 도성을 통과할 수 없다며 반발하는 사대부에 의해 다시금 긴장 관계가 표출되었다. 그러나 인조는 왕의 아버지가 도성을 통과하여 운구하는 것은 아무 문제가 될 수 없다고 맞서 시내를 통과하고야 말았다.[71]

ꞏꞏꞏ

실록을 보면, 정묘호란이라는 어려운 시기에도 불구하고 인조는 왜 아버지의 능자리를 애써 옮겨 마련하려는지 짐작할 수 있다. 반정으로 왕위에 오른 이로서, 이장의 과정을 통해서 자신에게 있어서 취약한 왕위의 정통성을 확립하기 위함이었다.

---

* 참고자료: 『장릉지(章陵誌)』

조선 인조의 私親 추존왕 元宗과 원종비 仁獻王后 具氏의 능침인 章陵의 관리 규식과 제의 절차 등을 기록한 책이다(장서각 소장). 1913년경에 1책(14장)으로 제작된 필사본이다.

서문은 章陵誌文序와 章陵誌續序가 있는데, 책의 편찬 동기와 의의를 적었다. 章陵誌文序는 1777년에 安羽濟가 썼다. 1775년에 安羽濟는 呂善養과 함께 章陵參奉으로 임명되었는데, 정조 즉위 후 史官이 前例를 상고하려 陵誌를 찾았으나 없어서 주질 못하였기에, 읍지의 예를 참고하여 편찬했다고 했다.

章陵誌續序는 1876년에 章陵令으로 임명된 朴應漢이 썼다. 관리에 임명된 후 능지를 보니, 100년이라는 세월이 흘러 책은 헤어지고 자획은 이지러져, 여러 해가 지난다면 근거로 삼을 만한 것이 없을 것 같기에 직접 교정하여 새 책에 옮겨 적는다고 했다.

凡例에는 첫째, 옛 능지를 참고하여 보충했는데 문헌에 실려 있지 않은 것은 첨가하지 않았다는 사실, 둘째, 條例와 規模는 옛 능지를 따랐고 沿革이 있는 것은 조례마다 보충해 구분했다는 사실을 밝혔다. 이어 본문으로 元宗과 仁獻王后 具氏의 간략한 생애와 葬事, 사후의 추존 및 추숭 사실, 묘호에서 능호의 승격 사실 등을 기록했다. 이를 통해 양주 군장리의 興慶園에 합장한 후에 김포군 章陵으로 이장하여 승격하였음을 알 수 있다.

다음으로는 능이 위치한 군현과 산, 그리고 풍수적 입지지형의 산수 조건 상술했다. 우선 능이 있는 김포군의 연혁을 동국여지승람 및 읍지를 인용하여 약술했다. 그리고 능이 입지한 계양산의 형세, 산

---

71. 이희중, 「17, 8세기 서울 주변 왕릉의 축조, 관리 및 천릉 논의」 『서울학연구』 17(1), 2001, 27~28쪽.

줄기 來脈과 함께 主峯인 北城山과 좌청룡, 우백호, 안산 등을 상술했다. 또한 澗, 井, 池 등의 명칭과 위치, 흐름 등을 기록했다.

다음으로는 능의 넓이로서 둘레, 남북길이, 동서길이를 步 단위로써 표기했다.

능역의 시설물에 관해서는 우선 象設로서 설치된 석물 총 10가지를 크기, 개수, 형태, 위치 등에 대한 사실을 기록했다.

다음으로는 丁字閣, 水刺間, 神門, 禁川橋, 碑閣, 齋室, 陵官房, 典祀廳, 謁者房, 書員房, 內正門, 外正門 등에 대한 크기, 위치, 현존 여부, 용도 변경 사실 등을 나열했다.

祭享 항목에서는 제향하지 않는 날을 기록하고, 祭官 항목에서는 獻官, 贊者, 謁者, 典祀官, 監察, 齋郎 등을 담당할 직위와 미리 도착해야 할 일자를 밝혔다.

祭需 항목에서는 饌卓 및 俠卓에 올릴 음식물 명칭과 그릇의 개수, 진열하는 방법을 적었다. 임금이 친히 제사를 올릴 때의 그릇 숫자도 첨부했다.

그리고 儀注 항목으로 제의하는 과정과 절차의 전 과정에 대하여 상세하게 기록하였고, 절기마다 지내는 제사의 축문도 기록으로 올렸다.

官員 항목에서는 令, 參奉, 假官, 守護軍, 保率, 山直, 兒弱, 守僕, 守直軍 별로 각각의 인원 및 증감 조건의 사실, 직위 등을 서술했다.

折授 항목에서는 나라에서 지급하는 炭場의 위치, 位田과 復戶의 규모(結)와 액수(兩)를 밝혔다.

追崇事蹟 항목에서는 원종과 인헌왕후의 추존 및 추숭의 의의와 사실 관계를 인물을 거론하며 상세하게 적었다.

碑文으로는 전면과 후면의 기록 내용을 그대로 적고 말미에는 글씨체가 楷書라는 것도 부기했다.

기타 誌文, 造泡寺 항목을 두고 사실 관계를 기록했으며, 마지막에는 樹木 항목을 두고, 능역에 소나무, 전나무, 상수리나무, 홰나무, 단풍나무 등의 식생 사실을 적었다.

18세기 후반 및 19세기 후반에 조선 元宗과 仁獻王后 具氏의 章陵에 대한 지리적 위치, 풍수적 입지, 능역 경관 및 시설물, 관리 사실 관계 및 규식, 제의 절차 등을 상세하게 기록한 문헌으로서 가치가 있다.

• 출처: 국립고궁박물관

16대 장릉(인조·인렬왕후), 휘릉(장렬왕후)

인조에게는 첫째 왕비 인렬왕후 한씨와 둘째 왕비 장렬왕후 조씨가 있었다. 인렬왕후는 첫째 왕비로 소생인 효종(봉림대군)이 인조를 계승했기에 인조 사후에 장릉에 합장됐다. 장렬왕후는 자식을 두지 못하고 휘릉에 따로 안장됐다.

장릉(인조·인렬왕후)

장릉(長陵)은 조선왕조 제16대 인조(仁祖, 1595~1649)와 첫째 왕비 인렬왕후(仁烈王后) 한씨(1594~1635)의 합장릉이다.

능은 경기도 파주시 탄현면 갈현리에 있다. 능침은 자좌오향(子坐午向:↓)으로 자리 잡았다.

인조는 선조의 손자 정원군의 장남으로 출생했다. 반정세력에 의해 왕위에 올라 26년을 재위했다. 정묘·병자호란의 국난과 삼전도(三田渡)의 치욕을 당하고, 말년까지 왕권 강화에 치중하다가 54세로 세상을 떠났다.

인렬왕후는 1623년(인조1)에 왕비로 책봉되었다. 소현세자와 봉림대군(효종)을 포함하여 네 아들을 두고 42세로 세상을 떠났다.

1635년(인조13) 12월 9일에 인렬왕후가 세상을 떠나자 이듬해 4월 11일에 문산읍 운천리에 장사지냈다.[72] 이후 1649년(인조27) 5월 8일에 인조가 세상을 떠나자 인렬왕후 오른편에 장사지냈다.[73] 그런데 능자리에 문제가 생기면서 1731년(영조7) 8월 30일에 지금 자리(파주시 갈현리)로 옮겨 합장했다.

장릉의 입지를 『대동여지도』(1861)의 산줄기로 개관해 보자. 한북정맥이 양주의 불곡산에서 도봉산으로 이어지는 중간에 산가지가 갈라져, 서쪽으로 줄기차게 고양을 지나 월롱산을 맺고 교하의 방천(防川)에 이르는 자리에 장릉이 들어섰다. 『해동지도』(18세기 중반)에 장릉을 표기했다. 『선원보감』(1931)의 산릉도는 장릉을 이루는 풍수 국면과 산수 짜임새를 상세히 표현했다.

---

72. 『인조실록』 14년 4월 11일. 차문성의 연구에 의하면, 장릉의 초장지는 운천2리의 현 의인군묘 자리로 밝혀졌다(차문성, 「인조 舊 長陵의 위치비정과 석물에 관한 고찰」『民族文化』44, 2014, 37~77쪽).
73. 『인조장릉산릉도감의궤』 장서각, 2007, 16쪽.

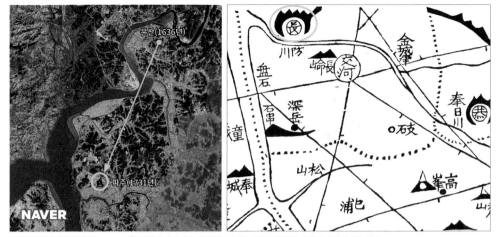

• 장릉의 입지지형 위성사진. 1731년(영조7)에 문산에서 현 위치
 (파주)로 능자리를 옮겼다.

• 『대동여지도』의 장릉. 교하 읍치가 아래에 있다.

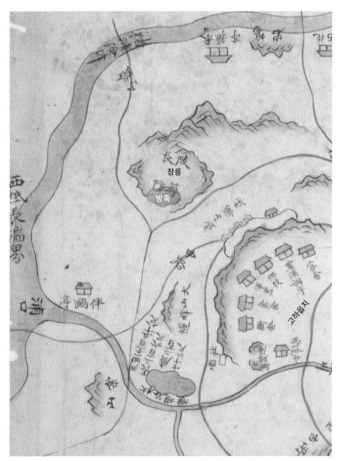

• 『해동지도』(경기도 파주)의 '장릉'. 아래에 교하 읍치가 그려졌다. 능역 입구에 방축(防築)이라고 표기한
 것으로 보아 비보한 것으로 추정된다.

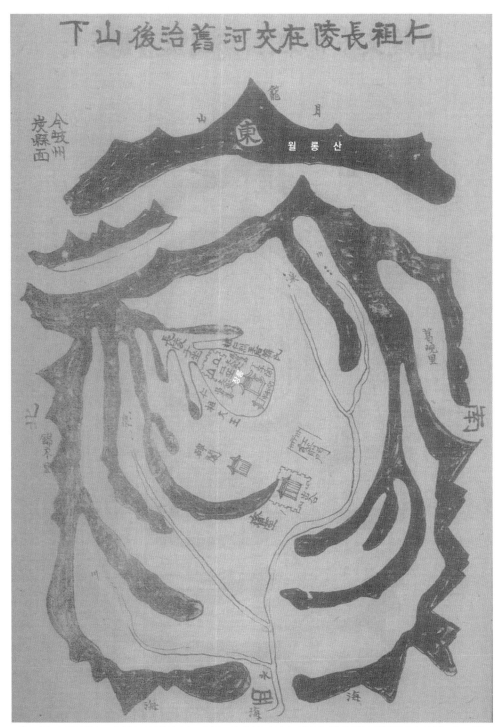

• 장릉 산릉도(『璿源寶鑑』(1931) 「列聖祖山陵圖」). '인조 장릉은 교하 옛 치소의 뒷산 아래에 있다(仁祖長陵在交河舊治後山下).'라고 적고, 월롱산
(月籠山)의 산줄기를 배경으로 자좌(子坐)로 자리한 장릉의 풍수적 입지를 표현했다. 산줄기와 물줄기가 겹겹이 능침을 에워싸는 형세를 하였다.

• 봉분과 상설. 영조 때 문산에서 이장된 자리다. 북쪽을 등지고 남향으로 자리 잡았다.

• 능침 뒤에서 바라본 입지경관. 능침에서 바라보는 전망이 탁월하다.

• 능침 뒤로 들어오는 맥. 돈독한 모습이다.

인렬왕후의 능자리를 구하다

첫째 왕비 인렬왕후가 승하하자 인조가 주관하여 능자리를 구했다. 인조는 관상감 등의 신하들과 함께 기존의 대군과 사대부 묘 등 총 열여섯 곳의 추천지를 살펴봤다. 그러나 선택하지 못하고 결국 열일곱번째 후보지인 파주로 자리를 정했다. 인조가 능자리 선택에 풍수와 거리 등을 따져보며 고심한 정황이 역력하다. 그러나 이렇게 고르고 고른 자리였지만 나중에는 이장되고 말았다. 등록과 실록을 날짜별로 자세히 살펴보자.

1635년(인조13) 12월 9일, 인렬왕후가 창경궁에서 세상을 떠났다. 인조는 사흘 후에 산릉으로 합당한 곳을 관상감이 천거하게 하고 상지관을 거느리고 살펴보게 했다. 당시에 살펴볼 대상지는 총 10곳(영릉 홍제동, 교하현터, 교하현 서쪽의 정연 묘산, 광주의 안여경 묘산 및 임영대군 묘산과 이지방 묘산, 수원 객사 뒤, 남양 객사, 영릉 안 좌·우변 산기슭)이었다.

한 달이 지나 이듬해(1636년) 1월에 들어서자 능자리를 보던 관상감 제조 일행이 홍제동과 영릉 월변의 어수정동이 나라의 쓰임새[國用]에 맞다고 했다. 그러나 인조는 홍제동은 길이 멀어 쓰기 어렵다고 난색을 표한다.

뒤이어 다른 후보지로 광주 고읍의 향교 뒤, 광주 남면의 제안대군 묘, 양주 송산의 윤은보 묘가 대상지로 올랐다. 그러나 모두 쓸 만한 땅이 아니라는 평이 중론이었다. 윤은보 묘산을 살펴보는 길에 지나가며 본 풍양의 구궐터도 또한 적합지 않았다. 광릉 주변의 천령 아래에 있는 경좌갑향(庚坐甲向 : ↗)의 언덕도 선택되지 않았다.[74]

2월에 들어서자 9일에는, 영의정 윤방, 우의정 홍서봉이 파주에 있는 이유징 묘가 있던 산을 추천하였다. 결국 나흘 뒤에 총호사 홍서봉 등이 파주의 산릉에 가서 묘좌유향(卯坐酉向 : ←)으로 능자리가 정해졌다.

이윽고 세상을 떠난 지 다섯 달째 되던 1636년(인조14) 4월 11일에 인렬왕후를 파주에 장사지냈다.

---

74. 12월 12일·29일, 1월 1일·2일

인조를 장사지내다

이후 열 두해가 지나서 1649년(인조27) 5월 8일에 인조가 세상을 떠나게 된다. 왕위를 계승한 아들 효종의 주관 아래 조정에서 장례 준비가 착착 진행되어 나가던 중, 5월 18일에 대사헌 조익이 상소문을 올려 장릉 자리에 대한 풍수적 평가가 좋지 않으니 재검토할 것을 건의하였다.

"당초 장릉을 의논해 결정한 것은 지사(地師) 이간이 주장하였습니다. 그러나 지사 김백련은 그 곳이 좋지 않다고 강력하게 말하고, 그 뒤에도 그 곳이 좋지 않다고 말하는 술사들이 많다고 들었습니다. 지금 만약 길흉도 분간되지 않고 의혹도 풀리지 않았는데 그대로 그 자리에 능을 모신다면 무궁한 후회가 있을까 염려됩니다. 술사들을 모아 다시 살펴보고 각각 소견을 진술하게 하면 그 길흉을 판정할 수 있을 것입니다."『효종실록』즉위년 5월 18일

당시에는 그냥 넘어갔지만, 장릉 자리의 풍수에 대한 문제는 숙종과 영조 때도 제기되어 결국 나중에 인조의 능자리를 옮기게 된다.

마침내 승하 후 다섯 달째 되던 9월 20일에 인조를 장사지냈다.

장릉에 장례하였다. 오시(五時)에 현궁을 내리고 유시(酉時)에 산릉에서 초우제(初虞祭)를 지냈다.『효종실록』즉위년 9월 20일

능침에 뱀이 똬리를 틀고 있는 변고가 있어

사십 여 년이 지난 1688년(숙종14) 2월, 장릉자리에 풍수적으로 결함이 있어서 이장해야 한다는 상소가 올라왔다. 첨사 허빈이 길지를 새로 정하고 옮길 것을 주장했던 것이다. 당시에는 이러한 건의가 받아들여지지 않고 도리어 함부로 이장을 아뢴 죄를 물었다.

그 일이 있고나서 다시 50여 년이 지난 1731년(영조7) 3월 16일, 영조는 장릉을 살펴보게 했는데, 뱀이 똬리를 틀고 있는 변고를 발견했다. 이를 계기로 조정에서는 장릉을 옮기는 문제를 다시 의논하게 된다.

"파주의 장릉은 선조(先朝: 숙종) 때 이장하려는 의논이 있었으나 곧 중지하였습니다.

근래 듣건대 능침 사이에 뱀이 똬리를 틀고 있는 변이 있어 가끔 출몰한다고 하니, 어찌 놀랍지 않겠습니까.

세간에서 전해 오기를, '이 능에 처음 광중을 열 때에 뱀의 변고가 있었으나 총호사 김자점이 숨기고 그대로 능을 봉했다.'고 합니다. … 백년된 능침[仙寢]을 하루아침에 옮겨 모시는 일은 마땅히 어려워하고 신중함을 더해야 할 것이나, 변고가 이미 망극하니 옮겨 모시는 것을 의논해야 할 것입니다." 『숙종실록』 14년 2월 13일

여러 차례의 사실 확인 후에 4월 10일, 조정에서는 마침내 이장을 결정했다.

판부사 민진원 등이 장릉을 살펴보고 돌아오니, 영조가 불러 묻고 명했다. "전에 장릉을 옮겨 봉안하려는 뜻은 풍수가의 근거 없는 설에 불과했으므로, 그때 임금의 명[聖敎]이 만세토록 바꿀 수 없는 가르침이 되었다. 그러나 이번에 옮겨 봉안하는 것은 옛날과 크게 달라 능침의 더러운 물건(뱀)을 이미 대신들이 재차 살펴보는 걸음에 보았다고 하였으니, 슬픈 마음이 그지없이 더욱 간절하여 이장하는 일을 조금도 늦출 수가 없다." 『영조실록』 7년 4월 10일

이후 이장할 능자리를 구하고 옮기는 과정이 전개된다. 이장을 결정한 지 한 달이 채 못 된 5월 3일에 후릉 근처를 후보지로 살펴보았다. 그러나 그곳은 풍수에 적합하지 못했다. 닷새 뒤에는 여러 능에 가서 곁가지 혈과 함께 교하 읍치 자리를 살펴보았다. 그때 교하가 합당하다는 지관들의 의견이 있었다. 13일에는 교하 읍치에서 능침이 들어설 정혈자리가 어디인지를 논의했고, 다음날에 능자리로 최종 결정했다. 보름 후 영조는 산릉 이장을 담당하는 총호사 이하 중신(重臣)들과 혈자리, 배치(좌향), 정자각, 재실터, 택일 등에 대해서 구체적으로 상의하였다.[75]

능자리 결정 후 곧바로 조정에서는 능을 조성하는 데에 있어서 필요한 준비사항과 백성들에 대한 구휼 대책을 세웠다. 노역을 담당할 백성들에게는 하사금을 내려 위로했다. 능자리가 들어설 교하를 전례에 따라 군으로 승격시켰고, 방화구역[火巢]에 포함될 논밭에 대한 보상책도 구체적으로 거론했다.

---

75. 『승정원일기』 영조 7년 5월 28일

이어서 8월 16일에 영조는 옮길 장지와 새 장지를 최종적으로 둘러보았다. 마침내 27일에 옛 장지에서 발인해 30일에 파주의 새 능자리로 가서 이장했다. 실록의 기록을 날짜별로 요약하면 다음과 같다.

날짜	실록 내용
1731년(영조7) 5월 3일	신하들이 후릉(厚陵)의 곁가지 혈을 살펴보았지만, "유(酉: ←) 방향이 낮아 골바람[凹風]이 들어오며, 맥이 계축(癸丑: ↗) 방향을 범하여 길지가 못됩니다."는 의견이 있어, 영조는 헌릉의 다른 혈을 살펴보라고 일렀다.
5월 8일	신하들이 여러 능의 곁가지 혈과 교하의 읍치를 살펴보고 와서 아뢨다. 지관들이 모두 "교하는 산세의 펼쳐짐이 국장(國葬)의 자리에 합당합니다."라고 했습니다.
5월 13일	임금과 신하들이 능자리의 정혈(正穴)이 (교하의) 객사 뒤인지 향교 뒤인지를 논의했다.
5월 14일	영조는 새 능자리를 교하로 결정하는 동시에 능을 조성하는 데 준비 사항과 백성을 구휼할 대책을 말했다. "새 능은 교하에 정하되 방화구역[火巢]은 간략히 하도록 힘쓰고, 호조의 경비는 관서의 별비전(別備錢)에서 써서 백성의 노역[民役]을 없게 하라. 본 읍의 전세미(田稅米) 1백 70포와 증미(拯米) 140곡(斛)을 본 읍에 남겨 두어 공사[役事]의 쓰임에 대비하라. 선릉(先陵)을 옮겨 봉안하기 위해 이미 길지를 가렸기에, 빨리 백성을 구휼하는 방도를 강구해야 할 것이니, 이는 임금[聖祖]의 끼친 뜻을 본받는 것이다. … 방화구역[火巢] 안의 민가는 많이 헐지 못하게 하고, 백성들의 논밭에도 후한 값을 주며, 옆에 있는 백성들 무덤 역시 파 가게 하지 말라."
5월 17일	영조는 교하와 경기의 백성들에게 이장으로 인한 노역과, 특히 교하에는 고을을 옮기는 어려움에 대해 하사금을 내려 위로했다. "이번 원릉(園陵)을 옮겨 모시는 것은 아들 된 자의 절박한 마음에서 나온 것인데, 새 능을 오랫동안 자리잡지 못해 더욱 민망스러웠다. 이제 좋은 곳을 이미 정했으니 슬픔과 다행한 마음이 교차된다. … 근년 이래에 경기 백성들이 연달아 나라의 노역[役]을 만나 피폐함이 특히 심하였고, 이제 또 고을을 옮기는 일이 있게 되었으니 내가 매우 민망히 여긴다. 아! 왕이 된 자의 효는 조상을 이어받는 것이 큰데, 교하의 백성인들 어찌 임금의 자식[赤子]이 아니겠는가. 이제 은화(銀子) 2천 1백 50냥을 내리노니, 1천 냥은 교하 백성들에게 나누어 주어 옮기는 비용을 돕고, 1천 냥은 경기 군영에 주어 이장하는 노역을 도우며, 1백 50냥은 교하현에 주어 관사를 뜯어다 옮기는 비용으로 쓰고…."
	"새 능을 교하에 정하였기에 현을 승격시켜 군으로 삼을 것을 명했다."
8월 4일	같은 날, 예조에서 방화구역[火巢]이 둘레 15리가량이고, 방화구역의 조성으로 인해 황폐하게 된 민전에 대해 배상해줄 것을 아뢨다. "새 능의 방화구역[火巢]은 주봉 뒤 가사내산(加沙乃山)부터 법흥산(法興山)을 경유하여 경계가 되고, 청룡 바깥부터 당산(堂山)까지가 경계가 됩니다. 또 당산으로부터 노정(盧亭)까지가 경계가 됩니다. 또 노정으로부터 학당포(學堂浦)·약산동(藥山洞)을 경유하고, 꺾어 남쪽으로 금단산(黔丹山)을 돌아서 법흥산(法興山)에 합해지는 데까지가 경계가 되니, 주위가 15리가량 됩니다. 그 안에 있는 황폐한 민전(民田)을 지부(地部)로 하여금 가격을 계산해서 지급하도록 해야 합니다." 하니, 임금이 옳게 여겼다.
8월 16일~18일	본격적인 이장을 위해 영조는 (옛) 장릉으로 행차하여 이튿날 가마[御駕]는 파주행궁을 거쳐 장릉에 도착했다. 영조는 홍살문에 나아가 곡하고 네 번 절한 뒤 대왕 능과 왕후 능을 살펴보았다.
8월 27일~30일	신시(辛時)에 광[玄宮]을 여는 예를 올렸다. 이윽고 8월 27일에는 옛 장릉에서 상여[靈轝]가 발인하여 새 능에 이르렀고, 드디어 8월 30일 축시(丑時)에 새 능자리로 장릉을 이장했다.

『승정원일기』에 기록된 장릉의 조성과 배치에 대한 영조와 신하들의 논의

- 영조 7년 신해(1731) 5월 28일(경인) 맑음

미시(未時: 오후 1시~3시)에 영조가 시민당(時敏堂)에 나아갔다. 총호사 이하를 만나기 위한 자리였다. 영조가 일렀다. "천릉하는 큰 일에 혈자리를 잡게 되어 다행이다. 중신들은 반드시 소견이 있을 것이니 아뢰라."

윤순이 아뢨다. "신이 여러 해 동안 산소 자리를 찾아보아 약간 지관의 말을 들었을 뿐 실제로 터득한 것이 없으니 무엇을 아뢸 것이 있겠습니까. 그러나 우선 일반적인 사람의 눈으로 본 것을 가지고 논해 보겠습니다.

신 역시 이곳을 왕래해 보았지만 혈자리에 올라가 본 적은 없었습니다. 이번에 비로소 용(龍: 산줄기)을 탐색하여 혈자리에 도착해 보니, 주산의 형세와 들어오는 용을 신이 처음 보았습니다. 감여가(堪輿家: 풍수가)들은 말하기를 '주산의 형세는 하나로 뻗어 오지만 누차 기복(起伏)하는 것은 길합니다.'라고 합니다. 지금 이곳 수십 리 안에 연이어 과협(過峽: 잘록한 지형)이 있고, 과협의 양쪽 산이 맞이하고 전송하는 모습도 모두 법도에 맞으며, 천지만엽(千枝萬葉: 수만가지)의 봉우리들이 혈 자리를 중첩하여 호위하고 있습니다. 그리고 강으로 이어진 곳은 더욱 웅장하여 용법(龍法)이 제일인 데다, 쌍룡(雙龍)이 기를 합치고, 이어진 구슬처럼 꿈틀거리는 산맥은 살아서 달려오는 형세로 산비탈 가에 혈이 맺힌 모양이 더욱 귀격(貴格)이 됩니다.

여러 지사(地師)들은 모두 '혈에 3층이 있다.'라고 하는데 신이 보기에는 실로 2층으로 하층은 곧 남은 기운입니다. 지난번에 중층에서 혈 자리를 잡아 보았는데, 이곳은 곧 임해좌(壬亥坐)에서 뻗어온 맥이 혈을 맺은 것입니다.

만약 연운(年運)과 부합한다면 이른바 해룡(亥龍)은 실로 20룡 중의 귀혈(貴穴)인데, 금년에는 이미 임좌(壬坐)의 운수가 없으니 마땅히 자좌(子坐)의 향법(向法)을 사용해야 합니다. 그런데 해룡에 자좌는 방서(方書: 술서)에 보이지 않고 또 상층에 조금 올라온 돌출부가 있어 임감(壬坎)에서 뻗어 온 용으로 임감 방향의 자좌는 방서와 가장 잘 부합합니다. 이 때문에 고인이 이 혈 자리를 논할 때 역시 해좌(亥坐)에 관한 말이 없었던 것입니다. 그 뜻이 대개 임감룡(壬坎龍) 임좌병향(壬坐丙向)에 있는 것으로 연운이 이와 같습니다. 또 간병정(艮丙丁) 방향의 3수(水)는 정(丁) 방향에서 파(破)가 되니 수법(水法)이 자좌만 같지 못합니다. 자좌로 내봉(內封)을 삼고 임좌로 외봉(外封)을 삼으면 좋을 듯한데 상층을 단단히 정해야 합니다."

홍치중이 아뢰기를, "상층과 중층 두 층 사이의 거리가 실로 멀지 않습니다." 하니,

영조가 "조대(朝對: 마주하는 산)를 바라보는 시야는 상층이 중층만 못한가?" 하자,

윤순이 아뢨다. "하층은 모두 보토(補土)할 것이고 상층은 또 부토(腐土)가 많아 만약 부토를 파내면 중층에 비해 역시 그다지 높지 않습니다."

영조가 이르기를, "하층은 등급이 불분명한가?" 하니,

홍치중이 아뢰기를, "객사(客舍)에 합당한 터는 3층으로 되어 있는데 등급은 원래 그다지 분명히 나뉘어 있지 않습니다." 하였다.

윤유가 아뢰기를, "신도 해룡에는 자좌를 쓸 수 없다고 생각하였습니다. 그러므로 임좌로 정하자는 논의를 힘써 따랐습니다. 이형좌와 신의 생각은 모두 상층이 낫다고 보는데 다른 지사들은 모두 중층이 좋다고 생각하기 때문에 어쩔 수 없이 구차하게 동의하였습니다. 느슨한 곳을 급하게 하고 급하게 할 곳을 느슨하게 하는 법으로 본다면 중층이 낫다는 논의가 실행될 수 있습니다. 지금 땅을 파서 보니 상층은 부

토가 거의 3자에 이르는데 이것을 제거한다면 중층과 그다지 높이의 차이가 없을 듯합니다." 하였다.

홍치중이 아뢨다. "중층은 삼각산이 진방(辰方)이 되지만 상층은 손방(巽方)의 봉우리가 되니 이곳이 낫습니다."

윤순이 아뢨다. "삼각산은 송도에서 엿보는 산이 되니 좋지 않습니다. 이곳은 엿보이지 않으니 비록 진방이더라도 무슨 해로움이 있겠습니까. 고양, 파주 등지에서는 삼각산이 모두 진방이지만 역시 이름난 묘소가 많으니 어찌 이것을 흠으로 삼는단 말입니까. 권진혁은 호남 사람으로 갑자기 한산(漢山)을 보았기 때문에 이런 말을 한 것입니다."

윤유가 도설(圖說)을 1장 올렸다. 영조가 이르기를, "이것은 누가 만든 것인가?" 하니,

윤유가 아뢰기를, "권진혁과 민상태가 만들었습니다." 하였다.

윤순이 아뢰기를, "방서(方書)를 보면 사람마다 알 수 있지만 두 지사가 암송하여 썼습니다. 대개 이 혈 자리를 대강 보면 앞쪽이 먼 것 같지만 거꾸로 천 리의 조수(朝水: 마주보는 하천)를 받으니 이는 결점이 되지 않습니다." 하니,

영조가 이르기를, "이 그림에서 혈 자리를 지적해 보이라." 하자,

윤순과 이설이 아뢰기를, "이곳이 혈 자리를 잡을 곳이지만 후절(後節)은 모두 10분의 1로 할 수 없습니다. 천지만엽을 어찌 한 장의 종이에 다 그릴 수 있겠습니까. 쌍룡이 기를 합친 것은 전혀 모양을 이루지 못하였고 국내(局內) 역시 이처럼 넓고 크지 않습니다." 하니

영조가 이르기를, "쌍룡이 기를 합치는 것과 혈 자리는 다시 보충해 첨가하라." 하자,

윤순이 붓을 잡고 가리켜 아뢨다. "이곳은 뾰족한 곳인데 둥글게 그렸고 이곳은 낮은 곳을 높게 그렸습니다. 이곳은 혈처이고 이곳은 쌍룡이 기를 합친 곳입니다."

영조가 이르기를, "앞으로 봉릉(封陵)을 하면 상중하 3층이 장차 사라져 하나의 국세(局勢)가 되는가? 만약 여염가에서 사용한다면 객사터 역시 장차 버려지는 땅이 되지 않겠는가?" 하니,

윤순이 아뢰기를, "만약 여염의 사람이라면 마땅히 혈 자리 두 개를 사용하고 하층은 남은 기운으로 버려둘 것입니다. 다만 왕자협(王字峽)과 일월협(日月峽)은 사가(私家)에서는 사용할 수 없습니다." 하였다.

영조가 이르기를, "도형이 이와 같다 해도 상층이 과연 토성(土城)만 못하겠는가?" 하니,

윤순과 이설이 아뢰기를, "이는 지사나 화공이 표현할 수 있는 것이 아닙니다." 하였다.

영조가 이르기를, "내가 물은 것은 지나치게 높다고 생각하기 때문이다. 국릉(國陵)을 가장 높은 지점에 쓴 경우는 보지 못하였다." 하니,

윤유가 아뢨다. "곡장(曲墻)터를 모두 널찍하게 마련한 뒤에 비로소 혈 자리를 잡는데, 만약 땅을 파게 되면 3층이 모두 하나와 같이 되어 지나치게 높을 우려는 없을 것입니다."

하자, 영조가 이르기를, "그렇다면 원래 상중하로 논할 것이 없다."

이설이 아뢰기를, "객사터가 정자각이 될 것입니다." 하니,

영조가 일렀다. "설령 중층에 쓴다 하더라도 정자각이 객사 터에 있어야 하는가?"

윤순이 아뢰기를, "상대(上臺)와 중대(中臺) 사이는 퇴광(退壙) 자리가 될 것입니다." 하고, 이설이 아뢰기를, "국릉을 마련하는 것은 사가의 장례와는 달라 반드시 그 배설(排設)할 곳을 헤아린 뒤에 비로소 혈 자리를 잡습니다." 하였다.

영조가 이르기를, "상대에는 퇴광처가 없는가? 내계(內階)는 어느 곳에 이르며 외체(外砌)는 어느 곳에 이르는가?" 하니,

윤유가 아뢰기를, "조금 보토할 곳이 있습니다." 하였다.

영조가 이르기를, "중층에 쓴다면 보토할 곳이 더욱 많은가?" 하니,

윤순이 아뢨다. "만약 앞의 혈을 쓴다면 보토가 객사의 터에 이르게 될 것입니다."

이설이 아뢰기를, "해룡에 자좌는 과연 온당치 않습니다만 상층의 보필이 더욱 분명하니, 기를 받는 것 역시 분명할 것입니다." 하고,

홍치중이 아뢰기를, "방서에는 '제왕의 산릉에는 반드시 왕자협(王字峽)이 있어야 길하다.'라고 되어 있는데 신들이 누차 왕래해 보았지만 발견하지 못하였습니다. 윤순이 한 번 보고 알아내었고 자형(字形)도 과연 분명하니 이것을 발견한 뒤에는 더욱 믿을 만하다 생각합니다." 하였다.

윤순이 아뢰기를, "이러한 용(龍)은 나라 안에서 찾아보아도 많이 구할 수 없습니다. 신이 지난번에 북쪽으로 갔을 때 목조(穆祖)의 능침을 봉심하였지만 이 용이 나은 듯합니다. 가장 특이한 점은 강물 상류는 모두 얕은 산록이고 하류는 모두 태산으로 세 겹으로 둘러친 여러 봉우리들이 모두 고개를 돌려 혈 자리를 바라보고 있는 것입니다. 신은 어찌하여 지금까지 이런 장소가 감추어져 왔는지 삼가 이상하게 생각합니다." 하니,

영조가 이르기를, "향교 터도 보았는가? 이미 혈 자리를 잡았다면 굳이 다른 곳을 논할 필요가 없겠지만 혹 이어서 사용할 자리가 되지 못하는가?" 자,

윤순이 아뢰기를, "신의 소견으로는 산과 물이 같은 방향으로 진행될 뿐만 아니라 결코 이장할 자리가 아닙니다." 하였다.

영조가 이르기를, "그렇다면 고인들이 어찌하여 좋다고 하였는가?" 하니,

신사철이 아뢰기를, "그때도 모든 사람이 찬미한 것은 아니고 두세 사람이 좋다고 하였을 뿐입니다." 하고,

윤순이 아뢰기를, "세상에 이른바 만두지리(饅頭地理: 형세로 풍수를 보는 일)를 하는 자들이 무덤 뒤의 장막이 높고 험준한 것을 보고서 좋다고 한 것입니다." 하였다.

영조가 이르기를, "정자각과 영악전터를 다 마련하고 관사 역시 헐어 버렸는가?" 하니,

홍치중이 아뢰기를, "객사는 헐었지만 다른 관사는 우선 그대로 두었습니다. 새로 지을 관사 터에 사대부 집이 한 채 있는데 높이와 넓이가 관사로 쓸 만하기 때문에 앞으로 관가(官家)에서 사들이고 옛 관사는 도감에서 변통하여 들어가 거주하려고 해서입니다." 하였다.

영조가 이르기를, "재실 터도 마련하였는가?" 하니,

이설이 아뢰기를, "내청룡 아래에 정하였습니다." 하였다.

영조가 이르기를, "관사를 우선 헐지 않는다면 쓸데없는 비용을 낭비하지 않을 것이다. 지금 확실히 정하였으니 날짜를 잡는 것이 가장 급한데 오늘은 날이 저물었으니 내일 안으로 거행하라." 하니,

홍치중이 아뢰기를, "날짜를 잡는 방서가 매우 많으므로 반드시 국방(國方)이 방외(方外)의 술사들과 상의해서 날짜를 잡아 정하는 것이 예전의 규례입니다. 진사 강필연이 이 술업에 가장 정밀하지만 현재 부평에 있다고 하니 올라오도록 재촉하는 것이 어떻겠습니까?" 하고,

윤유가 아뢰기를, "사인(士人) 윤백휴가 무신년(1728, 영조4)에 날짜를 잡았기 때문에 사람을 보내서 오도록 청했더니 현재 적성에 있다고 합니다. 재촉해 올라오도록 하는 것이 마땅합니다." 하니,

영조가 이르기를, "모두 경기 감영으로 하여금 그들이 간 곳을 탐문하여 말을 지급하고 재촉하여 밤낮이 올라오게 하라." 하였다.

홍치중이 아뢰기를, "윤순이 내봉(內封)과 외봉(外封)에 대한 좌향의 의론을 내었으니, 결정하는 것이 어떻겠습니까?" 하니,

영조가 "남원군의 뜻은 어떠한가?" 자,

이설이 "이미 전례가 많으므로 더 이상 의심할 것이 없습니다." 하고,

윤순이 "내봉은 자좌(子坐)로, 외봉은 임좌(壬坐)로 하는 것이 장법(葬法)에 가장 좋습니다." 하니,

영조가 "이미 전례가 있고 아뢴 것도 그러하니 그대로 하라." 하였다.

인조의 능자리 이장으로 백성들이 겪어야 할 고충과 노역을 영조가 구휼하고
자 하는 장면이 인상적이다.

---

* 참고자료:『장릉지(長陵誌)』

조선왕조 제16대 왕 仁祖와 첫째 왕비 仁烈王后 韓氏의 長陵에 대한 陵誌이다(장서각 소장).

1842년(헌종8)에 劉錫과 柳道宗이 共編했다. 1책(78장)의 필사본이다.

첫머리에는 表石前面(篆書)과 陰記(楷書)를 실었다. 陰記에 仁祖의 출생과 즉위, 사망 연도, 재위
및 나이를 적었고, 이어서 仁烈王后 韓氏의 출생과 사망 연도 및 나이(壽)와 葬地 정보를 기록했다.
왕비는 처음 파주 雲川里의 卯坐 언덕에 장사지냈다가, 1731년 8월 30일에 교하 子坐의 언덕으로 移
奉하여 합장했음이 확인된다.

이어서 長陵의 풍수적 입지로서 主山과 外案 및 內案의 이름을 적고, 술가들이 王都의 大地라고
한다면서, 李懿信이 遷都의 논의도 있었던 곳이라고 했다.

다음 장에는 목록을 다음과 같이 제시했다. 表石前面及陰記, 玉牒, 冊立頒敎文, 上謚號玉冊文,
哀冊文, 行錄, 行狀, 誌文, 豫定世室告廟須敎文, 仁烈王后封王妃玉冊文, 封王妃敎命文, 謚號玉
冊文, 哀冊文, 追上徽號玉冊文, 誌文, 故實, 親祭文.

처음의 玉牒에서는 長陵이 교하 舊邑治 뒤의 子坐午向으로 있었다가 파주 雲川里로 이장되었고
다시 교하 子坐의 언덕에 자리 잡았음을 알 수 있다.

繼妃 莊烈王后 趙氏의 徽陵은 양주 건원릉 서쪽 언덕에 酉坐卯向으로 있다고 했다.

冊立頒敎文은 大提學 張維, 上謚號玉冊文은 大司憲 趙翼, 哀冊文은 藝大提學 金光煜이 작성
했다. 行錄은 내용이 없이 비어있다. 仁祖와 仁烈王后의 行狀을 장문의 내용으로 기록했다. 長陵誌
文은 大提學 趙絅, 豫定世室告廟須敎文은 大提學 南九萬, 封王妃玉冊文은 兵曹判書 李景憲이
작성했다.

기타 謚號玉冊文, 哀冊文, 追上徽號玉冊文, 誌文은 仁烈王后 韓氏에 관한 문서가 실렸다. 이어
故實에는 정자각동서로 영조가 손수 심었다는 잣나무 세 그루 등에 관한 사실이 있다. 마지막에는 親
祭文을 싣고, 長陵誌 의 끝에 1842년 令 劉錫과 參奉 柳道宗이 共編했다고 했다.

19세기 중반에 仁祖와 仁烈王后 및 長陵에 관련된 문서와 사실을 종합적으로 편집한 자료로서,
長陵의 移葬 내력과 입지도 비교적 소상히 알 수 있는 문헌으로서 가치가 있다.

『장릉 도면(長陵圖面)』

1910년경 李王職에서 편찬한 長陵의 圖面이다(장서각 소장).

조선왕조 제16대 왕 仁祖와 왕비 仁烈王后 韓氏의 長陵을 1910년경 李王職에서 근대적으로 실측한 도면이다. 축척은 1/1,200이다. 방위표시도 했다. 하단 모서리에는 ◎國有林, ○李王家所有라는 범례도 넣었다. 李王家의 소유는 붉은색으로, 국유림은 푸른색으로 채색했다. 도면상에는 능침에 이1910년경 李王職에서 편찬한 長陵의 圖面이다(장서각 소장).

조선왕조 제16대 왕 仁祖와 왕비 仁烈王后 韓氏의 長陵을 1910년경 李王職에서 근대적으로 실측한 도면이다. 축척은 1/1,200이다. 방위표시도 했다. 하단 모서리에는 ◎國有林, ○李王家所有라는 범례도 넣었다. 李王家의 소유는 붉은색으로, 국유림은 푸른색으로 채색했다. 도면상에는 능침에 이르는 구릉지 지형의 등고선도 표현했다. 第四號長陵이라는 제목으로 세 구역(능역: 능침과 莎草地 및 외곽, 재실 및 외곽, 못)을 표시하고 각각의 면적을 따로 일본식으로 표기했다.

도면에 기재된 능역의 면적은 六町九反(段)五畝(畝)貳拾貳步이고, 재실구역의 면적은 四反(段)貳拾八步이며, 못(池)은 壹町參反(段)七畝(畝)貳拾九步다. 능역 구역은 봉분을 반원 모양으로 표현하고 莎草地를 표기하였으며, 정자각 및 기타 부속 건물 3개도 그렸다. 재실 앞으로는 耕地도 표기했다.

1910년경 李王職에서 조선왕릉을 조사, 관리하기 위해 근대적 측량기법으로 실측한 長陵의 圖面으로서, 현대 이전 長陵의 실태와 모습을 확인할 수 있는 자료로서 가치가 있다.

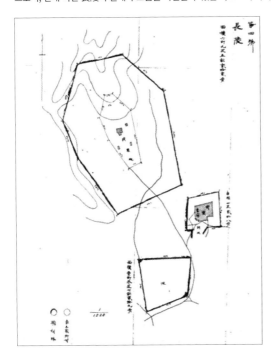

휘릉(장렬왕후)

휘릉(徽陵)은 조선왕조 제16대 인조의 둘째 왕비 장렬왕후(莊烈王后) 조씨(1624~1688)의 단릉이다.

장렬왕후는 1638년(인조16)에 계비로 책봉되었으나 자식을 두지 못하였다. 인조와 효종 사후에 대비와 대왕대비를 거쳐 65세의 나이로 세상을 떠났다.

능은 경기도 구리시 인창동 동구릉 내에 있다. 능침은 유좌묘향(酉坐卯向 : →)으로 자리 잡았다.

1688년(숙종14)에 장렬왕후가 세상을 떠나자 지금 자리에 장사지냈다. 이런 사실을 능 곁에 조성한 비문(1747년)에 기록했다.

(장렬왕후는) 1624년(인조2)에 탄생했다. 1638년(인조16)에 계비로 책봉했다. 1688년(숙종14) 8월 26일에 승하하여, 12월 16일 양주 건원릉 서쪽 등성이 유좌(酉坐)의 언덕에 장사지냈다. 나이는 65세이다. 「비문」

휘릉의 입지를 『대동여지도』(1861)의 산줄기로 개관해 보자. 한북정맥의 주맥이 주엽산에서 갈래졌고, 남으로 천보산과 송산, 수락산을 거쳐 검암산에 이르는 동편 언덕에 휘릉이 있다. 『선원보감』(1931)의 산릉도는 휘릉을 이루는 풍수 국면과 산수 짜임새를 상세히 표현했다.

• 휘릉의 입지지형 위성사진

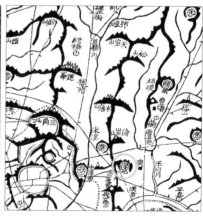

• 『대동여지도』의 산줄기와 휘릉(건원릉을 대표로 표기했다).

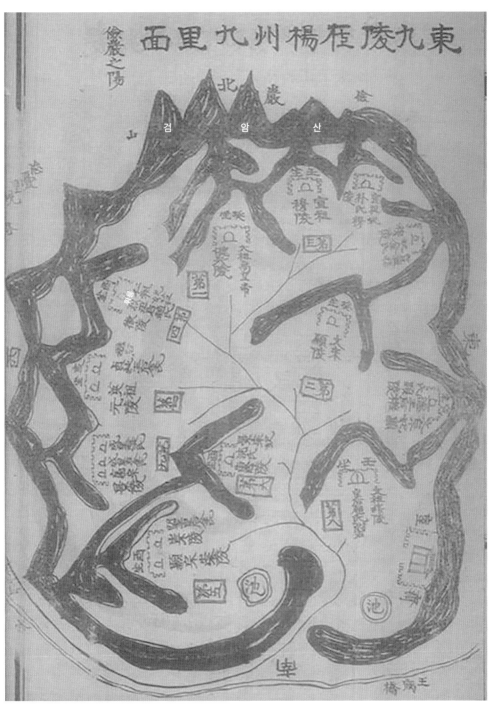

• 휘릉 산릉도(『璿源寶鑑』(1931) 「列聖祖山陵圖」). 휘릉은 동구릉에서 제4(第四) 능이며, 검암산을 주산으로 유좌(酉坐)로 자리한 '인조비 장렬왕후
  조씨 휘릉(仁祖妃莊烈王后趙氏徽陵)'의 풍수적 입지를 표현했다.

• 능전-능침과 정자각·비각

• 봉분과 상설. 서쪽을 등지고 동향으로 자리 잡았다.

• 능침 뒤에서 바라본 입지경관. 나지막한 안산이 병풍을 펼친듯 편안한 모습이다.

• 능침 뒤로 들어오는 맥

장렬왕후의 능을 건원릉 유좌(酉坐) 언덕에 정하라

1688년(숙종14) 8월 26일, 장렬왕후가 세상을 떠났다. 숙종은 다음 달(9월 18일) 건원릉 동쪽 언덕으로 능자리를 정했다.

총호사 조사석 등이 각 능의 국면 내[局內]를 재차 살펴보고 돌아와 아뢨다. 숙종은 장렬왕후의 산릉을 건원릉 국내내 유좌(酉坐: ←)의 언덕에 정하라고 명했다.『숙종실록』 14년 8월 26일

이윽고 1688년(숙종14) 12월 16일 장렬왕후를 휘릉에 장사지냈다.

17대 영릉(효종·인선왕후)

영릉(寧陵)은 조선왕조 제17대 효종(孝宗, 1619~1659)과 인선왕후(仁宣王后) 장씨(1618~1674)의 동원상하릉(同原上下陵: 같은 언덕의 아래 위에 있는 능)이다.

능은 경기도 여주시 능서면 번도리에 있다. 능침은 자좌오향(子坐午向: ↓)으로 자리 잡았다.

효종은 형 소현세자의 갑작스런 죽음으로 왕세자가 되어 인조가 승하하자 왕위에 올랐다. 10년간을 재위하다 북벌의 꿈을 실행하지 못한 채 41세로 세상을 떠났다.

인선왕후는 1649년(효종1)에 왕비로 책봉되었다. 슬하에 현종과 여섯 공주를 두고 57세로 세상을 떠났다.

1659년(효종10)에 효종이 세상을 떠나자 건원릉 서쪽 산줄기에 장사지냈다가, 1673년(현종14)에 능의 석물에 틈이 생겨 여주 홍제동으로 이장했다. 이듬해 2월 23일에 인선왕후가 세상을 떠나자 6월 4일에 효종 아래 자리에 장사지냈다.

영릉의 입지를 『대동여지도』(1861)의 산줄기로 개관해 보자. 한남정맥의 한 지맥이 동북쪽으로 뻗어 오르다 남한강에 이르는 산언덕의 품에 영릉이 있다. 물줄기는 남한강이 능자리를 안고 서북쪽으로 흘러나간다. 『해동지도』(18세기 중반)에는 영릉을 표기했다. 『선원보감』(1931)의 산릉도는 영릉을 이루는 풍수 국면과 산수 짜임새를 상세히 표현했다.

• 영릉의 입지지형 위성사진.

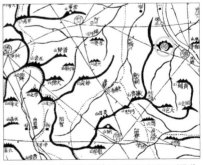

• 『대동여지도』의 산줄기와 영릉(세종 영릉을 대표로 표기했다).

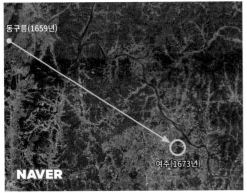

- 1673년(현종14)에 동구릉에서 현 위치(여주)로 능자리를 옮겼다.

- 『해동지도』(경기도 여주)의 '영릉'. 왼쪽에 세종의 영릉이 있다.

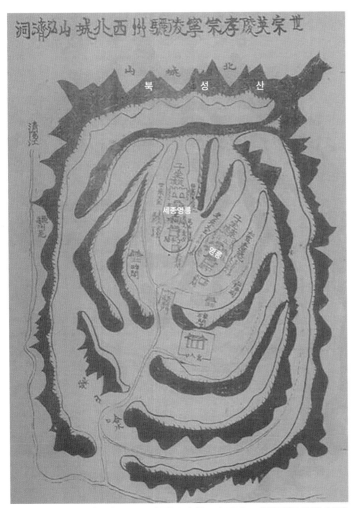

- 영릉 산릉도(『璿源寶鑑』(1931) 「列聖祖山陵圖」). 북성산을 주산으로 삼고, 자좌(子坐)로 자리한 효종 영릉의 풍수적 입지를 표현했다.

• 능침을 명당수가 에워싸는 형태로 수로를 다듬어 만들었다.

• 능침(사진 왼쪽 효종·오른쪽 인선왕후). 같은 맥줄기의 위 아래로 봉분이 들어섰다.

• 효종의 봉분과 상설. 북쪽을 등지고 남향으로 자리 잡았다.

• 효종의 능침 뒤에서 바라본 입지경관.

• 인선왕후의 봉분과 상설. 북쪽을 등지고 남향으로 자리 잡았다.

건원릉 서쪽 첫째 언덕이 능자리로 결정되고 말았다

효종의 능자리를 구하고 이장을 둘러싼 왕과 권신 간의 힘겨루기와 그 정치적인 의미를 해석해보자.

1659년(효종10) 5월 4일, 효종이 승하하였다. 19세에 왕위에 오른 아들 현종은 같은 달 17일과 23일 등에 대신과 지관들에게 여러 차례 능자리를 찾아나서게 했다.

6월 3일과 15일에는 여러 후보지(장단의 김영렬, 교하의 윤반, 광주의 정난종·이증, 남양의 홍언필·홍기영 묘산과 양재역 뒷산, 한강 북변의 산, 왕십리 해동촌, 이충작의 묘산과 정토 근처) 중에서 네 곳의 산도(山圖)를 그려 임금에게 보고했고, 그중에서 수원의 호장(戶長) 집 뒷산을 첫째로 꼽았다.

다음날 현종은 조정 대신들과 의논하면서 수원과 홍제동 두 곳을 최종 후보지로 올렸다. 현종은 수원에 마음을 두고 있었다. 반면 송시열은 홍제동을 강하게 주장했다. 수원은 국가의 관방지대라서 능을 들이게 되면 군민의 폐단이 된다는 것이었다.

그러나 현종에게 홍제동 자리는 마음 밖에 있었다. 선왕인 효종이 살아생전에 홍제동은 거리가 멀어서 능자리로 적합하지 않다는 말을 듣기도 했고, 어머니 선의왕후에게서도 같은 가르침[下敎]을 받은 터였다.[76] 그럼에도 불구하고 14년 후(1673년)의 일이지만, 효종의 영릉은 결국 홍제동으로 이장하여 지금에 이른다.

당시 현종은 18일의 조정 회의에서 여러 논란이 있음에도 수원에 혈자리를 가늠해 오게 했다. 이튿날 부호군 이상진이 수원의 능자리가 풍수적으로 좋지 않다고 상소했고, 22일에는 연양부원군 이시백이 수원은 쓸 자리가 못된다고 극구 아뢨다. 그럼에도 24일에 총호사 심지원이 혈자리 가늠을 마치고 돌아와서 택일할 것을 청하자 현종은 그대로 따랐다.

그 날(24일) 수원의 능자리가 불가하다는 원두표와 송준길의 상소가 연달아 올라왔고, 마침내 송준길이 이 일로 사직하기까지 이르자 현종은 한발 물러나 재검토를 약속했다. 그런 와중에 26일 날 현종은 신하들과 의견의 일치를 보지 못하는 상황에서 수원에 능자리 조성[山役]을 다시 하라고 시켰다. 28일에 다시 송준길은 능자리 조성을 잠시 정지할 것을 강하게 아뢰니 한 발 물러나 그렇게 하도록 했다.

수원으로 마음을 정하고픈 현종의 뜻은 굳셌지만, 자신의 의지를 관철할만한 힘이 부족했다. 현종은 조정에서 있었던 29일과 30일의 논의에서 송시열의 극력 간쟁에도 불구하고 수원을 강하게 고집했다. 그러나 7월 2일과 3일에 예조판서 윤강과 이상진, 이경석이 상소문을 올려 수원 능자리가 부적합하니 다른 곳을 찾아보도록 아뢨고, 이어 8일은 채유후·이상진이, 9일에는 홍문관에서 수원의 능자리 결정을 취소할 것을 청했다. 신료들은 수원이 군사적 요충지이자 교통 요지로서 길목일 뿐만 아니라, 읍치와 백성들의 삶의 터전을 옮겨야하는 현실적인 문제를 들어, 장지(葬地)로서 불가하다고 한결같이 반대하였다. 현종은 결국 뜻을 굽혀 7월 11일에 수원의 결정을 취소하고 만다. 당시의 정국에서는 득세한 서인(西人) 권신들의 정치적 발언과 힘에 비해 왕권은 너무도 역부족이었던 것이다. 그런데 능자리는 엉뚱하게도 중신들이 수원의 대안으로 추천했던 건원릉 서쪽 첫째 언덕이 효종의 장지로 결정되고 말았다.

이상과 같은 왕릉지를 둘러싼 이러한 일련의 과정과 그 배경은 정치적으로

---

76. 김병헌, 「孝宗大王 寧陵의 擇山 논쟁」 『조선시대사학보』 69, 2014, 145쪽.

해석이 가능하다. 서인(西人)과 남인(南人) 간의 갈등이 드러났다. 그리고 능자리의 결정을 둘러싸고 현종과 서인, 그리고 남인 세력 간의 정치적 역학관계를 반영하고 있다.[77] 그 대결은 송시열과 송준길을 필두로 한 서인이 승리했다. 그러나 남인은 15년 후(1674년)에 갑인예송(甲寅禮訟: 인선왕후의 국상에 자의대비가 입을 상복을 두고 일어난 예송 사건)을 통해 권력의 교체와 정국 개편의 계기를 이루게 된다. 홍제동의 지금 자리로 이장된 것은 그 한해 전의 일이었다.

길지를 가려 능을 옮기는 것 외에는 대책이 없습니다

효종을 건원릉 서쪽 언덕으로 장사지내고 14년이 지난 1673년(현종14) 5월 5일, 현종과 중신들은 능을 다시 옮겨야 할 사정이라고 하며 능자리를 살펴보았다.

현종이 우의정 김수흥, 예조판서 조형, 참판 이은상, 참의 이혜를 보고 산릉을 보수할 것인지 옮길 것인지의 여부를 물었다. 모두 대답하기를, "보토한 것이 기울어지고 무너져 오늘날과 같은 변고를 초래했으니, 지금 비록 개축한다 하더라도 뒷날 무사하리라고 어떻게 보장하겠습니까. 일이 이미 이 지경에 이르렀으니, 길지를 가려 능을 옮기는 외에는 다른 대책이 다시없습니다." 했다.

이에 현종이 명했다. "영릉 위의 석물이 점차 틈이 벌어진 것이 당초 잘 안배하지 못한 탓이기도 하지만, 대체로 보토를 견고하게 하지 못해서 해마다 틈이 벌어지는 환란을 초래한 것이니, 능의 봉분을 개조하는 일을 조금이라도 늦춰서는 안 될 것이다. … 능을 옮기는 일이 막중하고 막대한 일이라는 것을 본디 알고 있지만, 그야말로 일의 형세가 만부득이해서 하는 일이다. 예관(禮官)은 지관 및 지리에 정통한 사대부들을 데리고 먼저 근방의 여러 산에 가 살펴보도록 하고, 관상감 제조도 동행토록 하라." 『현종실록』 14년 5월 5일

같은 달 26일에 산릉도감에서 여러 후보지를 살펴보고 홍제동이 제일 낫다고 했다. 이에 따라 6월 7일에 현종은 이장할 택일을 명하고, 마침내 10월 7일에 효종을 지금 자리로 옮겨 장사지냈다.

---

77. 이희중, 「17,8세기 서울 주변 왕릉의 축조, 관리 및 천릉 논의」 『서울학연구』 17(1), 2001, 32쪽.

산릉에 부역 나온 승군들이 도망가다

산릉 조성에 동원되는 인력 중에는 승군(僧軍)의 비중이 가장 컸다. 실록에는 승군들이 영릉의 부역 과정에서 도망가자 이를 조치하는 기사가 나온다.

산릉에 부역 나온 승군들이 막사를 불태우고 도망가고 영승(領僧)만 남아 있었다.
정치화가 아뢨다. "각도에 분부하여 그들의 부모와 겨레붙이들을 엄히 가두어두고 그들을 체포하여 엄중히 다스리게 하소서."
총호사가 아뢨다. "어제 많은 승군들이 와서 추위와 괴로움을 호소하였습니다. 다시 부역하도록 이미 타일렀으니 우선 며칠 두고 보았다가 끝까지 나타나지 않는 자는 가려내어 다스리소서."
이에 임금이 명했다. "앞장서서 선동한 자를 엄중히 다스리지 않으면 나라꼴이 어떻게 되겠는가. 도감에서 적발하여 아뢰라." 『현종실록』 즉위년 9월 2일

사시(巳時)에 하관(下棺)하였다. 『현종실록』 15년 10월 7일

한편, 효종이 세상을 떠난 지 15년이 지난 1674년(현종15) 2월 23일에 인선왕후가 승하하자 6월 4일에 인선왕후를 효종 아래 자리에 장사지냈다.

축시(丑時)에 왕대비 장씨가 회상전(會祥殿)에서 승하하였다. 『현종실록』 15년 2월 23일
신시(申時)에 인선왕후를 영릉에 장사지냈다. 『현종실록』 15년 6월 4일

능자리 선택을 둘러싸고, 왕권과 신권, 그리고 당파 간에 벌인 치열한 세력 다툼을 통해 당시에 산릉이 지닌 상징성을 짐작할 수 있겠다.

18대 숭릉(현종·명성왕후)

숭릉(崇陵)은 조선왕조 제18대 현종(顯宗, 1641~1674)과 명성왕후(明聖王后) 김씨(1642~1683)의 쌍릉이다.

능은 경기도 구리시 인창동 동구릉 내에 있다. 능침은 유좌묘향(酉坐卯向: →)으로 자리 잡았다.

현종은 재위 15년 기간 동안 서인과 남인 세력의 당쟁과 예송(禮訟)에 시달리다 34세로 세상을 떠났다.

명성왕후는 1659년(현종 즉위년)에 왕비로 책봉되어 숙종과 세 공주를 두고 42세로 세상을 떠났다.

1674년(현종15) 8월 18일에 현종이 세상을 떠나자 12월 13일 날 지금 자리에 장사지냈다. 이런 사실을 능 곁에 조성한 비문에 기록했다. 한편 1683년(숙종9) 12월 5일에 명성왕후가 세상을 떠나자 이듬해 4월 5일에 현종 곁에 장사지냈다.

(현종은) 1641년(인조19) 2월 4일에 탄생했다. 1674년(현종15) 8월 18일에 승하하여, 12월 13일 양주 건원릉 서남쪽의 다른 등성이 유좌(酉坐)의 언덕에 장사지냈다. 나이 34세였다. 「비문」

숭릉의 입지를 『대동여지도』(1861)의 산줄기로 개관해 보자. 한북정맥의 주맥이 주엽산에서 갈래졌고, 남으로 천보산과 송산, 수락산을 거쳐 검암산에 이르는 동편 언덕에 숭릉이 있다. 『선원보감』(1931)의 산릉도는 숭릉을 이루는 풍수 국면과 산수 짜임새를 상세히 표현했다.

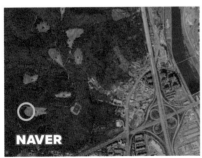

• 숭릉의 입지지형 위성사진

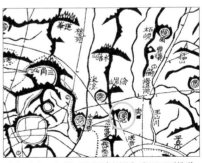

•『대동여지도』의 산줄기와 숭릉(건원릉을 대표로 표기했다).

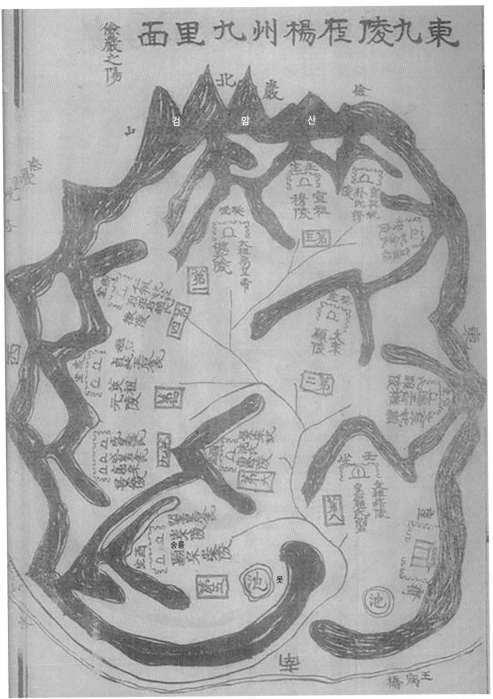

• 숭릉 산릉도(『璿源寶鑑』(1931) 「列聖祖山陵圖」). 숭릉은 동구릉에서 제5(第五) 능이며, 검암산을 주산으로 유좌(酉坐)의 쌍분으로 자리한 숭릉의 풍수적 입지를 표현했다. 능의 국면 아래 동편에는 못[池]도 있다.

• 능침과 정자각. 같은 등성이에 쌍릉으로 자리 잡았다.

• 석물 뒷모습

• 봉분과 상설. 사진 왼쪽에 현종, 오른쪽에 명성왕후가 묻혔다. 서쪽을 등지고 동향으로 자리 잡았다.

● 능침 뒤에서 바라본 입지경관. 마주한 볼록한 안산이 따뜻하고 정겹다.

● 능침 뒤로 들어오는 맥

건원릉 안의 혈자리가 좋을 듯하다

1674년(현종15) 8월 18일, 현종이 승하했다. 왕위를 계승하여 왕위에 오른 열네 살의 아들 숙종은 바로 장례 준비에 착수했다. 닷새 뒤인 23일과 26일에 관상감에 비치된 산릉 후보지 명부에서 대상지를 뽑았다. 최종 추천된 곳은 총 10곳(고양 현달산, 교하 월롱산, 장단 읍견(邑堅), 서곡 김영렬 묘산, 갈현, 양주 화접동, 건원릉 내, 영릉 내, 광주 번천, 금천 남자하동)이었다.[78]

---

78. 『현종대왕국휼등록』 8월 23일

이윽고 다음 달 9월 7일에는 축소된 5곳의 능자리 중에서 건원릉 안의 혈자리에 낙점했고, 마침내 12일과 13일에 조정에서는 건원릉 안에 능자리를 결정했다.

날짜	실록 내용
1674년(숙종 즉위년) 9월 7일	신하들이 나라의 쓰임새[國用]에 적합한 다섯 군데의 능자리를 가려 모양을 그려서 올리자, 숙종은 "건원릉 안의 혈자리가 좋을 듯하다."고 했다.
12일·13일	12일에 조정의 의논을 거쳐 13일에 건원릉 안의 혈자리를 쓰는 것으로 결정했다. 능침은 정혈(正穴)을 쓰되, 쌍릉의 척수(尺數)가 부족하면 보토할 수 있다고 했다.

능자리 결정한 9월 이후 능을 조성하는 일에 여러 달의 기간이 소요되었다. 다섯 달째 되던 12월 12일에 현종의 영가(靈駕)를 발인해 13일에 장사지냈다.

대행 대왕을 발인하기 1각(刻) 전, 임금이 먼저 돈화문 밖 임시 장막[幕次]에 나아가서 상여[靈轝]가 지나갈 때 곡하고 사배례(四拜禮: 네 번 절하는 예)를 행했다. 이튿날(13일) "진시(辰時)에 숭릉에서 관을 광중[玄宮]에 내렸다. 『숙종실록』 즉위년 12월 12일·13일

능의 배치[分金]는 아래와 같았다.

대왕릉은 계유(癸酉)·계묘(癸卯)로 배치[分金]했고, 왕후릉은 신유(辛酉)·신묘(辛卯)로 배치했다. 『경종실록』 즉위년 6월 18일

한편 현종이 승하한 지 10년째 되던 1683년(숙종9) 12월 5일에 명성왕후가 세상을 떠나자 이듬해 4월 5일에 장사지냈다.

인시(寅時)에 숭릉(崇陵)에서 대행왕대비(大行王大妃)의 하현궁(下玄宮)이 있었다.
당초 숭릉을 복토(復土: 하관 후 흙을 덮는 것)할 때에 대행왕대비가 명하여 그 왼쪽을 비워 두어 뒷날에 쓸 여지로 삼았다. 이때에 이르러 동강이실(同岡異室)의 제도를 써서 유의(遺意)를 따랐다. 술인(術人)이 '숭릉의 분금(分金)은 대행왕대비의 연갑(年甲)과 조금 거리낌(拘忌)이 있다.' 하므로, 광중(壙中)은 신유·신묘(辛酉辛卯) 분금을 쓰고 외면은 계유·계묘癸酉癸卯) 분금을 그대로 써서 두 능의 봉형(封形)에 차이가 없게 하였다. 혈(穴)의 깊이는 9척(尺)이다. 『숙종실록』 10년 4월 5일

19대 명릉(숙종·인현왕후·인원왕후), 익릉(인경왕후)

숙종에게는 첫째 왕비 인경왕후 김씨와 둘째 왕비 인현왕후 민씨, 그리고 셋째 왕비 인원왕후 김씨가 있었다. 세 왕비 모두 자식이 없었다. 첫째 인경왕후는 20살에 일찍 세상을 떠났다. 둘째 인현왕후는 옥산부대빈(희빈) 장씨의 소생을 양자로 들여 20대 경종으로 대통을 이었다. 셋째 인원왕후는 숙빈 최씨의 소생으로 양자를 들여 21대 영조로 대통을 이었다. 이런 배경에서 숙종과 인현왕후는 명릉에 쌍릉으로 나란히 있고, 인원왕후는 왼쪽 언덕에 따로 있다. 일찍 세상을 떠난 인경왕후는 익릉에 홀로 있다.

명릉(숙종·인현왕후·인원왕후)

명릉(明陵)은 조선왕조 제19대 숙종(肅宗, 1661~1720)과 둘째 왕비 인현왕후(仁顯王后) 민씨(1667~1701), 그리고 셋째 왕비 인원왕후(仁元王后) 김씨(1687~1757)의 동원이강릉(同原異岡陵)이다.

능은 경기도 고양시 덕양구 용두동 서오릉 내에 있다. 숙종과 인현왕후는 쌍릉으로 능침은 모두 갑좌경향(甲坐庚向: ←)이다. 숙종의 첫째 왕비 인경왕후(1661~1680)는 자식을 두지 못하여 같은 서오릉 내이지만 숙종과 능역을 달리하여 따로 자리해 익릉이라 했다. 둘째 왕비 인현왕후는 후사로 양자로 들인 경종이 보위에 올랐기에 숙종과 나란히 묻혔다. 셋째 왕비 인원왕후 능침은 왼쪽의 다른 언덕에 을좌신향(乙坐辛向: ←)으로 자리 잡았다.

숙종은 46년의 재위 기간 중에 정파 간의 당쟁을 돌파하며 강력한 왕권을 휘두르다 60세로 세상을 떠났다. 재위 기간 동안 숭릉(명성왕후 김씨), 휘릉(장렬왕후 조씨), 익릉(인경왕후 김씨), 장릉(단종), 사릉(단종비), 명릉(인현왕후 민씨) 등 무려 7개의 능을 조영하였다.[79]

숙종과 나란히 자리한 둘째 왕비 인현왕후는 1681년(숙종7)에 왕비로 책봉되었다. 장희빈 소생인 경종을 양자로 들이고 35세로 세상을 떠났다.

셋째 왕비 인원왕후는 1702년(숙종28)에 왕비로 책봉되었다. 숙종 사후에

---

79. 이희중, 「17, 8세기 서울 주변 왕릉의 축조, 관리 및 천릉 논의」, 『서울학연구』 17(1), 2001, 6쪽.

왕대비, 경종 사후에 대왕대비를 거쳐 영조를 양자로 들이고 71세로 세상을 떠났다.

1701년(숙종27)에 인현왕후가 먼저 세상을 떠나자 지금 자리에 장사지냈다. 이후 1720년(숙종45)에 숙종이 세상을 떠나자 인현왕후 곁에 장사지내 쌍릉이 되었다. 다시 1757년(영조33)에 인원왕후가 세상을 떠나자 서쪽 언덕에 장사지냈다. 이런 사실을 능 곁에 조성한 비문에 기록했다.

숙종은 1661년(현종2) 8월 15일에 탄생했다. 1674년(현종15)에 즉위했다. 1720년(숙종45) 6월 8일에 승하하여, 10월 21일에 고양 동봉현 갑좌(甲坐)의 언덕에 장사지냈다. 나이는 60세였다.

인원왕후 김씨는 1687년(숙종13) 9월 29일에 탄생했다. 1702년(숙종28)에 왕비로 책봉되었다. 1757년(영조33) 3월 26일에 승하하여, 7월 12일에 고양의 대왕릉 오른쪽 을좌(乙坐) 언덕에 장사지냈다. 나이는 71세였다. 「비문」

명릉의 입지를 『대동여지도』(1861)의 산줄기로 개관해 보자. 한북정맥이 한양의 삼각산에서 크게 일으켰고, 삼각산 보현봉에서 서쪽으로 뻗은 한 가지가 맺은 자리에 명릉이 있다. 『해동지도』(18세기 중반)에는 명릉을 표기했다. 『선원보감』(1931)의 산릉도는 명릉을 이루는 풍수 국면과 산수 짜임새를 상세히 표현했다.

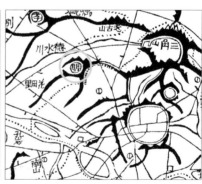

• 명릉의 입지지형 위성사진. 가운데 쌍릉은 숙종과 인현왕후 능, 위 단릉은 인원왕후능이다.
• 『대동여지도』의 산줄기와 명릉

• 『해동지도』(경기도 고양)의 '명릉'. 왼쪽의 익릉, 경릉, 창릉도 각각의 산줄기 맥을 받아 입지한 모습으로 표기되었다.

---

* 참고자료: 『명릉 산형도(明陵山形圖)』

　조선왕조 제19대 왕 肅宗과 둘째 왕비 仁顯王后 閔氏, 그리고 셋째 왕비 仁元王后 金氏의 明陵을 그린 山圖이다(장서각 소장). 1첩(1절)의 필사본이다.

　山陵圖 혹은 山形圖는 묘소를 중심으로 한 주위 산수의 지형지세와 경관을 풍수적으로 묘사한 그림이다. 조선왕조는 왕릉의 조성, 배치, 형태 등에 관련된 주요 사실을 山(形)圖에 상세하게 남긴 바 있다.

　明陵山形圖에는 능역을 구성하고 있는 경관요소들이 사실적인 회화식으로 표현되었을 뿐만 아니라 입지 조건에 관한 풍수형세의 산수 묘사 방식과 함께 자세한 풍수 정보를 표기했다. 산은 點描法으로 표현하고 녹색으로 채색했다. 길은 붉은색 실선으로 나타냈다.

　이 山形圖는 明陵 주위의 방위와 산줄기 및 물줄기를 풍수적인 시선으로 재현했다. 우선 山形 둘레로 24방위를 표시했다. 내부의 산줄기 바깥 둘레로는 지리정보로서 孝敬峴, 內蜂峴, 蜂峴路, 烽燧峴, 香峴, 香洞 등 고개와 길 등의 명칭도 기입했다. 산줄기와 맥은 풍수적인 형세를 띠고 主山에 해당하는 鷲峯에서 명당인 明陵에 이르고 있으며, 숙종 및 인현왕후와 인원왕후의 同原異岡陵으로 두 개의 '明陵'을 표기했다. 주위의 산들은 明陵과 조응하고 에워싸는 형태로 표현했다. 하단에는 주산에 상대하는 朝山으로서 望月山도 유의하여 표기했다. 그 밖에 산이름으로 乾芝山, 安巖山과 함께 後朴須龍, 摩尼島 등의 명칭이 보인다.

물줄기는 양측에서 크게 두 갈래로 내려오다가 明陵의 명당 국면을 이루고 齋室 앞쪽에서 合水해 빠져나간다.

능역은 둥글게 표시하고 明陵이라 기입하였고, 아래로 비각을 비롯하여 정자각 및 부속 건물을 입체적으로 채색하여 그렸으며 홍살문도 보인다. 왼쪽으로는 재실도 표현했다.

山形圖는 능의 풍수적 지형경관을 재현할 목적으로 그린 특수 지도로서, 조선왕실의 묘지 습속에 대한 풍수적 태도와 이해 방식을 잘 반영하고 있는 자료로 평가한다.

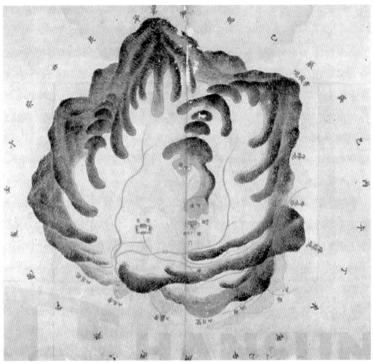

- 「명릉 산형도(明陵山形圖)」. 명릉의 풍수는 산형도(山形圖)와 산론(山論)으로 작성되어 전한다. 인현왕후가 세상을 떠난지 8일이 지난 후 총호사 이세백이 산릉을 둘러보고 와서 산도와 산론을 바쳤다는 기록도 있다. 산형도는 둘레에 24방위를 표기하였고, 능역에 이르는 주위 산세와 내맥을 상세하게 묘사했다. 주요 봉우리에는 이름도 기록했고, 능역의 물줄기도 잘 표현되고 있다. 명릉의 능침과, 정자각, 홍살문 등도 소상하게 그렸다.

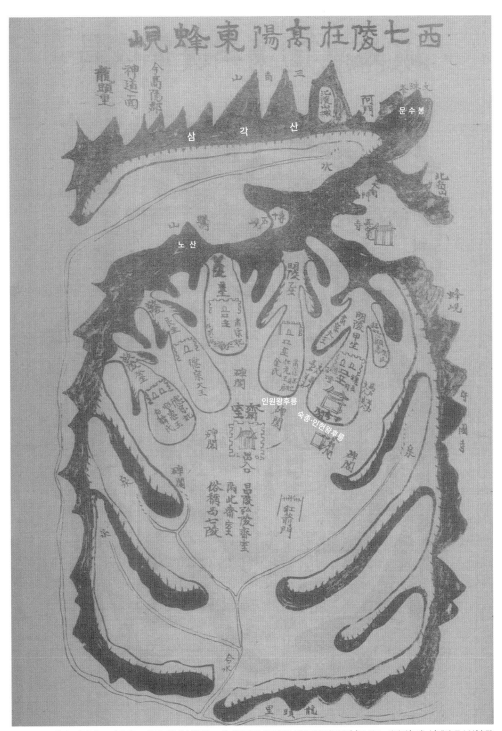

• 명릉 산릉도(『璿源寶鑑』(1931) 「列聖祖山陵圖」). '서칠릉은 고양 동봉현에 있다(西七陵在高陽東蜂峴).'고 적고, 삼각산(三角山)에서 문수봉(文殊峯)을 휘돌아 동원이강(同原異岡)에 갑좌(甲坐: 숙종·인현왕후)와 을좌(乙坐: 인원왕후)로 자리한 명릉의 풍수적 입지를 표현했다.

• 정면에서 바라본 입지경관과 능침·정자각. 사진 왼쪽 언덕이 인원왕후, 오른쪽 언덕이 숙종과 인현왕후의 능침이다.

• 숙종·인현왕후의 능침

• 봉분(사진 왼쪽 숙종·오른쪽 인현왕후)과 상설. 동쪽을 등지고 서향(서서남)으로 자리 잡았다.

• 숙종과 인현왕후의 능침 뒤에서 바라본 입지경관

• 숙종·인현왕후 능침 뒤로 들어오는 맥

인현왕후의 능자리를 정하고 장사지내다

1701년(숙종27) 8월 14일, 인현왕후가 먼저 세상을 떠났다. 그 날에 숙종은 경릉(敬陵) 안 묘좌(卯坐)의 언덕에 자리를 정하라고 명했다.

"일찍이 경신년에 산릉자리를 보던[看山] 때 경릉 안에 묘좌의 언덕이 있었는데, 국장 (國葬)을 이곳에 지내는 것이 마땅하다." 『숙종실록』 27년 8월 14일

이후 다섯 달째 되던 12월 8일 축시(丑時)에 인현왕후를 발인하여 다음날(9일)에 장사지냈다.

인현왕후를 명릉에 장사지냈다. 묘시(卯時)에 광중[玄宮]에 내리니, 임금이 승지·사관을 거느리고 소복 차림으로 숭문당에서 망곡(望哭: 바라보고 곡을 함)하고, 세자는 궁관을 거느리고 시민당 남쪽 뜰에서 망곡했다. 『숙종실록』 27년 12월 8일·9일

숙종을 명릉에 장사지내다

이십여 년 후 1720년(숙종 45) 6월 8일에 숙종이 세상을 떠났다. 왕위를 계승한 경종이 우선 능자리를 준비했다. 이때 산릉 총호사가 경종에게 먼저 자리 잡고 있었던 인현왕후의 실제 배치와 표식이 다른 것에 관해 아뢴 적이 있다.

"산릉에 묻은 표식(埋標)을 살펴보았더니 갑좌경향(甲坐庚向: ←)이었습니다. 인현왕후 능의 배치[分金: 풍수에 맞게 관의 방위를 정하는 일]는 경인(庚寅)·경신(庚申)이고, 새긴 표식[刻標]은 병인(丙寅)·병신(丙申)입니다. 대개 경인·경신은 대왕의 연갑(年甲)에 거리낌[拘忌]이 되기 때문에 이렇게 서로 어긋난 점이 있는 것입니다." 『경종실록』 즉위년 6월 18일

숙종의 능자리는 이미 인현왕후 곁으로 결정되어 있었던 상태였다. 경종이 장례를 준비하면서 실록의 10월 11일 기사에는 다음과 같이 적었다.

총호사 이건명이 하전석(下磚石) 아래에 묻을 일을 아뢨다. 산릉의 앉음새[坐向]·물빠짐[水破]·배치[分金]를 써서 새긴 것, 선조(先朝: 숙종) 때 산릉 오른쪽을 비워 둔 곳에 묻은 배치 사실(분금·좌향), 명에 의하여 새긴 것이었다. 임금이 말하기를, "아뢴 대로 하라." 했다. 『경종실록』 즉위년 10월 11일

마침내 승하한 지 다섯 달째 되던 10월 20일에 발인하여 다음날에 명릉에 장사지냈다.

대행대왕의 상여[靈駕]가 발인했다. 경종이 모셔 따라가 모화관에 이르러 곡하고 물러나와 창경궁에 나아갔다. 명릉에 장례를 모셨다. 『경종실록』 즉위년 10월 20일·21일

• 인원왕후의 능침. 능역의 우백호 자락의 언덕에 자리 잡았다.

• 인원왕후의 능침 뒤에서 바라본 입지경관

• 인원왕후의 봉분과 상설. 동쪽을 등지고 서향(서서북)으로 자리 잡았다.

• 인원왕후 능침 뒤로 들어오는 맥

인원왕후의 능자리를 명릉의 오른쪽 언덕에 정했다

1757년(영조33) 3월 26일, 숙종의 셋째 왕비이자 영조의 양어머니(왕대비)인 인원왕후가 세상을 떠나자, 영조는 대신들과 의논하여 능자리를 결정했다.

인원왕후의 능자리는 생전에 명릉 곁의 간좌(艮坐: ↗)의 언덕을 미리 정해놓았던 터였다. 그런데 막상 현지를 다시 살펴보니 명릉과 거리가 있어 정자각을 따로 짓기도 해야 하고, 나무도 많이 베어야하는 공사상의 어려움이 있었다. 이를 염려하는 중에 새로 언덕을 찾았는데, 을좌(乙坐: ↘)의 자리가 길지이기도 하고 명릉과 거리도 가까워서 고쳐 능자리를 정했다. 실록을 보자.

새 능을 명릉의 오른쪽 언덕에 정했다. 이보다 앞서 자성(慈聖: 인원왕후)이 기필코 명릉 곁으로 뒷날 계책을 삼고자 한 까닭에 미리 간좌(艮坐)의 언덕을 점찍어 산도(山圖)를 임금에게 맡겼는데, 이때에 이르러 여러 대신들에게 살펴보도록 명했다.

다만 간좌의 언덕은 명릉과의 거리가 4백여 보나 되어, 영조는 정자각을 따로 짓는 일과 나무를 많이 베어야 할 것을 염려했었다. 그런데 명릉 곁의 오른쪽 언덕에 또 을좌(乙坐)의 새로운 묘혈(墓穴)이 아주 길지이고 또 가깝다는 것을 듣고, 총호사와 여러 대신들에게 즉시 가서 다시 살펴보도록 명했다.

영조는 종신 남원군 이설이 감여술(풍수술)을 이해한다 하여 함께 가서 능자리를 보도록 명했다. 이튿날 본 결과를 보고했는데, 모두들 길지라고 아뢨다. 임금이 아주 기뻐하면서 말하기를, "한 정자각에다 앞으로 세 능침[御榻]을 설치할 것이니, 자성(인원왕후)의 뜻이 진실로 여기에 있었다." 하고, 마침내 새 능으로 정했다.『영조실록』 33년 4월 4일

이윽고 세상을 떠난 지 다섯 달째 되던 1757년(영조33) 7월 12일에 인원왕후를 명릉에 장사지냈다. 사관(史官)은 영조가 보여준 인원왕후의 상례(喪禮)대한 효성스러움을 다음과 같이 기록했다.

성상(聖上)의 정성스런 효성은 하늘에서 타고난 것이어서 시탕(侍湯: 약 시중을 드는 일)을 할 때부터 밖에서 밤을 새워 빌었습니다. 대고(大故: 어버이의 상)를 당하여서는 관을 붙잡고 가슴을 치며 통곡하였으므로 좌우에 있는 사람을 슬프게 감동시켰습니다. 염빈(斂殯)과 제전(祭奠) 이외에 자잘한 형식이나 세세한 일까지도 모두 몸소 주관하였으며, 의심나

는 예절과 변경된 절차를 강구(講求)하지 않은 것이 없었습니다.

마침 삼복 더위를 당하여 햇볕이 불타듯 뜨거워도 늘 임시 거처[苫廬]에 나아가서 잠시도 상복을 벗지 않았습니다. 다섯 달 동안 모셔 놓은 빈전(殯殿)에서 하루 일곱 번 곡읍(哭泣: 소리내어 우는 일)하는 일을 일찍이 한 번도 폐하지 않았습니다. 비록 신료(臣僚)들을 인접(引接)할 때에도 슬픔이 북받치면 문득 곡(哭)을 하여 몸이 여위어지니, 장년(壯年)인 평범한 사람으로서도 미치지 못할 바가 있었습니다.

흠의(廞儀: 장의 행렬을 차리는 의식)를 거행할 때에는 슬픔으로 허둥지둥하는 중에도 몸소 감독하고 독려하여 반드시 정성스럽게 하고 반드시 미덥게 하였습니다. 상여를 따라갈 즈음에는 곡하는 소리가 끊이지 않았으니, 시위(侍衛)하는 여러 신하들이 비통히 여기지 않는 이가 없었습니다. 도성 안의 사녀(士女)들이 길을 옹위(擁衛)하여 모두 곡을 하였으며, 반우(返虞: 장례를 치르고 신주를 집으로 모셔 오는 일)할 때에도 그러하였습니다. 이때 심산유곡에 살던 사람들도 분주히 와서 보고 감동하지 않은 이가 없었으며 모두 이르기를, '지극하기도 하구나! 우리 임금님의 효성이여'라고 하였습니다. 『영조실록』 33년 7월 11일

익릉(인경왕후)

익릉(翼陵)은 조선왕조 제19대 숙종의 첫째 왕비 인경왕후(仁敬王后) 김씨(1661~1680)의 단릉이다.

능은 명릉과 함께 서오릉 내에 있다. 능침은 축좌미향(丑坐未向:⋀)으로 자리 잡았다.

인경왕후는 1674년(현종15)에 왕비로 책봉되어 슬하에 자식을 두지 못하고 20세에 세상을 떠났다.

1680년(숙종6) 10월 26일에 인경왕후가 세상을 떠나자 이듬해 지금 자리에 능을 조성했다. 이런 사실을 능 곁에 조성한 비문에 기록했다.

인경왕후는 1661년(현종2) 9월 3일에 태어났다. 1671년(현종12)에 세자빈으로 책봉되었고, 1674년(현종15)에 왕비로 진봉되었다. 1680년(숙종6) 10월 26일에 승하했다. 1681년(숙종7) 2월 22일에 명릉의 북쪽 축좌(丑坐)의 언덕에 안장되었다. 「비문」

익릉의 입지를 『대동여지도』(1861)의 산줄기로 개관해 보자. 한북정맥이 한양의 삼각산에서 크게 일으켰고, 삼각산 보현봉에서 서쪽으로 뻗은 가지가 맺은 자리에 익릉이 있다. 『해동지도』(18세기 중반)에는 익릉을 표기했다. 『선원보감』(1931)의 산릉도는 익릉을 이루는 풍수 국면과 산수 짜임새를 상세히 표현했다.

• 익릉의 입지지형 위성사진

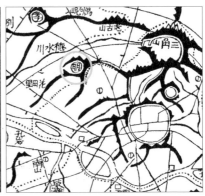

• 『대동여지도』의 산줄기와 익릉(서오릉의 명릉을 대표로 표기했다)

• 『해동지도』(경기도 고양)의 '익릉'. 서오릉 능역의 명릉, 순회묘, 경릉, 창릉도 표기했다.

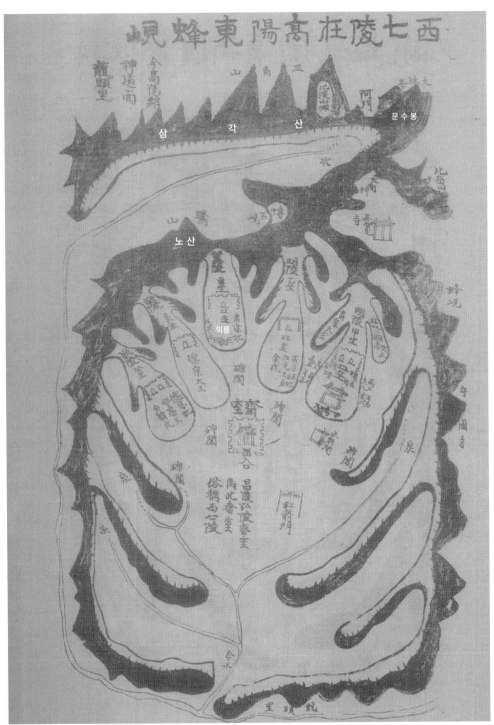

● 익릉 산릉도(『璿源寶鑑』(1931) 「列聖祖山陵圖」). 삼각산(三角山)에서 문수봉(文殊峯)을 휘돌고 노산(鷺山)을 주산으로 맥을 받아 축좌(丑坐)로 자리한 익릉의 풍수적 입지를 표현했다.

• 입지경관(경릉에서 본 모습)

• 앞에서 바라본 입지경관과 능전

• 봉분과 상설. 북서쪽을 등지고 남동향으로 자리 잡았다.

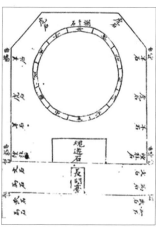

• 익릉 상설도(『익릉지』). 봉분을 중심으로 곡장과 석물의 구성을 평면도로 표현했다. 난간석에는 축좌미향(丑坐未向)이 확인되는 열두 방위를 표시했고, 각 석물의 명칭도 적었다.

• 능침 뒤에서 바라본 입지경관. 산자락이 겹겹이 장막을 두르고 있다.

• 능침 뒤로 들어오는 맥

인경왕후의 능자리를 정하고 장사지내다

1680년(숙종6) 10월 26일, 인경왕후가 세상을 떠나자, 숙종은 다음 달 11월 15일에 능자리를 정했다.

산릉을 고양의 경릉(敬陵) 내에 축좌(丑坐: ↗) 언덕으로 정했다. 『숙종실록』 6년 11월 15일

승하한 지 다섯 달째 되던 1681년(숙종7) 2월 20일에 대행왕비를 발인하여 사시(巳時)에 산릉에 도착했다. 22일에 인경왕후를 익릉에 장사지냈다.

조선 19대 왕 肅宗의 妃 仁敬王后 金氏의 翼陵에 대한 陵誌이다(장서각 소장).

李義耆가 편찬했다. 1책(74장)의 필사본이다.

첫 장에는 陵幸 년 월로 시작한다. 肅廟, 景廟, 英廟로 구분해서 능행한 년 월을 기록했다. 따로 책의 목록을 제시하지 않고, 본문의 첫머리에는 仁敬王后 金氏가 승하한 1681년에 領中樞府事 송시열이 쓴 誌狀이 있다.

다음으로는 7장의 도면이 있다. 寢園象設之圖에서는 평면도로 능침의 구성과 12방위, 欄干石 등 석물의 위치 및 명칭 등을 나타냈다.

이어 翼陵이 敬陵 火巢의 異穴同原(같은 언덕의 다른 혈, 같은 언덕의 다른 등성이(同原異岡)와 같은 뜻)에 丑坐未向으로 배치했다는 사실과 함께 풍수적 입지 조건을 艮龍丑入首, 丁丑丁未分金, 庚破丙得水 등과 같이 상세히 기록했다.

기타 丁字閣圖, 獻官諸執事位次之圖, 月廊排設位次之圖, 節香陳設圖, 忌辰香陳設圖, 齋室之圖 등 제의의 規式 및 절차와 관련한 도면을 간략한 설명을 덧붙여 제시했다.

丁字閣圖에는 翼閣 및 세 문의 내부시설과 함께 망료위, 비각, 수복방, 수라간 등의 부대시설을 그렸으며, 홍살문의 높이(27尺)와 폭(28尺)도 표기했다.

節香陳設圖에는 飯, 炙, 湯, 餅, 菜, 果 등이 표기되었는데, 麵은 改羹, 湯은 改麵이라고 첨자한 흔적도 있다.

다음으로는 陵祭規例와 관련된 五節享, 忌辰, 告由, 新定式下帖, 圖式, 定式, 行事(계축년 8월 29일), 敎是置奉審施行事(병신년 8월 18일) 등 다수의 관련 문서를 실었다.

仁敬王后 金氏의 翼陵에 관한 제의 규식과 절차 등에 관한 기록으로 가치가 있다.

● 출처: 국립고궁박물관

20대 의릉(경종·선의왕후), 혜릉(단의왕후)

경종에게는 첫째 왕비 단의왕후 심씨와 둘째 왕비 선의왕후 어씨가 있었다. 단의왕후는 세자빈 때 일찍 세상을 떠나 혜릉에 홀로 자리했다. 경종은 선의왕후와 함께 의릉에 묻혔다.

의릉(경종·선의왕후)

의릉(懿陵)은 조선왕조 제20대 경종(景宗, 1688~1724)과 둘째 왕비 선의왕후(宣懿王后) 어씨(1705~1730)의 동원상하릉(同原上下陵)이다.

능은 서울시 성북구 석관동에 있다. 능침은 신좌인향(申坐寅向 : ↗)으로 자리잡았다.

경종은 숙종과 장희빈(張禧嬪, 1659~1701) 사이에서 큰아들로 태어났다. 1720년(경종1)에 왕위에 올라 노론과 소론의 정쟁(政爭) 속에서 4년간을 재위하다가 36세로 세상을 떠났다.

선의왕후는 1720년(경종1)에 왕비로 책봉되어 경종 사후에 왕대비를 거치고 슬하에 자식 없이 26세로 일찍 세상을 떠났다.

1724년(경종4)에 경종이 세상을 떠나자 지금 자리에 장사지냈다. 그 후 1730년(영조6)에 선의왕후가 세상을 떠나자 경종 능침 아래에 장사지냈다. 이런 사실을 능 곁에 조성한 비문에 기록했다.

경종은 1688년(숙종16) 10월 28일에 탄생했다. 1720년(경종1)에 즉위했다. 1724년(경종4) 8월 25일에 세상을 떠나, 같은 해 12월 16일 양주 남쪽 중랑포의 천장산(天藏山) 신좌(申坐)의 언덕에 장사지냈다. 나이는 37세였다.

선의왕후 어씨는 1705년(숙종31) 10월 29일에 탄생했다. 1720년(경종1)에 왕비로 책봉되었다. 1730년(영조6) 6월 29일에 세상을 떠나, 그해 10월 19일에 경종의 능 아래에 장사지냈다. 나이는 26세였다. 「비문」

의릉의 입지를 『대동여지도』(1861)의 산줄기로 개관해 보자. 한북정맥이 한양의 삼각산에서 크게 몸을 일으켰고, 삼각산의 왼쪽 팔이 서남쪽으로 뻗어 중랑천에 이르러 맺은 자리에 의릉이 있다. 『해동지도』(18세기 중반)에 삼각산의 지맥(支脈)으로 의릉을 표기했다. 『선원보감』(1931)의 산릉도는 주산인 천장산 (天藏山)에서 산줄기 맥을 뻗어 의릉을 이루는 풍수 국면과 산수 짜임새를 상세히 표현했다.

• 의릉의 입지지형 위성사진

• 『대동여지도』의 산줄기와 의릉

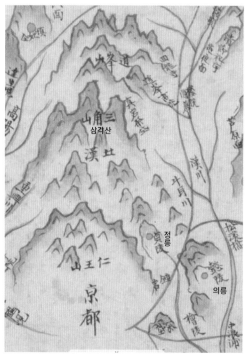

• 『해동지도』(경기도 양주)의 의릉'. 삼각산의 지맥(支脈)에 자리 잡았다. 왼쪽 위로 정릉도 표기됐다.

천 장 산

● 의릉 산릉도(『璿源寶鑑』(1931) 「列聖祖山陵圖」). '경종과 선의왕후의 의릉은 양주 천장산에 있다(景宗懿陵懿妃懿陵在楊州天藏山).'고 적고, 신좌 (申坐)로 자리한 의릉의 풍수적 입지를 표현했다. 산줄기의 주맥은 천장산(天藏山)에서 동쪽[卯]으로 뻗어 능침에 이르렀고, 좌우와 앞으로 벌어진 산가지가 겹겹이 국면을 에워쌌다.

• 능침(왼쪽 위 경종·오른쪽 아래 선의왕후)

• 경종의 봉분과 상설. 서남쪽을 등지고 동북향(동동북)으로 자리 잡았다.

• 선의왕후의 봉분과 상설. 경종과 같은 방위로 배치됐다.

• 능침 뒤에서 바라본 입지경관. 산자락이 병풍을 두르고 있다.

• 능침 뒤로 들어오는 맥

경종의 능자리를 정하고 장사지내다

1724년(경종4) 8월 25일, 재위한 지 4년이 채 지나지 않아 경종이 세상을 떠났다. 숙빈 최씨의 소생으로서, 경종과는 여섯 살 아래의 배다른 동생으로 왕위를 계승한 영조가 장례를 주관했다. 승하한 다음 달 9월 16일에 조정에서 다섯 곳의 능자리 후보지(옛 영릉·중랑포·용인·교하·왕십리)를 두고 논의하였고, 그중에서 중랑포(지금 자리)를 능자리로 결정했다.

당시 조정에서 능자리를 결정하는 과정을 검토하면, 풍수 조건과 장묘 관행,

그리고 행정 조건과 민생 등을 종합적으로 판단하였음을 알 수 있다. 옛 영릉자리는 풍수가 대단히 좋다고는 알려졌지만 이장했던 장소이기에 다시 쓸 수 없다고 했다. 용인과 교하 객사 뒤는 길지로 평가되지만 능자리로 쓰면 고을과 백성들이 겪는 어려움이 크다는 이유로 채택되지 못했다. 실록을 보자.

처음에 총책임자(총호사) 이광좌가 도감 당상과 풍수사[堪輿師] 11명을 거느리고 산릉의 길지를 두루 구하다가, 마침내 옛 영릉·중량포·용인·교하·왕십리 등 다섯 곳을 골랐다.
이광좌가 아뢨다. "옛 영릉은 건원릉의 국내(局內)에 있는데, 예부터 풍수가들이 말했습니다. 비록 『기해일기(己亥日記)』를 보더라도 정태화·이후원·이시백이 모두 대단하게 일컬었으며, 그 후 이장할 때에도 봉축(封築)에 틈이 있다고 말했으나 풍수가 나쁘다고는 말을 하지 않았으니, 신의 생각에는 옛 영릉이 나을 것 같습니다. 그러나 외부의 의논은 모두 우리나라에서 이장한 장소는 다시 쓰는 전례가 없다고 하니, 오직 임금께서 결정하실 뿐입니다."
(이에 관하여) 영조가 모든 신하에게 물었다. 김일경이 말하기를, "비록 사대부의 집안이라 하더라도 이장한 장소에다가 그 어버이를 장사지내려고 하지는 않는데 더구나 국릉(國陵)이겠습니까? 모든 신하들은 중량포를 주장합니다." 하였다.
영조가 "용인·교하·왕십리는 어떠한가?" 물었다. 이광좌가 말했다. "용인·교하의 객사 뒤는 지사(地師)들이 많이 칭찬하고 있습니다. 그러나 선조(宣祖)의 산릉을 수원 읍내에 정하려고 했을 때에 신의 고조부 문충공 이항복이 말하기를, '그것은 선왕조(先王朝)에서 백성을 애휼(愛恤)하는 뜻이 아닙니다.'라고 하여 마침내 쓰지 아니하였으니, 돌이켜 보건대, 전하께서 마땅히 본받아야 하지 않겠습니까?" 『영조실록』 즉위년 9월 16일

영조가 그 말을 옳게 여겨 이광좌와 도감의 여러 당상에게 명하여 다시 중량포를 살펴보게 하였는데, 모두 아름답다고 했다. 그래서 대비에게 아뢰어 마침내 중량포로 결정하고, 이광좌에게 명하여 다시 가서 혈을 가늠하게[裁穴] 했다.

백성을 애휼하는 뜻으로 거듭 명하셨으니
같은 날, 산릉의 구역을 조성함에 있어서 민생 문제가 논의되었다. 백성의 집과 논이 능역의 방화구역[火巢] 안으로 많이 포함되지 않도록 구역을 정하자고 의견이 모아졌다. 그것을 임금이 베푸는 애휼(愛恤)의 도리라는 명분으로

삼았다. 이와 관련하여 총호사 이광좌는 백성들의 고충을 감안한 능의 조성 방도를 영조에게 아뢨다.

"돌곶이[石串]의 큰 길은 새 능의 바깥 청룡 능선 밖에 있습니다. 큰 길을 막을 수가 없으므로 방화구역[火巢]을 형편상 장차 큰 길로 한계를 삼는다면 다른 능에 비해서는 약간 줄어들 것입니다. 임금께서 이미 양조(兩朝)에 백성을 애휼하는 뜻으로 거듭 명하셨으니, 일을 맡은 여러 신하들도 마땅히 그 뜻을 이어 반드시 방도를 깊이 생각해야 할 것입니다. 어찌 성곽 주변에 사는 백성의 집을 숲과 풀이 무성한 장소가 되게 할 수가 있겠습니까. 논 같은 경우에는 마땅히 형국을 참작하여 방화구역[火巢] 안으로 많이 들어가지 않게 해야 하겠습니다."『영조실록』 즉위년 9월 16일

다음 달 10월 17일에는, 산릉의 안산(案山)에 있는 민간인 무덤을 옮기는 것과 평토(平土)하는 것이 마땅한지의 여부에 대해서도 논의했다.

당시 영조는 백성들의 무덤을 평토하지 말 것과 석물도 능소에서 보이는 것만 뽑도록 했다. 그리고 방화구역[火巢] 안의 논도 백성의 요구에 따라 값을 치러주거나 대토(代土: 다른 토지로 보상해주는 일)해서 민원이 없게 하라고 명했다. 농토의 품질에 따라서도 구별하여 생산량에 따라 값을 치러주게 했다. 능소와 마주 대하는 백성들의 산소 이장에 있어서도, 옮길 형편이 되지 못하면 장례[因山] 이후에 내년 봄까지 넉넉한 기간을 주도록 명했다. 영조의 말을 들어보자.

"(안산에 있는 무덤들에 대해) 왜 굳이 평토해야 한다는 것인가. 산 사람도 오히려 불쌍히 여겨야 하는데, 더구나 이미 죽은 자이겠는가. 일찍이 능행 때 길가에 있는 많은 무덤을 보았는데 모두 봉분을 평탄하게 하였고 혹은 그 축대까지 헐어버린 것이 있었으므로 마음에 차마 볼 수가 없었다. 더구나 그렇게 많은 무덤이겠는가.

(석물은) 능소에서 보이는 것은 뽑게 하고, 그렇지 않으면 너무 심하게 하지 않는 것이 좋겠다. (농토는) 백성들의 희망에 따라 대신 주거나 값을 치러 주되, 억울함을 호소하는 데 이르지 않게 하라. 겨울이 깊은데 백성들의 물자와 노역[物力]으로 어떻게 장례[因山] 전에 이장할 수가 있겠는가? 내년 봄까지 기다리게 하면 차츰 폐단이 줄어드는 일이 있을 것이다."『영조실록』 즉위년 10월 17일·27일

마침내 경종이 승하한 지 다섯 달째 되던 2월 16일 날 의릉에 장사지냈다. 실록에는 산릉 조성 개요를 다음과 같이 적었다.

능은 양주 천장산(天藏山) 신좌인향(申坐寅向: ↗)에 있고, 흥인문으로부터 10리 거리에 있다.

9월 24일에 공사를 시작하여 25일 묘시(卯時)에 땅[后土]에 제사지내고 풀고 베고 흙을 파냈다.

11월 10일 진시(辰時)에 광[金井]을 열었는데, 혈의 깊이는 8척 4촌이었고(영조척을 썼다. 영조척은 30.65㎝이니 8척 4촌은 257.46㎝), 광중을 완전히 다 파낸 뒤 곽[外梓宮]을 내렸다.

15일 진시(辰時)에 찬궁(欑宮: 빈전에 관을 두는 곳)을 열었는데, 이 날이 되어 축시(丑時)에 발인한 것이다. 『영조실록』 즉위년 12월 16일

선의왕후를 의릉 아래에 장사지내다

한편, 둘째 부인인 선의왕후 마저 경종 사후 6년 뒤인 1730년(영조6) 6월 29일에 스물여섯의 젊은 나이로 세상을 떠났다.

닷새 뒤 7월 4일에 산릉 조성을 담당하는 신하들은 여러 지관들을 거느리고 능자리를 살펴보러 갔다. 8월 12일에는 풀을 베고[斬草]·흙을 열었고[破土], 9월 13일에는 광[金井]을 열었는데, 구덩이 깊이[穴深]가 8척 4촌(영조척)이었다.

이윽고 승하한 지 다섯 달째 되는 10월 19일, 의릉 동쪽 언덕의 아래 혈 신좌(申坐) 언덕에 장사지냈다.

❧

경종의 능자리를 정하는 과정에서 왕(영조)과 조정이 백성과 민생을 배려하는 모습이 인상적이다. 신하들은 고을과 백성의 경제적 침해를 줄이도록 아뢨고, 왕은 백성들의 묘소 손상을 최소화하고 경제적 피해는 충분히 보상하도록 했다.

혜릉(단의왕후)

혜릉(慧陵)은 조선왕조 제20대 경종의 첫째 왕비 단의왕후(端懿王后) 심씨(1686~1718)의 단릉이다.

능은 경기도 구리시 인창동 동구릉 내에 있으며 능침은 유좌묘향(酉坐卯向: →)으로 자리 잡았다.

단의왕후는 1696년(숙종22)에 세자빈으로 책봉되었다. 슬하에 자식을 두지 못하고 경종 즉위 2년 전인 1718년(숙종44) 2월 7일에 33세로 세상을 떠났다. 4월 18일에 장사지냈다. 1720년(경종4)에 경종이 왕으로 즉위하자 왕후로 추존되었다. 기존의 묘소를 능제에 맞게 석물 등을 다시 조성했고, 능호를 혜릉(惠陵)이라 했다. 이런 사실을 능 곁에 조성한 비문(1747년)에 기록했다.

단의왕후 심씨는 1686년(숙종12) 5월 21에 탄생했다. 1718년(숙종44) 2월 7일에 승하하여 양주 숭릉 왼쪽 등성이 유좌(酉坐)의 언덕에 장사지냈다. 나이는 33세였다.「비문」

혜릉의 입지를 『대동여지도』(1861)의 산줄기로 개관해 보자. 한북정맥의 주맥이 주엽산에서 지맥으로 갈래졌고, 남으로 천보산과 송산, 수락산을 거쳐 검암산에 이르는 동편 언덕에 혜릉이 자리했다. 『선원보감』(1931)의 산릉도는 혜릉을 이루는 풍수 국면과 산수 짜임새를 상세히 표현했다.

• 혜릉의 입지지형 위성사진.

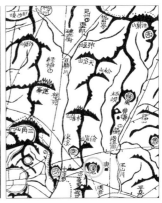

• 『대동여지도』의 산줄기와 혜릉(건원릉을 대표로 표기했다).

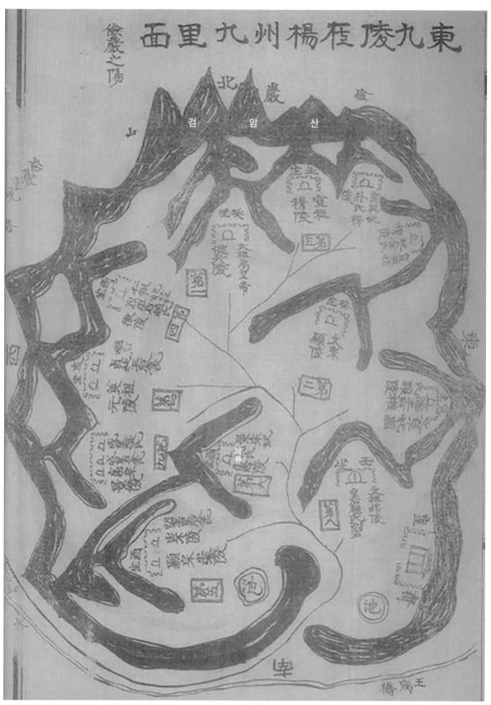

• 혜릉 산릉도(『璿源寶鑑』(1931) 「列聖祖山陵圖」). 혜릉은 동구릉에서 제6(第六) 능이며, 검암산을 주산으로 유좌(酉坐)로 자리한 혜릉의 풍수적 입지를 표현했다.

• 봉분과 상설. 서쪽을 등지고 동향으로 자리 잡았다.

• 능침 뒤에서 바라본 입지경관

• 능침 뒤로 들어오는 맥

1718년(숙종44) 2월 7일, 단의왕후가 세상을 떠났다. 열흘 후인 2월 18일에 관상감 관리들과 신하들은 빈궁(殯宮)의 묏자리를 살펴본 후 터가 합당한지에 숙종과 의논했다. 이어 그 달 24일에 묘소도감에서 빈궁을 장사지낼 땅 세 곳을 선택하고 그 도형을 바치자, 숙종이 숭릉 안 유좌(酉坐)의 언덕에 쓰도록 명했다.

마침내 단의왕후가 승하한 지 세 달째 되던 4월 18일에 장사지냈다.

21대 원릉(영조·정순왕후), 홍릉(정성왕후)

영조에게는 첫째 왕비 정성왕후 서씨와 둘째 왕비 정순왕후 김씨가 있었다. 정성왕후가 1757년(영조33)에 세상을 떠나자 홍릉에 장사지내면서, 영조는 사후에 들어갈 요량으로 능침 오른쪽을 비워두었다. 영조가 1776년(영조52)에 세상을 떠나자 처음에는 홍릉으로 정했다가 조정의 의논이 일치하지 않아 동구릉의 지금 자리로 정했다. 1805년(순조5)에 정순왕후가 세상을 떠나자 영조의 곁에 쌍릉으로 묻혔다.

원릉(영조·정순왕후)

원릉(元陵)은 조선왕조 제21대 영조(英祖, 1694~1776)와 둘째 왕비 정순왕후(貞純王后) 김씨(1745~1805)의 쌍릉이다.

능은 경기도 구리시 인창동 동구릉 내에 있다. 능침은 해좌사향(亥坐巳向:↘)으로 자리 잡았다.

영조는 52년의 재위 기간 중에 탕평정치를 통해 왕권을 강화하였다. 노론과 소론의 붕당(朋黨) 간 세력 갈등의 와중에 아들 사도세자를 죽음으로 내 몰았다. 83세로 세상을 떠났다.

정순왕후는 1759년(영조35)에 왕비로 책봉되었다. 순조 즉위 후에 수렴청정을 했고 슬하에 자식을 두지 못하고 61세로 세상을 떠났다.

1776년(영조52)에 영조가 세상을 떠나자 예전 영릉(寧陵) 자리에 장사지냈다. 이후 1805년(순조5)에 정순왕후가 세상을 떠나자 영조 곁에 장사지냈다.

• 영조 어진(국립고궁박물관 소장)

이런 사실을 능 곁에 조성한 비문에 기록했다.

　(영조는) 1694년(숙종20) 9월 13일에 탄생하였다. 1724년에 왕으로 즉위하였다. 1776
년(영조52) 3월 5일에 승하하여, 7월 27일에 양주 건원릉 두번째 등성이 해좌(亥坐: ↖)의
언덕에 장사지냈다. 나이 83세였다.

　(정순왕후는) 1745년(영조21)에 탄생하였다. 1759년(영조35)에 왕비로 책봉되었다.

1805년(순조5) 1월 12일에 승하하여, 6월 20일에 원릉의 왼쪽 언덕에 장사지냈다. 나이는 61세였다.「비문」

원릉의 풍수 입지와 공간 영역에 대해『원릉지(元陵誌)』(1788)는 자세히 기록했다.

양주 검암산 건원릉 서쪽 두번째 언덕에 있다. 신태(辛兌) 방향의 산줄기[行龍]가 해(亥) 방향에서 용머리가 들어왔다[入首]. 해좌사향(亥坐巳向: ↘)이다.

간(艮)과 유(酉) 방향에서 물이 들어와[得] 손(巽) 방향으로 흘러나간다[破]. 서쪽으로 왕경과 거리가 30리다(본 능은 영릉(寧陵)의 옛 터[舊壙]로 병신년(1776)에 정했다. 건원릉과 가까워서 중간에 나무를 심어 가렸다).

산줄기[來龍]는, 양주 수락산으로부터 왼쪽으로 떨어져 남쪽으로 나아가 불암산이 되고, 왼쪽으로 떨어져 강릉과 태릉이 되며, 남쪽으로 돌아 사현(沙峴)이 되고, 산허리[過峽]에 우뚝 솟아나 검암산이 되며, 왼쪽으로 떨어져 건원릉이 되고, 오른쪽으로 떨어져 본 능이 된다.

방화구역[火巢] 경계가 본 능이다. 왼쪽으로 휘릉을 접하며, 오른쪽으로 혜릉에 이른다. 왼쪽으로는 휘릉의 어로(御路)가 한계고, 오른쪽으로는 혜릉의 작은 시내가 경계다. 앞으로는 금청교(禁淸橋)로부터 위로 곧바로 이르는 외산(外山) 갈마곡(葛麻谷) 해자(垓子)를 한계로 삼았다(아래로는 혜릉이 경계다). 왼쪽부터 오른쪽까지 거리가 100여 보(步)이고, 앞에서 뒤쪽까지 거리가 1,000여 보이며, 안팎의 둘레가 통틀어 7리쯤이다. (소강곡현(疏康谷峴) 뒤의 오솔길로부터 서쪽으로 사현까지 모두 외산(外山)이다. 칠강(七岡)은 동쪽으로 휘릉 외산을 접하고 서쪽으로 혜릉 외산에 이른다).[80]『원릉지』능침

원릉의 입지를『대동여지도』(1861)의 산줄기로 개관해 보자. 한북정맥의 주맥이 주엽산에서 지맥으로 갈래져, 남으로 천보산과 송산·수락산을 거쳐 검암산에 이르는 동편 언덕에 원릉이 자리했다.『선원보감』(1931)의 산릉도는 혜릉을 이루는 풍수 국면과 산수 짜임새를 상세히 표현했다.

80. 『원릉지』능침.『譯註 元陵誌』(장서각 편찬, 김근호 역주, 한국학중앙연구원출판부, 2016) 번역본을 참고하고 고쳤다.

• 원릉의 입지지형 위성사진

• 『대동여지도』의 산줄기와 원릉(건원릉을 대표로 표기했다).

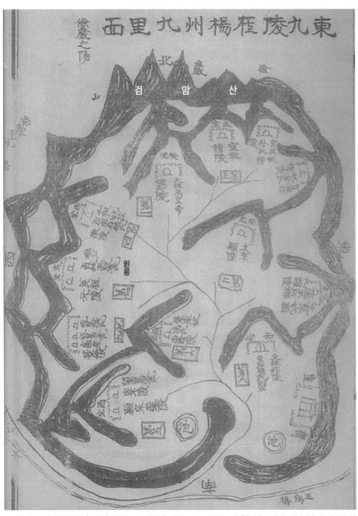

• 원릉 산릉도(『璿源寶鑑』(1931)「列聖祖山陵圖」). 원릉은 동구릉에서 제7(第七) 능이며, 검암산을 주산으로 해
좌(亥坐)의 쌍분으로 자리한 원릉의 풍수적 입지를 표현했다.

• 능침과 정자각

• 봉분(사진 왼쪽 영조·오른쪽 정순왕후)과 상설. 북서쪽을 등지고 남동향(남남동)으로 자리 잡았다.

• 능침 뒤에서 바라본 입지경관. 볼록한 언덕을 안대(案對)했다. 완전한 길지로 평가된 자리다.

● 능침 뒤로 들어오는 맥

옛 영릉자리는 완전한 길지[十全吉地]

1776년(영조52) 3월 5일, 영조가 세상을 떠났다. 왕위를 계승한 손자 정조는 그 달 24일에 총호사와 여러 대신·지사들과 능자리를 의논하였다. 그리고 다음 달 4월 11일에 옛 영릉자리로 장지를 결정했다. 그 과정을 실록에서 날짜별로 살펴보자.

영조가 승하한 다음날(6일) 정조는 국장(國葬)의 총호사로 좌의정 신회를 임명하였다. 이 날 신회는 능자리 후보지로 영조가 이미 마련해두었던 정성왕후 홍릉의 오른쪽 자리[右虛地]에 대한 보고를 올렸다. 이에 정조도 "영조의 뜻(聖意)은 오로지 오른쪽 언덕(右崗)에 두셨다."고 수긍했다.[81]

그런데 돌발 상황이 벌어졌다. 영조가 정해둔 자리의 배치[分金]가 왕이 승하한 해의 운[年運]과 상충되어 능을 쓸 수 없는 사태가 생긴 것이다. 이후 조정에서는 새로운 능자리로 경릉·순릉·장릉·소령원 부근 등을 살펴보았으나 마땅한 자리를 얻지 못했다. 시간이 갈수록 초조한 정조는 강릉·태릉·광릉·헌릉 부근도 쓸 만한 자리가 있는지 살펴보라고 지시하기도 했다.[82]

산릉을 처음에는 홍릉(弘陵)으로 정했다가 다시 소령원(昭寧園)의 국내(局內)를 살펴보았는데 의논이 일치되지 않았다. 여러 차례 대신과 예조 당상을 보내어 두루 여러 곳에서

---

81. 『정조실록』 즉위년 3월 6일
82. 조인철, 「조선시대 산릉조성에 있어서 看審에 대한 연구」 『한국문화』 79, 2017, 229-264쪽에 원릉 조성의 과정에 대한 풍수적 논의가 상세하게 연구되었다.

찾아보게 했다. 이때 옛 영릉(寧陵)이 완전길지[十全吉地]인 것으로 말하는 사람들이 있었다. 『정조실록』 즉위년 4월 11일

당시 정조에게 아뢴 상지관들의 옛 영릉자리 평가를 요약하면 다음과 같다.

상지관	풍수 평가
김기량	"옛 영릉 자리의 세력은 건원릉과 차이가 없습니다. 또한 국세가 비록 건원릉이 주가 되기는 하지만 정간(正幹)의 정신은 모두 여기에 있습니다."
유동형	"불암산의 정간의 면목이 모두 이곳을 향하고 있으니, 진실로 완전한 대지(大地)입니다."
유동형	"온 국(局) 안의 원기가 모두 이곳에 모여 있습니다. 산을 보아 온 지 50년이지만 이와 같은 길지는 보지 못했습니다. 옛 무덤자리라도 또한 꺼릴 것이 없습니다."

이에 정조는 대신 이하에게 능자리를 살펴보도록 명했는데, 그들도 똑같은 말로 칭찬하여 아뢨다. 이어서 여러 신하들을 만나 두루 물어보아도 이의가 없으므로 능자리를 그 곳으로 정했다.

같은 달 4월 27일에 시임·원임 대신과 도감의 당상을 불러 산릉의 좌향을 의논해 결정했다. 마침내 승하한 지 다섯 달째 되던 7월 27일에 영조를 장사지냈다.

입주전(立主奠)·사후토제(謝后土祭)·초우제(初虞祭)를 산릉에서 행하였다. 『정조실록』 즉위년 7월 27일

원혈(原穴)과 조금도 뒤질 것이 없다

1805년(순조5) 1월 12일 오시(午時), 대왕대비 정순왕후가 경복전(景福殿)에서 세상을 떠났다. 어린 순조가 즉위한 5년간 수렴청정을 했던 그녀였다. 당시 열여섯 살의 순조는 정순왕후가 승하한 당일에 수릉관(守陵官)과 빈전·국장·산릉도감의 제조(提調)를 임명하였다.

1월 20일에는 능자리를 살펴본 담당자들을 만나 원릉의 옆에 비어있는 자리가 어떤지를 우선적으로 점검하게 했다.

예조판서 한용귀, 도감당상 김면주, 관상감 제조 조진관이 산릉을 간심(看審)하는 일 때문에 나갔었는데, 여차(廬次)에서 만나 보았다.

순조가 말했다. "간심을 행하는 것을 의당 원릉(元陵)에서부터 시작하였던가?"

한용귀가 아뢨다. "먼저 원릉에 나아가 봉심(奉審)한 뒤 각 능의 국내(局內)에 봉표한 여러 곳도 또한 똑같이 간심하였습니다."

순조가 말했다. "원릉과 같은 등성이에 새 능자리를 점지할 경우 연운(年運)이 어떻다고 하던가?"

조진관이 아뢨다. "만일 원릉과 같은 등성이에다 한다면 금년에는 이로운 것이 작은 연운입니다만, 여러 곳의 봉표에 기록된 것을 가져다가 상고하여 보니 '옛 영릉의 좌우 등성이에는 모두 길지가 있다.'고 되어 있었습니다. 옛 영릉이라고 한 것은 곧 지금의 원릉을 말하는 것입니다. '좌우의 같은 등성이에 있는 각처의 연운도 또한 모두 길하고 이롭다.'고 했습니다."

순조가 말했다. "만일 명릉(明陵)의 전례에 의거하여 원릉과 같은 등성이에 길지를 점지할 수 있게 된다면 정리(情理)와 일에 있어 모두 흡족하게 될 것이다. 경 등은 모쪼록 나의 이런 뜻을 본받아 두루 상세히 간심토록 하라."『순조실록』 5년 1월 20일

한 달여가 지난 후에 담당 신하들은 원릉의 빈자리를 포함하여 옛 목릉과 숭릉의 오른쪽 등성이를 검토한 후에 아래와 같이 평가하여 아뢨다. 결론적으로 원릉의 왼쪽 자리가 전과 다를 바 없이 능자리로 써도 좋다는 것이었다.

날짜	후보지	풍수 평가
1805년 (순조5) 1월 22일	원릉 능 위쪽 왼쪽	혈성(穴星)이 존엄하고 안대(案對)가 균정(均正)하여 참으로 조금도 결점이 없는 대길지(大吉地). 오른쪽 원혈(原穴)이 다 좋고 다 아름다운 것으로 더불어 조금도 다를 것이 없다.
	옛 목릉 오른쪽 등성이 숭릉 오른쪽	용혈(龍穴)과 사수(砂水)가 또한 모두 안길(安吉)하지만 원릉의 왼쪽과 견주면 오히려 두어 격(格)이 감소된다. 건원릉 왼쪽의 한 등성이와 구 영릉의 청룡 쪽에는 부족한 점이 많이 있다.
1월 23일	원릉의 국내(局內)에 비어 있는 왼쪽 땅	혈성(穴星)이 존엄하고 광명하여 원혈(原穴)과 조금도 뒤질 것이 없다. 조금도 결점이 없는 대길지이다.

1월 27일, 신하들은 지관을 데리고 능자리를 다시 살펴본 뒤에 해좌사향(亥坐巳向)으로 혈을 정하고 표시하였다.

"이달 27일 묘시(卯時)에 신 등이 지사들을 데리고 가서 다시 봉심(奉審)하고 나서 해좌사향으로 정혈(正穴)을 재정(裁定)한 뒤 전례에 따라 봉표하였습니다."『순조실록』 5년 1월 27일

보름 후인 2월 13일에, 조정 회의에서 능자리의 산줄기와 물들이·물빠짐, 그리고 좌향을 보고한 후에, 장례를 위한 실무적인 공사 날짜를 택일하여 순조에게 아뢨다.

"원릉은 주맥이 오른쪽으로 돌아 왼쪽에서 그쳤으며 신태 방향의 산줄기[辛兌龍]에 해 방향의 입수[亥入首]로 해좌사향(亥坐巳向)입니다. 물들이[得水]는 간태(艮兌) 방향이고, 물빠짐[破]은 손(巽) 방향입니다.

공사의 시작은 2월 18일 진시(辰時)에 먼저 남쪽에서부터 하였습니다.

풀을 베고 흙을 파내는 일은 같은 달 30일 진시에 먼저 남쪽에서부터 시작했습니다.

선릉(先陵)에 고하고 땅(后土)에 제사하는 것은 같은 날 새벽에 먼저 행하였습니다.

옹가(甕家: 장사 때 임시로 뫼 위에 짓는 집)는 4월 11일 묘시(卯時)에 만들며,

금정(金井)은 같은 달 20일 오시(午時)에 열며,

혈의 깊이는 8척 4촌으로 하며,

외재궁(外梓宮)은 같은 달 29일 묘시(卯時)에 배진(陪進)하며,

외재궁(外梓宮)을 광중에 내리는 것은 초5월 초2일 오시(午時)에 하며,

찬궁(欑宮)을 여는 것은 6월 17일 미시(未時)에 하되 북쪽에서부터 먼저 열며,

발인은 같은 달 19일 인시(寅時)에 하며,

산릉에서 찬궁을 여는 것은 같은 달 20일 미시(未時)에 하되 먼저 북쪽에서부터 열며,

재궁(梓宮)을 현궁(玄宮)에 내리는 것은 같은 달 20일 해시(亥時)에 하기로 했습니다."
『순조실록』 5년 2월 13일

하관하기에 한 달 여 앞선 5월 9일, 승지가 최종적으로 능자리의 흙색깔이

어떤지를 검토하였다. 명당임을 드러내는 이상적인 상태라고 순조에게 보고하였다.

"토색이 매우 아름다워서 완연히 석문양(席文樣)과 같아 푸르기도 하고 노랗기도 하여 오색(五色)이 구비되었습니다. 아롱다롱 무늬가 있는 사이에 또 적색(赤色)의 운토(暈土)가 고리처럼 둥그렇게 원을 그리고 있는 것이, 재궁(梓宮)을 현궁(玄宮)에 내리는 자리에 해당되어 있어 아주 이상하였습니다. 그림을 그려도 그렇게 할 수 없습니다."『순조실록』5년 5월 9일

마침내 정순왕후가 승하한 지 다섯 달이 지난 6월 19일에 영가가 능자리로 출발하였고, 다음날에 광중에 관을 내렸다.

새벽에 비가 조금 내리다가 곧 그쳤다. 영가가 출발하여 능소로 나아갔다. 임금이 최복(衰服)을 갖추고 홍화문 밖에서 봉사례(奉辭禮)를 행하였으며, 도성에 있는 여러 관리들도 의식대로 봉사(奉辭)하였다.『순조실록』5년 6월 19일

해시(亥時)에 재궁(梓宮)을 현궁(玄宮)에 내렸다. 후토제를 지내고 입주전(立主奠)은 의식대로 거행하였다.『순조실록』5년 6월 20일

왜 영조의 능자리가 처음에는 첫째 왕비인 정성왕후의 홍릉 곁으로 자리를 정했다가 변경하여 옛 영릉자리에 묻혔는지는 생각해볼 여지가 있다. 실록에서는 홍릉 곁 영조 능침의 배치가 연운(年運)과 상충되어 불가피하게 그랬다고 했다. 그러나 실제적으로는 당시 실질적인 권력을 행사했던 내명부의 실력자이자 둘째 왕비인 정순왕후가, 정성왕후 곁으로 영조가 묻힐 것을 꺼려 막후의 영향력을 행사하지 않았을까 하는 심증도 간다. 결국 영조는 따로 능자리를 마련하였고 나중에 정순왕후는 영조 곁에 묻혔다.

홍릉(정성왕후)

홍릉(弘陵)은 영조의 첫째 왕비 정성왕후(貞聖王后) 서씨(1692~1757)의 단릉이다.

능은 경기도 고양시 덕양구 용두동 서오릉 내에 있다. 능침은 을좌신향(乙坐辛向: ↖)으로 자리 잡았다.

정성왕후는 1724년에 왕비로 책봉되었다. 슬하에 친자식을 두지 못하고 진종과 장조를 양자로 들인 채 66세로 세상을 떠났다.

1757년(영조33) 2월 15일에 정성왕후가 세상을 떠나자, 그해 6월 4일 지금 자리에 장사지냈다. 이런 사실을 능 곁에 조성한 비문에 기록했다.

정성왕후 서씨는 1692년(숙종18)에 태어났다. 1721년(경종1)에 세자빈이 되었고, 1724년(영조 즉위년)에 왕비로 책봉됐다. 1757년(영조33)에 66세로 승하했다. 「비문」

홍릉의 입지를 대동여지도의 산줄기에서 보면, 한북정맥의 삼각산으로 뻗어 내린 맥이 보현봉에서 서쪽으로 산줄기를 뻗어 맺힌 자리에 있다. 『선원보감』(1931)의 산릉도는 홍릉을 이루는 풍수 국면과 산수 짜임새를 상세히 표현했다.

• 홍릉의 입지지형 위성사진

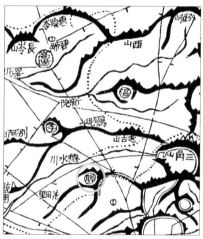

• 『대동여지도』의 산줄기와 홍릉(명릉을 대표로 표기했다).

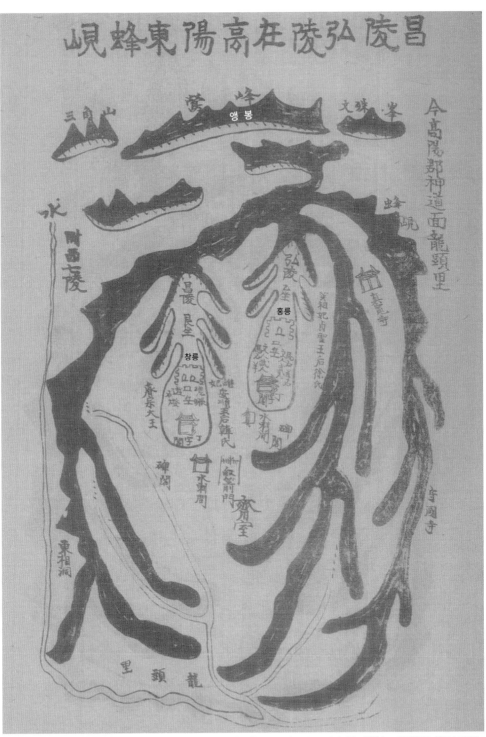

• 홍릉 산릉도(『璿源寶鑑』(1931) 『列聖祖山陵圖』). 앵봉의 맥을 받아 을좌(乙坐)로 자리한 홍릉의 풍수적 입지를 표현했다. 그림 왼쪽에는 창릉도 그렸다.

• 앞에서 바라본 입지경관과 능침·정자각

• 봉분과 상설. 동쪽을 등지고 서향(서서북)으로 자리 잡았다.

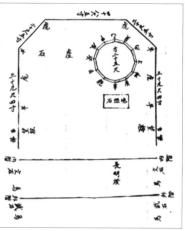

• 상설도(『홍릉지』,1912). 봉분의 지름과 열두 방위, 곡장
의 길이를 상세히 기록하고, 기타 석물의 구성과 위치를
표기하였다. 정성왕후의 봉분 옆에 영조의 자리로 비운
오른쪽의 공간[虛右]도 표시했다.

● 능침 뒤에서 바라본 입지경관. 오른쪽에 영조가 묻힐 자리를 비워놓았다. 그러나 승하한 해의 운과 능침의 배치가 상충한다고 하여 영조는 영릉에 따로 능자리를 마련하게 되었고, 수렴청정하며 권력을 휘둘렀던 둘째 왕비 정순왕후가 영조의 곁을 차지했다.

● 능침 뒤로 들어오는 맥

능자리를 정하고 장사지내다

1757년(영조33) 2월 15일, 정성왕후가 세상을 떠났다. 영조는 왕후의 능자리를 구하기 위하여 여러 대신들에게 장릉의 좌우 언덕을 살펴보게 했다. 그러나 장릉의 좌우 언덕은 연운[年運]과 맞지 않았다.

다시 창릉의 영역 안을 살펴보았는데, 총호사가 앵봉(鶯峰) 아래 셋째 기슭의 간좌(艮坐)에 새로 점지한 곳이 있다고 아뢨다. 이에 영조는 창릉의 왼쪽 언덕으로 능자리를 정했다.

이윽고 승하한 지 다섯 달째 되던 6월 3일에 정성왕후의 영가(靈駕)를 발인했고 이튿날(4일) 홍릉에 장사지냈다.

* 참고자료: 『홍릉지(弘陵志)』

조선왕조 제21대 왕 英祖의 妃 貞聖王后 徐氏의 弘陵에 대한 陵誌이다(장서각 소장).

책에 李王職이란 표식과 책머리에 壬子新編이라는 표현으로 보건대, 李英裕가 편찬한 『弘陵志』를 1912년에 새롭게 편찬한 것으로 추정한다. 1책(98장)의 필사본이다.

첫머리의 서문은 책의 편찬자인 弘陵의 令 李英裕가 쓴 것이다. 이어 목록을 제시했다. 弘陵의 관리와 제의 규식을 드러내기 위해서 내용의 처음에 圓陵象設圖, 寢殿圖, 齋室廨舍圖, 五節祭陳設圖, 忌辰祭陳設圖, 祭官位次圖, 親享陳設圖, 親享陪祭位次圖 등 총 8종의 평면도 도면이 실렸다. 특히 圓陵象設圖에서는 능을 구성하고 있는 일반적인 석물의 위치 명칭뿐만 아니라 능침과 曲墻의 크기도 상세히 적었다. 寢殿圖에서는 정자각의 크기 및 문과 계단의 위치, 기타 비각, 수복방, 수라간, 홍살문, 望燎位, 山神位, 御井의 배치도 표현했다. 齋室廨舍圖에서는 각 방과 문, 부엌 등의 위치와 칸수를 그렸다. 3종의 陳設圖에서는 각 제의 형식에 맞는 제기 및 제수의 차림에 대해서 도면으로 나타냈다. 그리고 2종의 位次圖에서는 각 제의 형식에 맞는 제관의 위치를 나타냈다.

이어 본문에 해당하는 것으로 園陵1, 殿廨2, 祭享3, 行幸4, 奉審5, 禁養6, 香炭7, 官員8의 순서로 기록했다. 園陵에서는 『大典通編』(1785)을 준거로 들어 능침의 관리 규식 등에 대해서 언급했다.

풍수적으로 弘陵은 昌陵의 왼쪽 언덕에 乙坐辛向으로 자리 잡았음을 기록했다. 아울러 山과 水의 풍수적 입지 조건 및 主山의 산줄기 來脈에 대해서 자세히 언급했다.

殿廨에서 寢殿으로 정자각은 8칸이며 능 앞에 乙坐辛向으로 있다고 썼다. 기타 守僕房, 典祀廳. 祭器庫 등 부속건물들의 크기와 위치, 좌향도 마찬가지 형식으로 기입했다.

祭享에서도 『大典通編』을 준거로 들어 弘陵의 제향 규례를 기록하고 있으며, 書啓式, 畿營報狀式 등의 祭式과 典祀廳南墻中門新建記도 실었다. 禁養과 香炭, 官員에서도 마찬가지로 大典通編을 준거로 들어 弘陵의 제반 관리 실태와 물적·인적 조건을 상세히 기록했다. 각각에는 辛巳新節目과 弘陵修理記·新定節目 등을 비롯하여, 擧案式, 牒呈式, 書目式 등 13종의 규식도 기록했다. 기타 齋室懸板及冊子目錄, 香大廳器用成冊重記 등도 기재했다.

英祖의 妃 貞聖王后 徐氏의 弘陵에 대한 관리 규식과 제의 규례 등에 관하여 여러 도면과 문건을 게시하였으며, 弘陵의 제반 관리 실태와 인적·물적 조건을 파악할 수 있는 자료로서 가치가 있다.

● 출처: 국립고궁박물관

추존 영릉(진종·효순왕후)

영릉(永陵)은 영조의 맏아들이자 정조의 양아버지로서 왕으로 추존된 진종(眞宗, 1719~1728)과 효순왕후(孝純王后) 조씨(1715~1751)의 쌍릉이다.

능은 경기도 파주시 조리읍 파주삼릉 내에 있다. 능침은 을좌신향(乙坐辛向: ↰)으로 자리 잡았다.

진종(효장세자)은 영조와 정빈이씨 사이에 맏아들로 태어났다. 1725년(영조1)에 왕세자로 책봉되었지만 어린 나이에 세상을 떠났다.

효순왕후는 1727년(영조3)에 세자빈이 되었다. 효장세자와의 사이에 자식을 두지 못했다.

1728년(영조4)에 효장세자(진종)가 10세의 어린 나이로 세상을 떠나자 이듬해 지금 자리에 장사지냈다. 이후 1751년(영조27)에 세자빈 조씨가 세상을 떠나자 이듬해 효장세자 묘 곁에 장사지냈다. 1776년에 정조가 즉위하면서 효장세자를 진종으로 추존하고 영릉이라 했다. 이런 사실을 능 곁에 조성한 비문에 기록했다.

진종은 1719년(숙종45) 2월 15일에 탄생했다. 1725년(영조1)에 왕세자에 책봉되었다. 1728년(영조4) 11월 16일에 승하하여, 1729년(영조5) 1월 26일에 파주 순릉 왼쪽 등성이 을좌(乙坐)의 언덕에 장사지냈다. 나이 10세였다.

효순왕후 조씨는 1715년(숙종41) 12월 14일에 태어났다. 1727년(영조3)에 세자빈으로 책봉되었다. 1751년(영조27) 11월 14일에 승하하여, 1752년(영조28) 1월 22일에 효장세자와 같은 뫼에 모셨다. 나이 37세였다. 「비문」

영릉의 입지를 『대동여지도』(1861)의 산줄기로 개관해 보자. 한북정맥의 주맥이 도봉산에 이르기 전에 서쪽으로 맥을 뻗어 서산과 장령산으로 뻗다가 봉일천에 다다라 맺은 산언덕에 영릉이 있다. 『여지도』(18세기 후반)에는 영릉을 표기했다. 『효장세자묘도』와 『선원보감』(1931)의 산릉도는 영릉을 이루는 풍수국면과 산수 짜임새를 상세히 표현했다.

• 영릉의 입지지형 위성사진

• 여지도(경기도, 파주)의 영릉. 오른쪽에 공릉과 순릉도 표기됐다.

• 『대동여지도』의 산줄기와 영릉(파주삼릉 중에 공릉을 대표로 표기했다).

• 「효장세자묘도」. 풍수 산도 형식으로 입지를 표현했다.

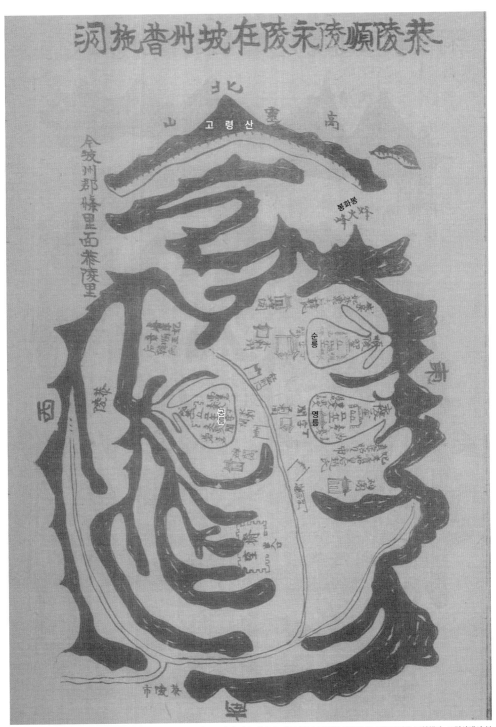

• 영릉 산릉도(『璿源寶鑑』(1931) 「列聖祖山陵圖」). 고령산(高靈山)의 맥을 받아 을좌(乙坐)로 자리한 영릉의 풍수적 입지를 표현했다. 고령산에서 봉화봉으로 내려오는 주맥의 모습이 인상적으로 묘사되었다.

• 앞에서 바라본 입지경관과 능전·능침·정자각·비각

• 봉분과 상설. 사진 왼쪽이 진종, 오른쪽이 효순왕후 봉분이다.

• 상설도(『영릉지』). 능침의 산줄기[龍]·물들이[得水]·물빠짐[破] 정보와 배치(좌향) 및 석물을 표현했다.

• 마석(馬石) 꽃무늬

• 능상(陵上)에서 바라본 입지경관

• 능침 뒤로 들어오는 맥

종묘·사직을 장차 어찌할 것인가

1729년(영조4) 11월 16일, 효장세자가 열 살의 어린 나이에 세상을 떠났다. 영조는 큰아들을 잃은 슬픔에 못 이겨 한참 동안 곡을 했다.

밤 3경(三更) 1점(一點)에 왕세자가 창경궁의 진수당(進修堂)에서 세상을 떠났다. 이날 종묘와 사직에서 두번째 기도를 거행하였는데, 밤에 병이 더욱 심해져 해시(亥時)에 세상을 떠났다. 영조가 영의정 이광좌·병조판서 조문명 등을 대하여 슬피 곡하며, "종묘·사직을 장차 어찌할 것인가?" 말하고, 한참 만에 곡을 그쳤다.『영조실록』 4년 11월 16일

이후 효장세자의 묏자리를 어디에 어떻게 정했는지의 과정에 대한 기록은 실록에 나오지 않는다. 실록에는 단지 두 달이 지나 장사지낸 날(1월 26일)에 다음과 같은 묏자리 조성 과정을 기록했다. 이에 의하면 묘 조성 공사에 한 달 보름 남짓한 공사 기간이 소요되었음도 확인된다.

묘는 파주의 순릉 왼쪽 언덕에 있다. 을좌신향(乙坐辛向)이다. 외안산(外案山)은 묘좌(卯坐)이다.

12월 9일에 공사를 시작하여 선릉사(先陵祠)의 땅[后土] 신에게 고하고, 풀을 베고 흙을 파내기 시작했다.

15일에 옹가(瓮家: 임시로 뫼 위에 짓는 집)를 지었다.

21일에 금정(金井: 무덤을 팔 때 길이와 넓이를 정하기 위해 우물 '정(井)'자 모양으로 틀을 만들어 땅위에 파는 정해진 공간)을 열었는데, 혈의 깊이는 8척 9촌이었다. 광(壙)을 파는 일을 끝마친 뒤 외재실(外梓室)을 내렸다.

정월 26일 묘시에는 묘소의 찬실(攢室)을 열었다. 『영조실록』 5년 1월 26일

마침내 세상을 떠난 지 세 달째 되던 이듬해(1730년) 1월 24일에 효장세자를 발인하고, 이틀 뒤에 장사지냈다.

효장세자의 발인 때 임금이 시민당(時敏堂)에 거둥하여 곡림(哭臨)하고 집영문(集英門)까지 전송하였다. 『영조실록』 5년 1월 24일

효장세자를 장사지냈다. 임금이 시민당에 나아가 망곡(望哭)을 행하였고, 백관(百官)들은 집영문(集英門) 밖에서 곡하였다. 『영조실록』 5년 1월 26일

* 참고자료: 『영릉 도면(永陵圖面)』

1910년경 李王職에서 편찬한 永陵의 圖面으로, 「順陵永陵圖面」의 일부이다(장서각 소장).

조선왕조 제21대 왕 영조의 장자인 孝章世子(眞宗)와 그의 비 孝純王后 趙氏의 永陵을 1910년경 李王職에서 근대적으로 실측한 도면이다.

따로 범례는 없으나 長陵圖面(장서각)에 기재된 범례(○國有林, ●李王家所有)에 비추어, 도면상의 붉은색 채색 부분은 李王家의 소유를 표시한 것으로 보인다. 방위표시도 했다. 이에 따르면 능침 및 부속 건물이 동서축으로 배치되어 있는 사실도 확인할 수 있다.

도면상에는 능침에 이르는 구릉지 지형의 등고선도 표현했다. 지리정보로서 상단에는 '恭陵에 이른다(至恭陵).', 좌단에는 '齋室에 이른다.'는 위치사항도 써 넣었다. 도면의 상단 좌우에 第六號永陵이라고 쓰고 능침, 莎草地 및 정자각 등의 부속건물과 외곽을 통합하여 측도했다. 順陵을 합쳐서 도면에 기재된 총면적은 七町六反(段)四畝(畝)拾四步이다.

능침은 반원 모양으로 쌍으로 나타냈다. 능침 아래로 莎草地를 표기하였으며, 정자각 및 기타 부속건물도 그렸다.

1910년경 李王職에서 조선왕릉을 조사, 관리하기 위해 근대적 측량기법으로 실측한 順陵의 圖面으로서, 현대 이전 順陵의 실태와 모습을 확인할 수 있는 자료로서 참고할 가치가 있다.

『영릉지(永陵誌)』

조선왕조 제21대 왕 영조의 장자인 孝章世子(眞宗)와 그의 비 孝純王后 趙氏의 영릉에 관한 陵誌이다(장서각 소장).

일제강점기 때 李王職에서 抄錄한 1책(47장)의 필사본이다.

첫머리에는 永陵儀軌라는 제목으로 眞宗과 孝純王后 趙氏의 출생과 생애, 사망 등의 행장을 기록했다.

다음으로는 李徽之가 작성한 眞宗大王玉冊文, 鄭在謙이 작성한 孝純王后玉冊文, 孝章墓誌와 孝純墓誌의 전문이 실렸다.

이어서 6장의 도면을 차례대로 수록했다. 寢園象設之圖에서는 평면도로 대왕릉과 왕비릉의 형태, 曲墻 및 석물의 위치와 명칭, 능침의 배치(사방의 좌향)를 표현했다. 또한 풍수적 입지로서 산줄기의 내맥(卯龍)과 물줄기의 들고 남(甲丙得水 庚派)의 정보도 표기했다.

丁字閣圖, 祭享位次圖, 親祭位次圖와 함께 親祭圖式, 節祭圖式의 상차림도 그렸다.

다음으로는 제의의 규식에 관한 사항을 수록했다. 祭享規例에서는 正朝祭부터 慰安祭까지 9개를 나열하였고, 祭物에서는 祭器의 명칭과 개수, 新定節享圖의 상차림, 獻官 등 祭官의 分排와 각자의 역할, 절차 등에 대하여 상세히 적었다. 贊者笏記 2편과 謁者笏記, 望寮, 飮福에 관해서도 기록했다. 陵幸 및 親祭시의 준비와 절차도 기록했고, 春秋受香, 朔望焚香하는 규식도 적었다.

능에 대한 奉審으로서 五日奉審, 監司奉審하는 시기와 장소 등에 대해 서술했다. 이어 능침에 대한 관리로서 改莎草와 塗灰를 기록했다. 기타 獻官書啓, 褒貶, 仕日單子, 受由狀, 報狀, 書目, 長單子, 通關, 充定狀, 仕滿狀, 解由狀, 擧案, 給仕, 獻官勿乘藍輿事目, 陵軍雜役勿侵事目, 筵燭式, 修改事目, 丁巳新定式修改節目 등 제의의 규례에 관한 제반 문서를 수록했다.

眞宗과 비 孝純王后 趙氏의 永陵의 제의 및 관리에 관한 각종 문서를 종합한 陵誌로서 문헌적 가치가 있다.

추존 융릉(장조·헌경왕후)

융릉은 정조의 아버지로서 왕으로 추존된 장조(莊祖, 1735~1762: 사도세자)와 헌경왕후(獻敬王后) 홍씨(1735~1815)의 합장릉이다.

능은 경기도 화성시 안녕동에 있다. 능침은 계좌정향(癸坐丁向: ♪)으로 자리 잡았다.

장조는 영조의 둘째 아들로 태어났다. 배다른 형인 효장세자가 열 살의 어린 나이로 일찍이 요절하자, 출생 이듬해인 1736년(영조12)에 왕세자로 책봉되었다. 영조와 왕실의 기대를 한 몸에 받고 성장했지만 정무를 담당하면서 아버지

(영조)와의 성격 갈등으로 관계가 악화되었다. 이 틈을 비집고 노론과 소론 세력의 정국 주도권 쟁탈전이 격화됐다. 그들은 세자를 희생양으로 삼고 죽음의 궁지로 몰아넣어 임오화변(壬午禍變)이라는 왕실의 비참한 사건을 일으켰다.

헌경왕후는 1744년(영조20)에 세자빈으로 책봉되었다. 장조 사이에 정조를 비롯하여 2남 2녀를 두었다.

사도 장원세자(장조)가 1762년(영조38) 윤5월 21일에 세상을 떠나자 중랑포 전농(典農)(서울 동대문구 배봉산 아래)에 장사지냈다. 처음에는 수은묘(垂恩墓)였다가 1776년에 아들 정조가 왕위에 오르면서 영우원(永祐園)으로 고쳤다. 1789년(정조13)에 지금 자리(화산 아래)로 옮겨 현륭원(顯隆園)이라 했다. 1899년(고종36)에 왕으로 추존되면서 융릉(隆陵)이라 했다. 1815년(순조15)에 혜경궁 홍씨(헌경황후)가 세상을 떠나자 이듬해(1816년)에 합장해 장사지냈다. 이런 사실을 능 곁에 조성한 비문에 기록했다.

사도 장원세자는 1735년(영조11)에 탄생했다. 1762년(영조38)에 승하하니 나이가 28세였다. 7월 23일에 양주 남쪽 중랑포의 배봉산 갑좌(甲坐: →)의 언덕에 장사지냈다. 1789년(정조13)에 수원 화산 계좌(癸坐: ↑)의 언덕으로 이장했다.

헌경황후는 1735년(영조11) 6월 18일에 탄생했다. 1815년(순조15) 12월 15일에 81세로 승하하여, 이듬해 3월 3일에 현륭원 동쪽에 봉릉되었다.「비문」

융릉의 봉분 앞에 묻은 '좌향석(坐向石)'에는 풍수 입지 및 배치에 대한 정보를 다음과 같이 새겼다.

현륭원은 산줄기가 왼쪽으로 틀어 건해(乾亥) 방향으로 오며[左旋乾亥龍] 계좌정향(癸坐丁向: ↓)이다. 병자(丙子)·병오(丙午)로 배치[分金]했다. 건(乾: ↖)·을(乙: →)·신(申: ↙) 방향으로 물이 들어오고, 오(午: ↓) 방향으로 물이 빠져나간다. [83]

융릉의 입지를 『대동여지도』(1861)의 산줄기로 개관해 보자. 수원의 광교산

---

83. 『顯隆園園所都監儀軌 譯註』卷1, 坐向石, 경기도박물관, 2006, 41쪽.

에 이른 한남정맥의 한 가지가 남쪽으로 몸을 틀어 화산을 맺고 융릉 자리를 이루었다. 『선원보감』(1931)의 산릉도는 융릉을 이루는 풍수 국면과 산수 짜임새를 상세히 표현했다.

• 융릉의 입지지형 위성사진

• 『대동여지도』의 산줄기와 융릉(건릉을 대표로 표기했다).

• 융릉 산릉도(『璿源寶鑑』(1931) 「列聖祖山陵圖」). '융릉과 건릉은 수원 옛 치소 뒤의 화산에 있다(隆陵健陵在水原舊治後花山).'고 적고, 화산(花山)을 주산으로 계좌(癸坐)로 자리한, 융릉의 풍수적 입지를 표현했다. 오른쪽에 건릉으로 그려졌으나, 실제로는 좌우가 바뀌어 있다.

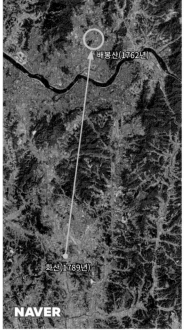

• 정조는 배봉산에서 1789년에 화산 아래의 현 위치로 능자리를 옮겼다.

● 능침과 정자각. 나지막한 둔덕에 능침이 자리 잡았다.

● 능침 뒤에서 바라본 입지경관. 정자각이 정면에서 비켜있는 것은 정자각이 능침을 막아서는 안된다는 정조의 풍수적 견해 때문이었다.

● 봉분과 상설. 북쪽을 등지고 남향(남남서)으로 자리 잡았다.

● 능침 뒤로 들어오는 맥

- 「능원침내금양전도」(『건릉지』)에 그려진 '곤신지(坤申池)'와 네 개의 '구슬(珠)'

주(珠). 비보로 조성된 조산의 일종이다. 현륭원 조성 당시에 원침(園寢)의 비보를 위해 곤신지와 구슬[珠] 4개를 조성하였다. 구슬은 조산 형태로 조성되었다.

- 위성사진에서 본 융릉과 곤신지. 능침에서 서남 방향인 곤(坤: ↙)·신(申: ↙) 방의 허결함을 보완할 목적으로 조성한 비보못이다.

- 곤신지

마음속에 계획한 일은 오직 이 일 뿐이었다

정조는 이미 즉위 전부터 아버지 사도세자의 묘를 좋은 땅으로 이장할 마음을 먹고 있었다. 그의 문집인 『홍재전서』(1799)에, "갑오년(1774, 영조50) 원침에 참배한 뒤로부터 마음속에 계획한 일은 오직 이 일 뿐이었다. … 원침을 옮길 계획을 한 지는 지금까지 16년이나 되었다."[84]고 술회한 적이 있다. 아버지를 좋은 땅에 모시기 위해서는 스스로가 풍수에 대해서 잘 알아야 한다고 판단했다. 그래서 정조는 전심전력으로 풍수를 연구하여 원리를 터득한 후 묏자리[垂恩墓: 수은묘]에 풍수를 적용시켜 길흉 여부를 판단해보았다. 그가 왕위에 오르기 2년 전인 1774년(영조50)의 일이었다.

나는 본래 감여가(堪輿家: 풍수가)의 학문에 어두워 그것이 무슨 말인지 알지 못하였다. 갑오년 능원에 성묘를 한 뒤로부터 은근히 뉘우치는 뜻이 있어 처음에는 옛사람의 지리를 논한 여러 가지 책을 취하여 전심으로 연구하여 그 종지(宗旨)를 얻은 듯하였다.

그래서 선원(先園: 수은묘)의 용·혈·사·수를 가지고 옛날 방술과 참고하여 보았더니, 하자가 많고 길격(吉格)은 하나도 없었다.[85] 『홍재전서』

1776년(정조 즉위년)에 왕위에 오른 정조는 본격적으로 영우원을 이장할 계획을 세운다. 이러한 실행 배경은 학계에서 정치적·풍수적인 두 가지의 해석으로 압축된다.[86] 하나는 정치적 이유로서 장헌세자(사도세자)의 복권을 통한 왕권 강화였다. 또 다른 정치적 이유는 장용영(壯勇營: 국왕 호위군대)으로의 5군영 통합과 화성 축조, 수원 읍치의 이전, 수원 상권의 부양책 추진, 장용영 외영(外營)의 화성 편제로 구체화하면서, 수원지역을 개혁의 진원지로 삼으려는 목적의 일환으로 추진했다.[87] 다른 하나는 풍수적 이유로서 길지에 모시기 위해서였다.

---

84. 85. 『홍재전서』권57, 잡저4, 천원사실, 정원1

86. 관련한 연구로 다음과 같은 논문이 있다. 이달호, 「수원부로의 장헌세자 원침천봉 배경연구」, 『상명사학』7, 1999. 최성환, 「사도세자 추모공간의 위상 변화와 영우원 천장」, 『조선시대사학보』60(5), 2012. 이현진, 「1789(정조 13) 영우원에서 현륭원으로의 천원 절차와 의미」, 『서울학연구』51(8), 2013. 정해득, 「정조의 영우원·현륭원 원행에 따른 고찰」, 『조선시대사학보』75(11), 2015.

87. 이성무, 『조선왕조사』, 수막새, 2011, 662쪽.

그러나 무엇보다 가장 중요한 이장 이유이자 동기는 아버지 장헌세자를 좋은 땅에 모시려는 정조의 효성스러운 마음이었을 것이다. 정조는 이렇게 적었다.

군자가 어버이를 장사지내는 데에는 반드시 정성스럽고 성실하게 하여 후회가 있어서는 안 된다. 처음에 정성과 성실을 다하지 못한 사람은 종신토록 한이 될 것이니, 후회하면서 도 고치지 못한다면 어떤 불효가 이보다 심하겠는가.

나는 하늘에 닿는 아픔을 안고 꾹 참으며 구차히 목숨을 연명하면서 스스로 보통 사람과 같이 여기지 않으려고 하였는데, 선왕의 능침이 길지가 아님을 더욱 지극히 한스럽고 원통 하게 생각하여, 매양 명절에 성묘를 하고 산마루와 기슭을 두루 살피면서 두렵고 불안하여 편히 쉬지 못하였다.[88] 『홍재전서』

정조는 영우원 이장의 정당성을 확보하면서 예전부터 길지로 꼽혔던 현륭원 에 자리를 정하기 위해 풍수론을 적극 활용했다. 이를 위해 영조 대에 처음 사 도세자의 수은묘(垂恩墓)를 조성하면서 근거로 삼았던 풍수 논의까지 모두 부 정하기도 했다.[89]

이제 정조가 주도한 영우원의 이장 과정을 풍수적 사실에 초점을 두고 살펴 보기로 하자. 실록의 1789년(정조13) 7월 11일 기사에서는 다음과 같은 상세한 내용을 수록했다.

이날 정조는 조정 대신들과 논의하여 사도세자의 영우원을 이장하기로 결정 했다. 그는 이미 갑오년(1788년)에 성묘하고 나서부터 옮겨야겠다고 마음을 굳게 먹었다. 그런 차에 금년(1789년)에 운세[年運]와 산운(山運), 그리고 원 소(園所) 본인(사도세자)의 명운(命運)이 상길(上吉)이 되기 때문에 이장을 단 행할 것을 강하게 내비쳤다. 정조는 이미 이장 후보지로서 문의 양성산, 장단 백학산, 광릉 언덕, 용인, 헌릉, 후릉, 강릉, 가평 등의 풍수를 검토했다. 정조 의 후보지 평가를 요약하고 발언을 인용하면 다음과 같다.

---

88. 『홍재전서』 권57, 잡저4, 천원사실, 정원1
89. 최성환, 「사도세자 추모공간의 위상 변화와 영우원 천장」 『조선시대사학보』 60(5), 2012, 177쪽.

후보지	풍수 평가
문의 양성산 언덕	조산(祖山)과 거리가 너무 가깝다. 사방산[砂]·물[水]·산줄기 세력[龍勢]도 말할 만한 것이 없다.
장단 백학산 아래	국세가 협소·미약·느슨하다.
광릉 좌우 언덕	신당(神堂) 앞, 절 뒤, 폐가, 옛 사당에 묘를 쓰는 것은 꺼린다.
용인 헌릉 이수동 후릉 국내 두 곳 강릉 백호 부근 가평	마음에 들지 않는다.

"문의(文義) 양성산(兩星山) 해좌(亥坐)의 언덕은 예전부터 말하는 자리이지만, 조산(祖山)과의 거리가 너무 가까운 것이 흠이어서 답답하게 막힌 기색을 면하지 못하였고, 사방산[砂]과 물이며 산줄기 세력[龍勢]도 결코 언급할 만한 것이 없다.

장단(長湍) 백학산(白鶴山) 아래의 세 곳은 국세(局勢)가 협소하고 미약하고 느슨하다.

광릉(光陵) 좌우 언덕 중의 한 곳은 달마동(達摩洞)으로서 문의의 자리와 함께 칭송되는 곳이지만 마음에 들지 않는다. 그 가운데 한 곳은 바로 절터이니, 신당(神堂)의 앞이나 절(佛寺)의 뒤나 폐가(廢家) 또는 옛 사당(古廟)에 묘를 쓰는 것은 옛사람들이 꺼린 바이다.

용인(龍仁)의 말하는 자리도 역시 그러하다. 이밖에 헌릉(獻陵) 국내(局內)의 이수동(梨樹洞)과 후릉(厚陵) 국내의 두 곳, 강릉(康陵) 백호(白虎) 부근, 가평(加平)의 여러 곳들도 마음에 드는 곳이 한 곳도 없다." 『정조실록』 13년 7월 11일

어느 한 곳도 마음에 차지 않는다는 위 인용문의 행간을 읽을 수 있듯이 정조는 이미 마음속에 한 곳을 점찍어 두고 있었다. 수원도호부 화산의 읍치 자리가 그 곳이었다. 여기는 영릉 및 원릉과 함께 3대 길지의 하나로 예부터 지목되었던 터였다. 여러 술사들이나 문사들이 능자리의 탁월함을 말했고, 도선이 평가한 진선진미(盡善盡美)의 땅으로도 알려졌다. 그래서 정조 본인도 술회했듯이 오래전부터 수원에 뜻을 두고 널리 상고하고 자세히 살펴보았던 것이다. 실록에는 이렇게 적었다.

"나라 안에 능이나 원(園)으로 쓰기 위해 표시해 둔 것 중에서 세 곳이 가장 길지라는 설이 예로부터 있어 왔다. 한 곳은 홍제동으로 바로 지금의 영릉(寧陵)이고, 한 곳은 건원릉

오른쪽 등성이로 바로 지금의 원릉(元陵)이고, 한 곳은 수원읍에 있는 것이다.

수원의 묏자리에 대한 논의는 기해년 『영릉의궤(寧陵儀軌)』에 실려 있는 윤강·유계·윤선도 등 여러 사람과 홍여박·반호의 등 술사(術士)들의 말에서 보아 알 수 있다. 그러나 전모를 말하자면 윤강의 장계(狀啓)와 윤선도의 문집 중에 실려 있는 「산릉의(山陵議)」와 「여총호사서(與摠護使書)」보다 자세한 것이 없다. 내가 수원에 뜻을 둔 것이 이미 오래여서 널리 상고하고 자세히 살핀 것이 몇 년인지 모른다.

옥룡자(도선)의 평(評)이 그 속에 실려 있는데, 그의 말에 "서린 용이 구슬을 희롱하는 형국이다. 참으로 복룡대지(福龍大地: 후덕한 산세를 한 좋은 묏자리)로서, 용·혈·사·수가 더없이 좋고 아름다우니, 진정 천 리에 다시없고 천 년에 한 번 만날 자리('盤龍弄珠之形 眞是福龍大地 而龍穴砂水 盡善盡美 誠千里所無 千載一遇之地")"라고 하였으니, 이곳이야말로 주자(朱子)가 말한 종묘의 제의가 오랜(宗廟血食久遠) 계책이란 것이다." 『정조실록』 13년 7월 11일

천리를 가도 없을 천년에 한번 만날 길지

정조가 이장할 자리를 평가하고 해설한 글에는 그의 풍수적 인식과 지리적 이해가 잘 표현되어 있다. 아래 인용문에서 확인되듯이, 새 자리에서 한양에 이르는 거리라는 접근성의 요소를 가장 먼저 들었다. 이어서 주산(主山)이라는 풍수요소를 주목했다. 다음으로 주산의 맥이 연원한 계통을 광교산에서부터 체계적으로 파악하고, 주산에서 명당에 이르는 맥의 방위를 상세히 인식했다. 이윽고 윤선도와 도선과 같은 풍수 명사(名師)의 말까지 언급함으로써 길지라는 사실을 확증함에 조금도 주저함이 없었다.

"경기 수원부의 치소(治所)는 서울과의 거리가 90리이고, 치소의 북쪽 산을 화산(花山)이라고 한다. 내룡(來龍)은 광교산이 태조산(太祖山)이 되고, 오봉산이 중조산(中祖山)이 되며, 증악산이 소조산(小祖山)이 되어 100리에 전일한 기운이 결집되어 만들어진 곳이다.

화산의 왼쪽으로 뻗은 용이 을(乙: ↘) 방향에서 엎드렸다가 건(乾: ↖) 방향에서 봉우리가 솟고, 다시 계(癸: ↗) 방향으로 내려오면서 축(丑: ↗) 방향으로 내려가서, 간(艮: ↗) 방향에 입수하여 계좌정향(癸坐丁向: ↙)하면 병자(丙子) 병오(丙午)의 배치[分金]가 되고, 건(乾: ↖)·을(乙: ↘)·신(申: ↙) 방향 물들이[得水]에 오(午: ↓) 방향 물빠짐[破門]의 형국이 된다.

이는 곧 신라국사 옥룡자 도선의 이른바 '서린 용이 구슬을 희롱하는 형국[盤龍弄珠之

形]이 되고, 윤선도가 이른바 '용·혈·사·수(龍穴砂水)가 모두 좋고 아름답다.'는 것이니, 진실로 천리를 가도 없을 천년에 한번 만날[千載一遇] 길지이다." ⁹⁰ 『홍재전서』

이어서 정조는 "수원 읍내에 표시해 둔 세 곳 중에서 관가(官家) 뒤에 있는 한 곳만이 앞 사람들의 명확하고 적실한 증언이 많았을 뿐더러 옥룡자(玉龍子 : 도선)가 이른바 서린 용이 구슬을 희롱하는 형국이다."⁹¹라고 혈자리를 콕 짚어 말했다. 구체적인 혈자리를 지점한 후에 그것을 얻기 위해 필요한 경관 배치와 앉음새(좌향)에 이르기까지 상세한 지침을 내렸다.

"혈성(穴星)은 유두(乳頭) 아래 평탄한 곳이다. 좌향은 작은 언덕을 안산(案山)으로 마주 대할 것이니, 이것이 구슬을 대한다는 것이다. 구슬을 마주 대하려면 두 봉우리 사이의 빈 곳으로 방향을 두게 되니, 이것이 이른바 '구슬을 대하려면 빈 곳으로 향해야 한다[對珠則向空者也]'는 것이다. 그리고 배치[分金]도 이렇게 혈을 가늠하고, 이렇게 좌향을 놓고, 이렇게 안산을 마주하는[案對] 것으로 결정하는 것이 마땅하다. 나의 뜻은 이미 수원으로 결정했다." 『정조실록』 13년 7월 11일

7월 13일에 정조는 이장할 자리에 관해 담당관들과도 상세히 논의했다. 구체적인 풍수 입지에 대해 김익은 다음과 같이 아뢨다.

"위로 주봉에서부터 아래로 혈자리까지 살펴보았습니다. … 국세(局勢)가 평온하고 청룡 백호가 긴밀하여 혈 좌우를 매미가 날개를 양쪽으로 펼친 듯한 형국[蟬翼]이라고 합니다. 혈을 맺는 조건)이 있으며, 시계(眼界)도 매우 조용했습니다. 시야 속에 작은 둔덕[墩]이 혈 자리와 직선으로 마주해 있습니다. 이곳이 본래부터 칭송되어오는 서린 용의 형상이고, 이 둔덕을 '서린 용이 희롱하는 구슬'이라고 한 말이 신의 평범한 눈[凡眼]으로 보아도 정확한 논평인 것 같았습니다.
마주하는 안산[對案]으로 말하면 두 개의 봉우리가 나란히 서 있습니다. 만약 봉우리로

---

90. 『홍재전서』 권57, 잡저4, 천원사실, 정원1
91. 『정조실록』 13년 7월 11일

향을 놓아 안산으로 삼으면 두 봉우리의 기세를 다 끌어들일 수 없을 것 같고, 두 봉우리 사이의 빈 곳으로 향을 놓으면 두 봉우리의 기운이 합쳐 하나의 안(案)이 되니, 예로부터 이른바 구슬을 마주해 빈 곳으로 향을 놓는다[對珠向空]는 말이 이런 뜻에서인 듯합니다. 세 지사(地師)의 말이 이미 모두 계좌정향(癸坐丁向)으로 통일되었으니 바뀔 염려는 없을 것 같습니다." 『정조실록』 13년 7월 13일

이에 정조는 덧붙여, 자리의 조성에 있어서 천연스러운 지형을 최대한 그대로 살리고 존중하도록 했다. 안산의 구슬 모양이 잘 드러나도록 조경하고, 이장할 터를 다듬을 때 산의 형세를 그대로 따르되 보토를 너무 높고 크게 하지 말며, 유두(乳頭: 혈에 이르기 전의 도도록한 둔덕)를 손상시키지 말 것을 알뜰히 지시했다.

"정(丁) 방향의 안산은 산봉우리가 둥근 모양으로, 원만하고 깨끗하며 밝고 환한 형세를 귀하게 여긴다. 만약 안산에 나무를 심어 숲을 이룬다면 쉽게 가려져서 또렷한 모습이 되지 못한다. 다만 잔디를 입혀 항상 모습이 나타나 쉽게 볼 수 있으면 좋겠다."[92] 『현륭원원소도감의궤 역주』

"산소를 매만져 다듬는 방법은 그 산의 형세를 그대로 따를 뿐이니, 보토(補土)를 높고 크게 하는 것을 나는 옳지 않게 생각한다. 더구나 이 터의 혈체(穴體)는 유두(乳頭) 밑에 웅덩이가 파여 있어 음양이 서로 붙어 있는 데 그 신묘함이 있으니, 흙을 파낼 때 유두를 파지 말라. 혈 앞의 남은 기운이 생동해 구르고 있는데, 만약 지나치게 흙을 보충하면 천연으로 이루어진 정교함을 잃기 쉬우니 원형 그대로 잔디를 입히는 것이 좋을 것이다." 『정조실록』 13년 7월 13일

인정이 안정된 뒤에야 지리도 길해진다

능자리 선정에 확고한 신념을 가졌던 정조에게 이제 목전에 해결해야 할 문제는 이장 과정에서 생길 수원부의 행정 조치와 백성들의 민생 문제였다. 정조는 이장에 앞서 급선무는 "수원 고을의 백성들을 안정시키고 고을을 옮길 계획

---

92. 『현륭원원소도감의궤 역주』 경기도박물관, 2006, 217~231쪽.

을 의논하는 것"이라고 했다. 이에 '인정이 안정된 뒤에야 지리(풍수)도 길해진다[人情安然後 地理亦吉]'는 뜻을 밝혔다.[93]

국가적으로 거행되는 풍수에 있어서의 길흉이라는 감응은 사람들의 상태가 안정된 후라야 이루어진다는, 풍수를 실행하는 국정책임자로서의 분명한 선언이었다. 이 말은 조선왕실의 풍수담론에 있어 국왕으로서 언급한 가장 인상적인 언명으로 주목된다. 아버지 산릉의 조성을 위해 그리도 풍수를 따졌던 정조였지만, 정작 그 풍수의 이행은 백성들의 안정이 우선되어야 함을 그 누구보다도 잘 알고 있었던 것이다.

정자각이 능침에 비껴 배치된 이유는

정조는 현릉원의 조성 과정에서 비단 능침뿐만 아니라 정자각 건축물 하나하나에도 세심하게 풍수 원리를 반영해 조성했다. 융릉의 정자각이 능침의 축선에서 비껴 배치된 이유도, 정자각이 능침 앞 중앙을 가리고 막아서는 안된다는 정조의 판단에서 비롯된 것이었다.

정조가 물었다. "정자각을 세울 곳은 원소(園所)가 들어앉을 곳과 서로 거리가 얼마나되는가?"

정민사가 아뢨다. "아직 터를 잡지 않았습니다. 그러나 정자각이 원소와 가까우면 내 안산을 대하고 있는 구슬(內案對珠)이 그 참된 모습을 드러내지 못합니다. 신의 생각으로는 조금 낮고 조금 먼 곳으로 정자각을 세움이 좋을 듯합니다."

정조가 말했다. "묏자리가 낮고 평평한데 정자각이 중앙에 자리 잡으면 안산이 비록 가로막히지 않는다 하더라도 마루의 기운은 퍼지지 못하니 형세 상 좌우측으로 옮겨야 될 듯하다. 그리고 우변은 건(乾: ↘) 방향의 길수(吉水)로 신(申: ↙) 방향에서 기운이 생성되고 샘에서 솟아나는 물이 마루로 모이는 지역이니, 앞이 넓고도 트이게 해야지 가려 막혀서는 안된다. 좌변은 지축 방향이니 지형에 따라서 세워야지 오(午: ↓) 방향으로 빠지는 물길[破]을 막지 않아야만 일에 합당할 듯하다."[94] 『현릉원원소도감의궤 역주』

---

93. 『정조실록』 13년 7월 11일
94. 『현릉원원소도감의궤 역주』 경기도박물관, 2006, 217~231쪽.

『현륭원 원소도감 의궤』에도 이장의 과정과 시설의 조영을 날짜별로 생생하게 기록했다.[95]

날짜	『현륭원 원소도감 의궤』 내용
1789년(정조13) 7월 20일	묘시(卯時) 무렵 계좌정향(癸坐丁向)을 결정한 후에 관례대로 묘터라고 표시한 푯말에 울타리를 둘러쳤다. 신하들은 주산에 대해 여러 번 상의했다. 주산은 왼쪽으로 도는[左旋] 건(乾) 방향의 봉우리가 해(亥) 방향으로 틀었다. 산줄기가 계(癸) 방향으로 오면서 축(丑) 방향으로 틀었다가 간(艮) 방향에서 들어왔다[入首]. 계좌정향하고 병자·병오로 배치[分金]했다. 건(乾)·을(乙)·신(申) 방향으로 물이 들어왔고, 오(午) 방향으로 물이 나간다고 파악했다.
7월 27일	신하가 아뢨다. "정자각터가 오른쪽 산의 맥인 백호와 조금 가까우므로 명당이 원만·정결하지만 우측으로 4, 5간정도 옮기는 것이 좋을 듯하니 임금께서 결정을 내리시는 데 있습니다." 정조가 말했다. "안산의 구슬 모양이 명당의 원만하고 정결한 체제를 가리지 않는다면, 정자각은 우측으로 얼마정도 차이가 나든 좌측으로 얼마정도 차이가 나든 편한 대로 실행하라."
8월 17일	정조가 말했다. "안산의 세 구슬 가운데 큰 구슬은 민가가 구슬 아래 있기 때문에 예전대로 흙을 사용하는 일이 없을 수 없다. 예전에 비해 조금 낮아졌다면 지사에게 물어 추가로 쌓고 잔디를 깔지 않을 수 없다. 작은 두 구슬 역시 그러니 추가로 몇 척을 쌓아야 한다."
8월 18일	신하가 아뢨다. "혈성(穴星)에 흙을 보충하는 일은 지금 이미 공사를 마쳤으며 무덤 뒤쪽과 좌우 지역 아래에도 거의 잔디를 입혔습니다. 뇌(腦: 용맥이 혈로 들어오는 머리 부분)의 뒤와 혈 좌우의 산언덕[砂] 아래도 역시 잔디를 입혔으며 안산에 흙을 보충하는 일은 마친지가 이미 오래되었습니다. 주맥의 용[主龍]의 동쪽 가에 허물어진 곳, 내청룡에 허물어진 두 곳, 내백호에 허물어진 세 곳, 외백호의 옛 길 뚫린 한 곳 역시 차례로 공사를 마쳤습니다. 주맥 서쪽가의 대로(大路)에 구멍 나고 흠이 있는 두 곳과 이 외에 소소하게 잔디가 벗겨진 곳은 차례로 흙을 보충하여 잔디를 입힐 계획입니다. 세 구슬 중에서 북쪽에 있는 구슬은 거주하는 백성들에 의해 가장 많이 훼손되어 대부분 본래의 형체를 잃었습니다. 중앙에 있는 큰 구슬과 남쪽 가에 있는 작은 구슬 역시 파손된 곳이 있으므로 신들이 지금 보강해서 쌓아야 된다고 논의하고 있습니다. 임금의 하교를 받고 신들은 다시 여러 지사들을 인솔하여 세 구슬을 가서 살피고 충분히 토의한 후에 옛날 모습의 길이, 넓이, 크기와 보충해서 쌓아야 할 크기를 기록하여 보고하겠습니다."
8월 26일	십자석(十字石)에 산줄기(용맥)와 앉음새(좌향)를 열거하여 써서 묻었다.
9월 9일	정조가 말했다. "관이 들어가야 할 광은 시간에 딱 맞추어서 하여 땅기운이 새어나가는 폐단이 없도록 함이 좋다."
9월 13일	주봉 이하 내청룡·내백호에 나무를 심기 시작했다.
9월 16일	신하가 아뢨다. "광중을 파다가 5척 8촌에 이르니 흙 성분이 더욱 찰지고 윤기가 나고 흙 색깔은 더욱 좋습니다. 순수한 황색 속에 오색찬란한 빛을 품고 있는데 금모래가 빛나는 듯합니다. 여러 지사들의 의론은 모두 "이 흙 색깔을 보니 주척(周尺) 9척으로 제한하면 깊이가 딱 들어맞는다.'고 하였고, 신들의 의견도 역시 이와 같습니다."라고 글을 올렸다. 정조가 말했다. "일반적으로 묘 혈 깊이에 관한 법칙은 차라리 얕게 팔지언정 깊이 파지 않는 것이다. 관이 들어갈 구덩이를 이미 팠다면 땅 기운이 새어나갈까 걱정된다. 외재궁 광을 가려서 덮을 수 있으면 땅 기운이 새어나가는 우려가 없다."

95. 『현륭원원소도감의궤 역주』 경기도박물관, 2006, 217~231쪽.

날짜	『현륭원 원소도감 의궤』 내용
9월 20일	내룡에 보토할 5곳, 내청룡에 보토할 2곳, 중청룡에 보토할 2곳, 내백호에 보토할 5곳, 중백호에 보토할 3곳, 외백호에 보토할 1곳, 내안산에 보토할 2곳, 외안산에 보토할 2곳 등 전체 21곳에 모두 잔디를 입혔다.
10월 1일	반달 형태의 봉분을 다 쌓았다.
10월 7일	해시(亥時)에 관을 광중[玄宮]에 내렸다. 잔디를 입히는 일을 마쳤고 금천교 안은 모두 청소를 했다.

소나무와 회나무를 심어 기세를 돕고

정조는 현륭원을 이장한 후에 풍수적 조경과 관리에도 신중하고 각별했다. 자리를 옮긴 이듬해인 1790년(정조14)에, 현륭원의 근처에 흙을 돋우고[補土] 연못을 파자는 논의가 있었다. 정조는 이에 대하여, 연못의 방향과 규모, 모양까지 상세하고도 치밀한 풍수 논리를 펴면서 현륭원 관원에게 지시를 했다. 심지어 나무 심는 것까지 자세한 관심을 기울이면서 다음과 같이 명했다.

"내청룡 끝에서 평지에 이르기까지 남은 기운[餘氣]이 맺혀 점점 낮아지고 납작해져 바짝 당긴 듯이 둘러 있으니, 마땅히 소나무와 회나무를 심어 그 기세를 돕고 정채(精彩)를 발하게 해야 한다. 대체로 나무를 심을 때에는 자세히 상의하여 기세와 정채가 더욱 무성해지는 효과가 있도록 하라." [96] 『홍재전서』

혜경궁이 경춘전에서 훙서하였다

한편, 1815년(순조15) 12월 15일, 헌경왕후가 세상을 떠났다.

신시(申時)에 혜경궁이 경춘전(景春殿)에서 훙서(薨逝)하였다. 『순조실록』 15년 12월 15일

곧바로 손자 순조는 할머니의 장례를 주관하였다. 승하 사흘 후에 조정에서는, 헌경왕후의 묏자리를 사전에 예정한 대로 장조의 현륭원 왼쪽에 합장할 것을 결정하였다.

---

96. 『홍재전서』 권57, 잡저4, 천원사실『국역 정조의 화성 관련 유작』『정조사상연구』 3, 2000, 222~225쪽.

영의정 김재찬이 아뢨다. "선조(先朝: 정조)의 글(御製)을 삼가 살펴보니, 기유년에 영우원(永祐園)을 옮길 때 허좌(虛左: 왼쪽을 비워둠)의 제도로 쓴 것이 임금의 명령(聖敎)에 분명하게 실려 있습니다. 그러므로 이번의 원소(園所)는 현륭원에 합장(合祔)하는 예로 결정하여 시행하여야 할 것임은 다시 논의할 여지가 없겠습니다만, 일이 막중하므로 의논해 결정하지 않을 수 없습니다." 하니, 그대로 따랐다. 『순조실록』 15년 12월 18일

마침내 승하한 지 넉 달째 되던 1816년(순조16) 3월 3일에 헌경왕후를 장사 지냈다.

임금이 명정전(明政殿) 월대(月臺)에 나아가서 하관의 망곡례(望哭禮)를 거행하였다. 『순조실록』 16년 3월 3일

❧

정조는 부친 사도세자의 묏자리를 옮기는 과정에서 발생되는 수원 고을 백성들의 고충을 이해하고자 하면서 "인정이 안정되어야 지리(풍수)도 길해진다."는 뜻 깊은 말을 남겼다. 이 말은 조선왕조 국정책임자의 풍수 운용에 있어서 표준과 지침이 될 만한 의미를 띠고 있다. 현륭원을 조영하는 과정에서 철저하게 풍수 원리를 적용하는 정조의 모습과 태도가 인상적이다.

22대 건릉(정조·효의왕후)

건릉은 조선왕조 제22대 정조(正祖, 1752~1800)와 효의왕후(孝懿王后) 김씨(1753~1821)의 합장릉이다.

능은 경기도 화성시 안녕동에 있다. 능침은 자좌오향(子坐午向: ↓)으로 자리잡았다.

정조는 호학(好學)의 군주로서 24년간을 재위했다. 그 기간 중에 규장각을 설치해 문치(文治)의 기반을 마련하였고, 탕평책의 추진을 통해 왕권을 강화하

였다. 수원에 현륭원(사도세자 묘)을 조성하였고, 화성을 건조하여 정치개혁의 토대로 삼다가 49세로 세상을 떠났다.

효의왕후는 1776년(정조1)에 왕비로 책봉되었다. 슬하에 친자식은 두지 못하고 순조를 양자로 들인 채 69세로 세상을 떠났다.

1800년(정조24) 6월 24일에 정조가 세상을 떠나자 현륭원(융릉) 동쪽 언덕에 장사지냈다. 그러나 순조 때 능자리의 풍수가 좋지 않다고 하여, 1821년(순조21) 3월 9일에 효의왕후가 세상을 떠나자 현륭원 서쪽 언덕(지금 자리)으로 옮겨 합장했다. 이런 사실을 능 곁에 조성한 비문에 기록했다.

정조는 1752년(영조28) 9월 22일에 탄생했다. 1800년(정조24) 6월 24일에 승하하시니 49세였다. 그해 11월 6일에 화성의 융릉 동쪽 둘째 언덕 해좌(亥坐)에 장사지냈다가, 1821년(순조21) 9월 13일에 능의 오른쪽 자좌(子坐)의 언덕으로 이장했다.

효의왕후는 1753년(영조29) 12월 13일에 탄생했다. 1821년(순조21) 3월 9일에 승하하시니 69세였다. 그해 9월 13일에 건릉에 함께 합장되었다. 「비문」

건릉의 입지를 『대동여지도』(1861)의 산줄기로 개관해 보자. 수원의 광교산에 이른 한남정맥의 한 가지가 남쪽으로 몸을 틀어 삼봉을 거쳐 화산을 맺고 건릉 자리를 이루었다. 『선원보감』(1931)의 산릉도는 건릉을 이루는 풍수 국면과 산수 짜임새를 상세히 표현했다.

● 건릉의 입지지형 위성사진

● 『대동여지도』의 산줄기와 건릉

• 건릉 산릉도(『璿源寶鑑』(1931) 「列聖祖山陵圖」). 화산(花山)을 주산으로 자좌(癸坐)로 자리한 건릉의 풍수적 입지를 표현했다. 실제는 융릉과 건릉의 좌우 위치가 반대다.

• 능침. 정자각에서 보면 봉분이 잘 드러나지 않는다.

• 봉분과 상설. 북쪽을 등지고 남향으로 자리 잡았다.

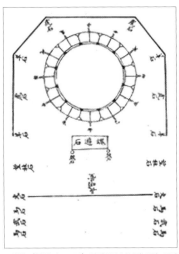

• 상설도(『건릉지』,1879). 평면도로 봉분과 곡장, 그리
고 석물 구성을 간략히 표현했다. 봉분에는 열 두 방
위를 표시했고, 각 석물의 명칭도 적었다.

• 능침 뒤에서 바라본 입지경관. 병풍을 둘러치고 안대를 마주했다.

• 능침 뒤로 들어오는 맥

• 천년지. 경내의 두 물줄기가 만나는 수구에 조성
해 수구막이 역할을 의도한 것으로 추정한다.

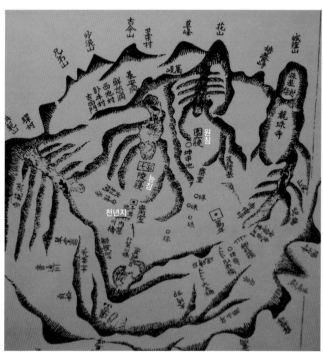

• 건릉의 조성 및 관리에 관해 기록한 문헌으로서
『건릉지』(1879)가 있다. 좌우로 능침(건릉)과 원
침(현륭원·융릉)도 표기했다. 「능원침내금양전도
(陵園寢內禁養全圖)」에는 건릉의 수구 비보 목
적으로 조성한 천년지(千年池)도 표현했다.

능자리를 정하고 장사지내다

1800년(정조24) 6월 24일, 정조가 마흔아홉의 나이로 갑자기 세상을 떠났다. 오회연교(五晦筵教: 5월 30일 연석의 하교)를 통해 자신의 탕평 통치 계획을 발표한 후 한 달이 채 지나지 않았을 때였다. 항간에는 노론 벽파에 의한 독살설도 떠돌았다.

이 소문을 뒤로한 채 왕위를 계승한 어린 아들 순조는 곧바로 부왕의 능자리를 구하러 나섰다. 당시 순조는 열 한 살의 어린 나이여서 증조할머니 정순왕후(영조의 계비)가 수렴청정을 하고 있었다. 그해 7월 13일에, 중신들과 지사들이 현륭원 곁(강무당)의 능자리를 살펴보고 아뢰는 장면이 실록에 전한다.

"신 등이 상지관을 데리고 현륭원 국내(局內) 강무당에 산릉을 새로 정할 곳으로 달려가서 주봉(主峰)에서부터 혈처(穴處)에 이르기까지 다시 상세히 살펴보았습니다. 또 안산(案山)과 청룡·백호 등 여러 곳을 두루 살펴보았는데, 여러 지사(地師)들이 모두 더없이 좋고 아름답다고 했습니다.

비록 신 등의 보통사람 눈에도 또한 완전한 큰 길지임을 알 수 있었으므로 더없이 경사스럽고 다행스러움을 견딜 수가 없었습니다. 다시 여러 지사들과 함께 쇠(패철)를 놓고서 혈을 찾아보니 모두들 해좌(亥坐)에 사향(巳向: ＼)이 정혈(正穴)이 된다고 했습니다. 신 등은 우선 산릉으로 정한다는 명을 기다려 전례에 의거해서 표시[封標] 하겠습니다." 『순조실록』
즉위년 7월 13일

이윽고 7월 15일에, 정조의 능자리를 현륭원 형국 안 강무당 옛 터의 해좌(亥坐)로 정했다. 그리고 승하한 지 6달째 되던 11월 6일 자시(子時)에 정조를 장사지냈다.

이처럼 원래의 건릉 자리는 현륭원의 강무당이 있던 곳이었다. 『건릉지』(1879)의 「능원침내금양전도」에도 현륭원(융릉) 오른쪽의 좌청룡 자락 안에 정조의 옛 능지[舊陵基]를 표기했다.

• 능원침내금양전도(『건릉지』,1879 권1)의 '옛 능지[舊陵基]'

능자리를 옮기다

정조를 안장하고 20여 년이 지난 1821년(순조21) 3월 9일에 효의왕후가 세상을 떠났다. 그런데 때맞춰 3월 22일에 정조의 능자리를 옮겨야 한다는 상소가 올라왔다. 건릉 자리가 풍수적으로 대단히 우려스럽다는 이유였다. 김조순은 조목조목 상세히 건릉의 문제점을 짚었다. 상소의 내용은 건릉 자리의 풍수적 문제점을 네 가지 방면(산줄기 주맥의 세력[主勢]·토질[水土]·혈도(穴道)·역량(力量))에서 논하고 비평한 것이었다.

김조순이 상소하였다. "… 건릉 자리[宅兆]가 대단히 근심스럽고 두려워서 천만년을 도모할 수 없는 단서가 매우 많았습니다.

산기슭이 무너지고 늘어져[岡麓殘慢] 힘차게 꿈틀거리는 뜻[磅礴蜿蜒之意]이 없으니, 산줄기 주맥의 세력[主勢]이 강하고 약한 지는 논할 것조차 없습니다.

묘역이 높은 것은 오로지 (흙을) 깔아서 보충해 쌓은 것이므로, 질고 습하여 사철 내내 마르지 않으니, 토질[水土]이 깊고 얕은 지 논할 것조차 없습니다.

가로로 떨어진 지맥은 보좌받음이 없이 홀로 내려가 오른쪽은 닿아서 높고 왼쪽은 기울어져서 푹 꺼졌으니, 혈도(穴道)가 치우친 지 바른 지 논할 것조차 없습니다.

좌청룡과 우백호가 갖추어지지 않고 안대(案對: 안산과 조산)가 참되지 않는가 하면, 독성(禿城)이 높이 솟아서 바위가 쫑긋쫑긋 서 있고, 넓은 들판이 바로 이어지고 큰 하천이 곧장 달아나니, 역량(力量)이 온전한 지 아닌 지 논할 것조차 없습니다." 『순조실록』 21년 3월 22일

이 상소를 접한 순조는 건릉을 옮기는 것이 타당한지 여부에 관해 조정의 의견을 물어보라고 명했다. 중신들은 "건릉의 자리가 좋지 않다는 것에 대해 여러 신하와 백성들이 마음 아파하고 억울해 하고 있으나 다만 일이 더없이 중대하기 때문에 아직까지 앞장서서 청하는 사람을 하나도 보지 못한 것입니다."[97] 라고 아뢨다.

이에 조정에서는 이장할 후보지 선정에 본격적으로 착수하였다. 이장이 유력한 장소로 '수원 옛 향교터'와 '교하의 장릉 재실 뒤'가 꼽혔다. 실록의 기록에 나타난 두 후보지의 풍수 평가는 아래와 같았다.

후보지	풍수 평가	판정
교하 장릉 재실 뒤	산줄기가 길고 멀며 곱고 아름답다. 혈처가 안온하다. 명당이 넓고 평평하다.	귀격(貴格)
수원 옛 향교터	산 형세가 웅장하고 존엄하면서도 단정하고 수려하다. 바람은 갈무리되고 남쪽을 향한다. 혈성(穴性)이 충분히 참되다. 수구(水口)가 잠겼다. 마주하는 산이 손을 마주잡고 조아렸다. 숲 사이로 좋은 기운이 가득 찼다.	최상의 길지

다시 조정의 논의를 거쳐 4월 21일에 마침내 건릉을 옮길 자리를 수원의 옛 향교터(현재 자리)로 결정했다.

순조가 일렀다. "경들의 말이 매우 옳다. 더군다나 상지관이 모두 대단히 길하여 교하보다(수원의 옛 향교터가) 낫다고 하니, 다시 다른 의논이 있겠는가? 옛 향교터로 결정하겠다." 『순조실록』 21년 4월 21일

---

97. 『순조실록』 21년 3월 22일

조정에서 이장을 확정한 지 다섯 달째인 9월 6일, 마침내 건릉에서 광중의 관을 들어냈고, 같은 날 대행왕대비(大行王大妃: 효의왕후)의 찬궁(欑宮: 빈전 안에 관을 놓아두는 곳)도 열었다. 이윽고 13일에 대왕과 왕후 두 분의 관을 광중 (壙中)에 봉안하였다.

---

* 참고자료: 『건릉지(健陵誌)』

조선 22대 정조와 비 孝懿王后 金氏의 健陵에 대한 능지이다(장서각 소장).

1879년(고종16)에 南廷哲이 편찬했다. 4권 4책으로 이루어졌다.

첫머리에는 목록이 있고 이어 金允植, 尹致聃, 南廷哲의 서문을 각각 다른 필체로 편집했다.

총 4권 중 권1은 『陵園寢內禁養全圖』로 시작한다. 이 그림은 園寢(현 융릉)과 陵寢(현 건릉)을 이루는 산세를 풍수적 표현기법으로 그리고 산이름, 龍珠寺 등의 주요 지명정보를 기입하여 禁養(수목의 벌채와 분묘의 설치, 농지 개간, 토석의 채취 등을 금지하고 수목 특히 소나무 식재와 육성에 힘쓰는 것[98])의 공간적 범위를 나타내었다. 園寢과 陵寢은 주산인 花山의 맥을 타고 각각 癸坐와 子坐로 자리 잡고 있음을 나타냈고, 앞으로 부속시설인 齋室 등과 못(池), 坤申池도 그렸다. 이어 (附)火巢垓字周回步 數에서 실제적인 능역에 해당하는 둘레의 거리를 동서남북으로 步數로 나타냈다. 象設圖에서는 평면 도 형식으로 능침과 曲墻, 석물의 위치와 명칭을 나타냈다. 능침둘레로는 12방위도 표시했다. 다음으 로는 附龍節及石儀寸數도 덧붙였다.

龍節은 건릉의 풍수적 입지 조건에 대한 설명이다. 「산줄기는 左旋의 坤申龍이 辛兌方에서 몸을 틀어 丑艮方에서 머리를 드리우고 壬方에서 入首한 子坐午向이다. 물줄기는 乾方에서 발원하여 酉 方에서 得水하며 甲方에서 발원하여 卯方에서 得水하여 午方으로 빠져나간다.」고 적었다. 石儀寸數 에서는 각 석물의 크기 및 높이를 치수로 나타내고 말미에 營造尺을 썼음을 밝혔다. 丁字閣圖, 碑閣 圖, 表石圖 등에서 위치, 크기 정보 등을 적었고, 특히 祭器圖에서는 제기의 모양을 상세하게 그리고 재질과 무게도 아래에 적었다. 1권의 마지막에는 大事記가 있다.

2권에는 璿係로서 정조와 효의왕후 김씨 일생의 世系를 기록했다. 封王世孫敎名文은 정조가 왕 세손으로 책봉되면서 받은 글이고, 封王世孫竹冊文은 정조가 왕세손으로 책봉되면서 받은 임명장이 다. 冠禮敎名文은 정조가 1761년에 冠禮를 행하면서 받은 글이다. 諭書는 영조가 승하하기 직전 정 조에게 정무를 맡기면서 남긴 글이다. 行狀는 大提學 李晩秀가 쓴 정조의 행장이다. 上諡號玉冊文 은 정조가 승하한 후 시호를 올리고 옥책에 기록한 글이다. 끝으로 정조의 哀冊文(附追記) 순서로 관 련 자료를 편집했다. 追記에는 정조의 건릉을 처음에는 현륭원 東岡에 썼다가 효의왕후 김씨가 승 한 후 현륭원 西岡으로 옮겨 정조와 효의왕후 김씨를 합장한 사실을 추가하여 기록한 것이다.

3권에도 관련 문서들을 모았다. 封王世孫嬪敎名文, 封王世孫嬪竹冊文, 封王妃敎名文, 封王妃 竹冊文, 上王大妃號玉冊文, 上王大妃號樂章文, 行狀, 上諡號玉冊文, 哀冊文, 舊陵誌文, 遷奉誌 文, 表石陰記, 丁字閣上樑文 2종, 啓舊陵告由文, 祀後土祝文, 謝後土祝文, 安陵奠祝文, 親祭文 이 실렸다. 4권에는 傳敎를 실었다. 朝飭, 賞典, 祭享時應行之規, 祝式, 受香焚香之規, 國哀時受香 焚香及服色之規, 入直官員應行之規, 員後以下擧行之規, 火巢禁斷節目, 各樣文牒之規, 祭物進

---

98. 장서각 편찬, 유지복 역주, 『역주 창릉지』, 한국학중앙연구원출판부, 2013, 99쪽.

排單子二, 祭器及他器皿藏置摠目, 香炭位土屬寺及財用上下之規, 式例雜記, 火巢內所在位田畓分給量案의 순서로 제 문서를 편집했다.

『健陵誌』는 정조와 孝懿王后 金氏의 健陵의 지리 및 풍수적 사실, 능의 관리에 관한 제반 규식과 제의 절차, 관련 문헌을 종합한 능지로서 가치가 있다.

● 출처: 국립고궁박물관

『효의왕후 건릉지(孝懿王后健陵誌)』

孝懿王后의 健陵에 관한 여러 문헌을 종합한 陵誌이다(장서각 소장).

1책(37장)의 필사본이다.

표제는 健陵合封誌이다. 屬紙 제목은 有明朝鮮國孝懿王后健陵誌이며, 永安府院君 金祖淳이 썼다. 첫머리는 有明朝鮮國孝懿王后健陵誌로 시작하며 永安府院君 金祖淳이 썼다.

行錄에서는, 孝懿王后가 1753년(영조 29) 12월 13일, 嘉會坊 私第에서 출생한 사실부터 시작하여 孝懿王后의 行實에 대해 기록했다.

이어 孝懿王后의 죽음을 애도하여 지은 哀冊文은 判府事 金載瓚이 썼다. 孝懿王后가 昌慶宮의 慈慶殿에서 승하한 사실도 확인된다.

孝懿王后의 시호를 정할 때 덕행과 업적을 칭송한 諡冊文은 吏曹判書 兼 藝文提學 金魯敬이 썼다.

이어 丁字閣新建上樑文은 大提學 沈象奎의 글로, 이것은 1879년(고종 16)에 南廷哲이 편찬한 『健陵誌』에도 丁字閣上樑文이라는 제목으로 실려 있고 내용은 동일하다. 表石陰記 역시 『健陵誌』에 똑 같이 실려 있다.

이어 親進 香文, 議政府進 香文, 敦寧府進 香文, 儀賓府進 香文, 忠勳府進 香文, 水原留守金蓍根進 香文, 開城留守吳翰源進 香文, 江華留守徐俊輔進 香文, 廣州留守權常愼進 香文, 京畿監司韓兢履進 香文, 黃海監司李龍秀進 香文, 江原監司申在植進 香文, 公淸監司李錫圭進 香文, 全羅監司李書九進 香文, 慶尙監司李在秀進 香文, 咸鏡監司李勉昇進 香文, 平安監司金履喬進 香文 등 17종의 香文을 게재했다.

健陵誌에 관한 사항 중에 孝懿王后에 대한 行錄, 哀冊文, 諡冊文 등과 정자각 상량문, 表石陰記, 기타 香文 등을 모은 문헌 자료로서 가치가 있다.

23대 인릉(순조·순원왕후)

인릉은 조선왕조 제23대 순조(純祖, 1790~1834)와 순원왕후(純元王后) 김씨(1789~1857)의 합장릉이다.

능은 서울 강남구 내곡동 대모산 남쪽 기슭에 있다. 능침은 자좌오향(子坐午向: ↓)으로 자리 잡았다.

순조는 11살의 어린 나이로 왕위에 올라 34년을 재위했다. 그 기간 동안 잦은 흉년과 농민 반란, 세도 정치 속에서 시달리다 45세로 세상을 떠났다.

순원왕후는 1802년에 왕비로 책봉되었다. 효명세자(문조)와 세 명의 공주를 두었으며, 철종을 양자로 들이고 69세로 세상을 떠났다.

1834년(순조34)에 순조가 세상을 떠나자 이듬해 교하에 장사지냈다. 그런데 철종 대에 능자리의 풍수가 좋지 않다고 하여 1856년(철종7)에 지금 자리로 이장했다. 이후 1857년(철종8)에 순원왕후가 세상을 떠나자 순조와 합장했다. 이런 사실을 능 곁에 조성한 비문(1857년)에 기록했다.

순조는 1790년(정조14) 6월 18일에 탄생하여 1800년 7월에 즉위했다. 1834년(헌종 즉위년) 11월 13일에 승하하니 나이는 45세이다. 1835년(헌종1) 4월 19일에 교하 옛 고을 뒤의 을좌(乙坐) 언덕에 장사지냈다. 1856년(철종7) 10월 11일에 광주 헌릉 오른쪽 자좌(子坐)의 언덕으로 이장했다.

순원왕후 김씨는 1789년(정조13) 5월 15일에 탄생하여 1802년(순조2)에 왕비로 책봉되었다. 1857년(철종8) 8월 4일에 승하하니 나이는 69세이다. 같은 해 12월 17일에 인릉에 합장하여 장사지냈다. 「비문」

인릉의 입지를 『대동여지도』(1861)의 산줄기로 개관해 보자. 한남정맥이 서북쪽으로 산줄기를 뻗어 광교산에 이르고, 광교산에서 지맥이 갈라져 북쪽으로 가서 청계산에 이른다. 청계산에서 북쪽 가지를 뻗어 맺은 대모산의 품에 인릉이 있다. 『1872년 지방지도』에는 인릉을 표기했다. 『선원보감』(1931)의 산릉도는 인릉을 이루는 풍수 국면과 산수 짜임새를 상세히 표현했다.

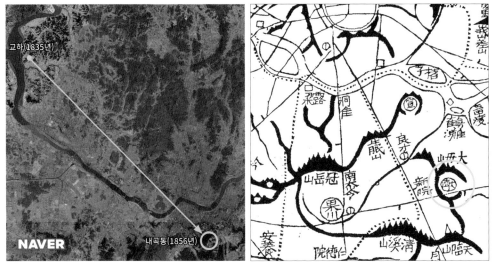

• 인릉의 입지지형 위성사진. 1856년(철종7)에 현 위치로 능자리를 옮겼다.　• 『대동여지도』의 산줄기와 인릉(헌릉을 대표로 표기했다).

• 『1872년 지방지도』(경기도 광주)의 인릉. 대모산 아래에 있다.

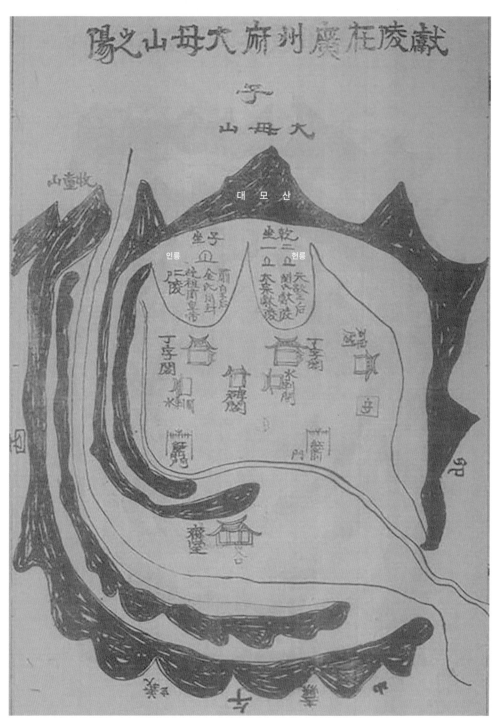

대 모 산

인릉

헌릉

• 인릉 산릉도(『璿源寶鑑』(1931) 「列聖祖山陵圖」). 대모산의 품에 자좌(子坐)의 합장릉(능침에는 '앞 황후 김씨 동봉 뒤 조 숙황제 인릉(前皇后金氏同封後祖肅皇帝仁陵)'이라고 앞뒤로 같이 봉안한 사실도 적었다. 숙황제는 1897년에 추존된 존호다)으로 자리한 순조와 순원왕후의 인릉의 풍수적 입지를 개략적으로 표현했다. 우백호 산줄기가 능역을 겹겹이 에두르고 있다. 인릉 오른쪽에 태종과 원경왕후의 헌릉도 쌍분으로 그렸다.

• 앞에서 바라본 입지경관과 능전. 뒤로 주산인 대모산(293m)이 보인다.

• 능침 뒤에서 바라본 입지경관. 앞으로 인릉산(327m)이 마주하고 있다.

• 봉분과 상설. 북쪽을 등지고 남향으로 자리 잡았다.

• 능침 뒤로 들어오는 맥

능자리를 정하고 새로 옮기다

1834년(순조34) 11월 13일, 순조가 경희궁 회상전(會祥殿)에서 세상을 떠났다. 처음의 능자리는 다음 달 21일에 파주의 옛 장릉 왼쪽 언덕에 정했다. 당시 왕위를 계승한 손자 헌종은 여덟 살의 어린 나이였기에, 수렴청정을 하였던 대왕대비 순원왕후(순조의 원비이자 헌종의 할머니)가 직접 나서 능자리 선정과 조성을 주관하였다.

이듬해 2월 29일 순조의 능자리를 정비하던 중, 흙 색깔이 만족스럽지 못하고 뇌(腦: 용맥이 혈로 들어오는 머리 부분)의 돌이 깨져 상할 염려가 있다는 보고가 있었다. 이에 대왕대비(순원왕후)가 공사를 그만 두게 했다. 이후 다시 길지를 찾은 끝에 3월 7일에 최종적으로 교하의 장릉 국내(局內)를 선택했다. 이윽고 승하 후 여섯 달째 되던 4월 19일에 순조를 인릉에 장사지냈다.

우리 순종대왕(純宗大王)을 인릉(仁陵)에 장사하였다. 『헌종실록』 1년 4월 19일

그 후 20년이 지난 1855년(철종6) 1월 18일, 조정에서는 인릉을 이듬해에 옮기기로 결정한다. 능자리의 풍수에 대해 논란이 있다는 것이다.

"인릉의 능침을 봉안한 지 21년이나 오래 되었다. 들리는 바에 의하면 바깥의 의론(外議)에 서로 논쟁하고 있다고 하니, 나의 마음이 송구스럽다. 마땅히 어떻게 하면 좋겠는가? 자성(慈聖: 순원왕후)께서도 이런 내용으로 하교하셨지마는, 일이 지극히 중차대한 데에 관계되므로, 경 등과 상의하여 결정해서 행하려 한다." 『철종실록』 6년 1월 18일

결국 이듬해 2월 22일에, 헌릉 오른쪽 언덕으로 이장할 것을 결정했다. 나흘 후 인릉자리를 살펴보고 돌아온 중신들은 인릉의 풍수를 이렇게 말했다.

"산줄기[來龍]가 웅장하고 크며 국세(局勢)가 존엄한 것은 평범한 사람의 안목[凡眼]으로 보더라도 이보다 지나친 곳은 없을 것입니다." 『철종실록』 7년 2월 26일

마침내 1856년(철종7) 10월 11일, 순조를 광주 헌릉 오른쪽 자좌(子坐) 언덕으로 이장했다.

한편, 원비 순원왕후가 1857년(철종8) 8월 4일에 창덕궁 양심합(養心閤)에서 승하하자, 다섯 달째 되던 12월 17일에 인릉에 합장하여 장사지냈다.

추존 수릉(문조·신정왕후)

수릉은 헌종의 아버지로 왕으로 추존된 문조(文祖, 1809~1830)와 신정왕후(神貞王后) 조씨(1808~1890)의 합장릉이다.

경기도 구리시 인창동 동구릉 내에 있다. 능침은 임좌병향(壬坐丙向 : ↖)으로 자리 잡았다.

1830년(순조30) 5월 6일에 효명세자(문조)가 세상을 떠나자 양주 천장산에 장사지냈다. 1846년(헌종12)에는 능자리의 풍수에 좋지 않다고 하여 양주 용마봉으로 옮겼다. 다시 1855년(철종6)에 지금 자리에 옮겼다.

이후 1890년(고종27) 4월 17일에 신정왕후가 세상을 떠나자 지금 자리에 합장했다. 능 곁에 조성한 비문에는 문조와 신정왕후 조씨에 대해 다음과 같이 기록했다.

문조는 1809년(순조9) 8월 9일에 탄생했다. 1812년(순조12)에 왕세자로 책봉되었다. 1830년(순조30) 5월 6일 승하하여, 8월 4일 양주 천장산 유좌(酉坐)의 언덕에 장사지냈다. 1834년에 헌종이 즉위하여 왕으로 추존하고, 묘호를 익종으로, 능호를 수릉이라 봉했다. 1846년(헌종12) 5월 20일에 양주 용마봉 아래 계좌(癸坐)의 언덕으로 이장하였고, 1855년(철종6) 8월 26일 건원릉 왼쪽 등성이 임좌(壬坐 : ↖)의 언덕으로 이장했다.

신정왕후 조씨는 1808년(순조8) 12월 6일에 탄생했다. 1890년(고종27) 4월 17일에 승하하여 8월 30일에 수릉의 같은 봉분에 합장했다. 나이는 83세였다. 「비문」

• 수릉의 입지지형 위성사진

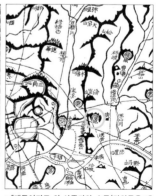

• 『대동여지도』의 산줄기와 수릉(건원릉을 대표로 표기했다).

수릉의 입지를 『대동여지도』(1861)의 산줄기로 개관해 보자. 한북정맥의 주맥이 주엽산에서 지맥으로 갈래졌고, 남으로 천보산과 송산, 수락산을 거쳐 검암산에 이르는데 그 동편 언덕에 수릉이 자리했다. 『선원보감』(1931)의 산릉도는 수릉을 이루는 풍수 국면과 산수 짜임새를 상세히 표현했다.

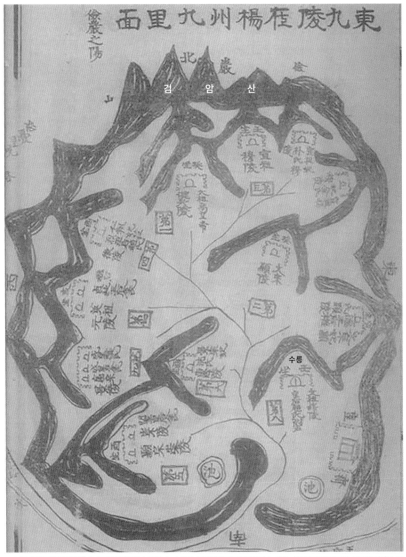

• 수릉 산릉도(『璿源寶鑑』(1931) 「列聖祖山陵圖」). 수릉은 동구릉에서 제8(第八) 능이며, 검암산을 주산으로 임좌(壬坐)로 자리한 수릉의 풍수적 입지를 표현했다.

• 능침과 비각

• 능침과 상설

• 봉분과 상설. 북쪽을 등지고 남향(남남동)으로 자리 잡았다.

• 능침 뒤에서 바라본 입지경관. 앞산 줄기가 병풍을 쳤다.

• 능침 뒤로 들어오는 맥

능자리를 구하다

1830년(순조30) 5월 6일, 효명세자(순조와 순원왕후의 맏아들)가 스물두 살의 젊은 나이로 세상을 떠났다. 아버지 순조는 그 달 21일과 28일에 장사지낼 묏자리를 살피고 단장케 했다. 이어 30일에는 능동 도장곡으로 자리를 정하고 표시를 명했다.

그런데 묏자리를 조성하던 중인 6월 10일에, 표시한 자리 아래에 옛 무덤이 있다는 보고가 올라왔다. 이튿날 묘소도감의 담당자들과 함께 이 문제를 의논한 후 6월 12일에 결국 새 장지를 고르게 했다. 이윽고 6월 27일, 양주 천장산에 유좌묘향(酉坐卯向 : →)으로 정했다. 실록에는 지관들이 효명세자 묏자리의 풍수를 다음과 같이 왕에게 아뢰고 있다.

"양주 천장산(天藏山) 아래 유좌(酉坐)의 땅은 용이 삼각산에서부터 맥을 나누어 밭을 뚫고 골짜기를 지나 특별히 봉우리[星峰]를 일으켰습니다.

기세는 말이 달리는 것 같고, 모양은 용이 내려오는 것 같으며, 갈수록 박환(剝換: 혈에 이르는 도중에 산의 모양과 기운이 바뀌는 것)되면서 그 변화가 극에 이르자 다시 천장산을 일으켜 갑자기 '하늘로 호랑이가 나는 형국[九天飛虎之形]'을 이루었습니다.

몸을 뒤집어 형세를 거스르고[翻身逆勢], 머리를 돌려 기운을 순하게 하며[回頭順氣], 뒤로 겹겹이 배열해 있으니[後排重疊] 개송(介送: 주맥 뒤 명당을 이루는 형세)이 분명합니다.

혈성이 넉넉하고[穴星豊厚], 청룡백호가 겹으로 감싸며[龍虎重抱], 명당 국면은 평평하면서도 반듯하고[堂局平正], 물길은 가로로 걸쳐 있으며[水城橫帶], 안산이 손을 마주 잡고 조회하는 듯하니[砂案拱朝] 실로 크게 쓸 곳입니다." 『순조실록』 30년 6월 27일

두 번에 걸쳐 문조의 능자리를 옮기다

이후 아들 헌종이 즉위하자 효명세자는 왕(문조)으로 추존됐다. 문조의 능자리는 다시 두 번의 이장을 겪어 지금에 이른다. 능자리의 이장 과정을 보면 겉으로는 풍수를 핑계로 내세우지만 실제적으로는 정치적 수단으로 산릉이 이용됐던 내막을 보여준다.

헌종은 1846년(헌종12) 1월 26일에 수릉을 옮길 의사를 밝히고 대신들과 의논했다. 아버지 능자리의 풍수 형세가 산만하다고 해서 늘 마음이 편안치 못한 데다가, 수릉의 풍수에 대한 외부 사람들의 불평이 있었다는 것이었다.

"내가 수릉을 옮겨 봉안하는 일에 대하여 늘 마음을 정하지 못하고 있었으나, 국세(局勢)가 산만하여 마음에 늘 불안하고 바깥의 물의(物議)도 있으므로, 이미 두 자전(慈殿: 순원왕후·신정왕후)께 여쭈어 마땅하다는 하교를 받았다." 『헌종실록』 12년 1월 26일

첫번째 능자리 이장은 1846년(헌종12)에 벌어졌다. 권신(權臣) 간에 풍수 논쟁이 격화하여, 결국 초장지를 정한 안동김씨 세력 일부를 거세하고 문조를 양

주 용마산 아래로 이장했다. 두번째 능자리 이장은 1855년(철종5)에 발생했다. 이번에는 풍양조씨 일문이 낙마하고 현재의 동구릉 내 임좌병향에 안장했다. 이처럼 왕조시대의 풍수 싸움은 정적 제거 수단으로 수없이 활용됐다.[99]

이후에 전개된 첫번째와 두번째의 이장 과정에 관해, 날짜별로 실록의 기록을 요약하면 다음과 같다.

날짜	실록 내용
1846년(헌종12) 2월 14일	(헌종은) 수릉의 이장 문제를 이미 자전(慈殿)께 의논해서 직접 능자리를 살펴봤고, 지관과 조정의 의견도 동일하며, 본인의 뜻도 확실하게 정하였으니, 이장을 빨리 거행하라고 재촉했다.
3월 2일	이장할 능자리를 살펴본 신하들을 만난 자리에서, "산릉은 용마봉(龍馬峰) 아래에 정하고 세 번을 더 살펴본 뒤에 곧 표시하도록 하라."고 명했다.
3월 10일	이장에 소요되는 비용을 마련해 능자리로 인해 헐리는 백성들의 집과 논밭을 보상하게 했다.
4월 9일	임금이 직접 새 능자리를 살펴보았다.
4월 18일	수릉에 나아가 참배[展謁]하고, 옛 능을 연 다음 옷을 입고 친제(親祭)를 했다.
5월 20일	양주 용마봉 아래 계좌(癸坐) 언덕으로 옮겨 장사지냈다.
1855년(철종6) 1월 18일	대신들과 의논한 후에 문조의 수릉을 이장하기로 결정하고 길일을 가려서 옮기도록 명했다.
2월 1일	대신과 지사(地師)가 본 새 능자리의 풍수 평가를 임금에게 아뢨다. "인릉은 청룡이 낮고 혈의 전순(前脣: 혈 앞으로 입술처럼 삐죽 나온 지형)이 깁니다. 창릉·장릉(長陵)의 왼쪽 언덕이 비록 좋지만, 희릉·후릉의 오른쪽 언덕만 못하였습니다."
2월 21일	건원릉의 재실 뒤로 새 능자리를 결정했다. "오늘 길한 때[吉時]에 두 곳의 표시[封標]를 순조롭게 완성하였습니다. 신이 표시하기에 앞서 여러 지사들과 세 번이나 살펴봤는데, 건원릉은 재실 뒷산의 형세가 양쪽으로 싸안고 형국이 맑고 고와서 여러 지사들이 입을 모아 칭찬했습니다. 보통 사람의 안목으로 보아도 모두 상길(上吉)의 땅임을 알 수 있었습니다." … 철종이 날짜를 가려서 이장을 거행하라고 명했다.
3월 11일	임금이 새 능자리에 나아가 직접 살펴보았다.
3월 20일	이장에 있어서 백성의 집과 경지를 보상하고 일꾼들에게 지급할 비용을 책정했다. "능(陵)·원(園)을 이장하는 일을 곧 시작했다. 내하전(內下錢) 10만 냥은 두 도감에서 적당히 헤아려 백성의 집과 논밭을 보상하고 공장(工匠)들에게 지급할 비용으로 나누어 쓰도록 하라."
7월 29일	새 능을 살피고 광[金井]을 판 뒤에 들어온 신하들을 만났다.
8월 16일	수릉의 광[玄宮]을 파낼 적에 함인정(涵仁亭) 앞뜰에서 망곡(望哭)했다.
8월 26일	건원릉 왼쪽 등성이 임좌(壬坐)의 언덕으로 이장했다.
5월 20일	양주 용마봉 아래 계좌(癸坐) 언덕으로 옮겨 장사지냈다.

99. 이규원, 『조선왕릉실록』 글로세움, 2017, 444쪽.

신정왕후를 수릉에 합장하다

한편, 신정왕후가 1890년(고종27) 4월 17일에 세상을 떠났다. 고종은 닷새 후에 능을 조성하기 전에 수릉(綏陵)을 살펴보도록 명했다. 4월 28일에 고종은 담당자가 올린 수릉의 산론(山論)과 산도(山圖)를 보고 나서 대신들의 의견을 물었다. 그들은 모두 능자리가 길하다고 아뢨다. 이에 고종은 수릉에 합장할 것을 명했다.

영의정 심순택이 아뢰기를, "신들이 명을 받들고 수릉(綏陵)에 나아가서 간심하였는데, 지관(地官)들이 다들 용혈(龍穴)이 모두 길하다고 하였습니다." 하였다.

판중추부사 김홍집은 아뢰기를, "형가(形家: 풍수가)들의 의견이 같으니 참으로 성인(聖人)을 영원토록 모시기에 적합합니다." 하였다.

총호사 김병시는 아뢰기를, "지사들의 말이 모두 상길(上吉)이라 하면서 최초 간심(看審) 때보다 더 좋다고 하였습니다." 하였다.

우의정 조병세는 아뢰기를, "신들이 본 바 또한 그렇습니다." 하였다.

상지관(相地官)들을 앞으로 나오라고 하고 하문(下問)하니, 대신들이 아뢴 것과 같았다.

고종이 하교하기를, "지사들의 말이 모두 상길이라고 하는데, 이 곳은 다른 데와 특히 달라 참으로 하늘의 이치와 사람의 뜻에 맞는 곳이다. 을묘년(1855)에 대행 대왕대비(大行大王大妃)가 순원왕후(純元王后)에게 문의하고 수릉을 여기에 옮겨 모셨는데 그것은 경릉(景陵)이 가깝기 때문이었다. 이곳은 바로 자전(慈殿)이 늘 마음 속에 두고 있던 곳이다." … 쓰도록 명하고 전교하기를, "산릉은 수릉에 합장하는 것으로 정하라." 『고종실록』 27년 4월 28일

나흘 후(5월 1일), 고종은 신정왕후를 문조의 어느 편에 합장하는 것이 옳은지에 대해 대신들과 논의하게 된다. 풍수와 지형(토양) 조건을 고려하여 오른쪽에 합장하는 것으로 의견이 모아졌다.

"산릉(山陵)… 합장을 왼쪽에 하는 것이 좋겠는지 오른쪽에 하는 것이 좋겠는지 신중히 해야 하기 때문에 경들을 소견하여 의논하여 정하려고 한다."

영의정 심순택은 아뢨다. "합장을 하는데 왼쪽이 좋은가 오른쪽이 좋은가 하는 것은 단

지 주산(主山)이 안대(案對)하는 정중(正中)인지에 달렸습니다…."

판중추부사 김홍집은 아뢨다. "… 산릉에서 혈(穴)을 잡는 것은 묘중(廟中)의 차례(位次)와는 다르니, 합장을 왼쪽에 하는가 오른쪽에 하는가 하는 데 대해서는 예법을 잘 아는 사람들의 설도 한결같지 않습니다. …"

총호사 김병시는 아뢨다. "합장하는 절차는 왼쪽에도 하고 오른쪽에도 하여 일정한 의논이 없고 단지 형국이 융합되고 단정한 데 따라서 혈(穴)을 잡는 것이나, 신은 원래 풍수에는 캄캄합니다. 오직 널리 하문하시고 전하가 재량하시기에 달렸습니다."

고종이 하교했다. "이 문제는 중요한 만큼 감히 갑자기 의논할 수 없다. 옛날에 우리 인원 왕후를 명릉 오른쪽 언덕에 장사지냈기 때문에 명릉 정자각의 신위를 모신 상(床)의 도식(圖式)을 가져다보니, 대왕의 신위는 가운데에 있고 인현왕후의 신위는 대왕 신위의 왼쪽에 있으며, 인원 왕후의 신위는 대왕 신위의 오른쪽에 있었다. 우리 영조의 효성으로 선대 임금의 능에 대한 예를 반드시 정성을 다하여 했을 것인데 신위의 차례(位次)를 이렇게 정했으니 어찌 오늘 본받아야 할 일이 아니겠는가?"

김홍집이 아뢨다. "명릉의 신위를 모신 상은 아마도 다 능상(陵上)의 본 위치에 따라 놓은 것 같습니다. 설사 사서인(士庶人)의 집으로 말하더라도 전처와 후처를 같이 합장하게 되면 언제나 하나는 오른쪽에, 하나는 왼쪽에 묻는 경우가 많습니다. 대개 신령은 오른쪽을 높이지만, 옛 사람들은 또한 남자를 왼쪽에, 여자를 오른쪽에 묻는 제도를 쓰기도 했습니다."

고종이 하교했다. "우리나라의 능침에서는 대왕의 능과 같은 언덕에 있으면서 왕후의 능이 위쪽에 위치한 것이 있고, 북도(北道)의 선조의 능은 또한 대왕의 능과 같은 언덕에 있으면서 왕후의 능이 아래쪽에 위치하고 있으니, 산의 위치는 위아래와 왼쪽, 오른쪽에 구애되지 않는다는 것을 역시 미루어 알 수 있다."

이어 상지관들을 들어오라고 명하니, 상지관 이희규, 주운환, 조득원, 전중빈이 차례로 나아가 엎드렸다.

고종이 하교했다. "산릉의 혈판(穴坂)이 왼쪽, 오른쪽 중에서 어느 쪽이 나은지 각각 소견(所見)을 아뢰도록 하라."

이희규가 아뢨다. "오른쪽은 바로 용혈(龍穴)에 기운이 모였고 왼쪽은 바로 흙을 메운 곳이므로 오른쪽이 왼쪽보다 훨씬 낫습니다."

주운환은 아뢨다. "국세(局勢)가 왼쪽으로부터 돌아서 오른쪽으로 돌았으므로 왼쪽에는 흙을 많이 메웠으나 오른쪽은 생흙이고 두터우니 오른쪽이 과연 왼쪽보다 훨씬 낫습니다."

조득원과 전중빈이 아뢴 바도 모두 같았다. …

김홍집이 아뢨다. "옛 사람이 이르기를, 장사지내는 사람은 생기를 탄다고 했고, 선유(先儒)들 사이에도 반드시 흙이 두텁고 물이 깊은 데를 택한다는 의논이 있었습니다. 신령이 오른쪽을 높인다는 것은 대개 원칙을 말한 것이고, 지금 이렇게 지사(地師)들이 아뢰는 것은 산릉 용혈의 형편을 말한 것이니, 오직 전하의 처결에 달렸습니다."

고종이 하교했다. "오른쪽에 합장하기로 결정하니 경들은 그렇게 알도록 하라." 『고종실록』 27년 5월 1일

마침내 신정왕후가 승하한 지 다섯 달째 되던 8월 30일에 수릉에 합장하여 장사지냈다.

인시(寅時)에 천전(遷奠)을 행하고 현궁(玄宮)을 하관하였다. 『고종실록』 27년 8월 30일

24대 경릉(헌종 · 효현왕후 · 효정왕후)

경릉(慶陵)은 조선왕조 제24대 헌종(憲宗, 1827~1849)과 첫째 왕비 효현왕후(孝顯王后) 김씨(1828~1843) · 둘째 왕비 효정왕후(孝定王后) 홍씨(1831~1903)의 삼연릉(三連陵)이다.

능은 경기도 구리시 인창동 동구릉 내에 있다. 능침은 모두 경좌갑향(庚坐甲向: →)으로 자리 잡았다.

헌종은 문조(익종)의 아들로 태어나 8세에 순조의 왕위를 계승하고 15년간을 재위하였다. 그 기간 중에 삼정(三政: 토지세[田政] · 군역의 부과[軍政] · 양곡 대여와 환수[還穀])이 문란하였고 자연재해는 빈발하였으며 여러 차례 민란이 일어났다. 헌종은 세도 정치의 권력다툼의 와중에서 23세의 젊은 나이에 세상을 떠났다.

효현왕후는 1837년(헌종3)에 왕비로 책봉되었으나 자식을 두지 못하고 16

세로 일찍 세상을 떠났다. 효정왕후는 1844년(헌종10)에 왕비에 책봉되어 대비와 왕대비를 거치고 73세의 천수로 세상을 떠났다.

　1843년(헌종9) 8월 25일에 효현왕후가 세상을 떠나자 지금 자리에 장사지냈다. 이후 1849년(헌종15) 6월 6일에 헌종이 세상을 떠나자 효현왕후의 오른쪽에 장사지냈다. 1903년(고종40) 11월 15일에 효정왕후가 세상을 떠나자 효현왕후 왼쪽에 장사지냈다. 이런 사실을 능 곁에 조성한 비문에 기록했다.

　헌종은 1827년(순조27) 7월 18일에 탄생했다. 1849년(헌종15) 6월 6일에 승하하여, 그해 10월 28일 양주 건원릉 서쪽 등성이 유좌(酉坐)의 언덕에 장사지냈다. 나이는 23세였다.

　효현왕후 김씨는 1828년(순조28) 3월 14일에 탄생했다. 1843년(헌종9) 8월 25일에 승하하여, 그해 12월 2일 같은 언덕에 봉분을 달리하여 장사지냈다. 나이는 16세였다.

　효정왕후 홍씨는 1831년(순조31) 1월 22일에 탄생했다. 1903년(고종40) 11월 15일에 승하하여, 1904년(고종41) 1월 29일 같은 언덕에 봉분을 달리하여 장사지냈다. 나이는 73세였다.「비문」

　경릉의 입지를 『대동여지도』(1861)의 산줄기로 개관해 보자. 한북정맥의 주맥이 주엽산에서 지맥으로 갈래졌고, 남으로 천보산과 송산, 수락산을 거쳐 검암산에 이르는데 그 동편 언덕에 경릉이 자리했다. 『선원보감』(1931)의 산릉도는 수릉을 이루는 풍수 국면과 산수 짜임새를 상세히 표현했다.

● 경릉의 입지지형 위성사진

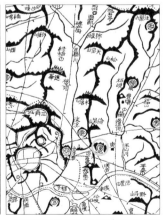

● 『대동여지도』의 산줄기와 경릉(건원릉을 대표로 표기했다).

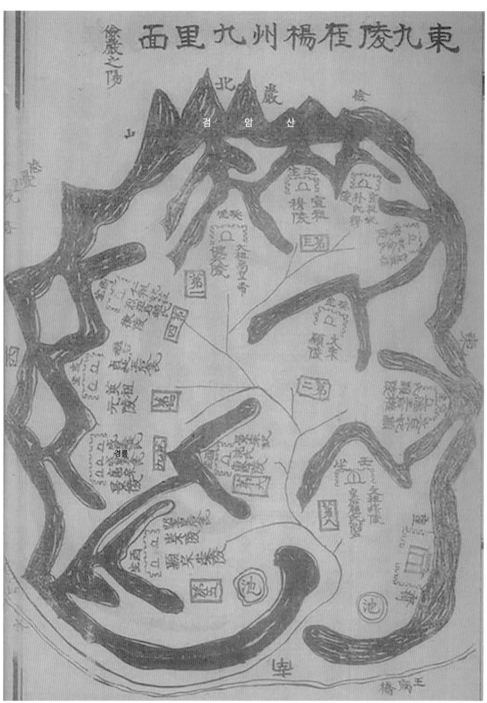

● 경릉 산릉도(『璿源寶鑑』(1931) 「列聖祖山陵圖」). 경릉은 동구릉에서 제9(第九) 능이며, 검암산을 주산으로 동쪽을 바라보고 삼연릉으로 배치된 경릉의 풍수적 입지를 표현했다.

• 봉분(사진 왼쪽 헌종·가운데 효현왕후·오른쪽 효정왕후)과 상설. 서쪽을 등지고 동향(동동북)으로 자리 잡았다.

• 능침 뒤에서 바라본 입지경관. 마주한 안대(案對)가 좌우로 여몄다.

효현왕후의 능자리를 정하다

1843년(헌종9) 8월 25일, 헌종의 첫째 왕비 효현왕후가 세상을 떠났다. 그해 10월 18일에, 헌종은 효현왕후의 산릉을 살펴보면서 신하들의 의견을 듣고 다음과 같이 명했다.

"이곳은 이미 증험한 길지이고, 지사(地師)의 말은 다 '넉 자쯤 되는 곳에 물려 잡으면 길함에 맞다.' 하니…, 조금 왼편으로 의논한 곳을 다시 표시하도록 하라." 『헌종실록』 9년 10월 18일

마침내 세상을 떠난 지 다섯 달째 되던 12월 2일에 효현왕후를 장사지냈다.

효현왕후(孝顯王后)를 경릉(景陵)에 장사하였다. 『헌종실록』 9년 12월 2일

헌종의 능자리를 정하다

그로부터 6년 후인 1849년(헌종15) 6월 6일에 헌종이 세상을 떠났다. 왕위를 이을 자식을 두지 못했기에 우여곡절 끝에 강화도령 철종이 왕위를 계승하였다. 그러나 왕실의 상장례에 무지한 그였으니 실질적인 능자리 선정은 대왕대비(할머니) 순원왕후가 주관했다(후왕인 철종의 능자리 결정도 순원왕후가 맡았다).

헌종이 승하한 지 한 달 후인 7월 6일에, 능자리 후보지로 산릉간심도감이 정한 열 세 곳 중에서 다섯 곳을 골라 산론(山論)을 작성했다. 당시에 살펴본 신하들은 능자리의 풍수에 대하여 '산줄기의 기세[龍勢]나 혈의 증거[穴證]가 풍부하여 완전 대길[十全大吉]한 땅'이라고 평가 내렸다. 실록을 보자.

산릉간심도감의 당상 이하의 관원을 만났다. 대왕대비(순원왕후)가 일렀다. "살펴본 여러 곳 중에서 어느 곳이 가장 좋은가?"

도감의 당상 조학년이 아뢨다. "앉음새(좌향)가 길한 곳을 얻어 보니 모두 열세 곳이었는데, 일일이 살펴본 뒤에 그중에서 다섯 곳을 골라 상지관(相地官)의 산론(山論)을 첨부글[別單]로 엮어 올렸습니다."

대왕대비가 일렀다. "다섯 곳 중에서 어느 곳이 가장 좋은가?"

조학년이 아뢨다. "다섯 곳 가운데 경릉의 위를 살펴보니, 완전대길[十全大吉]의 땅이었고, 숭릉의 오른쪽 언덕도 역시 대길한 곳으로 경릉의 다음이 되겠습니다." 했다.

상지관 양종화와 박대희 등이 아뢨다. "경릉은 산줄기 기세[龍勢]나 혈의 증거[穴證]가 넉넉하고 완전대길한 땅이라 하겠고, 숭릉도 용·혈의 법도가 역시 대길의 땅이었으나 경릉에 비하면 조금 못하겠기에 둘째[副望]로 정했습니다." 『철종실록』 즉위년 7월 6일

마침내 헌종이 승하한 지 다섯 달째 되던 10월 28일에 장사지냈다.

하현궁(下玄宮) 때에 선정전(宣政殿)의 뜰에서 망곡(望哭)하였다. 『철종실록』 즉위년 10월 28일

효정왕후의 능자리를 정하다

한참의 세월이 흘러 1903년(고종40) 11월 15일(양력 1904년 1월 2일)에 헌종의 둘째 부인 효정왕후가 세상을 떠났다. 양력 1월 9일과 13일에 고종은 산릉을 살펴본 신하들을 만나면서, 장사지낼 능자리의 풍수에 대하여 자세히 논의했다. 신하와 지사들의 능자리 평가는 다음과 같았다.[100]

상지관	풍수 평가
김세기 (산릉도감 제조)	능의 왼편이 원활하고 풍만하여 보통 사람의 눈으로 보아도 길지이다
최헌규(지사)	내룡의 흐르는 맥[行脈]이 머리에 이르러 혈을 이루고 있는 길한 형국이다. 능의 왼편도 기가 모인 크게 길한 땅이다. 좌청룡 우백호가 격에 맞고, 명당이 확 트였다. 기복이 음양에 맞고, 둘레와 넓이가 척도에 알맞다.

마침내 효정왕후가 승하한 지 세 달째 되던 1904년(고종41) 1월 29일(양력 3월 15일)에 장사지냈다.

천전(遷奠)을 행하고 현궁(玄宮)에 내렸다. 『고종실록』 41년 3월 15일

---

100. 『고종실록』 41년 1월 9일·13일

25대 예릉(철종·철인왕후)

예릉(睿陵)은 조선왕조 제25대 철종(哲宗, 1831~1863)과 철인왕후(哲仁王后) 김씨(1837~1878)의 쌍릉이다.

능은 경기도 고양시 덕양구 원당동 서삼릉 내에 있다. 능침은 자좌오향(子坐午向:↓)으로 자리 잡았다.

철종은 자식이 없는 헌종으로 말미암아 뜻하지 않게 왕위에 올랐다. 14년간을 재위하는 동안에 삼정의 문란, 세도정치와 탐관오리의 부정부패, 그에 반발한 전국적인 민란을 겪다가 33세로 세상을 떠났다.

철인왕후는 1851년에 왕비로 책봉되어 슬하에 자식을 두지 못하고 42세로 세상을 떠났다.

1863년(철종14)에 철종이 세상을 떠나자 이듬해 지금 자리에 장사지냈다. 이후 철인왕후가 1878년(고종15)에 세상을 떠나자 철종 능침 곁에 장사지냈다. 이런 사실을 능 곁에 조성한 비문(1908년)에 기록했다.

철종은 1831년(순조31) 6월 17일에 탄생했다. 1849년 6월 9일에 즉위했다. 1863년(철종14) 12월 8일에 승하했다. 나이는 33세였다. 1864년(고종1) 4월 7일 고양 희릉 오른쪽 자좌(子坐)의 언덕에 장사지냈다.

철인왕후 김씨는 1837년(순조37) 3월 23일에 태어났다. 1851년(철종2)에 왕비로 책봉되었다. 1878년(고종15) 5월 12일에 승하했다. 나이는 42세였다. 같은 해 9월 18일에 같은 언덕에 다른 봉분으로 장사지냈다. 「비문」

• 예릉의 입지지형 위성사진

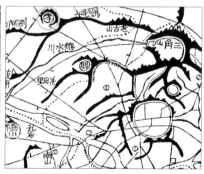

• 『대동여지도』의 산줄기와 예릉(서삼릉의 효릉을 대표로 표기했다).

예릉의 입지를 『대동여지도』(1861)의 산줄기로 개관해 보자. 한북정맥의 주맥이 도봉산을 거쳐 삼각산에 이르고, 삼각산의 가지가 서쪽으로 뻗어 노고산을 이루고 별아산으로 맺는 도중의 산언덕에 예릉이 있다. 『선원보감』(1931)의 산릉도는 예릉을 이루는 풍수 국면과 산수 짜임새를 상세히 표현했다.

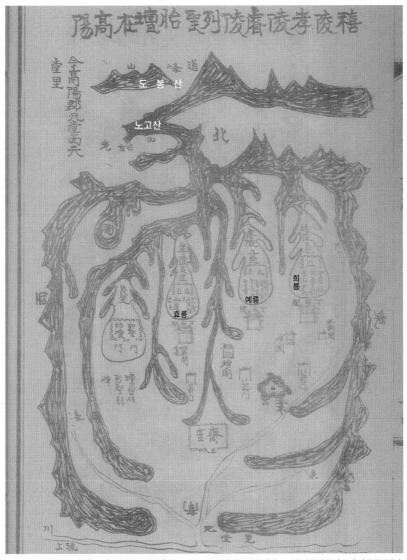

• 예릉 산릉도(『璿源寶鑑』(1931) 「列聖祖山陵圖」). 도봉산과 노고산의 맥을 받아 좌우로 크게 펼쳐 맺는 네 곳의 명당 국면에서, 자좌(子坐)로 자리한 예릉의 풍수적 입지를 표현했다. 예릉의 오른쪽에 희릉이, 왼쪽에 효릉이 있다.

• 앞에서 바라본 입지경관과 능전-능침과 정자각

• 능침

• 봉분(사진 왼쪽 철종·오른쪽 철인왕후)과 상설. 북쪽을 등지고 남향으로 자리 잡았다.

• 능침 뒤에서 바라본 입지경관

• 능침 뒤로 들어오는 맥

철종의 능자리를 정하고 장사지내다

1863년(고종 즉위년) 12월 8일, 철종이 세상을 떠났다. 조정은 능자리 선정에 나섰는데, 왕위를 계승한 당시 12살의 어린 고종 대신에 실질적으로는 대왕대비(할머니)인 순원왕후(순조비)가 주관했다(수렴청정은 양어머니 신정왕후가 했다). 같은 달 17일에 일행들은 길지를 구하러 나섰다.

대왕대비가 일렀다. "능자리를 보던 일행이 지금 이미 하직하였다. 표시[封標]한 곳 이외에도 만일 살펴볼 만한 곳이 있거든 모두 봐서, 제일 좋은 자리를 잡으라고 산릉도감 제조 이하에게 분부하도록 하라." 『고종실록』 즉위년 12월 17일

12월 20일에 순원왕후는 능자리를 살펴보고 온 산릉도감의 신하들을 만나서 현지 사정을 자세히 묻고 함께 검토하였다. 대체적으로 희릉의 오른쪽 언덕(현 예릉 위치)이 크게 길한 자리로 의견이 모아졌다.

대왕대비가 이르기를, "글[別單]을 보니 다섯 곳이 길하다고 했는데, 의견이 어떠한가?"
도감 당상 임백경이 아뢨다. "이번에… 수국사(守國寺)의 뒷산과 고양읍의 안산(案山)도 살펴보니 모두 여덟 곳이 됩니다. 상지관(相地官)들이 말하기를 서너 곳이 아주 매우 좋은 땅이라고 하였습니다."
대왕대비가 일렀다. "그 중에 어느 곳이 가장 길한가?"
임백경이 아뢨다. "신이 본래 풍수에 어둡지만 비록 보통 사람의 눈으로 보기에도 희릉(禧陵)의 오른쪽 언덕이 산줄기의 기세[龍勢]와 사방산의 격식[砂格]이 지극히 귀하고 크게 길한 자리라고 생각됩니다. 창릉(昌陵)의 왼쪽 언덕과 소령원(昭寧園)의 오른쪽 언덕도 모두 길지이며 의소묘(懿昭墓)의 오른쪽 언덕도 또한 괜찮은 땅입니다."
대왕대비가 일렀다. "여러 지관도 아뢰도록 하라."
상지관 김석희와 방외(方外) 상지관(相地官) 박경수·양종화 등이 아뢨다. "희릉의 오른쪽 언덕은 모두 갖추어져 결점이 없는 대길(大吉)한 땅이고, 창릉의 왼쪽 언덕, 소령원의 오른쪽 언덕, 의소묘의 오른쪽 언덕도 또한 대길하여 크게 쓸 만한 땅입니다."『고종실록』즉위년 12월 20일

나흘 후인 12월 24일, 마침내 순원왕후는 산릉을 재차 살펴본 총호사 이하의 여러 신하에게 희릉의 오른쪽 언덕으로 능자리를 결정할 것을 명했다.

"희릉의 오른쪽 언덕이 제일 길하다고 한다. 세번째로 살펴본 뒤에 표시하도록 하라."
『고종실록』즉위년 12월 24일

마침내 승하한 지 다섯 달째 되던 1864년(고종1) 4월 7일에 철종을 예릉에 장사지냈다.

우리 철종대왕을 예릉(睿陵)에 장사지냈다. 관[玄宮]을 내릴 때 선정전(宣政殿) 뜰에서

망곡(望哭)하였다. 『고종실록』 1년 4월 7일

철인왕후의 능자리를 정하고 장사지내다

한편, 철종이 세상을 떠난 지 15년이 지난 1878년(고종15) 5월 12일에 첫째 부인 철인왕후가 세상을 떠났다. 즉시 고종은 산릉도감 등의 관리를 임명하였고, 닷새 후 17일에 "우선 예릉의 구역 안부터 산릉을 살펴보고 오라."고 명했다.[101] 다음날(18일)에 간심(看審: 능자리를 살펴보는 일)을 수행했던 도감의 당상 이하 신하들은 능자리가 모두 길지라고 하면서 고종에게 다음과 같이 아뢨다.

"신들이 명령을 받고 우선 예릉에 가서 국내(局內)를 살펴보았습니다. 능 위의 왼쪽이 둥글고 넓으며 풍만하여 문외한이 보기에도 길지라는 것을 알았습니다. 상지관에게 물었더니 모두들 길지일 뿐만 아니라 올해 운수도 크게 좋으리라 하였으니 만 번 다행한 일입니다." 『고종실록』 15년 5월 18일

이어 5월 24일 오시(午時)에 예릉과 같은 언덕에 철인왕후의 능자리를 표시했다. 마침내 승하한 지 다섯 달째 되던 1878년(고종15) 9월 18일에 철인왕후를 예릉에 장사지냈다.

인시(寅時)에 천전(遷奠)과 하현궁(下玄宮)을 행하였다. 『고종실록』 15년 9월 18일

26대 홍릉(고종·명성황후)

홍릉은 조선왕조 제26대 고종(高宗, 1852~1919)과 명성황후(明成皇后) 민씨(1851~1895)의 합장릉이다. 황제릉 형식을 했다.

능은 경기도 남양주시 금곡동에 있다. 능침은 을좌신향(乙坐辛向: ↖)으로 자리 잡았다.

---

101. 『고종실록』 15년 5월 17일

고종은 44년을 재위 기간 중에 외세의 압박과 일본의 침략 야욕을 뼈저리게 겪었다. 결국 강제로 왕위에 쫓겨나 여생을 덕수궁에서 살다가 68세로 세상을 떠났다.

명성황후는 16세에 왕비로 간택되었다. 외세의 틈바구니에서 정치적 영향력을 발휘하였지만 일본인에 의해 45세에 죽임을 당했다.

1895년(고종32)에 경복궁에서 명성황후가 시해된 후 숭릉 오른쪽에 장사지냈다. 1897년(고종34)에 대한제국이 선포되자 추존된 명성황후를 청량리 현 홍릉수목원으로 옮겨 안장했다. 이후 1919년 1월 21일에 고종이 덕수궁에서 세상을 떠나자, 1월 27일에 남양주 금곡의 지금 자리에 고종을 장사지내면서 명성황후도 합장했다.

홍릉의 풍수입지를 이루는 산줄기와 능침의 좌향에 대해 실록은 다음과 같이 기록했다.

홍릉은 왼쪽에서 오른쪽으로 돌며 인·간(寅艮) 방향에서 신·곤(申坤) 방향을 향해 뻗은 용맥(산줄기)이 손·진(巽辰) 방향에서 건·술(乾戌) 방향으로 떨어졌다[落脈]. 그리고 묘·을·진·손(卯乙辰巽) 방향에서 유·신·술·건(酉辛戌乾) 방향으로 구불거리면서 나아간 후, 묘(卯) 방향에서 유(酉) 방향으로 용머리가 들어왔다[入首]. 을좌신향(乙坐辛向: ↖)이다.
『고종실록』 38년 4월 28일

『선원보감』(1931)의 산릉도는 홍릉을 이루는 풍수 국면과 산수 짜임새를 상세히 표현했다.

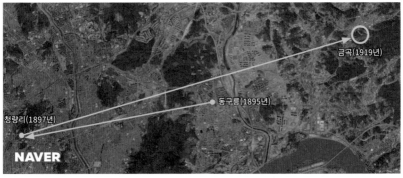

• 홍릉의 입지지형 위성사진. 명성황후 능자리는 1897년(고종34)과 1919년에 옮겨 현재에 이른다.

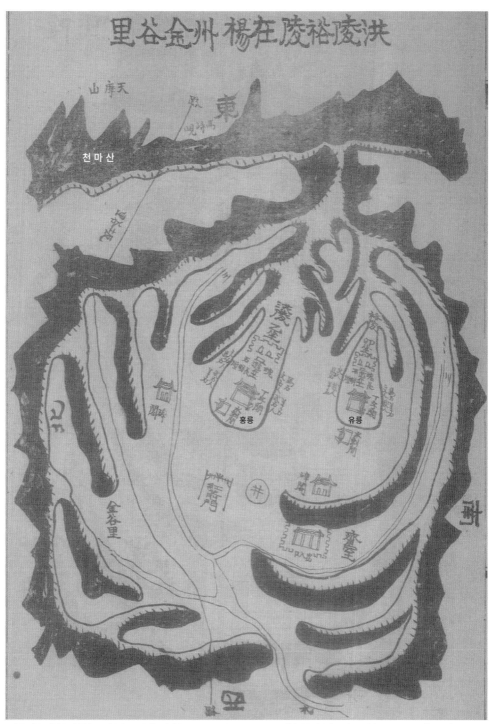

里谷金州楊在陵裕陵洪

山摩天

東

천마산

홍릉

유릉

金谷里

• 홍릉 산릉도(『璿源寶鑑』(1931) 「列聖祖山陵圖」). '홍릉과 유릉은 양주 금곡리에 있다(洪陵裕陵在楊州金谷里).'고 적고, 천마산(天摩山) 자락의 맥을 받아서 을좌(乙坐)로 자리한 홍릉의 풍수적 입지를 표현했다. 홍릉의 오른쪽은 유릉이다.

• 침전과 석물. 황제릉의 형식으로 침전과 석물을 배치한 모습이다. 능침은 뒤에 있다.

• 침전(내부)

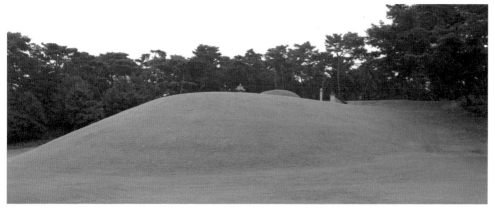

• 능침

• 봉분과 상설. 동쪽을 등지고 서향(서서북)으로 자리 잡았다.

• 연못[蓮池]. 터의 비보 기능을 겸한다.

• 우물[御井]

• 능침 뒤에서 바라본 입지경관. 앞으로 세 겹의 산줄기가 띠를 두르고 있다.

• 능침 뒤로 들어오는 맥

명성황후의 능자리를 새로 정하다

1900년(고종37) 6월 21일, 이재순은 3년 전에 옮겨 안장한 명성황후 능자리에 풍수 문제를 들어 새로 이장할 것을 상소했다.

"조정 관리들과 민간의 논의를 들으니, 지금의 홍릉은 아마도 완전무결한 좋은 자리가 아닌 듯합니다. … 삼가 바라건대, 폐하께서는 깊이 살피시고 여러 사람들의 의견을 널리 듣고 물은 다음 확고하게 결단을 내리시어 이장의 예를 잘 거행함으로써, 하늘의 마음을 어기지 마시고 신하와 백성들의 기대를 저버리지 마소서."

고종은 말했다. "홍릉에 대해 이렇다 저렇다 논의된 지가 오래되었지만 일이 중대하므로 매우 신중히 하지 않을 수 없다. … 대신과 여러 신하들에게 물어서 결정하겠다." 『고종실록』 37년 6월 21일

이튿날, 의정부 의정 윤용선도, "신들이 일제히 의정부에서 회의한 다음 의논한 결과 이장하는 것이 마땅하다는 뜻으로 삼가 아룁니다."라고 신하들의 회의결과를 아뢨다. 마침내 고종은 명성황후의 이장을 허락했다.[102]

6월 24일부터 조정에서는 홍릉의 이장을 본격적으로 착수한다. 고종은 홍릉을 이장하는 도감(都監)을 세우게 했다. 우선 고종은 대신들과 상지관을 보내 다시금 홍릉을 살펴보게 했다. 능자리를 돌아본 상지관이 "청룡은 무정하고[靑龍無情], 명당은 횅하니[明堂虛闊], 완전한 땅[十全之地]이 못된다."고 했다. 나흘 후, 새 능자리를 산릉도감의 여러 신하들과 상지관이 살펴보도록 했다. 7월 11일에, 새 능자리를 살펴보고 온 신하들은 쓸 만한 장소를 아래와 같이 추천했다. 후보지의 평가와 판정은 다음과 같았다.[103]

후보지	앉음새	풍수 평가
금곡(金谷)	을좌(乙坐)	혈의 언저리가 원만하고 등지고 앉았다. 화뇌(花腦: 혈로 들어오는 용맥의 머리 부분이 꽃 모양을 한 형태)가 원만하고 우각(牛角: 혈을 맺기 전에 소와 뿔처럼 볼록하게 나온 지형)이 서로 의지하고 있다. 혈이 얕은 것이 불만스럽다.
군장리(軍藏里)	임좌(壬坐)	삼태산(三台山)이 주산이다. 혈의 판당(穴堂)이 풍부하다. 청룡백호가 중첩해 있다. 삼장(三帳: 혈을 맺기 전에 주맥이 세 번의 장막 같은 지형을 펴는 모습)을 구비했다.
차유현(車踰峴)	임좌(壬坐)	개장(開帳: 혈에 이르기 전에 펼치는 주맥의 장막)이 선명하다. 혈의 언저리가 실하고 둥글다. 사방의 용맥이 뚜렷해 군자가 자리잡을 만한 곳이다.
화접동(花蝶洞)	술좌(戌坐)	소조산(小祖山)이 특히 높다. 뻗어 온 산줄기(龍脈)가 거미줄 같고 평지에서 혈을 이루었다. 우뚝 솟아 기복을 이룸. 용맥은 살아있고 혈은 분명하다.

다음 달 8월 24일에, 신하들은 산도(山圖)와 산론(山論)을 토대로 고종에게 보고하면서 군장리와 금곡 두 곳을 추천했다.

"화접동은 뒤의 산줄기에 끊어진 맥이 있어서 쓰기에 합당하지 못합니다. 군장리는 옛

---

102. 『고종실록』 37년 6월 22일
103. 『고종실록』 37년 7월 11일

능을 쓴 자리가 있는데 모두 크게 쓸 만한 자리입니다. 금곡은 진좌(辰坐)가 합당합니다."
『고종실록』 37년 8월 24일

이에 고종은 "군장리는 예전에 장릉을 쓴 적이 있으니 금곡으로 정하는 것이 좋겠다."고 했다. 총호사 심순택도, "금곡은 산이 참되고 혈이 맞으며[龍眞穴的], 사방의 물이 에워싸고[砂水擁抱], 바라보이는 산도 아름다우므로(朝對亦佳), 길지가 틀림없습니다."라고 화답했다. [104] 이어서 고종은 능의 이장 과정에서 생겨날 백성들의 민폐와 왕실의 재정적인 문제점과 그 대책을 다음과 같이 소상하게 일렀다.

"산릉의 경계표를 세운 다음에 여러 집들이 옮길 것을 염려하지 않을 수 없다. 각 역참과 관서를 폐지한 자리에 묘소로 쓸 만한 곳이 더러 있을 터이니, 각 무덤 주인들로 하여금 마음대로 고르게 하고, 아뢰면 사패지(賜牌地)를 특별히 주어라. 장례하는 비용도 고려하지 않을 수 없다. 지금 나라의 경비가 곤란하지만 얼마간을 지급하는 것이 좋겠다."고 하고, 마침내 홍릉의 천봉지를 묘적산(妙積山) 금곡(金谷)으로 결정하고, 표시[封標]를 규칙과 관례대로 세우게 했다. 『고종실록』 37년 8월 24일

능자리를 확정하고 나서는 이제 이장할 날짜를 정하는 날만 남게 되었다. 9월 1일에, 총호사 심순택이 일관(日官)들을 불러 이장할 날짜를 의논하니, 10월이 좋은 달이라고 해서 허락했다.

9월 6일에는, 이장지 산릉의 방화구역[火巢] 경계를 정하도록 통지했다. 그런데 9월 12일에, 능자리가 두 가지 금기(출생연도와 이장연도의 상충, 출생연도와 좌향배치의 상충)를 범했다고 의정 윤용선이 아뢰게 된다. 이 두 가지의 금기사항은 10월 9일에 궁내부특진관 박정양이 올린 상소에 다음과 같이 지적되었다.

"장사지내는 법에 자년(子年)에는 자년에 출생한 사람을 꺼리는데, 올해의 간지에 '자(子)'자가 들어있으니 꺼리는 법을 어겨서는 안 될 것 같습니다. 또 경년(庚年)에 을(乙: ↝)

---

104. 『고종실록』 37년 8월 24일

방향을 잡으면 천운이 망하므로 역시 이롭지 못합니다. … 이것은 두 가지 꺼리는 점이 있는 것이어서 결코 쓸 수 없습니다."『고종실록』37년 10월 9일

이에 같은 날(9월 12일) 고종은 신하들로 하여금 새 능자리를 다시 의논케 했고, 다음 달인 10월 11일에는 국내(局內)의 여러 곳에 새 자리를 다시 살펴보게 했다. 다시 10월 15일에, 신하들은 새 능자리에 대해 살펴본 후 군장리(群場里), 정안리(正安里), 팔곡산(八谷山) 후보지를 들어 비교 평가했는데, 그중에서 군장리가 가장 낮다고 했다. 그중 군장리와 정안리를 평가한 실록의 내용을 요약하면 다음과 같다.

후보지	앉음새	평가	판정
군장리	임좌(壬坐)	토덕(土德)이 돈독하고 산의 기세가 명랑하다. 산세가 웅장한데다 뻗어 내린 산줄기[龍脈]에 왕자혈(王字穴)이 있다. 흙 색깔까지도 분명하다. 청룡과 백호가 웅장하게 감싸고 안산(案山)이 빽빽이 들어서 있다.	능을 쓸 만한 대지(大地) 상길(上吉)의 자리
정안리	계좌(癸坐)	토덕(土德)이 돈독하고 산의 기세가 명랑하다. 산줄기의 세력[龍勢]이 웅장하지는 못하지만 좌청룡, 우백호가 감싸고 있다.	흠 없는 길지

고종을 홍릉에 장사지내고 명성황후를 합장하다

10월 28일에, 총호사 윤용선이 명성황후의 홍릉을 다시 군장리에 옮겨 모시기로 하고, 세 차례를 살펴본 다음 능자리를 표시하도록 칙령을 내렸다. 곧이어 표시할 길일과 길시(吉時)를 가리도록 아뢰자, 고종이 허락했다.

그러나 정작 이장은 연 내에 실행되지 못하였다. 이듬해인 1901년(고종38) 5월 6일에도 고종이 산릉의 공사를 명하였지만 지지부진하여 이루어지지 못했다.

결국 훨씬 나중인 1919년(순종12) 1월 27일에 이르러서야 결국 지금 자리에 명성황후의 이장을 거행하게 된다. 그해 1월 21일에 고종이 덕수궁에서 승하하여 홍릉에 고종을 장사지내면서 왕후를 합장한 것이었다.

27대 유릉(순종·순명황후·순정황후)

유릉은 조선왕조 제27대 순종(純宗, 1874~1926)과 순명황후(純明皇后) 민씨(1872~1904)·순정황후(純貞皇后) 윤씨(1894~1966)의 삼합장릉(三合葬陵)이다. 황제릉 형식을 했다.

능은 경기도 남양주시 금곡동에 있다. 능침은 묘좌유향(卯坐酉向 : ←)으로 자리 잡았다.

순종은 일제에 의해 대한제국 황제의 자리에 올랐다. 3년의 재위기간 중에 조선왕조의 멸망을 무력하게 지켜보았고, 이왕(李王)이라는 격하된 신분으로 창덕궁에서 살다가 52살의 나이로 세상을 떠났다.

순명황후는 1897년에 황태자비로 책봉되어 자식을 두지 못하고 33세로 세상을 떠났다.

순정황후는 1906년에 황태자비로 책봉되어 자식을 두지 못하고 73세로 세상을 떠났다.

1904년(광무8) 9월 28일에 순명황후가 세상을 떠나자 양주 용마산(어린이대공원)에 장사지내고 유강원(裕康園)이라 했다. 순종이 황제가 된 후 유릉으로 추봉되었다. 이후 1926년 3월 14일에 순종이 세상을 떠나자 용마산에 있던 유릉의 순명황후를 지금 자리로 이장하고, 순종과 합장하여 장사지냈다. 1966

년 1월 3일에 순정황후가 세상을 떠나자 유릉에 합장해 장사지냈다. 이런 사실을 능 곁에 조성한 비문에 기록했다.

순종황제는 1874년(고종11) 2월 8일에 탄생했다. 1907년 여름에 황제로 즉위했다. 1926년 3월 14일에 승하하니 53세였다. 같은 해 5월 2일에 양주 홍릉 왼쪽 묘좌(卯坐)의 언덕에 장사지냈다.

순명황후 민씨는 1872년(고종9) 10월 20일에 탄생했다. 1897년(고종36)에 황태자비로 책봉되었다. 1904년(고종41) 9월 28일에 승하하니 33세였다. 같은 해 11월 29일에 양주 용마산 내동 묘좌(卯坐)의 언덕에 장사지냈다. 1926년 4월 25일에 옮겨 유릉에 합장했다.

순정황후 윤씨는 1894년(고종31) 8월 20일에 탄생했다. 1906년(고종43)에 황태자비로 책봉되었다. 1966년 1월 3일에 승하하니 73세였다. 같은 해 1월 23일에 유릉에 합장했다. 「비문」

『선원보감』(1931)의 산릉도는 유릉을 이루는 풍수 국면과 산수 짜임새를 상세히 표현했다.

● 유릉의 입지지형 위성사진. 유릉의 오른쪽은 홍릉이다.

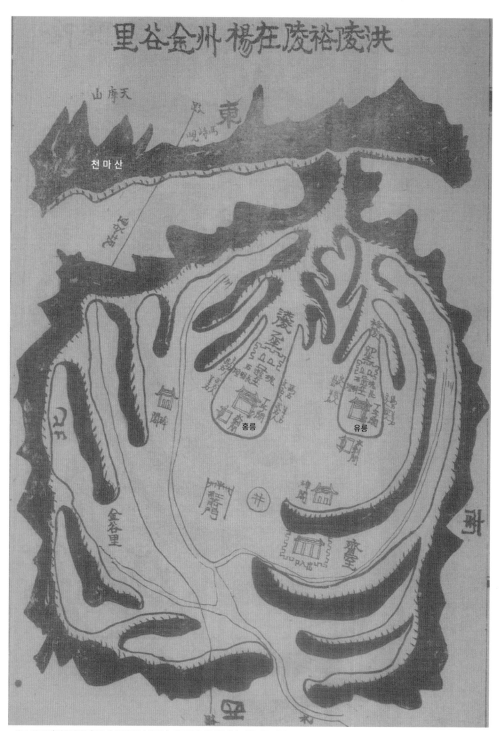

里谷金州楊在陵裕陵洪

天摩山

東

馬峴現

천 마 산

天摩山

慶室

祖陵

卯坐

홍릉

유릉

金谷里

• 유릉 산릉도(『璿源寶鑑』(1931) 「列聖祖山陵圖」). 천마산(天摩山)에서 산줄기를 뻗어 두 곳의 명당 국면을 맺고 묘좌(卯坐)로 자리한 유릉의 풍수적 입지를 표현했다. 그림 왼쪽은 홍릉이다.

• 침전과 상설. 황제릉의 형식으로 조성됐다.

• 능침. 능침의 언덕은 천연의 지형을 살려 자연스럽고 편안한 느낌을 준다. 황제릉이지만 중국과 입지 미학에 차이가 난다.

• 능침 뒤에서 바라본 입지경관. 서쪽을 등지고 동향으로 자리 잡았다.

• 능침 뒤로 들어오는 맥

순명황후를 용마산에 장사지내다

1904년(고종41) 9월 28일, 순명황후가 황태자비로 서른세 살에 일찍 세상을 떠났다. 곧이어 고종은 묏자리[園]를 준비하고 택일했다. 10월 17일 정시(丁時)에 경(庚 : ←) 방향으로부터 착수하였는데, 태자비가 임신생(壬申生)이므로 화일(火日)을 꺼렸기 때문이었다. 그리고 이듬해 1월 4일에 양주군 용마산(龍馬山) 내동(內洞)에 장사지냈다.

유강원(裕康園)의 산줄기와 풍수 입지에 대해 실록은 다음과 같이 적었다.

왼쪽으로 튼 건해(乾亥)의 산줄기이다[左旋乾亥龍].

축간(丑艮)에서 맥이 떨어지고[落脈], 을진(乙辰)에서 산허리가 잘록하다[過峽].

갑묘(甲卯)에서 형태를 바꾸고[剝換], 묘을(卯乙)에서 목을 잘록하게 했다[束咽].

축간(丑艮)에서 머리를 일으키고[起頭], 묘을(卯乙)에서 몸을 틀었다[轉身].

묘(卯)에서 용머리가 들어왔다[入首].

묘좌유향(卯坐酉向)으로 자리 잡았다. 『고종실록』 41년 11월 22일

한편, 1907년(순종 즉위년) 10월 28일에 유강원 내에 민간인 묘가 발견되어 관리 책임을 묻고 이장토록 한 적이 있다.

"유강원의 안쪽 해자 근처에서 개인의 무덤이 발견된 것은 전에 없던 일이어서 더없이 놀랍고 송구합니다. 금지시키지 못하였을 뿐 아니라 도리어 덮어둔 해당 재관(齋官)은 우선 본관을 면직시키며, 법을 어기고 장사지낸 개인 무덤은 며칠 안으로 파 가도록 하는 것이 어떻겠습니까?" 하니, 허락했다. 『순종실록』 즉위년 10월 28일

순종의 능자리를 정하고, 순명황후를 옮겨 장사지내다

이후 1926년 3월 14일에 순종이 창덕궁 대조전에서 세상을 떠나자, 같은 달 30일에 담당 신하들이 능자리의 혈을 가늠하고 돌아와 보고했다.

총호원 후작 윤택영이, 본원(本員)과 산릉주감제거가 상지원(相地員) 등을 같이 거느리고, 금일 홍릉 국내(局內)에 나갔다. 충분히 의논하고 확실히 정한 후 홍릉 왼쪽 언덕에 당일 오전 11시 묘좌유향(卯坐酉向)으로 혈을 정했다고 아뢨다. 『순종실록』 부록, 19년 5월 5일

이에 일찍이 1905년(고종42) 양주군에 모셨던 순명황후를 1926년 4월 25일(양력 6월 5일)에 지금 자리(홍릉의 왼쪽 언덕, 유릉)로 먼저 이장하였고, 순종은 다음 달 5월 2일(양력 6월 11일)에 묘좌유향(卯坐酉向)으로 합장해 장사지냈다.

해시(亥時)에 (순종의) 관을 광중[玄宮]에 내렸다. 『순종실록』 부록, 19년 6월 11일

참고문헌

옛문헌

『건릉지』	『서운관지』	『원손아기씨안태등록』
『건원릉지』	『선원보감』	『지리신법호순신』
『경국대전』	『선정릉지』	『장릉지』
『경릉지』	『세종실록지리지』	『장릉지속편』
『경산지』	『속대전』	『창릉지』
『고려사』	『순릉속지』	『춘관통고』
『고려사절요』	『승정원일기』	『태봉등록』
『국조오례의』	『신증동국여지승람』	『태조대왕태실수개의궤』
『근재집』	『영릉지』	『헌릉지』
『노릉지』	『영조대왕태실가봉의궤』	『홍릉지』
『대전회통』	『원릉지』	『홍재전서』
『대한명성황후홍릉지』	『익릉지』	『효릉지』
『명산론』	『인자수지』	『효의왕후건릉지』
『목릉지』	『인조장릉산릉도감의궤』	
『삼국사기』	『인렬왕후국휼등록』	

지도류

1872년 지방지도	도성도(『동국여도』, 『여지도』, 『광여도』)	지승
1910년대 1:5만 지형도	명릉산형도	청구도
경복궁도	수선전도	청구요람
경복궁전도	순릉 도면	태봉도
계룡산 전도	영릉 도면	해동지도
공릉 도면	장릉 도면	
대동여지도	조선산도	

단행본 및 기타

김두규 역해, 『호순신의 지리신법』, 장락, 2001.
김두규, 『풍수학사전』, 비봉출판사, 2005.
박용운, 『고려시대 음서제와 과거제도 연구』, 일지사, 1990.
심현용, 『한국 태실 연구』, 경인문화사, 2016.
이규상, 『한국의 태실』, 청원군·청원문화원, 2005.
이규원, 『조선왕릉실록』, 글로세움, 2017.
이성무, 『조선왕조사』, 수막새, 2011.
이성무, 『조선국왕전』, 청아출판사, 2012.
이정근, 『신들의 정원 조선왕릉』, 책보세, 2010.
이화, 『조선조 풍수신앙 연구』, 한국학술정보, 2005.

장경희, 『고려왕릉』, 예맥, 2013.

장지연, 『고려·조선 국도풍수론과 정치이념』, 신구문화사, 2015.

장영훈, 『왕릉풍수와 조선의 역사』, 대원사, 2000.

채성우 원저 김두규 역해, 『명산론』, 비봉출판사, 2002.

최치원 찬 최영성 주해, 『註解 四山碑銘』, 아세아문화사, 1987.

최원석, 『한국의 풍수와 비보』, 민속원, 2004.

최원석, 『사람의 산 우리 산의 인문학』, 한길사, 2014.

최원석, 『산천독법』, 한길사, 2015.

최원석, 『사람의 지리 우리 풍수의 인문학』, 한길사, 2018.

한기문, 『고려사원의 구조와 기능』, 민족사, 1998.

高友謙, 『中國風水』, 中國華僑出版公司, 1992.

경기도박물관, 『현륭원원소도감의궤 역주』, 2006.

국립고궁박물관, 『조선왕실아기씨의 탄생』, 2018.

국립문화재연구소, 『조선왕실의 안태와 태실관련의궤』, 민속원, 2006.

국립문화재연구소, 『국역 태봉등록』, 2006.

국립문화재연구소, 『사진으로 보는 북한 국보유적』, 2006.

국립문화재연구소, 『조선왕릉 종합학술조사보고서(1)』, 2009.

성주덕 편저, 이면우·허윤섭·박권수 역주, 『서운관지』, 소명출판, 2003.

장서각 편찬, 유지복 역주, 『역주 창릉지』, 한국학중앙연구원출판부, 2013.

장서각 편찬, 유지복 역주, 『역주 선정릉지』, 한국학중앙연구원출판부, 2014.

장서각 편찬, 김근호 역주, 『역주 원릉지』, 한국학중앙연구원출판부, 2016.

조선유물도감 편찬위원회, 『조선유적유물도감』, 1994

연구논문

강철중, 「땅에 투사된 자기의 상징-명당의 분석심리학적 측면」, 『심성연구』 26(1), 2011.

김갑동, 「고려시대의 南京」, 『서울학연구』 18, 2002.

김해영, 「英祖朝 세종·단종 태실의 修改 役事」, 『남명학연구』 44, 2014.

김흥년, 「조선왕릉 연지의 입지 및 공간구성에 관한 연구」, 고려대학교 생명환경과학대학원 석사학위논문, 2009.

나각순, 「고려시대 남경의 도시시설」, 『成大史林』 12-13, 1997.

박권수, 「17세기 조선왕실의 王陵地 선정 과정과 方外地師의 역할」, 『문화역사지리』 27(1), 2015.

박대윤, 「조선시대 국왕태봉의 풍수적 특성 연구」, 동방대학원대학교 미래예측학과 풍수지리학 전공 박사학위논문, 2010.

신재훈, 「조선전기 천릉의 과정과 정치적 성격」, 『조선시대사학보』 58, 2011.

심현용, 「광해군 태실에 대하여」, 『강원문화사연구』 제9집, 2004.

안영배, 「고려·조선전기 理氣派風水 研究- 地理新書·洞林照膽·地理新法의 流行을 中心으로-」, 원광대학교대학원 불교학과 氣學專攻 박사학위논문, 2013.

오준영·김영모, 「조선시대 한양 동부(東部) 함춘원(含春苑)에 관한 연구」, 『문화재』 50(3), 2017.

윤석인, 「조선왕실의 태실 변천 연구」, 단국대학교 대학원 석사학위논문, 2000.

윤정, 「태조대 정릉 건설의 정치사적 의미」, 『서울학연구』 37, 2009.

윤정, 「세종 초 上王(太宗)의 궁궐경영과 그 정치적 의미-壽康宮·豊壤離宮을 중심으로 -」, 『서울학연구』 41, 2010.

윤정, 「영조대 昆陽 '端宗胎室' 건립의 정치사적 의미 -戊申亂에 대한 이념적 대책-」, 『역사와 실학』 64, 2017.

윤진영, 「왕실의 태봉도」, 『조선왕실의 출산문화』, 장서각, 2005.

이덕형, 「선조대 유릉 택지에서 드러나는 왕릉 조영의 변화와 원인: 유릉 택지 풍수담론을 중심으로」, 『지방사와 지방문화』 13(2), 2010.

이정주, 「세종대~단종대의 정치 변동과 풍수지리: 풍수가 목효지의 사례를 중심으로」, 『역사민속학』 36, 2011

이장희, 「광해군과 교하천도론」, 『향토서울』 65, 2005.

이창환, 「조선시대 능역의 입지와 공간구성에 관한 연구」, 성균관대학교 대학원 조경학과 박사학위논문.

이현진, 「1789(정조13) 영우원에서 현륭원으로의 천원 절차와 의미」, 『서울학연구』 151(8), 2013.

이희중, 「17,8세기 서울 주변 왕릉의 축조, 관리 및 천릉 논의」, 『서울학연구』 17(1), 2001.

장지연, 「光海君代 宮闕營建: 仁慶宮과 慶德宮(慶德宮)의 창건을 중심으로」, 『한국학보』 23(1), 1997.

정우진·고제희, 「조선시대 궁궐 정전(正殿)의 배치형식에 투영된 풍수구조」, 『한국전통조경학회지』 34(1), 2016.

정우진·심우경, 「경복궁 아미산의 조영과 조산설(造山說)에 관한 고찰」, 『한국전통조경학회지』 30(2), 2012.

정해득, 「정조의 영우원·현륭원 원행에 따른 고찰」, 『조선시대사학보』 75(11), 2015.

조인수, 「조선시대 왕릉의 현상과 특징-명청대 황릉과의 비교를 중심으로」, 『미술사학연구』 262, 2009.

조인철, 「조선후기에 제작된 윤도에 관한 연구」, 『한국문화』 55, 2011.

조인철, 「조선시대 산릉조성에 있어서 看審에 대한 연구」, 『한국문화』 79, 2017.

차문성, 「인조 舊 長陵의 위치비정과 석물에 관한 고찰」, 『민족문화』 44, 2014.

최성환, 「사도세자 추모공간의 위상 변화와 영우원 천장」, 『조선시대사학보』 60(5), 2012.

최원석, 「조선왕릉의 역사지리적 경관특징과 풍수담론」, 『한국지역지리학회지』 22(1), 2016.

최호림, 「조선시대 태실에 관한 연구」, 『동아시아문화연구』 7, 1985.

탁효정, 「조선 예종~명종대 陵寢寺의 설치현황과 특징」, 『조선시대사학보』 87, 2018.

황인혁, 「조선시대 璿源寶鑑의 분석과 활용에 관한 연구-전자문화지도를 중심으로-」, 건국대학교 대학원 문화정보콘텐츠학과 박사학위논문, 2015.

Lee, Chang-Hwan·Jo, Woon-yuen, "The Circumstances and Cultural Characteristics of Royal Tomb Sites in the Joseon Dynasty", *Journal of the Korean Institute of Traditional Landscape Architecture* vol 5, 2007.

웹페이지

조선왕조실록(http://sillok.history.go.kr/main/main.do)

문화재청 조선왕릉(http://royaltombs.cha.go.kr/)

서울대학교 규장각한국학연구원(kyu.snu.ac.kr)

네이버 지도(map.naver.com/v5/)

찾아보기

지은이 **최원석**

지은이는 한국인들이 풍수를 어떻게 역사적으로 실천하고 활용했으며, 한국 풍수의 정체와 본질은 무엇인지에 관해 줄곧 관심을 기울였다. 이 주제를 지리학·문화사·인문학의 영역으로 탐구하면서 『도선국사 따라 걷는 우리 땅 풍수기행』(2000), 『한국의 풍수와 비보』(2004), 『사람의 지리 우리 풍수의 인문학』(2018)을 저술했다. 또한 한국 풍수의 실체가 산의 풍수에 있다고 보고, 산과 관련하여 탐구하면서 『사람의 산 우리 산의 인문학』(2014), 『산천독법』(2015)도 집필했다. 이 책 『조선왕실의 풍수문화』는 조선왕실의 풍수경관을 문헌과 현장에서 통시적으로 살핌으로써 지은이의 연구 방향과 목적에 한 걸음 더 나아가고 있다.

서울대학교 지리학과를 졸업하고 같은 대학원에서 풍수로 석사학위를, 고려대학교 대학원 지리학과에서 비보 풍수로 박사학위를 받았다. 한국문화역사지리학회장을 지냈고, 지금은 경상국립대학교 교수로 명산문화연구센터장을 맡고 있다.

탄생에서 죽음으로 이어지는
공간생활사와 장소미학

조선왕실의
풍수문화

초판 1쇄 인쇄 2021년 2월 25일
초판 1쇄 발행 2021년 3월 10일

지은이 최원석

펴낸곳 지오북(GEOBOOK)
펴낸이 황영심
편집 전슬기, 백수연
내지디자인 장영숙
표지디자인 THE-D

주소 서울특별시 종로구 새문안로5가길 28, 1015호
(적선동 광화문 플래티넘)
Tel_02-732-0337 Fax_02-732-9337
eMail_book@geobook.co.kr
www.geobook.co.kr
cafe.naver.com/geobookpub

출판등록번호 제300-2003-211
출판등록일 2003년 11월 27일

ⓒ 최원석, 지오북(GEOBOOK) 2021
지은이와 협의하여 검인은 생략합니다.

ISBN 978-89-94242-78-1 93180